HÁGALO USTED MISMO

con

WINDOWS® 98

por Joe Kraynak

TRADUCCIÓN: Agustín Cacique Valadez
Licenciado en Comunicación Social
Universidad Autónoma Metropolitana

PRENTICE
HALL

MÉXICO • NUEVA YORK • BOGOTÁ • LONDRES • MADRID
MUNICH • NUEVA DELHI • PARÍS • RÍO DE JANEIRO
SINGAPUR • SYDNEY • TOKIO • TORONTO • ZURICH

Datos de catalogación bibliográfica

KRAYNAK, JOE
Hágalo usted mismo con Windows 98
PRENTICE-HALL, México, 1999

ISBN: 970-17-0199-2
MATERIA: Computación

Formato: 21 x 27   Páginas: 664

EDICIÓN EN ESPAÑOL

EDITOR DIVISIÓN COMPUTACIÓN:	MARÍA ELENA GÓMEZ CARBAJAL
SUPERVISOR DE TRADUCCIÓN:	MIGUEL MORALES RODRÍGUEZ
SUPERVISOR DE PRODUCCIÓN:	JOSÉ D. HERNÁNDEZ GARDUÑO

HÁGALO USTED MISMO CON WINDOWS 98

Traducido del inglés de la obra **THE BIG BASICS BOOK OF WINDOWS 98**

Authorized translation from the English Language edition published by Que Corporation

All rights reserved. No part of this book may be reproduced or transmitted in any form or by any means, electronic or mechanical, including photocopying recording or by any information storage retrieval system, without permission in writing from the publisher.
Spanish language edition published by
Prentice Hall Hispanoamericana, S.A.
Copyright © 1999

Traducción autorizada de la edición en inglés publicada por: Que Corporation
Copyright © 1998

Todos los derechos reservados. Ninguna parte de este libro puede reproducirse o transmitirse bajo ninguna forma o por ningún medio, electrónico ni mecánico, incluyendo fotocopiado y grabación, ni por ningún sistema de almacenamiento y recuperación de información, sin permiso por escrito del editor.

Edición en español publicada por:
Prentice-Hall Hispanoamericana, S.A.
Derechos Reservados ©1999
Prentice Hall Hispanoamericana, S.A.
Calle 4 Nº 25-2º piso Fracc. Ind. Alce Blanco,
Naucalpan de Juárez, Edo. de México,
C.P. 53370
ISBN 970-17-0199-2

Miembro de la Cámara Nacional de la Industria
Editorial, Reg. Núm. 1524
Original English Language Edition Published by Que Corporation

Copyright © 1998
All Rights Reserved

ISBN 0-7897-1513-9

Impreso en México/Printed in Mexico

LITOGRAFICA INGRAMEX, S.A. DE C.V.
CENTENO NO. 162-1
MEXICO, D.F.
C.P. 09810

NOV

5000   1998

Advertencia y aclaración de responsabilidad

Este libro se vende como está, sin responsabilidad de ninguna especie expresa o tácita. Aunque se han tomado todas las precauciones posibles en la preparación de esta obra, ni el (los) autor(es) ni Prentice-Hall Hispanoamericana, asumen responsabilidad alguna por los daños que resulten del uso de la información o las instrucciones aquí contenidas; así como tampoco se hacen responsables por el daño o pérdida de datos que resulten en el equipo del usuario o lector, por el uso directo o indirecto que se haga de esta obra.

Editor
Roland Elgey

**Vice presidente
y Editor**
Don Fowley

Gerente de ediciones
Joe Wikert

**Director de servicios
eitoriales**
Elizabeth Keaffaber

Editor administrativo
Thomas Hayes

**Especialista en
desarrollo de producto**
Melanie Palaisa

Especialista técnico
Nadeem Muhammed

Revisores técnicos
*Verley and Nelson
Associates*

Editora de producción
Katie Purdum

**Coordinadora de
adquisiciones**
Michelle Newcomb

Diseño de interiores
Barbara Kordesh

Diseño de portada
Jay Corpus

Indizador
TIm Tate

Equipo de producción
*Heather Howell
Tim Neville
Lisa Stumpf*

Resumen de contenido

Contenido

Cómo crear e imprimir documentos   135

Cómo utilizar los accesorios de Windows 98   169

Cómo utilizar Windows 98 en World Wide Web   217

Cómo dominar Active Desktop   301

Cómo utilizar Outlook Express para correo y noticias   321

Cómo instalar Hardware   363

Trabajar fuera de casa con computadoras portátiles   385

Parte 2   Hágalo usted mismo...

Parte 3   Soluciones rápidas   513

Parte 4   Referencias prácticas

Acerca del autor

Joe Kraynak ha escrito y supervisado, durante más de diez años, manuales de capacitación y libros de computación. Su larga lista de libros sobre computación incluyen *Microsoft Internet Explorer 3 Unleashed, Windows 95 Cheat Sheet, así como PC FÁCIL, Netscape Navigator para Windows 95 FÁCIL y Microsoft Office 97 Profesional FÁCIL, publicados por Prentice Hall Hispanoamericana*. Joe se graduó con licenciatura en filosofía y literatura creativa y maestría en Lengua inglesa en Purdue University.

Dedicatoria

A Debbie y Scott Weddle, de Speedway, Indiana, cuya dedicación a la familia y a la comunidad es una inspiración constante.

Introducción

Windows irrumpió en la era de la computación simplificada, proporcionando una interfaz gráfica de usuario que permitía a los usuarios hacer clic en los iconos y seleccionar comandos de menús. Con la creciente popularidad de Internet, Windows 98 está enfocado a ayudar a la gente a comunicarse en un modo más eficiente y sacar el mayor provecho de los recursos disponibles en las computadoras en todo el mundo. Además, Windows 98 incluye varias mejoras en su uso que facilitan más que nunca la computación cotidiana.

Aunque Windows ha simplificado las tareas de navegación de su PC, su servidor, la red de su empresa, e Internet, no es del todo intuitivo. Necesita seguir las instrucciones que se le indican para descubrir las más recientes características y cómo aprovecharlas al máximo. Y esta información la tiene aquí en el modo más sencillo de entender. Bienvenido a Hágalo usted mismo con Windows 98.

¿Por qué hacer este libro?

Cuando usted empieza a utilizar una computadora o un nuevo sistema operativo como Windows 98, o bien aprende por ensayo y error o leyendo la documentación adjunta a su computadora o al software. Empero, el método de "ensayo y error" suele terminar en un juego de tiro al blanco, y los manuales, en general, sólo le *indican* lo que hay que hacer en vez de *mostrárselo*.

Hágalo usted mismo con Windows 98 le permite una aproximación distinta. Está diseñado para que funcione como una guía visual de Windows 98, y le da instrucciones ilustradas paso a paso sobre cómo realizar las tareas más comunes de Windows 98. Este enfoque le ayuda a sortear los problemas usuales del método de ensayo y error y le presenta a qué se va a enfrentar *antes* de llegar ahí.

¿Dónde está la información que necesito?

A diferencia de la mayoría de los manuales que esperan que se lea el libro de principio a fin, *Hágalo usted mismo con Windows 98* está estructurado de tal manera que le permite decidir cómo usarlo. Usted puede usar este libro como un manual para llevar a cabo tareas de principio a fin o como una guía de consulta rápida, buscando temas específicos en la tabla de contenido o en el índice. O también puede hojear el libro y guiarse por los encabezados de cada página para encontrar temas de interés.

Además, está dividido en cuatro partes que le facilitan la ubicación de las indicaciones que usted necesita:

- *Parte 1: Para saber…* cubre los elementos básicos de Windows 98. Aquí, usted sabrá cómo iniciar y salir de Windows; ejecutar y utilizar los programas de Windows; administrar sus discos, carpetas y archivos; utilizar Windows para explorar World Wide Web, para tener acceso al correo electrónico y leer los mensajes publicados en Internet, así como muchas otras cosas. No todas las tareas de esta parte son fáciles, pero le introducen a las características centrales que hacen tan poderoso a Windows 98.

- *Parte 2: Hágalo usted mismo…* le enseña a poner en práctica las habilidades adquiridas en la Parte 1. Aquí aprenderá a crear y enviar faxes, a diseñar currícula atractivos, a marcar el teléfono con su módem, a buscar trabajo en Internet, a optimizar Windows, a utilizar Windows en una computadora portátil y mucho más.

- *Parte 3: Soluciones rápidas* le brinda una lista de problemas y soluciones comunes. Si su pantalla se ve borrosa, si el ratón se empieza a saltar textos, si aparece un mensaje de error en la pantalla o si se le presenta cualquier otro problema, hojee Soluciones rápidas para buscar la respuesta que necesita. Las tablas de Búsqueda rápida le ayudan a identificar el origen del problema y a encontrar una solución adecuada.

- *Parte 4: Referencias prácticas* le proporciona tablas llenas de métodos abreviados de teclado y comandos de DOS para ayudarle a sobrellevar su encuentro con Windows y con las anteriores aplicaciones de DOS. Cuando esté listo para abandonar su ratón y saltarse el sistema de menús, vuelva a la Parte 4.

Convenciones

Este libro está diseñado para que sea fácil de usar. Cada tarea tiene un título clave que le indica lo que deberá hacer, además de una breve descripción que le introduce en la tarea y le da material adicional. Después de la introducción, aparece un *Recorrido guiado*, que le muestra paso a paso cómo realizar la tarea. La figura siguiente muestra una tarea normal y su estructuración.

Los encabezados le ayudan a encontrar los temas de interés.

La información previa le prepara para la tarea.

Estos recuadros le proporcionan tips, métodos abreviados, advertencias e información adicional.

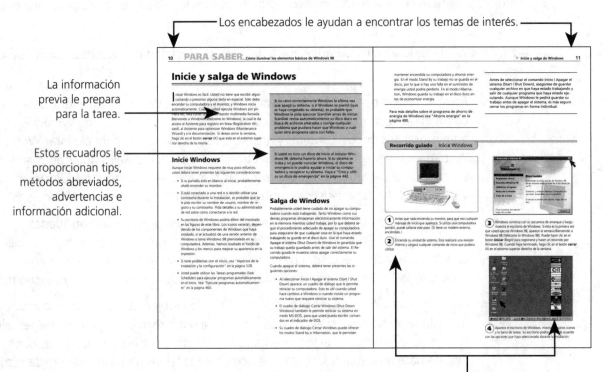

El Recorrido guiado le conduce por cada tarea mediante pasos ilustrados.

Para facilitar la localización de los pasos y el seguimiento de sus instrucciones, en este libro se siguen las convenciones siguientes:

El texto que usted deberá escribir aparece en **negritas**. Por ejemplo, si el paso le pide escribir **win** y presionar **Entrar**, entonces escriba el comando "win" y presione la tecla Entrar. Observe que las teclas, como Entrar, también aparecen en negritas.

Las combinaciones **tecla+tecla** se usan para cuando usted deba presionar dos o más teclas al mismo tiempo para ejecutar un comando. Mantenga presionada la primera tecla y luego presione la segunda. Después suelte ambas.

Los **nombres de los menús** y los **comandos** que usted deberá elegir también aparecen en negritas. Cuando se le pida seleccionar un comando de un menú o hacer clic en una opción en un cuadro de diálogo, coloque el puntero del ratón en ésta y haga clic.

Busque tips, advertencias, métodos abreviados información adicional en recuadros como éstos.

Prentice-Hall Hispanoamericana

El personal de Prentice-Hall Hispanoamericana, S.A. está comprometido en presentarle lo mejor en materia de consulta sobre computación. Cada uno de nuestros libros es el resultado de meses de trabajo de nuestro personal que investiga y refina la información que le ofrece.

Sin embargo, recuerde que el personal de esta editorial no puede actuar como soporte técnico ni responder preguntas sobre problemas relacionados con el software o el hardware.

Si usted tiene alguna pregunta o comentario acerca de cualquiera de los libros que editamos, hay varias formas de ponerse en contacto con nosotros. Responderemos a todos los lectores. Su nombre, dirección y número telefónico jamás formarán parte de ninguna lista de correos ni serán usados para otro fin en la medida de lo posible más que el de ayudarnos a seguirle llevando los mejores libros posibles. Puede escribirnos a la dirección siguiente:

Prentice-Hall Hispanoamericana, S.A.

Attn: Editorial División Computación

Calle Cuatro No. 25, 2° Piso
Col. Fracc. Alce Blanco
Naucalpan, Estado de México
C.P. 53370

Si lo prefiere, puede mandar un fax a Prentice-Hall Hispanoamericana al (525) 357-0404.

O visite nuestra página Web en: http://www.prentice.com.mx

Marcas registradas

Aquellos términos que se puedan suponer como marcas registradas o de servicio, se han puesto en mayúsculas, como es debido. QUE Corporation no puede dar fe de la exactitud de esta información. No debe suponerse que el uso de un término en este libro afecte la validez de marca alguna registrada o de servicio.

PARTE 1

Para saber...

Ya sea que usted tenga que ejecutar un programa, copiar archivos, crear e imprimir un documento, utilizar los accesorios de Windows, explorar en Internet o enviar y recibir mensajes de correo electrónico, antes que nada deberá saber cómo tener acceso a las características básicas de Windows y utilizarlas. La parte 1 comprende las principales características de Windows 98 y le guía paso a paso en el proceso de realizar cientos de tareas.

Aquí aprenderá usted todo lo que necesita saber para realizar desde las tareas más simples, como ejecutar un programa, hasta las más complicadas, como configurar sus dispositivos en hardware y dar mantenimiento a su computadora.

Para aprender a realizar las tareas más comunes de Windows, diríjase al tema deseado y siga el *Recorrido guiado*.

Qué encontrará en esta parte

Cómo dominar los elementos básicos de Windows 98

Para ser un experto en Windows, primero deberá adquirir las habilidades básicas que se exponen en esta sección. Aquí, usted aprenderá todo lo que necesita saber para navegar por el escritorio de Windows 98, utilizar el nuevo Active Desktop, abrir y cerrar ventanas, escribir comandos, responder a los cuadros de diálogo, tener acceso a la ayuda en línea y mucho más. Esta sección le explica cómo realizar las tareas básicas de Windows que necesita conocer para explorar tanto Windows como cualquier otro programa diseñado para el mismo.

Qué encontrará en esta sección

Descubra lo nuevo de Windows 98

Lo que podría considerarse como las "nuevas" características de Windows 98 dependen del sistema operativo que usted haya estado corriendo antes. Si usted es de los que decidieron quedarse con Windows 3.1 hasta que Microsoft no perfeccionara su nuevo producto, descubrirá que Windows 98 presenta algunos cambios drásticos, tanto en apariencia como en funcionalidad.

Pero si ha trabajabado con Windows 95, las mejoras le parecerán algo más sutiles. Microsoft aún no ha terminado de ajustar el escritorio de Windows (la pantalla que le da la bienvenida al iniciar), y usted deberá seguir utilizando el botón Inicio (Start) para ejecutar sus programas. Tal vez al principio no note que tiene una nueva versión de Windows en su sistema.

Las secciones siguientes le mostrarán los cambios que podría encontrar, ya sea que efectúe su actualización desde Windows 3.1 o desde Windows 95.

Actualice desde Windows 3.1

Si cambia de Windows 3.1 a Windows 98, notará que prácticamente todo lo que hay en Windows 98 es nuevo. Ya no verá las ventanas de los programas amontonadas en su escritorio, y en la parte inferior de su pantalla aparecerá una nueva barra (la *barra de tareas),* de color gris. También descubrirá que el Administrador de Archivos (File Manager) de Windows ha sido remplazado por dos herramientas superiores para manejo de archivos: Mi PC (My Computer) y el Explorador de Windows (Windows Explorer).

La lista siguiente resume las principales diferencias entre Windows 3.1 y Windows 98:

- La pantalla de Windows ha sido modernizada por completo. Los *iconos de acceso directo* del *escritorio* de Windows (la superficie de trabajo en la pantalla de su computadora) le dan un rápido acceso a sus programas, carpetas y documentos. Para más detalles, vea "Trabaje con el escritorio de Windows" en la página 13.

- El botón Inicio toma el lugar de los grupos de programas de Windows 3.1 (que contenían iconos para ejecutarlos). Para ejecutar un programa, usted deberá hacer clic en el menú Inicio, dirigirse a Programas (Programs) y seleccionar dicho programa de este menú o de uno de sus submenús.

- La barra de tareas que está en la parte inferior de la pantalla le permite cambiar rápidamente de un pro-

grama activo a otro. Usted ya no tendrá que solicitar la Lista de tareas (Task List) ni presionar alguna combinación de teclas (aunque éstas aún funcionan) para seleccionar el programa deseado. Para más detalles, vea "Cámbiese de un programa a otro" en la página 46.

- El Explorador de Windows ha remplazado al Administrador de Archivos y ofrece una ventana dividida en dos, igual que el Administrador de Archivos, que le permite copiar y mover archivos de una carpeta a otra. Windows 98 también presenta Mi PC, una ventana sencilla que le da un rápido acceso a las carpetas, archivos y otros recursos de su computadora. Vea "Cómo administrar discos, carpetas y archivos", en la página 79.

- El submenú Inicio I Documentos (Start I Documents) contiene una lista de los documentos abiertos recientemente, lo que le permite tener un acceso rápido al documento que acaba de crear o modificar.

- En Windows 98, usted puede utilizar nombres de archivos más extensos (de hasta 255 caracteres, incluyendo espacios). Windows 3.1 restringía los nombres de archivos a sólo ocho caracteres con una extensión de tres caracteres más, generalmente .DOC.

- Windows 98 hace un mayor uso del botón derecho del ratón. En Windows 98, y en la mayoría de las aplicaciones para Windows, usted puede hacer clic con el botón derecho del ratón en determinadas áreas de la pantalla o sobre un texto u objeto, para desplegar un *menú contextual,* el cual le ofrece comandos y opciones exclusivos para dicha selección.

- Para mejorar el desempeño del Administrador de impresión (Print Manager), el Panel de Control (Control Panel), Write (ahora WordPad), y Paintbrush (ahora Paint), así como facilitar su uso, estos programas han sido afinados.

- Windows cuenta ahora con una Papelera de Reciclaje (Recycle Bin) que almacena los archivos que usted decida eliminar. Si por error eliminara un archivo, puede recuperarlo rápidamente de la Papelera de Reciclaje. Vea "Elimine y restaure con la Papelera de Reciclaje", en la página 117.

- Windows 98 soporta la tecnología Plug and Play, lo que facilita la actualización de su computadora; suponiendo que ésta y el dispositivo que vaya a agregar soporten Plug and Play. Vea "Cómo instalar hardware", que inicia en la página 363.

Esta lista describe únicamente algunos cambios que son obvios y que usted notará al pasar de Windows 3.1 a Windows 98. La siguiente sección explica las mejoras adicionales que Microsoft hizo al cambiar de Windows 95 a Windows 98.

Actualice desde Windows 95

Si es un usuario con experiencia en Windows 95, tal vez no observe muchos cambios con Windows 98. Ya está acostumbrado al botón Inicio (Start), a la barra de tareas, a los iconos de acceso directo, a Mi PC (My Computer) y a la Papelera de Reciclaje (Recycle Bin). Sin embargo, Windows 98 tiene muchas mejoras sutiles, y algunas no tanto, que usted podrá descubrir con sólo explorar un poco:

- Windows 98 presenta Active Desktop, que brinda acceso a programas y documentos de su computadora con un solo clic. Aprenda a activar y desactivar Active Desktop en "Utilice Active Desktop" en la página 16.

- La barra de tareas incluye una nueva barra de herramientas llamada *Inicio rápido* (*Quick Launch*), que le permite ejecutar programas rápidamente para tener acceso a Internet. Usted puede mostrar barras de herramientas adicionales y arrastrar iconos hacia la barra de herramientas de Inicio rápido para configurarla. Vea "Use las nuevas herramientas de la Barra de tareas" en la página 308.

- El submenú Inicio | Buscar (Start | Find) (que tal vez haya utilizado para buscar archivos en su computadora) le ayudará ahora a localizar personas y recursos en Internet. Vea en la página 111 "Encuentre archivos y carpetas".

- Windows 98 contiene el grupo de programas de Internet Explorer, de gran utilidad para tener acceso a Internet. Incluye Internet Explorer (para visualizar páginas Web), Outlook Express (para correo electrónico y grupos de noticias), NetMeeting (para hacer llamadas telefónicas por Internet), FrontPage Express (para crear sus propias páginas Web) y algunas herramientas adicionales para Internet. Vea "Cómo utilizar Windows 98 en World Wide Web" y "Cómo utilizar Outlook Express para correo y noticias" en las páginas 217 y 321, respectivamente.

- El submenú Inicio | Favoritos (Start | Favorites) le permite tener rápido acceso a páginas Web y a otros objetos que usted haya marcado como Favoritos. Vea "Cree una lista de sus sitios favoritos" en la página 246.

- Windows 98 soporta FAT32 para un mejor almacenamiento de datos. El Convertidor FAT32 le permite dividir un disco duro de gran capacidad en sectores más pequeños, para que los archivos pequeños no ocupen demasiado espacio en disco. Esto puede incrementar 50% o más la capacidad de su disco duro. Vea "Incremente el espacio en disco", en la página 498.

- Las actualizaciones de software le permiten cambiar a la versión más reciente de Windows, al descargar la actualización del sitio Web de Microsoft (en Internet). Esto le garantiza que usted estará trabajando con la versión más reciente de Windows. Vea "Actualice Windows" en la página 420.

- La tecnología OnNow le permite encender rápidamente su PC sin tener que reiniciarla. Vea "Inicie y salga de Windows" en la página 10.

- El Asistente para optimizar Windows (Maintenance Wizard Optimizes) de Windows 98 optimiza su sistema para que usted pueda incrementar su rendimiento. Vea "Use el Asistente para mantenimiento de Windows" en la página 494.

- Una nueva ficha Efectos (Effects) en el cuadro de diálogo Propiedades de Pantalla (Display Properties), ofrece un control adicional sobre la apariencia de los iconos del escritorio.

- El nuevo subprograma Copia de seguridad (Backup) soporta dispositivos de respaldo adicionales, lo que hace menos probable que usted llegue a necesitar un programa especial para respaldos. Vea "Respalde sus archivos" en la página 432.

- Tareas programadas (Task Scheduler) le permite automatizar su computadora, haciendo que Windows ejecute programas o abra documentos en un momento predefinido o cuando ocurra un evento específico (como al iniciar su computadora). Vea "Ejecute programas automáticamente con Programador de tareas", en la página 65.

Las mejoras más significativas de Windows 98 se concentran en Internet, una red de computadoras a nivel mundial, con la cual usted se puede conectar utilizando una conexión para red o un módem. World Wide Web (Web, para abreviar) es una sección de Internet que le permite navegar por páginas Web multimedia haciendo clic en los vínculos (palabras, iconos o gráficos resaltados que le llevan a páginas diferentes). Web es como una televisión para su computadora. Para aprender más sobre Internet y Web, vea "Cómo utilizar Windows 98 en World Wide Web", que inicia en la página 217.

El *Recorrido guiado* le presenta las nuevas características más sobresalientes de Windows 98.

Recorrido guiado   Explore las nuevas características de Windows 98

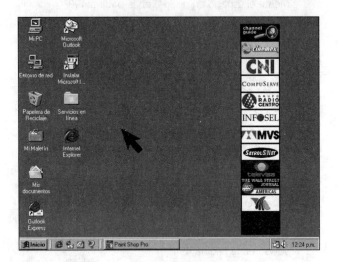

1 Al encender su computadora, Windows 98 inicia automáticamente y muestra el escritorio de Windows.

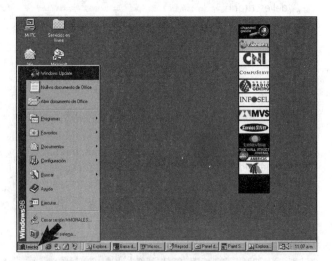

2 Haga clic en el botón **Inicio** (Start) para desplegar el menú que contiene los grupos de programas y los iconos. El icono Windows Update está cerca de la parte superior del menú y le permite descargar las actualizaciones de Windows desde Internet.

3 Diríjase a **Favoritos** (Favorites). Este menú contiene otros submenús que le dan acceso a los sitios Web de importancia en Internet. Usted puede agregar sus propios sitios favoritos al menú.

4 Diríjase a **Buscar** (Find). Este menú contiene opciones adicionales para buscar páginas Web y personas en Internet. Para cerrar el menú Inicio, haga clic en un área vacía del escritorio de Windows.

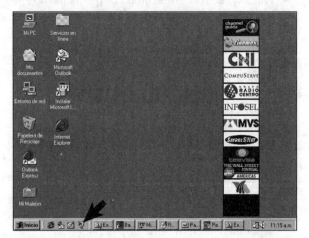

5 La barra de tareas en la parte inferior de la pantalla, junto al botón Inicio, muestra una barra de herramientas adicional llamada *Inicio rápido* (*Quick Launch*). Para tener acceso más fácil a los iconos de programas o documentos, usted los puede arrastrar hacia la barra de Inicio rápido.

Recorrido guiado   Explore las nuevas características de Windows 98

6 Haga clic con el botón derecho del ratón en un área en blanco del escritorio, apunte a **Active Desktop** y asegúrese de que haya una marca junto a **Ver como página Web** (View as Web page). Si esta opción no está seleccionada, haga clic en ella; de lo contrario, haga clic fuera del menú para cerrarlo. Esto activa Active Desktop.

Ver como página Web es una opción donde hay que utilizar marcas. Una marca junto a la opción indica que ésta está activada. Si se vuelve a seleccionar la opción, ésta se desactiva, desaparece la marca y se cierra el menú.

7 Active Desktop es una página Web en la que usted puede colocar componentes del escritorio, como la Barra de canales mostrada anteriormente.

La Barra de canales le permite dirigirse a sitios Web que ofrecen contenido importante con sólo hacer clic en un botón. Actúa como un sintonizador para Web. Vea "Sintonice Web con los canales" en la página 258.

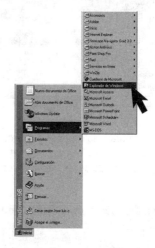

8 Elija **Inicio | Programas | Explorador de Windows** (Start | Programs | Windows Explorer) para desplegar la ventana del Explorador de Windows. (Para cerrarla, haga clic en el botón Cerrar, cuya cara muestra una X en el extremo superior derecho de la ventana.)

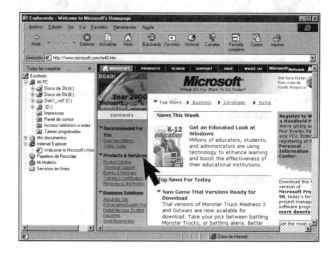

9 Como se mostró anteriormente, usted también puede navegar en Web desde el Explorador de Windows. El panel derecho muestra la página Web que está abierta actualmente. (Para poder abrir páginas Web dentro del Explorador de Windows, usted deberá estar conectado a Internet.)

(continúa)

Recorrido guiado   Explore las nuevas características de Windows 98   *(continuación)*

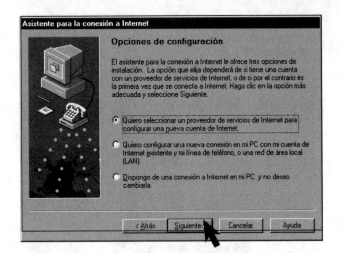

10 Si aún no ha configurado su conexión a Internet, el Asistente para la conexión a Internet (Internet Connection Wizard) lo conduce por el proceso de configuración de su conexión.

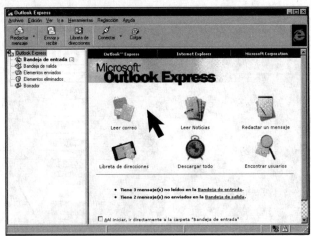

12 Usted puede utilizar Outlook Express para enviar y recibir mensajes de correo electrónico, y leer y publicar mensajes en grupos de noticias de Internet.

11 El grupo de programas de Internet Explorer incluido con Windows 98 contiene un explorador Web, un programa para correo electrónico, un lector de noticias y herramientas adicionales para Internet. Aquí se muestra el explorador Web Internet Explorer.

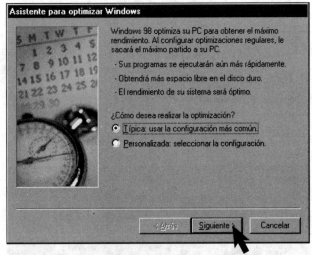

13 El Asistente para optimizar Windows (Windows Maintenance Wizard) puede optimizar automáticamente su computadora.

Recorrido guiado Explore las nuevas características de Windows 98

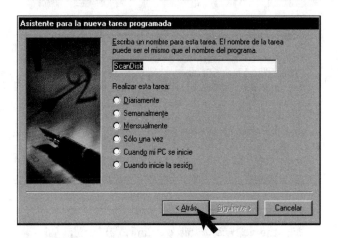

14 Utilice las Tareas programadas (Task Scheduler) para ejecutar programas en momentos específicos o cuando ocurra un evento en particular, como el inicio del sistema.

15 Haga clic con el botón derecho del ratón en un área en blanco del escritorio y seleccione **Propiedades** (Properties) para ver el cuadro de diálogo Propiedades de pantalla (Display Properties) mostrado aquí. Observe la nueva ficha Efectos (Effects) que sirve para controlar la apariencia de los iconos del escritorio, así como la ficha Web que sirve para agregar componentes Web al escritorio.

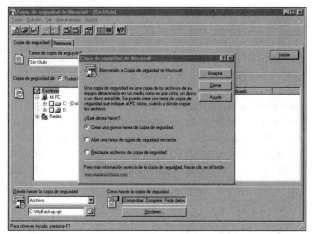

16 Microsoft ha rediseñado el subprograma Copia de seguridad (Backup) para facilitar el respaldo de su sistema y ha agregado soporte para una gama más amplia de dispositivos de respaldo.

17 El nuevo Convertidor FAT32 puede optimizar sus discos duros para almacenar archivos de manera más eficiente e incrementar la capacidad de almacenamiento de su disco duro.

18 Si elige **Inicio | Apagar** el sistema (Start | Shut Down) (no lo vaya a hacer ahora), Windows muestra el cuadro de diálogo Cerrar Windows (Shut Down Windows), que ofrece ahora la opción adicional de ir al modo suspender (standby [únicamente en las computadoras que soportan esta característica]). Esto hace que su sistema ahorre energía sin tener que apagarlo por completo. Para reiniciarlo, sólo presione cualquier tecla.

Inicie y salga de Windows

Iniciar Windows es fácil. Usted no tiene que escribir algún comando o presionar alguna tecla en especial. Sólo debe encender su computadora y el monitor, y Windows inicia automáticamente. Cuando usted ejecuta Windows por primera vez, verá correr una presentación multimedia llamada Bienvenido a Windows (Welcome to Windows), la cual le da acceso al Asistente para registro en línea (Registration Wizard), al Asistente para optimizar Windows (Maintenance Wizard) y a la documentación. Si desea cerrar la ventana, haga clic en el botón **cerrar** (X) que está en el extremo superior derecho de la misma.

Inicie Windows

Aunque iniciar Windows requiere de muy poco esfuerzo, usted deberá tener presentes las siguientes consideraciones:

- Si su pantalla está en blanco al iniciar, probablemente olvidó encender su monitor.

- Si está conectado a una red o si decidió utilizar una contraseña durante la instalación, es probable que se le pida escribir su nombre de usuario, nombre de registro y su contraseña. Pida detalles a su administrador de red sobre cómo conectarse a la red.

- Su escritorio de Windows podría diferir del mostrado en las figuras de este libro. Los iconos variarán, dependiendo de los componentes de Windows que haya instalado, si se actualizó de una versión anterior de Windows o tenía Windows 98 preinstalado en su computadora. Además, hemos resaltado el fondo de Windows y los menús para mejorar su apariencia en la impresión.

- Si tiene problemas con el inicio, vea "Problemas de instalación e inicio" en la página 528.

- Usted puede utilizar las Tareas programadas (Task Scheduler) para ejecutar programas automáticamente en el inicio. Vea "Corra programas en forma automática al iniciar" en la página 460.

Si no cerró correctamente Windows la última vez que apagó su sistema, o si Windows se pasmó (que se haya congelado su sistema), es probable que Windows le pida ejecutar ScanDisk antes de iniciar. ScanDisk revisa automáticamente su disco duro en busca de archivos alterados y corrige cualquier problema que pudiera hacer que Windows o cualquier otro programa corra con fallas.

Si usted no hizo un disco de inicio al instalar Windows 98, debería hacerlo ahora. Si su sistema se traba y no puede reiniciar Windows, el disco de emergencia le podría ayudar a iniciar su computadora y recuperar su sistema. Vaya a "Cree y utilice un disco de emergencia" en la página 442.

Salga de Windows

Probablemente usted tiene cuidado de no apagar su computadora cuando está trabajando. Tanto Windows como sus demás programas almacenan electrónicamente información en la memoria mientras usted trabaja, por lo que deberá seguir el procedimiento adecuado de apagar su computadora para asegurarse de que cualquier cosa en la que haya estado trabajando se guarde en el disco duro. Usar el comando Apagar el sistema (Shut Down) de Windows le garantiza que su trabajo queda guardado antes de salir del sistema. El Recorrido guiado le muestra cómo apagar correctamente su computadora.

Cuando apague el sistema, deberá tener presentes las siguientes opciones:

- Al seleccionar Inicio I Apagar el sistema (Start I Shut Down) aparece un cuadro de diálogo que le permite reiniciar su computadora. Esto es útil cuando usted hace cambios a Windows o cuando instala un programa nuevo que requiere reiniciar su sistema.

- El cuadro de diálogo Cerrar Windows (Shut Down Windows) también le permite reiniciar su sistema en modo MS-DOS, para que usted pueda escribir comandos en el indicador de DOS.

- Su cuadro de diálogo Cerrar Windows puede ofrecer el modo Suspender (Stand by), que le permite mantener encendida su computadora y ahorrar energía. En este modo su trabajo no se guarda en el disco, por lo que si hay una falla en el suministro de energía usted podría perderlo.

> Para más detalles sobre el programa de ahorro de energía de Windows vea "Ahorre energía" en la página 400.

Antes de seleccionar el comando Inicio | Apagar el sistema (Start | Shut Down), asegúrese de guardar cualquier archivo en que haya estado trabajando y salir de cualquier programa que haya estado ejecutando. Aunque Windows le pedirá guardar su trabajo antes de apagar el sistema, es más seguro cerrar los programas en forma individual.

Recorrido guiado   Inicie Windows

1 Antes que nada encienda su monitor, para que vea cualquier mensaje de inicio que aparezca. Si utiliza una computadora portátil, puede saltarse este paso. (Si tiene un módem externo, enciéndalo.)

2 Encienda su unidad de sistema. Ésta realizará una revisión interna y cargará cualquier comando de inicio que pudiera utilizar.

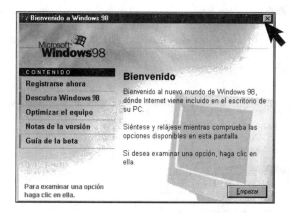

3 Windows continúa con su secuencia de arranque y luego muestra el escritorio de Windows. Si ésta es la primera vez que usted ejecuta Windows 98, aparece la ventana Bienvenido a Windows 98 (Welcome to Windows 98). Puede hacer clic en el botón **Iniciar** (Begin) para registrarse y hacer un recorrido por Windows 98. Cuando haya terminado, haga clic en el botón **cerrar** (X) en el extremo superior derecho de la ventana.

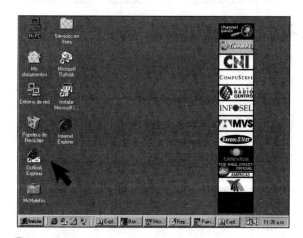

4 Aparece el escritorio de Windows, mostrando varios iconos y la barra de tareas. Su escritorio podría diferir, de acuerdo con las opciones que haya seleccionado durante la instalación.

Recorrido guiado   Salga de Windows

1 Si está ejecutando algún programa, guarde el archivo en que esté trabajando, con el comando **Archivo | Guardar** (File | Save) del programa.

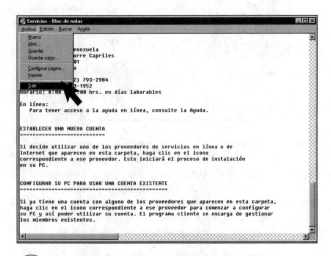

2 Salga de cualquier programa que esté ejecutando, abra el menú Archivo y seleccione el comando **Salir** (Exit). Si se le pregunta, confirme su deseo de guardar su trabajo.

3 Haga clic en el botón **Inicio** (Start) y seleccione **Apagar el sistema** (Shut Down).

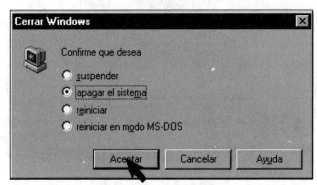

4 Aparece el cuadro de diálogo Cerrar Windows (Shut Down Windows), mostrando las opciones de apagado. Puede cerrar completamente Windows, reiniciarlo, reiniciar en modo MS-DOS, cambiar al modo Stand By para economizar energía (en algunas computadoras) y tal vez algunas otras opciones, dependiendo de su configuración. Seleccione la opción deseada y haga clic en **Aceptar** (OK).

5 Se cierra Windows y muestra un mensaje que indica el momento en que puede apagar su computadora en forma segura. Apague su unidad de sistema y su monitor. (Si está trabajando con una computadora portátil o una computadora de escritorio que incluya una función de apagado automático, ambas podrían apagarse automáticamente.)

Trabaje con el escritorio de Windows

El modelo del escritorio de Windows está basado en un escritorio real. Es un área de trabajo que contiene las herramientas requeridas para realizar sus tareas de computación y que le permite desplegar cualquier documento que usted esté creando o modificando.

El botón Inicio (Start) le da acceso a los programas de su sistema. La barra de tareas actúa como una herramienta de navegación que le permite cambiar de un programa abierto a otro. Los iconos de acceso directo (localizados generalmente al lado izquierdo del escritorio) le permiten ejecutar rápidamente programas, eliminar y restaurar archivos, explorar los recursos de su sistema, tener acceso a Internet y más. A continuación aparece una lista de los iconos de acceso directo que podría encontrar en su escritorio:

Mi PC (My Computer) muestra una ventana que le permite ver el contenido de sus discos y carpetas, configurar impresoras, configurar Windows (por medio del Panel de Control [Control Panel]), configurar las conexiones a Internet y hacer que los programas se ejecuten automáticamente. Vea "Navegue en Mi PC" en la página 85.

Mis documentos (My Documents) es una carpeta en su disco duro y que usted puede utilizar para almacenar cualquier archivo que cree. (También puede utilizar otras carpetas para almacenar sus archivos.)

Internet Explorer ejecuta el explorador Web para Internet Explorer incluido con Windows 98. La primera vez que seleccione este icono, aparecerá el Asistente para la conexión a Internet (Internet Connection Wizard), pidiéndole seleccionar un proveedor de servicio. Vea "Configure su conexión a Internet" en la página 220.

Entorno de red (Network Neighborhood) sólo aparece si usted instaló el soporte para red de Windows. Este icono abre una ventana que le permite tener acceso a otras computadoras y recursos de la red de su compañía, suponiendo que su computadora esté conectada a una red.

Outlook Express ejecuta el programa para correo electrónico de Windows, que le permite enviar y recibir mensajes escritos a través de Internet.

Papelera de reciclaje (Recycle Bin) es un cesto para los archivos que haya decidido eliminar. Al eliminar un archivo, éste es colocado en la Papelera de reciclaje y permanece ahí hasta que usted decide vaciarla. También puede recuperar archivos eliminados, sacándolos de la Papelera de reciclaje. Vea "Elimine y restaure con la Papelera de reciclaje" en la página 117.

Mi Maletín (My Briefcase) sólo aparece si usted optó por instalar las herramientas para computadoras portátiles durante la instalación. Puede utilizar Mi Maletín para transferir rápidamente datos del escritorio de su computadora a su computadora portátil o viceversa. Vea "Sincronice su computadora portátil y su PC con Mi Maletín" en la página 389.

Servicios en línea (Online Services) le proporciona herramientas para suscribirse a los principales servicios en línea comerciales, incluyendo CompuServe y Telefónica IP. Vea "Tenga acceso a los servicios comerciales en línea" en la página 218.

Recorrido guiado   Utilice el escritorio de Windows

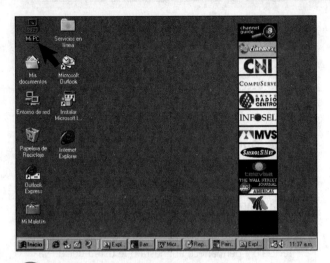

1 Haga doble clic en **Mi PC** (My Computer) para mostrar la ventana del mismo nombre.

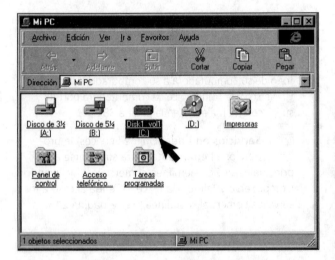

2 Mi PC muestra iconos para todas sus unidades de disco y para los programas de utilidad comunes de Windows, incluyendo el Panel de Control (Control Panel). Haga doble clic en el icono de una unidad para ver el contenido del disco. (Para cerrar Mi PC, haga clic en el botón con la **X** que está en el extremo superior derecho de la ventana.)

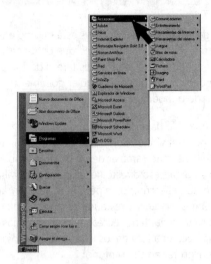

3 Haga clic en el botón **Inicio** (Start) y vaya a **Programas** (Programs) para mostrar un menú de los programas que están instalados en Windows. El menú Accesorios (Accessories) contiene varios programas que usted puede utilizar para crear documentos, realizar operaciones matemáticas o dar mantenimiento a su sistema.

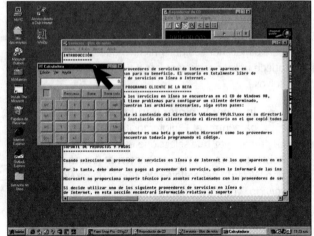

4 Cuando usted ejecute programas, cada programa mostrará su propia ventana. Como puede ver, su escritorio de Windows, al igual que cualquier otro escritorio, se puede saturar.

5 Para cambiar con rapidez entre programas en ejecución, puede hacer clic en el nombre del programa deseado en la barra de tareas.

Recorrido guiado   Utilice el escritorio de Windows

7 Al extremo derecho de la barra de tareas está la bandeja del sistema, que muestra la hora e incluso puede mostrar algunos iconos, como el de Volumen (Volume). Haga clic con el botón derecho del ratón en un icono para mostrar un menú contextual para ese icono. Seleccione las opciones deseadas. (Para ver su nombre, apunte a un icono.)

6 Para regresar rápidamente al escritorio de Windows, haga clic en el botón **Mostrar escritorio** (Show Desktop) que está en la barra de herramientas de Inicio rápido (Quick Launch).

Utilice Active Desktop

Una de las mejoras más importantes hechas a Windows es el Active Desktop, una característica que transforma su escritorio de Windows en un centro de información automatizado. Con Active Desktop y una conexión a Internet, usted puede colocar objetos como etiquetas y mapas del clima justo en su escritorio de Windows, y hacer que se actualicen automáticamente por medio de Internet. Aprenderá a hacer todo esto en "Cómo dominar Active Desktop", que inicia en la página 301.

Active Desktop también ofrece una interfaz nueva y mejorada para tener acceso a sus programas y documentos (aun cuando usted no esté conectado a Internet). Con Active Desktop, el escritorio de Windows funciona como una página Web, permitiéndole ejecutar programas y abrir documentos con un solo clic del ratón.

El nuevo escritorio le permite trabajar en los tres modos siguientes:

- **Estilo Web** (Web Style) trata al escritorio de Windows y a Mi PC (My Computer) como páginas Web, dando acceso con un solo clic a los archivos y programas. Puesto que este libro supone que usted está utilizando el estilo Web, asegúrese de que éste esté activado, siguiendo los pasos del **Recorrido guiado.**

- **Estilo clásico** (Classic Style) hace que Windows 98 actúe como Windows 95. Las carpetas de Mi PC no aparecen como páginas Web, y usted deberá hacer doble clic en los iconos para ejecutar los programas o abrir documentos.

- **Personalizar** (Custom) le permite seleccionar las preferencias que controlan la apariencia y el comportamiento de Windows. Por ejemplo, usted puede mantener los fondos de las páginas Web para Mi PC y cambiar el acceso con un doble clic.

El *Recorrido guiado le muestra* cómo cambiar los modos para Active Desktop e ilustra las bases para trabajar con Active Desktop en Estilo Web.

Recorrido guiado Seleccione el estilo Web o el clásico

1 Haga clic o doble clic en **Mi PC** (My Computer) del escritorio de Windows. Si Mi PC se abre con un solo clic, está activado el Estilo Web.

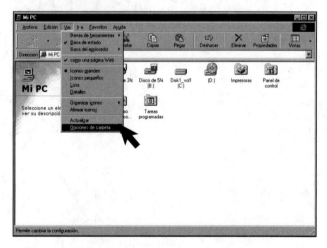

2 Aparece la ventana Mi PC. Abra el menú **Ver** (View) y seleccione **Opciones de carpeta** (Folder Options).

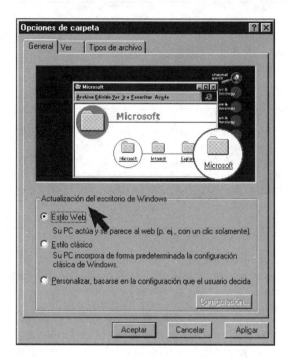

los arc...
Web (Wet...
se vea y actúe...
(Classic Style).

4 Para guardar la co...
Aceptar (OK). Si se le...
acceso de un solo clic, elija Sí (Yes...
obtener instrucciones sobre cómo uti...
vea "Trabaje en estilo Web" en la página...

Recorrido guiado Vea su escritorio como una página Web

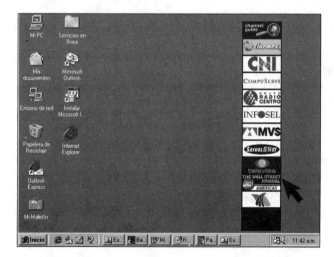

1 Si la Barra de canales está desplegada en el escritorio, Active Desktop ya está configurado para mostrar el escritorio como una página Web.

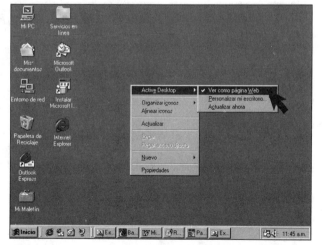

2 Si la Barra de canales no aparece, haga clic con el botón derecho del ratón en un área en blanco del escritorio, vaya a Active Desktop y haga clic en **Ver como página Web** (View As Web Page).

cierre ventanas

[...]a dominar Windows 98 (o cualquier otra ver-
[...]indows), usted deberá saber cómo trabajar
[...], los cuadros que aparecen en el escritorio cada
[...]ed ejecuta un programa o abre un archivo. Con-
[...]ed realice tareas dentro de Windows, trabajará con
[...]s de ventanas: las ventanas de programas y las ven-
[...]e documentos.

[...]ndo usted ejecuta un programa, éste abre su propia ven-
[...]a de programa (como la ventana Mi PC [My Computer]
[...]ue encontró anteriormente), la cual contiene menús, botones y otros comandos que le permiten trabajar con los documentos creados en ese programa.

Cuando usted crea o abre un archivo dentro de un programa, el programa muestra el archivo en una ventana de documento. Si usted abre varias ventanas de documentos dentro
de un programa, éste mostrará cada documento dentro de
su propia ventana. Todas las ventanas de documentos aparecen dentro de la ventana del programa.

Aunque podría resultar confuso pensar en tantas ventanas
(ventanas dentro de ventanas) tenga en mente que todas las

ventanas funcionan de igual forma. Cuando aprenda a abrir,
cerrar, minimizar, maximizar y cambiar el tamaño de las ventanas en este *Recorrido guiado* y en el siguiente, sabrá cómo
realizar estas tareas en todas las ventanas.

> Todos los programas y documentos utilizan una
> parte de la memoria de su computadora, por lo
> que cuantas más ventanas abra, más memoria uti-
> liza. Si su sistema se empieza a hacer lento o si re-
> cibe un mensaje de Memoria insuficiente, cierre
> algunas ventanas.

Antes de ir al *Recorrido guiado*, abra la ventana Mi PC
(que es una ventana de programa) y utilice la tabla que está
a continuación para identificar los controles comunes de la
ventana Mi PC.

El siguiente *Recorrido guiado* le muestra las bases para abrir
y cerrar ventanas. Para un control más preciso de éstas, vea
la sección siguiente "Mueva y redimensione las ventanas".

Icono	Nombre	Descripción
	Menú Control (Control Menu)	Haga clic en este icono en la esquina superior izquierda de la ventana para mostrar un menú de comandos para controlar el tamaño y la ubicación de la ventana. La apariencia de este icono varía dependiendo del programa; podría aparecer como el emblema del programa.
	Minimizar (Minimize)	Haga clic en este botón para que la ventana se reduzca cuanto sea posible. Si se trata de una ventana de programa, ésta se replegará en la barra de tareas. Si es una ventana de documento, podría abrirla de nuevo seleccionándola del menú Ventana (Window) del programa.
	Maximizar (Maximize)	Haga clic en este botón para agrandar la ventana al máximo posible. La ventana toma el tamaño de la pantalla, salvo el área de la barra de tareas. Después de hacer clic en el botón Maximizar (Maximize) éste se convierte en el botón Restaurar (Restore).
	Restaurar (Restore)	Cuando una ventana se encuentre a su tamaño máximo, utilice este botón para restaurarla a su tamaño anterior. Después de hacer clic en el botón Restaurar, éste se convierte en el botón Maximizar.
	Cerrar (Close)	Haga clic en este botón para cerrar por completo la ventana. Si antes de cerrar una ventana no ha guardado los cambios hechos a un documento, el programa le insta a hacerlo y luego la cerrará.

Recorrido guiado   Abra una ventana

1 Para abrir una ventana de programa, haga clic en el icono de acceso directo del programa que desea ejecutar, o selecciónelo del menú **Inicio | Programas** (Start | Programs) o de uno de sus submenús.

3 Para abrir un documento que haya creado anteriormente, utilice el **comando Archivo | Abrir** (File | Open) del programa; o bien use el comando **Archivo | Nuevo** (File | New) para iniciar un nuevo documento.

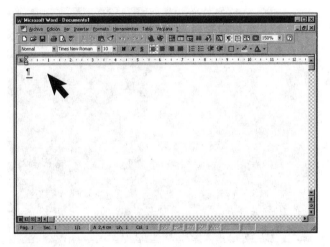

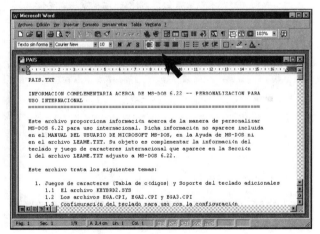

2 El programa abre su propia ventana sobre el escritorio. La figura de arriba muestra Word para Windows, que no se incluye como parte de Windows 98.

4 Aparece una ventana de documento dentro de la ventana del programa. Ahora usted podrá crear o modificar el documento.

Recorrido guiado   Cierre una ventana

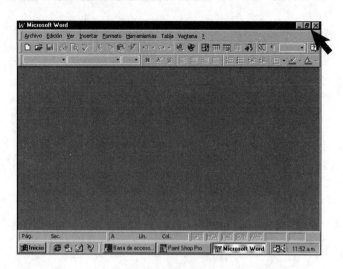

1 Antes de cerrar una ventana de documento o de programa, guarde cualquier documento que esté abierto utilizando el comando **Archivo I Guardar** (File I Save). Para utilizar Mi PC en Estilo Web, vea "Guarde un documento" en la página 139.

3 El programa cierra la ventana del documento, pero mantiene abierta su propia ventana. Para cerrarla, haga clic en el botón **Cerrar** (X).

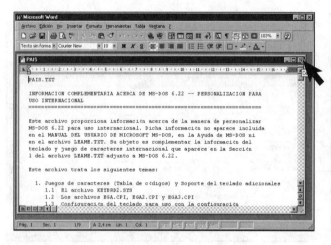

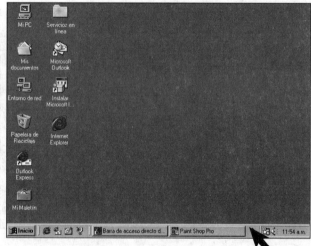

2 Para cerrar la ventana de un documento, haga clic en su botón **Cerrar** (X) propio. Si dicha ventana está a su tamaño máximo, el botón podría encontrarse justo debajo del botón Cerrar de la ventana del programa.

4 Windows cierra la ventana del programa. Note que la barra de tareas ya no muestra un botón para ese programa.

Mueva y redimensione las ventanas

Es muy común tener varios elementos al mismo tiempo sobre el escritorio. Usted podría estar escribiendo una carta para su compañía de seguros en la ventana de Word-Pad, mientras utiliza la Calculadora de Windows en otra y juega Solitario en una tercera ventana. Cuantas más ventanas abra, su escritorio puede llegar a saturarse, dificultando el acceso a otros programas o el acopio de información de un programa a otro.

La solución es mover y cambiar el tamaño de sus ventanas para acomodarlas en áreas convenientes del escritorio. Windows ofrece varias opciones para cambiar el tamaño y ajustar las ventanas del escritorio, como lo puede ver en el *Recorrido guiado*.

Recorrido guiado   Redimensione una ventana

1 Haga clic en el botón **Minimizar** (Minimize) para quitar rápidamente una ventana del escritorio.

3 Para hacer que una ventana aparezca al tamaño de la pantalla, haga clic en su botón **Maximizar** (Maximize). Este botón será sustituido por el botón Restaurar (Restore).

(continúa)

2 La ventana se repliega del escritorio. Para ponerla de nuevo a la vista, haga clic en su botón que está dentro de la barra de tareas.

Recorrido guiado Redimensione una ventana *(continuación)*

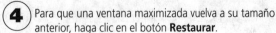

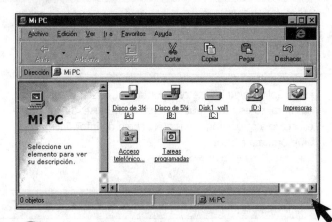

4 Para que una ventana maximizada vuelva a su tamaño anterior, haga clic en el botón **Restaurar**.

5 Si una ventana no está maximizada o minimizada, usted puede redimensionarla tomando con el puntero uno de sus bordes o una esquina de la misma y arrastrar hasta al tamaño deseado.

Para maximizar o restaurar una ventana rápidamente, haga doble clic en su barra de título (la barra de color en la parte superior de la ventana). Usted puede hacer clic con el botón derecho del ratón en un botón de la barra de tareas para ver las opciones que sirven para controlar una ventana minimizada (como la de cerrar la ventana). Además, usted puede minimizar o restaurar rápidamente una ventana de programa haciendo clic en su botón de la barra de tareas.

Recorrido guiado — Mueva una ventana

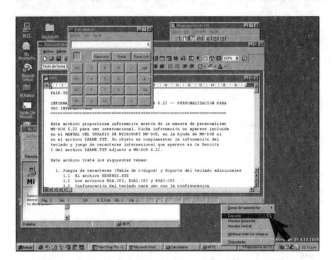

1 Windows puede acomodar automáticamente las ventanas de sus programas sobre el escritorio. Haga clic con el botón derecho del ratón en un área en blanco de la barra de tareas y seleccione el orden deseado: **Cascada** (Cascade Windows), para ventanas sobrepuestas; **Mosaico Horizontal** (Tile Windows Horizontally) para ventanas lado a lado; **Mosaico Vertical** (Tile Windows Vertically) para ventanas apiladas, o **Minimizar todas las ventanas** (Minimize All Windows).

2 Cuando las ventanas están en cascada, queda visible la barra de título de cada ventana. Haga clic en cualquier parte expuesta de la ventana deseada para traerla al frente.

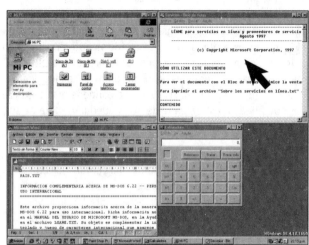

3 Las ventanas en mosaico son útiles para copiar datos de un programa a otro o para consultar un programa mientras está trabajando en otro; sin embargo, suelen ser muy pequeñas.

4 Si la ventana no está maximizada, usted podrá moverla manualmente. Coloque el puntero del ratón en la barra de título de la ventana y arrástrela hacia la ubicación deseada, a la izquierda, a la derecha, hacia arriba, hacia abajo o a una esquina.

Utilice las barras de desplazamiento

Las ventanas de los programas y de los documentos son como las ventanas de su casa o de su automóvil. Si mira a través de una ventana, sólo verá una parte del paisaje. Del mismo modo, las ventanas de los programas y de los documentos limitan su visión. Si la ventana contiene más datos de los que puede mostrar, parte de éstos quedarán fuera de su vista.

Para superar esta limitación, las ventanas utilizan barras de desplazamiento. Si el contenido de una ventana excede el alto o ancho de la misma, aparecen barras de desplazamiento sobre toda la parte lateral derecha o inferior de la ventana. Usted puede utilizar las barras de desplazamiento para traer los datos dentro del área que muestra la ventana. El *Recorrido guiado* le mostrará cómo hacerlo.

Desplácese con su teclado

Mientras usted trabaja en un documento, sus dedos pasan más tiempo sobre el teclado que sobre el ratón. En ese caso, tal vez le sea más cómodo utilizar su teclado para desplazarse por una ventana. Utilice las siguientes teclas para desplazarse en la mayoría de las ventanas que contienen texto:

Flechas lo desplazan poco a poco hacia arriba, hacia abajo, a la izquierda o a la derecha.

Regresar Página (Page Up) muestra la pantalla anterior.

Avanzar Página (Page Down) muestra la pantalla siguiente.

Inicio (Home) le lleva al principio de la línea actual.

Fin (End) le lleva al final de la línea actual.

Ctrl+flecha le lleva una palabra a la izquierda o a la derecha, o un párrafo hacia arriba o hacia abajo.

Ctrl+Regresar Página le lleva al principio de la página anterior.

Ctrl+Avanzar Página le lleva al fin de la página siguiente.

Ctrl+Inicio le lleva al principio del documento.

Ctrl+Fin le lleva al final del documento

Desplácese con Microsoft IntelliMouse

Microsoft desarrolló recientemente un nuevo ratón, llamado IntelliMouse, el cual tiene una rueda entre los botones izquierdo y derecho. Con IntelliMouse usted se puede desplazar rápidamente con sólo girar esta rueda. Gírela hacia usted para desplazarse hacia abajo, o hacia adelante para desplazarse hacia arriba. La rueda realiza diferentes funciones dependiendo del programa con que la esté utilizando.

Aunque los botones del IntelliMouse de Microsoft son compatibles con la mayoría de los programas, la rueda podría no soportar algunos. El IntelliMouse es soportado en todos los accesorios de Windows 98, incluyendo a Internet Explorer.

Recorrido guiado   Desplácese dentro de una ventana

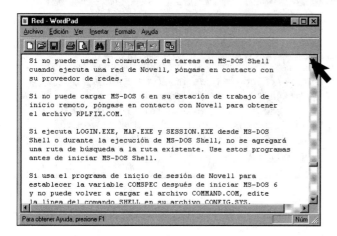

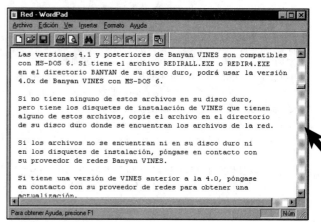

1 Si el contenido de una ventana es más extenso o más ancho que la propia ventana, aparecen barras de desplazamiento en la parte inferior o al lado derecho de la misma. Haga clic en la flecha de desplazamiento superior o inferior para desplazarse una línea a la vez.

3 Para desplazarse una ventana completa hacia arriba, hacia abajo, a la izquierda o a la derecha, haga clic dentro de la barra de desplazamiento a cualquier lado del cuadro de desplazamiento.

> Para desplazarse continuamente, señale una flecha de desplazamiento y mantenga presionado el botón izquierdo del ratón.

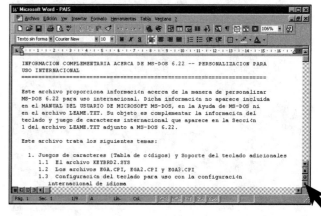

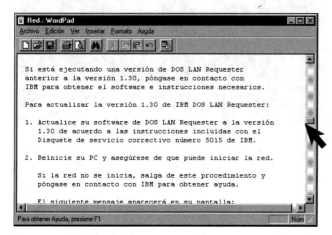

4 Algunos programas, como Microsoft Word, tienen controles de desplazamiento adicionales. Usted puede hacer clic en el botón Página siguiente (Next Page) o Página anterior (Previous Page). El botón que está entre los botones superior e inferior le permite introducir preferencias para los controles. Por ejemplo, usted puede configurar los botones superior e inferior para que lo lleven al gráfico siguiente o al anterior.

2 Para desplazarse con mayor rapidez, arrastre el cuadro en la barra de desplazamiento. En algunos programas, como en Microsoft Word, aparece un cuadro pequeño o globo indicador junto a la barra de desplazamiento, para indicarle la nueva posición dentro del documento.

Ordene los iconos de acceso directo

Windows coloca varios iconos de acceso directo en el escritorio para darle acceso rápido a las herramientas y funciones de Windows más útiles, como Mi PC (My Computer). Usted puede agregar iconos para los programas y documentos que utilice con frecuencia, como se explica en "Cree accesos directos a discos, carpetas y archivos" en la página 114. Muchos programas también colocan sus iconos de acceso directo sobre el escritorio durante la instalación.

Además de agregar iconos de acceso directo, usted puede mover los iconos que ya están sobre su escritorio o hacer que Windows vuelva a acomodarlos por usted. El *Recorrido guiado* le muestra lo que debe hacer.

> Si usted trata de mover un icono de acceso directo y éste se regresa a su ubicación original, es porque está activada la Organización automática (Auto Arrange). Para desactivarla, haga clic con el botón derecho del ratón en el escritorio, vaya a **Organizar iconos** (Arrange Icons) y haga clic en **Organización automática** para quitar la marca de esta opción.

Recorrido guiado   Mueva los iconos de acceso directo

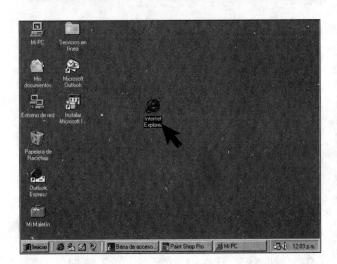

1 Vaya al icono de acceso directo que desea mover, y luego mantenga presionado el botón del ratón mientras arrastra el icono hacia la posición deseada.

2 El icono se verá transparente mientras lo arrastra. Suelte el botón del ratón para dejar de moverlo.

> Si Active Desktop está activado (los nombres de los iconos de acceso directo deberán aparecer subrayados), tenga cuidado de no hacer clic y luego arrastrar. Si hace clic en un icono de acceso directo, ejecutará el programa relacionado con ese icono o abrirá la carpeta o archivo hacia el que está dirigido. Sin dejar de presionar el botón, mueva el ratón para arrastrar el icono.

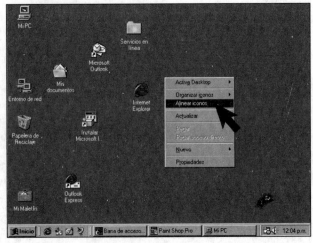

3 Para alinear los iconos sin tener que acomodarlos de nuevo todos, haga clic con el botón derecho del ratón en el escritorio y seleccione **Alinear iconos** (Line Up Icons).

Recorrido guiado   Mueva los iconos de acceso directo

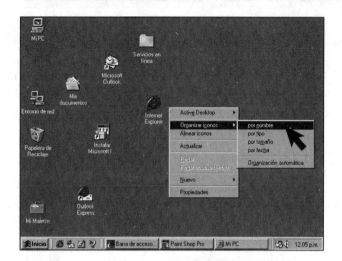

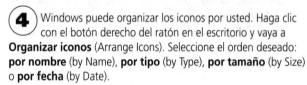

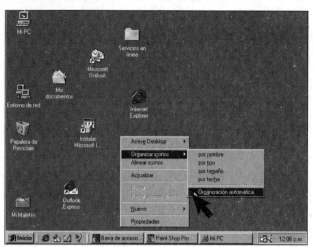

4 Windows puede organizar los iconos por usted. Haga clic con el botón derecho del ratón en el escritorio y vaya a **Organizar iconos** (Arrange Icons). Seleccione el orden deseado: **por nombre** (by Name), **por tipo** (by Type), **por tamaño** (by Size) o **por fecha** (by Date).

5 Para que Windows alinee automáticamente los iconos cuando usted los mueve, haga clic con el botón derecho del ratón en el escritorio y seleccione **Organizar iconos | Organización automática** (Arrange Icons | Auto Arrange).

Introduzca comandos

Windows ofrece varias formas de introducir comandos. El método más común es hacer clic en el nombre de un menú para abrirlo, y luego seleccionar la opción deseada de ese menú. Usted también puede hacer clic en un icono de acceso directo, de un programa o de un documento para ejecutar programas o abrir documentos. Para ahorrar tiempo Windows ofrece métodos abreviados con el teclado, los cuales le permiten saltarse el sistema de menús para utilizar los comandos más comunes, como guardar e imprimir documentos. Por ejemplo, en la mayoría de los programas usted puede presionar Ctrl+G (Ctrl+S) en vez de abrir el menú Archivo (File) y seleccionar Guardar (Save). Las secciones siguientes explican los procedimientos para introducir comandos en Windows. El *Recorrido guiado* le muestra cómo introducir comandos.

Introduzca comandos de menú

La forma más fácil de introducir comandos en Windows y en los programas de Windows, es seleccionar los comandos de los menús. Usted ya ha seleccionado comandos del menú Inicio (Start) que está en la parte inferior del escritorio de Windows. La mayoría de los programas contiene una barra de menús en la parte superior de cada programa, que ofrece varios menús. Usted puede abrir un menú haciendo clic en su nombre o manteniendo presionada la tecla Alt y oprimiendo la tecla de la letra subrayada del nombre del menú (por ejemplo, presione Alt+A para abrir el menú Archivo).

Conforme trabaje con menús, se dará cuenta que no todos los comandos de los menús se ven igual. La apariencia de cada comando le puede dar una pista de lo que pasará si usted selecciona ese comando:

- Un comando estándar que no tiene flechas ni tres puntos (…) se ejecuta inmediatamente al seleccionarlo. Por ejemplo, si usted selecciona Edición, Pegar (Edit, Paste) el programa pegará inmediatamente el objeto que usted copió en el punto de inserción en un documento, sin preguntar.

- Un comando seguido por tres puntos (…) mostrará un cuadro de diálogo que le pedirá especificar preferencias adicionales o confirmar la operación. Usted deberá responder al cuadro de diálogo y hacer clic en un botón o presionar una tecla para ejecutar el comando. Vea "Responda a los cuadros de diálogo" en la página 32.

- Un comando seguido por una flecha (▶) abre un submenú que proporciona una lista de comandos adicionales. Por ejemplo, si hace clic en el botón Inicio de Windows y se dirige a Programas (Programs), aparecerá un submenú mostrando una lista de los programas instalados que usted puede seleccionar. Sólo deje el puntero del ratón sobre la opción para abrir el submenú.

- Un comando con opción de verificación le permite activar o desactivar la opción. Si ésta tiene una marca junto a ella, está activada. Seleccione la opción para desactivarla (eliminando la marca). Por ejemplo, un programa podría tener varias barras de herramientas que usted puede activar o desactivar.

- Un comando cuyo nombre se ve atenuado está deshabilitado; usted no lo puede seleccionar. Por ejemplo, si ejecuta Mi PC (My Computer) y abre el menú Ir a (Go), la opción Atrás (Back) aparece difusa, puesto que usted aún no se ha movido hacia delante.

Ejecute comandos instantáneos con las barras de herramientas

Muchos programas de Windows muestran una barra de herramientas en la parte superior de la ventana (por lo general justo debajo de la barra de menús), la cual le permite saltarse el sistema de menús e introducir comandos rápidamente. Para introducir un comando, usted deberá hacer clic en el botón apropiado de la barra de herramientas.

En muchos programas, cuando usted deja el puntero del ratón sobre un botón de la barra de herramientas, aparece un cuadro o un globo mostrando el nombre o la función del botón seleccionado. Éstos se llaman *Sugerencias en pantalla* (*ToolTips* o *ScreenTips*) en los programas de Microsoft.

Obtenga menús contextuales de un clic derecho

Antes de que existiera Windows, el botón derecho del ratón no tenía prácticamente algún uso. Ahora con Windows usted puede utilizar el botón derecho para desplegar menús contextuales. Por ejemplo, si usted hace clic con el botón derecho del ratón en el escritorio de Windows, aparece un menú contextual que le ofrece comandos para controlar el escritorio de Windows. Los menús contextuales son muy útiles, ya que muestran los comandos más comunes para el objeto seleccionado.

Sáltese los menús con los métodos abreviados

Aunque los menús son la herramienta más intuitiva para ejecutar comandos, también son una de las más lentas. Para acelerar este proceso, tanto Windows como la mayoría de los programas para Windows le permiten utilizar combina-ciones de teclas para evitar el sistema de menús. Por ejemplo, usted puede presionar F1 para obtener ayuda o presionar Alt+F4 para salir de un programa. La tabla siguiente enuncia los métodos abreviados de teclado más comunes para Windows. Revise la documentación que viene con sus demás programas para obtener métodos abreviados adicionales.

> Aunque estos métodos abreviados tal vez no le sirvan de mucho cuando esté aprendiendo a utilizar Windows, podrían serle muy útiles después. Marque esta página con una etiqueta autoadherible para que pueda volver a ella rápidamente.

Métodos abreviados del teclado de Windows

Presione	Para
F1	Desplegar pantallas de ayuda general o ayuda sensible al contexto para el cuadro de diálogo actual.
Alt+F4	Salir de un programa o cerrar Windows (si no hay otro programa activo).
Shift+F10	Mostrar el menú contextual del objeto seleccionado.
Ctrl+Esc	Activar la barra de tareas y abrir el menú Inicio (Start).
Alt+Tab	Cambiar a la ventana del programa previamente activo.
Ctrl+X	Cortar el objeto seleccionado.
Ctrl+C	Copiar el objeto seleccionado.
Ctrl+V	Insertar el objeto cortado o copiado.
Ctrl+Z	Deshacer la acción previa.
Supr	Eliminar el objeto seleccionado o el carácter que está a la derecha del punto de inserción.
Ctrl+E (A)	Seleccionar todos los objetos (en Mi PC o en el Explorador de Windows).
F5	Actualizar la ventana de Mi PC o del Explorador de Windows.
Retroceso (BackSpace)	Ver la carpeta superior a la carpeta actual. Backspace también borra el carácter a la izquierda del punto de inserción al usar la tecla para modificar un nombre de un objeto (como debía estar dentro de un documento).
F2	Cambiar el nombre de la opción seleccionada.
F3	Buscar una carpeta o archivo.
Alt+Entrar	Eliminar el archivo o carpeta seleccionado sin utilizar la Papelera de reciclaje.
Shift (CD)	Desactivar AutoPlay para el CD-ROM que está insertando.

Recorrido guiado   Ejecute comandos de menús

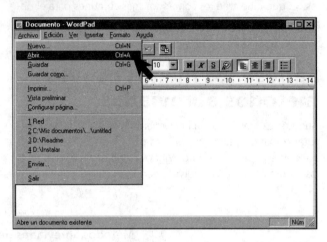

1 Haga clic en el botón **Inicio** (Start) para abrir el menú de Inicio. Aparece una lista de comandos y submenús.

2 Diríjase hacia el nombre de un submenú para abrirlo. Cuando a alguna opción de un menú le sigue una flecha, ésta abre un submenú de opciones adicionales.

4 Muchos programas tienen una barra de menús directamente debajo de la barra de título. Para abrir un menú, haga clic en su nombre.

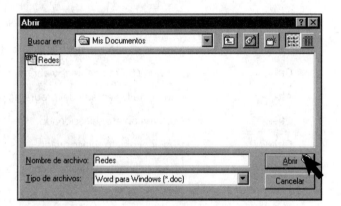

5 Seleccionar una opción seguida por una elipse, (tres puntos…) despliega un cuadro de diálogo, como se muestra aquí. Introduzca sus preferencias y haga clic en un botón de comando para ejecutarlo. Vea "Responda a los cuadros de diálogo" en la página 32.

3 Haga clic en el comando deseado para ejecutarlo. Los comandos listados en el menú Inicio I Programas (Start I Programs) o de uno de sus submenús ejecutan programas.

Recorrido guiado Ejecute comandos de menús

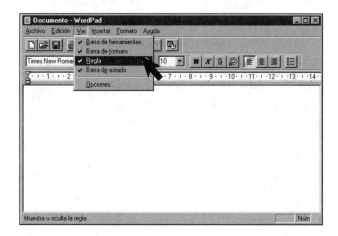

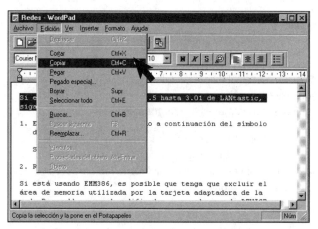

6 Las opciones con casilla de verificación le permiten activar o desactivar una función. Esta imagen muestra opciones con casilla de verificación para activar y desactivar características de WordPad.

8 Muchos programas, incluyendo Windows, ofrecen métodos abreviados con el teclado para los comandos más comunes. En general la alternativa de teclado se especifica junto a la opción correspondiente del menú, para ayudarle a memorizarlos.

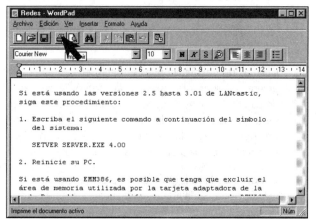

7 Haga clic con el botón derecho del ratón en un área de la pantalla, en un texto seleccionado o en cualquier otro objeto para desplegar un menú contextual que muestra opciones que sólo se aplican a esa área u objeto. Haga clic en el comando deseado.

9 Muchos programas tienen una barra de herramientas que muestra botones para los comandos más comunes. Para ver una descripción del botón, deje el puntero del ratón sobre éste.

10 Para ejecutar un comando utilizando la barra de herramientas, haga clic en el botón deseado.

Haga clic con el botón derecho del ratón en un icono de acceso directo, de programa o de archivo y seleccione **Propiedades** (Properties) para obtener información sobre ese icono o archivo. Remítase a "Vea las propiedades de discos, carpetas y archivos" en la página 121.

Responda a los cuadros de diálogo

ada vez que usted selecciona un comando seguido por tres puntos (...), lo que se conoce como *elipsis*, Windows muestra un cuadro de diálogo que le pide insertar información adicional o confirmar la acción. Aunque los cuadros de diálogo pueden variar en apariencia, los elementos siguientes son comunes a la mayoría de ellos:

Fichas contienen grupos de opciones relacionadas. Para cambiar a una página de opciones, haga clic en la ficha de esa página. (Utilice **Ctrl+Tab** para recorrer las fichas con su teclado.)

Cuadros de texto le permiten llenar los espacios en blanco. Haga clic en un cuadro de texto y escriba el parámetro o información deseados. Usted puede hacer doble clic en la mayoría de los cuadros de texto para resaltar la anotación seleccionada y luego empezar a sustituirla.

Botones de opción le permiten seleccionar una opción de un grupo de opciones. Cuando usted selecciona una opción diferente, se desactiva la opción actualmente seleccionada.

Casillas de verificación le permiten seleccionar cualquiera de las distintas opciones del grupo. Al contrario de con los botones de opción, usted puede seleccionar tantas opciones como desee. Para activar o desactivar una opción, haga clic en su casilla de verificación. Una marca en la casilla indica que la opción está activada.

Cuadros de lista le permiten seleccionar entre dos o más opciones. Si la lista es larga, aparecerá una barra de desplazamiento a la derecha de la lista. Utilice la barra para hacer visibles opciones adicionales.

Listas desplegables son similares a los cuadros de lista, pero la lista muestra al principio sólo la opción seleccionada actualmente. Para abrir la lista, haga clic en la flecha hacia abajo que se encuentra a la derecha de la lista. Entonces podrá seleccionar la opción deseada.

Controles giratorios en general tienen el doble de tamaño que los cuadros de texto. Usted puede hacer clic en el cuadro de texto y escribir el parámetro seleccionado o hacer clic en las flechas hacia arriba y hacia abajo que están a la derecha de la lista para cambiar el parámetro en forma secuencial.

Botones de opción   Cuadro de texto   Casilla de verificación   Control giratorio

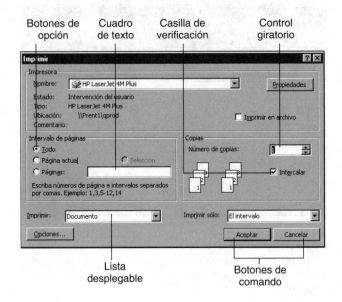

Lista desplegable   Botones de comando

Fichas   Cuadro de lista

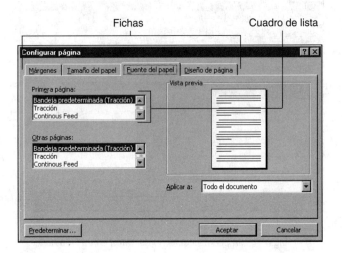

Botones de comando le permiten ejecutar o cancelar el comando. La mayoría de los cuadros de diálogo tiene tres botones de comando: **Aceptar** (OK) o **Sí** (Yes); **Cancelar** (Cancel), para abortar la opción, y **Ayuda** (Help), para mostrar información adicional sobre las opciones enunciadas.

Usted puede utilizar el ratón o el teclado para navegar por los cuadros de diálogo, como se muestra en el *Recorrido guiado*. Para utilizar el ratón, haga clic en la opción o botón de comando que desea. Si quiere utilizar el teclado, presione el tabulador para ir a la opción siguiente. Entonces podrá presionar la barra de espacio para seleccionar un botón de opción o casilla de verificación, presionar las flechas para seleccionar un elemento de un cuadro de lista o de una lista desplegable, o presionar **Entrar** para ejecutar el botón de comando seleccionado.

Muchos cuadros de diálogo tienen integrado su propio sistema de ayuda. Si en el extremo superior derecho del cuadro de diálogo ve un botón que tiene un signo de interrogación, haga clic en él y luego haga clic en la opción sobre la que necesita ayuda. En algunos casos, podrá hacer clic con el botón derecho del ratón en la opción y seleccionar **¿Qué es esto?** (What's This) para mostrar la ayuda sensible al contexto.

Recorrido guiado   Navegue por los cuadros de diálogo

1 Cuadros de diálogo con muchos grupos de opciones que tienen alguna relación con las opciones de páginas. Haga clic en una ficha para traer su página al frente.

2 Para cambiar una anotación de un cuadro de texto, haga doble clic en la anotación actual y escriba el texto o parámetro deseado. En vez de remplazar el texto, puede hacer clic en la parte del texto donde desea hacer un cambio y luego modificar la anotación.

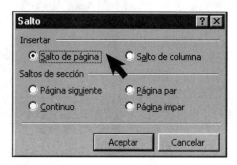

3 En un grupo de opciones los botones de opción le permiten seleccionar únicamente una opción. Haga clic en la opción deseada para desactivar la que está seleccionada actualmente.

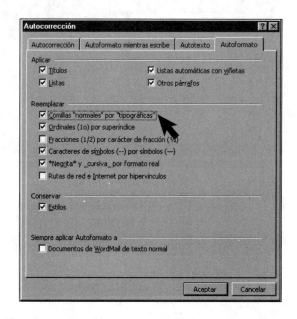

4 En un grupo de opciones con casillas de verificación, usted puede seleccionar todas, algunas o ninguna opción del grupo. Haga clic en la casilla de verificación para agregar una marca (activar la opción) o para quitarla (desactivar la opción).

(continúa)

Recorrido guiado Navegue por los cuadros de diálogo *(continuación)*

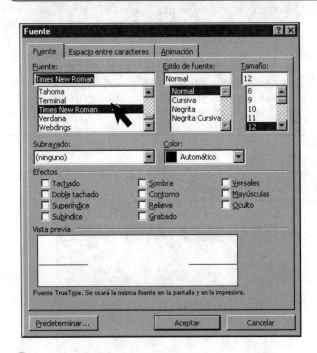

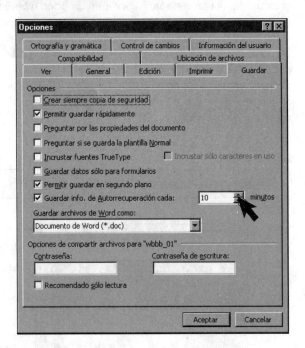

5 Los cuadros de lista muestran dos o más opciones. Para seleccionar una opción, haga clic en su nombre.

7 Puede hacer doble clic en una anotación de un cuadro combinado y escribir el parámetro deseado o utilizar las flechas hacia arriba y hacia abajo para cambiar el parámetro en forma secuencial.

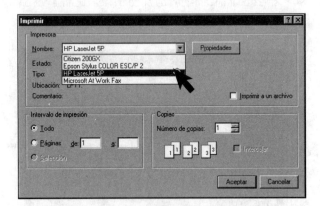

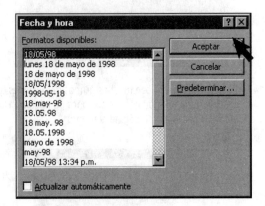

6 Una lista desplegable muestra únicamente la opción seleccionada actualmente. Para abrir la lista, haga clic en la flecha que está a la derecha del cuadro. Entonces podrá seleccionar la opción deseada haciendo clic en ella.

8 Después de introducir los parámetros deseados, haga clic en un botón de comando para guardar los cambios que haya hecho y cerrar el cuadro de diálogo o bien cancelar el comando.

Acceda a la ayuda de Windows

Windows contiene su propio sistema de ayuda en línea que puede responder a muchas de sus dudas sobre Windows y darle información adicional sobre sus características. Este sistema presenta una tabla de contenido y un índice para ayudarle a buscar información específica.

Cuando usted selecciona Inicio | Ayuda (Start | Help), Windows despliega la ventana **Ayuda de Windows** (Windows Help), que ofrece los tres siguientes tipos de ayuda:

- **Contenido** (Contents) funciona como un manual del usuario en línea. Haga clic en el icono de un libro o nombre para ver una lista de temas relacionados y luego haga clic en el tema deseado para desplegar la información en el panel derecho.

- **Índice** (Index) despliega una extensa lista de temas. Escriba el tema deseado en el cuadro de texto del índice y Windows desplegará una lista de temas que coincidan

con su anotación. Entonces haga clic en el tema deseado para desplegar la información en el panel derecho.

- **Búsqueda** (Search) proporciona una herramienta que busca a través de todo el contenido del sistema de ayuda para encontrar referencias que contengan la palabra o frase que usted especificó. (Aunque esta característica le puede ayudar a buscar entre los temas menos comunes, más bien le da una lista de temas que sería innecesario enumerar. Por ahora sólo ataque las fichas Contenido e Índice.)

El *Recorrido guiado* le muestra cómo tener acceso y navegar por el sistema de ayuda.

> Al hacer clic en algunos temas, Windows podría desplegar un cuadro de diálogo que muestra subtemas adicionales. Haga clic en el subtema deseado.

Recorrido guiado   Utilice el sistema de Ayuda de Windows

1 Para usar el sistema de Ayuda de Windows, haga clic en **Inicio | Ayuda** (Start | Help).

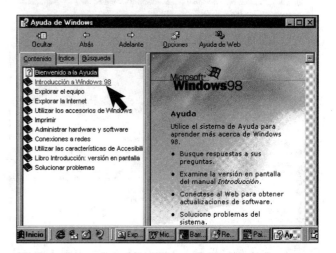

2 Aparece la ventana Ayuda de Windows, con la ficha Contenido al frente. La tabla de contenido es el mejor lugar para buscar información general sobre Windows. Haga clic en un icono con forma de libro para obtener el tema de Windows deseado.

(continúa)

Recorrido guiado   Utilice el sistema de Ayuda de Windows   *(continuación)*

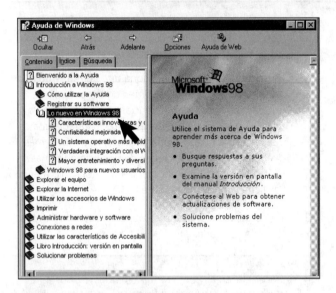

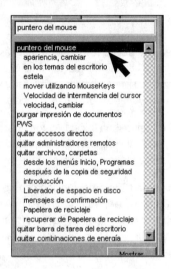

3 Aparece una lista de temas. Haga clic en el subtema deseado y luego en un tema que tenga un signo de interrogación junto a él. También puede contraer (ocultar) la lista de subtemas haciendo clic en el icono con forma de libro. Haga clic en el subtema deseado.

5 Si usted tiene una pregunta específica, haga clic en la ficha **Índice**. Aparece una lista de temas en orden alfabético.

6 Haga clic en el cuadro de texto de la ficha índice y escriba una o más palabras que describan el tema deseado. Por ejemplo, podría escribir **mouse.** Mientras escribe, Windows resalta el primer tema del índice que coincida con su anotación.

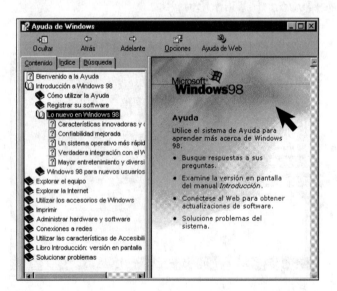

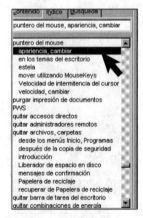

7 Recorra la lista, y haga doble clic en el tema deseado para desplegar su contenido en el panel de la derecha.

4 El contenido del subtema seleccionado aparece en el panel de la derecha. Lea o utilice la información que necesite.

Recorrido guiado Utilice el sistema de Ayuda de Windows

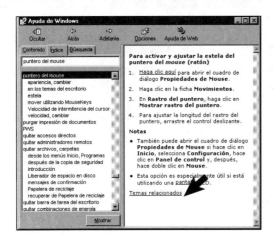

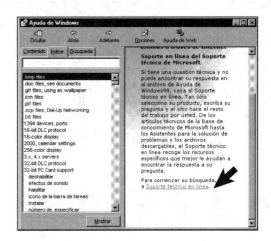

8 Muchos temas de ayuda contienen *saltos* que apuntan a temas relacionados. Los saltos aparecen con un color diferente y están subrayados. Haga clic en un salto para mostrar información adicional.

9 Usted puede volver al tema anterior del sistema de ayuda haciendo clic en el botón **Atrás** (Back).

10 Para imprimir el contenido del tema relacionado para referencia futura, haga clic en **Opciones** (Options) y luego en **Imprimir** (Print).

11 El botón **Ocultar** (Hide) le permite cerrar el panel izquierdo y mostrar únicamente el contenido del tema seleccionado. Esto da a la ventana más espacio para mostrar el contenido de la ayuda. (El botón Ocultar es remplazado por el botón Mostrar [Show], que usted puede utilizar para mostrar de nuevo el panel izquierdo.)

12 Para tener acceso a la ayuda del sitio Web de Microsoft, haga clic en el botón **Ayuda de Web** (Web Help) y luego haga clic en el vínculo **Soporte técnico en línea** (Support Online) para conectarse al soporte técnico de Microsoft en Web.

13 Windows ejecuta Internet Explorer, establece su conexión a Internet, le conecta al sitio Web de Microsoft, y muestra la página Windows 98 Help. Vea "Cómo utilizar Windows 98 en World Wide Web" en la página 217.

Cambie la fecha y hora del sistema

A ntes de terminar esta sección, dé un vistazo a la esquina derecha de su barra de tareas. En la bandeja del sistema, Windows muestra la hora actual de acuerdo con su computadora. Deje unos momentos el puntero del ratón sobre el indicador de la hora para ver la fecha. Si la hora y la fecha son incorrectas, usted puede ajustarlas rápidamente, como se muestra en el *Recorrido guiado*.

Si acaba de comprar su computadora, tal vez aparezca la hora actual de la ubicación geográfica del fabricante. Si usted posee una computadora que tiene ya algún tiempo y que continuamente pierde la hora, deberá llevarla con un técnico calificado para que la revise. Tal vez tenga que remplazar la batería que alimenta de energía al reloj interno.

Recorrido guiado Ajuste la fecha y la hora

1 Haga clic con el botón derecho del ratón en el indicador de la hora y seleccione **Ajustar fecha/hora** (Adjust Date/Time).

2 Aparece el cuadro de diálogo Propiedades de fecha y hora (Date/Time Properties). Haga clic en las flechas hacia arriba y hacia abajo a la derecha del cuadro combinado del año para ajustar el año actual. Abra la lista desplegable para el mes, y seleccione el mes actual. Haga clic en el día actual del calendario.

3 Para ajustar la hora, haga clic en hora, minuto o segundo. Después haga clic en la flecha, hacia arriba o hacia abajo, a la derecha de la hora para ajustar la hora, minuto o segundo correctos. Repita este paso las veces necesarias hasta que aparezca la hora correcta.

Recorrido guiado Ajuste la fecha y la hora

4 Para que Windows ajuste automáticamente la hora para los cambios de horario, haga clic en la ficha **Zona horaria** (Time Zone). Abra la lista desplegable y seleccione la zona horaria del área en que vive.

5 Asegúrese de que la casilla de verificación **Cambiar la hora automáticamente según el horario de verano** (Automatically Adjust Clock for Daylight Saving Changes) tenga una marca junto a ella. Haga clic en **Aceptar** (OK). Ahora debe aparecer la hora correcta en la barra de tareas.

Cómo instalar y ejecutar programas

Windows viene con varios programas y utilerías, incluyendo WordPad que sirve para crear documentos, Paint para trazar imágenes, y Copia de seguridad (Microsoft Backup) para proteger los archivos de su disco duro. Usted deberá saber cómo ejecutar estos programas dentro de Windows y cómo instalar y ejecutar cualquier programa adicional que pudiera venir con su computadora o que pudiera obtener. En esta sección aprenderá todo lo que necesita saber para instalar y ejecutar programas en Windows.

Qué encontrará en esta sección

Inicie y salga de programas

Cada vez que usted instala un programa, la utilería de instalación coloca el programa en el menú Inicio | Programas (Start | Programs), o en uno de sus submenús. Para ejecutar el programa, selecciónelo del menú. Además, la utilería de instalación puede colocar un icono de acceso directo en el escritorio de Windows para facilitar su acceso al programa. Entonces usted podrá ejecutar el programa haciendo clic en su icono de acceso directo.

Aun cuando usted no haya instalado algún programa nuevo dentro de Windows, el menú Inicio | Programas está cargado con varios programas de Windows que usted puede ejecutar, incluyendo WordPad, Paint, Reproductor de CD (CD Player), Calculadora (Calculator) e Internet Explorer. El *Recorrido guiado* le muestra las bases para ejecutar estos y otros programas.

El contenido del menú Inicio | Programas está almacenado en la carpeta \Windows\Menú Inicio\Programas (\Windows\Start Menu\Programs), o, si escribe su nombre de usuario en la secuencia de arranque, en la carpeta \Windows\Perfiles*SuNombre* \Menú Inicio\Programas (\Windows\Profiles*yourname* \Start Menu\Programs folder). Usted puede desplegar el contenido de esta carpeta en Mi PC (My Computer) o en el Explorador de Windows (Windows Explorer) y eliminar, copiar y mover las subcarpetas y los iconos tal como lo hace con otras carpetas y archivos de su computadora. Vea "Cómo administrar discos, carpetas y archivos" en la página 79.

Utilice el menú Inicio

El menú Inicio (Start) le da acceso a todos los programas que vienen con Windows, a cualquier programa de Windows que usted instale y a las utilerías adicionales de Windows. Haga clic en el botón Inicio y verá los iconos siguientes:

 Windows Update descarga e instala archivos del sitio Web de Microsoft para actualizar su copia de Windows 98.

Programas (Programas) contiene una lista de los programas instalados en su computadora. El menú Programas contiene submenús adicionales, como Accesorios (Accessories), que agrupan programas relacionados.

Favoritos (Favorites) muestra una lista de los sitios Web y otros recursos que usted haya escogido para la lista de Favoritos que Windows ha agregado.

Documentos (Documents) contiene una lista de los 15 documentos abiertos más recientemente. Cuando usted selecciona un documento de la lista, Windows ejecuta el programa asociado con éste y que posteriormente abre el documento.

Configuración (Settings) enlista las herramientas que usted puede utilizar para personalizar Windows 98 de acuerdo con su sistema. El Panel de Control (Control Panel) le brinda herramientas para agregar y quitar programas, configurar el hardware, configurar la fecha y hora del sistema e introducir preferencias para su módem, ratón y teclado. Impresoras (Printers) le permite instalar y configurar su impresora. Barra de tareas y Menú Inicio (Taskbar & Start Menu) le brinda opciones para configurar la barra de tareas de Windows y el menú Inicio. Opciones de carpeta (Folder Options) le permite controlar la forma en que Mi PC y el Explorador de Windows muestran el contenido de sus discos y carpetas. Active Desktop, presenta opciones para el escritorio de Windows, como se explica en "Trabaje en estilo Web", en la página 83. Windows Update le permite descargar de Internet actualizaciones de Windows, como se explica en "Actualice Windows" en la página 420.

Buscar (Find) despliega un submenú que le permite buscar archivos y carpetas en su computadora o red, páginas y otros recursos en Internet, así como personas. La opción Personas (People) lo conecta a un directorio telefónico en donde usted puede escribir el nombre de la persona y buscar su dirección de correo electrónico, o su número telefónico.

Ayuda (Help) muestra la pantalla de ayuda de Windows, en donde usted podrá encontrar respuestas a sus dudas sobre Windows 98.

Ejecutar (Run) muestra un cuadro de diálogo que usted puede utilizar para ejecutar programas. Esto es de gran utilidad cuando usted tiene que ejecutar programas anteriores para DOS.

Terminar sesión (Log Off) lo desconecta de la red sin cerrar Windows o permite que otro usuario inicie una sesión si Windows está configurado para usuarios múltiples.

Apagar el sistema (Shut Down) muestra el cuadro de diálogo Cerrar Windows (Shut Down Windows), que le permite cerrar Windows por completo, volver a iniciarlo, o cerrarlo en modo suspender (Stand

By) para ahorrar energía y reiniciarlo rápidamente. En algunas computadoras portátiles, Windows también coloca su computadora en modo suspender cuando usted presiona el botón de encendido o cierra la cubierta.

Salga de un programa

Antes de salir de un programa, usted deberá utilizar el comando Archivo I Guardar (File I Save) para guardar cualquier trabajo que haya hecho. Mientras trabaja con un documento, sus cambios son almacenados en RAM (memoria de acceso aleatorio), la cual se borra al cerrar Windows. Al guardar un documento, Windows lo almacena como un archivo de su disco duro, para que usted lo pueda abrir la próxima vez que inicie su computadora.

Usted puede cerrar los programas de Windows utilizando varios métodos. El *Recorrido guiado* le muestra cómo cerrar-

los utilizando el comando Archivo I Salir (File I Exit). Usted también puede cerrar la ventana de un programa haciendo doble clic en el icono del menú de controles, en la esquina superior izquierda de la ventana, haciendo clic en el botón **Cerrar** (X) que está en la esquina superior derecha, o presionando **Alt+F4**. También puede utilizar la barra de tareas de Windows; entonces haga clic con el botón derecho del ratón en el botón del programa y seleccione **Cerrar** (Close).

Aunque Windows 98 le pedirá guardar los cambios en cualquier documento abierto antes de permitirle cerrar el sistema, usted deberá guardar sus documentos y programas independientes antes de cerrar Windows. Vea "Guarde un documento" en la página 139. Tomando esta medida de seguridad evitará perder información si Windows llegara a bloquear su computadora mientras cierra el sistema.

Recorrido guiado   Inicie un programa

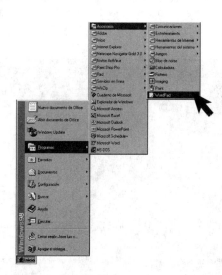

1 Haga clic en el botón **Inicio** (Start) y vaya a **Programas** (Programs). El menú Inicio I Programas contiene una lista de los programas de Windows.

2 El menú Programas contiene submenús adicionales para algunos programas. Si el programa se encuentra en un submenú, diríjase al nombre deseado. (Tal vez tenga que dirigirse a submenús adicionales.)

3 Cuando vea el icono o el nombre del programa que desea ejecutar, haga clic en él. En la imagen anterior está seleccionado WordPad.

(continúa)

Recorrido guiado   Inicie un programa   *(continuación)*

Botón de la barra de tareas para
el programa abierto WordPad

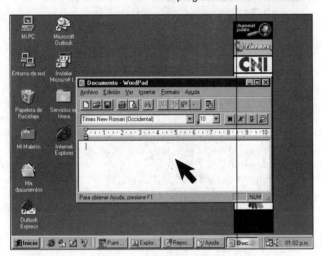

4 El programa se ejecuta y despliega su propia ventana, dentro de la cual usted podrá empezar a trabajar. La barra de tareas despliega un botón que usted puede utilizar para regresar rápidamente al programa cuando esté trabajando en la ventana de otro programa.

6 Al instalar algunos programas se agrega un icono en la parte superior del menú Inicio, lo que le da un acceso rápido al programa.

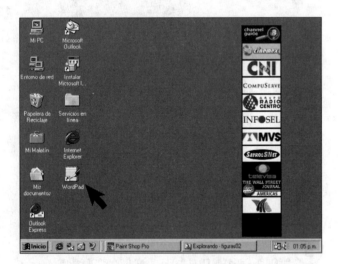

5 Si el escritorio contiene un icono de acceso directo para ejecutar el programa, puede hacer clic en éste para abrirlo. Esto le permite evitar el menú Inicio I Programas.

Recorrido guiado   Salga de un programa

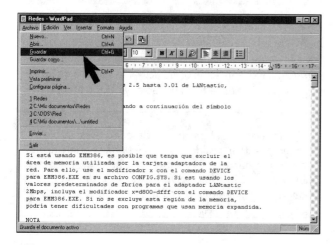

① Antes de salir de un programa, guarde cualquier documento que haya creado o modificado. Seleccione **Archivo | Guardar** (File | Save).

② Si aún no ha dado un nombre ni guardado el documento, el cuadro de diálogo Guardar como (Save As) le pedirá escribir un nombre y seleccionar una carpeta en dónde guardar el archivo. Escriba el nombre del archivo deseado dentro del cuadro de texto **Nombre de archivo** (File name).

③ Elija la unidad de disco y la carpeta en la que desea guardar el archivo y haga clic en el botón **Guardar** (Save) o **Aceptar** (OK). Vea "Guarde un documento" en la página 139.

④ Después de guardar cualquier documento abierto, seleccione **Archivo | Salir** (File | Exit). Windows cerrará la ventana del programa.

Cámbiese de un programa a otro

Además de brindar una interfaz gráfica que simplifica el uso de la computadora, Windows permite la *multitarea*, con la que usted puede utilizar dos o más programas al mismo tiempo. Por ejemplo, mientras escribe una carta a una compañía con relación a algún servicio, podría estar utilizando la Calculadora de Windows para verificar sus cuentas. Con la multitarea, usted puede cambiar rápidamente de un programa abierto a otro, e incluso permitir que un programa realice una tarea (como imprimir) en segundo plano mientras trabaja en otros programas.

Para ejecutar con éxito la multitarea en Windows 98, usted debe saber cómo cambiarse de un programa a otro. La for-

ma más fácil de lograrlo es haciendo clic en el botón del programa de la barra de tareas de Windows. Éste último moverá hacia el frente la ventana del programa seleccionado. El *Recorrido guiado* le muestra cómo activar la ventana de un programa utilizando la barra de tareas y otros métodos.

Si una sección del programa deseado está visible, usted puede ir rápidamente a ella haciendo clic en cualquier parte de la ventana. Cambiar de programa es tan fácil como seleccionar un *folder* o un papel entre una pila de cosas en su escritorio.

Recorrido guiado   Cambie de un programa a otro

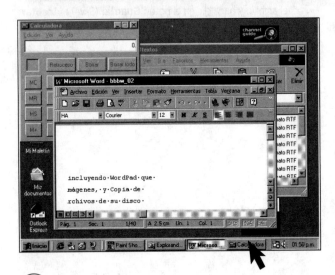

1 Cuando usted ejecuta un programa, Windows añade un botón para él en la barra de tareas. Haga clic en el botón del programa deseado.

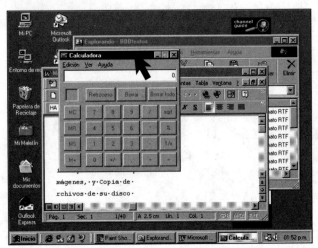

2 Windows mueve la ventana del programa seleccionado hacia el frente, y usted puede empezar a utilizarlo.

Recorrido guiado Cambie de un programa a otro

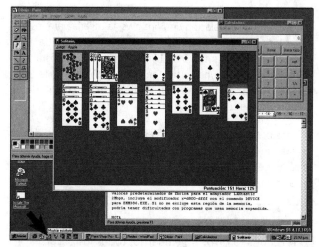

3 Usted puede cambiar de programa utilizando la combinación de teclas Alt+Tab. Mantenga presionada la tecla **Alt** mientras presiona el **Tabulador** para mostrar el cuadro de diálogo que aparece aquí. Siga presionando la tecla **Alt** mientras presiona el **Tabulador** varias veces para recorrer los programas. Cuando el programa deseado esté seleccionado, suelte ambas teclas.

4 Usted puede minimizar las ventanas de todos los programas y regresar al escritorio haciendo clic en el icono **Mostrar escritorio** (Show Desktop) que está en la barra de herramientas Inicio rápido (Quick Launch).

Instale programas nuevos

Durante la instalación de Windows, la utilería para instalación agregó todos los programas de Windows al menú Inicio I Programas (Start I Programs). Si usted instaló Windows 98 sobre una versión anterior de Windows, la utilería de instalación los agregó todos en el mismo menú de su versión anterior de Windows.

Si estos programas no aparecen en el menú, o si usted desea instalar un programa nuevo, puede ejecutar la rutina de instalación desde Windows 98. El *Recorrido guiado* le enseña a instalar un programa para Windows.

Los pasos para instalar programas varían de un programa a otro. Sin embargo, todos los programas de Windows vienen con un archivo Instalar (Install) o Configurar (Setup) que usted puede ejecutar para iniciar la instalación. Una vez que usted ejecuta el archivo, éste por lo general despliega una serie de cuadros de diálogo que le guían a través del proceso de instalación.

Antes de instalar, verifique el espacio en el disco

Si va a instalar cualquier programa nuevo, asegúrese de tener suficiente espacio libre en su disco duro. La caja del programa contiene las especificaciones del espacio requerido en disco. Además, usted deberá tener 30 megabytes o más de espacio libre en disco, que tanto Windows como sus programas utilizarán como *memoria virtual*. La memoria virtual es el espacio en disco que Windows utiliza como memoria de reserva.

Para verificar su espacio en disco, haga clic en **Mi PC** (My Computer) y luego haga clic con el botón derecho del ratón en el icono de su disco duro y elija **Propiedades** (Properties). Mi PC mostrará el tamaño total del disco y la cantidad de espacio libre que le queda. Si usted no tiene suficiente espacio libre en su sistema, vea "Optimice su sistema", que inicia en la página 493.

La mayoría de los programas de Windows sigue una instalación estándar que configura un icono para ejecutar el programa. En general el procedimiento para instalar un programa de DOS es algo más complicado. Para más detalles, vea "Instale programas de DOS" en la página 70.

Automatice la instalación del CD-ROM

Muchos programas recientes vienen en un CD-ROM y soportan la función Reproducción automática de Windows. Para instalar el programa, sólo cargue el disco en la unidad CD-ROM. Windows ejecuta la utilería Reproducción automática que, por lo general, despliega una pantalla de bienvenida y un botón para instalar el programa. Siga las instrucciones en pantalla y podrá saltarse el *Recorrido guiado*.

Instale un programa con Inicio, Ejecutar o con Mi PC

El *Recorrido guiado* le muestra la forma común de instalar programas en Windows utilizando la utilería Agregar o quitar programas (Add/Remove Programs) del Panel de control (Control Panel) de Windows. Sin embargo, hay métodos alternos que usted podría encontrar más rápidos.

- Inserte el disco o CD-ROM de instalación, haga clic en el icono **Mi PC** y haga clic en el icono de la unidad que contiene el disco de instalación. Haga clic en el icono **Instalar** (Install) o **Configurar** (Setup).

- Inserte el disco o CD-ROM de instalación. Seleccione **Inicio I Ejecutar** (Start I Run). Haga clic en el botón **Examinar** (Browse), vaya a la unidad que contiene el disco de instalación y haga clic en el archivo **Configurar** o **Instalar**. Haga clic en **Aceptar** (OK).

Recorrido guiado   Instale un programa con Agregar o quitar programas

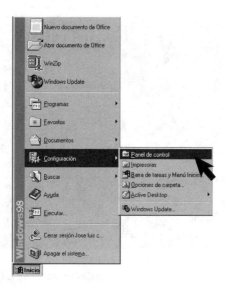

1 Haga clic en el botón **Inicio** (Start), vaya a **Configuración** (Settings) y haga clic en **Panel de control** (Control Panel).

2 Aparece la ventana Panel de control. Haga clic en **Agregar o quitar programas** (Add/Remove Programs).

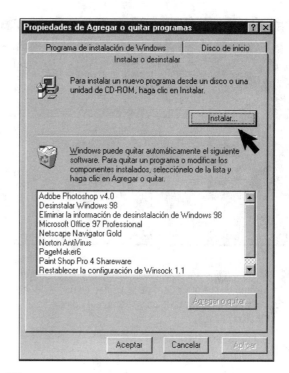

3 Aparece el cuadro de diálogo Propiedades de Agregar o quitar programas (Add/Remove Programs Properties) con la ficha Instalar o desinstalar (Install/Uninstall) al frente. Haga clic en el botón **Instalar** (Install).

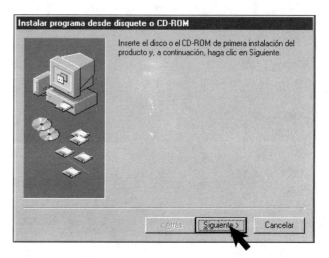

4 Aparece el cuadro de diálogo Instalar programa desde disquete o CD-ROM (Install Program from Floppy Disk or CD-ROM), indicándole que inserte el disco de instalación. Inserte el disquete o el CD-ROM, y haga clic en el botón **Siguiente** (Next).

(continúa)

Recorrido guiado Instale un programa con Agregar o quitar programas *(continuación)*

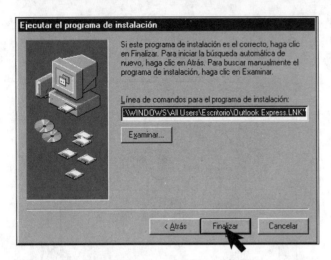

5 Windows buscará el archivo Instalar (Install) o Configurar (Setup) en cualquier disco de su unidad de discos flexibles o de su unidad CD-ROM, y mostrará su nombre. Haga clic en el botón **Finalizar** (Finish).

6 En este punto, la utilería de instalación toma el control y le conduce a través de todo el proceso, el cual varía de un programa a otro. Siga las instrucciones en pantalla.

Desinstale programas

Cuando usted compra una computadora nueva, parece que ésta tuviera una cantidad infinita de espacio en el disco duro. Un disco duro de un gigabyte parece lo suficientemente grande hasta que usted instale Windows 98 y algunos otros programas que ocupan 80 megabytes cada uno. Es fácil instalar programas en su disco duro. Así que lo instala, lo utiliza algunos meses, luego le pierde interés y encuentra un nuevo programa que instalar. Cuando menos lo piensa, su disco duro está lleno.

Sólo se trataría de borrar la carpeta que contiene los archivos del programa, con lo que se deshará del programa, ¿no es cierto? Pues no del todo, en particular si se trata de un programa de Windows. Cuando usted instala un programa de Windows, éste por lo general instala archivos no sólo en la carpeta del programa, sino también en las carpetas \WINDOWS, \WINDOWS\SYSTEM, entre otras. También agrega algunos parámetros de configuración en el Registro de Windows (Windows Registry), los cuales no serán eliminados hasta que usted siga la rutina de desinstalación adecuada. Para eliminar el programa por completo, deberá utilizar la utilería Agregar o quitar programas (Add/Remove Programs) de Windows.

Quite programas de Windows

Al instalar un programa diseñado para trabajar bajo Windows, por lo general éste agrega su nombre a la lista de programas que usted puede quitar. Esta lista se muestra en el cuadro de diálogo Agregar o quitar programas. Si usted tiene un programa de Windows que está en la lista de programas que pueda desinstalar, siga el *Recorrido guiado* para quitarlo. Si no está seguro de que el programa esté en la lista, el *Recorrido guiado* le mostrará cómo verificarlo.

Ejecute la utilería de instalación del programa

Si el nombre del programa que desea quitar no aparece en la lista Agregar o quitar programas, tal vez pueda utilizar la propia utilería de instalación del programa para quitarlo. Pruebe con uno de los pasos siguientes:

- Utilice Mi PC (My Computer) o el Explorador de Windows (Windows Explorer) para mostrar el contenido de la carpeta del programa que desea quitar. Si usted ve un icono para **Configurar** (Setup) o **Instalar** (Install), haga doble clic en él y siga las instrucciones en pantalla para quitar el programa. Si no hay algún icono para instalar, cierre la ventana de Mi PC o del Explorador de Windows.

- Haga clic en el botón **Inicio** (Start), vaya a **Programas** (Programs) y señale el nombre del menú del programa. En el submenú que aparece, busque la opción **Configurar | Instalar**, o **Desinstalar** (Uninstall). Si el menú tiene dicha opción, selecciónela y luego siga las instrucciones en pantalla para quitar el programa.

En muchos casos, la utilería de instalación del programa le permite quitar todo el programa o únicamente los componentes seleccionados. Si usted utiliza el programa pero no sus funciones avanzadas, puede ahorrar espacio en disco quitando los componentes que no utilice.

Si usted no ve un botón para Instalar o Configurar, lo mejor que puede hacer es obtener un programa que esté diseñado especialmente para ayudarle a quitar otros programas de su disco duro. Remove-It y Clean Sweep son dos de los programas más populares, sin embargo, resultan más útiles si los instala *antes* de otros programas, de modo que el programa de desinstalación pueda registrar todos los cambios en su sistema.

Recorrido guiado   Quite programas de Windows

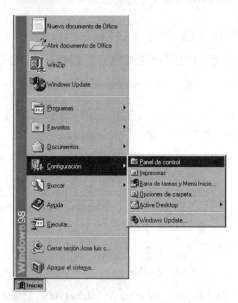

1 Haga clic en el botón **Inicio** (Start), vaya a **Configuración** (Settings) y haga clic en **Panel de control** (Control Panel).

2 Haga clic en el icono **Agregar o quitar programas** (Add/ Remove Programs). Aparece el cuadro de diálogo Propiedades de Agregar o quitar programas (Add/Remove Programs Properties).

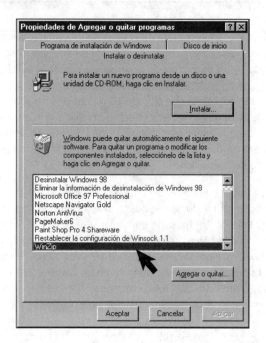

3 Haga clic en la ficha **Instalar o desinstalar** (Install/ Uninstall), si aún no está seleccionada. En la parte inferior de la pantalla hay una lista de programas que usted puede hacer que Windows desinstale. Haga clic en el nombre del programa que desee quitar.

4 Haga clic en el botón **Agregar o quitar** (Add/Remove).

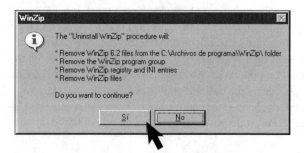

5 Uno o más cuadros de diálogo le guiarán a través del proceso de desinstalación, pidiéndole su confirmación. Siga las instrucciones en pantalla para completar el proceso.

Si la aplicación que usted quitó tiene un icono de acceso directo en el escritorio, tal vez tenga que eliminarlo manualmente. Haga clic con el botón derecho del ratón en el icono, seleccione **Eliminar** (Delete) y confirme la eliminación. Para más detalles, vea "Cree accesos directos a discos, carpetas y archivos" en la página 114.

Configure el menú Inicio

En general la utilería de instalación de un programa coloca el programa en el menú Inicio I Programas (Start I
Programs) o en uno de sus submenús. Durante la instalación,
es probable que se le dé la oportunidad de seleccionar el
submenú en el cual desea que aparezca el programa.

Después de instalar un programa, tal vez descubra que tiene
que abrirse paso entre varias capas de submenús para ejecutar un programa que usted utiliza con frecuencia. Para resolver este problema puede personalizar el menú Inicio, creando sus propios submenús y moviendo los submenús o los
programas. Usted también puede mover programas hacia la
parte superior del menú Inicio, para que no tenga que bata-
llar con los submenús. El siguiente *Recorrido guiado* le muestra varias formas para configurar su menú Inicio.

Antes de empezar tenga en cuenta que el menú Inicio es en
realidad una carpeta que contiene accesos directos y subcar-

petas. Usted puede abrir la carpeta Menú Inicio (Start Menu)
en Mi PC o en el Explorador de Windows (\Windows\Menú
Inicio [\Windows\Start Menu]) y configurar el menú copiando
y moviendo los accesos directos. Para obtener instrucciones
sobre cómo reordenar el menú Inicio utilizando el Explorador
de Windows, vea el re*corrido guiado* "Configure el menú
Inicio con el Explorador de Windows" en la página 58.

> Si su sistema está configurado para varios usuarios
> y se le pide que escriba su nombre de registro al
> iniciar Windows, su carpeta de Inicio estará en una
> ubicación diferente. Revise la carpeta *Windows*
> Perfiles*SuNombre (Windows\Profiles\yourname)*,
> donde *SuNombre* es el nombre que usted escribe
> para iniciar la sesión.

Recorrido guiado   Reordene el menú Inicio con el método de arrastrar y colocar

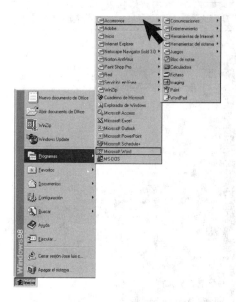

1 Windows 98 le permite arrastrar programas y submenús
para ordenarlos de nuevo. Haga clic en **Inicio** (Start), vaya a
Programas (Programs) y seleccione el submenú o programa que
desea mover.

2 Arrastre el submenú o programa hacia arriba o hacia abajo
del menú, hasta que esté en la posición que desee. Aparece
una línea horizontal que muestra el lugar hacia el que se desplazará el
programa o submenú. Haga clic con el botón izquierdo del ratón.
El programa o submenú se mueve hacia la nueva ubicación.

(continúa)

Recorrido guiado   Reordene el menú Inicio con el método de arrastrar y colocar

(continuación)

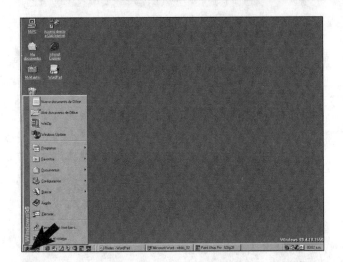

3 Para colocar un programa en la parte superior del menú Inicio, arrastre su icono del escritorio de Windows, de Mi PC (My Computer) o del Explorador de Windows (Windows Explorer) sobre el botón Inicio. Suelte el botón del ratón.

4 Haga clic en el botón **Inicio** para asegurarse que el icono está en la parte superior del menú Inicio. (Para volver a ordenarlos, usted podrá arrastrar los elementos hacia la parte superior del menú Inicio.)

Recorrido guiado   Agregue un programa al menú Inicio

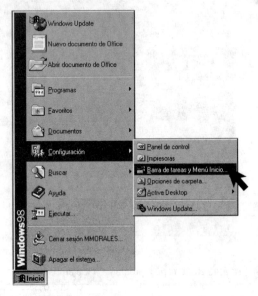

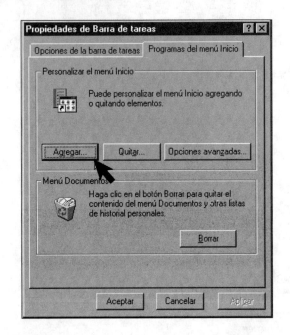

1 Haga clic en **Inicio** (Start), vaya a **Configuración** (Settings) y haga clic en **Barra de tareas** y **Menú Inicio** (Taskbar & Start Menu).

2 Aparece el cuadro de diálogo Propiedades de Barra de tareas (Taskbar Properties). Haga clic en la ficha **Programas del menú Inicio** (Start Menu Programs).

3 Aparecen las opciones de la ficha Programas del menú Inicio. Haga clic en el botón **Agregar** (Add).

Recorrido guiado   Agregue un programa al menú Inicio

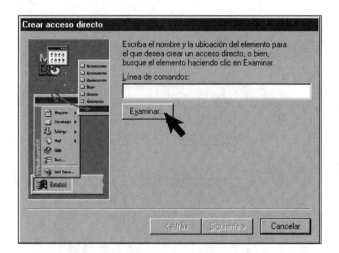

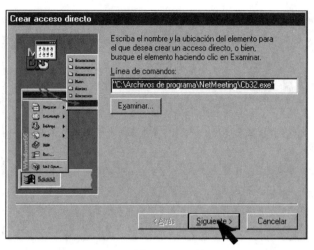

4 Aparece el cuadro de diálogo Crear acceso directo (Create Shortcut), pidiéndole especificar la ubicación y el nombre del archivo que ejecuta el programa. Haga clic en el botón **Examinar** (Browse).

6 Esto le regresa al cuadro de diálogo Crear acceso directo, y aparecen en el cuadro de texto Línea de comandos (Command Line) la ubicación y el nombre del archivo seleccionado. Haga clic en **Siguiente** (Next).

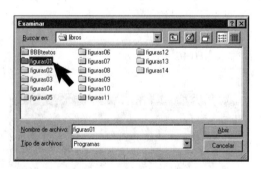

5 Dentro del cuadro de diálogo Examinar, cámbiese a la unidad y carpeta que contiene el archivo que ejecuta el programa. Selecciónelo, y haga clic en **Abrir** (Open).

7 Aparece el cuadro de diálogo Seleccionar carpeta de programas (Select Program Folder). La carpeta de cada programa representa un submenú del menú Inicio. Para colocar el programa en una nueva carpeta (de manera que aparezca sobre su propio submenú), seleccione la carpeta en la que desea que aparezca la nueva carpeta (en este caso, Programas [Programs] para crear un submenú en el menú Inicio, Programas). Haga clic en **Nueva carpeta** (New Folder) y escriba el nombre para la carpeta.

8 Seleccione la carpeta en que desea colocar el programa (el menú en que desea que aparezca) y haga clic en **Siguiente**.

(continúa)

Recorrido guiado   Agregue un programa al menú Inicio   *(continuación)*

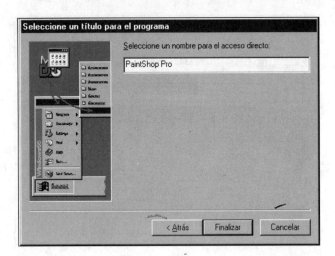

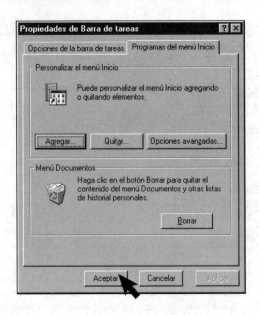

9 Windows le pedirá dar nombre al acceso directo. Escriba el nombre del programa como usted quiera que aparezca en el menú.

10 Si tiene que elegir el icono de un programa, haga clic en **Siguiente**, elija el icono deseado y haga clic en el botón **Finalizar** (Finish). De lo contrario, sólo haga clic en el botón **Finalizar**.

11 Con la acción anterior regresa al cuadro de diálogo Propiedades de Barra de tareas. Haga clic en **Aceptar** (OK) para guardar sus cambios. Ahora el programa ya queda en la lista del menú o submenú específico.

Recorrido guiado   Quite un elemento del menú Inicio

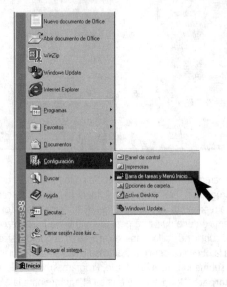

1 Haga clic en **Inicio** (Start), vaya a **Configuración** (Settings) y haga clic en **Barra de tareas y Menú Inicio** (Taskbar & Start Menu).

2 Aparece el cuadro de diálogo Propiedades de Barra de tareas (Taskbar Properties). Haga clic en la ficha **Programas del menú Inicio** (Start Menu Programs).

3 Aparecen las opciones de la ficha Programas del menú Inicio. Haga clic en el botón **Quitar** (Remove).

Recorrido guiado Quite un elemento del menú Inicio

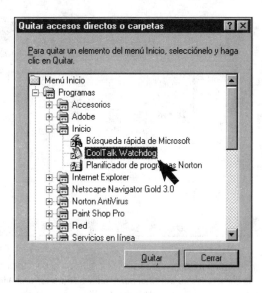

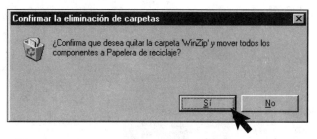

7 Si seleccionó un programa para ser quitado, éste será eliminado automáticamente del menú. Si seleccionó una carpeta, aparecerá el cuadro de diálogo Confirmar la eliminación de carpetas (Confirm Folder Delete), como se muestra. Haga clic en **Sí** (Yes).

4 Aparece el cuadro de diálogo Quitar accesos directos o carpetas (Remove Shortcuts/Folders). Para mostrar el contenido de una carpeta, haga clic en el **signo más** (+) que está junto al nombre.

5 Haga clic en el programa o carpeta que desee quitar.

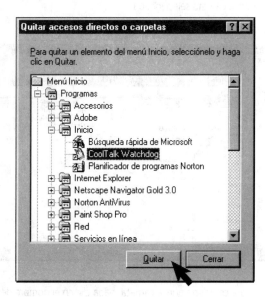

8 Para regresar al cuadro de diálogo Propiedades de Barra de tareas haga clic en **Cerrar** (Close). Para cerrar el cuadro de diálogo, haga clic en **Aceptar** (OK).

6 Haga clic en el botón **Quitar**.

Recorrido guiado   Configure el menú Inicio con el Explorador de Windows

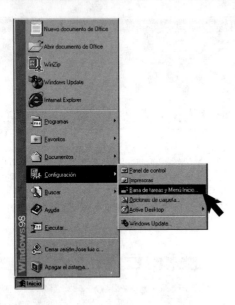

1 Haga clic en **Inicio** (Start), vaya a **Configuración** (Settings) y haga clic en **Barra de tareas y Menú Inicio** (Taskbar & Start Menu).

4 El Explorador de Windows inicia y muestra el contenido de la carpeta Menú Inicio. El panel izquierdo muestra una lista de carpetas que están dentro de la carpeta Menú Inicio. El panel derecho muestra el contenido de la carpeta seleccionada en ese momento (en esta figura es la carpeta Menú Inicio). Para mostrar las subcarpetas de una carpeta, haga clic en el **signo más** (+) que está junto al nombre de la carpeta.

5 Para ver el contenido de una carpeta, haga clic en su nombre dentro del panel izquierdo. El panel derecho mostrará cualquier subcarpeta y acceso directo que se encuentre dentro de la carpeta seleccionada.

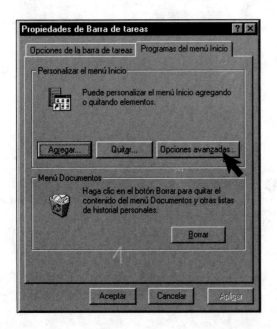

2 Aparece el cuadro de diálogo Propiedades de Barra de tareas (Taskbar Properties). Haga clic en la ficha **Programas del menú Inicio** (Start Menu Programs).

3 Aparecen las opciones Programas del menú Inicio. Haga clic en el botón **Opciones avanzadas** (Advanced).

6 Para crear una nueva carpeta, haga clic en el nombre de la carpeta dentro de la cual desea que aparezca la carpeta recién creada.

Recorrido guiado   Configure el menú Inicio con el Explorador de Windows

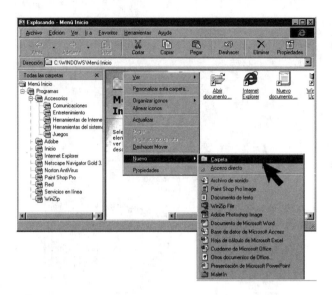

11 Para eliminar un acceso directo o carpeta, haga clic en su nombre dentro de cualquiera de los dos paneles y haga clic en el botón **Eliminar** (Delete) de la barra de herramientas. Si aparece un cuadro de diálogo de confirmación, haga clic en **Sí** (Yes).

7 Haga clic con el botón derecho del ratón en un área en blanco del panel derecho, vaya a **Nuevo** (New) y seleccione **Carpeta** (Folder).

8 Aparece otra carpeta llamada Nueva carpeta (New Folder). Escriba el nombre deseado para ella y presione **Entrar** o haga clic en un área en blanco para cambiar el nombre de la carpeta.

12 Para cambiar el nombre de una carpeta o acceso directo, seleccione el elemento, haga clic en él con el botón derecho del ratón y seleccione **Cambiar nombre** (Rename). El nombre aparece resaltado.

> Para cambiar rápidamente el nombre de una carpeta o acceso directo, seleccione el elemento y presione **F2**.

9 Para mover un acceso directo de una carpeta a otra, muestre en el panel derecho el acceso que desea mover, y despliegue la carpeta destino dentro del panel izquierdo.

10 Arrastre el acceso directo del panel derecho sobre el destino en el panel izquierdo y suelte el botón del ratón.

13 Escriba un nombre nuevo para el acceso directo o carpeta y presione **Entrar** o haga clic en un área en blanco de la ventana.

(continúa)

Recorrido guiado Configure el menú Inicio con el Explorador de Windows

(continuación)

14 Cuando haya terminado de configurar el menú Inicio, haga clic en el botón **Cerrar** (X) en la esquina superior derecha de la ventana del Explorador de Windows.

15 Esto le regresa al cuadro de diálogo Propiedades de Barra de tareas (Taskbar Properties). Haga clic en **Aceptar** (OK) para cerrarlo.

Si desea crear un acceso directo en el escritorio para cualquier programa del menú Inicio (Start), primero abra la carpeta Menú Inicio (Start Menu) dentro del Explorador de Windows (Windows Explorer) y abra la carpeta que contenga el acceso directo del programa. Con el botón derecho del ratón, arrastre el acceso directo sobre un área en blanco del escritorio y suéltelo. Haga clic en **Crear icono(s) de acceso directo aquí** (Create Shortcut[s] Here).

Configure la Barra de tareas

L a barra de tareas, en la parte inferior de la pantalla de Windows, muestra el menú Inicio, la barra de herramientas de Inicio rápido (Quick Launch), botones para las ventanas de cualquier programa abierto actualmente y la bandeja de sistema, que muestra la hora actual, así como los iconos de los programas que se están ejecutando en segundo plano. Para utilizar la barra de tareas, vea "Cámbiese de un programa a otro" en la página 46.

Además de ser un medio para cambiar rápidamente los programas que se están ejecutando, la barra de tareas contiene una barra de herramientas de Inicio rápido que le permite ejecutar programas con un solo clic del ratón. De suyo, esta barra de herramientas contiene botones para regresar rápidamente al escritorio de Windows, ejecutar Internet Explorer (el explorador Web) y tener acceso a la Barra de canales. Sin embargo, usted también puede arrastrar los accesos directos de otros programas hacia la barra de herramientas de Inicio rápido para hacerlos más accesibles.

Usted también podrá mover la barra de tareas hacia la parte superior o lateral de la pantalla a su gusto, cambiar el tamaño de la barra de herramientas, ocultarla cuando esté trabajando en la ventana de su programa e incluso activar barras de herramientas adicionales que actúen como la barra de herramientas de Inicio rápido. El siguiente *Recorrido guiado* le muestra cómo tener control de su barra de tareas.

> Muchas de las características descritas en el *Recorrido guiado* son nuevas en Windows 98. Aun cuando usted ya esté familiarizado con las opciones de la barra de tareas de Windows 95, deberá seguir el *Recorrido guiado* para conocer las nuevas características. La barra de tareas es una herramienta poderosa para tener acceso a todos los programas y a otros recursos de su sistema.

Recorrido guiado   Mueva y redimensione la Barra de tareas

1 Una barra vertical separa la barra de herramientas de Inicio rápido del resto de la barra de tareas. Arrástrela para dar mayor o menor espacio a la barra de herramientas de Inicio rápido.

2 Para agrandar la barra de tareas, arrastre hacia arriba la parte superior de ésta. Para hacerla más pequeña, arrástrela hacia abajo.

3 Para mover la barra de tareas, arrástrela hacia arriba, hacia abajo, a la izquierda o a la derecha. La figura muestra la barra de tareas al ser movida hacia el lado derecho de la pantalla.

(continúa)

Recorrido guiado   Mueva y redimensione la Barra de tareas   *(continuación)*

5 Al arrastrar el acceso directo sobre la barra de herramientas de Inicio rápido, aparece un punto de inserción que le muestra dónde será colocado el icono. Cuando el punto de inserción esté en la posición deseada, suelte el botón del ratón. El acceso directo se agrega a la barra de Inicio rápido.

6 Para quitar un acceso directo de la barra de herramientas de Inicio rápido, haga clic con el botón derecho del ratón en él y seleccione **Eliminar** (Delete).

7 Aparece el cuadro de diálogo Confirmar la eliminación de archivos (Confirm File Delete). Haga clic en **Sí** (Yes).

4 Usted puede agregar accesos directos a la barra de herramientas de Inicio rápido. Arrastre un acceso directo del escritorio de Windows, de Mi PC (My Computer) o del Explorador de Windows (Windows Explorer) hacia un área en blanco de la barra de Inicio rápido.

Recorrido guiado   Configure las opciones de la Barra de tareas

1 Haga clic con el botón derecho del ratón en un área en blanco de la barra de tareas y seleccione **Propiedades** (Properties).

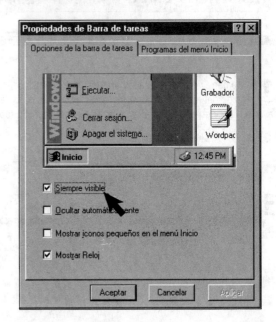

2 Aparece el cuadro de diálogo Propiedades de Barra de tareas (Taskbar Properties), mostrando la ficha Opciones de la barra de tareas (Taskbar Options) al frente. Para que la barra de tareas quede siempre al frente de cualquier programa abierto, asegúrese de que esté marcada la opción **Siempre visible** (Always on Top).

Recorrido guiado Configure las opciones de la Barra de tareas

3 Para que la barra de tareas desaparezca cuando usted trabaja en una ventana de programa, marque la casilla **Ocultar automáticamente** (Auto Hide). Usted puede poner a la vista la barra de tareas señalando la orilla de la pantalla en la barra (la parte inferior de la pantalla, a menos que usted la haya cambiado).

4 Para mostrar iconos más pequeños sobre el menú Inicio (Start), marque la casilla **Mostrar iconos pequeños en el menú Inicio** (Show Small Icons in Start Menu). Esto da más espacio para mostrar los nombres de los menús y los programas.

5 El reloj en la bandeja del sistema (al lado derecho de la barra de tareas) muestra la hora actual. De origen, la hora está activada. Para desactivar el indicador de la hora, seleccione **Mostrar reloj** (Show Clock) y quite la marca de su casilla.

6 Haga clic en **Aceptar** (OK) para guardar su configuración y cerrar el cuadro de diálogo Propiedades de Barra de tareas.

Recorrido guiado Active y desactive la Barra de tareas

1 Para activar la barra de herramientas Escritorio (Desktop), que muestra todos los accesos directos del escritorio de Windows, haga clic con el botón derecho del ratón en la barra de tareas, vaya a **Barras de herramientas** (Toolbars) y seleccione **Escritorio**.

3 Usted puede crear una barra de herramientas para cualquier carpeta de su sistema. Haga clic con el botón derecho del ratón en la barra de tareas, vaya a **Barras de herramientas,** y seleccione **Nueva barra de herramientas** (New Toolbar).

(continúa)

2 Para desactivar la barra de herramientas de Inicio rápido (Quick Launch) o Escritorio, haga clic con el botón derecho del ratón en la barra de tareas, vaya a **Barras de herramientas** y seleccione **Inicio rápido** o **Escritorio.**

Recorrido guiado Active y desactive la Barra de tareas *(continuación)*

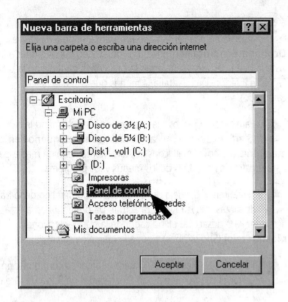

6 Windows transforma la carpeta seleccionada en una barra de herramientas y muestra su contenido. Si la barra de herramientas contiene más iconos de los que le caben, aparece una flecha a la izquierda o a la derecha de la barra de herramientas. Para mostrar los demás iconos haga clic en la flecha.

Si agrega varias barras de herramientas, tal vez necesite que su barra de tareas sea más grande para alojarlas. Si la amplía, considere la posibilidad de activar la opción Ocultar automáticamente (Auto Hide) para que no le estorbe cuando esté trabajando en sus programas.

4 Aparece el cuadro de diálogo Nueva barra de herramientas (New Toolbar). Para ver el contenido de un disco o carpeta, haga clic en el **signo más** (+) que está junto a su nombre.

5 Haga clic en la carpeta que desee transformar en barra de herramientas. El contenido de la carpeta aparecerá como una barra de herramientas de la barra de tareas. Haga clic en **Aceptar** (OK).

Ejecute programas automáticamente con Programador de tareas

Programador de tareas (Task Scheduler) es una nueva herramienta de Windows que le permite configurar programas para ejecutar y realizar tareas específicas automáticamente en un día y hora determinados. Si utiliza Programador de tareas, éste se ejecutará cada vez que usted abra Windows y permanecerá en segundo plano. Cuando llegue el tiempo programado, Programador de tareas lanzará el programa designado, que a su vez realizará la tarea especificada.

Al igual que la mayoría de los programas que se ejecutan en segundo plano, Programador de tareas muestra un icono en la bandeja del sistema (al extremo derecho de la barra de tareas) cuando está activo. Usted puede hacer doble clic en su icono para ver una lista de las tareas programadas. Enton-

ces podrá pausar Programador de tareas para evitar que ejecute automáticamente los programas (si usted trabaja actualmente con otro programa).

Programador de tareas es particularmente útil para automatizar tareas de administración del sistema, como respaldar archivos en su disco duro, optimizarlo y verificar errores en los discos. Para mayores detalles, vea "Cómo dar mantenimiento a su PC" en la página 405 y "Optimice su sistema" en la página 493.

El *Recorrido guiado* le muestra cómo utilizar Programador de tareas para automatizar su sistema y cómo controlarlo cuando está activo.

Recorrido guiado   Organice la ejecución automática de un programa

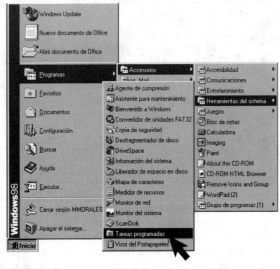

1 Haga clic en el botón **Inicio** (Start), vaya a **Programas | Accesorios | Herramientas del sistema** (Programs | Accessories | System Tools), y haga clic en **Tareas programadas** (Scheduled Tasks).

2 Aparece la ventana de Tareas programadas. Haga clic en **Agregar tarea programada** (Add Scheduled Task).

(continúa)

Recorrido guiado Organice la ejecución automática de un programa *(continuación)*

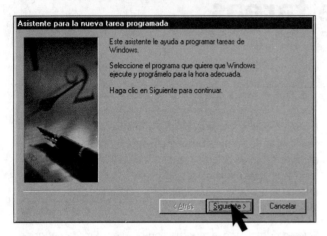

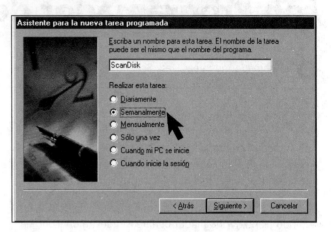

3 Aparece el Asistente para la nueva tarea programada (Scheduled Task Wizard). Haga clic en el botón **Siguiente** (Next).

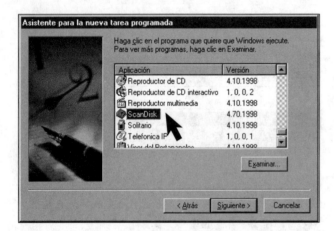

4 El Asistente para la nueva tarea programada le pedirá seleccionar el programa que desea configurar de una lista de programas instalados. Haga clic en el programa que desee que Programador de tareas ejecute automáticamente. Haga clic en **Siguiente**.

5 Escriba el nombre del programa tal como desee que aparezca en la lista de tareas (o acepte el nombre original del programa). Seleccione el momento deseado para ejecutar el programa: **Diariamente** (Daily), **Semanalmente** (Weekly), **Mensualmente** (Monthly), **Sólo una vez** (One Time Only), **Cuando mi PC se inicie** (When My Computer Starts) o **Cuando inicie la sesión** (When I Log On). Haga clic en **Siguiente.**

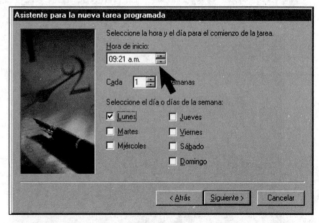

6 Las opciones resultantes dependen de lo que usted haya seleccionado en el paso 5. La figura anterior muestra las opciones que aparecen cuando usted selecciona Semanalmente. Escriba la configuración deseada para especificar la hora y los días en que quiere que el programa se ejecute. Haga clic en **Siguiente**.

Recorrido guiado Organice la ejecución automática de un programa

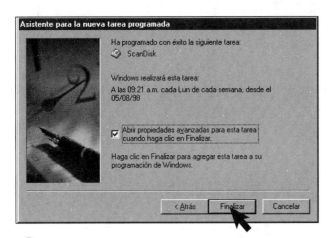

7 Aparece el último cuadro de diálogo del Asistente para la nueva tarea programada. El paso siguiente es opcional: para determinar las preferencias que controlen la operación del programa, seleccione **Abrir propiedades avanzadas para esta tarea cuando haga clic en Finalizar** (Open Advanced Properties for This Task When I Click Finish), haga clic en **Finalizar** (Finish) y siga con el paso 8; de lo contrario, sólo haga clic en el botón **Finalizar.**

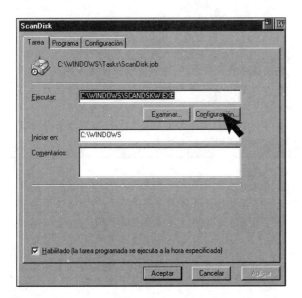

8 Si decide configurar las propiedades avanzadas, aparecerá el cuadro de diálogo de propiedades correspondiente al programa seleccionado. Haga clic en el botón **Configuración** (Settings). (Este botón no está disponible para todas las aplicaciones.)

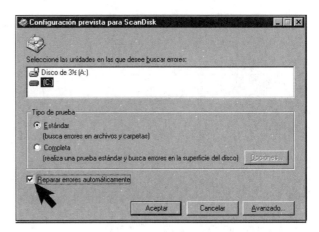

9 Aparece el cuadro de diálogo Configuración prevista para... (Scheduled Settings). Este cuadro de diálogo es diferente para cada programa. La figura muestra las opciones para ScanDisk. Elija sus preferencias, y haga clic en **Aceptar** (OK).

Algunos programas le solicitan instrucciones o confirmación. Si usted configura un programa para que se ejecute en un momento en que usted no utiliza su computadora; de ser posible asegúrese que éste proceda sin que le tenga que pedir información.

10 Otro paso opcional. Para realizar una configuración avanzada, haga clic en la ficha **Configuración** y seleccione sus preferencias. Por ejemplo, puede hacer que Tareas programadas inicie la tarea sólo si su computadora no está en uso o que termine la tarea después de cierto tiempo. Haga clic en **Aceptar.**

(continúa)

Recorrido guiado Organice la ejecución automática de un programa *(continuación)*

11 El programa seleccionado aparece en la lista de tareas. Para cerrar Programador de tareas y dejar que se ejecute en segundo plano, haga clic en el botón **Cerrar** (X).

Recorrido guiado Pause y detenga el Programador de tareas

1 Cuando el Programador de tareas (Task Scheduler) se está ejecutando, su icono aparece en la barra del sistema. Usted puede pausarlo para evitar que las tareas previstas se ejecuten mientras está trabajando en otro programa. Haga clic con el botón derecho del ratón en el icono Programador de tareas y seleccione **Pausar Programador de tareas** (Pause Task Scheduler).

2 Aparece un símbolo con una cruz en rojo sobre el icono de Programador de tareas. Para activar de nuevo la tarea, haga clic con el botón derecho del ratón en el icono y seleccione **Continuar con el Programador de tareas** (Continue Task Scheduler).

3 Para ver una lista de las tareas programadas, haga doble clic en el icono Programador de tareas.

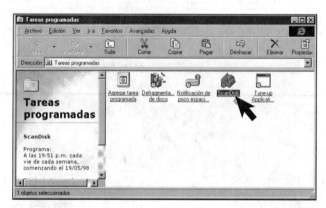

4 Aparecen los iconos de sus tareas programadas. Para cambiar las propiedades de un programa de la lista, haga clic en su icono.

Recorrido guiado Pause y detenga el Programador de tareas

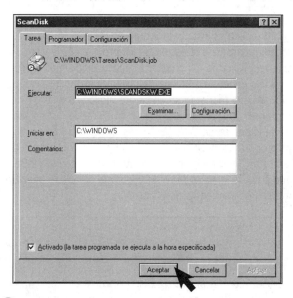

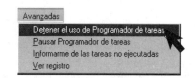

5 Aparece el cuadro de diálogo de propiedades, mostrando tres fichas para cambiar las propiedades del programa, la hora programada y las configuraciones avanzadas. Seleccione sus preferencias y haga clic en **Aceptar** (OK).

7 Para desactivar Programador de tareas, de modo que ya no ejecute automáticamente los programas, abra el menú **Avanzadas** (Advanced) y seleccione **Detener el uso de Programador de tareas** (Stop Using Task Scheduler).

8 Para cerrar la ventana del Programador de tareas Haga clic en el botón **Cerrar** (X).

Para activar de nuevo Programador de tareas (Task Scheduler), primero ejecútelo eligiendo **Inicio | Programas | Accesorios | Herramientas del sistema | Tareas programadas** (Start | Programs | Accessories | System Tools | Scheduled Tasks). Abra el menú **Avanzadas** y elija **Iniciar el uso de Programador de tareas** (Start Using Task Scheduler).

6 Para quitar un programa de la lista, señálelo y haga clic en el botón **Eliminar** (Delete).

Instale programas de DOS

Hasta aquí, usted ha estado trabajando con programas de Windows que son relativamente fáciles de instalar y ejecutar. Sin embargo, tal vez aún tenga uno que otro viejo programa de DOS, como algún juego, que quisiera ejecutar en su computadora. La buena noticia es que todavía podrá ejecutar la mayoría de sus programas de DOS; algunos correrán incluso mejor bajo Windows. La mala noticia es que instalar y configurar sus programas de DOS podría ser algo complicado.

El primer paso es instalar el programa de DOS. Aunque el procedimiento de instalación de los programas de Windows varía dependiendo del programa, todos los programas de Windows tienen una utilería de instalación que inicia la instalación de una manera relativamente similar. La mayoría de los programas de DOS tienen su propia utilería de instalación que funciona como la de Windows. Sin embargo, con algunos programas de DOS la instalación podría consistir en copiar los archivos de los discos flexibles a una carpeta independiente de su disco duro. El *Recorrido guiado* le muestra ambos procedimientos de instalación.

> DOS es una abreviatura de Disk Operating System (Sistema operativo de disco). Antes de que Windows existiera, lo primero que usted veía al iniciar su computadora era el indicador de DOS, que lucía así: C:\>. Para ejecutar los programas y realizar otras tareas, como eliminar y copiar archivos, usted debía escribir determinados comandos en el indicador. (La versión del DOS de Microsoft se llamaba MS-DOS.)

> Si usted tiene un programa de DOS en un disco CD-ROM, tal vez no debiera instalar el programa, ya que seguramente requerirá demasiado espacio de almacenamiento en disco duro. Trate de crear un icono de acceso directo para el archivo del programa que está en el CD. Vea "Cree accesos directos a discos, carpetas y archivos" en la página 114.

Recorrido guiado   Ejecute una utilería para instalar DOS

1 Inserte el CD del programa de DOS en la unidad de CD-ROM o inserte el disco flexible de instalación en la unidad de discos flexibles. Haga clic en **Mi PC** (My Computer) en el escritorio de Windows.

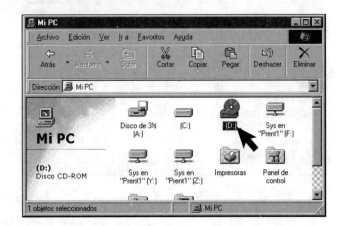

2 Aparece la ventana Mi PC, mostrando los iconos de las unidades de disco que hay en su computadora. Haga clic en el icono de la unidad que contenga el CD o el disco flexible.

Recorrido guiado — Ejecute una utilería para instalar DOS

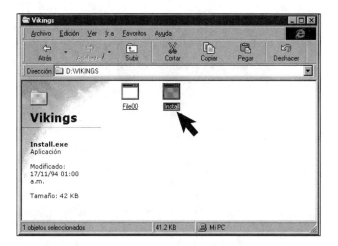

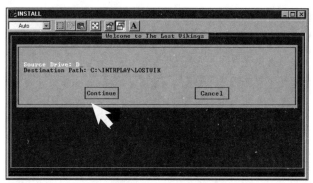

4 La utilería de instalación aparece en su propia ventana de DOS. Siga las instrucciones en pantalla para realizar la instalación.

3 La mayoría de los programas tiene un archivo para Instalar (Install) o Configurar (Setup). Haga clic en el archivo que sirve para ejecutar la utilería de instalación. Si el disco tiene carpetas etiquetadas como Disco1 (Disk1), Disco2, Disco3, etcétera, vaya a la carpeta **Disco1** y haga clic en el archivo de instalación. Si el programa no tiene un archivo de instalación, vaya al siguiente Recorrido guiado, "Instale un programa en forma manual".

Recorrido guiado — Instale un programa en forma manual

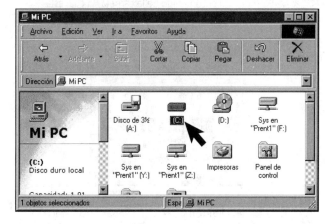

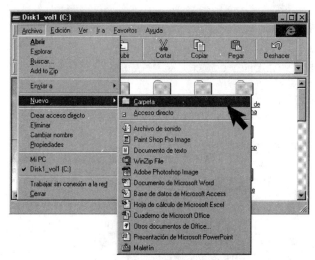

1 Abra la ventana **Mi PC** (My Computer) y haga clic en el icono del disco duro en el que desea instalar el programa de DOS.

2 Mi PC mostrará el contenido del disco seleccionado. Abra el menú **Archivo** (File), vaya a **Nuevo** (New) y haga clic en **Carpeta** (Folder).

(continúa)

Recorrido guiado Instale un programa en forma manual *(continuación)*

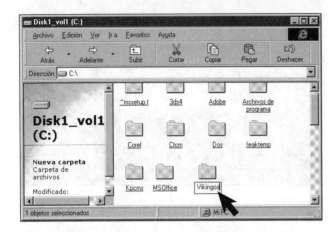

3 Mi PC (My Computer) crea una nueva carpeta llamada Carpeta nueva (New Folder). Dé un nombre descriptivo a la carpeta y presione **Entrar**.

> Cuando dé nombre a la carpeta de un programa de DOS, trate de apegarse al límite anterior de 8 caracteres (sin espacios) que tenía el DOS. Aunque la versión DOS de Windows 98 soporta nombres de archivo largos, esta versión aún tiene problemas con ellos.

4 Haga clic en el botón **Atrás** (Back) para volver a la ventana inicial de Mi PC. Inserte el disco flexible o CD-ROM que contenga los archivos del programa y luego haga clic en el icono de la unidad en la que insertó el disco.

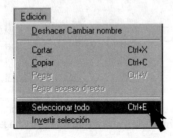

5 Mi PC muestra el contenido del disco. Abra el menú **Edición** (Edit) y elija **Seleccionar todo** (Select All). Todas las carpetas y archivos del disco aparecen resaltadas.

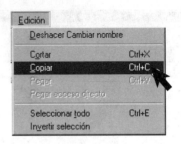

6 Abra el menú **Edición** y seleccione **Copiar** (Copy).

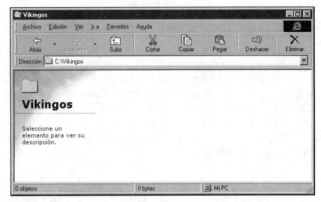

7 Regrese al disco y carpeta creados para el nuevo programa. Mi PC mostrará el contenido de la carpeta, la cual está vacía.

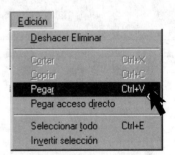

8 Abra el menú **Edición** y seleccione **Pegar** (Paste). Mi PC pegará en la nueva carpeta todos los archivos y carpetas copiados en el paso 7. Repita los Pasos 5 a 9 para cada disco del programa.

Recorrido guiado   Instale un programa en forma manual

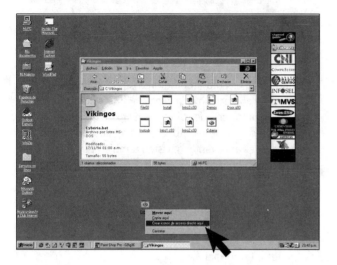

9 Cuando todos los archivos estén dentro de la nueva carpeta, usted deberá tener un archivo para ejecutar el programa. La figura anterior muestra el icono comúnmente utilizado para los programas de DOS. Utilice el botón derecho del ratón para arrastrar el icono hacia el escritorio de Windows, suelte el botón del ratón y seleccione **Crear iconos de acceso directo aquí** (Create Shortcut(s) Here).

> Usted puede colocar un icono para su programa de DOS sobre el menú Inicio | Programas (Start | Programs). Vea "Configure el menú Inicio" en la página 53.

Ejecute programas de DOS

Cuando usted ejecuta un programa de DOS, Windows crea una computadora "virtual" independiente para ejecutar el programa y da al programa la memoria y demás recursos que necesite para ejecutarse eficientemente. Windows ejecuta el programa en su propia ventana, permitiéndole cambiar entre los programas de DOS y los de Windows, tan fácil como si cambiara de un programa de Windows a otro.

Aunque la mayoría de los programas de DOS corren bien bajo Windows 98, algunos programas necesitan memoria adicional y requieren una configuración especial. Si usted tiene problemas al ejecutar algún programa de DOS, haga clic con el botón derecho del ratón en el icono del programa, elija Propiedades (Properties) y trate de ajustar las propiedades del programa para darle memoria y recursos adicionales. Para mayores detalles sobre cómo ejecutar el programa dentro de Windows, revise su documentación del programa.

Trabaje con la ventana de un programa de DOS

Cuando usted ejecuta un programa de DOS desde Windows, el programa aparece en una ventana que es similar a la ventana de un programa de Windows. El extremo superior derecho de la ventana tiene botones para minimizar, maximizar, restaurar y cerrar la ventana. Usted también puede arrastrar una esquina o un lado de la ventana para ajustar su tamaño.

Cuando maximiza o cambia el tamaño de una ventana de DOS, deberá tener presente que no todos los programas de DOS pueden mostrar una ventana a pantalla completa. Si maximiza una ventana y ésta no llena toda la pantalla, no se asuste, esto es normal.

Además de los controles estándar de una ventana, Windows despliega una barra de herramientas especial en la parte superior de la ventana del programa de DOS. La siguiente tabla proporciona una breve descripción de cada botón.

Botones de la barra de herramientas de la ventana de DOS

Botón	Nombre	Descripción
Auto ▼	Fuente (Font)	Le permite seleccionar el tamaño de fuente para el texto mostrado. El parámetro Auto ajusta automáticamente el tamaño cuando usted cambia el tamaño de la ventana.
	Marcar (Mark)	Activa el modo Marcar, que le permite utilizar su ratón para seleccionar el texto que va a copiar o a mover hacia otro documento.
	Copiar (Copy)	Copia el texto seleccionado al Portapapeles de Windows (Windows Clipboard), para que usted pueda pegarlo en otros documentos.
	Pegar (Paste)	Inserta el contenido del Portapapeles de Windows dentro del documento mostrado actualmente.
	Pantalla completa (Full Screen)	Muestra el programa en modo de Pantalla completa en vez de en una ventana. Este botón está desactivado para algunos programas.
	Propiedades (Properties)	Muestra el cuadro de diálogo Propiedades de este programa.
	Segundo plano (Background)	De origen, este botón está activo, evitando que el programa haga cualquier cosa cuando usted está trabajando en otros programas. Si desea que el programa pueda realizar otras tareas en segundo plano, haga clic en este botón para desactivarlo.
A	Fuente (Font)	Muestra un cuadro de diálogo para cambiar el tamaño de fuente del texto mostrado. Este botón realiza la misma función que la lista desplegable Fuente que está a la izquierda de la barra de herramientas.

Vaya al indicador de MS-DOS

Algunos programas de DOS sencillamente no se pueden ejecutar bajo Windows 98, sin importar qué parámetros especiales inserte. Si el programa no se ejecuta, trate de reiniciar su computadora en modo MS-DOS, como se explica en el *Recorrido guiado*, y luego ejecute el programa desde el indicador de DOS.

Algunos programas, en especial los juegos, podrían requerir comandos de inicio especiales para crear un entorno en el que se pueda ejecutar el programa. Si éste los requiere, cree un disco de sistema como se explica en "Formatee disque-

tes" en la página 129. Copie los archivos CONFIG.SYS y AUTOEXEC.BAT de su disco duro hacia el disco flexible y luego modifíquelos ahí para insertar los comandos de inicio requeridos.

Vea la documentación del programa para determinar qué comandos se requieren.

> Hay una forma rápida de ir al indicador de DOS. Abra el menú **Inicio** (Start), vaya a **Programas** (Programs) y haga clic en **MS-DOS** (MS-DOS Prompt).

Recorrido guiado   Ejecute un programa de DOS

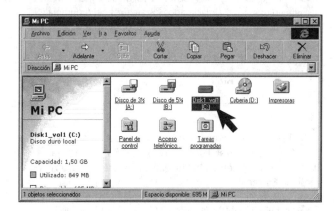

1 Abra la ventana **Mi PC** (My Computer) y haga clic en el icono del disco que contiene el programa de DOS. Luego haga clic en el icono de la carpeta del programa.

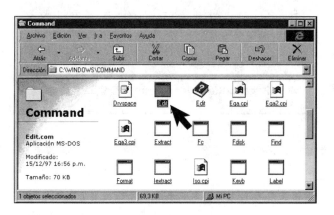

2 Mi PC muestra el contenido de la carpeta seleccionada. Haga clic en el icono del archivo que inicializa el programa.

> Los nombres de los archivos que inicializan programas terminan con las extensiones .EXE, .COM, o .BAT. Para ver las extensiones de archivo en Mi PC, abra el menú **Ver** (View), seleccione **Opciones de carpeta** (Folder Options) haga clic en la ficha **Ver** y haga clic en **Ocultar extensiones para los tipos de archivo conocidos** (Hide File Extensions for Known File Types) para quitar la marca de su casilla. Haga clic en **Aceptar** (OK).

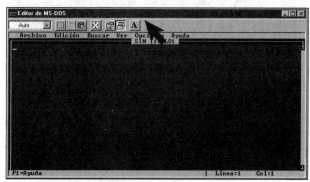

3 Al iniciar DOS aparece en una ventana. Si el programa tiene su propia barra de herramientas, podrá utilizarla para insertar los comandos que afecten sólo a este programa. Para salir correctamente del programa, vea "Salga de programas de DOS" en la página 77.

Recorrido guiado Reinicie en modo MS-DOS

1 Abra el menú **Inicio** (Start) y seleccione **Apagar el sistema** (Shut Down).

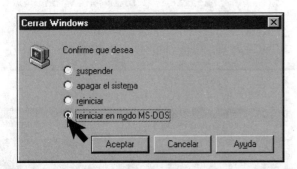

2 Aparece el cuadro de diálogo Cerrar Windows (Shut Down Windows). Seleccione **reiniciar en modo MS-DOS** (Restart en MS-DOS Mode) y haga clic en **Aceptar** (OK).

```
c:\>d:
```

3 Se cierra Windows y se reinicia mostrando el indicador de DOS. Si el programa está en otra unidad que no sea C, escriba la letra de la unidad seguida por dos puntos (por ejemplo, **d:**) y presione **Entrar.**

```
c:\>d:
D:\>cd\rebel
```

4 Si el archivo que ejecuta el programa está en una carpeta (o directorio) diferente, escriba **cd** seguido por el nombre de la carpeta en que están almacenados los archivos del programa y presione **Entrar.** Por ejemplo, escriba **cd\rebel** y presione **Entrar.**

```
D:\>rebel
```

5 Escriba el nombre del archivo que ejecuta el programa y presione **Entrar.** Por ejemplo, si el archivo del programa se llama rebel.exe, escriba **rebel** (puede omitir la extensión .exe) y presione **Entrar.**

6 El programa se ejecutará en modo de pantalla completa. Cuando haya terminado de utilizarlo, salga del programa, escriba **exit** y presione **Entrar** para reiniciar su computadora con Windows 98.

> Usted puede iniciar su computadora sin abrir Windows 98. Después de encender su monitor y su unidad de sistema, espere el sonido de un bip, presione la tecla **F8**. Windows mostrará una lista de opciones de arranque. Seleccione **Sólo símbolo del sistema** (Command Prompt Only).

Salga de programas de DOS

Aunque pueda ejecutar en Windows programas de DOS, las ventanas de estos programas no proporcionan el mismo sistema a prueba de fallas que usted encuentra en las de los programas de Windows. Si usted hace clic en el botón Cerrar (X), en el extremo superior derecho de la ventana de un programa de Windows, éste le pedirá guardar cualquier cambio que haya hecho a sus documentos antes de salir.

En las ventanas de los programas de DOS, la advertencia es menos informativa. Simplemente le dice que Windows no puede cerrar automáticamente el programa. No le recuerda

guardar los cambios de los documentos abiertos. Si usted no pone atención a la advertencia, podría cerrar el programa de DOS desde Windows y arriesgarse a perder los cambios que haya hecho a los documentos.

Para evitar dichos riesgos, deberá salir del programa de DOS utilizando sus comandos de salida Cerrar o Salir, como se muestra en el *Recorrido guiado*.

Recorrido guiado   Salga de un programa de DOS

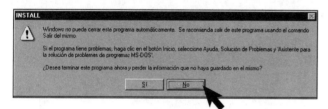

En muchos programas de DOS usted puede presionar la tecla **Esc** para mostrar un menú de opciones que incluye los comandos Salir o Cerrar.

1 Si usted hace clic en el botón **Cerrar** (X) en la ventana de un programa DOS, aparece este cuadro de diálogo de advertencia. Haga clic en el botón **No** para cancelarlo y volver a la ventana del programa de DOS.

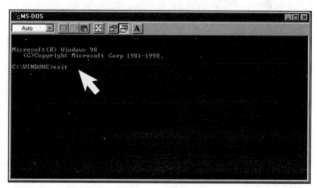

2 Para salir correctamente de un programa DOS, utilice el comando **Archivo | Salir** (File | Exit) o **Archivo | Cerrar** (File | Quit). El procedimiento para salir de los programas DOS varía, así que revise la documentación del programa.

3 Después de salir de un programa de DOS, la ventana podría permanecer abierta, mostrando el indicador de DOS. Escriba **exit** en el indicador y presione **Entrar.**

4 Windows cerrará la ventana del programa de DOS y usted podrá continuar su trabajo en Windows.

Cómo administrar discos, carpetas y archivos

magínese su computadora como una oficina. Tiene un escritorio en el que usted trabaja y que viene con "archiveros". En el caso de su computadora, cada disco es un gran archivero que contiene varios cajones y carpetas en las que usted almacena sus archivos de programas y de documentos.

Para tener su organización bajo control, usted necesita: un acceso fácil a sus discos, carpetas y archivos; eliminar y mover las carpetas y los archivos; crear nuevas carpetas para almacenar sus archivos en grupos lógicos. Para ello Windows 98 le ofrece dos herramientas: Mi PC (My Computer) y el Explorador de Windows (Windows Explorer). En esta sección aprenderá a utilizar estas herramientas tan útiles e importantes.

Qué encontrará en esta sección

Para entender el almacenamiento de datos

Cada vez que instala un programa o guarda un documento creado por usted, una de sus unidades de disco almacena magnéticamente los datos en un disco, igual que una grabadora almacena sonidos en una cinta. Su sistema utiliza *nombres de archivo* para identificar cada archivo de programa o de documento. Cuando usted apaga su computadora, los archivos permanecen intactos, y más tarde usted podrá ejecutar sus archivos de programa o abrir sus archivos de documentos desde el disco.

Un disco duro normal puede almacenar miles de archivos. Si usted almacenara todos sus archivos en una sola carpeta del disco, después sería prácticamente imposible encontrarlos. Por eso, su sistema operativo Windows le permite crear carpetas en sus discos. Usted podrá entonces almacenar los archivos relacionados en carpetas clasificadas, haciendo más fácil su búsqueda y su manejo.

Domine las carpetas y las rutas de acceso

Para usar las carpetas, antes deberá entender cómo las estructura Windows. Cada disco contiene un directorio llamado *directorio raíz*, que puede almacenar archivos y carpetas (otros directorios). Usted puede crear carpetas en el directorio raíz. Éstas actúan como el primer nivel de carpetas de su disco duro. Al hacer clic en el icono de un disco, aparecen los nombres de estas carpetas. Para tener *subcarpetas,* usted puede crear carpetas dentro de estas carpetas del primer nivel.

En general los discos flexibles almacenan una cantidad menor de archivos; rara vez tendrá que usar carpetas para agrupar los archivos de un disco flexible. Sin embargo, puede crear y utilizar las carpetas en éstos, tal como lo hace en los discos duros.

Al crear carpetas y subcarpetas, su lista de carpetas podría extenderse considerablemente. Aquí hay un ejemplo de cómo podría lucir una lista común de carpetas:

```
C:\
    \Documentos
        \Finanzas
            \Inversiones
            \Préstamos
            \Análisis
        \Diario
        \Notas deportivas
        \PTA
```

Si desea abrir una carpeta de un disco, deberá avanzar a través de las múltiples capas de carpetas para tener acceso a la subcarpeta deseada. Puede lograrlo haciendo clic en las carpetas o escribiendo una *ruta de acceso* hacia el archivo o carpeta deseados. Una ruta de acceso sirve para especificar la ubicación de un archivo o carpeta, incluyendo la letra de la unidad y una lista completa de las carpetas que llevan a la subcarpeta o archivo deseado. Por ejemplo, la ruta de acceso para la carpeta Análisis del ejemplo anterior es la siguiente:

```
C:\Documentos\Finanzas\Análisis
```

Trabaje con iconos

Windows utiliza *iconos* para identificar los diferentes recursos de su computadora, y muestra iconos distintivos para sus discos, carpetas, archivos de programas, archivos de documentos y accesos directos. Utilice la tabla siguiente como ayuda para identificar los iconos que encontrará.

Iconos de Windows 98

Icono	Tipo de icono	Descripción
	Unidad de disco duro (Hard disk drive)	Representa un disco duro. Haga clic en el icono para ver el contenido del disco.
	Unidad de disco flexible (Floppy disk drive)	Representa una unidad de disco flexible. Asegúrese de que la unidad tenga un disco con formato dentro de ella antes de hacer clic en este icono.

Icono	Tipo de icono	Descripción
	Unidad de CD-ROM (CD-ROM drive)	Representa una unidad de CD-ROM. Asegúrese de que la unidad tenga un CD antes de hacer clic en este icono.
	Carpeta (Folder)	Representa una carpeta. Haga clic en este icono para ver el contenido de la misma.
	Programa (Program)	Representa el archivo que ejecuta un programa específico. La apariencia de este icono varía dependiendo del programa. Para ejecutar el programa, haga clic en su icono.
	Documento (Document)	Representa un archivo de datos, generalmente creado por usted. El icono se ve como una hoja de papel con una esquina doblada. Si Windows *sabe* qué programa se utilizó para crear el documento, muestra el logo del programa sobre el documento. De lo contrario, muestra un icono de documento genérico como el que se muestra aquí.
	Acceso directo (Shortcut)	Representa un acceso directo que lo lleva hasta el archivo del programa o documento de su disco. La apariencia del icono de acceso directo varía dependiendo del programa. Observe la flecha de la esquina inferior izquierda. Los iconos de acceso directo siempre despliegan esta flecha.

Recorrido guiado Explore la estructura de discos y carpetas

(2) El Escritorio (Desktop) representa la carpeta de más alto nivel de su computadora. Mi PC (My Computer) contiene iconos para sus unidades de disco y carpetas. Si hay un signo más (+) junto a Mi PC, haga clic en él para ver su contenido.

(1) Para entender la estructura de sus discos y carpetas, observe la estructura del Explorador de Windows (Windows Explorer). Haga clic en el botón **Inicio** (Start), señale **Programas** (Programs) y haga clic en **Explorador de Windows**.

Windows utiliza los símbolos más (+) y menos (–) junto a los iconos de los discos y carpetas para expandir y contraer rápidamente las listas de carpetas. Al hacer clic en el signo más que está junto a una carpeta, el icono cambia para mostrar una carpeta abierta; las subcarpetas de ésta aparecen debajo y el signo más es remplazado por un signo menos. Entonces usted puede hacer clic en el signo menos para contraer la lista.

(continúa)

Recorrido guiado Explore la estructura de discos y carpetas *(continuación)*

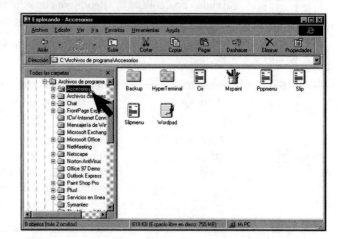

3 Si el icono de su disco tiene un signo más junto a él, haga clic en él para ver una lista de las carpetas del disco.

5 Para ver el contenido de una carpeta, haga clic en su nombre. El panel derecho muestra los archivos y subcarpetas de la carpeta seleccionada.

6 Como puede ver, la lista de carpetas parece un árbol genealógico, el cual muestra la letra de la unidad en la parte superior del mismo. Usted puede ocultar una lista de carpetas haciendo clic en el signo menos que está junto al icono de la carpeta, o del disco en la parte superior del árbol.

7 Cuando haya terminado de explorar las carpetas, haga clic en el botón **Cerrar** (X), en el extremo superior derecho de la ventana del Explorador de Windows.

4 La lista se expande para mostrar el primer nivel de carpetas del disco. Para ver las subcarpetas de una carpeta en particular, haga clic en el signo más que está junto al icono de la carpeta.

Trabaje en estilo Web

S i ha trabajado con herramientas de administración de archivos en una versión anterior de Windows, ya está acostumbrado a hacer doble clic en los iconos de discos y carpetas para mostrar su contenido y a hacer clic en las carpetas y los archivos para seleccionarlos.

Windows 98 ha reestructurado su escritorio, la carpeta Mi PC (My Computer) y el Explorador de Windows (Windows Explorer) para que funcionen lo más parecido a una página Web. Aprenderá más acerca de Web en "Cómo utilizar Windows 98 en World Wide Web" en la página 217. Sin embargo, para navegar exitosamente en Mi PC, en el Explorador de Windows y en el escritorio de Windows, usted deberá conocer los elementos básicos del nuevo estilo Web de Windows 98, y asegurarse que el Estilo Web (Web View) esté activado.

En el Estilo Web usted ya no tiene que hacer clic en un icono para seleccionarlo. Simplemente señálelo. Para tener acceso a una unidad, abrir una carpeta o archivo, o ejecutar un programa, ya no tendrá que hacer doble clic; sólo señale el icono deseado y haga clic una sola vez. Si éste es su primer encuentro con Windows, deberá acostumbrarse a estas técnicas lo antes posible. Pero si ya está acostumbrado a trabajar en las versiones anteriores de Windows, tal vez tendrá que dejar sus viejos hábitos y aprender las nuevas técnicas.

Puesto que las instrucciones que restan en esta sección suponen que usted tiene activado el Estilo Web, siga el *Recorrido guiado* para asegurarse de que así sea y poder cambiar cualquier configuración adicional del mismo.

Recorrido guiado   Active el estilo Web

1 Haga clic o doble clic en **Mi PC** en el escritorio de Windows. Si Mi PC se ejecuta con un solo clic, es que está activado el Estilo Web.

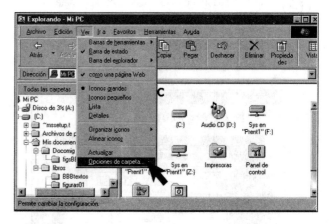

3 Abra el menú **Ver** (View) y seleccione **Opciones de carpeta** (Folder Options).

(continúa)

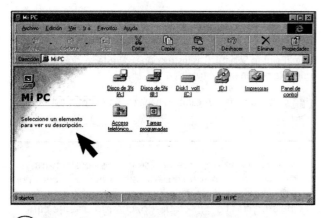

2 Aparece la ventana Mi PC. Si está activado el Estilo Web, a la izquierda de la ventana aparece una barra vertical describiéndola, como se muestra arriba.

Recorrido guiado Active el estilo Web *(continuación)*

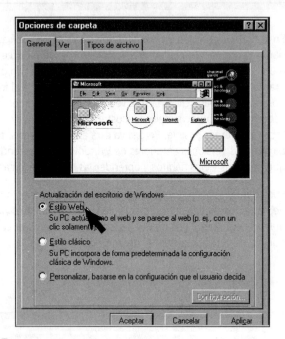

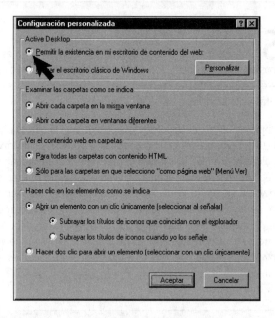

4 Aparece el cuadro de diálogo Opciones de carpeta, con la ficha General al frente. Para trabajar en Estilo Web, asegúrese que esté seleccionado **Estilo Web** (Web Style). Para utilizar Mi PC como lo hizo con Windows 95, seleccione **Estilo clásico** (Classic Style).

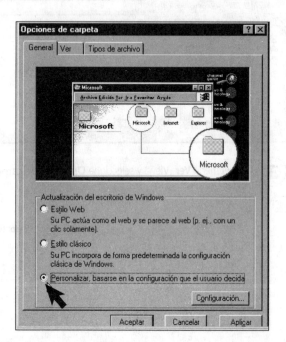

5 Para cambiar cualquier configuración adicional, haga clic en **Personalizar, basarse en la configuración que el usuario decida** (Custom Based on Settings You Choose) y entonces haga clic en el botón **Configuración** (Settings).

6 Aparece el cuadro de diálogo Configuración personalizada (Custom Settings). Bajo Active Desktop, asegúrese de que esté activada la opción **Permitir la existencia en mi escritorio de contenido del Web** (Enable All Web-Related Content on My Desktop), para que tenga acceso a los iconos del escritorio con un solo clic.

7 Bajo Examinar las carpetas como se indica (Browse Folders as Follows), seleccione **Abrir cada carpeta en la misma ventana** (Open Each Folder in the Same Window). **Abrir cada carpeta en ventanas diferentes** (Open Each Folder in Its Own Window) abre una nueva ventana para cada unidad o carpeta que usted seleccione, lo que podría llenar rápidamente su pantalla.

8 Bajo Ver el contenido Web en carpetas (View Web Content in Folders), elija **Para todas las carpetas con contenido HTML** (For All Folders with HTML Content).

9 Bajo Hacer clic en los elementos como se indica (Click Items as Follows), elija **Abrir un elemento con un clic únicamente (seleccionar al señalar)** [Single-Click to Open an Item (Point to Select)]. (Las instrucciones de esta sección suponen que esta opción está activada.)

10 Para guardar sus cambios haga clic en **Aceptar** (OK).

Si, sencillamente, usted no se puede acostumbrar a señalar con el puntero para seleccionar y hacer un solo clic para abrir los archivos y carpetas, cambie al Estilo clásico. Sin embargo, cuando trabaje con las instrucciones de esta sección, usted deberá hacer clic cuando se indique señalar y hacer doble clic cuando se indique hacer clic.

Navegue por Mi PC

W indows brinda dos herramientas para administrar sus carpetas y archivos: Mi PC (My Computer) y el Explorador de Windows (Windows Explorer). Mi PC brinda acceso rápido a sus discos y carpetas. El Explorador de Windows, descrito en la página 87 "Navegue por el Explorador de Windows", es una herramienta más práctica para copiar y mover archivos y así administrar sus carpetas.

Cuando usted hace clic en el icono Mi PC, aparece una ventana que muestra los iconos de todos los discos de su computadora, además de los iconos para las herramientas de administración del sistema que usted podría utilizar con

frecuencia, entre las que se incluyen Panel de control (Control Panel) e Impresoras (Printers). Para ver el contenido de un disco, sólo haga clic en su icono. Entonces podrá hacer clic en el icono de una carpeta para mostrar el contenido de la misma o en el icono de un archivo para ejecutar un programa, abrir un documento o emplear una utilería del Panel de control.

El siguiente *Recorrido guiado* le presenta Mi PC y le muestra cómo navegar por sus discos y carpetas. Las instrucciones detalladas sobre cómo copiar, mover y cambiar nombre a las carpetas y archivos se proporcionan posteriormente en esta sección.

Recorrido guiado Vea el contenido de los discos y las carpetas en Mi PC

1 Haga clic en el icono **Mi PC**, que por lo general se encuentra en la esquina superior izquierda del escritorio.

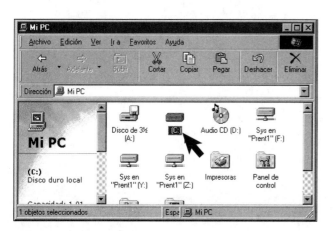

2 Aparece la ventana Mi PC, mostrando iconos para la unidad de discos flexibles (si la hay), las unidades de disco duro, de CD-ROM (si lo hay), Panel de control, Impresoras, Tareas programadas (Scheduled Tasks) y Acceso telefónico a redes (Dial-Up Networking). Para ver el contenido de un disco, haga clic en su icono.

3 Mi PC muestra el primer nivel de carpetas del disco, así como cualquier archivo almacenado en el directorio raíz del disco. Para mostrar el contenido de una carpeta, haga clic en su icono.

4 Conforme usted se mueve a través de las carpetas, el botón Atrás (Back) se activa. Haga clic en **Atrás** para volver a la carpeta anterior del disco, o regresar a la pantalla inicial.

5 Cuando usted regresa, se activa el botón Adelante (Forward). Haga clic en **Adelante** para avanzar a la carpeta siguiente. Usted sólo puede utilizar este botón para avanzar hacia las carpetas que haya abierto previamente.

(continúa)

Recorrido guiado   Vea el contenido de los discos y las carpetas en Mi PC *(continuación)*

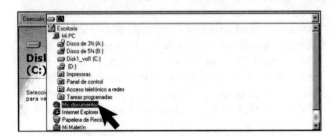

6 Para cambiar rápidamente a un disco o carpeta diferentes, abra la lista desplegable **Dirección** (Address) y seleccione el disco o carpeta deseados.

7 Para regresar rápidamente a un disco o carpeta que haya visto previamente, abra el menú **Archivo** (File) y seleccione el disco o carpeta.

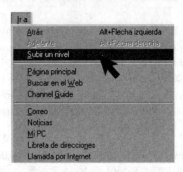

8 El menú Ir a (Go) contiene los comandos Atrás y Adelante junto con el comando Subir un nivel (Up One Level). Para ir a un nivel anterior de la lista de carpetas, abra el menú **Ir a** y seleccione **Subir un nivel**.

9 Los menús de Mi PC (My Computer) contienen muchos comandos para tener acceso a las funciones de Internet. Usted podrá aprender más acerca de estas opciones en "Cómo dominar Active Desktop", que inicia en la página 301. Por ahora, ignore estas opciones.

10 Cuando haya terminado de explorar sus carpetas y archivos, haga clic en el botón **Cerrar** (X) en el extremo superior derecho de la ventana de Mi PC.

Navegue por el Explorador de Windows

E l Explorador de Windows (Windows Explorer) es una herramienta para administración de carpetas y archivos más avanzada que Mi PC (My Computer). Despliega una ventana que consta de dos paneles. El panel izquierdo muestra una lista de los discos y carpetas de su computadora. El panel derecho muestra el contenido de la carpeta seleccionada en el panel izquierdo. Para mostrar su contenido haga clic en los iconos de los discos y carpetas, tal como lo hace en Mi PC. Además, los puede arrastrar de un panel a otro para copiarlos o moverlos rápidamente a otras carpetas o discos.

Si ya ha manejado el Explorador de Windows (o Mi PC) en Windows 95, la principal mejora que notará es que la barra de herramientas es diferente. Para que navegue en su computadora tan fácilmente como en World Wide Web, Microsoft ha rediseñado la barra de herramientas y ha agregado los botones Atrás (Back) y Adelante (Forward) que le permiten avanzar o regresar rápidamente a la carpeta o disco anteriores. La barra de herramientas también contiene la lista

desplegable y cuadro de texto Dirección (Address) en el cual usted puede escribir la ruta de acceso a una carpeta. También puede utilizar el Explorador de Windows para abrir y mostrar páginas Web (vea "Navegue en Web con el Explorador de Windows" en la página 306).

Los pasos para desplegar el contenido de los discos y carpetas en el Explorador de Windows difieren un poco de los de Mi PC. Para ver estas diferencias, el *Recorrido guiado* siguiente le muestra los elementos básicos del uso del Explorador de Windows para tener acceso a discos, carpetas y demás recursos de su sistema.

> Si actualiza de Windows 3.1 a Windows 98, descubrirá que el Explorador de Windows es muy parecido al Administrador de archivos (File Manager).

Recorrido guiado   Vea el contenido de discos y carpetas en el Explorador de Windows

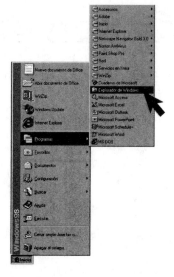

1 Para ejecutar el Explorador de Windows, haga clic en el botón **Inicio** (Start), vaya a **Programas** (Programs) y haga clic en **Explorador de Windows**.

2 La lista de carpetas de la izquierda muestra los iconos de todos los discos y carpetas de su sistema. Para mostrar las carpetas de un disco y las subcarpetas que están dentro de otra carpeta, haga clic en el signo más que está junto al icono del disco o carpeta.

(continúa)

Recorrido guiado   Vea el contenido de discos y carpetas en el Explorador de Windows

(continuación)

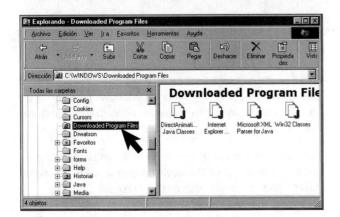

3 El Explorador de Windows (Windows Explorer) despliega la lista de carpetas, mostrando las carpetas del disco o las subcarpetas de la carpeta seleccionada. Para mostrar el contenido de una carpeta, haga clic en su nombre.

> Cuando un elemento del panel izquierdo está resaltado, usted puede utilizar las flechas superior e inferior para mover la marca hacia el icono de un disco o carpeta diferente. En el panel derecho se muestra el contenido del disco o carpeta seleccionados.

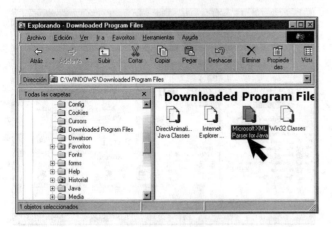

4 Cuando usted hace clic en una carpeta, su contenido aparece en el panel derecho. En éste, para abrir una carpeta usted puede hacer clic en ella o en el icono de un archivo para ejecutar un programa o abrir un documento.

5 Para dejar de mostrar las carpetas de un disco o las subcarpetas de una carpeta, haga clic en el signo menos que está junto al icono de la carpeta. Esto contrae la lista, para que usted pueda trabajar con otras carpetas.

6 El Explorador de Windows oculta las carpetas y muestra un signo más junto al icono de la unidad o de la carpeta, indicando así que la lista de carpetas ha sido comprimida.

7 Conforme usted se desplaza entre las carpetas, se activa el botón Atrás (Back). Haga clic en el botón **Atrás** para volver a la carpeta o discos anteriores o regresar a la pantalla inicial.

8 El botón **Adelante** (Forward) se activa cuando usted retrocede. Haga clic en este botón para avanzar a la siguiente carpeta. Usted sólo puede utilizar el botón Adelante para avanzar a las carpetas que haya abierto anteriormente.

Recorrido guiado Vea el contenido de discos y carpetas en el Explorador de Windows

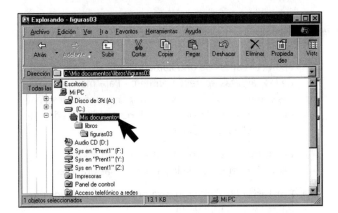

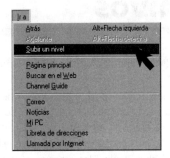

⑨ Para cambiar rápidamente a un disco o carpeta diferentes, abra la lista desplegable **Dirección** (Address) y seleccione el disco o carpeta deseados.

⑪ El menú Ir a (Go) contiene los comandos Atrás y Adelante, junto con el comando Subir un nivel (Up One Level). Para subir a un nivel anterior de la lista de carpetas, abra el menú **Ir a** y seleccione **Subir un nivel.**

⑫ Cuando haya terminado de navegar por el Explorador, haga clic en el botón **Cerrar** (X) en la esquina superior derecha de la ventana.

⑩ Para regresar rápidamente a un disco o carpeta que haya visto con anterioridad, abra el menú **Archivo** (File) y selecciónelo.

Controle las vistas de carpetas y archivos

Tanto Mi PC (My Computer) como el Explorador de Windows (Windows Explorer) enlistan en un principio los archivos en orden alfabético para que usted pueda encontrar un archivo cuyo nombre conoce. Mi PC muestra iconos grandes para los archivos, en tanto que el Explorador de Windows muestra iconos pequeños. Aunque en general éste es el modo más útil de organizar los archivos, usted puede cambiar la forma en que son desplegados para hacerlos más manejables. Por ejemplo, tal vez quiera listar los archivos por tipo, para tener por separado los archivos de los programas y los de los documentos. O quizás prefiera mostrar iconos pequeños para tener más nombres de archivos en la pantalla.

El menú Ver (View) contiene las opciones siguientes para controlar la forma de mostrar los archivos:

- **Iconos grandes** (Large Icons) muestra iconos de gran tamaño, los cuales son útiles para indicar el tipo de archivo.

- **Iconos pequeños** (Small Icons) muestra iconos diminutos, lo que permite desplegar más nombres de archivos en una ventana. En esta opción, los archivos están listados en varias columnas, como las de un periódico. Si usted arrastra un cuadro de selección a través de los archivos, la selección serpentea de la parte inferior de la columna izquierda a la parte superior de la columna derecha. Usted no puede seleccionar un grupo rectangular de archivos.

- **Lista** (List) muestra iconos pequeños, pero los acomoda en columnas tabulares. Usted puede arrastrar un cuadro de selección alrdedor de un grupo rectangular de archivos.

- **Detalles** (Details) muestra iconos pequeños e información sobre cada archivo, incluyendo su tamaño y la fecha en que fue creado. La vista Detalles es más útil cuando usted necesita información acerca de un archivo.

El menú Ver I Organizar iconos (View I Arrange Icons) contiene opciones adicionales para acomodar los iconos:

- **Por nombre** (By Name) organiza la lista de archivos en orden alfabético, mostrando primero los nombres de las carpetas.

- **Por tipo** (By Type) organiza la lista de archivos en orden alfabético de acuerdo con la extensión de cada archivo. Por ejemplo, un archivo llamado carta.doc

aparecerá antes de uno llamado carta.xls. Los nombres de las carpetas aparecen primero . Para mayores detalles sobre cómo ocultar y mostrar las extensiones de los archivos, vea "Configure Mi PC o el Explorador de Windows" en esta página.

- **Por tamaño** (By Size) muestra primero los archivos pequeños seguidos de los archivos más grandes.

- **Por fecha** (By Date) muestra primero los archivos modificados recientemente.

- **Organización automática** (Auto Arrange) es una opción para indicar a Mi PC o al Explorador de Windows que reacomode automáticamente la lista de archivos cada vez que usted inserte o mueva alguno. Esta opción es particularmente útil para la vista Iconos grandes, donde los iconos podrían encimarse si usted mueve uno sobre otro.

La opción Ver I Alinear iconos (View I Line Up Icons) organiza los iconos en columnas e hileras sin cambiar sus posiciones relativas dentro de la lista. El *Recorrido guiado* le permite experimentar con las distintas vistas para ver cómo alteran la forma de mostrar las carpetas y los archivos.

Utilice la Barra de herramientas

La barra de herramientas Estándar, en la parte superior de Mi PC y del Explorador de Windows, contiene varios controles para cambiar la vista de los archivos, navegar por sus carpetas, y copiar, mover y eliminar archivos. La tabla Controles de la Barra de herramientas estándar describe estos controles.

Configure Mi PC y el Explorador de Windows

Además de cambiar la apariencia y organización de la lista de archivos, usted puede utilizar el comando Ver I Opciones de carpeta (View I Folder Options) para mostrar un cuadro de diálogo con opciones adicionales de configuración. Este cuadro contiene las tres fichas siguientes:

- **General** le permite activar/desactivar el Estilo Web. En este estilo puede abrir carpetas, ejecutar programas y abrir documentos con un solo clic del ratón. Para mayores detalles, vea "Trabaje en estilo Web", página 83.

- **Ver** (View) ofrece opciones para que todas sus carpetas se vean iguales, desplegando u ocultando los archivos del sistema, mostrando la ruta de acceso en la barra de título y ocultando las extensiones de los nombres de archivos conocidos. En forma predeterminada, las extensiones de los nombres de archivo están ocultas, de modo que con sólo ver su icono usted puede saber a qué clase de archivo se refiere.

Controles de la Barra de herramientas Estándar

Icono	Nombre del Control	Propósito
Micron (C:)	Dirección (Address)	Lista todos los discos y carpetas de su computadora. Utilice la lista Dirección para cambiar rápidamente a otro disco o para regresar en la lista de carpetas.
	Atrás (Back)	Muestra el disco o carpeta previamente abierto. Este botón también funciona como una lista desplegable, la cual muestra un breve historial de los discos y archivos que usted abrió recientemente. (Para desplegar la lista, haga clic en la flecha que apunta hacia abajo, a la derecha del botón.)
	Adelante (Forward)	Avanza un disco o carpeta, si hizo clic previamente en el botón Atrás para regresar a un disco o carpeta. Este botón también funciona como una lista desplegable.
	Subir (Up)	Sube un nivel en la lista de carpetas. Por ejemplo, si usted abre la carpeta \Datos\Cartas, al hacer clic en el botón Subir muestra el contenido de la carpeta \Datos.
	Cortar (Cut)	Elimina de su ubicación actual la carpeta o archivo seleccionados, permitiéndole pegarla en una carpeta diferente.
	Copiar (Copy)	Crea una copia de la carpeta o archivo seleccionados, para que usted pueda pegarla en otro disco o dentro de otra carpeta.
	Pegar (Paste)	Inserta en el disco o dentro de la carpeta activos los archivos o carpetas cortados o copiados.
	Deshacer (Undo)	Revierte la acción anterior. Esta opción es útil cuando usted elimina un archivo o carpeta por error.
	Eliminar (Delete)	Mueve los archivos o carpetas actualmente seleccionados hacia la Papelera de reciclaje (Recycle Bin).
	Propiedades (Properties)	Muestra información y configuración del disco, archivo o carpeta seleccionados.
	Vistas (Views)	Abre un menú desplegable que ofrece las mismas opciones que usted encuentra en el menú Ver: Iconos grandes (Large Icons), Iconos pequeños (Small Icons), Lista (List) y Detalles (Details).

> Una buena idea es mantener ocultos los archivos del sistema, para evitar su eliminación por accidente.

- **Tipos de archivo** (File Types) muestra una lista de los tipos de archivo de documento que están asociados con los programas de su computadora. Cuando un tipo de archivo registrado está asociado con un programa, usted puede abrir el archivo de documento haciendo clic en él. Windows ejecutará el programa asociado, que así entonces abre el documento.

El *Recorrido guiado* le muestra cómo tener acceso al cuadro de diálogo Opciones y cambiar algunos parámetros comunes.

Recorrido guiado   Controle la presentación de archivos y carpetas

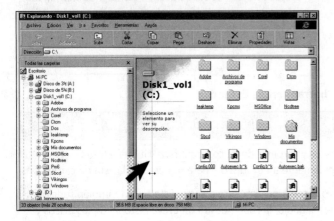

1 En el Explorador de Windows (Windows Explorer), usted puede arrastrar la barra vertical que separa a los paneles izquierdo y derecho para cambiar sus tamaños relativos.

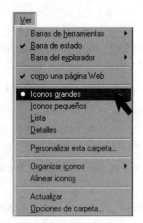

2 Para ver iconos grandes en el Explorador de Windows o en Mi PC, abra el menú **Ver** (View) y seleccione **Iconos grandes** (Large Icons).

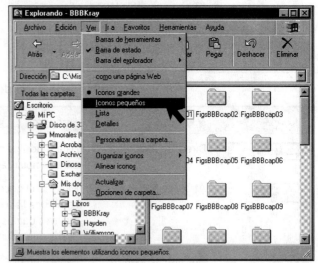

3 En el Explorador de Windows, los iconos grandes aparecen en el panel derecho (como se muestra en la figura). En Mi PC, todos los iconos de la ventana aparecen grandes. Para volver a la vista de iconos pequeños abra el menú **Ver** y seleccione **Iconos pequeños** (Small Icons).

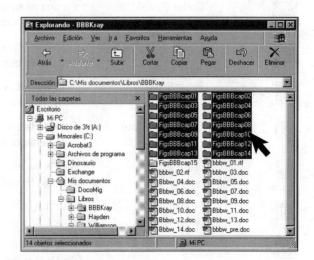

4 En la vista Iconos pequeños, las carpetas aparecen en la parte superior de la ventana, seguidas de los archivos. Usted puede arrastrar un cuadro de selección en torno a un grupo rectangular de archivos o carpetas.

5 Para cambiar a la opción Lista (List), abra el menú **Ver** y seleccione **Lista.**

Recorrido guiado   Controle la presentación de archivos y carpetas

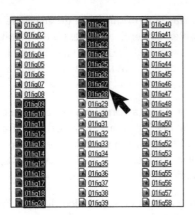

6 A manera de Lista, las carpetas aparecen en la parte superior de la columna izquierda, y las carpetas y archivos están ordenados en columnas tipo periódico. Si usted arrastra un cuadro de selección sobre las carpetas o los archivos, la selección se extiende de la parte inferior de una columna a la parte superior de la columna siguiente.

7 Para ver información sobre sus archivos, abra **Ver** y seleccione **Detalles** (Details).

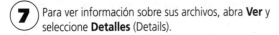

8 La vista Detalles muestra no sólo el nombre del archivo, sino también su tamaño, tipo y la fecha en que fue modificado por última vez. Usted puede arrastrar las líneas que separan los títulos de las columnas, como se muestra aquí, para cambiar el tamaño de las columnas.

En la vista Detalles, clasifique los archivos haciendo clic en el título de la columna deseada sobre la lista de archivos. Por ejemplo, para listar los archivos por fecha, haga clic en el título **Modificado** (Modified). Al hacer clic de nuevo en este título usted revierte el orden de la clasificación. Por ejemplo, si los archivos modificados más recientes aparecen primero, al hacer clic otra vez en **Modificado** aparecerán al final.

9 Para especificar la forma en que Mi PC (My Computer) y el Explorador de Windows (Windows Explorer) clasifican las carpetas y archivos, abra el menú **Ver**, vaya a **Organizar iconos** (Arrange Icons) y seleccione **por nombre** (By Name), **por tipo** (By Type), **por tamaño** (By Size) o **por fecha** (By Date).

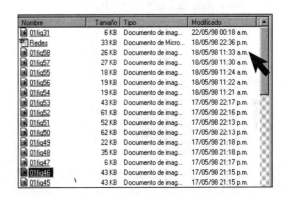

10 La figura anterior muestra los archivos y carpetas organizados por fecha en la vista Detalles. Usted puede cambiar entre las distintas vistas (Iconos grandes, Iconos pequeños, etc.), haciendo clic en el botón **Vistas** (Views) de la barra de herramientas. O, también puede hacer clic en la flecha a la derecha de este botón para seleccionar la vista deseada de un menú.

Con las etiquetas de texto activas, la barra de herramientas de Mi PC y del Explorador de Windows podrían no mostrar todos los botones. Para que los muestre, abra el menú **Ver**, vaya a **Barras de herramientas** (Toolbar) y seleccione **Etiquetas** (Text Labels); esto desactiva las etiquetas de texto. Después de esto, si no está seguro de para qué sirve un botón, señálelo para que se despliegue una etiqueta instantánea con el nombre del botón.

Recorrido guiado Configure Mi PC o el Explorador de Windows

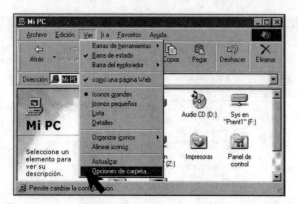

1 En Mi PC (My Computer), abra el menú **Ver** (View) y seleccione **Opciones de carpeta** (Folder Options). También puede seleccionar la misma opción para el Explorador de Windows.

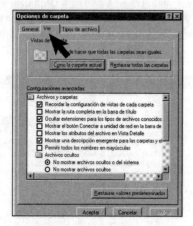

2 El cuadro de diálogo Opciones de carpeta en Mi PC tiene tres fichas. La ficha General le permite activar el Estilo Web (Web Style). Para mayores detalles, vea "Trabaje en estilo Web" en la página 83. Haga clic en la ficha **Ver**.

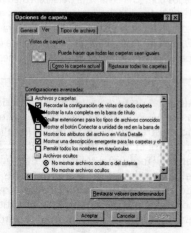

3 En el cuadro Configuraciones avanzadas (Advanced Settings), seleccione las opciones que están bajo Archivos y carpetas (Files and Folders):

Recordar la configuración de vistas de cada carpeta (Remember Each Folder's View Settings) indica a Windows que utilice la configuración de la vista seleccionada en todas las carpetas cada vez que usted las abra.

Mostrar la ruta completa en la barra de título (Display the Full Path in Title Bar) muestra la ruta de acceso (la ubicación y nombre de la carpeta o archivo seleccionados) dentro de la barra de título de la ventana.

Ocultar extensiones para los tipos de archivos conocidos (Hide File Extensions for Known File Types) oculta los últimos tres caracteres del nombre de un archivo. Si está acostumbrado a trabajar con extensiones de archivos, haga clic en esta opción para quitar la marca de su casilla de verificación.

Mostrar el botón Conectar a unidad de red en la barra de herramientas (Show Map Network Drive Button in Toolbar) muestra un botón especial dentro de la barra de herramientas que le permite asignar la letra de una unidad a una unidad de red o carpeta determinada, de manera que la podrá seleccionar fácilmente en Mi PC o en el Explorador de Windows.

Mostrar los atributos del archivo en Vista Detalle (Show File Attributes in Detail View) muestra los atributos del archivo (indicando si los archivos están marcados como de sistema, ocultos o de solo lectura) cuando usted activa la vista Detalles (Details). Para mayores detalles sobre los atributos de los archivos, vea "Cómo ver las propiedades de los discos, carpetas y archivos" en la página 121.

Mostrar una descripción emergente para las carpetas y elementos del escritorio (Show Pop-Up Description for Folder and Desktop Items) muestra una breve descripción del objeto seleccionado en el escritorio de Windows, en Mi PC o en el Explorador de Windows cada vez que usted lo señala.

Permitir todos los nombres en mayúsculas (Allow All Uppercase Names) le permite utilizar todos los caracteres en mayúsculas para dar nombre a las carpetas y archivos. En forma predeterminada, Windows utiliza una mezcla de mayúsculas y minúsculas.

Recorrido guiado　Configure Mi PC o el Explorador de Windows

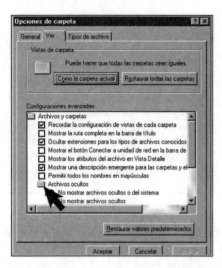

4 En el cuadro Configuraciones avanzadas (Advanced Settings), bajo Archivos ocultos (Hidden Files), seleccione una de las opciones siguientes: **No mostrar archivos ocultos o del sistema** (Do Not Show Hidden or System Files [el parámetro predeterminado]), **No mostrar archivos ocultos** (Do Not Show Hidden Files), o bien **Mostrar todos los archivos** (Show All Files).

Cuando vaya a eliminar archivos, tenga cuidado si elige mostrar todos los archivos, ya que si elimina algún archivo del sistema podría desconfigurar Windows y le sería imposible iniciar su computadora.

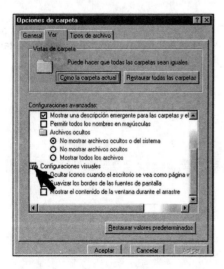

5 Bajo Configuraciones visuales (Visual Settings), del cuadro Configuraciones avanzadas, elija cualquiera de las opciones siguientes:

Ocultar iconos cuando el escritorio se vea como página Web (Hide Icons When Desktop Is Viewed as a Web Page) oculta los iconos de acceso directo cuando está activada la opción Ver como página Web (View as Web Page). Windows sólo muestra el nombre subrayado de cada icono, para indicar así que se trata de un vínculo.

Suavizar los bordes de las fuentes de pantalla (Smooth Edges of Screen Fonts) hace que los caracteres se vean con un mejor acabado, pero podría repercutir en lentitud para el trabajo de su sistema.

Mostrar el contenido de la ventana durante el arrastre (Show Window Contents While Dragging) muestra la ventana y su contenido mientras usted la arrastra. Si desactiva esta opción, al arrastrar la ventana sólo verá moverse el contorno de la ventana; al soltar el botón, la ventana se moverá hacia donde esté el contorno.

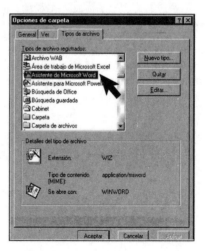

6 Haga clic en la ficha **Tipos de archivos** (File Types). La lista Tipos de archivo registrados (Registered File Types) muestra los tipos de archivo de documento que están asociados con los programas de su computadora.

Cuando usted instala un programa, éste se registra ante Windows para crear una relación con los tipos de archivo de documento que usted crea con el programa. Muy rara vez, si no es que nunca, usted tendrá que modificar los tipos de archivos, a menos que prefiera utilizar un programa específico para abrir determinado tipo de archivo. Al instalar Windows 98, y cada vez que usted instala un nuevo programa, la instalación puede cambiar algunas relaciones de sus archivos. Para más detalles, vea "Cree y edite asociaciones entre archivos" en la página 125.

(continúa)

Recorrido guiado   Configure Mi PC o el Explorador de Windows   *(continuación)*

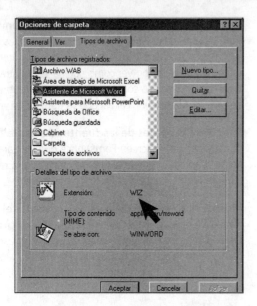

MIME significa Extensiones de Correo Internet de Propósitos Múltiples (MultiPurpose Internet Mail Extension), y es un estándar para transferir archivos a través de conexiones de Internet. Windows utiliza el tipo de contenido MIME para el mismo propósito que utiliza las extensiones de archivo: determinar qué programa utilizar para abrir un archivo de un tipo en particular. Los tipos de contenido MIME están especificados para relativamente pocos tipos de archivos.

7 Para determinar qué programas están relacionados con un tipo de archivo en particular, haga clic en un tipo de archivo de la lista. El cuadro Detalles del tipo de archivo (File Type Details), que está cerca de la parte inferior de la ficha, muestra la extensión del archivo de documento, el nombre del programa relacionado y el tipo MIME del archivo (si es aplicable).

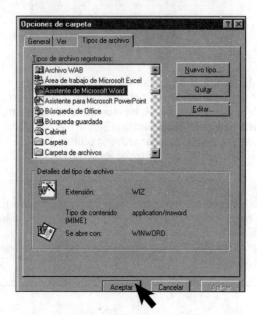

8 Cuando haya terminado de explorar las distintas opciones y hecho los cambios deseados, haga clic en **Aceptar** (OK).

Seleccione archivos y carpetas

Antes de empezar a copiar, mover, cambiar nombre o eliminar carpetas y archivos, deberá aprender las distintas técnicas para seleccionar archivos y carpetas. La selección de un elemento independiente es fácil: sólo tiene que señalarlo. Sin embargo, usted puede utilizar varias técnicas menos intuitivas para seleccionar múltiples archivos. La tabla siguiente enlista estas técnicas, y el *Recorrido guiado* le proporciona una capacitación práctica.

> Si seleccionó el Estilo clásico (Classic Style) o desactivó el acceso con un solo clic, deberá utilizar **Ctrl**+*clic* o **Mayús**+*clic* (Shift+clic) para seleccionar múltiples archivos o carpetas, en vez de utilizar **Ctrl**+*señalar* o **Mayús**+*señalar*.

Técnicas para seleccionar múltiples archivos o carpetas

Técnica	Descripción
Edición, Seleccionar todo o **Ctrl+E** (Edit, Select All o Ctrl+A)	Para seleccionar todos los archivos mostrados en una ventana, abra el menú **Edición** y elija **Seleccionar todo** o presione **Ctrl+E.**
Mayús+*señalar*	Para seleccionar archivos o carpetas adyacentes, señale el primer elemento y luego mantenga presionada la tecla **Mayús** mientras señala el último elemento del grupo que desea seleccionar.
Ctrl+*señalar*	Para seleccionar archivos o carpetas no adyacentes, señale el primer elemento y luego mantenga presionada la tecla **Ctrl** mientras señala cada elemento adicional. También puede utilizar **Ctrl+***señalar* para dejar de seleccionar archivos.
Arrastrar (Drag)	Para seleccionar archivos adyacentes, mueva el puntero del ratón hacia la esquina exterior de un archivo, mantenga presionado el botón del ratón y arrastre. Mientras lo hace, aparece un cuadro de selección. Cualesquiera archivos o carpetas que estén dentro del cuadro quedan resaltados.
Edición, Invertir selección (Edit, Invert Selection)	(Seleccione los archivos con los que no desea trabajar, luego abra el menú **Edición** y elija **Invertir selección**. Los archivos seleccionados dejarán de estarlo y los que no lo estén serán resaltados.

Recorrido guiado   Seleccione carpetas y archivos

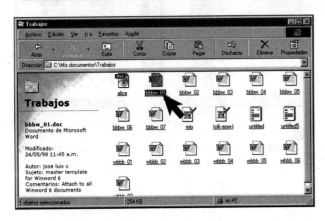

1 Para seleccionar una sola carpeta o archivo, señale su nombre o icono.

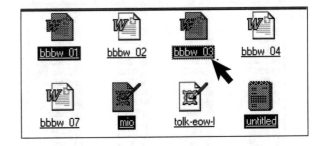

2 Para seleccionar carpetas o archivos adicionales que no sean adyacentes, mantenga presionada la tecla **Ctrl** mientras señala sus nombres o iconos.

(continúa)

Recorrido guiado   Seleccione carpetas y archivos   *(continuación)*

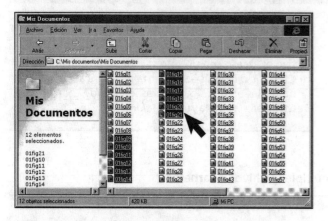

3 Para seleccionar un grupo de archivos adyacentes, señale el primer archivo del grupo y luego mantenga presionada la tecla **Mayús** (Shift) mientras señala el último archivo que desea seleccionar. La figura mostrada arriba ilustra esta técnica dentro de la opción Lista (List). Observe que la selección tiene continuidad desde la parte inferior de una columna a la parte superior de la siguiente.

4 La figura muestra la técnica **Mayús** +*señalar* (Shift+point) utilizada en la vista Iconos pequeños (Small View). Observe que la selección consta de un grupo rectangular de archivos.

5 Usted puede arrastrar un cuadro de selección sobre los archivos deseados. Primero coloque el puntero del ratón ya sea ligeramente arriba y a la izquierda o debajo y a la derecha del primer archivo que desea seleccionar.

6 Mantenga presionado el botón izquierdo del ratón y arrastre hacia el extremo opuesto hasta que todos los archivos y carpetas deseados estén resaltados. Suelte el botón del ratón.

7 Seleccione los archivos con que *no desea* trabajar y luego abra el menú **Edición** (Edit) y seleccione **Invertir selección** (Invert Selection). Los archivos seleccionados dejarán de estarlo, y todos los demás quedarán seleccionados.

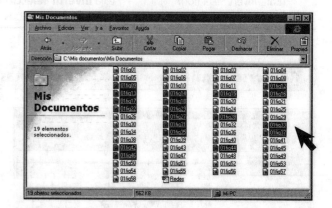

8 Para que todos los archivos seleccionados ya no lo estén, haga clic en un área en blanco de la ventana donde están desplegados los archivos y carpetas.

Cree, cambie de nombre y mueva carpetas

Como se explicó al principio de esta sección, es importante almacenar sus archivos en carpetas para organizarlos y hacerlos más manejables. Su disco duro aún tiene varias carpetas que fueron creadas y que son utilizadas por Windows 98, incluyendo \Windows, \Archivos de programa (\Program Files) y \Accesorios (\Accessories). Además, cada vez que usted instala un programa, éste generalmente crea su propia carpeta o su conjunto de carpetas y las utiliza para almacenar sus archivos de programa.

Para organizar y administrar los archivos de documento que usted cree, deberá crear y utilizar sus propias carpetas y subcarpetas. Éstas tienen un doble propósito: mantienen sus documentos separados de los múltiples archivos de programa que ya están en su disco, y colocan sus archivos en grupos lógicos lo que hará más fácil su localización posterior. Por ejemplo, usted podría crear una carpeta llamada \Datos que contenga subcarpetas como \Finanzas, \Currícula, \Eva-

luaciones y \Diario. Estas carpetas podrían contener subcarpetas que subdividan sus archivos en más grupos.

Para controlar sus archivos, conozca los pasos básicos para crear, mover y cambiar el nombre de las carpetas. El *Recorrido guiado* siguiente le lleva paso a paso a través de estas importantes tareas.

> Tenga cuidado al eliminar y mover las carpetas de los programas. Tanto Windows como la mayoría de los programas tienen carpetas específicas dentro de las cuales almacenan los archivos necesarios para que los programas funcionen adecuadamente. Eliminar, cambiar de nombre o mover una carpeta o archivo de programa, podría inhabilitar al programa.

Recorrido guiado   Crear carpetas

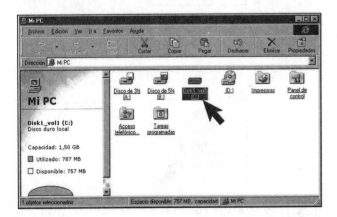

1 Abra la unidad o la carpeta en la que desee que se coloque la nueva carpeta. Por ejemplo, para crear una nueva carpeta dentro del primer nivel de carpetas de la unidad C, haga clic en el icono de esa unidad, como se muestra en la figura.

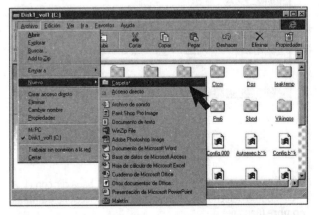

2 Abra el menú **Archivo** (File), vaya a **Nuevo** (New) y haga clic en **Carpeta** (Folder).

(continúa)

Recorrido guiado   Crear carpetas   *(continuación)*

3 Al final de la lista aparece una carpeta nueva llamada Nueva carpeta (New Folder).

4 Escriba el nombre deseado para la carpeta (de hasta 255 caracteres, incluyendo espacios) y presione **Entrar** (Enter). Al escribir el primer carácter se borra el nombre "Nueva carpeta" y es remplazado por lo que usted escriba. Después de presionar Entrar, aparece la carpeta a la que acaba de dar nombre.

> Otra forma de crear una carpeta nueva es hacer clic con el botón derecho del ratón en un área en blanco de la ventana, ir a **Nuevo** y seleccionar **Carpeta.**

Recorrido guiado   Cambie nombre a una carpeta

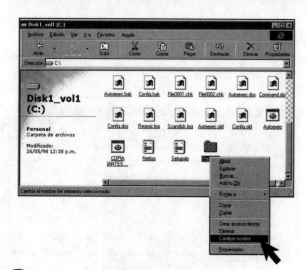

1 Para cambiar el nombre de una carpeta, haga clic con el botón derecho del ratón en su icono y seleccione **Cambiar nombre** (Rename).

3 Al escribir el primer carácter, el nombre original queda borrado y es remplazado por el nuevo nombre que se escriba.

4 Presione **Entrar.** Aparece el icono de la carpeta con su nuevo nombre.

2 Aparece un cuadro alrededor del nombre de la carpeta, y el nombre queda resaltado. Empiece a escribir el nuevo nombre.

Recorrido guiado Mueva carpetas en el Explorador de Windows

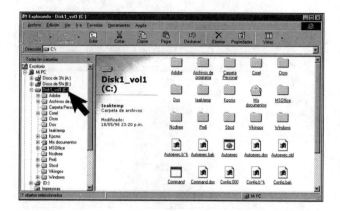

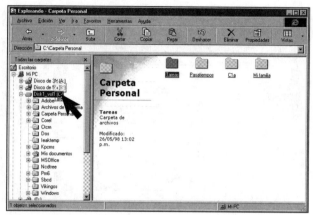

1 El Explorador de Windows (Windows Explorer) es una gran herramienta para mover archivos. En el panel izquierdo, señale el icono de la unidad o carpeta a la que desea mover una o más carpetas.

3 Coloque el puntero del ratón sobre una de las carpetas seleccionadas, mantenga presionado el botón izquierdo y arrastre la carpeta sobre el icono de la unidad o carpeta de destino (en el panel izquierdo). Suelte el botón del ratón una vez que el disco o carpeta deseados estén resaltados.

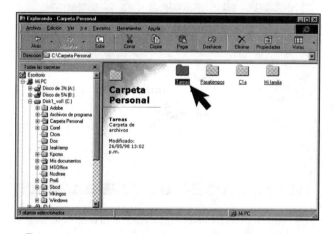

Si va a mover carpetas hacia una carpeta del mismo disco, basta arrastrar una de las carpetas seleccionadas. Para mover carpetas hacia una unidad diferente, mantenga presionada la tecla **Mayús** (Shift) mientras arrastra. De lo contrario, Windows copiará las carpetas en vez de moverlas.

2 Señale, en el panel derecho, los iconos de las carpetas que desea mover y selecciónelas.

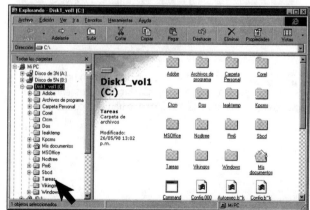

4 Las carpetas desaparecerán del panel derecho. Haga clic en el signo más (**+**) junto a la unidad o carpeta de destino (si se requiriera). Como puede ver, las carpetas aparecen ahora dentro del disco o carpeta de destino.

Recorrido guiado   Mueva carpetas con Mi PC

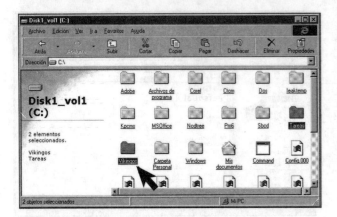

1 Puesto que Mi PC (My Computer) no tiene dos paneles, usted deberá utilizar los comandos Cortar y Pegar para mover las carpetas. Seleccione los iconos de las carpetas que desee mover.

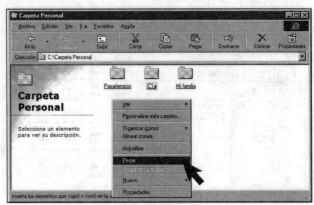

3 Cambie al disco o carpeta dentro de la cual desea mover las carpetas cortadas. Haga clic con el botón derecho del ratón en un área en blanco de la ventana y seleccione **Pegar** (Paste).

2 Haga clic con el botón derecho del ratón en uno de los iconos seleccionados y elija **Cortar** (Cut). Los iconos aparecen transparentes para indicar que han sido cortados.

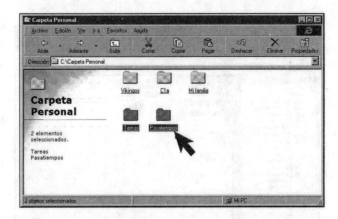

4 Las carpetas cortadas son quitadas de su posición original y colocadas en el disco o carpeta de destino.

Usted puede mostrar dos ventanas de Mi PC, una de las cuales mostrará el contenido del disco o carpeta de destino y la otra los iconos de las carpetas que desea mover. Entonces podrá arrastrar los iconos de las carpetas hacia la ventana de destino.

Copie, mueva y cambie nombre a archivos

En su oficina real, usted suele copiar documentos para su distribución o modificación, o tal vez para crear copias de respaldo en caso de que el documento original se pierda o sea destruido. También podría pasar un documento de una carpeta a otra para reorganizarlos, o cambiarle el nombre para facilitar su localización y distinguirlo de los demás documentos.

Eso mismo lo puede hacer con sus archivos digitales. Por ejemplo, copiar archivos en un disco flexible para compartirlos con sus amigos o colaboradores, copiar un archivo para modificar la copiar sin tener que cambiar el original, mover archivos de una carpeta a otra para reorganizarlos, e incluso dar otros nombres a sus archivos para identificarlos con más facilidad.

Como lo muestra el *Recorrido guiado*, la mejor herramienta que puede utilizar para copiar y mover archivos es el Explorador de Windows (Windows Explorer). Su ventana de dos paneles le permite arrastrar fácilmente los archivos seleccionados del panel derecho a un disco o carpeta mostrada en el panel

izquierdo. Si prefiere utilizar Mi PC (My Computer), puede arrastrar y colocar los archivos abriendo una segunda ventana de Mi PC, o bien con los comandos Cortar, Copiar y Pegar.

El siguiente *Recorrido guiado* le conduce a través de las tareas más comunes para administración de archivos, que le permitirán tener un mayor control de los archivos de su computadora.

> Tenga cuidado al copiar o mover archivos. Si el disco o carpeta de destino ya tiene un archivo con un nombre que coincida con un archivo que usted está copiando o moviendo, Windows le muestra una advertencia y pregunta si desea remplazar ese archivo con el que está copiando o moviendo. Tal vez prefiera cancelar la operación y cambiar el nombre de uno de los archivos antes de proceder.

Recorrido guiado Mueva archivos

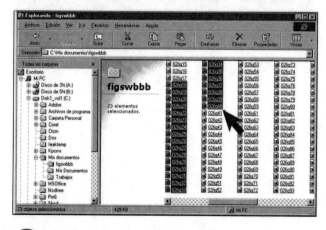

1 En el panel derecho del Explorador de Windows, seleccione los archivos que desea mover.

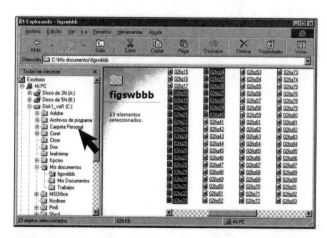

2 En el panel izquierdo, señale el icono del disco o carpeta a donde desea mover los archivos. No haga clic en este icono, pues al hacerlo cambiará el contenido del panel derecho.

(continúa)

Recorrido guiado   Mueva archivos   *(continuación)*

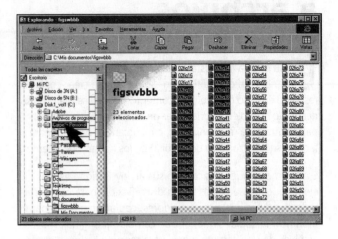

3 Señale uno de los archivos seleccionados en el panel derecho y mantenga presionado el botón izquierdo del ratón. (Para mover los archivos a un disco diferente, mantenga presionada la tecla **Mayús** [Shift]; de lo contrario Explorador de Windows supone que usted desea copiar los archivos.)

> Mientras arrastra los archivos o carpetas, Windows muestra un signo más (+) junto al puntero del ratón para indicar cuando usted está copiando archivos. Al mover los archivos no aparece el signo más.

4 Arrastre los archivos sobre el icono del disco o de la carpeta de destino mostrados en el panel izquierdo. Cuando el icono esté resaltado, suelte el botón del ratón. El Explorador de Windows moverá los archivos.

> Si la lista de carpetas del panel izquierdo está comprimida y usted no puede ver la carpeta de destino, deje el ratón apuntando al icono de un disco o carpeta que tenga un signo más junto a él para expandir la lista de carpetas. Expanda la lista según lo necesite hasta que vea la carpeta de destino, y luego arrastre los archivos a ésta. (Esto funciona sólo cuando usted está moviendo o copiando archivos.)

Recorrido guiado   Copie archivos

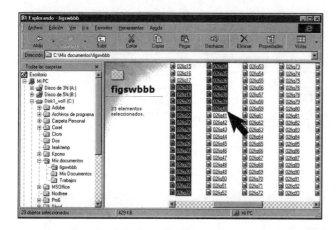

1 Dentro del panel derecho del Explorador de Windows (Windows Explorer), seleccione los archivos que desea copiar.

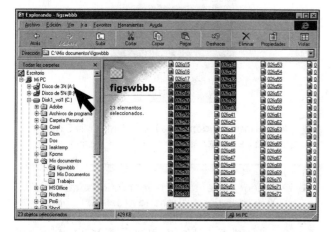

2 En el panel izquierdo, señale el icono del disco o carpeta a la cual desea copiar los archivos. No haga clic en este icono; si lo hace cambiará el contenido del panel derecho.

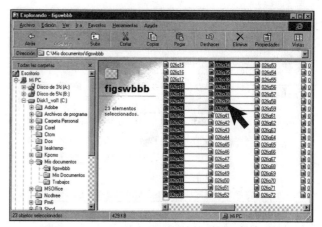

3 Señale uno de los archivos seleccionados en el panel derecho, presione y mantenga presionado el botón izquierdo del ratón. (Para copiar los archivos a una carpeta del mismo disco, mantenga presionada la tecla **Ctrl**; de lo contrario, el Explorador de Windows supondrá que usted sólo desea mover los archivos.)

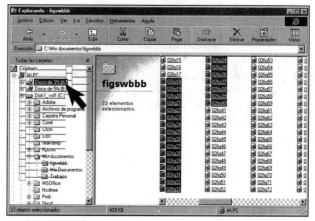

4 Arrastre los archivos sobre el icono del disco o carpeta de destino en el panel izquierdo. Cuando el icono del destino correcto esté resaltado, suelte el botón del ratón. El Explorador de Windows copiará los archivos seleccionados al disco o carpeta de destino.

Recorrido guiado   Copie y mueva archivos con Mi PC

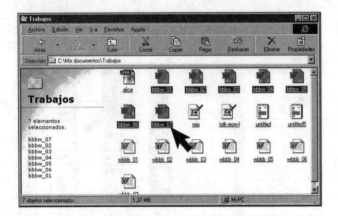

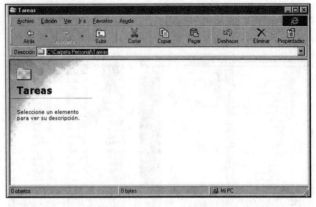

1 Para copiar o mover archivos con Mi PC (My Computer), primero seleccione los archivos que desea copiar o mover.

3 Cambie a la unidad y abra la carpeta en la que desea pegar los archivos.

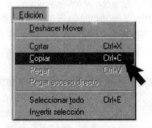

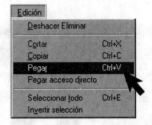

2 Abra el menú **Edición** (Edit) y elija **Cortar** (Cut) si desea mover los archivos o **Copiar** (Copy) si desea copiarlos. Si corta los archivos, aparece una silueta de los mismos. (Si no los pega las siluetas permanecen ahí.)

4 Abra el menú **Edición** y elija **Pegar** (Paste). Mi PC copiará o moverá los archivos al disco o carpeta de destino.

Usted puede cortar los archivos presionando **Ctrl+X,** o copiarlos presionando **Ctrl+C**. También puede hacer clic con el botón derecho del ratón en un archivo seleccionado y elegir **Cortar** o **Copiar** del menú contextual. Para pegar los archivos, presione **Ctrl+V** o haga clic con el botón derecho del ratón en un área en blanco de la ventana y elija **Pegar.** Estas teclas de método abreviado funcionan tanto en el Explorador de Windows como en Mi PC, y en la mayoría de los programas de Windows.

Recorrido guiado Cambie de nombre los archivos

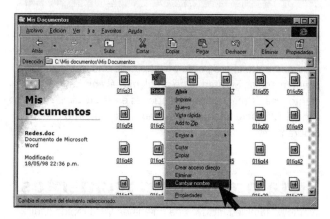

1 Para cambiar el nombre de un archivo, haga clic con el botón derecho del ratón en su icono y elija **Cambiar nombre** (Rename).

3 Al escribir el primer carácter, el nombre original se borra y es remplazado por el nuevo nombre que se escriba.

4 Presione **Entrar**. El icono del archivo aparece con su nuevo nombre.

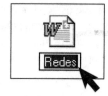

2 Aparece un cuadro alrededor del nombre del archivo, y el nombre luce resaltado. Empiece a escribir el nombre nuevo.

Ejecute programas y abra documentos

Aunque usted puede ejecutar un programa haciendo clic en su acceso directo o seleccionándolo desde el menú Inicio (Start) y aunque puede abrir documentos utilizando el comando Archivo | Abrir (File | Open), a veces es más conveniente ejecutar programas y abrir documentos desde Mi PC (My Computer) o desde el Explorador de Windows (Windows Explorer). Por ejemplo, si no está seguro de dónde guardó su documento, puede buscarlo en el Explorador de Windows y luego abrirlo rápidamente haciendo clic en su icono.

El *Recorrido guiado* le muestra cómo ejecutar programas y abrir documentos desde Mi PC y desde el Explorador de Windows.

Para entender las asociaciones entre archivos

Cuando usted elige abrir un documento desde Mi PC o desde el Explorador de Windows, Windows ejecuta automáticamente el programa que está asociado con el tipo de docu-

mento seleccionado, y luego abre el propio documento. En general, al instalar un programa, éste configura la asociación necesaria entre el programa y los tipos de documentos que puede manejar. Si usted tiene problemas al abrir un documento, vea "Cree y edite asociaciones entre archivos" en la página 125, para aprender a asociar un documento con un programa.

Vista previa de documentos

Windows también incluye una utilería de Vista rápida (Quick View), que usted puede emplear en ver el contenido de un documento. Vista rápida es muy útil cuando usted está organizando los archivos de su disco duro y no está seguro del contenido de un archivo. También es útil para determinar el contenido de un documento antes de abrirlo. Esto le ayuda a ahorrar tiempo, ya que usted abre el documento correcto al primer intento, en vez de hacerlo varias veces hasta encontrarlo. El *Recorrido guiado* le muestra cómo ver previamente con Vista rápida el contenido de un documento.

Recorrido guiado   Ejecute un programa

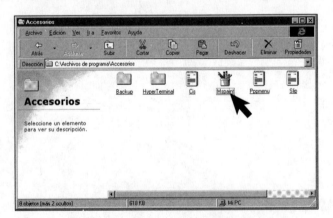

1 En Mi PC o en el Explorador de Windows, vaya al disco o carpeta que contenga los archivos del programa que desea ejecutar.

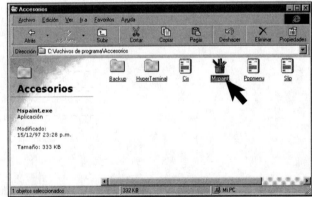

2 Haga clic en el icono del archivo que ejecuta el programa. (Los iconos de un programa, en general, aparecen como imágenes a color; los iconos de un documento aparecen como una hoja de papel con una esquina doblada.) Windows ejecuta el programa y despliega su propia ventana.

Recorrido guiado   Vea previamente un documento con Vista rápida

1 Señale el icono del archivo de documento que desea ver previamente. El icono puede estar en el escritorio de Windows o bien desplegado en Mi PC o en el Explorador de Windows.

2 Haga clic con el botón derecho del ratón en el icono y seleccione **Vista rápida** (Quick View). Si no aparece en el menú contextual, entonces Windows no cuenta con un visualizador para el tipo de archivo seleccionado. (Para ver un archivo gráfico, haga clic con el botón derecho del ratón en él y elija **Vista previa** [Preview].)

Vista rápida no está incluido en la instalación típica de Windows. Para instalarlo, ejecute **Agregar o quitar programas** (Add/Remove Programs) desde el **Panel de control** (Control Panel); haga clic en la ficha **Programa de instalación de Windows** (Windows Setup), haga doble clic en **Accesorios** (Accessories) y haga clic en la casilla de verificación que está junto a **Vista rápida**. Haga clic en **Aceptar** (OK) para regresar al cuadro de diálogo Propiedades de Agregar o quitar programas (Add/Remove Programs Properties), haga clic en **Aceptar** para cerrar el cuadro de diálogo y siga las instrucciones en pantalla.

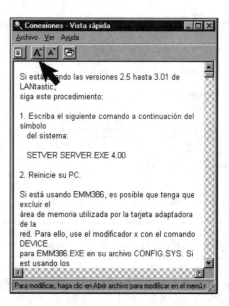

3 El documento aparece en la ventana Vista rápida. Usted también puede hacer clic en el botón **Aumentar tamaño de fuente** (Increase Font Size) o **Reducir tamaño de fuente** (Decrease Font Size) para agrandar o reducir el tamaño de fuente mostrado.

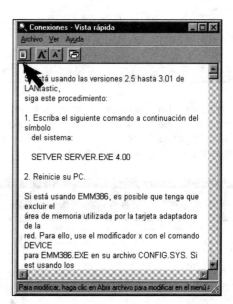

4 Para abrir el documento en su programa asociado, haga clic en el botón **Abrir archivo a modificar** (Open File for Editing).

(continúa)

Recorrido guiado Vea previamente un documento con Vista rápida *(continuación)*

5 Vista rápida abre el programa asociado con este tipo de archivo de documento, y el programa abre el documento.

6 Para cerrar la ventana de Vista rápida, haga clic en su botón **Cerrar** (X).

Recorrido guiado Abra un documento

1 Vaya a la unidad y carpeta que contiene el documento que desea abrir y luego haga clic en el nombre o icono del documento. (En general los iconos de los documentos aparecen como hojas de papel con una esquina doblada.)

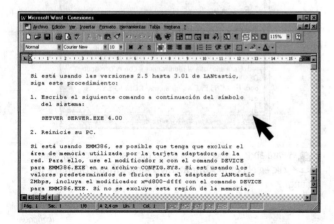

2 Si el tipo de archivo del documento está asociado con un programa específico, Windows ejecuta el programa y éste a su vez muestra el documento.

3 Si el tipo de archivo del documento no está asociado con ningún programa, Windows abre el cuadro de diálogo Abrir con (Open With). Para mayores detalles sobre cómo proceder, vea "Cree y edite asociaciones entre archivos" en la página 125.

Encuentre archivos y carpetas

n un mundo ideal, la gente se preocuparía por organizar sus documentos en carpetas y darles nombres lógicos de archivo. Sin embargo, el mundo dista mucho de ser perfecto, y la mayoría de nosotros estamos muy ocupados para organizar nuestros archivos cuidadosamente dentro de carpetas. Guardamos los archivos y olvidamos rápidamente sus nombres y dónde los guardamos.

Por fortuna, Windows tiene una herramienta de búsqueda que usted puede utilizar para rastrear sus archivos y carpetas en busca de sus nombres o contenido. Simplemente escriba una parte del nombre del archivo o de la carpeta que busca, y Windows le presenta un cuadro de diálogo con una lista de todos los archivos y carpetas que coincidan con lo que usted escribió. Puede optar por buscar en una carpeta específica, en todas las carpetas de una unidad determinada, o en todas las carpetas de todas las unidades.

Puede empezar a buscar de tres formas: seleccionando **Buscar | Archivos o carpetas** (Find | Files and Folders) del menú **Inicio** (Start) de Windows; seleccionando **Herramientas | Buscar | Archivos o carpetas** (Tools | Find | Files or Folders) dentro del Explorador de Windows o bien con **Archivo | Buscar** (File | Find) en Mi PC. El *Recorrido guiado* le mostrará cómo iniciar una búsqueda desde el menú Inicio.

Busque nombres parciales

Si conoce el nombre de un archivo, le será fácil buscarlo. Sólo escriba el nombre completo del archivo y obtendrá un resultado exacto. Sin embargo, si le dio al archivo un nombre extenso, tal vez sólo recuerde una parte de él. En tal caso usted puede escribir la parte del nombre que recuerda. Windows buscará todos los archivos cuyo nombre contengan la cadena de caracteres especificada.

Además, en su búsqueda puede utilizar *comodines*. Un comodín es un carácter que remplaza a los caracteres que usted no recuerda. Puede utilizar dos comodines: el asterisco (*) y el signo de interrogación (?). El asterisco representa cualquier grupo de caracteres sucesivos. Por ejemplo, para buscar todos los archivos cuyos nombres terminen con "Notas" usted podría escribir una cadena de búsqueda como

*notas. Entonces Windows busca archivos que tengan nombres como FutbolNotas.doc, Finanzas_Notas.txt o Misnotas.wpf. El signo de interrogación remplaza caracteres individuales. Por ejemplo, si usted escribe ???notas, Windows encontrará Misnotas.wpf, pero omitiría FutbolNotas.doc y Finanzas_Notas.txt.

El *Recorrido guiado* presenta un par de ejemplos de comodines utilizados en una búsqueda.

> Para localizar archivos de un tipo en particular, escriba su extensión. Por ejemplo, para buscar todos los archivos que tengan la extensión .DOC, escriba ***.doc** como su cadena de búsqueda.

Busque el contenido de los archivos

Si ha olvidado por completo el nombre que dio a uno de sus documentos, la herramienta de búsqueda le puede ayudar a encontrar el archivo con base en su contenido. Para buscar un archivo, usted puede escribir una parte del nombre del archivo, como se explicó anteriormente, o bien dejar en blanco el cuadro de texto Nombre (File Name). Entonces podrá escribir una o dos palabras únicas que estén dentro del documento. Por ejemplo, para encontrar un archivo que contenga información sobre su fondo de retiro, podría escribir "fondo de retiro". Windows buscará entonces en el contenido de los archivos de la carpeta o unidad especificada la palabra o frase que usted escriba. El *Recorrido guiado* le muestra cómo buscar archivos con base en su contenido.

> Aunque usted puede revisar el contenido de un archivo en busca de una cadena de texto en particular, ningún texto que aparezca en una imagen (archivo de gráfico) será guardado como texto en el archivo. En otras palabras, no pierda tiempo buscando un texto en archivos de gráficos.

Recorrido guiado Busque archivos y carpetas por nombre

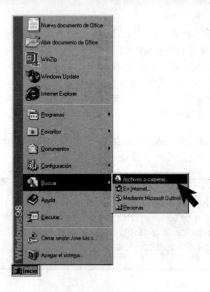

1 Haga clic en el botón **Inicio** (Start), vaya a **Buscar** (Find) y seleccione **Archivos o carpetas** (Files or Folders) o presione **Ctrl+B** (F) en Mi PC o en el Explorador de Windows.

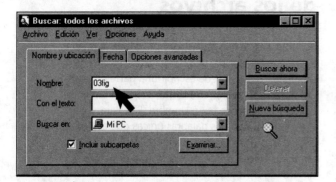

2 Aparece el cuadro de diálogo Buscar: todos los archivos (Find: All Files) con la ficha Nombre y ubicación (Name & Location) al frente. Si usted conoce el nombre o parte del nombre de la carpeta o archivo, escríbalo dentro del cuadro de texto **Nombre** (Name).

3 Para buscar archivos que contengan una palabra o frase exclusivas, escríbala dentro del cuadro de texto **Con el texto** (Containing Text).

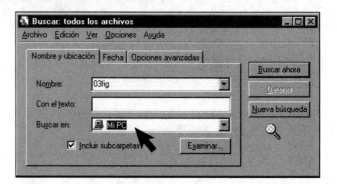

4 Abra la lista desplegable Buscar en (Look In) y seleccione el disco o carpeta donde considere que está guardado el archivo. Para buscar en todas sus unidades, elija **Mi PC** (My Computer).

5 En forma predeterminada, Windows buscará todas las subcarpetas de la carpeta seleccionada actualmente. Si en el paso anterior usted seleccionó una carpeta, y no desea buscar entre sus subcarpetas, haga clic en **Incluir subcarpetas** (Include Subfolders) para quitar la marca de la casilla de verificación.

6 Haga clic en el botón **Buscar ahora** (Find Now). Windows buscará en las unidades y carpetas seleccionadas los archivos o carpetas que coincidan con sus instrucciones de búsqueda y mostrará, en la parte inferior del cuadro de diálogo, una lista de todos los que haya encontrado.

Recorrido guiado   Busque archivos y carpetas por nombre

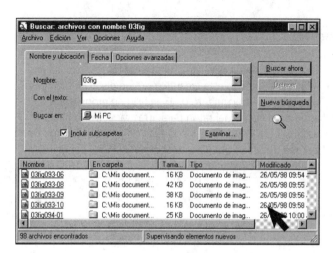

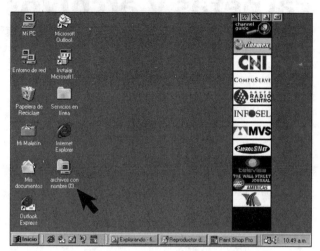

7 En la lista de archivos y carpetas análogos, usted podrá seleccionar, cortar, copiar, eliminar o abrir, tal como lo haría si estuviera trabajando en Mi PC. Incluso puede arrastrar archivos o carpetas de la lista al escritorio de Windows para crear accesos directos.

9 Cuando usted guarda una búsqueda, Windows coloca un icono en el escritorio, de modo que para realizar la misma búsqueda, basta hacer clic en el icono.

10 Cuando haya terminado de buscar archivos y carpetas, haga clic en el botón **Cerrar** (X) al extremo superior derecho de la ventana Búsqueda (Find).

Si la búsqueda no le da los resultados esperados, modifique sus instrucciones y haga clic en el botón **Buscar ahora** (Find now). Para reiniciar la búsqueda, haga clic en el botón **Nueva búsqueda** (New Search) con lo que borrará todas las instrucciones anteriores.

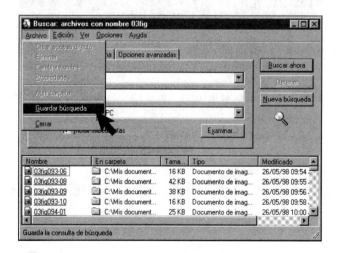

8 Usted puede guardar sus instrucciones para realizar más tarde la misma búsqueda. Abra el menú **Archivo** (File) y seleccione **Guardar búsqueda** (Save Search).

Cree accesos directos a discos, carpetas y archivos

Cuando se encuentre con que está ejecutando una y otra vez el Explorador de Windows (Windows Explorer) o Mi PC (My computer) para tener acceso al mismo disco, correr el mismo programa o abrir la misma carpeta o archivo, es un buen momento de ahorrar tiempo al colocar un acceso directo para ellos en el escritorio de Windows. Así, en vez de tener que recorrer una larga lista de carpetas para encontrar y abrir un archivo, simplemente coloca un acceso directo para éste. Incluso puede asignarle un método abreviado, para que abra rápidamente el archivo con una combinación de teclas en vez de utilizar el ratón.

Los pasos a seguir para crear un acceso directo son los mismos, ya sea que lo esté creando para un disco, una carpeta, un archivo de documento o un archivo de programa. Utilice el botón derecho del ratón para arrastrar el icono hacia el escritorio de Windows y luego seleccione **Crear iconos de acceso directo aquí** (Create Shortcut[s] Here) del menú contextual. El *Recorrido guiado* le lleva a través del proceso.

Recorrido guiado   Cree un acceso directo

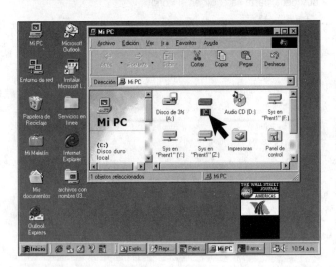

1 En Mi PC, el Explorador de Windows o la ventana Buscar (Find), señale el icono del disco, carpeta o archivo para el cual desea crear un acceso directo. (Asegúrese de que pueda ver una parte vacía del escritorio.)

2 Señale al icono del disco, carpeta o archivo, mantenga presionado el botón derecho del ratón y arrastre el icono hacia el escritorio de Windows y suelte ahí el botón.

Recorrido guiado — Cree un acceso directo

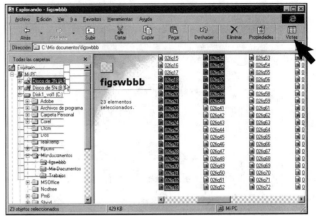

3 Aparece un menú contextual. Seleccione **Crear iconos de acceso directo aquí** (Create Shortcut[s] Here).

4 Windows coloca en el escritorio un icono de acceso directo para el disco, carpeta o archivo seleccionado. Haga clic en el icono del acceso directo para desplegar el contenido del disco o carpeta en Mi PC (My computer), abrir el archivo o ejecutar el programa.

Recorrido guiado — Cambie las propiedades de un acceso directo

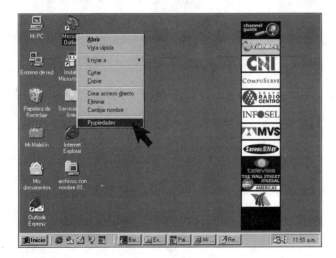

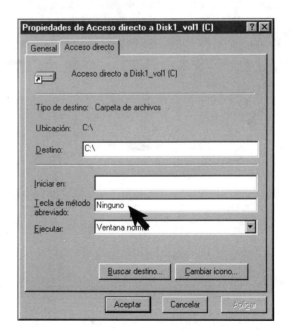

1 Haga clic con el botón derecho del ratón en el acceso directo y seleccione **Propiedades** (Properties).

2 Windows despliega el cuadro de diálogo de Propiedades de acceso directo seleccionado. Para asignar una combinación de teclas de método abreviado para el icono, haga clic en el cuadro de texto **Tecla de método abreviado** (Shortcut Key).

(continúa)

Recorrido guiado   Cambie las propiedades de un acceso directo   *(continuación)*

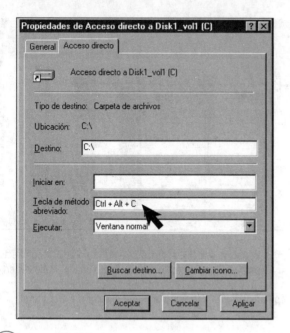

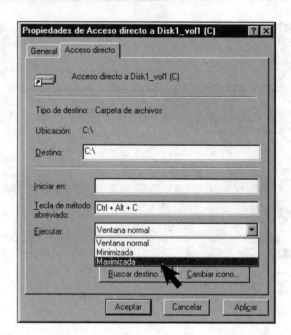

3 Presione la tecla que desee utilizar para este acceso directo. Las teclas de método abreviado inician con Ctrl+Alt; por ejemplo si usted presiona C, en el cuadro de texto aparecerá Ctrl+Alt+C, como se muestra aquí. No puede utilizar las teclas Esc, Entrar (Enter), Tabulador (Tab), Barra de espacio (Spacebar), Imprimir pantalla (Print Screen), Retroceso (Backspace) ni Suprimir (Delete).

4 Abra la lista desplegable Ejecutar (Run) y seleccione el tamaño de ventana con que desea que el programa se abra en un principio: **Ventana normal** (Normal Window), **Minimizada** (Minimized) o **Maximizada** (Maximized). Si posteriormente desea cambiar el tamaño de la ventana, vea "Mueva y redimensione las ventanas" en la página 21.

5 Haga clic en **Aceptar** (OK) para guardar sus cambios y cerrar el cuadro de diálogo.

Elimine y restaure con la Papelera de reciclaje

La Papelera de reciclaje (Recycle Bin) es su colchón de seguridad cuando elimina carpetas y archivos. Cada vez que usted elimina una carpeta o un archivo, éste es enviado a la Papelera de reciclaje, como si moviera los archivos hacia otra carpeta diferente de su disco duro. Incluso cuando usted apaga su computadora, los archivos eliminados están seguros hasta que usted vacíe la Papelera.

Hay dos formas de colocar archivos en la Papelera de reciclaje: puede arrastrar los archivos y las carpetas hacia la papelera o bien utilizar el comando Eliminar (Delete). Cualquiera de las dos formas pondrá los archivos en la Papelera de reciclaje. El *Recorrido guiado* le muestra ambas técnicas para eliminar archivos y carpetas.

Recupere los archivos y carpetas eliminados

Puesto que la Papelera de reciclaje actúa como una carpeta, usted la puede abrir y arrastrar los archivos hacia fuera de ella para restaurarlos. También puede utilizar el comando **Archivo | Restaurar** (File | Restore) de la Papelera para recuperar automáticamente los archivos y carpetas y restaurarlos en las ubicaciones originales de su disco.

Por supuesto, este almacenaje temporal ocupa un valioso espacio en el disco duro, así que una vez que haya decidido que nunca más volverá a necesitar los archivos que contiene, puede vaciar la Papelera de reciclaje para eliminar los archivos en forma permanente. El *Recorrido guiado* le dará las instrucciones para hacerlo.

Cambie las propiedades de la Papelera de reciclaje

Aunque el *Recorrido guiado* le mostrará cómo cambiar las propiedades de la Papelera de reciclaje, tal vez usted quiera revisarlas una vez que domine los elementos básicos de Windows. Al cambiar las propiedades, usted puede anular la función de la Papelera de reciclaje, que mantiene en forma permanente los archivos y carpetas eliminados de su disco, o bien puede especificar la cantidad máxima de espacio en disco asignado para almacenaje temporal. Entonces, si elimina más archivos de los que el espacio de la Papelera le permite, ésta elimina automáticamente los archivos más antiguos de su disco para dar espacio a los más recientes.

Para revisar las propiedades de la Papelera de reciclaje, haga clic con el botón derecho del ratón en su icono y elija **Propiedades** (Properties). Sin embargo, para que no vaya a cometer algún error, evite cambiar cualquiera de las propiedades hasta que esté seguro de que tiene la experiencia para no eliminar accidentalmente ningún archivo.

Si decide cambiar alguna de las propiedades, no desactive la casilla de verificación Mostrar diálogo para confirmar eliminación (Display Delete Confirmation Dialog Box), ni la de No mover archivos a Papelera de reciclaje (Do Not Move Files to the Recycle Bin). Si desactiva *ambas* opciones anulará cualquier medida de seguridad. Si desactiva estas opciones, cuando decida eliminar cualquier elemento, Windows lo borrará de su disco sin advertencia alguna y no tendrá forma de recuperarlo jamás.

Recorrido guiado Elimine archivos y carpetas arrastrando y colocando

4 Windows despliega el cuadro de diálogo pidiéndole su autorización. Si está seguro de que desea eliminar los elementos, haga clic en **Sí** (Yes); de lo contrario, haga clic en **No.** Si hizo clic en Sí, la carpeta será eliminada de su disco duro y colocada en la Papelera de reciclaje.

1 En el escritorio de Windows, abra Mi PC (My Computer) o el Explorador de Windows (Windows Explorer) y mueva la ventana para que pueda ver la Papelera de reciclaje (Recycle Bin).

2 Seleccione los archivos o carpetas que desea eliminar.

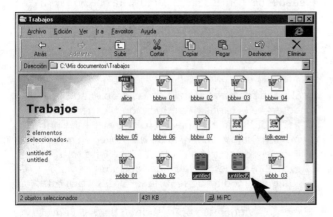

3 Arrastre uno de los elementos seleccionados de Mi PC o del Explorador de Windows hacia el icono de la Papelera de reciclaje. Suelte el botón del ratón.

Recorrido guiado   Utilice el comando Eliminar

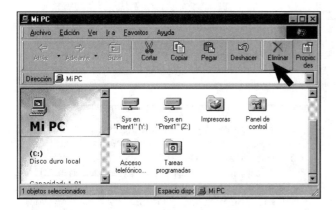

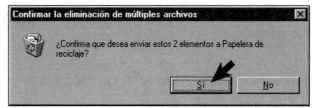

1 Abra Mi PC (My Computer) o el Explorador de Windows (Windows Explorer) y seleccione los archivos o carpetas que desea eliminar.

2 Haga clic en el botón **Eliminar** (X) en la barra de herramientas, o presione la tecla **Suprimir** (Delete). También puede seleccionar **Archivo | Eliminar** (File | Delete) o hacer clic con el botón derecho del ratón en uno de los elementos seleccionados y elegir **Eliminar**.

3 Aparece el cuadro de diálogo Confirmar la eliminación de múltiples archivos (Confirm Multiple File Delete) o Confirmar la eliminación de carpetas (Confirm Folder Delete), preguntándole si está seguro. Haga clic en **Sí** para confirmar o en **No** para cancelar la eliminación. Si hace clic en Sí, los elementos seleccionados serán movidos a la Papelera de reciclaje.

Recorrido guiado   Restaure archivos y carpetas

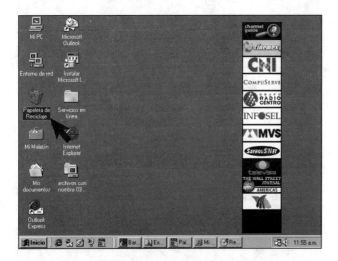

1 Para ver el contenido de la Papelera haga clic en el icono **Papelera de reciclaje** (Recycle Bin), en el escritorio de Windows.

2 El contenido de la Papelera de reciclaje aparece en la ventana Mi PC. Seleccione los archivos y carpetas que desee restaurar.

(continúa)

Recorrido guiado Restaure archivos y carpetas *(continuación)*

3 Abra el menú **Archivo** (File) y seleccione **Restaurar** (Restore) o haga clic con el botón derecho del ratón en uno de los archivos seleccionados y seleccione **Restaurar**. La Papelera de reciclaje moverá los elementos seleccionados a sus posiciones originales.

> También puede restaurar elementos arrastrándolos desde la Papelera de reciclaje, hacia el Explorador de Windows, o de Mi PC hacia el escritorio o hacia cualquier otra carpeta o disco de su computadora. Asimismo podrá utilizar los comandos Cortar (Cut), Copiar (Copy) y Pegar (Paste) para mover los elementos.

Recorrido guiado Vacíe la Papelera de reciclaje

1 Para borrar archivos o carpetas permanentemente de su disco duro, haga clic en el icono **Papelera de reciclaje** del escritorio.

> Una forma más rápida de vaciar la Papelera de reciclaje es hacer clic con el botón derecho del ratón en su icono y elegir **Vaciar Papelera de reciclaje** (Empty Recyle Bin). Usted puede hacerlo desde el escritorio de Windows, desde Mi PC o desde el Explorador de Windows.

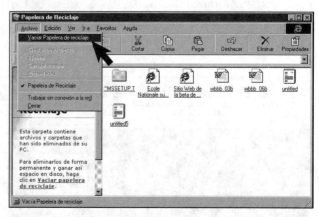

2 Esto hará que se abra la Papelera de reciclaje. Ahora abra el menú **Archivo** (File) y seleccione **Vaciar Papelera de reciclaje**.

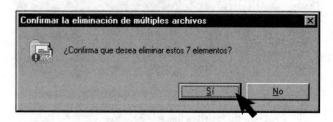

3 Aparece el cuadro de diálogo Confirmar la eliminación de múltiples archivos (Confirm Multiple File Delete), advirtiéndole que todos los elementos que están en la Papelera de reciclaje serán eliminados. Haga clic en **Sí** (Yes) para confirmar la eliminación o en **No** para cancelarla. Si hizo clic en Sí, la Papelera de reciclaje quedará vacía. El icono cambia para mostrarle un cesto de papeles vacío.

Vea las propiedades de discos, carpetas y archivos

Cada disco, carpeta y archivo de su computadora tiene propiedades que indican el nombre, la fecha, la configuración y los atributos del elemento. Las propiedades varían dependiendo del elemento seleccionado, como se explica en la lista siguiente:

- Las *Propiedades de disco* muestran la etiqueta (nombre) del disco, la cantidad total de espacio de almacenamiento del disco y la cantidad de espacio libre y de espacio utilizado. El cuadro de diálogo Propiedades (Properties) también tiene una ficha de Herramientas (Tools) que le da acceso fácil a las herramientas para mantenimiento del disco, incluyendo ScanDisk y Copia de seguridad (Backup).

- Las *Propiedades de archivos de datos* muestran los atributos de un archivo: Sistema (System), Oculto (Hidden), Sólo lectura (Read-Only) y Modificado (Archive). El atributo Sistema marca los archivos que usted no debería alterar ni eliminar. Tanto Mi PC (My Computer) como el Explorador de Windows ocultan los archivos del sistema para evitar su eliminación accidental, y Windows (Windows Explorer) presenta una advertencia especial cuando usted está a punto de eliminar o modificar un archivo del sistema. El atributo Oculto mantiene oculto el archivo para evitar su eliminación accidental. Sólo lectura le permite abrir el archivo, pero no le permite guardar cambios en él. El atributo Modificado se utiliza para determinar si un archivo ha sido cambiado desde que usted lo respaldó por última vez. Si así ha sido, el atributo Modificado estará activado, indicando al programa para copia de seguridad que este archivo necesita ser respaldado.

- Las *Propiedades de carpeta* son similares a las propiedades de archivos de datos, e incluyen los mismos cuatro atributos descritos anteriormente. Sin embargo, el cuadro de diálogo Propiedades de carpeta tiene una opción adicional: Habilitar la vista Página en miniatura (Enable Thumbnail View). Con esta opción activa, Mi PC y el Explorador de Windows despliegan pequeñas imágenes de ciertos archivos de datos. Por ejemplo, si usted tiene una imagen almacenada como un archivo de gráfico .PCX, Mi PC mostrará en la lista de archivos una réplica pequeña de la imagen, en vez del icono estándar para documento de los archivos .PCX.

- Las *Propiedades de archivos de programa* varían dependiendo del tipo de programa. Para los programas de DOS, el cuadro de diálogo Propiedades contendrá varias fichas llenas de opciones. Para los programas de Windows, las propiedades incluyen los atributos de un archivo estándar junto con información sobre el número de versión del programa.

- Las *Propiedades de acceso directo* le permiten cambiar la configuración de un acceso directo. Por ejemplo, usted puede especificar una combinación de teclas de método abreviado para ejecutar el programa asociado y especificar el tamaño de la ventana que aparece la primera vez que usted ejecuta el programa.

- Las *Propiedades de elementos compartidos de una red* están disponibles para los discos, archivos y carpetas de una red. Si usted trabaja en una red, el cuadro de diálogo de Propiedades tendrá una ficha Compartir (Sharing) que contendrá parámetros que especifican si el elemento está compartido o no, o si requiere de una contraseña para acceso.

El *Recorrido guiado* le explica cómo desplegar el cuadro de diálogo de Propiedades para los discos, carpetas y archivos de su computadora y le muestra lo que podría esperar en los distintos cuadros de diálogo de Propiedades.

Recorrido guiado Despliegue las propiedades de discos, carpetas y archivos

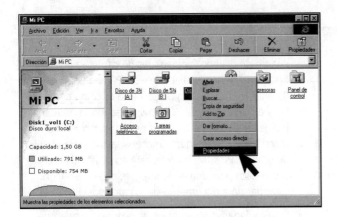

1 Para mostrar las propiedades de disco, haga clic con el botón derecho del ratón en el icono de un disco y seleccione **Propiedades** (Properties).

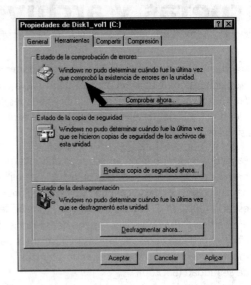

3 Haga clic en la ficha **Herramientas** (Tools). Ésta contiene información sobre la última vez que el disco fue revisado por errores (con ScanDisk), respaldado (con Copia de seguridad) y desfragmentado (con Desfragmentador de disco). Los botones de esta ficha dan un acceso rápido a estas herramientas esenciales para mantenimiento de disco.

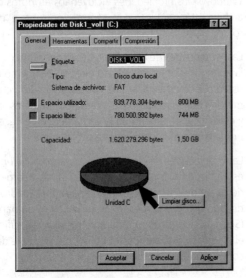

2 Haga clic en la ficha **General** si requiere que se muestre la etiqueta (el nombre) del disco y un gráfico circular del espacio total, el utilizado y el espacio libre en el disco.

Para mayor información sobre las herramientas de mantenimiento de discos en Windows 98, vea "Revise y repare problemas con los discos" (Scan-Disk), "Mejore el rendimiento de la unidad CD-ROM y del disco duro" (Desfragmentador de disco) y "Respalde sus archivos" (Copia de seguridad), en las páginas 416, 502 y 432 respectivamente.

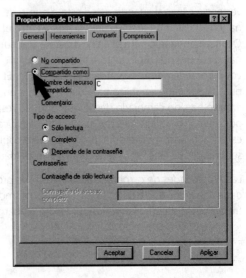

4 La ficha Compartir (Sharing) sólo aparece cuando usted trabaja en una red y comparte archivos y programas con otras personas. Si está disponible, haga clic en la ficha **Compartir** para ver las propiedades del elemento seleccionado. Para más detalles, vea "Comparta los recursos" en la página 394. Haga clic en **Aceptar** (OK) para cerrar el cuadro de diálogo.

Recorrido guiado · Despliegue las propiedades de discos, carpetas y archivos

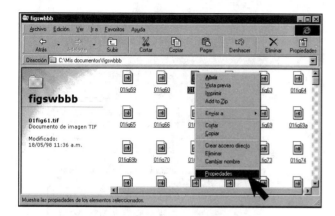

5 Para ver los atributos del archivo haga clic con el botón derecho del ratón en un archivo de datos y seleccione **Propiedades** (Properties).

7 Haga clic con el botón derecho del ratón en una carpeta y seleccione **Propiedades**.

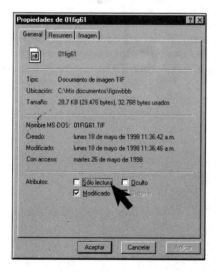

6 El cuadro de diálogo Propiedades para un archivo de datos muestra el nombre, el tamaño y las fechas de creación, de última modificación y de apertura más reciente del archivo. Además, muestra los atributos del archivo, que usted podrá cambiar. Para cerrar el cuadro de diálogo, haga clic en **Aceptar** (Ok).

8 El cuadro de diálogo Propiedades para una carpeta se ve muy semejante al de los archivos. Si desea utilizar pequeñas réplicas de los archivos de esta carpeta en vez de los iconos estándar, active **Habilitar la vista Página en miniatura** (Enable Thumbnail View). Haga clic en **Aceptar** para cerrar el cuadro de diálogo.

(continúa)

Recorrido guiado   Despliegue las propiedades de discos, carpetas y archivos

(continuación)

9 Haga clic con el botón derecho del ratón en un acceso directo y seleccione **Propiedades** (Properties).

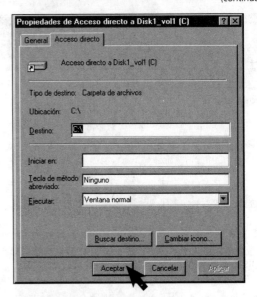

10 El cuadro de diálogo Propiedades de acceso directo le permite asignar una combinación de teclas para ejecutar el programa o determinar el tamaño de la ventana que utilizará éste al abrirse. Haga clic en **Aceptar** (Ok) para cerrar el cuadro de diálogo.

Cree y edite asociaciones entre archivos

Cada vez que usted decide abrir un archivo de documento, mostrar un gráfico, reproducir un segmento de audio o de video, o abrir cualquier otro tipo de archivo de datos fuera del programa que se utilizó para crearlo, Windows revisa el Registro de Windows (Windows Registry) para determinar qué programa utilizar para abrir el archivo.

Si el Registro contiene una anotación que asocia algún archivo del tipo seleccionado con un programa específico, Windows ejecuta el programa asociado, el cual posteriormente abrirá el archivo seleccionado. En general, cuando usted instala un programa, éste agrega automáticamente su nombre al Registro y se asocia con los archivos de datos de un determinado tipo. En la mayoría de los casos, usted no tendrá que tratar con las asociaciones entre archivos.

Si un archivo de documento que usted selecciona no está asociado con un programa, Windows mostrará un cuadro de diálogo solicitándole que seleccione el programa que desea utilizar para abrir el documento. Esto le permitirá configurar rápidamente la asociación del archivo, sobre la marcha, como se muestra en el *Recorrido guiado*.

El *Recorrido guiado* también le muestra cómo modificar las asociaciones entre archivos. ¿Pero, por qué querría usted modificar una asociación existente? Durante la instalación, algunos programas se asocian en forma automática con los tipos de archivo que pueden abrir, sin pedirle permiso para ello. Y puesto que sólo se puede asociar un programa con cualquier tipo de archivo, esto podría arruinar sus asociaciones entre archivos existentes. Para corregir este problema, usted deberá modificar la asociación.

Recorrido guiado   Cree asociaciones entre archivos sobre la marcha

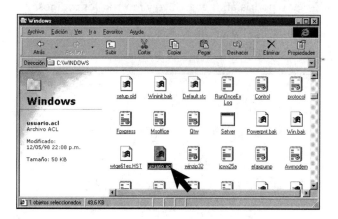

1 Haga clic en el icono del archivo de documento que desee abrir. (Puede hacer clic en el icono que esté en Mi PC (My Computer), en el Explorador de Windows (Windows Explorer) o en el escritorio).

2 Si el tipo de archivo seleccionado no está asociado con algún programa, aparece el cuadro de diálogo Abrir con (Open With), pidiéndole seleccionar un programa que ya esté instalado. Si el programa está en la lista, selecciónelo y sáltese al Paso 6. Si el programa no está en la lista, pero sabe que está disponible, haga clic en el botón **Otros...** (Other...) y proceda al paso 3.

(continúa)

Recorrido guiado Cree asociaciones entre archivos sobre la marcha *(continuación)*

3 Aparece un segundo cuadro de diálogo Abrir con (Open With). Abra la lista desplegable **Buscar en** (Look In) y seleccione el disco en que esté almacenado el programa.

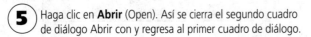

4 En la lista de carpetas y archivos, vaya a la carpeta del programa, y seleccione el archivo que lo inicia. El nombre del archivo aparece en el cuadro de texto Nombre de archivo (File Name).

5 Haga clic en **Abrir** (Open). Así se cierra el segundo cuadro de diálogo Abrir con y regresa al primer cuadro de diálogo.

6 Para asociar en forma permanente los archivos de este tipo con el programa seleccionado, asegúrese de que haya una marca en la casilla de verificación **Utilizar siempre este programa para abrir este archivo** (Always Use This Program to Open This File).

7 Haga clic en **Aceptar** (OK). Windows ejecuta el programa especificado, el cual entonces abre el documento.

Si el programa seleccionado no es capaz de abrir archivos del tipo especificado, sucederá una de dos cosas. Éste se ejecuta y luego muestra un mensaje de error indicándole que no puede abrir el archivo; o podría abrir el archivo y mostrar los códigos utilizados para dar formato al documento. Asegúrese de elegir el programa correcto para el tipo de archivo seleccionado.

Recorrido guiado   Edite una asociación entre archivos

1 En Mi PC (My Computer) o en el Explorador de Windows (Windows Explorer), abra el menú **Ver** (View) y seleccione **Opciones de carpeta** (Folder Options).

Vea las extensiones al recorrer la lista

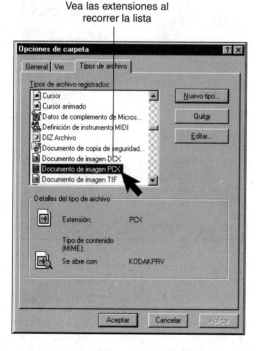

2 Haga clic en la ficha **Tipos de archivo** (File Types). Utilice la flecha hacia abajo para recorrer la lista de tipos de archivo registrados. Dé un vistazo a la anotación Extensión (Extension) en el área Detalles del tipo de archivo (File Type Details) para determinar el tipo de archivo.

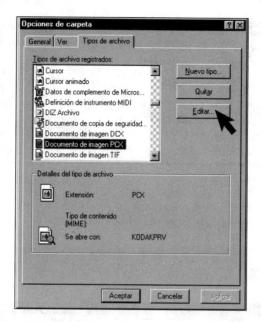

3 Después de resaltar el tipo de archivo que desea asociar con un programa diferente, haga clic en el botón **Editar** (Edit).

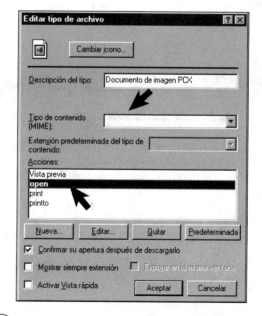

4 En el cuadro **Acciones** (Actions), haga clic en **open** y luego haga clic en el botón **Editar.**

(continúa)

Recorrido guiado   Edite una asociación entre archivos   *(continuación)*

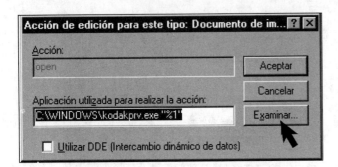

5 En este cuadro de diálogo, la anotación en el cuadro de texto Aplicación utilizada para realizar la acción (Application Used to Perform Action) muestra la ubicación y nombre del programa asociado actualmente con este tipo de archivo. Haga clic en el botón **Examinar** (Browse) para seleccionar un programa diferente.

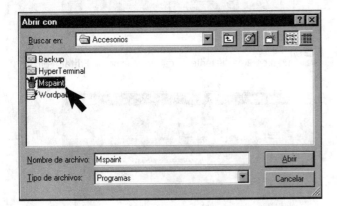

6 Aparece el cuadro de diálogo Abrir con (Open With). Vaya al disco y carpeta del programa deseado, seleccione el archivo que inicia el programa y haga clic en **Abrir** (Open).

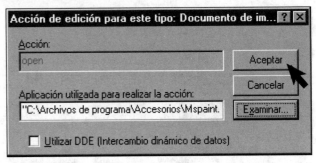

7 El nombre y ubicación del archivo que seleccionó aparecen ahora en el cuadro de texto **Aplicación utilizada para realizar la acción**. Haga clic en **Aceptar** (OK).

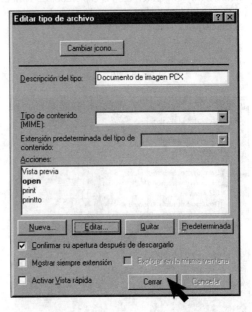

8 El programa le regresa al cuadro de diálogo Editar tipo de archivo (Edit File Type). Haga clic en **Cerrar** para guardar su cambio.

9 En el cuadro de diálogo Opciones, haga clic en **Aceptar** (OK). Ahora, cuando usted decida abrir documentos de este tipo, Windows usará el programa recién asociado para abrir los archivos.

Usted también puede utilizar las opciones de la ficha Tipos de archivo (Files Types) para quitar asociaciones de archivos o crear nuevas asociaciones. Tenga cuidado al crearlas, pues solamente se puede asignar a un programa la tarea de abrir un tipo de archivo en particular. Por lo tanto, antes de crear un nuevo tipo, quite el tipo de archivo de la lista de Tipos de archivo registrados (Registered File Types).

Formatee disquetes

Con la creciente popularidad de Internet y del correo electrónico, la gente se basa cada vez menos en los disquetes para intercambiar archivos. En vez de cargar un disco o enviar archivos por correo ordinario a un amigo o colaborador, simplemente envía los archivos por líneas telefónicas, mucho más fácil y rápidamente. Sin embargo, tal vez usted siga utilizando los disquetes para almacenar copias de archivos importantes o intercambiar archivos si aún no tiene una conexión a Internet.

Antes de utilizar un disquete para almacenar archivos, deberá *formatearlo* (a menos que haya comprado un disco ya formateado). Tal vez también tenga que formatear un disco para borrar cualquier archivo que haya en él o para asegurarse que un disco viejo tenga el formato adecuado. Cualquiera que sea el caso, el *Recorrido guiado* le muestra cómo formatear los disquetes en Windows.

> Al formatear un disquete se borra cualquier dato que pudiera contener. Únicamente formatee discos en blanco o discos que contengan archivos que usted nunca volverá a utilizar. Para verificar si un disco contiene archivos, insértelo en su unidad de disquete y conéctese a esa unidad en Mi PC (My Computer) o en el Explorador de Windows (Windows Explorer).

Conozca el tamaño y la capacidad de un disco

Los disquetes vienen en dos tamaños estándar: 3.5" y 5.25" (3 y media y 5 un cuarto en pulgadas). Los discos de 5.25" prácticamente están extintos. Los discos de 3.5" pueden almacenar diferentes cantidades de datos con base en su *densidad*. Un disco de alta densidad puede almacenar 1.44 megabytes de información. Un disco de baja densidad

puede almacenar 720 kilobytes. La cantidad total de datos que puede almacenar un disco se conoce como *capacidad* del disco. La mayoría de las unidades de disquetes son de alta capacidad (unidades de 5.25" a 720 kilobytes o 3.5" a 1.44 megabytes), que pueden soportar tanto los discos de baja como los de alta capacidad.

Cuando formatee un disco flexible, observe atentamente la capacidad de éste. Si formatea un disco de alta capacidad como si fuera de baja, o viceversa, el disco no almacenará los datos en forma confiable.

Cree un disco de sistema

Al formatear un disquete, puede optar por hacer un disco de sistema, de manera que lo pueda utilizar para iniciar su computadora. Su disco duro C: tiene un formato de disco de sistema. Si usted creó un Disco de sistema (Emergency Startup) al instalar Windows, éste también tendrá un formato de disco de sistema.

En el pasado era buena idea formatear un disco de sistema con un disquete en caso de que no pudiera iniciar su computadora desde el disco duro. Sin embargo, los discos de sistema de Windows 98 funcionan mejor, ya que le ofrecen herramientas que le ayudan a recuperar sus archivos de sistema. Si aún no ha creado un disco de sistema, vea "Cree y utilice un disco de emergencia", en la página 442.

Aunque probablemente no quiera formatear un disco de sistema para fines de respaldo, tal vez quiera crear un disco de sistema si ejecuta programas de DOS regularmente, en especial juegos que no corren bien bajo Windows. Usted puede crear un disco de sistema independiente para cada juego que contenga comandos de inicio especiales. Entonces podrá utilizar el disco flexible para iniciar su computadora en vez de iniciarla con Windows. El *Recorrido guiado* le muestra cómo utilizar una opción especial para crear un disco de sistema cuando usted lo formatea.

Recorrido guiado Formatee un disquete

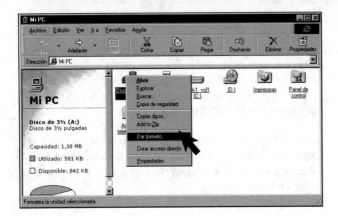

1 Inserte el disquete en la unidad de disco de su computadora. En Mi PC (My Computer) o en el Explorador de Windows (Windows Explorer), haga clic con el botón derecho del ratón en el icono de la unidad y seleccione **Dar formato** (Format).

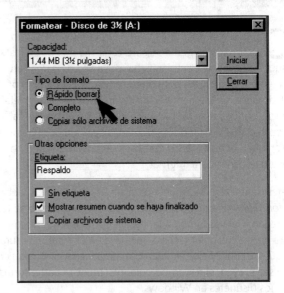

3 Seleccione el tipo de formato deseado: **Rápido** (Quick) o **Completo** (Full). El formato Rápido se utiliza para *formatear* de nuevo un disco; sólo borra cualquier archivo o carpeta del disco. Elija Completo para discos que no tengan formato, pero también es útil para actualizar discos antiguos.

4 Haga clic en el cuadro de texto **Etiqueta** (Label) y escriba un nombre para el disco (de hasta 11 caracteres), o seleccione **Sin etiqueta** (No Label).

2 Aparece el cuadro de diálogo Formatear. Abra la lista desplegable **Capacidad** (Capacity) y seleccione el parámetro que coincida con la capacidad del disco flexible (no con la capacidad de la unidad).

5 Para dar a este disco la posibilidad de iniciar su computadora, haga clic en **Copiar archivos de sistema** (Copy System Files) para colocar una marca en su casilla.

6 Haga clic en el botón **Iniciar** (Start).

Recorrido guiado   Formatee un disquete

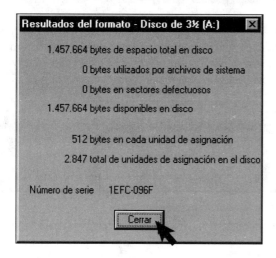

7 Windows formatea el disco y muestra un resumen de la información acerca del disco. Haga clic en **Cerrar** (Close) para cerrar este cuadro de información.

8 Con esto regresa al cuadro de diálogo Formatear, el cual podrá utilizar para formatear otro disco flexible. Cuando haya terminado de formatear sus discos, haga clic en el botón **Cerrar**.

Si un disco tiene defectos serios, Windows no podrá formatearlo exitosamente y muestra un mensaje de advertencia. Una buena idea es descartar el disco en vez de tratar de utilizarlo para almacenar datos.

Copie disquetes

S i usted compra un programa que viene en disquetes, es buena idea copiar el programa original y utilizar las copias para instalar el programa. Al utilizar las copias en vez de los discos originales, usted evita cualquier daño accidental que se pudiera causar a los discos originales.

Antes de copiar sus discos, deberá protegerlos contra escritura. Si sostiene un disco de 3.5" con la etiqueta hacia abajo y señalando a su lado contrario, verá un seguro de protección en el extremo superior izquierdo del disco. Deslice el seguro de manera que usted pueda ver a través de la peque-

ña ranura que cubre el seguro. Muchos discos de programas vienen protegidos contra escritura o no tienen el seguro. Después de proteger sus discos contra escritura, siga los pasos del *Recorrido guiado* para copiarlos.

> Los disquetes que usted utiliza para copias no tienen que estar formateados, aunque el proceso de copiado será más rápido si los discos tienen formato.

Recorrido guiado   Copie disquetes

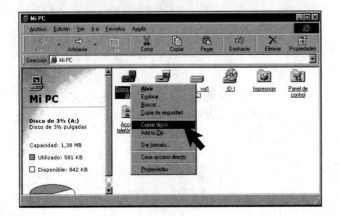

1 Inserte el disco que desea copiar en la unidad de disco flexible de su computadora. En Mi PC (My Computer) o en el Explorador de Windows (Windows Explorer), haga clic con el botón derecho del ratón en el icono de la unidad y seleccione **Copiar disco** (Copy Disk).

2 Aparece el cuadro de diálogo Copiar disco (Copy Disk). Si usted tiene dos unidades de disco flexible del mismo tamaño y capacidad, puede seleccionar una unidad de la lista **Copiar desde** (Copy From) y la otra unidad de la lista **Copiar a** (Copy To), para que no tenga que estar intercambiando los discos en la misma unidad. Si hace esto, inserte el disco en blanco dentro de la unidad que seleccionó en Copiar a.

3 Haga clic en el botón **Iniciar** (Start). Windows copia todos los archivos del disco en un área de almacenamiento temporal de su disco duro y presenta el progreso de la operación.

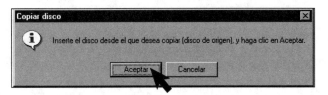

Recorrido guiado   Copie disquetes

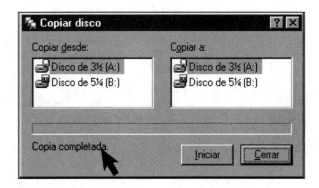

4 Cuando Windows haya terminado de copiar el disco, mostrará un cuadro de diálogo pidiéndole que inserte el disco destino (si sólo está utilizando una unidad). Quite el disco original de la unidad e inserte un disco en blanco. Haga clic en **Aceptar** (OK).

Cuando esté copiando discos, tenga cuidado de no confundir el disco de origen (el disco con los datos que desea copiar) con el de destino (el disco en blanco). Si el disco original no está protegido contra escritura, podría terminar copiando un disco en blanco encima de un disco original, lo que destruiría por completo cualquier archivo del disco original.

5 Windows escribe los datos copiados en el disco en blanco, y crea un disco duplicado. Cuando la operación de copiado esté completa, aparecerá "Copia completada" (Copy Completed Successfully) en la esquina inferior izquierda del cuadro de diálogo Copiar disco.

6 Retire de la unidad el disco duplicado. Si terminó de copiar los discos, haga clic en **Cerrar** (Close). Si tiene más discos que copiar, repita los pasos anteriores.

PARA SABER...

Cómo crear e imprimir documentos

A menos que haya comprado su computadora para usarla sólo como una máquina para juegos y centro de entretenimiento, con toda probabilidad tendrá que utilizarla para crear documentos, incluyendo cartas, reportes, tarjetas de felicitación, imágenes, hojas de cálculo y presentaciones. De hecho, la mayoría de los programas que tiene en Windows 98 están diseñados para ayudarle a crear e imprimir documentos.

Para que usted use estos programas, deberá conocer las tareas básicas para crear, modificar, guardar, abrir e imprimir documentos. Por fortuna, todos los programas de Windows utilizan los mismos comandos o semejantes para realizar todas estas tareas. Una vez que haya aprendido los pasos que hay que seguir para realizar una tarea en uno de los programas de Windows, sabrá cómo realizar la misma tarea en cualquier otro programa de Windows.

Qué encontrará en esta sección

Cree un documento

Al iniciar un programa, la mayoría de ellos crea un documento nuevo en forma automática. En el arranque, el programa despliega la ventana de un documento en blanco dentro de la cual usted puede empezar a escribir, dibujar o introducir datos. El documento comienza como una hoja de papel en blanco y por lo general se va expandiendo mientras usted escribe, permitiéndole crear un documento de varias páginas.

Conforme usted va creando el documento, el programa lo almacena en la memoria electrónica de la computadora (RAM, que significa memoria de acceso aleatorio), o sea un área de almacenamiento temporal. Para conservar su información, déle un nombre a su documento y guárdelo como un archivo del disco duro de su computadora. En la siguiente tarea, "Guarde un documento" en la página 139, aprenderá a hacerlo.

Luego de guardar el documento y cerrar su ventana, en general el programa muestra una pantalla en blanco, sin ventana para documento. Para seguir trabajando en otro documento, deberá abrir un documento previamente guardado o crear uno nuevo. Al crear un documento nuevo el programa abre una ventana de documento en blanco, dentro de la cual usted puede empezar a trabajar.

En la mayoría de los programas, usted puede crear un nuevo documento utilizando el comando Archivo | Nuevo (File | New). En algunos programas, con esto se abre automáticamente una ventana de documento en blanco. Otros programas podrían mostrar un cuadro de diálogo pidiéndole que especifique el tipo de documento que desea crear. Por ejemplo, Microsoft Word le permite seleccionar entre varias plantillas para crear cartas, faxes, memorandos, reportes y otros tipos de documento. Una *plantilla* (un molde electrónico) contiene todo el formato requerido para el documento e incluso podría contener un texto de ejemplo.

El *Recorrido guiado* le muestra las dos formas más comunes para crear un documento nuevo dentro de un programa típico de Windows. También le da instrucciones sobre cómo crear un nuevo documento desde Mi PC (My Computer) o desde el Explorador de Windows (Windows Explorer).

> Usted puede trabajar en varios documentos a la vez en la mayoría de los programas de Windows. Esto le permite consultar un documento mientras trabaja en otro o copiar y pegar rápidamente datos de un documento a otro. Vea "Trabaje con dos o más documentos" en la página 155.

Recorrido guiado   Cree un documento nuevo

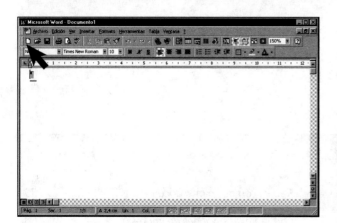

1 Si el programa tiene un botón Nuevo (New) en su barra de herramientas, como aparece en la figura, haga clic en este botón para crear un documento genérico, sin pregunta alguna.

Punto de inserción

2 Inmediatamente aparece una ventana de documento en blanco. Si está trabajando en un programa estándar para procesamiento de texto o para hoja de cálculo, aparece un punto de inserción parpadeante en el extremo superior izquierdo de la ventana, que indica dónde será insertado el texto que usted escriba.

Recorrido guiado   Cree un documento nuevo

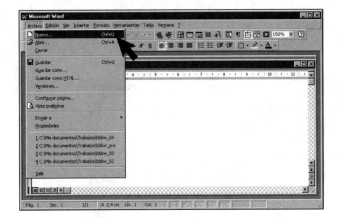

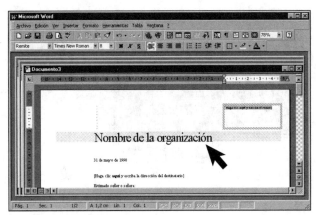

3 En la mayoría de los programas de Windows, usted puede iniciar un nuevo documento utilizando el comando Archivo | Nuevo (File | New). Abra el menú **Archivo** y seleccione **Nuevo** o pruebe presionando **Ctrl+U** (N)**.**

5 El programa abre una ventana para el nuevo documento. Esta figura muestra la plantilla para cartas de Microsoft Word. Usted puede modificar el documento, como se explica en "Edite un documento" en la página 144.

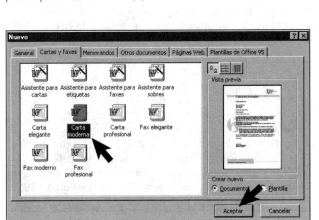

4 Si el programa muestra un cuadro de diálogo pidiéndole que seleccione una plantilla, elija la plantilla deseada y haga clic en **Aceptar** (OK). Esta figura muestra el cuadro de diálogo Nuevo de Microsoft Word. La mayoría de los programas que ofrecen una opción de plantilla también le permiten crear un documento en blanco, si usted prefiere empezar desde el principio.

Recorrido guiado Inicie un documento nuevo desde una carpeta

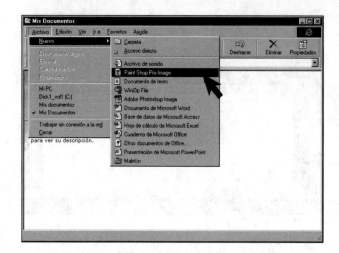

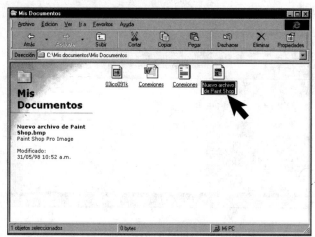

1 Abra Mi PC (My Computer) y vaya a la carpeta en la que desea crear el documento nuevo.

2 Abra el menú **Archivo** (File) y vaya a **Nuevo** (New).

3 Aparece una lista de los tipos de documentos registrados. Haga clic en el tipo de documento que desee crear.

4 Windows creará un icono para el documento nuevo y resalta su nombre. Para cambiar el nombre del documento, escriba el nombre que prefiera y presione **Entrar**. Ahora usted puede hacer clic en el icono para abrir el documento en el programa asociado.

No todos los programas agregan su nombre al submenú Archivo | Nuevo (File | New). Si el tipo de documento que usted quiere crear no aparece en el submenú Archivo | Nuevo, tal vez no esté asociado con el programa correcto, o quizás el programa no ha agregado su nombre a este submenú. Para verificar sus asociaciones entre archivos, vea "Cree y edite asociaciones entre archivos" en la página 125.

También puede crear un nuevo documento haciendo clic con el botón derecho del ratón en un área en blanco de Mi PC o del Explorador de Windows y luego señalando la opción **Nuevo** del menú contextual.

Guarde un documento

Mientras usted escribe, dibuja o introduce datos para crear un documento, su computadora guarda su trabajo en RAM (memoria de acceso aleatorio). La memoria RAM es un área electrónica que almacena su trabajo mientras su computadora está encendida. Si usted apaga su computadora, o ésta es interrumpida por cualquier razón, todo lo que esté almacenado en RAM se borra inmediatamente.

Cada vez que usted instala un programa, la utilería de instalación coloca los archivos necesarios para ejecutar el programa en su disco duro, que es un medio de almacenamiento permanente. Cuando usted ejecuta el programa, sus instrucciones se guardan en RAM, donde la computadora puede tener acceso más rápidamente.

Para conservar su trabajo en forma permanente, deberá guardarlo como un archivo del disco duro de su computadora. El disco duro actúa como una grabadora para su información, pero en vez de almacenar sus datos en cintas, el disco duro los almacena en discos. Cuando usted apaga su computadora, los datos permanecen en el disco y usted puede "reproducirlos" posteriormente.

¿Por qué guardar los documentos?

En la mayoría de los programas de Windows, usted debe utilizar el comando Archivo | Guardar (File | Save) o hacer clic en el botón Guardar (Save) para salvar su trabajo. La primera vez que vaya a guardar su trabajo (o documento), seleccione el disco y la carpeta donde desea hacerlo y luego escriba un nombre para el documento (un *nombre de archivo*). Una vez que ha guardado un archivo, es más fácil guardarlo las veces posteriores. Sólo utilice el comando Archivo | Guardar y su programa actualiza automáticamente el archivo, puesto que éste ya conoce el nombre y la ubicación del mismo. El *Recorrido guiado* le muestra cómo guardar un documento por primera vez.

En algunos casos, tal vez quiera guardar una copia del archivo, para hacerle cambios sin alterar el documento original. Para guardar una copia del archivo, utilice el comando Guardar como (Save As), según se muestra en el *Recorrido guiado*. Se despliega el cuadro de diálogo Guardar como, que le pedirá elegir una unidad o carpeta diferente para el archivo y/o darle otro nombre.

Usted no puede almacenar dos archivos con el mismo nombre en el mismo disco y carpeta. Si guarda un nuevo archivo en una carpeta que contenga otro con el mismo nombre, el archivo nuevo remplazará al anterior, eliminándolo por completo. Pero no se alarme, la mayoría de los programas muestran un mensaje de advertencia antes de remplazar el archivo existente por uno nuevo.

Las reglas de los nombres de archivos

Si ya ha trabajado con documentos en los viejos programas de DOS, ya sabe que éste no es muy flexible para los nombres de archivos. DOS restringe los nombres a ocho o menos caracteres (sin espacios) y a una extensión adicional de tres caracteres, como MARCADOR.DOC. En Windows 98 (y en Windows 95) usted puede utilizar nombres de archivo extensos, de hasta 255 caracteres incluyendo espacios. Los únicos caracteres que **no** se pueden utilizar son los siguientes:

$$\backslash / ? : * " < > |$$

Navegue por las carpetas

Cuando elige guardar un documento por primera vez, aparece el cuadro de diálogo Guardar como y muestra el contenido del disco o carpeta actual. Use este cuadro de diálogo para cambiar a una carpeta diferente y escribir un nombre de archivo para su documento.

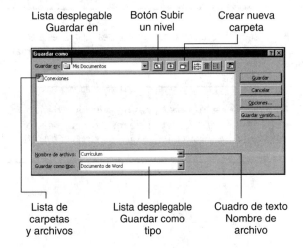

Lista desplegable Guardar en · Botón Subir un nivel · Crear nueva carpeta · Lista de carpetas y archivos · Lista desplegable Guardar como tipo · Cuadro de texto Nombre de archivo

En un principio, este cuadro de diálogo podría parecer un poco difícil de usar. Utilice los controles siguientes para cambiar al disco o carpeta deseados y dar nombre a su documento:

Guardar en (Save in) es una lista desplegable que muestra los discos disponibles en su computadora. Abra esta lista y seleccione el nombre o icono del disco en que desee guardar el archivo.

Lista de carpetas y archivos (Folder/file list) despliega el contenido del disco o carpeta seleccionada actualmente. Para abrir una carpeta, haga doble clic en su icono.

Subir un nivel (Up One Level) le lleva un nivel arriba en la lista de carpetas. Por ejemplo, si la carpeta C:\Data\Vacaciones está abierta y usted hace clic en el botón Subir un nivel, se despliega el contenido de la carpeta Data.

Crear nueva carpeta (Create New Folder) crea una carpeta nueva en el disco o carpeta actual. Usted podrá entonces escribir un nombre para la nueva carpeta y hacer doble clic en su icono para activarla.

Nombre de archivo (File Name) es el cuadro de texto donde usted escribe un nombre para su documento. Si el cuadro Nombre de archivo ya tiene un nombre, haga doble clic en él y escriba otro nuevo para remplazarlo.

Guardar como tipo (Save As Type) lista desplegable que le permite guardar el documento en un formato que pueda ser utilizado por otro programa. Por ejemplo, si usted creó un reporte utilizando Microsoft Word y quiere compartir el archivo con una persona que utiliza un procesador de texto diferente, como WordPerfect, puede guardar su documento como un archivo de WordPerfect.

Recorrido guiado   Guarde un archivo por primera vez

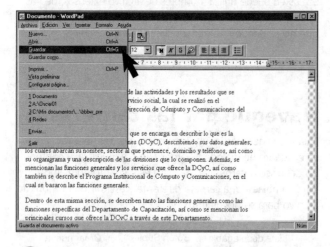

1 Cuando el documento que usted desea guardar esté en la pantalla, abra el menú **Archivo** (File) y seleccione **Guardar** (Save).

La mayoría de los programas de Windows tienen una combinación de teclas de método abreviado para guardar los archivos. Presione **Ctrl+G** (S).

2 Aparece el cuadro de diálogo Guardar como (Save As). Abra la lista desplegable **Guardar en** y haga clic en el nombre o icono del disco en el que desee guardar el documento.

Recorrido guiado   Guarde un archivo por primera vez

Botón Subir un nivel

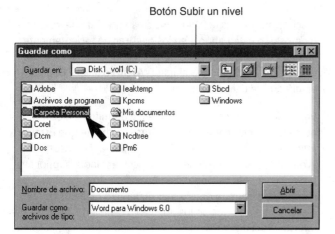

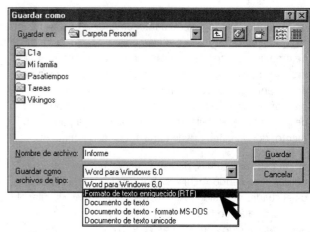

3 El contenido del disco aparece en la lista de carpetas y archivos. Dentro de esta lista, haga uno o dos clics para abrir una carpeta. Continúe haciendo clic en las carpetas hasta que haya abierto la carpeta en que desea guardar su documento.

4 Si usted llegó muy abajo de la lista de carpetas y archivos, haga clic en el botón **Subir un nivel** (Up One Level) para escalar un nivel en la lista.

6 Para guardar el archivo y utilizarlo en un programa diferente, abra la lista desplegable **Guardar como tipo** (Save As Type) y seleccione el formato para el programa deseado.

7 Haga clic en el botón **Guardar** (Save) o **Aceptar** (OK). Su programa guarda el documento en la unidad especificada, en la carpeta abierta actualmente y con el nombre y tipo de archivo que usted escribió.

Para cerrar un documento después de haberlo guardado, sólo haga clic en el botón **Cerrar** (X), a la derecha de la ventana. Para mayores detalles, vea "Abra y cierre ventanas" de la página 18.

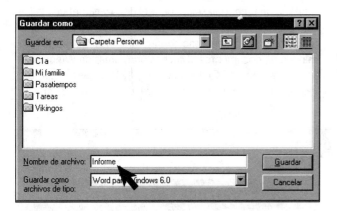

5 Haga doble clic en el cuadro de texto **Nombre de archivo** (File New) y escriba el nombre que desee dar al documento.

Abra un documento guardado

Cuando guarda y cierra un documento, su computadora lo almacena sin riesgos en su disco. Si más tarde decide modificar o imprimir el documento, deberá ejecutar el programa utilizado para crearlo y luego abrir el archivo del documento guardado. Cuando usted abre un documento, el programa lo lee del disco, lo almacena en la memoria y lo despliega en la pantalla dentro de una ventana para documento, donde usted puede trabajar con él o imprimirlo.

En muchos programas, para abrir un documento usted debe utilizar el comando Archivo | Abrir (File | Open). Esto despliega el cuadro de diálogo Abrir (Open), que es muy similar al cuadro de diálogo Guardar como (Save As) que utilizó en el *Recorrido guiado* anterior. Este cuadro contiene una lista desplegable Buscar en (Look in), que le permite seleccionar el disco donde está almacenado el archivo del documento, así como una lista de carpetas y archivos que usted puede utilizar para abrir la carpeta dentro de la cual está almacenado el archivo y para seleccionarlo. El cuadro de diálogo Abrir también puede contener una lista desplegable Tipo de archivo (Files of Type) que le permite especificar el formato del archivo. El *Recorrido guiado* le muestra cómo abrir un documento utilizando el cuadro de diálogo Abrir.

Abra documentos con accesos directos

La mayoría de los programas de Windows le permiten evitar el menú Archivo | Abrir, al presionar **Ctrl+A** (O). Además,

muchos programas de Windows crean una lista de los documentos que usted abrió y en los que trabajó recientemente y la muestran en la parte inferior del menú Archivo. Para abrir un documento, sólo abra el menú **Archivo** (File) y haga clic en el nombre del documento.

Varios de estos programas también le permiten especificar el número de documentos abiertos recientemente que estarán listados en el menú Archivo. Por ejemplo, en Microsoft Word, seleccione Herramientas | Opciones (Tools | Options) y haga clic en la ficha General para mostrar un control de número que le permite determinar el número de archivos recientemente abiertos de los que Word seguirá la pista, desde 0 hasta 9 documentos.

Ubicaciones predeterminadas de archivos

Si guarda en una misma carpeta la mayoría de los documentos que crea, podría pedir a su programa que abra esa carpeta cada vez que usted va a guardar o a abrir un documento. Al configurar la carpeta predeterminada, usted se evita la molestia de tener que seleccionar el disco y carpeta en la cual está guardado el archivo. Revise la documentación de su programa para saber cómo configurar una carpeta predeterminada de documentos. (Muchos programas de Windows utilizan la carpeta Mis documentos [My Documents] como carpeta predeterminada para guardar y abrir documentos.)

Recorrido guiado Abra un documento

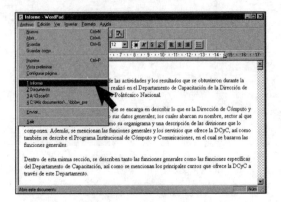

1 Muchos programas mantienen en el menú Archivo una lista de los archivos recientemente abiertos. Para abrir un documento, abra el menú **Archivo** y haga clic en el nombre del documento que desea abrir.

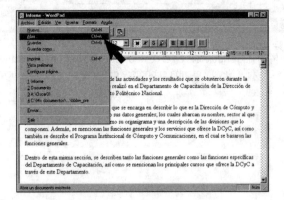

2 La forma tradicional de abrir un documento es utilizar el comando Archivo | Abrir. Abra el menú **Archivo** y seleccione **Abrir.**

Recorrido guiado   Abra un documento

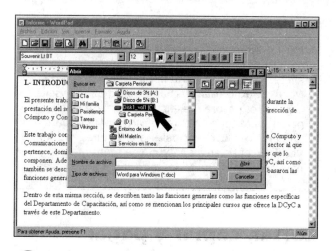

3 Aparece el cuadro de diálogo Abrir, mostrando una lista de los archivos y carpetas de la unidad actual. Abra la lista desplegable **Buscar en** (Look In) y seleccione el disco en que está almacenado el documento.

Botón Subir
un nivel

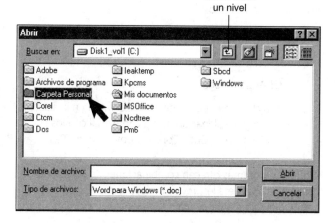

4 En la lista de carpetas y archivos, abra una carpeta haciendo uno o dos clics en ella. Continúe haciendo clic en los iconos de las carpetas hasta que haya abierto la carpeta en la que está almacenado el documento.

5 Si llega muy abajo de la lista de carpetas y archivos, haga clic en el botón **Subir un nivel** (Up One Level) para escalar un nivel en la lista.

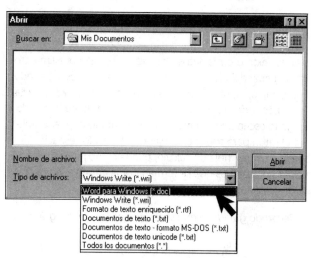

6 Si el documento fue creado en un programa que no sea el que usted está utilizando para abrirlo, abra la lista desplegable **Tipo de archivos** (Files of Type) y seleccione el formato de archivo deseado.

7 Haga uno o dos clics en el nombre del documento que desea abrir. Aparece resaltado y el programa lo podrá abrir automáticamente.

8 Si no lo abre en forma automática, haga clic en el botón **Abrir** (Open). El programa abre el archivo y lo despliega dentro de su propia ventana de documento.

Edite un documento

Una vez que haya abierto un documento, usted puede modificarlo eliminando, insertando, moviendo y copiando texto u otros datos. Por supuesto, los procedimientos varían dependiendo del tipo de documento que esté creando. Por ejemplo, en un documento de texto, usted puede insertar texto haciendo clic en el lugar donde usted desea insertarlo y luego lo escribe. En un programa para gráficos, puede utilizar el ratón para trazar o dibujar objetos en los espacios deseados. En una hoja de cálculo, puede escribir los datos en *celdas* (los cuadros que se forman por la intersección de las filas y las columnas).

El *Recorrido guiado* le muestra cómo editar texto y gráficos.

Seleccione texto y otros objetos

En muchos casos, usted tendrá que hacer algo más que simplemente eliminar o insertar algunos caracteres o palabras. Tal vez necesite cortar todo un párrafo, moverlo hacia otra ubicación de su documento, o reordenar los objetos (líneas, óvalos, rectángulos, etc.) que conforman un dibujo. Con el fin de realizar estas modificaciones más significativas, usted tendrá que dominar algunas técnicas de selección de texto y de otros objetos.

Las técnicas varían de un programa a otro, pero hay algunos procedimientos estándar que usted puede seguir:

- Para resaltar un texto, arrastre el punto de inserción sobre él.

- En una hoja de cálculo, haga clic en una celda para seleccionar un registro. Arrastre el puntero sobre las celdas adyacentes para seleccionar varios registros.

- Para seleccionar un objeto dibujado, haga clic en él. Alrededor del objeto aparecen los *controladores* (unos cuadros pequeños). Para redimensionar el objeto arrastre el controlador, y para moverlo arrastre todo el objeto. (Haga **Ctrl**+*clic* en los objetos adicionales para seleccionarlos.)

- Arrastre un cuadro de selección alrededor de varios objetos dibujados.

- Presione **Ctrl+E** (A) para seleccionar todo el texto u objetos del documento. (Éste es un método abreviado prácticamente universal en todos los programas de Windows.)

Muchos programas ofrecen técnicas adicionales para seleccionar texto y objetos. En muchos de ellos, usted puede mantener presionada la tecla **Mayús** y utilizar las flechas para extender la selección. Otros programas le permiten hacer doble clic para resaltar una palabra, tres clics para resaltar un párrafo, o **Ctrl**+*clic* para resaltar una oración. Verifique el sistema de Ayuda de su programa para conocer los métodos abreviados adicionales.

Cortar, copiar y pegar

Una vez que haya resaltado un fragmento de texto, o seleccionado uno o más objetos, podrá mover la selección cortándola y pegándola, o duplicarla copiándola y pegándola. El menú Edición (Edit) contiene todos los comandos que necesita para cortar, copiar y pegar, como se muestra en el *Recorrido guiado*. Muchos programas también ofrecen los siguientes métodos abreviados:

Ctrl+C para copiar

Ctrl+X para cortar

Ctrl+V para pegar

Haga clic con el botón derecho del ratón en la selección para desplegar un menú contextual con los comandos Cortar (Cut), Copiar (Copy) y Pegar (Paste).

Algunos programas ofrecen combinaciones de teclas adicionales. Para más detalles, revise la documentación de su programa o el sistema de ayuda.

Edite con el método de arrastrar y colocar

La forma más intuitiva de mover texto u otros objetos es usar el ratón. Coloque el puntero del ratón sobre el área a seleccionar y mantenga presionado el botón izquierdo mientras la arrastra hacia la ubicación deseada. Cuando suelte el botón del ratón, la parte seleccionada quedará colocada en la nueva ubicación.

Si desea copiar en vez de mover, seleccione el texto y mantenga presionada la tecla **Ctrl** mientras hace el arrastre con el puntero del ratón. Aparece un signo más (+) junto al puntero, lo que indica que está copiando lo seleccionado. Al soltar el botón del ratón, se inserta en el documento una copia del área seleccionada, permaneciendo el original en su lugar.

Recorrido guiado Modifique un documento de texto

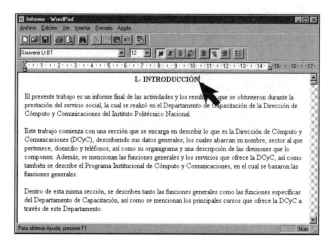

1 Un punto de inserción parpadeante muestra el lugar donde se insertará cualquier texto que usted escriba. Para mover el punto de inserción, utilice las flechas, las teclas Avanzar Página (Page Up), Retroceder Página (Page Down) o haga clic en la ubicación deseada.

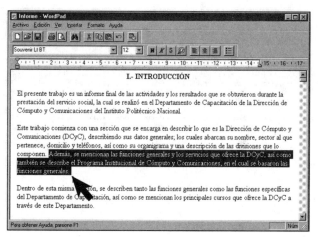

3 Para seleccionar un texto, mueva el punto de inserción hacia el principio del texto que desea seleccionar, oprima y mantenga presionado el botón izquierdo del ratón y arrastre el punto hacia el final del texto deseado.

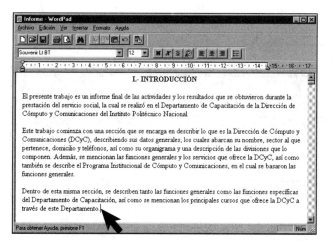

2 El punto de inserción se mueve hacia la posición seleccionada. Utilice la tecla de Retroceso (Backspace) para eliminar los caracteres hacia la izquierda, o Suprimir (Supr) para quitar los caracteres que están a la derecha. Para insertar texto, proceda a escribir.

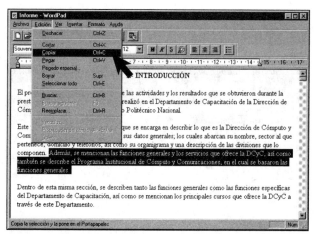

4 Para copiar el área seleccionada abra el menú **Edición** (Edit) y elija **Copiar** (Copy). Para cortarla (y después moverla), abra el menú **Edición** y seleccione **Cortar** (Cut).

(continúa)

> Muchos programas ofrecen dos modos de escritura: Insertar (Insert) y Sobrescribir (Typeover). En el modo de sobrescritura, los caracteres nuevos remplazan a los existentes mientras escribe. En la mayoría de los programas, usted puede cambiar los modos de escritura presionando la tecla Insertar (Insert) o haciendo doble clic en el botón **SOB** (OVR) en la barra de estado. Si ninguna de estas técnicas funciona, revise el sistema de Ayuda del programa.

Recorrido guiado   Modifique un documento de texto   *(continuación)*

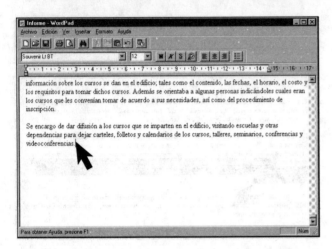

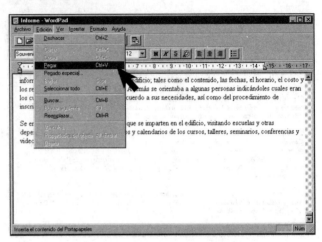

5 Mueva el punto de inserción hacia donde desea insertar el texto copiado o cortado. (Puede utilizar las flechas o hacer clic con el ratón.)

6 Abra el menú **Edición** (Edit) y seleccione **Pegar** (Paste). Con esta acción los datos que se copiaron o cortaron son pegados en el punto de inserción.

Recorrido guiado   Modifique una hoja de cálculo

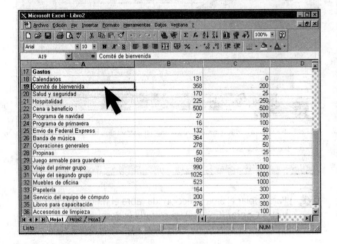

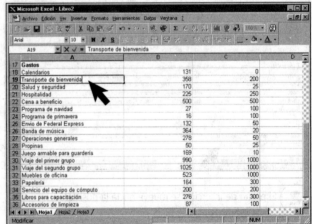

1 En muchas hojas de cálculo, al hacer clic en una celda se selecciona todo el registro de la misma. Escriba un nuevo registro para remplazar al existente.

2 Para editar un registro en vez de remplazarlo, haga doble clic en la celda. Entonces podrá utilizar las teclas **Retroceso** (Backspace) y **Suprimir** (Supr) para eliminar los números o caracteres individuales.

Recorrido guiado   Modifique una hoja de cálculo

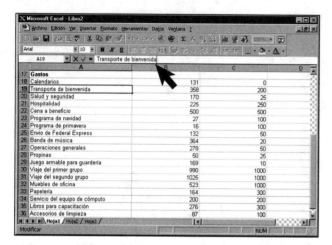

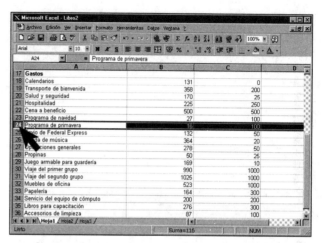

3 También puede modificar una celda escribiendo sus cambios dentro del cuadro de entrada y presionando **Entrar** (Enter). (Los programas anteriores tal vez sólo ofrecen esta opción para modificar o escribir el contenido de las celdas.)

5 Seleccione una fila o una columna haciendo clic en el número de fila que está la parte izquierda de cualquier fila o en la letra de la columna en la parte superior de cualquier columna. Para resaltar varias filas o columnas, arrastre el puntero sobre los números de las filas o las letras de las columnas.

Muchos programas de hojas de cálculo muestran una *marquesina* alrededor del área destino cuando usted mueve las celdas

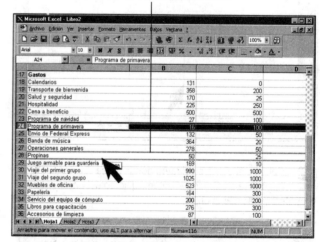

4 Para seleccionar varias celdas de una hoja de cálculo, haga clic en la primera celda que desea seleccionar y luego arrastre el puntero sobre las celdas adyacentes.

6 Para mover las celdas, filas o columnas resaltadas, coloque el puntero del ratón sobre el área seleccionada, mantenga presionado el botón izquierdo del ratón y haga el arrastre hacia la ubicación deseada. Para copiar lo seleccionado mantenga presionada la tecla **Ctrl** mientras arrastra el área a su nueva posición.

Recorrido guiado Seleccione, mueva y copie objetos dibujados

1 En la mayoría de los programas de diseño, para dibujar un objeto primero deberá hacer clic en el botón del tipo de objeto que desea dibujar (una línea, un rectángulo, un óvalo, una flecha, etcétera).

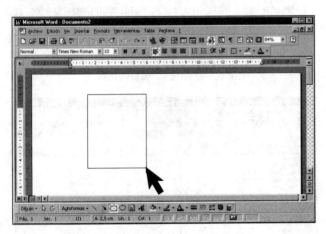

2 Coloque el puntero del ratón donde desea insertar el objeto; mantenga presionado el botón izquierdo del ratón y arrastre el puntero para crear el objeto.

Estos pasos le muestran cómo crear objetos utilizando las herramientas de dibujo incluidas con Microsoft Word. En un *programa de diseño*, cada objeto tiene su propia identidad y está definido por sus controladores de selección. En los *programas de dibujo*, usted no puede hacer clic en un objeto para seleccionarlo. Deberá arrastrar un cuadro de selección alrededor de un área del dibujo. Vea "Cree imágenes en Paint" en la página 177.

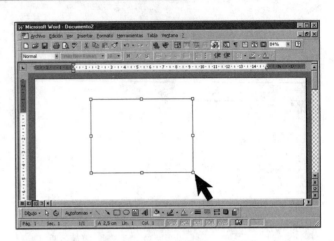

3 Cuando usted suelta el botón del ratón, el objeto aparece rodeado de controladores que sirven para definir su tamaño y dimensiones. Usted puede arrastrar un controlador para cambiar el tamaño del objeto, o bien arrastrar el objeto para moverlo.

Los controladores aparecen alrededor de un objeto sólo si el objeto está seleccionado. Cuando hace clic fuera del objeto o comienza a dibujar algo más, los controladores desaparecen.

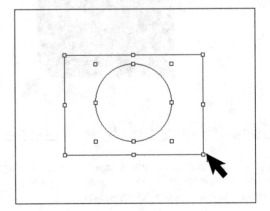

4 Para seleccionar un objeto, haga clic en él. A su alrededor aparecen los controladores. Para seleccionar objetos adicionales, haga **Ctrl**+*clic* o **Mayús**+*clic* (Shift+*clic*) (dependiendo del programa).

Recorrido guiado   Seleccione, mueva y copie objetos dibujados

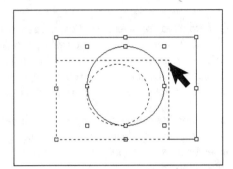

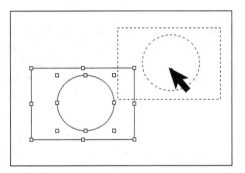

5 Para redimensionar uno o más objetos seleccionados, arrastre uno de los controladores. Arrastre un controlador superior para cambiar la altura del objeto, un controlador lateral para cambiar su ancho, o un controlador de un extremo para cambiar proporcionalmente tanto la altura como el ancho.

6 Para mover uno o más objetos seleccionados, coloque el puntero del ratón sobre cualquiera de ellos, mantenga presionado el botón izquierdo del ratón y arrastre los objetos hacia la posición deseada. Para copiar los objetos, mantenga presionada la tecla **Ctrl** mientras los arrastra.

Dé formato a un documento

Crear un documento no es sólo cuestión de escribir texto y dibujar objetos; también deberá *dar formato* al documento para colocar el texto y los objetos en una página y controlar el orden de la misma y la apariencia del texto. La mayoría de documentos le dan las tres opciones de formato siguientes:

- El *formato de página* controla el orden general de la página, incluyendo sus márgenes, los *encabezados* (el texto impreso en la parte superior de cada página) y los *pies de página* (el texto impreso en la parte inferior de cada página).

- El *formato de párrafo* controla el orden de un párrafo, incluyendo hasta dónde están sangrados los párrafos a partir de los márgenes izquierdo y derecho, el espacio que hay antes y después de cada párrafo, y si los párrafos tienen un formato de listas numeradas o con viñetas.

- El *formato de los caracteres* controla la apariencia de cada letra, número o símbolo que esté dentro del texto, incluyendo la *fuente* (el tipo y tamaño de letra), la *posición* (normal, superíndice o subíndice), el color y las *mejoras* (como negritas, cursivas y subrayado).

El *Recorrido guiado* le muestra cómo aplicar un formato básico a la páginas, párrafos y texto. Algunos programas ofrecen herramientas de formato adicionales, como columnas tipo periódico y tablas.

> Muchos programas tienen una barra de herramientas de formato que contiene botones para las opciones de formato más comunes. Esta barra le permite cambiar el estilo y tamaño de la fuente; convertir el texto a negritas, cursivas o subrayarlo; alinear párrafos (a la izquierda, a la derecha o centrado), y crear listas con viñetas o numeradas.

Recorrido guiado   Dé formato a una página

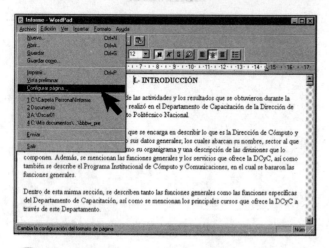

1 Abra el documento al que desea dar formato. Abra el menú **Archivo** (File) y seleccione **Configurar página** (Page Setup) (o alguna opción similar para configuración de páginas).

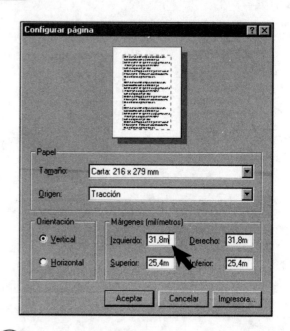

2 En general, el cuadro de diálogo de configuración de páginas ofrece varios parámetros para controlar la apariencia de la página. (Esta imagen muestra la versión de WordPad.) De ser necesario, haga clic en la ficha para la configuración de los márgenes. Introduzca los parámetros deseados para los márgenes superior, inferior izquierdo y derecho.

Recorrido guiado   Dé formato a una página

La mayoría de las impresoras establece algunas *regiones sin impresión* cerca de las orillas del papel. Al configurar los márgenes, no los deje tan angostos que su texto u otros datos queden en una región donde su impresora no los pueda imprimir.

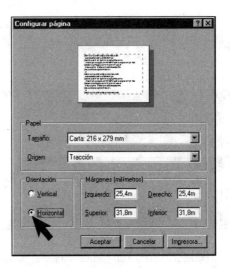

4 El parámetro para la orientación del papel le permite imprimir con una *orientación vertical* u *horizontal*. Para las cartas, reportes y documentos similares, usted deberá imprimir con una orientación vertical. Para documentos anchos, seleccione la orientación **Horizontal** (Landscape) para imprimir a lo largo de la hoja.

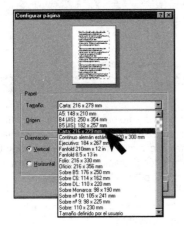

3 El cuadro de diálogo para configuración de la página deberá tener parámetros para el tamaño del papel. Asegúrese de que el programa está configurado para usar el mismo tamaño de papel que su impresora.

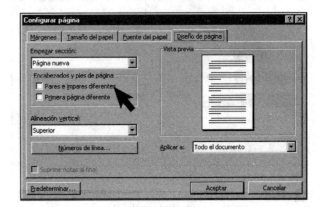

5 Los programas avanzados le ofrecen opciones adicionales de configuración de página para controlar la ubicación de los encabezados y los pies de página o para imprimir sobres, etiquetas de correo, etc. Por ejemplo, Microsoft Word, mostrado aquí, le permite imprimir un encabezado o pie diferente (o ninguno de los dos) en páginas numeradas pares o nones.

6 Cuando haya terminado de introducir los parámetros de configuración de la página, haga clic en el botón **Aceptar** (OK).

Recorrido guiado Dé formato a los párrafos

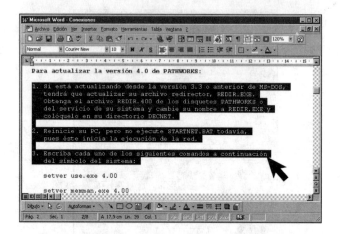

1 Para aplicar el formato a un párrafo, mueva el punto de inserción hacia el párrafo al que desea dar formato, o resalte dos o más párrafos.

3 En general, el cuadro de diálogo para dar formato a párrafos ofrece varios parámetros para controlar su apariencia. (Esta imagen muestra la versión de Microsoft Word.) Seleccione la alineación deseada para el párrafo: **Izquierda** (Left), **Centrada** (Centered) o **Derecha** (Right). (La alineación centrada es útil para agregar un título a la primera página del documento. La alineación derecha permite colocar una fecha en la esquina superior derecha de algún documento.)

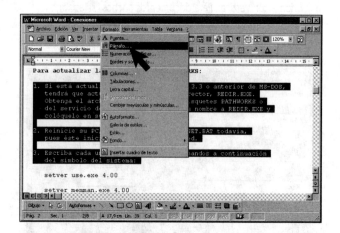

2 Abra el menú **Formato** (Format) y elija **Párrafo** (Paragraph) (o una opción similar para controlar el formato de los párrafos).

4 Para sangrar un párrafo a partir del margen izquierdo o derecho, introduzca la distancia que desea insertar al lado izquierdo o derecho del párrafo.

Recorrido guiado   Dé formato a los párrafos

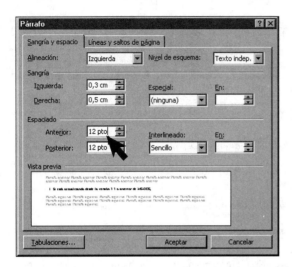 

5 Para insertar espacio adicional arriba o abajo del párrafo, escriba la cantidad deseada de espacio (medida generalmente en *puntos*) dentro del cuadro de texto **Espaciado anterior** (Spacing Before) o **Espaciado posterior** (Spacing After) o en su cuadro equivalente. (Un punto equivale a 1/72 de pulgada.)

6 Algunos programas ofrecen opciones avanzadas para formato de párrafos con las que usted puede controlar la forma en que se divide un párrafo en un salto de página. Por ejemplo, **Control de viudas y huérfanas** (Widow/Orphan Control) de Microsoft Word evita que quede sola una línea de texto en la parte inferior o superior de una página.

7 Después de introducir los parámetros deseados para el párrafo, haga clic en **Aceptar** (OK).

Recorrido guiado   Dé formato al texto

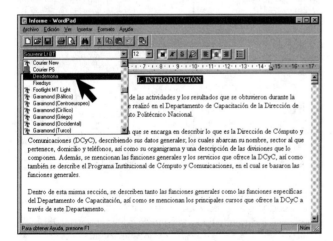 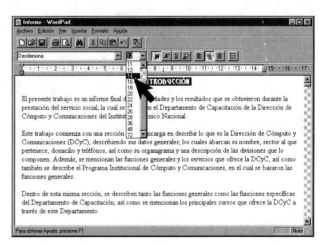

1 Usted puede determinar parámetros para el formato del texto antes de escribirlo, o bien darle formato a un texto existente resaltándolo. Resalte algún texto al que le quiera dar formato.

2 El modo más fácil de aplicar un formato al texto es utilizando la barra de herramientas de formato. Abra la lista **Fuente** (Font) y seleccione el estilo de letra deseado.

3 Abra la lista desplegable **Tamaño de fuente** (Font Size) y seleccione el tamaño de letra deseado (en puntos).

(continúa)

Recorrido guiado Dé formato al texto (continuación)

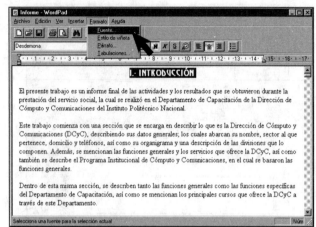

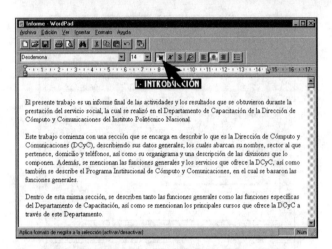

4 Haga clic en los botones **Negrita** (Bold), **Cursiva** (Italic) o **Subrayado** (Underline) para añadir cualquier estilo al texto. (Puede hacer clic de nuevo en un botón para quitar el estilo al texto.)

6 Si su programa no tiene una barra de herramientas para formato o si usted necesita aplicar un formato al texto que no está disponible en la barra de herramientas, abra el menú **Formato** (Format) y seleccione **Fuente** (Font) (o escriba el comando equivalente en su programa).

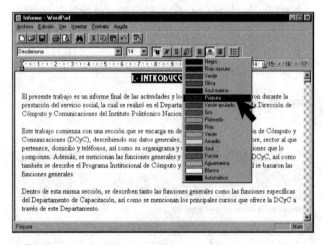

5 Para cambiar el color del texto, abra la lista desplegable **Color de fuente** (Font Color) y elija el color deseado.

7 El cuadro de diálogo Fuente ofrece una gran variedad de opciones para todos los formatos de caracteres que estén disponibles, incluyendo tipo y tamaño de la letra, color, estilos y, en algunos casos, efectos especiales, como animación.

8 Introduzca los parámetros deseados para la fuente y luego haga clic en **Aceptar** (Ok). El programa aplicará inmediatamente la configuración de la fuente en el texto seleccionado.

Trabaje con dos o más documentos

En la mayoría de los casos, usted trabajará con un documento a la vez. Escribirá una carta, un reporte, actualizará su agenda, o realizará alguna otra tarea individual. Sin embargo, el trabajo a veces requiere que usted alterne dos o más documentos. Por ejemplo, tal vez tenga que copiar un gráfico de una hoja de cálculo y pegarlo en un reporte, o copiar un bosquejo y pegarlo en un documento en blanco para que pueda desarrollarlo como un capítulo o un reporte.

Para trabajar con dos o más documentos a la vez, usted debe saber cómo intercambiar ventanas de documentos y programas, así como cortar, copiar y pegar datos entre los documentos. El *Recorrido guiado* le muestra cómo realizar estas tareas básicas en la mayoría de los programas de Windows.

Comparta datos en Windows

Cada vez que usted corta o copia un documento, éste es colocado en el *Portapapeles de Windows*, donde queda guardado hasta que corte o copie otra selección. Entonces podrá utilizar el comando Edición | Pegar (Edit | Paste) para pegar los datos en el mismo documento o en un documento diferente. El Portapapeles maneja el intercambio de datos en forma oculta, por lo que usted no tendrá que trabajar directamente con él. Para ver el contenido del Portapapeles, vea "Comparta datos entre aplicaciones con el Visor del Portapapeles" en la página 199.

Además, Windows ofrece un ambiente llamado *OLE* (Vinculación e Incrustación de Objetos) para intercambio avanzado de datos entre los programas que lo soportan. Con OLE, usted puede pegar, como *objetos vinculados,* datos de un documento (el de origen) en otro documento (el de destino). Cada vez que usted actualiza el documento de origen, los cambios aparecen automáticamente en el documento de destino. El *Recorrido guiado* le muestra cómo compartir datos en forma dinámica entre dos documentos, con OLE.

Usted puede intercambiar datos mediante el escritorio de Windows. Arrastre los datos seleccionados hacia un área en blanco del escritorio de Windows para crear un *recorte.* En el escritorio aparece un icono para el recorte. Entonces, para insertar los datos copiados, arrastre el recorte dentro del otro documento.

Formatos de archivos compatibles

Cada vez que usted guarda un documento, el programa lo almacena en un *formato de archivo* que incluye determinados códigos específicos del programa. Éstos indican al programa cómo mostrar e imprimir el documento. Muy rara vez, si no es que nunca, tendrá que trabajar directamente con ellos. Sin embargo, si tiene que abrir el documento en un programa diferente, deberá tener cuidado con las diferencias entre los formatos de archivos.

No confunda los formatos de archivos con el formato de párrafo o de texto, explicado anteriormente en este capítulo. Un formato de archivo es una especie de código secreto que utiliza el programa. Si usted trata de abrir el archivo en un programa que no entienda el código secreto, el programa probablemente no abrirá el archivo o tal vez despliegue símbolos raros en la pantalla. Del mismo modo, si trata de insertar una imagen que está almacenada en un formato que su procesador de palabras no *soporta* (o entiende), la imagen probablemente no aparecerá en su documento.

Los programas más avanzados brindan soporte para los formatos de archivos más comunes. Cuando usted abre un archivo creado en un programa diferente, el programa actual lo convierte automáticamente a su formato natural. Si el programa no soporta el formato del documento que usted trata de abrir, tal vez no pueda abrir el documento.

Si no puede abrir en otro programa un documento que creó en un programa, trate de utilizar el programa original para guardar el documento en un formato de archivo que sea soportado por el otro programa. Utilice el comando **Archivo | Guardar como** (File | Save As) y seleccione un formato soportado de la lista desplegable **Guardar como tipo** (Save As Type).

Recorrido guiado   Trabaje con dos o más documentos en un mismo programa

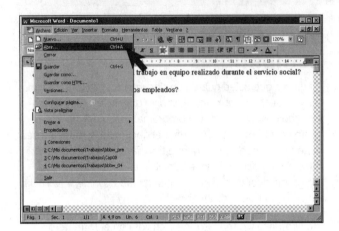

1 Utilice el comando **Archivo | Abrir** (File | Open) para abrir dos o más documentos en su programa. Vea "Abra un documento guardado" en la página 142.

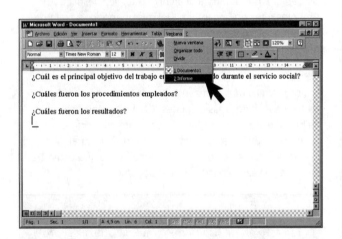

2 Si las ventanas del documento están maximizadas, el programa sólo muestra el último documento abierto. Abra el menú **Ventana** (Window) y haga clic en el nombre del documento deseado para mover su ventana hacia el frente.

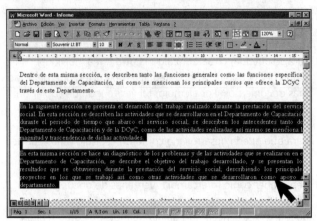

3 Para copiar datos de un documento e insertarlos en otro, primero seleccione el texto o los datos que desee copiar.

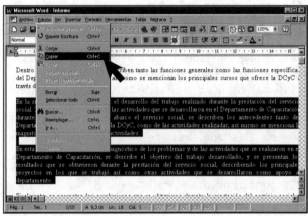

4 Abra el menú **Edición** (Edit) y elija **Copiar** (Copy). Los datos seleccionados se almacenan en el Portapapeles de Windows.

Recorrido guiado   Trabaje con dos o más documentos en un mismo programa

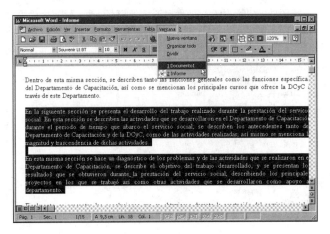

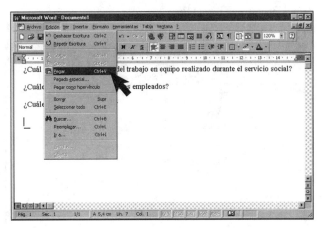

5 Abra el menú **Ventana** (Window) y seleccione el nombre del documento en el cual desea pegar los datos copiados.

6 El documento seleccionado pasa al frente de la pantalla. Coloque el punto de inserción donde usted desee insertar los datos. Abra el menú **Edición** (Edit) y elija **Pegar** (Paste). Los datos que estaban en el Portapapeles se insertan en dicho punto.

Recorrido guiado   Intercambie datos entre programas

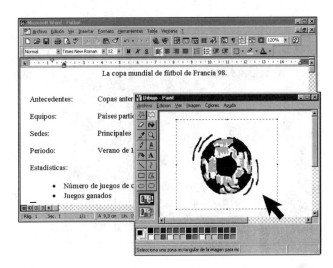

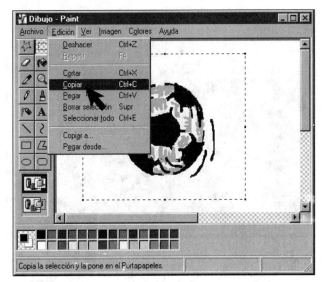

1 Ejecute ambos programas y abra los dos documentos que desee utilizar.

2 En el documento de origen, seleccione los datos que desee insertar en el documento de destino. Así, abra al menú **Edición** y elija **Copiar** (Copy).

(continúa)

Recorrido guiado Intercambie datos entre programas *(continuación)*

Aquí se insertará el gráfico
del balón de fútbol

3 En el documento de destino, coloque el punto de inserción donde desee insertar los datos copiados.

4 Abra el menú **Edición** (Edit) y elija **Pegar** (Paste). Los datos copiados se insertan en el documento justo en el punto de inserción.

Recorrido guiado Pegue datos como vínculos con OLE

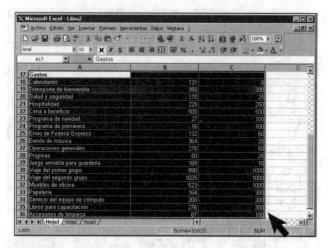

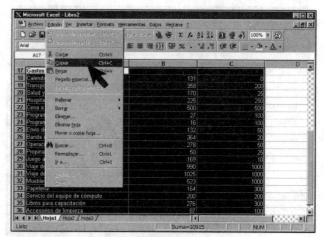

1 Abra el documento de origen y resalte los datos que desea copiar. (En esta figura, la celda que dice "Gastos" está resaltada junto con las demás, pero Excel no invierte los colores de la primera celda seleccionada.)

2 Abra el menú **Edición** y elija **Copiar** (Copy). Los datos son almacenados en el Portapapeles de Windows.

Recorrido guiado Pegue datos como vínculos con OLE

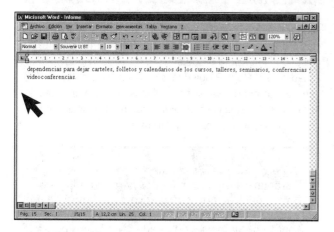

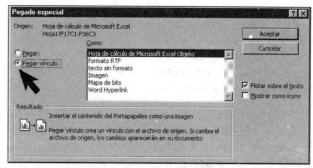

3 Abra el documento de destino y coloque el punto de inserción donde usted quiera insertar los datos copiados.

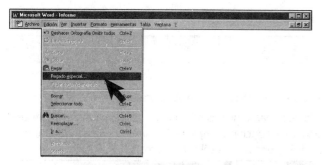

4 Abra el menú **Edición** (Edit) y elija **Pegado especial** (Paste Special). Si este comando no está disponible, el programa no soporta el intercambio dinámico de datos, pero puede utilizar el comando Edición I Pegar (Edit I Paste).

5 Aparece el cuadro de diálogo Pegado especial. Haga clic en **Pegar vínculo** (Paste Link).

6 Seleccione el formato deseado en el que va a insertar los datos. (Las opciones de formato varían dependiendo del tipo de datos que usted esté pegando).

7 Haga clic en **Aceptar** (OK). Los datos son insertados. Cada vez que usted modifique los datos en el documento original, los datos pegados mostrarán automáticamente la actualización en el documento de destino.

Cuando usted pega los datos utilizando el comando Edición I Pegar en vez de Edición I Pegado especial, éstos no se actualizan automáticamente en el documento de destino al modificar el documento de origen. Sin embargo, puede modificar los datos siempre y cuando esté dentro del documento de destino. Sin embargo, en algunos casos podrá modificar estos datos haciendo doble clic en ellos. Esto despliega los datos en el programa que usted utilizó para crearlos.

Configure las opciones de impresión

Al instalar Windows, el programa debió haberle guiado a través del proceso de configuración de su impresora. Si ésta no estaba conectada o si decidió saltarse la configuración, vea "Configure una nueva impresora" en la página 369 para ver las instrucciones.

Cuando usted instala una impresora, Windows utiliza la configuración predeterminada de la misma para controlar el tamaño y tipo de papel, la calidad de los gráficos y del texto, así como otras propiedades de la impresora. Antes de empezar a imprimir, revise y cambie algunos de estos parámetros para aumentar la velocidad o la calidad de trabajo de su impresora.

El *Recorrido guiado* le lleva a través de los pasos básicos para cambiar las propiedades predeterminadas de su impresora. Si utilizó un software especial que venía con su impresora para configurarla, el cuadro de diálogo que empleó para cambiar las propiedades de su impresora podría ser muy distinto. Si instaló la impresora desde el disco o CD de Windows 98, el cuadro de diálogo Propiedades de la impresora (Printer Properties) contendrá varias fichas llenas de opciones. Esas opciones están listadas en la tabla siguiente (algunas podrían no estar disponibles para su impresora).

> El *Recorrido guiado* le muestra cómo cambiar los parámetros predeterminados para su impresora. Selecciónelos para controlar cómo se habrá de imprimir *la mayoría* de los documentos. En el momento de su impresión puede cambiar los parámetros para documentos individuales. Vea "Imprima un documento" en la página 164.

Opciones de la impresora

Nombre de la opción	Descripción
General	
Comentario (Comment)	Registro opcional que proporciona una descripción de la impresora.
Separador de páginas (Separator Page)	Inserta una página entre cada documento que usted imprime. Es útil para una impresora en red en uso por varias personas. La opción Completo (Full) inserta una página con texto y gráficos. La opción Simple inserta una página sólo con texto.
Detalles (Details)	
Imprimir en el siguiente puerto (Print to the Following Port)	Especifica el puerto en la parte posterior de su computadora al cual está conectada su impresora. Si recibe un mensaje de error indicando que el puerto en el que está tratando de imprimir no está disponible (aun cuando la impresora esté encendida), trate de imprimir hacia un puerto diferente. La mayoría de las impresoras se conecta en el puerto LPT1.
Imprimir con el siguiente Controlador (Print Using the Following Driver)	Especifica el *controlador de impresora* que quiere utilizar. El controlador indica a Windows cómo comunicarse con la impresora. El controlador se instala automáticamente cuando se configura una impresora en Windows. Sin embargo, si tiene serios problemas de impresión, tal vez tendrá que actualizar o cambiar el controlador.
No seleccionado (Not Selected)	Indica a Windows cuánto tiempo esperar antes de mostrar un mensaje de error si su impresora no está conectada o encendida.
Reintentar transmisión (Transmission Retry)	Indica a Windows cuánto tiempo esperar antes de mostrar un mensaje de error si Windows tiene problemas al enviar datos hacia su impresora.
Administración del color (Color Management)	
Perfiles asociados actualmente a esta impresora (Profiles Currently Associated with This Printer)	Le permite asignar un perfil de color a su impresora de color, el cual da un mayor control de cómo aparecen los colores en la impresión.
Compartir (Sharing) [Sólo en red]	
No compartido (Not Shared)	Marca su impresora como un recurso no compartido.

Nombre de la opción	Descripción
Compartido como (Shared As)	Le permite compartir la impresora que está conectada a su computadora con otra computadora de la red. Si elige Compartir como, deberá dar un nombre a su impresora. También puede especificar una contraseña para evitar impresiones no autorizadas.

Papel (Paper)

Tamaño del papel (Paper Size)	Especifica el tamaño y tipo de papel que usa para imprimir (por ejemplo, estándar de 8.5 por 11 pulgadas o un sobre del número 10).
Orientación (Orientation)	Determina la dirección de la impresión. Usted puede imprimir con orientación Vertical u Horizontal (a los lados).
Origen del papel (Paper Source)	Especifica la bandeja de papel que va a utilizar para impresoras que tienen más de una bandeja.
Elección de medios (Media Choice)	Especifica el tipo de papel. Por ejemplo, probablemente su impresora pueda imprimir en papel bond, en papel couché o en acetatos.
Copias (Copies)	Especifica el número predeterminado de copias de un documento. Por lo general, usted deberá determinarlo cada vez que imprime, por lo que puede dejar este parámetro en 1.
Área no imprimible (Unprintable Area)	Especifica la distancia a partir de las orillas del papel, donde no llega físicamente la cabeza de impresión.

Gráficos (Graphics)

Resolución (Resolution)	Determina el número de puntos por pulgada que la impresora utiliza para imprimir imágenes. Con una resolución más alta la calidad de la impresión será mejor, pero consume más tiempo y utiliza una mayor cantidad de tinta o tóner.
Tramado (Dithering)	Especifica cómo se va a manejar el sombreado. Un tramado Fino (Fine) produce un sombreado con muchos puntos pequeños, lo que da como resultado un sombreado más suave.
Intensidad (Intensity)	Determina la profundidad de tono de la impresión.

Fuentes (Fonts)

Cartuchos (Cartridges)	Especifica el número de *cartuchos* de impresión instalados. Algunas impresoras le permiten agregar fuentes y memoria a la misma mediante cartuchos. Las fuentes almacenadas en los cartuchos imprimen generalmente más rápido que las *fuentes transferibles* (las fuentes generadas desde software).
Fuentes TrueType (TrueType Fonts)	Indican a la impresora cómo manejar las *Fuentes TrueType*, un tipo avanzado de fuentes de software que usted puede configurar a cualquier tamaño. Imprimir TrueType como gráficos genera la mayor calidad de texto. Tratar las fuentes TrueType como fuentes transferibles da como resultado una impresión más rápida, pero de menor calidad. Imprimir TrueType como mapas de bits da una impresión más lenta y de calidad más alta.

Opciones de dispositivo (Device Options)

Calidad de impresión (Print Quality)	Da generalmente tres opciones: Normal (calidad y velocidad media); Borrador (EconoFast [de baja calidad, pero rápida]), y Cercana a la calidad de imprenta (Presentation), de alta calidad, pero muy lenta.
Memoria de la impresora (Printer Memory)	Muestra la cantidad de memoria instalada por el fabricante en la impresora. Si agrega memoria instalando una tarjeta o cartucho de memoria, deberá cambiar aquí este parámetro. No especifique más memoria de la que tiene su impresora.
Protección de página (Page Protection)	Si su computadora tiene una gran cantidad de memoria, puede activar la protección de página para utilizar una parte de la memoria como área de búfer para documentos extensos o complejos.
Seguimiento de la memoria de la impresora (Printer Memory Tracking)	Especifica qué tan conservadora o estrictamente deberá supervisar el controlador de su impresora el uso de la memoria. Si recibe un mensaje de error al tratar de imprimir un documento extenso y complejo, tal vez prefiera seleccionar un parámetro más estricto. Sin embargo, esto podría sobrecargar la memoria de su impresora y producir una salida accidental.

Recorrido guiado   Cambie la configuración predeterminada de la impresora

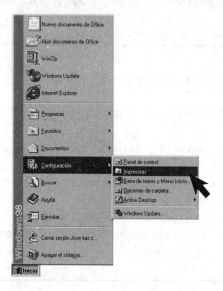

1 Haga clic en el botón **Inicio** (Start), vaya a **Configuración** (Settings) y haga clic en **Impresoras** (Printers).

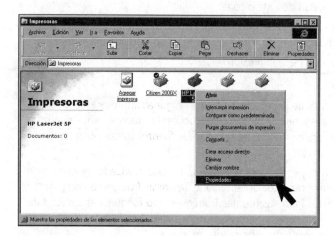

2 Aparece la ventana Impresoras, mostrando iconos para todas las impresoras instaladas en Windows. Haga clic con el botón derecho del ratón en la impresora cuyas propiedades desee cambiar, y elija **Propiedades** (Properties).

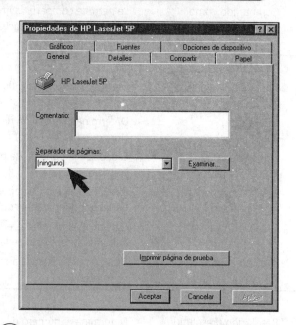

3 Aparece el cuadro de diálogo Propiedades para la impresora seleccionada, con la ficha General al frente. Introduzca cualquier parámetro deseado en la ficha General, como se explicó en la tabla anterior.

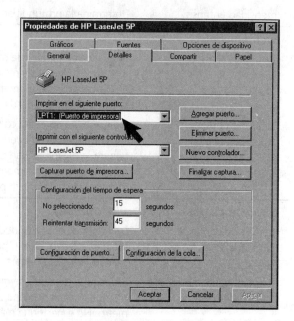

4 Haga clic en la ficha **Detalles** (Details) para mostrar los parámetros que permiten a Windows comunicarse con su impresora. Si no lo está, cambie los parámetros necesarios como se explicó en la tabla anterior.

5 Si tiene una impresora a color, puede hacer clic en la ficha **Administración del color** (Color Management) para ver una lista de los perfiles de color. Para agregar un perfil, haga clic en el botón **Agregar** (Add), elija el perfil deseado y haga clic en **Agregar.**

Recorrido guiado Cambie la configuración predeterminada de la impresora

6 Si la impresora conectada a su computadora es la de una red, haga clic en la ficha **Compartir** (Sharing), seleccione **Compartir como** (Shared As) y escriba un nombre para la impresora en el cuadro de texto **Compartir el nombre** (Share Name).

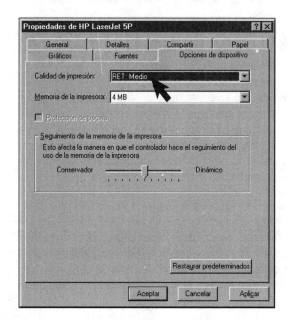

10 Haga clic en la ficha **Opciones de dispositivo** (Device Options) y seleccione cualquier parámetro necesario para ajustar la calidad de impresión y cómo administra Windows la memoria de su impresora. Haga clic en **Aceptar** (OK).

7 Para revisar los parámetros para el papel, haga clic en la ficha **Papel** (Paper). Introduzca sus preferencias, como se describió en la tabla anterior. Por ejemplo, si usted tiene una impresora con dos o más bandejas de papel, tendrá que especificar la bandeja predeterminada.

8 Haga clic en la ficha **Gráficos** (Graphics) e introduzca sus preferencias para especificar cómo desea imprimir sus imágenes.

9 Haga clic en la ficha **Fuentes** (Fonts) y seleccione los parámetros para especificar cómo quiere impreso su texto.

Imprima un documento

Aunque se está haciendo una actividad común compartir documentos electrónicamente por medio del correo electrónico o bien publicarlos en World Wide Web, el papel sigue siendo el medio más popular. Para poder crear un documento en papel, usted deberá abrirlo en el programa que utilizó para crearlo (o en un programa compatible) y luego utilizar el comando Archivo | Imprimir (File | Print) del programa para empezar a imprimir. Entonces el programa transmite el documento hacia la impresora para generar la salida deseada.

La mayoría de los programas ofrece dos formas de imprimir. Para imprimir una sola copia utilizando las propiedades predeterminadas, puede hacer clic en el botón **Imprimir** (Print) en la barra de herramientas del programa. Para imprimir más de una copia o cambiar las propiedades de la impresora en este documento, debe utilizar el comando **Archivo | Impri-**

mir. Éste despliega un cuadro de diálogo que le pide introducir sus preferencias. El siguiente *Recorrido guiado* le muestra cómo imprimir utilizando ambos métodos.

Muchos programas ofrecen una *vista preliminar de la impresión,* que le permite mostrar el documento tal como aparecerá en la impresión. Ver de este modo el documento antes de imprimirlo le puede ahorrar tiempo, esfuerzo y recursos empleados al reimprimir un documento, por ejemplo, cuando el documento es muy extenso y a usted se le olvidó numerar las páginas. En general, usted tiene acceso a la función vista preliminar mediante un clic en el botón imprimir o eligiendo **Archivo | Vista preliminar** (File | Print Preview).

Recorrido guiado   Imprima rápidamente con el botón Imprimir

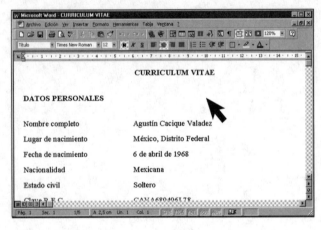

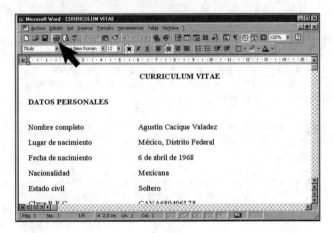

1 Asegúrese que su impresora esté encendida y que tenga papel. Abra el documento que desea imprimir.

2 Haga clic en el botón **Imprimir** en la barra de herramientas Estándar del programa. Windows transmite inmediatamente el documento a la impresora, y ésta comienza a imprimirlo.

Recorrido guiado Cambie la configuración de la impresora para un documento

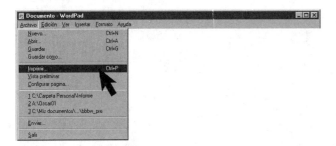

1 Abra el documento que desea imprimir, luego abra el menú **Archivo** (File) y seleccione **Imprimir** (Print).

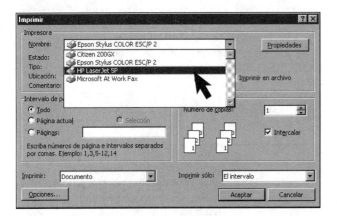

2 Aparece el cuadro de diálogo Imprimir. Si su computadora está configurada para utilizar más de una impresora, abra la lista desplegable **Nombre** (Name) y elija el nombre de la impresora que desea utilizar.

Algunas de las opciones mostradas en estos pasos podrían no estar disponibles en el cuadro de diálogo Imprimir para aplicaciones anteriores de Windows.

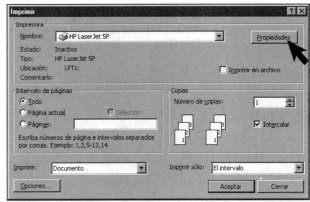

3 Haga clic en el botón **Propiedades** (Properties).

4 Aparece el cuadro de diálogo Propiedades, mostrando muchas de las mismas fichas que encontró en la tarea anterior. Seleccione los parámetros deseados y haga clic en **Aceptar** (OK).

(continúa)

Recorrido guiado Cambie la configuración de la impresora para un documento

(continuación)

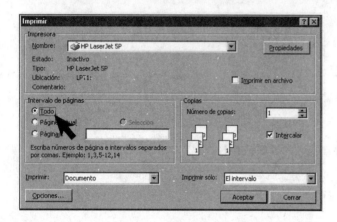

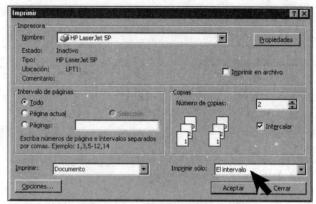

5 Ha regresado al cuadro de diálogo Imprimir (Print). Bajo Intervalo de páginas (Print Range), especifique la parte del documento que desea imprimir: **Todo** (All), **Página actual;** (Pages: from_ to _) o **Selección** (Selection); **Páginas.** (Selección está disponible únicamente cuando usted resalta una parte del documento antes de introducir el comando Imprimir.)

7 En algunos programas el cuadro de diálogo Impresión contiene opciones adicionales. Seleccione cualquier parámetro adicional, por ejemplo imprimir páginas en orden inverso.

8 Haga clic en **Aceptar** (OK). Su impresora empieza a imprimir el documento.

> Cuando se está imprimiendo son comunes los mensajes de error. Si usted recibe un mensaje de error, vea "Impresoras e impresión" en la página 545 para saber qué hacer.

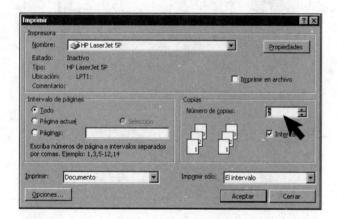

6 Bajo Copias (Copies), escriba el número de copias que desea imprimir. Para que su impresora intercale las copias, haga clic en **Intercalar** (Collate). (La opción Intercalar varía dependiendo del programa. Algunos programas imprimen todas las copias de la página uno, todas las copias de la página dos, etc. Otros programas intercalan imprimiendo la primera copia de todas las páginas, luego la segunda, etcétera.)

Administre trabajos de impresión

La mayoría de las impresoras están configuradas para *imprimir en segundo plano*. Cuando usted introduce el comando Imprimir (Print), el programa guarda en un archivo temporal las instrucciones de cómo imprimir el documento. Windows alimenta (*rebobina*) las instrucciones a la impresora cuando está lista para recibirlas. Esto le permite a usted continuar trabajando en otros programas mientras se imprime el documento.

Sin embargo, el rebobinado dificulta un poco la administración de la impresión real. Puesto que Windows está ocupado alimentando las instrucciones en su impresora, usted puede tener problemas al imprimir varios documentos y tendrá que detener o cancelar la impresión.

Por fortuna, Windows tiene una herramienta llamada *Administrador de impresión* (Print Manager) que muestra los nom-

bres de todos los documentos que se están imprimiendo actualmente. Usted puede utilizar el Administrador de impresión para quitar uno o más documentos de la *cola* (la línea de espera), ordenarlos de nuevo en la misma e incluso pausar la impresión. El *Recorrido guiado* le muestra cómo desplegar y usar el Administrador de impresión para controlar la impresión.

> Si está utilizando una impresora conectada físicamente a una computadora diferente en una red, tal vez usted no tenga control sobre los trabajos de impresión. De todos modos podrá desplegar el Administrador de impresión, pero no podrá detener, cancelar o cambiar el orden de los trabajos de impresión.

Recorrido guiado   Controle la impresión de un documento

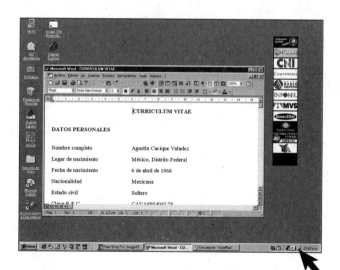

1 Cuando empieza a imprimir, en la bandeja del sistema (en el extremo derecho de la barra de tareas de Windows), aparece el icono del **Administrador de impresión**. Haga doble clic en su icono.

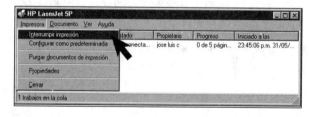

2 Windows muestra la ventana de la cola de impresión, que contiene una lista de los documentos que se están imprimiendo actualmente. Para detener la impresión, abra el menú **Impresora** (Printer) y seleccione la opción **Interrumpir impresión** (Pause Printing). Aparece una marca junto a esta opción.

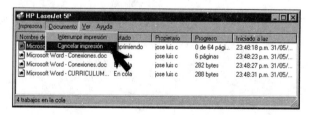

3 Para quitar a un documento de la cola de impresión, haga clic en su nombre, abra el menú **Documento** (Document) y seleccione **Cancelar impresión** (Cancel Printing).

(continúa)

Recorrido guiado Controle la impresión de un documento *(continuación)*

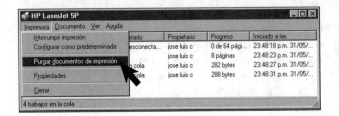

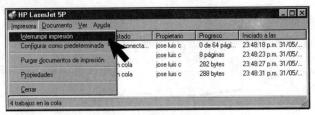

4 Para quitar todos los documentos de la fila de impresión y cancelar toda la impresión, abra el menú **Impresora** (Printer) y seleccione **Purgar documentos de impresión** (Purge Print Documents).

6 Para restablecer la impresión (si la interrumpió), abra el menú **Impresora** y vuelva a seleccionar **Interrumpir impresión** (Pause Printing) para quitar la marca.

Puesto que su impresora tiene su propia memoria, ésta no deja de imprimir al instante si elige cancelar o detener la impresión. Dependiendo de la cantidad de memoria instalada en su impresora, ésta podría imprimir una o más páginas antes de detenerse.

5 Para mover un documento hacia arriba o hacia abajo de la cola de impresión (y poner un trabajo urgente antes de los otros que están esperando, por ejemplo), arrastre el nombre del documento hacia arriba o hacia abajo. Los documentos que estén más cerca de la parte superior se imprimen primero.

Cómo utilizar los accesorios de Windows 98

Aunque el papel principal de Windows 98 es actuar como un ambiente operativo en el cual usted pueda ejecutar sus demás programas, éste también cuenta con sus propios programas, los cuales usted puede usar de inmediato para escribir cartas y otros documentos sencillos, hacer dibujos, realizar cálculos, programar su módem para que marque el teléfono por usted, entretenerse con juegos, grabar y reproducir sonidos e incluso disfrutar CDs de audio en su unidad de CD-ROM.

Puesto que cada uno de estos programas es bastante completo, y presenta funciones relativamente avanzadas, este libro no puede cubrir en detalle todos los programas. Sin embargo, en esta sección usted aprenderá a ejecutar los accesorios de Windows y a utilizar las herramientas básicas de cada programa para realizar tareas comunes, crear documentos estándar e incluso divertirse un poco con algunos juegos.

> Mientras usted crea y modifica sus documentos utilizando algunos de los accesorios de Windows (que incluyen WordPad y Paint), podría consultar las tareas siguientes: "Cree un documento", "Guarde un documento", "Edite un documento", "Dé formato a un documento" e "Imprima un documento" en las páginas 136, 139, 144, 150, y 164, respectivamente.

Qué encontrará en esta sección

Escriba documentos con WordPad

Las computadoras personales empezaron siendo no mucho más que máquinas de escribir estilizadas. Lo que las hizo atractivas es que usted podía escribir un documento, guardarlo y luego modificarlo más tarde para corregir errores gramaticales y de "dedo" sin tener que escribir de nuevo todo el documento ni llenarlo de corrector.

Aunque las computadoras se han vuelto más útiles para realizar otras tareas, como ajustar los balances de un libro de contabilidad, crear imágenes y administrar datos, la gente sigue utilizando los programas para procesamiento de texto más que cualquier otro tipo de programa para escribir e imprimir documentos.

Windows contiene un programa elemental para procesamiento de texto, llamado *WordPad,* que se puede utilizar para escribir, dar formato e imprimir documentos, como cartas y reportes. El *Recorrido guiado* le muestra cómo crear y dar formato a un documento sencillo, usando WordPad.

> Usted puede abrir y revisar en casi cualquier otro programa para procesamiento de texto los documentos que cree en WordPad, por lo que si más tarde decide cambiar a otro programa más completo (como WordPerfect o Microsoft Word), no tendrá que reescribir los documentos creados en WordPad.

Dé formato a su documento de WordPad

WordPad tiene algunas herramientas estándar para dar formato a los documentos (cambiando la vista y el orden del texto). La barra de Formato (Formatting) incluye listas desplegables para cambiar el estilo y el tamaño de la fuente; convertir el texto en negritas, cursivas o subrayado; cambiar el color del texto; alinear los párrafos a la izquierda, a la derecha o al centro, y transformar párrafos en listas con viñetas. La tabla Controles de la Barra de formato describe estos menús desplegables y botones.

Controles de la Barra de formato

Control	Nombre	Descripción
Times New Roman	Fuente (Font)	Despliega una lista de los estilos de fuente a escoger.
10	Tamaño de fuente (Font Size)	Muestra una lista de los tamaños de fuentes de donde usted puede escoger.
B	Negrita (Bold)	Convierte el texto a negritas.
I	Cursiva (Italic)	Convierte el texto en cursivas.
U	Subrayado (Underline)	Subraya el texto.
A	Color	Muestra una lista de los colores a elegir.
≣	Alinear a la Izquierda (Align Left)	Coloca todas las líneas de un párrafo justo al margen izquierdo.
≣	Centrar (Center)	Coloca todas las líneas de un párrafo a una distancia igual de ambos márgenes.
≣	Alinear a la Derecha (Align Right)	Coloca todas las líneas de un párrafo justo al margen derecho.
≔	Viñetas (Bullets)	Transforma los párrafos seleccionados en una lista con viñetas.

El menú Formato (Format) contiene opciones adicionales para cambiar la apariencia o el orden del texto. Presenta cuatro opciones: Fuente (Font), para cambiar el estilo, el tamaño, el color y agregar mejoras como negritas; Estilo de viñeta (Bullet Style), hace lo mismo que el botón Viñeta de la barra de herramientas; Párrafo (Paragraph), sirve para controlar la alineación y el sangrado de los párrafos; y Tabulaciones (Tabs), que determina las posiciones donde se detendrán los tabuladores.

> Los *marcadores de tabulación* determinan el lugar hacia donde se mueve el punto de inserción cuando presiona el tabulador. Por ejemplo, si establece una posición de tabulación a cada pulgada cada vez que presione el tabulador, el punto de inserción se moverá una pulgada a la derecha.

WordPad también despliega una regla justo arriba del área de visualización del documento, la cual puede utilizar para determinar los marcadores de tabulación y los sangrados del párrafo. La regla tiene dos marcadores de márgenes en forma triangular en sus extremos izquierdo y derecho. Arrastre el marcador del margen derecho para sangrar el lado derecho de un párrafo. El marcador del margen izquierdo es un poco más complicado. Éste tiene dos triángulos y un cuadro. Arrastre el triángulo superior para sangrar únicamente la primera línea del párrafo. Arrastre el triángulo inferior para sangrar todas las líneas del párrafo salvo la línea superior (creando una *sangría francesa*). Arrastre el cuadro debajo del triángulo para sangrar todas las líneas del párrafo. El *Recorrido guiado* le muestra esta herramienta en acción.

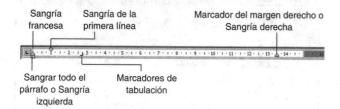

Sangría francesa

Sangría de la primera línea

Marcador del margen derecho o Sangría derecha

Sangrar todo el párrafo o Sangría izquierda

Marcadores de tabulación

Inserte imágenes y otros objetos

Mientras usted crea sus documentos, tal vez necesite insertar imágenes, sonidos, la fecha y hora u otros elementos. Por ejemplo, quizás desee crear un logotipo sencillo en Paint y luego insertarlo en la parte superior de una carta comercial o agregar un sonido seleccionable de manera que el lector pueda escuchar un mensaje grabado junto con la carta.

WordPad tiene una herramienta que usted puede utilizar para insertar rápidamente la fecha y hora actuales en un documento. También puede utilizar las técnicas básicas de copiar y pegar (que se explicaron en "Edite un documento" en

la página 144) para insertar texto, gráficos u otros objetos copiados de otro documento. Además, el comando Insertar | Objeto (Insert | Object) de WordPad le permite utilizar cualquier programa compartido que esté instalado en su computadora para crear e insertar un objeto (como una imagen) sobre la marcha. El *Recorrido guiado* le muestra cómo utilizar el comando Insertar | Objeto.

> Los *programas compartidos* son aquellos que usted puede abrir y utilizar desde otros programas de Windows. En Windows 98, los programas comparten el código de la computadora, por lo que si decide insertar una imagen en mapa de bits en WordPad, las herramientas del programa Paint aparecen justo dentro de su documento, permitiéndole pintar una imagen. La tecnología que permite que dos programas compartan datos en forma dinámica se llama *OLE* (abreviatura de *Vinculación e Incrustación de Objetos*).

Configure las opciones de WordPad

En forma predeterminada, WordPad está configurado para mostrar la barra de herramientas, la barra de formato y la regla; para mostrar las medidas en pulgadas (en vez de centímetros, puntos o picas); y para *ajustar* automáticamente el texto entre los márgenes izquierdo y derecho. Cuando el ajuste de texto está activado, WordPad inicia automáticamente una nueva línea de texto cada vez que el punto de inserción alcanza el margen derecho. También puede activar y desactivar la *selección automática de palabras*. Con la selección automática de palabras, WordPad extiende la selección sobre palabras completas mientras arrastra su puntero sobre el texto.

Puede cambiar cualquiera de estas opciones para los distintos tipos de archivos de documento que usted cree con WordPad. Abra el menú **Ver** (View), seleccione **Opciones** (Options) y haga clic en la ficha del tipo de documento deseado. Introduzca sus preferencias y haga clic en **Aceptar** (OK).

> Windows incluye un editor de sólo texto, Bloc de notas (Notepad), que le permite crear documentos sin formato. El Bloc de notas también se utiliza para desplegar archivos de texto cuya extensión termine en .TXT. Muchos programas incluyen documentos de sólo texto, como README.TXT, que contienen información útil. Sólo haga clic en el archivo en Mi PC (My Computer) y éste se abre en Bloc de notas. Para ejecutar Notepad sin abrir un archivo, seleccione **Inicio | Programas | Accesorios | Bloc de notas** (Start | Programs | Accessories | Notepad).

Recorrido guiado   Escriba y dé formato a un documento de WordPad

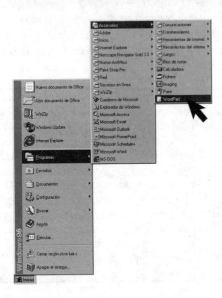

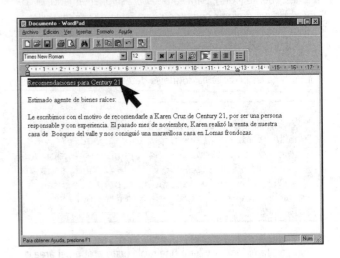

1 Haga clic en el botón **Inicio** (Start), vaya a **Programas** (Programs), luego a **Accesorios** (Accessories) y haga clic en **WordPad.** WordPad inicia y presenta la ventana de un documento en blanco.

3 Para dar formato al texto existente, primero resáltelo arrastrando el puntero sobre él. Para mayores detalles sobre cómo seleccionar texto, vea "Seleccione texto y otros objetos" en la página 144.

> Si usted se equivoca al editar o dar formato a su documento, puede deshacer la última opción realizada, haciendo clic en el botón **Deshacer** (Undo) de la barra de herramientas o eligiendo **Edición l Deshacer** (Edit l Undo).

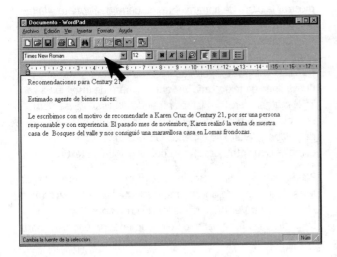

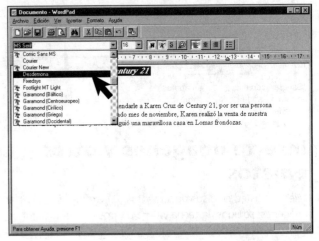

2 Escriba su documento. Mientas escribe, puede utilizar las listas desplegables y los botones de la barra de herramientas para dar formato al texto.

4 Utilice cualquiera de los controles de la Barra de formato (Format) para cambiar la apariencia o posición del texto seleccionado. Para más detalles, vea la tabla "Controles de la Barra de formato" en la página 170.

Recorrido guiado Escriba y dé formato a un documento de WordPad

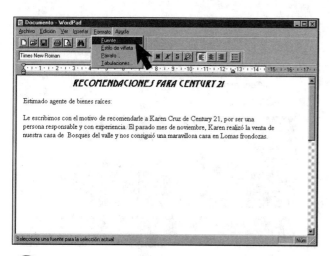

5 Para tener más control sobre el formato del texto y de los párrafos, abra el menú **Formato** (Format) y seleccione la opción deseada: **Fuente** | **Estilo de viñeta** | **Párrafo** (Font | Bullet | Style | Paragraph) o **Tabulaciones** (Tabs).

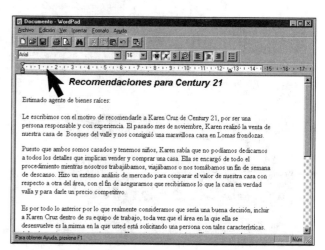

7 La regla le permite agregar rápidamente marcadores de tabulación y cambiar la sangría del párrafo. Para establecer un marcador de tabulación, haga clic en la parte inferior de la regla, justo donde usted quiera que se inserte el marcador de tabulación.

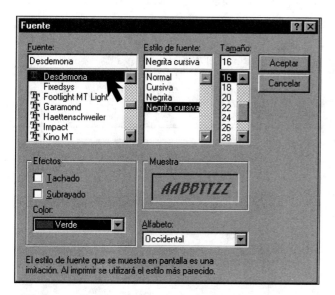

6 La mayoría de las opciones del menú Formato muestra un cuadro de diálogo que le permite introducir sus preferencias. Aquí se muestra el cuadro de diálogo Fuente. Escriba los parámetros deseados y haga clic en **Aceptar** (OK). Mientras hace la selección, dé un vistazo al cuadro de diálogo Muestra (Sample) para ver cómo lucirá su texto con los parámetros seleccionados.

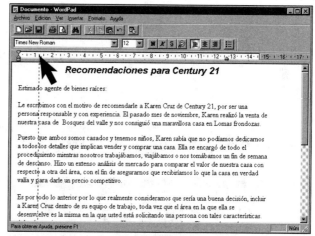

8 El marcador de tabulación aparece como una L. Usted lo puede quitar arrastrándolo fuera de la regla. Puede moverlo arrastrándolo a la izquierda o a la derecha. Observe la línea vertical punteada que aparece bajo el marcador al hacer clic en él; esta línea le ayuda a colocar el tabulador.

(continúa)

Recorrido guiado   Escriba y dé formato a un documento de WordPad   (continuación)

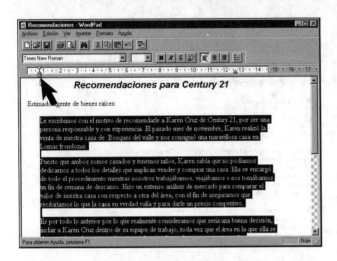

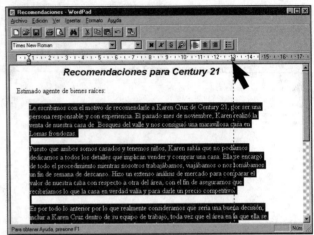

9 Para sangrar el párrafo actual o los párrafos seleccionados, haga clic en el cuadro pequeño debajo de los marcadores del margen izquierdo y arrástrelo hacia la derecha. (Puede arrastrar el triángulo superior para sangrar únicamente la primer línea del párrafo, o arrastrar el triángulo inferior para sangrar todas las líneas salvo la primera, creando una sangría francesa.)

10 Para sangrar el lado derecho del párrafo actual o de los párrafos seleccionados, haga clic en el marcador del margen derecho y arrástrelo a la izquierda.

11 Cuando haya terminado de crear su documento, guárdelo como se explica en "Guarde un documento" en la página 139.

> Tarde o temprano tendrá que guardar, y probablemente imprimir, el documento que ha creado. Para más detalles, vea "Guarde un documento" e "Imprima un documento" en las páginas 139 y 164, respectivamente.

Recorrido guiado   Inserte objetos

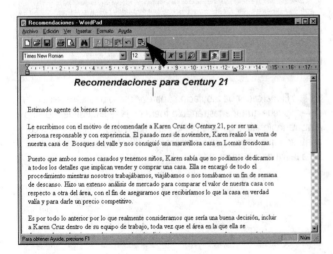

1 Para insertar la fecha y/o la hora, coloque el punto de inserción donde desee que éstas aparezcan y haga clic en el botón **Fecha/Hora** (Date/Time).

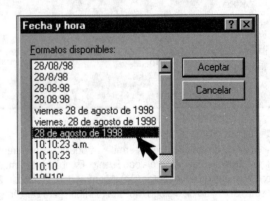

2 El cuadro de diálogo Fecha y hora (Date and Time) le pide seleccionar un formato. Haga clic en el formato deseado y luego en **Aceptar** (Ok). WordPad inserta la fecha y la hora de acuerdo con el reloj interno de su computadora.

Recorrido guiado Inserte objetos

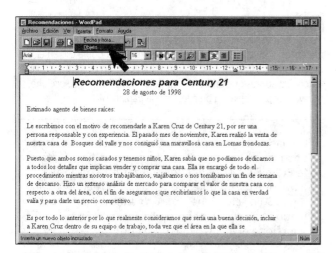

La barra de título
de WordPad

La barra de menús
de Paint

3 Para insertar un objeto desde un programa compartido, coloque el punto de inserción donde desee que aparezca el objeto. Abra el menú **Insertar** (Insert) y elija **Objeto** (Object).

6 La barra de menús de WordPad cambia a la de Paint, y las herramientas de dibujo de Paint aparecen a la izquierda. Utilice las herramientas de Paint para crear su imagen. Vea "Cree imágenes en Paint" en la página 177.

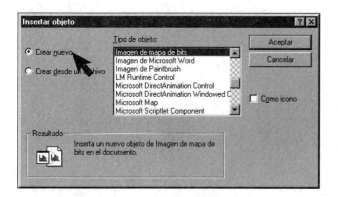

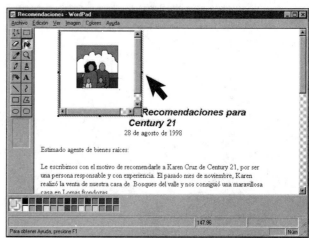

4 El cuadro de diálogo Insertar objeto (Insert Object) le insta a seleccionar el tipo de objeto que desea insertar. La lista de tipos de objetos varía dependiendo de los programas instalados en su computadora. La opción **Crear nuevo** (Create New) está seleccionada en forma predeterminada, permitiéndole crear un objeto desde el principio.

5 En la lista **Tipo de objeto** (Object Type), haga clic en el tipo de objeto que desee insertar. En este ejemplo está seleccionada la opción Imagen de mapa de bits (Bitmap Image). Esto ejecutará el programa Paint, que puede usar para hacer un dibujo. Haga clic en **Aceptar.**

7 Cuando haya terminado de crear su imagen, haga clic en cualquier parte fuera de la ventana de la imagen (pero dentro del documento de WordPad).

(continúa)

Puesto que tanto Paint como WordPad soportan OLE, podrá dibujar directamente en la ventana de WordPad.

Recorrido guiado Inserte objetos *(continuación)*

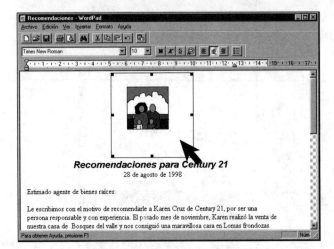

8 Esto le regresa a WordPad y la imagen (o cualquier otro objeto que haya creado) se inserta en su documento. Para modificar el objeto en cualquier momento, haga doble clic en él. Si desea cambiar su tamaño o posición, haga clic en el objeto y utilice los controladores que aparecen, como se describe en "Seleccione, mueva y copie objetos dibujados" en la página 148.

El cuadro de diálogo Insertar objeto también tiene una opción llamada Crear desde un archivo (Create From File). Usted puede utilizar esta opción para insertar un objeto que ya haya creado y guardado. Sólo seleccione **Crear desde un archivo**, luego haga clic en el botón **Examinar** (Browse) y seleccione el archivo que desee insertar.

Cree imágenes en Paint

Si tiene habilidades artísticas, usted puede utilizar Paint para transformar en dibujos las imágenes que tiene en su mente. Crear logotipos para las cartas comerciales, crear sus propias imágenes prediseñadas e incluso hacer dibujos para su casa u oficina. Y si tiene niños, pasarán horas jugando con Paint y lo podrán utilizar para crear ilustraciones para sus tareas escolares.

Cuando usted inicia Paint, éste despliega una página en blanco sobre la cual puede empezar a dibujar. Seleccione la línea o forma que desee dibujar, elija un color y luego arrastre el puntero del ratón sobre la página para crear la línea o forma seleccionada, como se muestra en el *Recorrido guiado*. Al utilizar las distintas formas y colores, usted crea imágenes o ilustraciones. La tabla siguiente le presenta la lista de las herramientas de Paint que están disponibles y una breve descripción de éstas.

Herramientas de Paint

Herramienta	Nombre	Descripción
	Selección de forma libre (Free-Form Select)	Le permite resaltar un área irregular de su imagen para cortarla o copiarla.
	Selección (Select)	Le permite resaltar un área rectangular de su imagen para cortarla o copiarla.
	Borrador/Borrador de color (Erase/Color Eraser)	Transforma el puntero del ratón en un borrador que puede utilizar para eliminar líneas o colores.
	Relleno con color (Fill With Color)	Transforma el puntero del ratón en un bote de pintura, cuya punta puede colocar dentro de un objeto para rellenarlo con el color seleccionado.
	Seleccionar color (Pick Color)	Le permite "tomar" un color de su imagen para que pueda utilizar el mismo color dentro de otra línea o forma.
	Ampliación (Magnifier)	Hace un acercamiento sobre un área de la imagen, para que usted pueda modificar los puntos individuales (*pixeles*) que conforman las líneas y los colores.
	Lápiz (Pencil)	Le permite dibujar líneas delgadas con formas irregulares.
	Pincel (Brush)	Le permite dar pincelazos de color en su pantalla; puede elegir diferentes grosores para su pincel.
	Aerógrafo (Airbrush)	Transforma el puntero del ratón en una lata de pintura en aerosol que usted puede utilizar para pintar sobre la página.
	Texto (Text)	Le permite colocar un punto de inserción sobre la página y escribir títulos, etiquetas u otro tipo de texto.
	Línea (Line)	Le permite dibujar una línea recta.
	Curva (Curve)	Le permite dibujar una línea curva.
	Rectángulo (Rectangle)	Le permite dibujar rectángulos y cuadros.

(continúa)

Herramientas de Paint *(Continuación)*

Herramienta	Nombre	Descripción
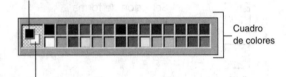	Polígono (Polygon)	Le permite dibujar objetos de forma irregular que están formados por dos o más líneas.
	Elipse (Ellipse)	Le permite dibujar un óvalo o un círculo.
	Rectángulo redondeado (Rounded Rectangle)	Le permite dibujar un rectángulo o cuadro con las esquinas redondeadas.

La ventana de Paint también tiene una paleta de colores (llamada *Cuadro de colores*) para elegir los colores principal y de fondo que desee utilizar, así como una paleta cuyas herramientas cambian dependiendo del objeto que desee dibujar. Por ejemplo, si hace clic en el botón Línea, la paleta mostrará varios grosores de línea. Si hace clic en un botón para dar una forma, como un rectángulo, la paleta ofrece herramientas para crear una línea externa (sin color en su interior), una forma con relleno (que consiste en una línea que define la forma y un sombreado de color) o una forma con relleno

sin línea externa. Siga el *Recorrido guiado* para aprender a utilizar las herramientas de Paint.

Color principal; haga clic en el color deseado para el frente

Cuadro de colores

Color de fondo; haga clic con el botón derecho del ratón en el color deseado para el fondo

---

Recorrido guiado Haga un dibujo

1 Haga clic en el botón **Inicio** (Start), vaya a **Programas** (Programs), luego a **Accesorios** (Accessories) y haga clic en **Paint**.

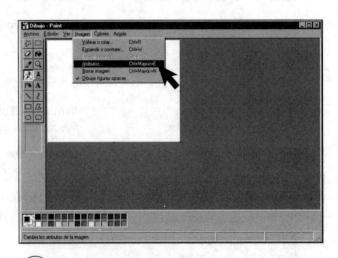

2 Antes de empezar a dibujar, deberá especificar el tamaño deseado del dibujo. Abra el menú **Imagen** (Image) y elija **Atributos** (Attributes).

Recorrido guiado Haga un dibujo

3 El cuadro de diálogo Atributos (Attributes) muestra inicialmente el tamaño de la imagen en pixeles (puntos de la pantalla). Bajo Unidades (Units), haga clic en **Pulgadas** (Inches) y luego escriba la altura y ancho deseados de la imagen dentro de los cuadros de texto **Ancho** (Width) y **Alto** (Height). Haga clic en **Aceptar** (OK).

Es tentador establecer el tamaño de la imagen a 8.5 por 11 pulgadas. Sin embargo, su impresora probablemente no podrá imprimir hasta la orilla de la página. Quite una pulgada de las dimensiones para incluir un borde de ese ancho. Si está creando la imagen para mostrarla en pantalla, elija **Pixeles** (Pixels) bajo el grupo de opciones Unidades e introduzca la resolución de su pantalla (por ejemplo 800 × 600).

4 Para dibujar una línea, haga clic en el botón **Línea** (Line).

5 En la lista de anchura de la línea, haga clic en el grosor de línea deseado.

6 En el **Cuadro de colores** (Color Box), haga clic en el color deseado.

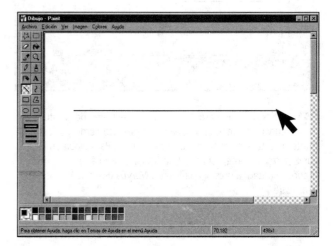

7 Coloque el puntero del ratón en un extremo de la futura línea. Mantenga presionado el botón izquierdo y arrastre el puntero hasta el extremo opuesto de la línea. Para dibujar una línea que esté perfectamente horizontal, vertical o con un ángulo de 45 grados, mantenga presionada la tecla **Mayús** (Shift) mientras arrastra.

(continúa)

Recorrido guiado   Haga un dibujo   *(continuación)*

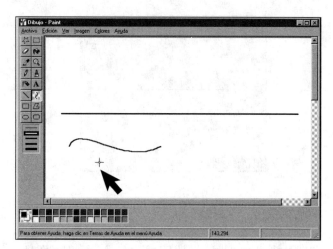

8 Para dibujar una línea curva, haga clic en el botón **Curva** (Curve) y elija el grosor y color deseados para la línea.

10 Al soltar el botón del ratón, aparece una línea recta. Ahora usted puede arrastrar una segunda vez para definir la curvatura. Mueva el puntero del ratón hacia un lado de la línea y arrástrelo en la dirección hacia la que desea que se curve la línea. Repita este paso para agregar otra curva a la línea.

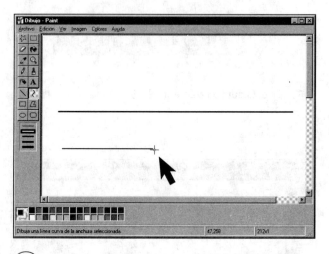

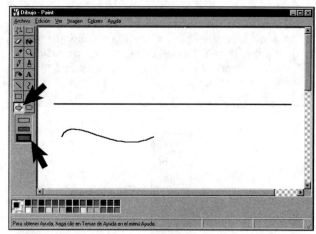

9 Coloque el puntero del ratón en un extremo de la futura curva. Mantenga presionado el botón izquierdo y arrastre el puntero hasta el extremo opuesto de la curva. Para dibujar una curva perfectamente horizontal, vertical o con un ángulo de 45 grados, mantenga presionada la tecla **Mayús** (Shift) mientras hace el arrastre.

11 Para crear un rectángulo, elipse o rectángulo redondeado, haga clic en el botón de la forma deseada.

12 De la lista de estilos de relleno, elija **Contorno** (Outline [el de arriba]) para dibujar una línea sin relleno; **Línea con relleno** (Filled [el de en medio]) para crear una línea que está rellena con un color o Sin contorno (No Outline [el de abajo]) para crear un objeto con un color de relleno, pero sin contorno.

13 En el **Cuadro de colores** (Color Box), haga clic en el color deseado para el contorno de la figura y haga clic con el botón derecho del ratón en el color que desee utilizar para rellenar la figura.

Recorrido guiado   Haga un dibujo

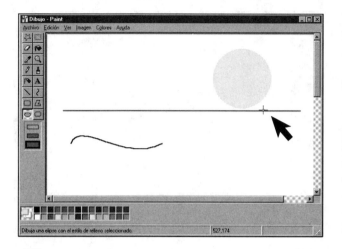

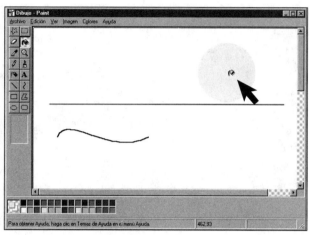

14 Coloque el puntero del ratón donde desee que aparezca una esquina o un extremo del objeto, mantenga presionado el botón izquierdo del ratón y arrastre el puntero hacia la esquina o extremo contrario. Para crear un círculo o un cuadro perfecto, mantenga presionada la tecla **Mayús** (Shift) mientras arrastra.

16 Mueva el puntero del ratón dentro de la figura o área que desee rellenar con un color y haga clic con el botón izquierdo del ratón. Todo el objeto será rellenado con el color seleccionado.

15 Para rellenar cualquier figura o área cerrada con un color, haga clic en el botón **Relleno con color** (Fill With Color) y elija el color deseado del **Cuadro de colores** (Color Box).

Si la figura o área que está rellenando no está *completamente* cerrada (con todos sus extremos conectados), el color de relleno se "saldrá". Si esto sucede, seleccione **Edición | Deshacer** (Edit | Undo) para quitar el color de relleno, luego cierre los espacios y pruebe de nuevo.

17 Para pintar la pantalla con "pintura de aerosol", haga clic en el botón **Aerógrafo** (Airbrush) y elija el grosor deseado del aerosol y el color que desea utilizar.

(continúa)

Recorrido guiado Haga un dibujo

(continuación)

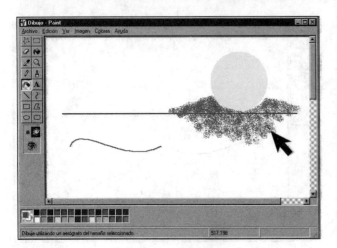

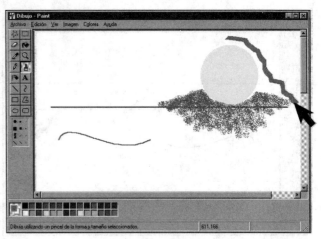

18 Arrastre el puntero sobre el dibujo para pintar con aerosol sobre él. Entre más rápido arrastre, menor será el área cubierta. (Para pintar con el color principal, arrastre el puntero con el botón izquierdo del ratón; para pintar con el color de fondo, utilice el botón derecho.)

20 Coloque el puntero del ratón en un extremo de la línea que piensa dibujar, mantenga presionado el botón izquierdo y arrastre el puntero para crear una línea sólida de cualquier forma. Arrastre con el botón derecho del ratón para utilizar el color de fondo.

19 Para dibujar líneas de formas irregulares, haga clic en el botón **Lápiz** (Pencil) o **Pincel** (Brush). En este ejemplo, utilice la herramienta Pincel. Elija el grosor y estilo deseado para el pincel, así como el color.

21 Para utilizar un color que ya está en su imagen, haga clic en el botón **Seleccionar color** (Pick Color). Esta característica es excelente para modificar dibujos existentes que tienen colores especiales que no aparecen en la paleta del Cuadro de colores.

Las herramientas Lápiz y Pincel son muy similares. Ambas le permiten dibujar líneas de cualquier forma. Sin embargo, la herramienta lápiz crea únicamente líneas delgadas. Si selecciona Pincel, podrá elegir diferentes grosores y estilos.

Recorrido guiado   Haga un dibujo

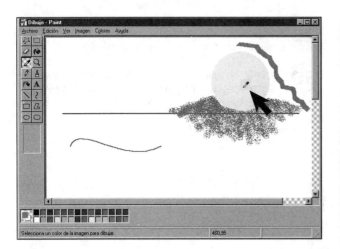

22 Haga clic en el color que desea utilizar como principal, o haga clic con el botón derecho del ratón en el que desea utilizar como el color de fondo. El Cuadro de colores (Color Box) cambia automáticamente para mostrar los colores seleccionados.

> Después de seleccionar un color, Paint regresa a la herramienta que estaba utilizando antes de hacer clic en el botón Seleccionar color (Pick Color). Si desea seleccionar tanto un nuevo color principal como un nuevo color de fondo, haga clic en un color y luego haga clic en el botón Seleccionar color, antes de tratar de seleccionar el otro color.

23 Para agregar texto a su dibujo, haga clic en el botón **Texto** (Text).

24 En la paleta que está en la parte inferior de la caja de herramientas, puede optar por hacer que el texto aparezca dentro de un cuadro que está sombreado con el color de fondo seleccionado, o que aparezca en un cuadro claro para que todo lo que está detrás del texto se pueda ver a través del cuadro.

25 En el cuadro de colores, haga clic en el color que desee utilizar para el texto y haga clic con el botón derecho del ratón en el color que desee utilizar como el cuadro de texto de fondo (si hay alguno).

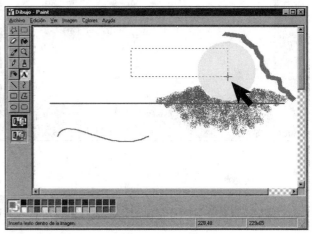

26 Coloque el puntero del ratón donde desee que aparezca una esquina del texto; mantenga presionado el botón izquierdo y arrastre el puntero hacia la esquina contraria.

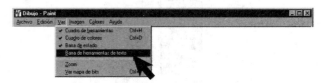

27 Si la barra de herramientas de Fuentes (Fonts) no aparece, abra el menú **Ver** (View) y elija **Barra de herramientas de texto** (Text Toolbar).

28 Elija, de la barra de herramientas Fuentes, el tipo, tamaño y estilo deseados para la fuente.

(continúa)

Recorrido guiado   Haga un dibujo

(continuación)

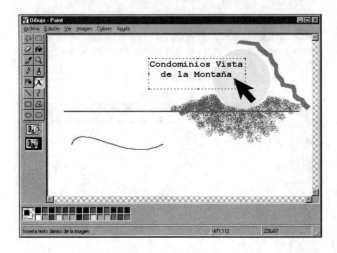

29 Aparece un cuadro de texto con un punto de inserción en la esquina superior izquierda. Escriba su texto.

30 Continúe agregando objetos a la página para crear su imagen. Asegúrese de guardar su trabajo, como se explica en "Guarde un documento" en la página 139.

Recorrido guiado   Modifique una imagen

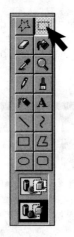

1 Para cortar o copiar un área rectangular de su imagen, haga clic en el botón **Seleccionar** (Select).

Para abrir el archivo en que guardó su imagen, utilice el comando **Archivo | Abrir** (File | Open) como se explica en "Abra un documento guardado" en la página 142.

2 Al cortar un área seleccionada de una imagen, el color de fondo se inserta en esa área. Por ejemplo, si el color de fondo es verde y usted corta un área rectangular, esa área aparecerá como un rectángulo verde. Si desea que aparezca un área blanca, haga clic con el botón derecho del ratón en el color blanco del Cuadro de colores (Color Box).

Recorrido guiado Modifique una imagen

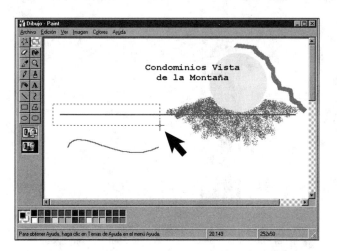

3 Coloque el puntero del ratón en una esquina del área que desee seleccionar, mantenga presionado el botón izquierdo y arrastre el puntero hacia la esquina contraria. Aparece una línea punteada alrededor del área seleccionada.

4 Abra el menú **Edición** (Edit) y elija **Cortar** (Cut) o **Copiar** (Copy). El área seleccionada es guardada en el Portapapeles de Windows.

> Después de seleccionar un área, podrá arrastrarla para moverla, o bien, para copiarla, oprima la tecla **Ctrl** mientras la arrastra.

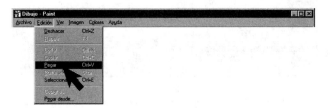

5 Para pegar el área cortada o copiada, abra el menú **Edición** y seleccione **Pegar** (Paste). El área seleccionada queda inserta en la esquina superior izquierda de la ventana.

6 Coloque el puntero del ratón sobre el área seleccionada, mantenga presionado el botón izquierdo y arrástrela hacia la ubicación deseada. Si no le gusta el lugar, haga clic y vuelva a arrastrar. El área seguirá activa hasta que usted seleccione otro botón de la Barra de herramientas o haga clic fuera del área seleccionada.

7 Para seleccionar un área de su imagen que tenga forma irregular, haga clic en el botón **Selección de forma libre** (Free-Form Select).

(continúa)

Recorrido guiado Modifique una imagen *(continuación)*

8 Mueva el puntero del ratón hacia un extremo del área que desea seleccionar, mantenga presionado el botón izquierdo y arrastre el extremo del área. Al soltar el botón del ratón, aparece un rectángulo punteado alrededor del área seleccionada.

9 Coloque el puntero del ratón sobre el área seleccionada, mantenga presionado el botón izquierdo y arrástrela hacia la ubicación deseada. (Para copiarla, en vez de moverla, mantenga presionada la tecla **Ctrl** mientras hace el arrastre.)

10 Para borrar una parte de su imagen, haga clic en el botón **Borrar/Borrador de color** (Erase/Color Eraser). En la lista de la parte inferior de la Barra de herramientas elija el tamaño deseado del borrador.

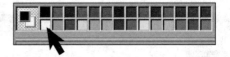

11 El borrador pinta igual que el aerógrafo. Haga clic con el botón derecho del ratón en el color deseado del Cuadro de colores (Color Box); puede elegir el blanco para hacer que el borrador deje un fondo liso.

12 Mueva el puntero del ratón sobre el área de la imagen que usted desea borrar. Mantenga presionado el botón izquierdo y arrastre el puntero sobre el área. Cualquier línea o color sobre el que arrastre borrador será remplazado por el color seleccionado.

Recorrido guiado Modifique una imagen

13 Para trabajar con pixeles individuales (los puntos que conforman el dibujo), haga clic en el botón **Ampliación** (Magnifier) y luego en el área de la imagen sobre la que desea hacer un acercamiento.

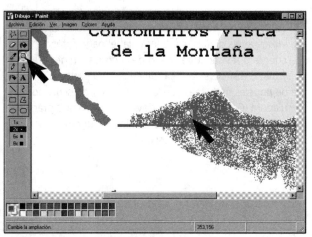

15 Para hacer un alejamiento, haga clic en el botón **Ampliación** y luego otra vez en el área ampliada.

16 El menú **Imagen** (Image) tiene opciones adicionales para modificar su dibujo, incluyendo Atributos (Attributes) para cambiar el tamaño y las dimensiones de la imagen; Voltear o rotar (Flip/Rotate), para voltear la imagen o rotarla sobre su punto central; Expandir o contraer (Stretch/Skew) para estirar la imagen. La mejor forma de aprender más sobre estas características es experimentando con un dibujo de prueba.

14 Paint agranda la vista del área seleccionada. Utilice las herramientas de Paint para dibujar o borrar dentro de esta vista aumentada. La herramienta Pincel (Brush) es particularmente útil para editar pixeles individuales.

Realice cálculos

Todo mundo tiene al menos una calculadora para realizar tareas diarias, como calcular el pago total de una cuenta o revisar su talonario de cheques. En general, la calculadora suele estar perdida en alguna parte bajo una pila de papeles en la mesa de la cocina o en el escritorio. La Calculadora (Calculator) de Windows es mucho más práctica. La encontrará siempre en el menú Inicio | Programas | Accesorios (Start | Programs | Accessories).

Usted puede utilizar la Calculadora igual que cualquier otra. Presiona (hace clic) los botones de los números para introducir valores y luego utiliza los botones para sumar, restar, multiplicar y dividir, para realizar operaciones matemáticas comunes. Sin embargo, los botones de la Calculadora se ven algo diferentes a los de una calculadora normal. La tabla siguiente enlista y describe los botones. El *Recorrido guiado* ilustra la forma de realizar operaciones con la Calculadora de Windows.

Botones de la Calculadora de Windows

Botón	Nombre	Función
/	Dividir (Divide)	Divide el número actual entre el que escriba.
*	Multiplicar (Multiply)	Multiplica el número actual por el que escriba.
-	Restar (Subtract)	Resta el número que escriba al número actual.
+	Sumar (Add)	Suma el siguiente número que escriba al número actual.
=	Total	Muestra el resultado de la operación que realizó con dos números.
sqrt	Raíz cuadrada (Square Root)	Determina la raíz cuadrada del número actual.
%	Porcentaje (Percent)	Determina el porcentaje de un número con respecto de otro. Escriba el primer número, luego haga clic en el botón Porcentaje, escriba el segundo número y haga clic otra vez en el botón Porcentaje.
1/x	Inversa (Reciprocal)	Determina el valor inverso de un número (el valor resultante de la división de 1 entre el número).
Retroceso	Retroceso (Backspace)	Funciona como la tecla de Retroceso de un documento de texto, o sea elimina el número que acaba de escribir. Usted puede eliminar toda la cantidad si lo desea.
Borrar	Borrar (Clear Entry)	Elimina la cantidad que está escribiendo actualmente.
Borrar todo	Borrar todo (Clear All)	Elimina toda la operación, permitiéndole empezar desde el principio.
MS	Memoria (Memory Store)	Guarda el número actual en la memoria, para poderlo insertar en una operación posterior.
MR	Resultado de memoria (Memory Recall)	Inserta el número que está almacenado actualmente en la memoria.

Botón	Nombre	Función
M+	Agregar a memoria (Memory Add)	Suma el número actual al valor que está actualmente en la memoria y guarda el resultado en la misma.
MC	Borrar memoria (Memory Clear)	Elimina cualquier número guardado actualmente en la memoria.

Usted puede desplegar una versión más compleja de la calculadora, la cual incluye botones adicionales para determinar senos, cosenos, logaritmos, exponentes, promedios y para realizar ecuaciones matemáticas más elevadas. Abra el menú **Ver** (View) de la Calculadora y elija **Científica** (Scientific).

Usted puede ver una descripción de todos los botones de la calculadora haciendo clic con el botón derecho del ratón en él y seleccionado **¿Qué es esto?** (What's This?).

Recorrido guiado   Realice operaciones simples

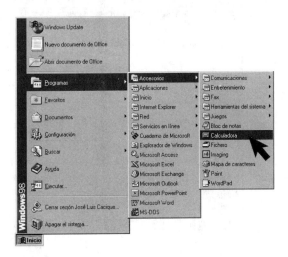

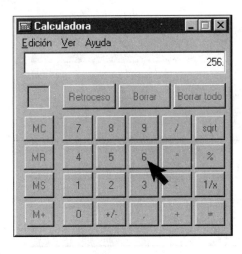

1 Haga clic en el botón **Inicio** (Start), vaya a **Programas** (Programs), luego a **Accesorios** (Accessories) y elija **Calculadora** (Calculator).

2 Aparecerá la Calculadora. Haga clic en los botones de los números para insertar el primer valor de la ecuación o utilice las teclas de su teclado normal o numérico (para utilizar el teclado numérico, asegúrese de que el botón Bloq Núm [Num Lock] de su teclado está activado).

(continúa)

Recorrido guiado   Realice operaciones simples   *(continuación)*

3 El número que escriba aparece en la parte superior de la Calculadora. Haga clic en el botón de la operación que desee realizar: suma, resta, multiplicación o división. En esta figura se ha seleccionado una multiplicación.

5 Haga clic en el botón **Total** (=). El resultado de la operación será mostrado en la parte superior de la Calculadora. Repita los pasos del 2 al 5 para realizar una serie de operaciones.

4 Haga clic en las teclas de números o utilice su teclado para insertar un segundo valor en la ecuación. El número aparece en la parte superior de la Calculadora.

6 Para borrar el resultado y empezar de nuevo, haga clic en el botón **Borrar todo** (Clear All) o presione la tecla **Suprimir** (Delete).

Recorrido guiado   Realice operaciones simples

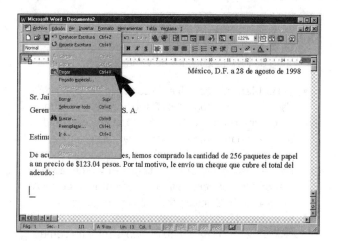

7 Para insertar el resultado en uno de sus documentos, abra el menú **Edición** (Edit) y elija **Copiar** (Copy). Esto colocará el resultado en el Portapapeles (Clipboard) de Windows.

8 Abra el documento dentro del cual desea insertar el valor copiado. Coloque el punto de inserción donde desee insertar el valor, abra el menú **Edición** y seleccione **Pegar** (Paste).

Usted también puede copiar números *dentro* de la Calculadora de Windows para utilizarlos en las operaciones, o para asegurar una mayor exactitud. En el documento que contiene el número, selecciónelo y elija **Edición | Copiar** o presione **Ctrl+C**. Regrese a la ventana de la Calculadora y elija **Edición | Pegar** o presione **Ctrl+V** para pegar el número.

9 Cuando haya terminado de realizar sus operaciones, haga clic en el botón **Cerrar** (X) en el extremo superior derecho de la ventana de la Calculadora.

Entreténgase con juegos

No todo en Windows es trabajo. Cuando usted necesite un descanso del trabajo diario, puede entretenerse con alguno de los varios juegos de Windows:

- **Carta blanca** (FreeCell) es lo contrario de Solitario. Usted comienza con ocho pilas de cartas, todas boca arriba, con cuatro celdas libres y cuatro celdas de destino. Para ganar, usted deberá crear una pila de cartas para cada uno de los cuatro grupos dentro de las celdas de destino. Las cartas deberán estar ordenadas de menor a mayor denominación, comenzando por el As. Las celdas libres actúan como áreas de almacenamiento temporal para las cartas mientras las reordena en las ocho pilas. El *Recorrido guiado* le muestra cómo jugar.

- **Corazones** (Hearts) es un juego para varios jugadores diseñado para jugarse en red; sin embargo, lo puede jugar contra tres jugadores de la computadora. En Corazones, gana el que obtiene el marcador más bajo. Trate de dar sus corazones (cada uno vale un punto) y la Reina de espadas (que vale 13 puntos) a los demás jugadores, o trate de ganar todos los corazones y la Reina de espadas para lograr cero puntos y penalizar a los demás jugadores con 26 puntos cada uno. Vea el *Recorrido guiado* para aprender a jugar Corazones.

- **Buscaminas** (Minesweeper) es un juego de estrategia en el cual están ocultas varias minas bajo un cuadriculado de fichas. Usted deberá voltear las fichas, tratando de descubrir dónde están colocadas las minas. Si voltea una ficha que oculta una mina, pierde. Vea el *Recorrido guiado* para dar un rápido vistazo al juego.

- **Solitario** (Solitaire) no necesita demasiada explicación. Este viejo favorito es igual al juego de cartas. Usted comienza con siete pilas de cartas y deberá terminar con una pila para cada grupo, comenzando por el As. Puesto que las reglas del Solitario son del conocimiento común, hemos decidido saltarnos el *Recorrido guiado*. En la versión de Windows, usted deberá arrastrar las cartas de un lugar a otro (o hacer doble clic para dejar que Windows le ayude) y hacer clic en la pila para barajar las cartas. Windows también puede llevar un marcador (vea **Juego | Opciones** [Game | Options] para cambiar la configuración). Si gana el juego o juega contra reloj utilizando algunas de las pilas de cartas disponibles, verá algunas animaciones interesantes.

Solitario fue incluido originalmente en Windows para brindar un ambiente completamente seguro en el que los usuarios pudieran practicar la utilización del ratón. Sigue siendo un método muy práctico, en especial para enseñar a los niños sin que dañen el sistema.

Si el submenú Juegos (Games) no aparece en el menú Inicio | Programas | Accesorios (Start | Programs | Accessories), entonces no fueron instalados. Ejecute **Agregar o quitar programas** (Add/ Remove Programs) desde el **Panel de control** (Control Panel), haga clic en la ficha **Programa de instalación de Windows** (Windows Setup) e instale los juegos deseados. Los juegos aparecen bajo la opción Accesorios.

Recorrido guiado   Juegue Carta blanca

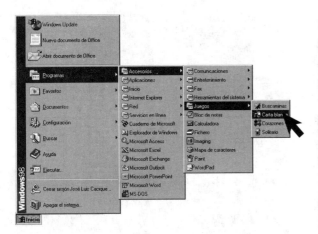

1 Haga clic en el botón **Inicio** (Start), vaya a **Programas |
Accesorios** (Programs | Accessories), luego a **Juegos**
(Games) y haga clic en **Carta blanca.**

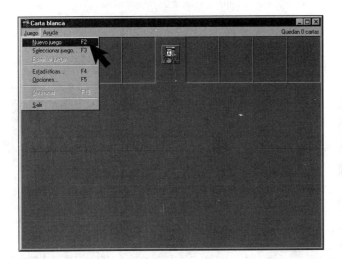

2 Aparece una ventana en blanco del juego. Abra el menú
Juego (Game) y elija **Juego nuevo** (New Game).

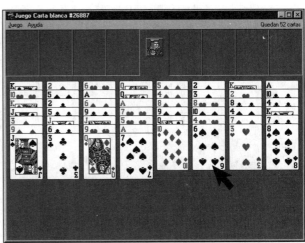

3 Carta blanca muestra ocho pilas de cartas, todas volteadas
hacia arriba. Vea la parte inferior de cada pila para
determinar si usted puede mover una carta de un color (negro o
rojo) sobre una carta inmediata superior y de un color diferente de
la parte inferior de una pila diferente (como mover un 7 negro
sobre un 8 rojo). Haga clic en la carta que desee mover.

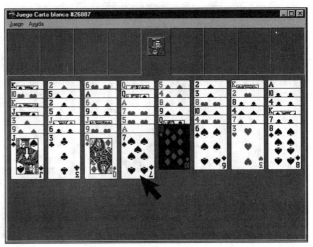

4 Mueva el puntero del ratón hacia la carta sobre la cual desea
colocar la carta seleccionada y haga clic. Cuando mueva el
puntero del ratón sobre la carta, aparecerá una flecha hacia abajo,
indicando que el movimiento será permitido. Si el movimiento no es
legal, no aparecerá el puntero.

(continúa)

Recorrido guiado   Juegue Carta blanca   *(continuación)*

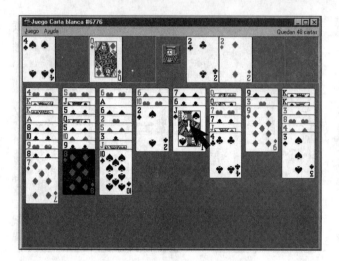

5 Usted puede mover más de una carta a la vez. Por ejemplo, si hay una Sota negra en la parte inferior de una pila, usted puede mover un 10 rojo, un 9 negro y un 8 rojo en grupo hacia la Sota negra, suponiendo que tenga tres celdas libres o un espacio en la pila dentro del cual colocará las cartas antes de que alcancen el objetivo final.

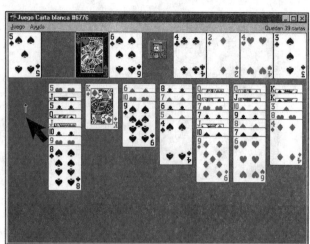

7 Si usted tiene una pila en blanco, puede iniciar una nueva pila en su lugar arrastrando una o más cartas. (Es buena idea iniciar una nueva pila con una carta relativamente alta o con una carta que le permitirá hacer un movimiento.)

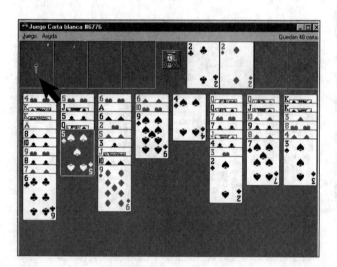

6 Si ya no tiene movimientos disponibles, arrastre una carta de la pila hacia una celda libre de la parte superior izquierda. (El objetivo es quitar las cartas que usted no pueda mover para descubrir las cartas que pueda jugar.) También puede utilizar las celdas libres para reordenar las cartas y permitir movimientos futuros.

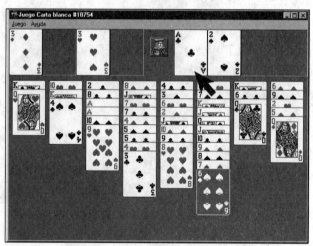

8 Cuando descubra el As, éste será automáticamente agregado a los cuatro espacios de destino y cualquier carta expuesta que pueda ser colocada sobre el As será agregada automáticamente en orden: 2, 3, 4, y así sucesivamente.

Recorrido guiado   Juegue Carta blanca

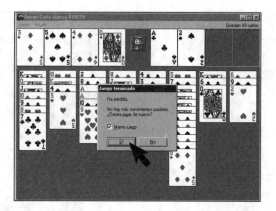

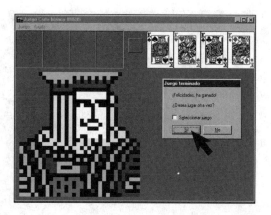

9 Si usted rellena todos los espacios de destino y no puede mover una carta hacia ninguna de las siete pilas restantes ni hacia una pila de destino, ha perdido, y Carta blanca (FreeCell) se lo hará saber. Haga clic en **Sí** (Yes) para empezar otro juego.

10 Usted gana cuando completa todas las cuatro pilas de destino. ¡Muy bien! Haga clic en **Sí** para volver a jugar (en verdad es adictivo).

Recorrido guiado   Juegue Corazones contra la computadora

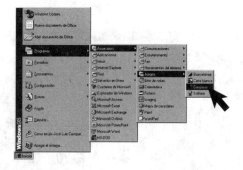

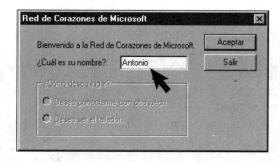

1 Haga clic en el botón **Inicio** (Start), vaya a **Programas** (Programs), después a **Accesorios** (Accessories), a **Juegos** (Games) y haga clic en **Corazones** (Hearts).

2 El cuadro de diálogo Red de Corazones de Microsoft (Microsoft Hearts Network) le pedirá su nombre. Escríbalo en el cuadro de diálogo **¿Cuál es su nombre?** (What Is Your Name?).

3 Haga clic en **Aceptar** (OK).

Si usted está conectado a una red, puede jugar Corazones con otras personas en la red. Haga clic en **Deseo conectarme a otro juego** (I Want to Connect to Another Game) y luego en **Aceptar** (OK). Entonces deberá escribir el nombre de la computadora del tallador y hacer clic de nuevo en **Aceptar**. (Cada computadora en red tiene un nombre exclusivo para identificarla.) Si sólo quiere jugar contra la computadora, elija **Deseo ser el tallador** (I Want To Be Dealer) y haga clic en **Aceptar**.

(continúa)

Recorrido guiado Juegue Corazones contra la computadora *(continuación)*

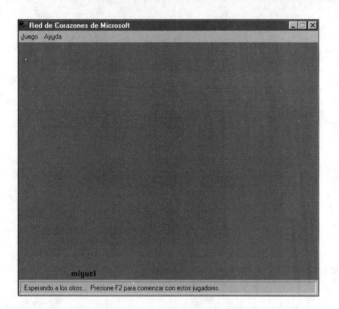

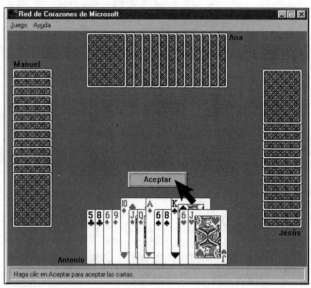

4 Si está conectado a la red, aparece el mensaje Esperando a los otros... (Waiting for others to join...) dentro de la barra de estado. Presione **F2** para iniciar un juego contra tres jugadores. Si no está en red, este paso no será aplicable; salte al paso 5.

7 Haga clic en **Aceptar** (OK) para tomar cartas nuevas. Si uno de los otros jugadores tiene el dos de tréboles, tendrá que jugarlo. Si usted lo tiene, haga doble clic en él para empezar a jugar.

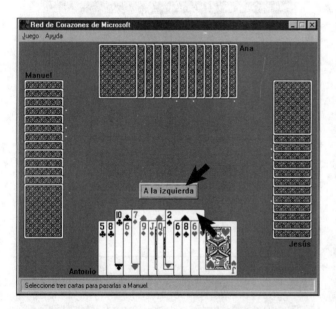

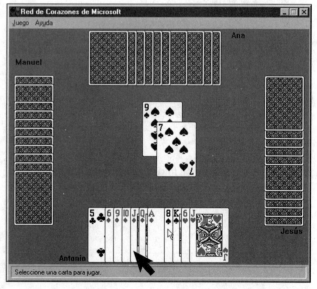

5 Haga clic en tres cartas para pasarlas al jugador de la izquierda. Al hacer clic en ellas, saltan ligeramente de la pila. Para dejar de seleccionar una carta, haga clic de nuevo en ella. (No se pasan cartas a cada cuarto jugador.)

6 Haga clic en **A la izquierda** (Pass Left). Cada jugador selecciona tres cartas y las pasa a la izquierda, de modo que usted termine con tres cartas diferentes.

8 Cada jugador, en el sentido de las manecillas del reloj, hace clic en una carta de la misma figura para jugar. Si el jugador no tiene una carta de la misma figura, podrá jugar cualquier carta (salvo en la primera ronda, en la que el jugador no podrá jugar un corazón ni la Reina de espadas).

Recorrido guiado   Modifique una imagen

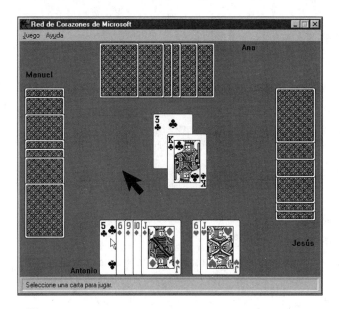

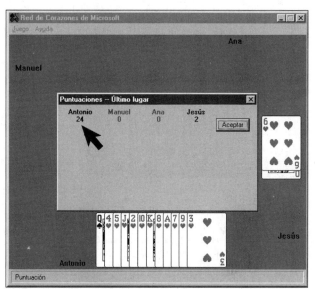

9 Quien tire la carta más alta de la misma figura como la primer carta jugada, gana todas las cartas y juega la siguiente. Usted no puede salir con un corazón a menos que alguien haya tirado otro en la ronda anterior.

10 Al final de cada mano, usted obtiene un punto por cada corazón y 13 puntos por la Reina de espadas. Ganará quien tenga el menor marcador. Sin embargo, si usted gana todos los corazones *y* la Reina de espadas, su marcador será de cero y cada uno de los demás jugadores será penalizado con 26 puntos. Haga clic en **Aceptar**. El juego continúa hasta que un jugador llegue a 100 puntos.

Recorrido guiado   Juegue Buscaminas

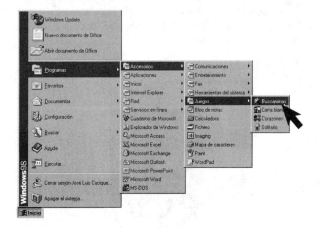

1 Haga clic en el botón **Inicio** (Start), vaya a **Programas I Accesorios** (Programs I Accessories) y haga clic en **Buscaminas** (Minesweeper).

2 Aparece la cuadrícula del Buscaminas, mostrando una cuadrícula de 8 por 8 cuadros (64 fichas) con 10 minas ocultas.

3 El primer movimiento es el más difícil. Haga clic en un cuadro donde crea que no haya una mina oculta.

(continúa)

Recorrido guiado Juegue Buscaminas *(continuación)*

4 Si tiene suerte el cuadro se volteará y mostrará un espacio en blanco o un número. El número representa la cantidad de minas que hay alrededor del espacio. Utilice este número para formular una hipótesis sobre qué cuadro voltear después.

Si usted voltea un cuadro que muestra un espacio en blanco (lo que significa que ninguna mina lo rodea), el Buscaminas volteará automáticamente cualquier cuadro que rodee el espacio en blanco para acelerar el juego.

5 (Opcional) Para marcar un cuadro que usted crea que oculta una mina, haga clic con el botón derecho del ratón en él para colocarle un banderín. Haga clic de nuevo con el botón derecho del ratón para poner un signo de interrogación en el cuadro. Para quitar el banderín, haga clic otra vez en el cuadro con el botón derecho del ratón.

Si ha colocado banderines en todas las minas que son tocadas por un cuadro con un número, puede "limpiar" el número señalándolo y haciendo clic con ambos botones del ratón para exponer los espacios en blanco o los números restantes. Esto le ayudará a descubrir una gran sección a la vez y puede mejorar bastante el tiempo de su juego.

6 Continúe volteando los cuadros hasta que lo haya hecho con todos excepto los 10 que ocultan las minas. Cuando haya terminado exitosamente la tarea, Buscaminas volteará los cuadros restantes para mostrar la ubicación de las minas. Si usted tiene el mejor tiempo de este nivel, escriba su nombre y haga clic en **Aceptar** (OK).

7 Si voltea un cuadro que tiene una mina debajo de él, Buscaminas lo marcará automáticamente como explotado (rodeado con rojo) y volteará los cuadros que ocultan las minas, con lo que terminará su juego.

8 Para iniciar un juego nuevo, haga clic en la cara amarilla, sonriente o reprobatoria.

9 Para iniciar un juego más difícil (con más minas y más cuadros) abra el menú **Juego** (Game) y seleccione **Intermedio** (Intermediate), **Experto** (Expert) o **Personalizado** (Custom), este último le permite introducir su propio tamaño de cuadrícula y la cantidad de minas.

Comparta datos entre aplicaciones con el Visor del Portapapeles

Aunque el Portapapeles de Windows (Windows Clipboard) generalmente hace su trabajo en segundo plano, actuando como una especie de almacén para los datos copiados y cortados, usted puede abrirlo para ver su contenido.

Al abrir el Visor del Portapapeles (Clipboard Viewer), éste muestra los datos cortados o copiados más recientes. Usted

los puede guardar como un archivo para utilizarlos en otros documentos. También puede abrir un documento guardado para colocarlo en el Portapapeles y luego insertarlo dentro de un documento mediante el comando Edición I Pegar (Edit I Paste). El *Recorrido guiado* le muestra cómo utilizar el Visor del Portapapeles.

Recorrido guiado   Vea el contenido del Portapapeles

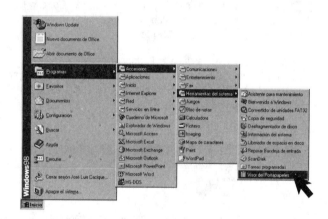

1 Haga clic en el botón **Inicio** (Start), vaya a **Programas I Accesorios** (Programs I Accessories), luego a **Herramientas del sistema** (System Tools) y haga clic en el **Visor del Portapapeles** (Clipboard Viewer).

Si el Visor del Portapapeles no estuviera en el menú Herramientas del sistema, probablemente no lo instaló desde el principio. Ejecute **Agregar o quitar programas** (Add/Remove Programs) desde el **Panel de control** (Control Panel); haga clic en la ficha **Programa de instalación de Windows** (Windows Setup) y utilice las opciones disponibles para instalar el Visor del Portapapeles. Está dentro de la categoría Herramientas del sistema.

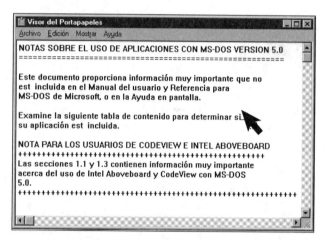

2 Aparece la ventana del Visor del Portapapeles, con los últimos datos copiados o cortados de un documento. Si no ha cortado o copiado datos de un documento desde el inicio de Windows, la ventana del Visor del Portapapeles estará vacía.

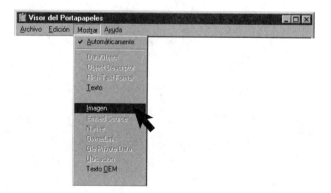

3 El Visor del Portapapeles está configurado para que despliegue automáticamente los datos en el formato que considere mejor. Si no aparecen correctamente, usted puede abrir el menú **Mostrar** (Display) y seleccionar un formato distinto.

(continúa)

Recorrido guiado Vea el contenido del Portapapeles *(continuación)*

4 Para guardar el contenido del Portapapeles en un archivo, abra el menú **Archivo** (File) y elija **Guardar como** (Save As).

5 Aparece el cuadro de diálogo Guardar como. Escriba un nombre para el archivo, seleccione el disco y la carpeta donde desea guardarlo y haga clic en **Aceptar** (OK). Para más detalles, vea "Guarde un documento" en la página 139.

6 Para abrir un documento guardado como un archivo del Portapapeles, abra el menú **Archivo** y elija **Abrir** (Open).

7 Aparece el cuadro de diálogo Abrir. Seleccione el disco y la carpeta en que está guardado el archivo, haga clic en el nombre del archivo y luego en **Aceptar**.

8 Cuando abre un archivo, el Portapapeles muestra su contenido. Ahora podrá utilizar el comando **Edición | Pegar** (Edit | Paste) en cualquier programa para insertar el contenido del Portapapeles en un documento.

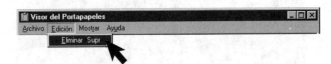

9 Si corta o copia un gran volumen de datos para el Portapapeles, tal vez al terminar quiera eliminarlo para liberar algo de memoria. Abra el menú **Edición** y elija **Eliminar.**

10 Cuando haya terminado de utilizar el Visor del Portapapeles, para salir haga clic en el botón **Cerrar** (Close), que está en el extremo superior derecho de la ventana.

Reproduzca CDs de audio

Si tiene una unidad CD-ROM que pueda reproducir CDs de audio (algunas unidades anteriores no tienen esta capacidad), puede utilizar el Reproductor de CD (CD Player) para reproducir sus CDs favoritos de música, así como otros CDs de audio. El Reproductor de CD le ofrece un panel de control que se ve y actúa como el que podría encontrar en un reproductor de CDs real. Simplemente haga clic en los botones en pantalla para reproducir, detener, dar pausa y expulsar su disco. El Reproductor de CD también tiene algunas características elaboradas que le permiten seleccionar pistas, reproducirlas en un orden aleatorio e incluso cambiar el volumen y el balance.

Reproducir un CD de audio en Windows 98 es muy fácil. Coloque el CD en la unidad CD-ROM y Windows inicia el Reproductor de CD. Entonces podrá hacer clic en el botón **Minimizar** (Minimize) del Reproductor de CD y éste seguirá tocando. Si desea utilizar los controles del Reproductor de CD para detener, pausar, reiniciar o expulsar el disco, siga el *Recorrido guiado*.

Como la mayoría de los reproductores de CDs, el de Windows es totalmente programable. Usted puede modificar la lista de reproducción para escuchar únicamente las piezas que quiera escuchar y en el orden que quiera. El *Recorrido guiado* le da instrucciones paso a paso sobre cómo modificar la lista de reproducción.

Algunos de los más recientes CDs de sonido son en realidad CDs multimedia, que incluyen información sobre artistas, video clips de música e imágenes. No se sorprenda si al insertar el CD aparece la interfaz de un programa. Para reproducir la música, haga correr el reproductor de CD con Inicio I Programas I Accesorios I Entretenimiento I reproductor de CD (Start I Program I Accesories I Entertainment I CD Player).

Recorrido guiado   Reproduzca un CD de audio

1 Cuando usted inserta un CD el programa Reproductor de CD inicia automáticamente y lo empieza a reproducir. El programa inicia como una ventana minimizada; para desplegarlo haga clic en el botón Reproductor de CD que está en la barra de tareas.

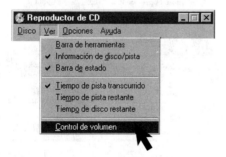

2 Para cambiar el volumen, abra el menú **Ver** (View) y elija **Control de volumen** (Volume Control).

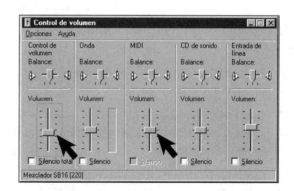

3 Aparece el cuadro de diálogo Control de volumen. Arrastre el **Control de volumen** hacia arriba para incrementar el volumen o hacia abajo para disminuirlo. También puede ajustar el volumen arrastrando el control **CD de sonido** (CD Audio Volume). Cuando haya terminado, haga clic en el botón **Cerrar** (Close).

> También puede ajustar el volumen haciendo doble clic en el icono de Volumen (Volume), el que tiene la bocina, en el extremo derecho de la barra de tareas. O haciendo clic con el botón derecho del ratón en el icono y eligiendo **Abrir controles de volumen** (Open Volume Controls) o **Ajustar propiedades de audio** (Adjust Audio Properties). Tal vez tenga que utilizar dos o más controles para lograr el nivel deseado.

(continúa)

Recorrido guiado   Reproduzca un CD de audio   *(continuación)*

4 Usted puede pausar, reiniciar, detener o elegir una pista específica del CD, haciendo clic en uno de los botones siguientes:

 Pausa (Pause) detiene la ejecución del CD en la pista actual.

 Reanudar (Resume) reinicia el CD luego de haberlo puesto en pausa.

 Detener (Stop) deja de reproducir el CD.

 Siguiente pista (Next Track) se salta a la pieza siguiente.

 Pista anterior (Previous Track) comienza a reproducir la pieza anterior.

 Saltar hacia delante (Skip Forwards) avanza un tramo en la pista actual (por ejemplo, si desea escuchar su solo de batería favorito).

 Saltar hacia atrás (Skip Backwards) retrocede un poco en la pista actual.

5 Para seleccionar una pieza específica, abra la lista desplegable **Pista** (Track) y haga clic en la pieza que desea oír.

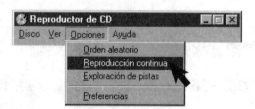

6 Para que el CD se reproduzca una y otra vez, abra el menú **Opciones** (Options) y elija **Reproducción continua** (Continous Play).

7 Para expulsar el CD, haga clic en el botón **Expulsar** (Eject). Para salir, puede hacer clic en el botón **Cerrar** (Close) del Reproductor de CD.

Recorrido guiado   Programe el orden de interpretación

1 Abra el menú **Disco** (Disc) y seleccione **Editar lista de reproducciones** (Edit Play List).

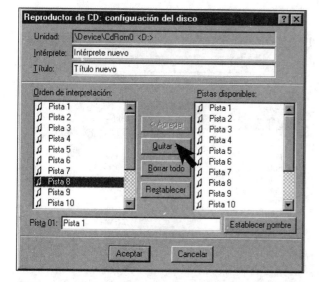

2 Aparece el cuadro de diálogo Reproductor de CD: configuración del disco (CD Player: Disc Settings). Para quitar una pista del Orden de interpretación (Play List), haga clic en la pista y luego haga clic en **Quitar** (Remove). La pista es eliminada del Orden de interpretación, pero sigue apareciendo en la lista de Pistas disponibles (Available Tracks), para que la pueda agregar más tarde.

3 Usted puede quitar todas las pistas del Orden de interpretación haciendo clic en el botón **Borrar todo** (Clear All).

4 Para agregar todas las pistas de la lista de Pistas disponibles, haga clic en el botón **Restablecer** (Reset).

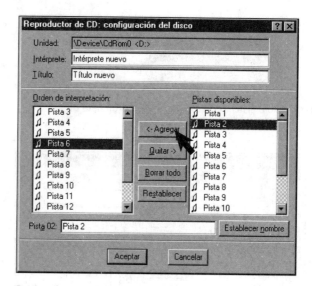

5 Para agregar una sola pista al Orden de interpretación, haga clic en la pista que desea agregar (dentro de la lista de Pistas disponibles) y luego haga clic en el botón **Agregar** (Add). Usted puede agregar la pista más de una vez para que la pieza se reproduzca varias veces.

6 Para mover una pista del Orden de interpretación, haga clic en ella, arrástrela hacia arriba o hacia abajo de la lista y luego suelte el botón del ratón.

7 Cuando haya terminado, haga clic en **Aceptar** (OK).

Recorrido guiado   Dé nombre a las pistas

1 Abra el menú **Disco** (Disc) y elija **Editar lista de reproducciones** (Edit Play List).

Cuando esté insertando el nombre del intérprete, del disco y de las pistas, usted puede escribir cualquier cosa que desee; no tienen que ser los nombres o títulos verdaderos. (Esto es particularmente útil para el artista anteriormente conocido como Prince cuyo nombre ahora sólo es un símbolo.)

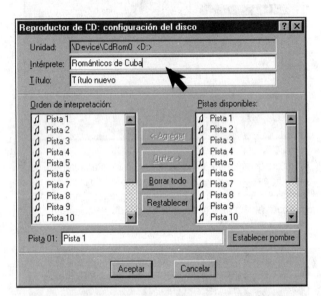

2 Aparece el cuadro de diálogo Reproductor de CD: configuración del disco. En el cuadro de diálogo **Intérprete** (Artist), escriba el nombre del grupo o intérprete.

4 Haga clic en Pista 1 (Track 1) de la lista de Pistas disponibles.

3 Haga clic en el cuadro de texto **Título** (Title) y escriba el título del CD.

Recorrido guiado Dé nombre a las pistas

5 En el cuadro de texto Pista, arrastre el puntero sobre **Pista 1**, luego escriba el nombre de la canción o de la pista y presione **Entrar.** El Reproductor de CD resalta el siguiente número de pista y le permite darle un nombre.

6 Escriba el nombre de la pista siguiente y presione **Entrar**. Repita este paso para dar nombre a todas las pistas.

7 Haga clic en el botón **Aceptar** (OK). El Reproductor de CD guardará sus cambios para este CD. Cada vez que usted reproduzca el mismo CD, tendrá efecto la Lista de reproducciones del mismo, con todo y los nombres en vez de los números de pista. Si inserta un nuevo CD (uno al que no haya dado nombre a las pistas), el Reproductor de CD utilizará los números de pista.

> El Reproductor de CD puede reproducir pistas en un orden aleatorio para dar un poco de variedad a un CD que usted escucha con frecuencia. Abra el menú **Opciones** (Options) y elija **Orden aleatorio** (Random Order).

Reproduzca y grabe sonidos con la Grabadora de sonidos

S i cuenta con una tarjeta de sonido (como Sound Blaster) y un micrófono o una unidad CD-ROM que pueda reproducir CDs de audio (por medio de su tarjeta de sonido), usted puede utilizar la Grabadora de sonidos (Sound Recorder) de Windows para grabar música, su voz o cualquier otro sonido, y guardarlo como un archivo. Así puede agregar sonidos a ciertos eventos y hacer que Windows los reproduzca cada vez que ocurran. Por ejemplo, puede hacer que se reproduzca un determinado fragmento de música cada vez que abra Windows.

La Grabadora de sonidos le permite grabar un sonido y guardarlo en un archivo .WAV. Para iniciar la Grabadora de sonidos y grabar un sonido, siga el *Recorrido guiado*. Éste le muestra cómo grabar su voz u otro sonido utilizando un micrófono, y cómo grabar clips de sonido de los CDs de audio.

Recorrido guiado　Grabe un sonido con su micrófono

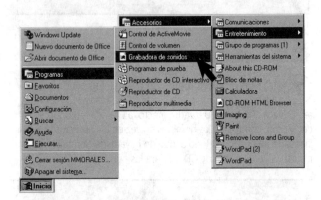

1 Haga clic en el botón **Inicio** (Start), vaya a **Programas | Accesorios | Entretenimiento** (Programs | Accessories | Entertainment) y haga clic en **Grabadora de sonidos** (Sound Recorder).

2 Se abre la ventana de la Grabadora de sonidos. Cuando esté listo para grabar, haga clic en **Grabar** (Record) y empiece a hablar, a reproducir la música o a hacer otros sonidos en el micrófono.

3 Cuando haya terminado de hablar, haga clic en el botón **Detener** (Stop).

4 Para reproducir la grabación, haga clic en el botón **Saltar al inicio** (Seek To Start) para regresar al principio de la grabación.

Recorrido guiado   Grabe un sonido con su micrófono

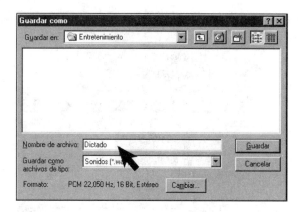

5 Haga clic en **Reproducir** (Play). El sonido que usted grabó se empieza a reproducir.

7 Aparece el cuadro de diálogo Guardar como (Save File). Escriba un nombre para el sonido en el cuadro de texto **Nombre de archivo** (Name), seleccione la carpeta en que desea guardar el archivo y haga clic en el botón **Guardar** (Save).

6 Para guardar el sonido como un archivo, abra el menú **Archivo** (File) y elija **Guardar** (Save).

Recorrido guiado   Grabación desde un CD de audio

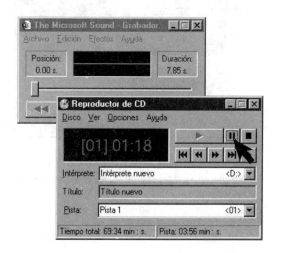

1 Inserte el CD que contenga el segmento de audio que desea grabar. El Reproductor de CD (CD Player) empieza a reproducir la primera pista. Para ver la ventana del Reproductor de CD haga clic en el botón **Reproductor de CD,** que está en la barra de tareas, como se explicó en "Reproduzca CDs de audio" de la página 201.

2 Haga clic en el botón **Pausa** (Pause).

(continúa)

Recorrido guiado Grabación desde un CD de audio *(continuación)*

5 Cambie al Reproductor de CD y haga clic en el botón **Reanudar** (Resume). El Reproductor de CD empieza a reproducir la pista seleccionada, y la Grabadora de sonidos comienza a grabarla.

3 Abra la lista desplegable **Pista** (Track) y elija la pista que desee grabar.

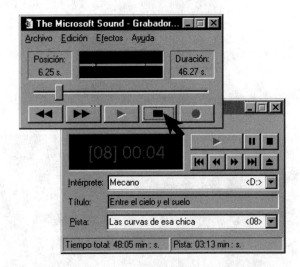

4 Ejecute la Grabadora de sonidos, haga clic en el botón **Grabar** (Record) y rápidamente realice el paso siguiente.

6 Cuando haya terminado de grabar cambie de nuevo a la Grabadora de sonidos y haga clic en el botón **Detener** (Stop).

Recorrido guiado   Grabación desde un CD de audio

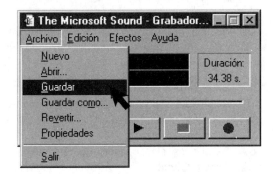

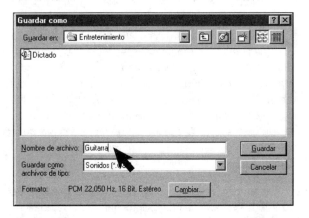

7 Para guardar la grabación como un archivo, abra el menú **Archivo** (File) y elija **Guardar** (Save).

8 Aparece el cuadro de diálogo Guardar como (Save File). Escriba un nombre para el archivo dentro del cuadro de texto **Nombre de archivo** (File Name), seleccione la unidad y carpeta en la que desea guardar el archivo y haga clic en el botón **Guardar.**

Envíe y reciba faxes

Para enviar y recibir faxes en Windows 3.x, usted tenía que adquirir un programa especial para fax, como WinFax PRO. Windows 98 viene con su propio programa para faxes, que le brinda las herramientas básicas requeridas. Aunque no es tan completo como un programa especializado, el programa para faxes de Microsoft puede hacer el trabajo sin gastos extra. Si cuenta con un módem capaz de recibir faxes, usted puede empezar a enviar y recibir faxes ahora mismo.

El Asistente para Redactar un fax nuevo (Compose New Fax Wizard) de Windows le proporciona una forma rápida y fácil de enviar un fax. Inicie el Asistente, y éste desplegará una serie de cuadros de diálogo a los que deberá responder. El Asistente marca entonces el número telefónico (o de fax) del destinatario y envía el fax. Para enviar un fax con el Asistente para Redactar un fax nuevo, siga el *Recorrido guiado*.

> Si las opciones para fax descritas en el Recorrido guiado no están disponibles, tal vez se deba a que no tiene Microsoft Fax instalado. Para instalarlo ahora, abra el **Panel de control** (Control Panel), ejecute **Agregar o quitar programas** (Add/Remove Programs), haga clic en la ficha **Programa de instalación de Windows** (Windows Setup), luego en **Microsoft Fax** y después en **Aceptar** (OK). Para continuar deberá insertar el CD de instalación de Windows 98.

Envíe un archivo de documento por fax

Si decide adjuntar un archivo a su fax en el *Recorrido guiado*, al Asistente le podría tomar algún tiempo transformar los archivos adjuntos en datos que se puedan enviar por fax. El Asistente ejecuta el programa para convertir el texto en una imagen gráfica que pueda imprimir una máquina de fax.

Hay varias formas de ejecutar el Asistente para la redacción de un nuevo fax y de utilizarlo para transmitir un fax. La lista siguiente explica estos métodos alternos:

- Ejecute Microsoft Exchange (**Inicio** | **Programas** | **Microsoft Exchange** [Start | Programs | Windows Exchange]. Luego abra el menú **Redacción** (Compose)

y seleccione **Fax nuevo** (New Fax); con esto se inicia el Asistente. Realice los mismos pasos del *Recorrido guiado* para completar la operación.

- Para enviar archivos por fax, seleccione uno o más archivos que desee enviar en el Explorador de Windows (Windows Explorer) o en Mi PC (My Computer).Haga clic con el botón derecho del ratón en el nombre de uno de los archivos seleccionados, mueva el puntero del ratón sobre **Enviar a** (Send To) y luego haga clic en **Destinatario de fax** (Fax Recipient). Para enviar el fax, siga los mismos pasos del *Recorrido guiado*. (Si utiliza este método, el Asistente no muestra un cuadro de diálogo que le pida adjuntar archivos.)

- Algunos programas (como Microsoft Word) tienen un comando Enviar a (Send To) en el menú Archivo (File). Si el suyo lo hace, abra el documento que desea enviar por fax y luego seleccione **Archivo | Enviar a | Destinatario de Fax**. Esto inicia el Asistente para faxes (Fax Wizard), que le pedirá escribir el nombre y número de fax del destinatario. Escriba la información solicitada y luego haga clic en la opción para enviar el fax.

- Si usted desea enviar un fax desde un programa que no tenga un comando Enviar a, Destinatario de fax, seleccione Microsoft Fax como su impresora y luego utilice el comando Imprimir (Print) del programa para imprimir como lo haría normalmente. Vea "Configure una nueva impresora" en la página 369, para obtener instrucciones sobre cómo configurar una impresora en Windows.

Reciba un fax

Para recibir un fax, utilice Microsoft Exchange (Windows Messaging), un poderoso programa de comunicaciones que puede administrar todos sus mensajes de correo electrónico y de fax. Si desea utilizar Microsoft Exchange para recibir un fax que está llegando, puede configurarlo para responder el teléfono automáticamente (después de un número específico de llamadas), o introducir un comando para que éste responda el teléfono en esos momentos. El *Recorrido guiado* le muestra lo que debe hacer.

Recorrido guiado Envíe un fax

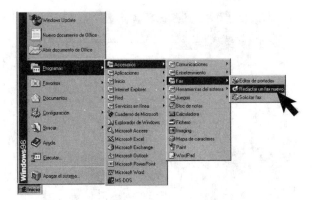

1 Haga clic en el botón **Inicio** (Start), vaya a **Programas |
Accesorios | Fax** (Programs | Accessories, Fax) y haga clic en
Redactar un fax nuevo (Compose New Fax).

El Asistente para la Bandeja de entrada (Inbox Setup Wizard), aparece la primera vez que usted ejecuta Microsoft Fax, instándole a configurar Microsoft Exchange. Bajo la opción Utilice los siguientes
servicios de información (Use the Following Information Services), desactive el servidor Microsoft
Mail y asegúrese que la opción Microsoft Fax esté
seleccionada. Siga las instrucciones en pantalla
para terminar la instalación.

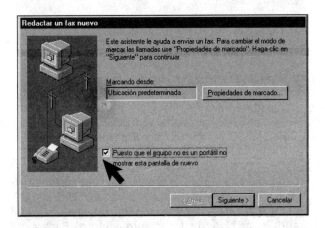

2 Aparece el Asistente para Redactar un fax nuevo (Compose
New Fax Wizard). Si lleva su computadora por lugares con
códigos de área diferentes, puede hacer clic en **Propiedades de
marcado** (Dialing Properties) y cambiar su código actual de área. Si
no es el caso, haga clic en **Puesto que el equipo no es un
portátil no mostrar esta pantalla de nuevo** (I'm Not Using a
Portable Computer, so don't show this to me again) para que el
Asistente no despliegue más este cuadro de diálogo. Haga clic en
Siguiente (Next).

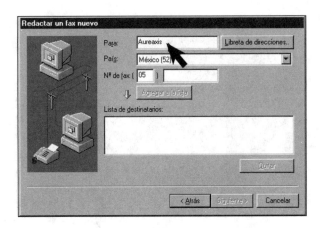

3 El Asistente le pide escribir el nombre y número de fax de
la persona a quien va a enviar este fax. Escriba el nombre
de la persona o empresa.

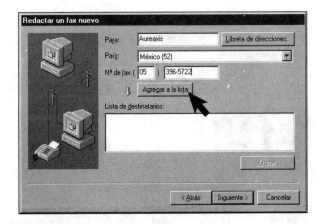

4 Haga clic en el cuadro de texto **N° de Fax** (Fax #) y escriba el
número telefónico del fax. (Si lo está enviando hacia un
código de área distinto, escriba el código de área en el cuadro de
texto correspondiente.)

5 Haga clic en el botón **Agregar a la lista** (Add to List) para
insertar el nombre de la persona dentro de la Lista de
destinatarios (Recipient List) y luego haga clic en el botón
Siguiente.

(continúa)

Recorrido guiado   Envíe un fax   *(continuación)*

6 El Asistente mostrará un cuadro de diálogo que le pregunta si desea adjuntar una portada. Para ello, haga clic en **Sí. Enviar ésta** (Yes. Send this one) y seleccione el tipo de portada que desea utilizar. Haga clic en el botón **Siguiente.**

8 Haga clic en el área **Nota:** (Note:) y escriba cualquier mensaje que desee que aparezca en la cubierta. Haga clic en el botón **Siguiente.**

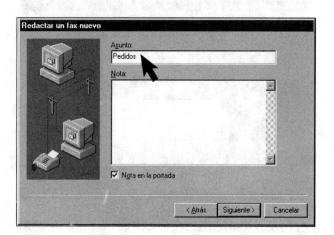

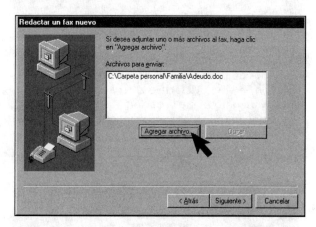

7 El siguiente cuadro de diálogo le permite escribir una descripción del fax. Escriba la descripción dentro del cuadro de texto **Asunto** (Subject).

9 El Asistente le preguntará si desea adjuntar un archivo de documento al fax saliente. Para adjuntarlo, haga clic en el botón **Agregar archivo** (Add File), utilice el cuadro de diálogo resultante para seleccionar el archivo que desea enviar y haga clic en **Abrir** (Open). Haga clic en el botón **Siguiente.**

> Los archivos adjuntos se transmiten como archivos de documento, no como páginas de fax. El destinatario deberá tener un programa que pueda abrir los archivos de documento adjuntos. Para enviar un archivo de documento como páginas de fax, imprima el documento utilizando Microsoft Fax como su impresora.

Recorrido guiado   Envíe un fax

10 El Asistente despliega un cuadro de diálogo indicando que casi está listo para enviar el fax. Haga clic en el botón **Finalizar** (Finish). El Asistente crea la cubierta, transforma cualquier archivo adjunto en datos que se puedan enviar por fax, marca el número de fax del destinatario y envía el fax.

Si el fax no fue transmitido exitosamente, puede intentarlo de nuevo más tarde. Para ello ejecute Microsoft Exchange (**Inicio I Programas I Microsoft Exchange** [Start I Programs I Windows Messaging]), haga doble clic en el nombre del mensaje del fax y haga clic en **Reenviar** (Send Again).

Recorrido guiado   Reciba un fax

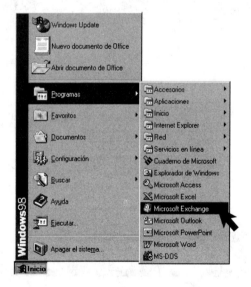

1 Haga clic en el botón **Inicio** (Start), vaya a **Programas** (Programs) y haga clic en **Microsoft Exchange.**

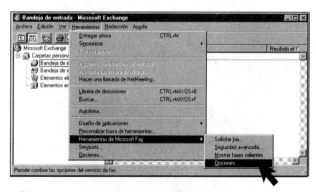

2 Se abre la ventana de Microsoft Exchange y muestra el contenido de la Bandeja de entrada (Inbox). Abra el menú **Herramientas** (Tools), vaya a **Herramientas de Microsoft Fax** (Microsoft Fax Tools) y haga clic en **Opciones** (Options).

(continúa)

Recorrido guiado   Reciba un fax   *(continuación)*

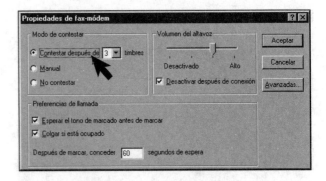

3 Aparece el cuadro de diálogo Propiedades de Microsoft Fax (Microsoft Fax Properties). Haga clic en la ficha **Módem** (Modem).

5 Aparece el cuadro de diálogo Propiedades de fax-módem (Fax Modem Properties). Bajo Modo de contestar (Answer Mode), elija **Contestar después de ___ timbres** (Answer After ___ Rings) y seleccione la cantidad deseada de llamadas de la lista desplegable. Haga clic en **Aceptar** (OK).

6 Con esto regresa al cuadro de diálogo Propiedades de Microsoft Fax. Haga clic en **Aceptar.**

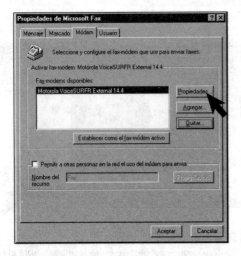

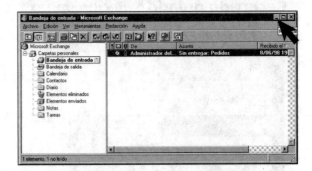

7 Deje a Microsoft Exchange activo, para que conteste las llamadas entrantes. Mientras Microsoft Exchange esté activo, usted puede minimizar la ventana y utilizar otros programas de Windows.

4 En la lista de Fax-modems disponibles (Available fax modems), haga clic en el nombre del módem que desea utilizar para los faxes entrantes (suponiendo que usted tenga más de un módem). Haga clic en el botón **Propiedades** (Properties).

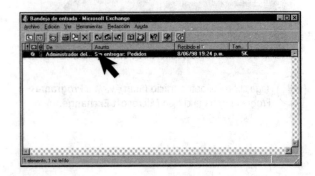

8 Cuando llegue un fax, Servicios Microsoft Fax contesta y lo recibe. Despliega el nombre del fax en la Bandeja de entrada (Inbox). Haga doble clic en el nombre del fax para mostrarlo en Vista previa de Imaging, Kodak.

Recorrido guiado Reciba un fax

9 Si el fax tiene archivos adjuntos, los iconos de éstos
aparecen en la cubierta. Haga doble clic en un icono para
abrir el documento en su programa asociado.

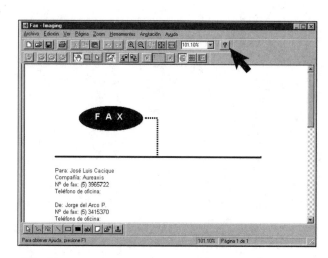

11 Utilice los botones de la barra de herramientas para imprimir
el fax, hacer un acercamiento e incluso un alejamiento.

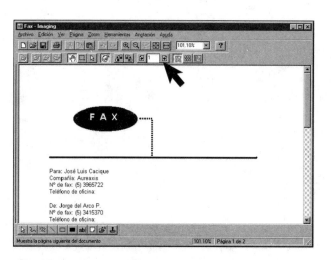

10 Si el fax consta de dos o más páginas, haga clic en el botón
Página siguiente (Next Page) para cambiar de página.

Cómo utilizar Windows 98 en World Wide Web

U na de las nuevas y más importantes características de Windows 98 es su soporte para Internet. Usted puede bajar páginas Web multimedia de cualquier parte del mundo, enviar y recibir correo electrónico, leer y publicar mensajes en grupos de noticias (sistema de boletines electrónicos) e incluso conversar con otras personas escribiendo y enviando mensajes.

Windows 98 presenta una serie de programas para Internet, que incluyen Internet Explorer (para páginas Web), Outlook Express (para correo electrónico y grupos de noticias), FrontPage Express (para crear y publicar sus propias páginas Web) y Microsoft Chat (para conversaciones en línea). Esta sección le muestra cómo utilizar Internet Explorer para navegar en Web y cómo utilizar FrontPage Express para crear y publicar una página Web sencilla.

Qué encontrará en esta sección

Tenga acceso a los servicios comerciales en línea

Los servicios comerciales han popularizado las comunicaciones en línea. A través de ellos, usted puede tener acceso a noticias, reportes del tiempo, servicios financieros, soporte técnico, comercio en línea, a Internet, grupos de conversación y a muchas cosas más.

Si ya tiene una cuenta con algún servicio, Windows 98 ya está configurado para su uso. Si aún no ha configurado una cuenta, tiene dos opciones. Puede usar Windows 98 para configurar una cuenta con un servicio comercial en línea (CompuServe, Telefónica IP), o puede configurar una conexión a Internet sencilla a través de un *proveedor de servicios de Internet* (ISP) independiente.

Los servicios comerciales le dan lo mejor de ambos mundos. Todos ellos incluyen soporte para Internet. Además, le dan

un contenido de alta calidad que usted puede recibir con sólo suscribirse al mismo. Por ejemplo, Compuserve presenta áreas especiales de noticias y finanzas, a las cuales no podría tener acceso desde una simple conexión a Internet. Sin embargo, los servicios comerciales suelen ser más costosos que los ISPs.

El *Recorrido guiado* le muestra cómo configurar una cuenta con alguno de los servicios comerciales en línea. Para configurar una cuenta con cualquiera de los servicios comerciales, necesitará el número de una tarjeta de crédito. Para configurar una cuenta con un ISP, vea "Configure su conexión a Internet" en la página 220.

Recorrido guiado Conéctese a un servicio comercial en línea

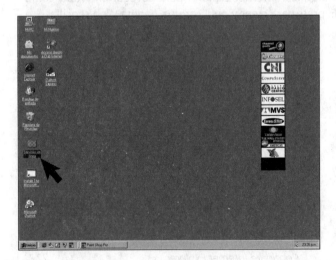

1 En el escritorio de Windows, haga clic en la carpeta **Servicios en línea** (Online Services).

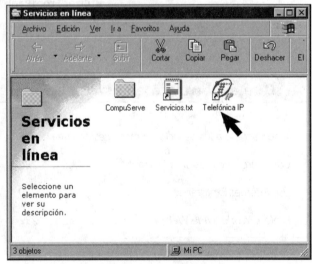

2 Aparece una ventana de Mi PC (My Computer), mostrando los accesos directos a los servicios comerciales en línea que ofrece Windows 98: CompuServe, Telefónica IP. Haga clic en el icono del servicio que desee.

Recorrido guiado   Conéctese a un servicio comercial en línea

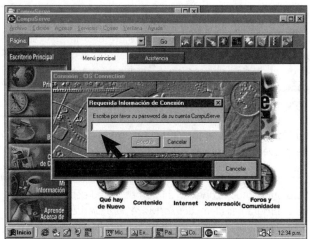

3 Lo que suceda después depende del servicio que haya seleccionado. Por ejemplo, si eligió CompuServe, aparecerá una ventana semejante a la desplegada aquí, con su propia interfaz.

4 Siga las instrucciones en pantalla para establecer una cuenta. En la mayoría de los casos, el procedimiento de instalación marcará un número local para conectarlo al servicio, reunir información sobre la cuenta (nombre, dirección, número de tarjeta de crédito) y para dar una lista de los números telefónicos para acceso local de donde pueda elegir.

Configure su conexión a Internet

Si usted configura una cuenta con un servicio comercial, también tendrá una conexión a Internet. Revise el sistema de ayuda del programa para saber cómo tener acceso a Internet desde dicho servicio. Si decide no usar un servicio comercial, puede tener acceso a Internet a través de un proveedor de servicio Internet (ISP) independiente. En general, el proveedor de servicio le da un número telefónico local para que lo marque en su computadora. Esto lo conectará a la red del proveedor de servicio, que está enlazada a Internet.

Los ISPs no ofrecen su propio menú de servicios especiales. Sólo brindan una conexión a Internet. Usted deberá utilizar otros programas (llamados *software para cliente*) para poder tener acceso a las características de Internet. Por ejemplo, deberá utilizar programas como Internet Explorer para navegar por World Wide Web y Outlook Express para enviar y recibir mensajes de correo electrónico.

> Puesto que el conjunto de programas de Internet Explorer viene incluido con Windows 98, este libro se concentrará básicamente en dichos programas. Windows 98 le permite utilizar otro software para cliente Internet, como Netscape Navigator (un explorador Web muy popular) y Eudora (un popular cliente de correo electrónico).

Para configurar su conexión a Internet a través de un ISP, primero deberá hacer contacto con un ISP local y reunir la información que necesita para poder escribir los *parámetros de conexión* adecuados. Los parámetros de conexión le dicen a su computadora y a su módem cómo marcar a la computadora del proveedor de servicio y cómo establecer una comunicación. Para encontrar un proveedor de servicio, revise su directorio telefónico, pregunte a usuarios de su localidad, revise publicaciones relacionadas con computadoras, acuda a tiendas de computación o pida a un amigo o compañero de trabajo que le recomiende un servicio.

Una vez que haya encontrado un servicio, llámelo para configurar una cuenta. Determine un plan de pagos y reúna la siguiente información.

Nombre de usuario (Username): Éste es el nombre que le identifica con la computadora de su ISP. Generalmente es una abreviatura de su primer nombre y apellido. Por ejemplo, alguien llamado Carlos Medina podría utilizar cmedina como nombre de usuario. Usted puede elegir el nombre que desee, siempre y cuando no lo emplee ya otro usuario.

Contraseña (Password): El ISP podría permitirle seleccionar su propia contraseña o incluso asignársela. Asegúrese de tenerla apuntada en caso de olvido. Sin la contraseña correcta, usted no podrá conectarse a la computadora del proveedor de servicio.

Tipo de conexión (Connection Type): La mayoría de los ISPs ofrecen SLIP (Protocolo Internet para Línea Serial) o PPP (Protocolo Punto a Punto). El Protocolo Punto a Punto es más fácil de configurar y brinda una transferencia de datos más rápida, así que si le dan a escoger, elija PPP.

Servidor de nombres de dominio (Domain Name Server): El servidor de nombres de dominio es una computadora que está configurada para localizar a las computadoras en Internet. Cada computadora conectada a Internet tiene un número exclusivo que la identifica, como 197.72.34.74. Cada computadora también tiene un *nombre de dominio*, como www.presidencia.com, lo que facilita recordar la dirección de la computadora. Cuando usted escribe un nombre de dominio, el servidor de nombres de dominio busca el número de la computadora y lo localiza.

Nombre de dominio (Domain Name): Es el nombre de la computadora de su proveedor de servicio (por ejemplo, internet.com). Usted deberá utilizar el nombre de dominio junto con su nombre de usuario para obtener su *dirección de correo electrónico* (por ejemplo, cmedina@internet.com).

Servidor de noticias (News Server): El servidor de noticias le permite conectarse a cualquiera de los miles de *grupos de noticias* que hay en Internet para leer y publicar mensajes. Los grupos de noticias son tableros de boletines electrónicos para grupos con intereses específicos. Comúnmente el nombre de los servidores de noticias empieza con "news" y le sigue el nombre de dominio del proveedor de servicio (por ejemplo, news.internet.com). Vea "Configure su cuenta del servidor de noticias" en la página 348.

Servidor de correo (Mail Server): El servidor de correo se encarga del correo electrónico. En general el nombre del servidor de correo empieza con "mail" seguido del nombre de dominio del proveedor de servicio (por ejemplo, mail.internet.com). Vea "Configure su cuenta de correo electrónico" en la página 322.

Servidor POP (POP Server): El servidor POP (Protocolo de Oficina Postal) está a cargo de los mensajes de correo electrónico entrantes. Cuando llega un mensaje de correo electrónico dirigido a usted, el servidor POP lo almacena en su *buzón electrónico*. Entonces puede utilizar un programa de correo electrónico para obtener y desplegar sus mensajes. El nombre del servidor POP suele empezar con "pop" seguido del nombre de dominio del proveedor de servicio (por ejemplo, `pop.internet.com`).

Servidor SMTP (SMTP Server): El servidor SMTP (Protocolo Simple para Transferencia de Correo) es responsable de administrar los mensajes de correo electrónico salientes. Cuando usted redacta y envía un mensaje de correo electrónico, el servidor SMTP los transmite al buzón electrónico del destinatario. El nombre del servidor SMTP comienza con "smtp" o con "mail" seguido del nombre de dominio del proveedor de servicio (por ejemplo, `smtp.internet.com`).

Dirección de correo electrónico (E-mail Address): Si planea recibir mensajes de correo electrónico, necesita una dirección de correo electrónico. Ésta comienza con

su nombre de usuario, seguido de un signo llamado arroba (@) y el nombre de dominio de su proveedor de servicio (por ejemplo, `cmedina@internet.com`).

Una vez que tenga la información requerida, siga el *Recorrido guiado* posterior para insertar la información que utiliza el Asistente para la conexión a Internet (Internet Connection Wizard), de Windows 98. El Asistente le pide insertar cada parte de la información requerida para establecer una conexión con su ISP. El Asistente crea entonces un icono de Acceso telefónico a redes (Dial-Up Networking) que puede utilizar para establecer su conexión.

> Si no puede encontrar un ISP local, el Asistente para la conexión a Internet le pedirá seleccionar de una lista de ISPs conocidos. Sin embargo, estos servicios podrían estar fuera de su área, y tal vez tendría que pagar tarifas de larga distancia cuando se conecte a ellos. Para más detalles, vea la segunda parte del siguiente *Recorrido guiado*.

Recorrido guiado   Establezca una conexión con su ISP

1 Haga clic en el botón **Inicio** (Start), vaya a **Programas** (Programs), luego a **Internet Explorer** y haga clic en el **Asistente para la conexión a Internet.**

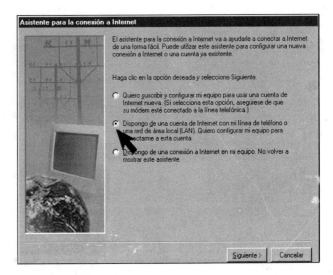

2 Aparecen las Opciones de configuración (Setup Options). Si desea introducir una configuración para su ISP, haga clic en **Dispongo de una cuenta de Internet con mi...** (I have an existing Internet service…) y haga clic en **Siguiente** (Next).

(continúa)

Recorrido guiado Establezca una conexión con su ISP *(continuación)*

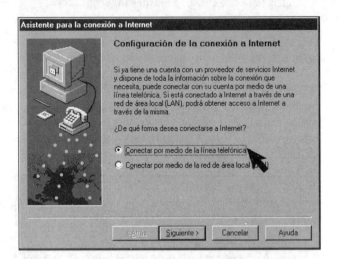

3 El Asistente le pide ahora especificar el tipo de conexión que desea configurar. Si se va a conectar con su proveedor de servicio por medio de un módem, elija **Conectar por medio de la línea telefónica** (Connect Using My Phone Line). Si su computadora está en red y se va a conectar a través de ésta, haga clic en **Conectar por medio de la red de área local (LAN)** [Connect Using My Local Area Network (LAN)]. Haga clic en **Siguiente** (Next).

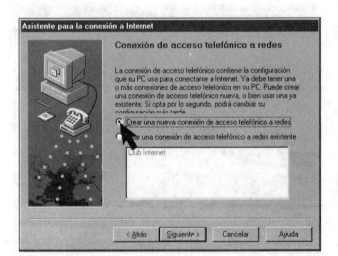

4 Ahora se le pide configurar una cuenta nueva. Haga clic en **Crear una nueva conexión de acceso telefónico a redes** (Create a New Dial-Up Connection) y luego en **Siguiente**. (Antes de que este cuadro de diálogo aparezca, tal vez se le pida instalar archivos adicionales del CD; siga las instrucciones en pantalla.)

5 Ahora se le pide que escriba el número telefónico que debe marcar para conectarse con la computadora de su proveedor de servicio. Escríbalo dentro del cuadro de texto **Número de teléfono** (Telephone Number). Si el número está fuera de su código de área, escriba el código correcto en el cuadro de texto **Código de área** (Area Code). Haga clic en **Siguiente**.

Si no tiene que marcar el código de área ni el código de país para conectarse con su proveedor de servicio, quite la marca junto a la opción **Marcar usando el código de área y el código de país** (Dial Using Area Code and Country Code) del paso 5.

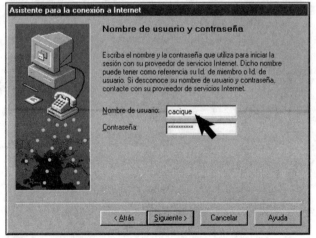

6 El Asistente le insta a escribir su nombre de usuario y contraseña. Escriba su nombre de usuario en el cuadro de texto **Nombre de usuario** (Username); luego haga clic en el cuadro de texto **Contraseña** (Password) y escriba su contraseña. Haga clic en **Siguiente**.

Recorrido guiado   Establezca una conexión con su ISP

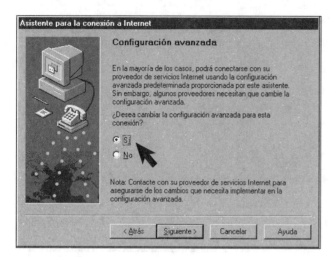

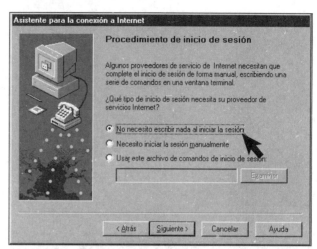

7 Se le pregunta si desea cambiar la configuración avanzada. Haga clic en **Sí** (Yes), para que al menos pueda revisar la configuración antes de continuar. Haga clic en **Siguiente**.

9 Ahora se le pide especificar el tipo de procedimiento de inicio de sesión. La mayoría de los proveedores de servicio permiten que el Acceso telefónico a redes de Windows escriba su nombre de usuario y contraseña por usted, así que deje **No necesito escribir nada al iniciar la sesión** (I Don't Need to Type Anything When Logging On). Si su proveedor de servicio requiere que inicie la sesión en forma manual o con una secuencia de comandos especial (en general proporcionada por el propio proveedor), seleccione una de las otras opciones. Haga clic en **Siguiente**.

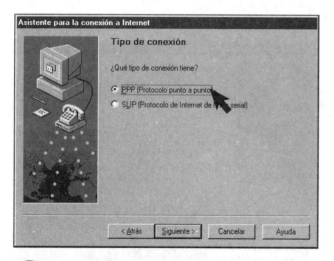

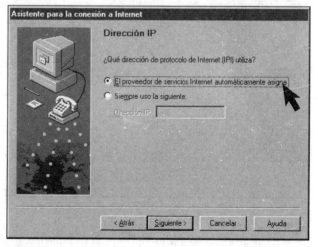

8 El Asistente le pide especificar el tipo de conexión: SLIP (Protocolo Internet de Línea Serial) o PPP (Protocolo punto a Punto). Elija el tipo de conexión según las especificaciones de su proveedor de servicio y haga clic en **Siguiente**.

10 El Asistente le pide que escriba su dirección IP (Protocolo Internet). Esta dirección, que la mayoría de los ISPs asignan automáticamente cuando usted inicia la sesión, identifica a su computadora cuando está en Internet. Si su ISP le asignó una dirección permanente, seleccione **Siempre uso la siguiente** (Always Use the Following) y escriba su dirección dentro del cuadro de texto **Dirección ISP** (ISP Address). Haga clic en **Siguiente**.

(continúa)

Recorrido guiado Establezca una conexión con su ISP *(continuación)*

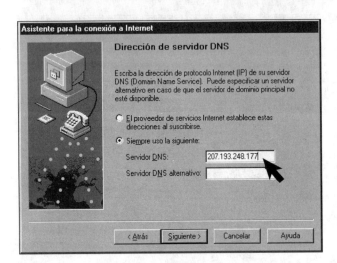

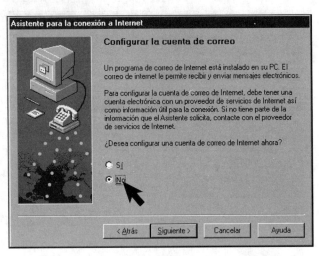

11 Ahora le pide que escriba la dirección de servidor DNS (Servidor de Nombres de Dominio). Si su proveedor de servicio especificó una dirección DNS, elija **Siempre uso la siguiente** (Always Use the Following) y escriba la dirección dentro del cuadro de texto **Servidor DNS** (DNS Server). Haga clic en **Siguiente** (Next).

13 El Asistente le pregunta si desea configurar su cuenta de correo electrónico. Haga clic en **Sí** (Yes) o en **No** y luego en **Siguiente**. Si elige Sí, consulte "Configure su cuenta de correo electrónico" en la página 322. Puede configurar más tarde su cuenta de correo electrónico.

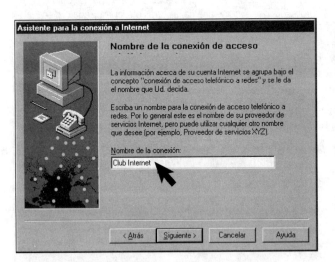

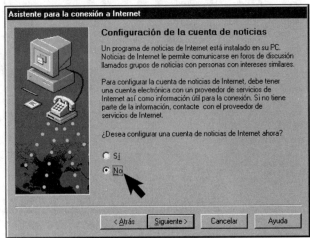

12 Se le pide escribir un nombre para la conexión. Dé un nombre descriptivo para su ISP y haga clic en **Siguiente**.

14 El Asistente le pregunta si desea configurar una cuenta de noticias. Haga clic en **Sí** o en **No** y luego en **Siguiente** si usted eligió Sí, consulte "Configure su cuenta del servidor de noticias" en la página 348, para más detalles. Más tarde puede configurar su cuenta de noticias.

Recorrido guiado   Establezca una conexión con su ISP

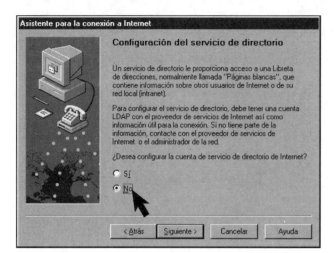

15 El Asistente le pregunta si desea configurar su cuenta de servicio de directorio. Un *servicio de directorio* es como una guía telefónica, que le ayuda a localizar direcciones, números telefónicos y direcciones de correo electrónico. Haga clic en **No** y luego en **Siguiente**.

16 El cuadro de diálogo Configuración completada (Complete Configuration) le informa que usted ha introducido toda la información requerida. Haga clic en **Finalizar** (Finish). Si antes tuvo que instalar archivos adicionales, tal vez se le pida que reinicie su computadora.

Si antes de escalar a Windows 98 usted ya tenía instalado un explorador Web diferente, es probable que su explorador se abra automáticamente al hacer clic en Finalizar y muestre el cuadro de diálogo Acceso telefónico a redes (Dial-Up Connection), pidiéndole conectarse a Internet. Si prefiere utilizar Internet Explorer, salga de su explorador Web y elija **Inicio | Programas | Internet Explorer** (Start | Programs | Internet Explorer). Cuando se le pregunte si desea que Internet Explorer sea su explorador Web predeterminado, haga clic en **Sí** (Yes).

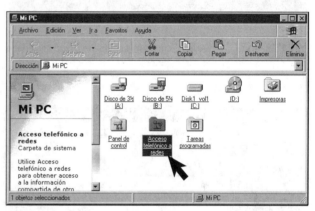

17 Abra Mi PC (My Computer) y haga clic en el icono **Acceso telefónico a redes** (Dial-Up Networking).

18 La carpeta Acceso telefónico a redes contiene iconos para cualquier ISP que usted haya configurado. Arrastre el icono de su ISP a un área en blanco del escritorio de Windows.

(continúa)

Recorrido guiado Establezca una conexión con su ISP *(continuación)*

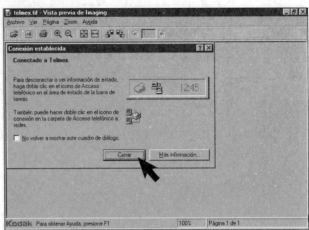

19 En el escritorio aparece una copia del icono. Haga clic en ella para marcar a la computadora de su proveedor de servicio.

21 Por medio de su módem, Acceso telefónico a redes marca el número, establece la conexión con su proveedor de servicio y despliega un cuadro de diálogo indicando que se ha establecido la conexión. Haga clic en **Cerrar** (Close). Ahora usted se puede dirigir a la sección "Use Internet Explorer" en la página 229 para abrir y ver las páginas Web.

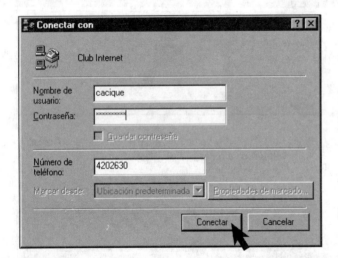

20 Aparece el cuadro de diálogo Conectar con (Connect To). Si es necesario, escriba su nombre de usuario en el cuadro de texto **Nombre de usuario** (Username) y su contraseña en el cuadro de texto **Contraseña** (Password). Haga clic en **Conectar** (Connect).

Cerrar el cuadro de diálogo **Conectar con** no le desconecta de Internet. Para desconectarse, haga clic con el botón derecho del ratón en el icono de la conexión a Internet que está en la bandeja del sistema (en el extremo derecho de la barra de tareas) y elija **Desconectar** (Disconnect).

Para cambiar cualquiera de los parámetros de la conexión a Internet que usted introdujo, haga clic con el botón derecho del ratón en el icono de su conexión a Internet que está en la carpeta Acceso telefónico a redes (Dial-Up Networking) y elija **Propiedades** (Properties).

Recorrido guiado Encuentre un ISP y configure una cuenta nueva

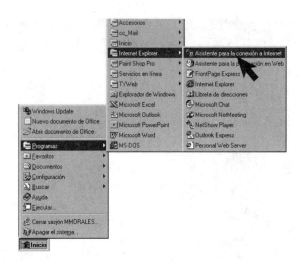

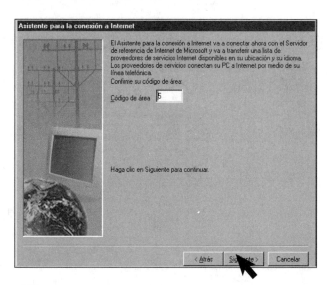

1 Haga clic en el botón **Inicio** (Start), vaya a **Programas** (Programs), luego a **Internet Explorer** y haga clic en **Asistente para la conexión a Internet** (Connection Wizard).

3 Aparece el cuadro de diálogo Inicio de la configuración automática (Begin Automatic Setup), indicándole que usted necesitará su disco de instalación de Windows y que probablemente tendrá que reiniciar su computadora para realizar la operación. Salga de cualquier programa que esté ejecutando y haga clic en **Siguiente**.

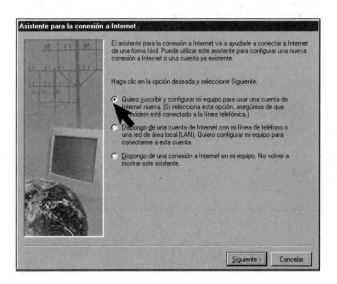

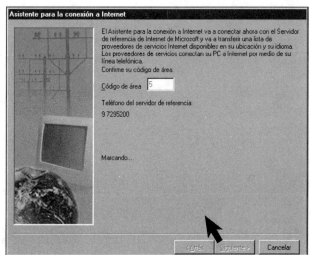

2 Aparecen las Opciones de configuración (Setup Options). Para encontrar y seleccionar un nuevo ISP, haga clic en **Quiero suscribir y configurar mi equipo para usar una cuenta de Internet nueva** (I Want to Sign Up and Configure for a New Internet Account). Haga clic en **Siguiente** (Next).

4 El Asistente marca un número local sin costo para conectarle al Servidor de referencia de Internet de Microsoft (Microsoft's Internet Referral Service) y despliega una lista de los Proveedores de Servicio Internet (ISPs) locales.

(continúa)

Recorrido guiado   Encuentre un ISP y configure una cuenta nueva   *(continuación)*

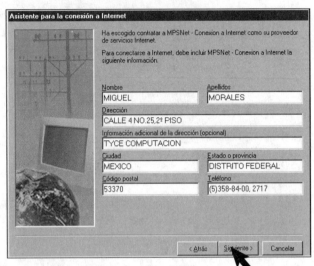

5 Cuando aparezca la lista de proveedores de servicio, haga clic en el nombre del proveedor que usted decida utilizar y luego haga clic en **Siguiente** (Next).

6 Siga las instrucciones en pantalla, que variarán de un proveedor a otro, e introduzca la información solicitada.

Una vez terminada la configuración, aparece un icono para el proveedor de servicio en la carpeta Acceso telefónico a redes (Dial-Up Networking). En Mi PC (My Computer), haga clic en **Acceso telefónico a redes** y luego haga clic en el icono del proveedor de servicio para mostrar el cuadro de diálogo Conectar con (Connect To). Haga clic en el botón **Conectar** (Connect) para establecer su conexión. En la mayoría de los casos, Windows le pedirá automáticamente que se conecte (o marcará automáticamente), al iniciar cualquier programa de Internet, como Internet Explorer u Outlook Express.

Use Internet Explorer

La conexión de Acceso telefónico a redes que configuró en el *Recorrido guiado* anterior simplemente establece la conexión Internet requerida. Abre la línea de comunicación entre su computadora y otra computadora que esté enlazada a Internet. Una vez establecida la conexión, podrá utilizar un software especializado para cliente para tener acceso a las distintas características de Internet: World Wide Web, correo electrónico, grupos de noticias, salones de conversación, etcétera.

Una de las características más populares es World Wide Web (o Web, para abreviar). Web almacena millones de páginas multimedia que contienen, texto, imágenes, clips de audio y video, presentaciones interactivas, juegos y otras ofertas interesantes. Para abrir estas páginas y saltar de una a otra, use un programa para cliente llamado *explorador* o *navegador Web*. Windows 98 cuenta con un popular explorador Web que se llama Internet Explorer.

Al iniciar Internet Explorer, éste automáticamente abre la página principal de Microsoft, la cual contiene iconos, imáge-

nes y texto resaltado que actúan como *vínculos*. Los vínculos le llevan a otras páginas Web. Para moverse de una página a otra, haga clic en un vínculo. El *Recorrido guiado* le muestra cómo ejecutar Internet Explorer y cómo utilizarlo para abrir páginas Web.

> Al abrir páginas Web, Internet Explorer a veces despliega cuadros de diálogo que le advierten sobre posibles riesgos de seguridad, le piden descargar actualizaciones de programas o añadidos y le informan que no puede encontrar un sitio o página Web en particular. Si Internet Explorer no puede encontrar una página, trate de hacer clic en el vínculo o escriba de nuevo la dirección de la página. Para decidir cómo manejar las advertencias de seguridad, vea "Cambie sus parámetros de seguridad" en la página 279.

Recorrido guiado   Inicie Internet Explorer

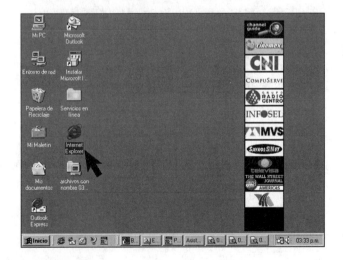

1 Haga clic en el icono **Internet Explorer** del escritorio de Windows.

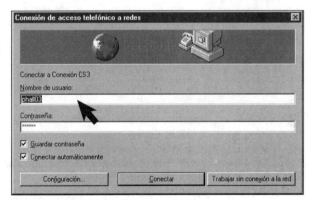

2 Aparece la ventana de Microsoft Internet Explorer y el cuadro de diálogo Marcado automático para Internet (Internet Autodial). Abra la lista desplegable **Nombre de la conexión** (Connection Name) y elija la conexión de Acceso telefónico a redes que creó para su proveedor de servicio. Haga clic en **Aceptar** (OK) y vaya al paso 6. Si no aparece el cuadro de diálogo Marcado automático para Internet, siga con el paso 3.

(continúa)

Recorrido guiado Inicie Internet Explorer *(continuación)*

Si no aparece el cuadro de diálogo de Marcado automático, es probable que reciba un mensaje de advertencia indicando que Internet Explorer no pudo cargar la página Web de inicio. Abra el menú **Ver** (View) de Internet Explorer, elija **Opciones de Internet** (Internet Options) y haga clic en la ficha **Conexión** (Connection). Si está usando un módem, asegúrese de que esté seleccionada la opción **Conectar a Internet utilizando un módem** (Connect to the Internet Using a Modem), haga clic en el botón **Configuración** (Settings) y escriba las preferencias de su conexión a Internet. Haga clic en **Aceptar** (Ok) para guardar sus cambios.

6 Windows marca el número telefónico de su proveedor de servicio y establece la conexión. El cuadro de diálogo Progresión del marcado (Dialing Progress) presenta el estado de la conexión y luego se minimiza por sí solo cuando la establezca.

La primera vez que usted ejecute Internet Explorer, éste carga la página principal de Microsoft y despliega una advertencia indicando que el sitio está tratando de enviar información a su computadora. Esta información se llama *cookie*, es como una identificación que permite al sitio saber quién es usted. El sitio utiliza la identificación para recibirlo con mensajes personalizados. Puede aceptar o rechazar la cookie y seguir conectado Web. Para más información acerca de las cookies y de otros aspectos de seguridad, vea "Introduzca configuraciones avanzadas" en la página 272.

3 Si el marcado automático está desactivado, probablemente verá el cuadro de diálogo Conexión de acceso telefónico a redes (Dial-Up Connection). Escriba su nombre de usuario y su contraseña en los cuadros de texto correspondientes. Para que Windows recuerde su contraseña, haga clic en **Guardar contraseña** (Save Password) para colocar una marca dentro de su casilla de verificación.

4 Para que Windows se conecte automáticamente con su proveedor de servicio cada vez que usted ejecute un programa de Internet, elija **Conectar automáticamente** (Connect Automatically) para colocar una marca en su casilla de verificación.

5 Haga clic en el botón **Conectar** (Connect).

Recorrido guiado   Inicie Internet Explorer

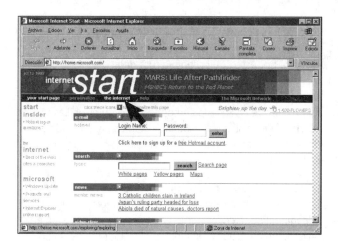

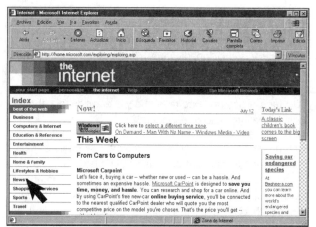

7 Internet Explorer se abre y muestra la página principal de Microsoft. Para mostrar una página diferente, haga clic en un vínculo (un texto subrayado o una imagen o icono especial). Puede darse cuenta cuando algo es un vínculo dejando el puntero del ratón en él. Si el puntero está en un vínculo, toma la forma de una mano.

8 Cuando usted hace clic en un vínculo, Internet Explorer abre la página hacia la que señala dicho vínculo, ya sea que la página está almacenada en el mismo sitio Web o en otro sitio de cualquier parte del mundo. Para más detalles sobre cómo navegar por las páginas Web, vea la siguiente tarea, "Explore World Wide Web".

Cuando el puntero del ratón está sobre un vínculo, la dirección de la página a la que se dirige dicho vínculo aparece en el extremo izquierdo de la barra de estado (en la parte inferior de la ventana).

Las figuras de esta sección presentan a Internet Explorer como aparece en una pantalla de 800 × 600 puntos por pulgada y con las Fuentes grandes activadas, para que usted pueda leer en las figuras el texto de la pantalla. Sin embargo, utilizar Fuentes grandes, hace que dos de los botones de la barra de herramientas (Imprimir y Edición) queden ocultos. El lado derecho de su barra de herramientas debería tener un botón Imprimir (Print) y uno Edición (Edit). Para aprender a cambiar la resolución de su pantalla y el tamaño de fuente mostrado, vea "Cambie las propiedades de pantalla" en la página 406.

Explore World Wide Web

W eb funciona en forma muy parecida a una enciclopedia multimedia en CD. Usted selecciona un tema de interés y la enciclopedia muestra una página de información. En general la página contiene texto, imágenes y texto resaltado que señala hacia otros artículos relacionados en el CD. Haga clic en un texto resaltado y la enciclopedia abrirá y mostrará la información relacionada.

Web proporciona herramientas y una interfaz similares para saltar de una página a otra. La mayoría de las páginas contiene textos resaltados, llamados *vínculos*, que suelen aparecer en azul y subrayados. Haga clic en un vínculo para abrir la página hacia la que señala el mismo. Los vínculos también pueden aparecer como iconos o como gráficos. Algunas páginas incluso contienen gráficos, llamados *mapas de bits*, que contienen varios vínculos; haga clic en las distintas áreas del mapa de bits para activar los vínculos. El *Recorrido guiado* le muestra cómo navegar por Web con los vínculos.

> Para dar más espacio en pantalla a la página Web que está viendo, haga clic en el botón **Pantalla completa** (Fullscreen) que está en la barra de herramientas. Esto oculta la barra de título de Internet Explorer, la barra de menús y la barra de estado. La barra de herramientas permanece en la pantalla, pero los nombres de los botones quedan ocultos. Para regresar a la vista normal, haga clic de nuevo en el botón **Pantalla completa**.

Escriba direcciones de páginas

Cada página Web tiene una dirección única que inicia con http://. HTTP es la abreviatura de *protocolo de transferencia de hipertexto*, que es el conjunto de reglas que gobierna los datos transmitidos en Web. En una dirección, al http:// le sigue el nombre de dominio de la computadora en que está guardada la página. Por ejemplo, la dirección del sitio Web de la Casa Blanca es `http://www.whitehouse.gov`. Después del nombre de dominio se encuentra la ruta de acceso hacia la carpeta en que está guardado el archivo de la página Web y el nombre del mismo. Por ejemplo, la dirección de una página específica del sitio Web de la Casa Blanca podría ser `http://www.whitehouse.gov/WH/glimpse/top.html`. (Las siglas HTML del final significan lenguaje de marcación de hipertexto, que son los códigos utilizados para dar formato a una página Web.)

Al escribir direcciones de páginas Web, puede omitir el http:// que aparece al principio de la dirección. Internet Explorer lo escribirá por usted. Al escribir la ruta de acceso de la carpeta o el nombre del archivo, es importante mantener la relación de mayúsculas y minúsculas. En el ejemplo anterior, escribir /wh en vez de /WH daría como resultado un error. Las mayúsculas y minúsculas no son importantes para los nombres de dominio, pero sí lo son para los nombres de carpetas y de archivos.

Si usted conoce la dirección de una página Web que desea abrir, puede escribirla dentro de Internet Explorer para abrir la página. Puede encontrar direcciones de páginas Web en revistas, en anuncios o de amigos o colaboradores. También puede buscar páginas por nombre o tema, como se explica en "Encuentre información en Web" en la página 261. Para obtener una lista de los sitios que vale la pena visitar, vaya a la página Web de este libro, en `//www.mcp.com/info/0-789/ 0-189-1513-9/`.

Trabaje con marcos

Algunos sitios Web dividen la ventana de Internet Explorer en dos o más *marcos*, cada uno de los cuales puede mostrar parte de una página Web. Generalmente los marcos están diseñados para ayudarle a navegar por el sitio. Por ejemplo, en una ventana con dos marcos, en el izquierdo podría aparecer un esquema del sitio, y al hacer clic en algún tema el marco derecho despliega la página asociada.

Los marcos son bastante intuitivos. Sin embargo, cuando usted tiene que regresar a una página anterior, deberá hacer clic varias veces en el botón Atrás (Back) para regresar a través de los marcos. Además, al imprimir un documento enmarcado, tiene que establecer varias opciones adicionales, incluyendo imprimir los marcos en forma individual o tal como aparecen en la pantalla. Para más detalles, vea "Imprima páginas Web" en la página 241.

Aproveche el poder de su teclado

La naturaleza de Web, con sus vínculos, botones y formularios, hace del ratón una necesidad. Sin embargo, Microsoft ha integrado en Internet Explorer 4 una cantidad suficiente de combinaciones de teclas para que pueda prescindir del ratón. La tabla siguiente le proporciona una extensa lista de las teclas de métodos abreviados de Internet Explorer.

Combinaciones de teclas de Internet Explorer 4

Presione	Para
Ctrl+A (O)	Abrir una página Web
Ctrl+N	Abrir una nueva ventana de Internet Explorer
Alt+← (flecha izquierda)	Regresar a la página anterior
Alt+→ (flecha derecha)	Ir a la siguiente página (si había regresado)
Esc	Dejar de cargar una página
F5	Actualizar (volver a cargar) una página
Tabulador	Moverse de un vínculo a otro
Mayús+Tabulador	Regresar de un vínculo a otro
Mayús+F10	Mostrar un menú de acceso directo para el vínculo seleccionado
Ctrl+Tabulador	Moverse de un marco a otro
Ctrl+Mayús+Tabulador	Regresar de un marco a otro
↑ (Flecha hacia arriba)	Desplazarse a la parte superior de la página
↓ (Flecha hacia abajo)	Desplazarse a la parte inferior de la página
Re Pág (Page Up)	Regresar una pantalla a la vez
Av Pág (Page Down)	Avanzar una pantalla a la vez
Inicio (Home)	Ir al principio de la página Web
Fin (End)	Ir al final de la página Web
Ctrl+S	Guardar la página Web actual
Ctrl+P	Imprimir la página Web actual
Ctrl+X	Cortar el texto seleccionado
Ctrl+V	Pegar el texto cortado o copiado
Ctrl+C	Copiar el texto seleccionado
Ctrl+E (A)	Seleccionar todo el texto de la página Web
Ctrl+F	Buscar texto específico en la página

Recorrido guiado   Navegue por Web

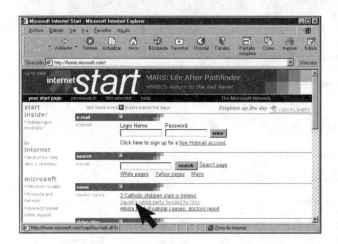

1 Cuando usted ejecuta Internet Explorer, éste abre automáticamente la página Web de Microsoft. Haga clic en un vínculo para abrir una página diferente.

Si tenía una versión anterior de Internet Explorer en su computadora antes de instalar Windows 98, la nueva versión utilizará los parámetros de la versión anterior. Por lo que, si tenía Internet Explorer configurado para cargar una página distinta al inicio, Internet Explorer la abrirá también, en vez de la página principal de Microsoft.

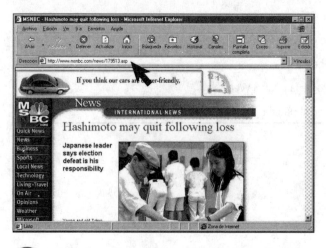

2 Internet Explorer abre la página y muestra su dirección en el cuadro de texto **Dirección** (Address).

3 Al avanzar de una página a otra, el botón Atrás (Back) se activa. Haga clic en él siempre que quiera volver a la página anterior. Para más detalles sobre cómo regresar por las páginas Web, vea "Regrese a los sitios Web que ya ha visitado" en la página 243.

4 Algunas páginas contienen gráficos relativamente grandes llamados mapas de imágenes. Cada área de la imagen actúa como un vínculo independiente. Para activar su vínculo, haga clic en un área de la imagen.

Recorrido guiado Navegue por Web

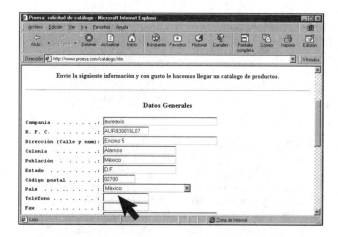

5 Algunas páginas Web son formularios que usted puede llenar para enviar información u ordenar algún producto en línea. Llene un formulario como lo haría con un cuadro de diálogo y luego haga clic en el botón **Enviar** (Submit) o su equivalente.

> Antes de introducir información en un formulario, cuídese de los aspectos de seguridad implicados. Para mayores detalles, vea "Cambie sus parámetros de seguridad" en la página 279.

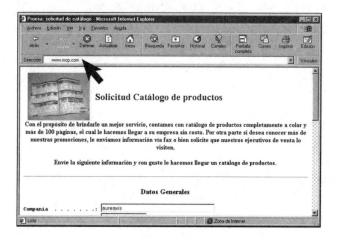

6 Si conoce la dirección de una página Web específica, la puede abrir haciendo clic en el cuadro de texto **Dirección** (Address); luego escriba la dirección de la página (por ejemplo www.mcp.com) y presione **Entrar** (Enter). El cuadro de texto Dirección también funciona como una lista desplegable para regresar a las páginas visitadas previamente.

> El cuadro de texto Dirección presenta la característica Autocompletar (AutoComplete). Si empieza a escribir la dirección de una página que ya ha visitado, Internet Explorer escribe automáticamente el resto de la dirección por usted. Así, todo lo que tiene que hacer es presionar **Entrar**.

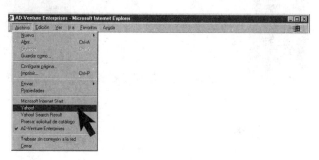

7 El menú Archivo (File) de Internet Explorer guarda una lista de las páginas que usted ha visitado recientemente. Para regresar a una página, abra el menú **Archivo** y haga clic en el nombre de la página deseada.

8 Si cargar una página toma demasiado tiempo, usted puede hacer clic en el botón **Detener** (Stop) para dar por terminada la transferencia. Internet Explorer carga primero el texto y luego los gráficos. En la mayoría de los casos, usted podrá ver todo el texto, aunque pierda algunas imágenes.

(continúa)

Recorrido guiado Navegue por Web *(continuación)*

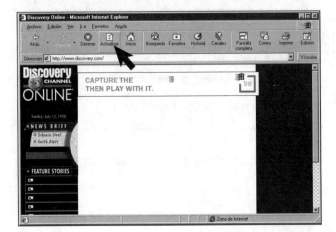

9 Si detuvo la transferencia o si por alguna razón una página no se cargó por completo, haga clic en el botón **Actualizar** (Refresh) para que Internet Explorer abra de nuevo la página.

10 Usted puede salir de Internet Explorer en cualquier momento, haciendo clic en el botón **Cerrar** (Close).

Algunos vínculos apuntan a clips de audio o video o hacia otro tipo de archivos. Tanto Internet Explorer como cualquiera de los programas incluidos con él, pueden reproducir la mayor parte de tipo de archivos de audio o video. Si se encuentra algún tipo de archivo que Internet Explorer no soporte, aparece un cuadro de diálogo pidiéndole que guarde el archivo en un disco, que cancele la operación o que instale un programa para reproducirlo. Para más detalles, vea "Reproduzca audio, video y contenido activo" en la página 265.

Guarde sus páginas y archivos Web

Mientras usted se pasea por Web, podría encontrar páginas que le gustaría tener como referencia o imágenes y clips de multimedia que deseara guardar para disfrutarlos más tarde. Internet Explorer le permite guardar páginas y otros archivos Web en su disco duro. Entonces podrá abrir más tarde las páginas desde el disco o abrir los archivos descargados (copiados).

El *Recorrido guiado* le muestra cómo guardar páginas y otros archivos Web en disco y cómo abrir las páginas Web desde un disco en vez de desde Internet. Cuando guarda una página Web, usted tiene la opción de guardarla como un documento HTML o como un documento de sólo texto. El documento HTML aparece como en Web, con los vínculos y el formato de los caracteres intactos, pero sin las imágenes. La opción Sólo texto guarda el documento como un texto sin formato.

Si elige guardar la página como un documento HTML y quiere que las imágenes aparezcan en la página, guárdelas en la misma carpeta en que guardó la página. Para guardar una imagen u objeto, haga clic con el botón derecho del ratón en la imagen o vínculo y elija **Guardar destino como** (Save Target As).

> Muchos sitios de Internet también ofrecen programas de shareware que usted puede descargar, instalar y utilizar por un periodo específico. Revise Stroud's List en `cws.internet.com` o el vínculo de shareware clnet's localizado en `www.shareware.com`.

Recorrido guiado   Guarde una página Web

 1 Abra la página Web que desea guardar.

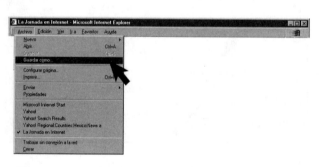

2 Abra el menú **Archivo** (File) y elija **Guardar como** (Save As).

(continúa)

Recorrido guiado Guarde una página Web *(continuación)*

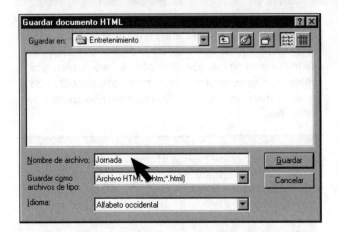

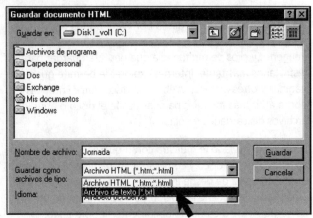

3 Aparece el cuadro de diálogo Guardar documento HTML (Save HTML Document). En el cuadro de texto **Nombre de archivo** (File Name), escriba un nombre para la página.

5 (Opcional) Para guardar la página como archivo de texto (sin formato Web), abra la lista desplegable **Guardar como archivos de tipo** (Save As Type) y elija **Archivo de texto** (Text File).

6 Haga clic en **Guardar** (Save). Internet Explorer guarda la página Web como un archivo, desechando cualquier imagen que tenga la página.

La mejor forma de hacer que Internet Explorer guarde la página Web y sus imágenes, es configurar una suscripción a páginas Web. Vea "Suscríbase a sitios Web" en la página 250.

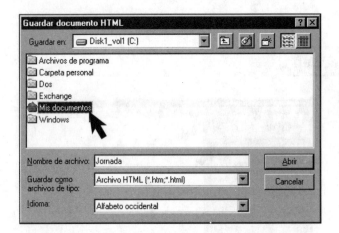

4 Utilice la lista desplegable **Guardar en** (Save In) y la lista de carpetas para elegir el disco y abrir la carpeta en la que desea guardar el archivo.

Recorrido guiado   Abra una página Web guardada

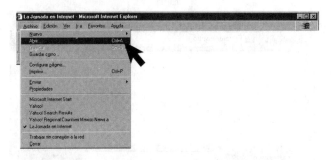

1 Abra el menú **Archivo** (File) y haga clic en **Abrir** (Open) o presione **Ctrl+A** (O).

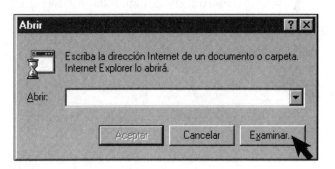

2 Aparece el cuadro de diálogo **Abrir**. Haga clic en el botón **Examinar** (Browse).

3 Vaya al disco y carpeta en la que guardó el archivo de la página Web y selecciónelo. Haga clic en **Abrir**.

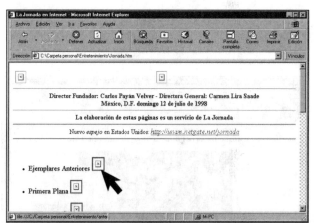

4 Haga clic en **Aceptar** (OK), e Internet Explorer abre y despliega la página Web. Observe que en vez de imágenes aparecen los marcadores de posición.

Recorrido guiado   Guarde un vínculo o un archivo

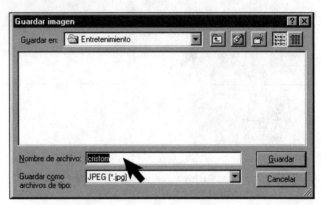

1 Abra la página que tenga la imagen o el vínculo que desee guardar.

2 Haga clic con el botón derecho del ratón en la imagen o vínculo.

4 Aparece el cuadro de diálogo Guardar imagen (Save Picture). Elija el disco y la carpeta en la que desea almacenar el archivo, escriba un nombre para el archivo y haga clic en **Guardar** (Save).

3 Aparece un menú contextual, mostrando un par de opciones de guardado. Para guardar una imagen, haga clic en **Guardar imagen como** (Save Picture As). Para guardar otro tipo de archivo, elija **Guardar destino como** (Save Target As).

Imprima páginas Web

Las páginas Web son mucho más dinámicas e interactivas que sus equivalentes en papel. Le conectan a otras páginas que también tienen vínculos, le brindan segmentos de video y presentaciones que atraen su atención y le brindan información visual; algunas páginas incluso le hablan o le cantan con sonidos digitalizados.

Sin embargo, podría llegar a encontrarse con una página que desea guardar para imprimirla. Tal vez la quiera compartir con un amigo o familiar que no tiene una conexión a Internet, o separarla para una consulta posterior. En dichos casos, usted puede imprimir la página desde Internet Explorer. A continuación, el *Recorrido guiado* le muestra lo que tiene que hacer.

Recorrido guiado   Imprima una página Web

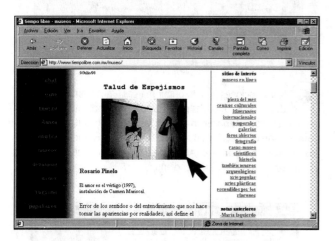

1 Abra la página que desea imprimir. Asegúrese de que su impresora tenga papel y esté encendida.

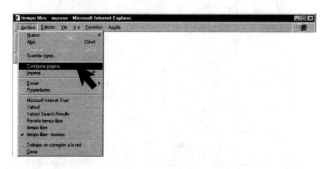

2 Abra el menú **Archivo** (File) y elija **Configurar página** (Page Setup).

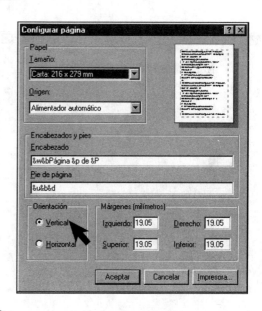

3 Aparece el cuadro de diálogo Configurar página, con la configuración predeterminada de la página. Seleccione el tamaño de papel, la orientación de la página deseada (horizontal o vertical) y escriba los parámetros para los márgenes. Para mayores detalles, vea "Imprima un documento" en la página 164. Haga clic en **Aceptar** (OK).

(continúa)

Recorrido guiado Imprima una página Web *(continuación)*

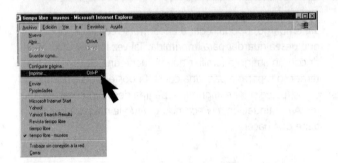

4 Abra el menú **Archivo** y elija **Imprimir** (Print).

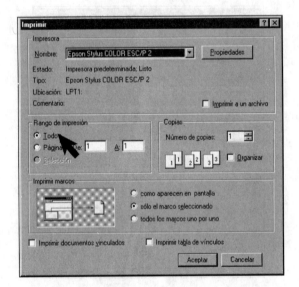

5 Aparece el cuadro de diálogo Imprimir. En Rango de impresión (Print Range), elija **Todo** (All). Usted puede decidir imprimir páginas específicas, pero es difícil adivinar qué páginas contienen lo que quiere.

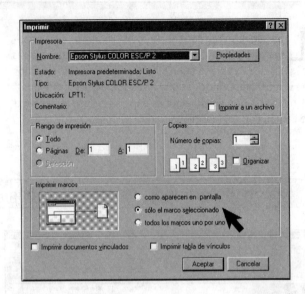

6 Si las opciones para Imprimir marcos (Print Frames) están disponibles, utilícelas para especificar cómo quiere impresos los marcos: **como aparecen en pantalla** (As Laid Out on Screen), **sólo el marco seleccionado** (Only the Selected Frame) o **todos los marcos uno por uno** (All Frames Individually) (que imprimirá los marcos en páginas independientes).

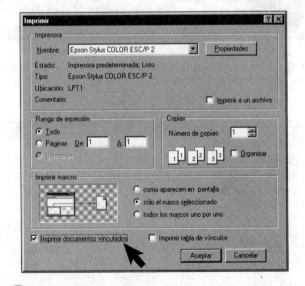

7 Para imprimir todos los documentos Web vinculados a esta página, haga clic en **Imprimir documentos vinculados** (Print All Linked Documents). Tenga cuidado con esta opción; algunas páginas tienen docenas de vínculos.

8 Para imprimir una lista de los vínculos de esta página, haga clic en **Imprimir tabla de vínculos** (Print Table of Links).

9 Haga clic en **Aceptar** (OK). Internet Explorer imprime el documento como usted lo especificó.

Regrese a los sitios Web que ya ha visitado

Mientras usted se mueve de una página a otra, Internet Explorer hace un seguimiento de las páginas que usted visita. Entonces usted puede regresar a las páginas anteriores haciendo clic en el botón Atrás (Back) o Adelante (Forward). También puede seleccionar la página deseada de cualquiera de las listas desplegables. Los botones Atrás y Adelante, así como el cuadro de texto Dirección (Address), también funcionan como listas desplegables. Sólo haga clic en la flecha que está a la derecha de cada botón o junto al cuadro de texto, para ver los nombres o direcciones de las páginas abiertas más recientes. Entonces, elija una página de la lista para abrirla rápidamente. El *Recorrido guiado* le muestra lo que deberá hacer.

Use la barra Historial

Además de las listas desplegables Atrás, Adelante y Dirección, Internet Explorer presenta una barra de Historial (History Bar). Ésta contiene una lista completa de las páginas que usted ha visitado en los últimos 20 días. La Barra Historial es muy semejante a la lista de carpetas que aparece a la izquierda de la ventana del Explorador de Windows (Windows Explorer). Haga clic en el día o semana durante la cual visitó el sitio Web y luego haga clic en el nombre del sitio para ver una lista de las páginas que ha visto de ese sitio. Entonces podrá visitar rápidamente una página eligiéndola de la lista. El *Recorrido guiado* le explica cómo mostrar y utilizar la barra Historial.

Trabaje con páginas almacenadas en el caché

Cada vez que usted abre una página Web, Internet Explorer la guarda junto con cualquier archivo relacionado, como los gráficos, en una carpeta temporal de su disco duro. Esta área de almacenamiento temporal se llama *caché*. La próxima vez que abra la página, Internet Explorer abrirá el archivo de su disco duro y actualizará la página, si es necesario. Esto hará que aparezca más pronto, ya que Internet Explorer no tiene que descargar toda la página desde Web.

Sin embargo, a veces Internet Explorer no actualiza automáticamente la página. Si sospecha que está viendo información atrasada, haga clic en el botón **Actualizar** (Refresh) para que Internet Explorer actualice la página.

> Internet Explorer está configurado para utilizar un porcentaje determinado del espacio de su disco duro para memoria caché. Usted puede borrar el caché y cambiar el porcentaje abriendo el menú **Ver** (View) y seleccionando **Opciones de Internet** (Internet Options). La configuración para el caché está listada bajo Temporary Internet Files. Para mayores detalles, vea "Configure Internet Explorer" en la página 272.

Recorrido guiado   Visite páginas Web una y otra vez

1 Cuando usted hace clic en un vínculo para cargar otra página, el botón Atrás (Back) se activa. Para regresar a la página anterior, haga clic en el botón **Atrás**.

2 En cuanto usted regresa, el botón Adelante (Forward) se activa. Para avanzar a la siguiente página visitada haga clic en el botón **Adelante**.

(continúa)

Recorrido guiado   Visite páginas Web una y otra vez   *(continuación)*

3 Los botones Atrás y Adelante también funcionan como listas desplegables. Haga clic en la flecha que está junto a uno de estos botones para abrir una lista de las páginas que usted ha visitado. Luego haga clic en la página deseada para regresar a ella.

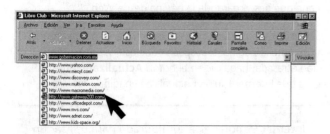

4 También el cuadro de texto Dirección (Address) actúa como una lista desplegable. Haga clic en la flecha que está a la derecha del cuadro de texto **Dirección** y luego en el nombre o dirección de la página deseada.

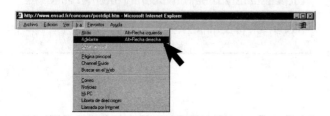

5 El menú Ir (Go) también tiene opciones para regresar y avanzar por las páginas. Abra el menú **Ir** y elija **Atrás** (Back) o **Adelante** (Forward) para regresar a una página.

6 Para volver a visitar una página que abrió hace algún tiempo, haga clic en el botón **Historial** (History).

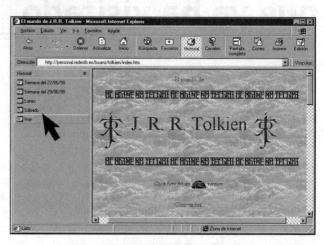

7 Aparece la Barra de Historial como un marco independiente a la izquierda de la ventana. Haga clic en el día o semana para ver una lista de los sitios Web visitados durante ese periodo.

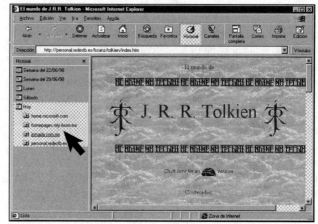

8 En la lista de sitios Web que aparece, haga clic en el sitio Web que contiene la página que desea visitar de nuevo.

Recorrido guiado   Visite páginas Web una y otra vez

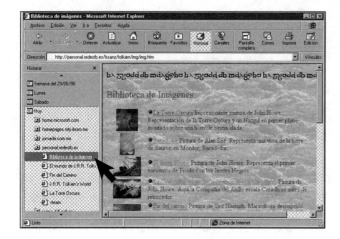

9 La Barra Historial muestra una lista de las páginas que ha abierto de este sitio. Haga clic en el nombre de la página deseada.

10 El contenido de la página aparece en el marco derecho. Para ocultar la barra Historial, haga clic en el botón **Historial** (History) de la barra de herramientas.

Cree una lista de sus sitios favoritos

En "Cree accesos directos a discos, carpetas y archivos" en la página 114, usted aprendió a crear iconos para aplicaciones y documentos y a colocarlos justo sobre el escritorio de Windows.

Internet Explorer le permite crear accesos directos para sus páginas Web favoritas. Usted puede crear accesos directos en el escritorio de Windows o colocarlos en el menú Favoritos (Favorites) de Internet Explorer o en la barra de herramientas de Inicio rápido (Quick Launch), como se muestra en el *Recorrido guiado*.

Una vez que haya creado un acceso directo para una página, usted puede regresar rápidamente a la misma haciendo clic en su acceso directo. Si está conectado a Internet, Internet Explorer cargará inmediatamente la página. Si no lo está, aparece el cuadro de diálogo Conectar con (Connect To), pidiéndole que se conecte. Una vez conectado, Internet Explorer ejecuta y carga la página.

Organice su menú Favoritos

El menú Favoritos está ahí para que usted lo ordene y lo vuelva a ordenar a su gusto. Puede eliminar algunos de sus sitios favoritos, crear nuevos submenús y mover elementos del menú Favoritos a sus submenús.

Para realizar cualquiera de estas tareas de administración, primero tiene que abrir la ventana Organizar Favoritos (Organize Favorites). Abra el menú **Favoritos** y haga clic en **Organizar Favoritos**. La ventana Organizar Favoritos es prácticamente idéntica a Mi PC (My Computer). Para organizar sus sitios favoritos, utilice las mismas técnicas que aprendió en "Cómo administrar discos, carpetas y archivos" en la página 79.

Localice los menús Favoritos

Internet Explorer tiene tres menús de Favoritos: uno en la barra de herramientas, otro en el menú Inicio (Start) de Windows y otro más que aparece como una barra del explorador cuando usted hace clic en el botón Favoritos. Estos menús son prácticamente idénticos. Si hace clic en el botón Favoritos, el menú aparece como una barra del explorador, a la izquierda de la ventana de Internet Explorer. Usted puede explorar sus páginas favoritas seleccionándolas de esta barra. Cuando encuentre la página que desea, haga clic de nuevo en el botón Favoritos para cerrar la barra y darle un poco más de espacio.

Haga su propia barra de botones

Internet Explorer tiene una barra de Vínculos (Links) (también llamada barra de Vínculos rápidos [Quick Links]) que le permite agregar botones a sus sitios Web favoritos. El *Recorrido guiado* le muestra cómo mostrar esta barra de herramientas que le ahorra tiempo y cómo agregar sus propios botones a ella.

Recorrido guiado Agregue accesos directos al escritorio de Windows

1 Si desea crear un acceso directo para una página, abra la página en Internet Explorer.

Recorrido guiado   Agregue accesos directos al escritorio de Windows

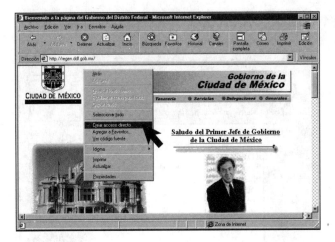

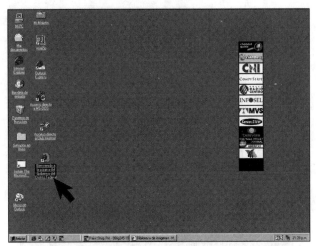

2 Haga clic con el botón derecho del ratón en un área en blanco de la página y elija **Crear acceso directo** (Create Shortcut).

4 Internet Explorer coloca un icono de acceso directo en el escritorio de Windows. Haga clic en el icono cada vez que desee cargar la página.

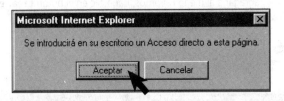

3 El cuadro de diálogo Microsoft Internet Explorer le informa que se colocará en el escritorio un acceso directo para la página o vínculo actual. Haga clic en **Aceptar** (OK).

Recorrido guiado   Agregue accesos directos al menú Favoritos

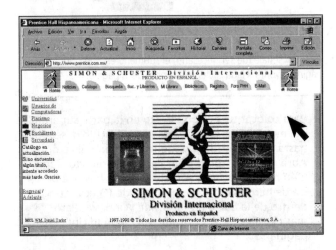

1 Abra la página Web que desea marcar como favorita.

(continúa)

Recorrido guiado   Agregue accesos directos al menú Favoritos   *(continuación)*

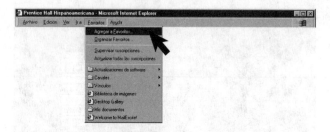

2 Abra el menú **Favoritos** (Favorites) y seleccione **Agregar a Favoritos** (Add To Favorites).

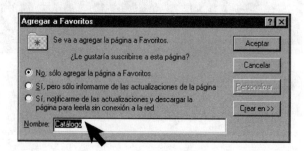

3 Aparece el cuadro de diálogo Agregar a Favoritos. Usted puede dar un nuevo nombre a la página en el cuadro de texto **Nombre** (Name), pero no tiene que hacerlo.

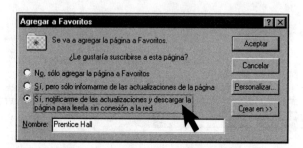

4 (Opcional) Haga clic en **Sí, notifícarme de las actualizaciones y descargar la página para leerla sin conexión a la red** (Yes, Notify Me of Updates and Download the Page for Offline Viewing) para suscribirse a esta página y tener una versión actualizada de la misma. Vea "Suscríbase a sitios Web" en la página 250.

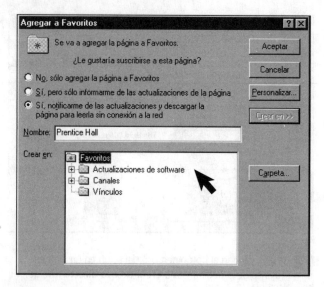

5 (Opcional) Para agregar la página a un submenú en vez de agregarla al menú Favoritos, haga clic en el botón **Crear en** (Create In) y seleccione el submenú deseado en la misma lista.

6 Haga clic en **Aceptar** (OK).

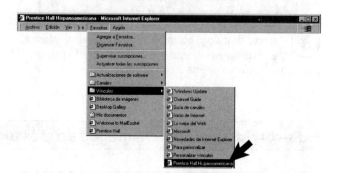

7 Para abrir rápidamente una página, abra el menú **Favoritos** y señale (de ser necesario) el submenú en que colocó la página favorita. Haga clic en el nombre de la página.

Para colocar un acceso directo en la parte superior del menú Inicio (Start), arrastre el vínculo deseado hasta el botón **Inicio** y suelte el botón del ratón. Abra el menú **Inicio** y verá el acceso directo. También puede arrastrar accesos directos hasta la barra de herramientas de Inicio rápido (Quick Launch) dentro de la barra de tareas de Windows. Para más detalles, vea "Configure el menú Inicio", en la página 53.

Recorrido guiado   Cree botones de vínculos rápidos

1 Para ver la barra Vínculos (Links), abra el menú **Ver** (View), vaya a **Barras de herramientas** (Toolbars) y asegúrese que haya una marca junto a **Vínculos**.

2 Iinicialmente la barra aparece a la derecha del cuadro de texto Dirección (Address). Para poner sus botones a la vista, haga doble clic en **Vínculos**.

3 Arrastre la barra hacia abajo para desplegarla como una barra de herramientas independiente.

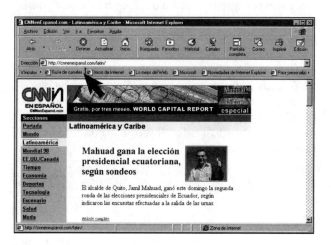

4 Cuando la barra de herramientas esté a la vista, arrastre con el ratón un vínculo o icono de acceso directo sobre la barra de herramientas Vínculos para agregarlo a ella. Aparece una línea vertical, mostrando dónde será colocado el botón. Suelte el ratón.

5 Para eliminar un botón, haga clic con el botón derecho del ratón sobre él y elija **Eliminar** (Delete).

6 Para mover un botón, sólo arrástrelo.

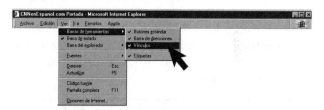

7 Para ocultar la barra de herramientas Vínculos, abra el menú **Ver**, vaya a **Barras de herramientas** y haga clic en **Vínculos**, de donde se quita la marca**.**

Los vínculos no son otra cosa que páginas favoritas que son colocadas dentro de la carpeta \Favoritos \Vínculos (\Favorites\Links). Para cambiar el nombre de un botón, primero, en la ventana Organizar Favoritos (Organize favorites), despliegue el contenido de la carpeta Vínculos. Entonces haga clic en el vínculo, luego en el botón **Cambiar nombre** (Rename) y finalmente escriba el nombre que desee para el botón.

Suscríbase a sitios Web

Varias compañías, incluyendo a Microsoft, han estado trabajando en algunas formas para acelerar a Internet. Las compañías de cable, los fabricantes de módems y los creadores de las computadoras satélite se han ido por el camino del hardware, tratando de resolver el problema incrementando la velocidad a la que viajan los datos desde Internet a su PC. Sin embargo, estas soluciones tienen un límite superior y cuestan al usuario más tiempo y dinero del que están dispuestos a gastar.

Otras compañías han enfocado el problema desde el punto de vista del software y han creado una noción más inteligente de *actualización automática de contenido*. Con este contenido, usted se suscribe a los sitios Web y hace que éstos transmitan contenido actualizado a su computadora mientras usted trabaja o duerme. Por lo tanto, usted se puede desconectar de Internet y ver sus páginas sin estar en línea. En las secciones siguientes, usted aprenderá a hacer que las páginas Web actualizadas lleguen a su computadora.

La palabra "suscripción" suena como si se tuviera que empezar a pagar una cuota de suscripción anual por las páginas Web que solía tener sin cargo. En realidad, la suscripción, en la mayoría de los casos, es gratuita. Para suscribirse a una página Web, cree un acceso directo o un favorito e introduzca los parámetros que indiquen a Internet Explorer qué tan seguido actualizará la página. Entonces Internet Explorer se conecta a Web en el momento especificado y descarga por usted la página actualizada.

> Aunque no tenga que pagar por suscribirse a un sitio, podría sufrir aumentos en sus cargos por tiempo de conexión, dependiendo de la forma en que su proveedor de servicio y su compañía telefónica apliquen sus tarifas. Si hacen cargos por minuto o por hora, Internet Explorer puede hacer que su facturación crezca inmensamente.

El mejor momento para configurar una suscripción es cuando usted marca por primera vez el sitio como favorito, como se muestra en el *Recorrido guiado*.

Administre las suscripciones

Conforme usted se suscriba a sitios Web, Internet Explorer almacena los iconos de esos sitios en la carpeta Windows\Subscriptions. Usted puede abrir esta carpeta desde Internet Explorer yendo al menú **Favoritos** (Favorites) y eligiendo **Organizar suscripciones** (Manage Subscriptions). Esto abre la ventana Subscriptions, que se ve como Mi PC (My Computer). La barra de herramientas de la ventana contiene dos botones adicionales para poner al día las suscripciones. Actualizar (Update), para descargar el contenido actual del sitio seleccionado, y Actualizar todo (Update All), para descargar el contenido actual de todos los sitios a que se ha suscrito. También puede cambiar la configuración de la suscripción para un sitio, como se muestra en el *Recorrido guiado*.

Configure las fechas de actualización

Cuando usted se suscribe a un sitio, Internet Explorer descarga el contenido actualizado de acuerdo con las fechas recomendadas por quien lo publica o con la configuración diaria, semanal o mensual de Internet Explorer. A menos que usted decida otra cosa, Internet Explorer utilizará las fechas recomendadas por quien publica el sitio y descarga el contenido actualizado en los momentos especificados por el propio sitio Web. Usted puede optar porque Internet Explorer descargue el contenido diario, semanal o mensualmente, y puede especificar los días y horas en que Internet Explorer descargará las páginas actualizadas. El *Recorrido guiado* le brinda instrucciones paso a paso.

Recorrido guiado Suscríbase a un sitio Web

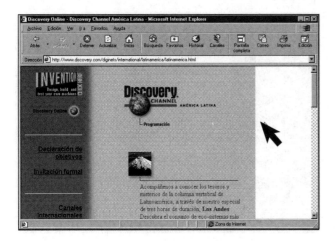

1 Abra la página a que desea suscribirse.

2 Abra el menú **Favoritos** (Favorites) y seleccione **Agregar a Favoritos** (Add to Favorites).

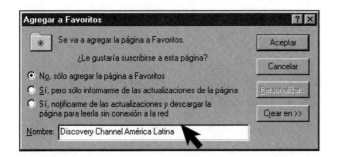

3 Aparece el cuadro de diálogo Agregar a Favoritos. Arrastre el cursor sobre el nombre de la página que está dentro del cuadro de texto **Nombre** (Name) y escriba un nombre para el acceso directo, como le gustaría que apareciera en el menú Favoritos. Puede hacer clic en **Crear en** (Create In) para colocar el sitio favorito en un submenú.

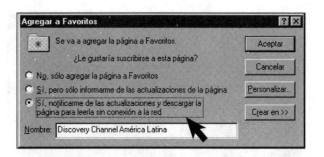

4 Elija **Sí, notificarme de las actualizaciones y descargar la página para leerla sin conexión a la red** (Yes, Notify Me of Updates and Download the Page for Offline Viewing). Esto indicará a Internet Explorer que descargue automáticamente esta página en el momento programado, como se explica en los pasos siguientes.

5 Haga clic en el botón **Personalizar** (Customize).

6 Con esto se inicia el Asistente para la suscripción (Subscription Wizard), informándole que Internet Explorer descargará el contenido actualizado. Haga clic en **Descargar esta página** (Download This Page) o en **Descargar esta página y las vinculadas a ésta** (Download This Page and All Pages Linked to It). Haga clic en **Siguiente** (Next).

> Tenga cuidado al elegir Descargar esta página y las vinculadas a ésta. Algunas están vinculadas a muchas otras páginas. Si autoriza a Internet Explorer a descargar automáticamente las páginas vinculadas, podría terminar con un disco duro repleto.

(continúa)

Recorrido guiado Suscríbase a un sitio Web *(continuación)*

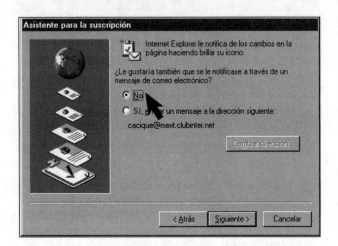

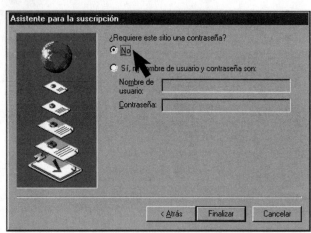

7 El Asistente le pregunta si también quiere ser notificado vía correo electrónico. Haga clic en **No** o en **Sí** (Yes). Si selecciona Sí, usted puede hacer clic en **Cambiar dirección** (Change Address) y especificar la dirección de correo electrónico en la que desea recibir las notificaciones actualizadas. Haga clic en **Siguiente** (Next).

10 El Asistente le pregunta ahora si necesita escribir un nombre de usuario y una contraseña para tener acceso al sitio. Haga clic en **No** o en **Sí** y escriba su nombre de usuario y contraseña. Haga clic en el botón **Finalizar** (Finish).

11 Con esto regresa al cuadro de diálogo Agregar a Favoritos (Add Favorite). Haga clic en **Aceptar** (OK).

Si opta porque Internet Explorer descargue el contenido en momentos en que usted normalmente no use la computadora, deberá dejar encendida su computadora.

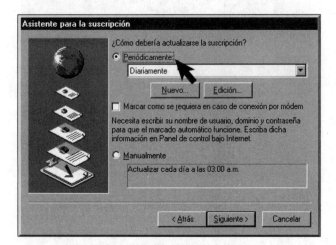

8 Ahora se le pregunta qué tan seguido desea que Internet Explorer descargue las actualizaciones. Abra la lista desplegable **Periódicamente** (Scheduled) y elija la periodicidad deseada: **Diariamente** (Daily), **Semanalmente** (Weekly) o **Mensualmente** (Monthly).

9 Para que Internet Explorer marque automáticamente a su proveedor de servicio en el momento programado, elija **Marcar como se requiera en caso de conexión por módem** (Dial As Needed If Connected Through a Modem). Haga clic en **Siguiente.**

Recorrido guiado   Administre las suscripciones

1 Abra el menú **Favoritos** (Favorites) y elija **Supervisar suscripciones** (Manage Subscriptions).

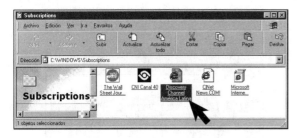

2 Aparece la ventana Subscriptions. Vaya al icono de una suscripción para seleccionarla. (Puede seleccionar iconos adicionales presionando la tecla **Ctrl** y señalándolos.)

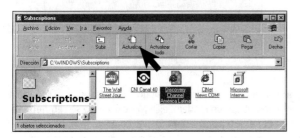

3 Para actualizar las suscripciones seleccionadas, haga clic en el botón **Actualizar** (Update).

4 Para actualizar todas las suscripciones, haga clic en el botón **Actualizar todo** (Update All).

5 Para eliminar una suscripción, haga clic con el botón derecho del ratón en ella y elija **Eliminar** (Delete).

6 Para cambiar las propiedades de una suscripción, haga clic con el botón derecho del ratón en ella y elija **Propiedades** (Properties).

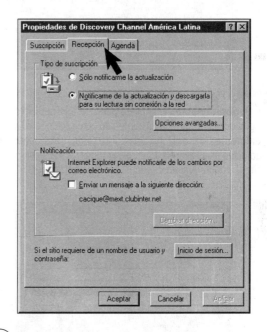

7 Aparece el cuadro de diálogo de Propiedades. Haga clic en la ficha **Recepción** (Receiving). Esta ficha le permite modificar la configuración que usted introdujo la primera vez que se suscribió al sitio. Introduzca los parámetros deseados.

(continúa)

Recorrido guiado Administre las suscripciones *(continuación)*

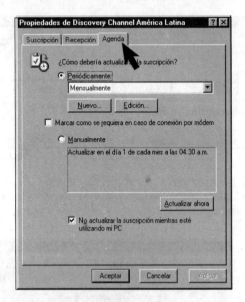

8 Haga clic en la ficha **Agenda** (Schedule). Elija **Periódicamente** (Scheduled) para que Internet Explorer descargue automáticamente el contenido actualizado, o elija **Manualmente** (Manually) para descargar las actualizaciones sólo cuando usted elija Favoritos I Actualizar todas las suscripciones (Favorites I Update All Subscriptions) en Internet Explorer.

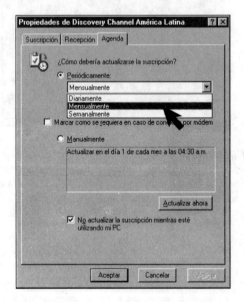

9 Si en el paso anterior, usted eligió Periódicamente, abra la lista desplegable **Periódicamente** y elija una de las opciones siguientes:

Actualización recomendada (Publisher's Recommended Schedule) indica a Internet Explorer que descargue el contenido actualizado de acuerdo con la periodicidad especificada

por quien publica la página Web (sólo está disponible si quien publica la página tiene una periodicidad recomendada).

Diariamente (Daily) indica a Internet Explorer que descargue el contenido actualizado todos los días a las 4:30 a.m.

Semanalmente (Weekly) indica a Internet Explorer que descargue el contenido actualizado todos los lunes a las 2:30 a.m.

Mensualmente (Monthly) indica a Internet Explorer que descargue el contenido actualizado el primer día de cada mes a las 4:30 a.m.

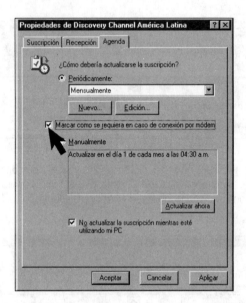

10 Así regresa al cuadro de diálogo Propiedades. Si se conecta a Internet con un módem, elija **Marcar como se requiera en caso de conexión por módem** (Dial as Needed if Connected Through a Modem) para colocar una marca junto a su casilla de verificación. Esto indicará a Internet Explorer que se conecte automáticamente a su proveedor de servicio Internet en el momento especificado.

Si su módem hace mucho ruido al marcar, podría despertarlo. Para silenciarlo abra el Panel de control (Control Panel), haga clic en **Módems** (Modems), seleccione su módem y haga clic en **Propiedades** (Properties). Luego haga clic en la ficha **Conexión** (Connection) y luego en el botón **Avanzada** (Advanced). En el cuadro de texto **configuraciones adicionales** (Extra Settings), escriba **atm0** (con cero) y luego guarde la nueva configuración.

Recorrido guiado   Administre las suscripciones

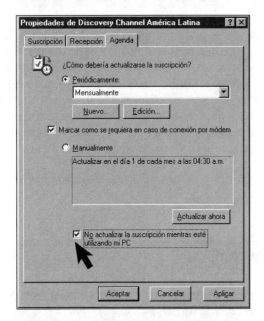

11 Si no quiere que Internet Explorer descargue las actualizaciones cuando esté utilizando su computadora, haga clic en **No actualizar la suscripción mientras esté utilizando mi PC** (Don't Update This Subscription When I'm Using My Computer) para colocar una marca en su casilla. Esto evitará que Internet Explorer interrumpa su trabajo y utilice recursos del sistema que sus otros programas podrían necesitar.

12 Haga clic en **Aceptar** (OK).

Usted puede crear una periodicidad personalizada que incluya una lista de los días y horas en que quiere que Internet Explorer descargue las actualizaciones. En vez de hacer clic en Edición (Edit) del paso 10 del *Recorrido guiado*, haga clic en **Nuevo** (New), escriba un nombre para la nueva agenda y escriba la configuración deseada.

Navegue en Web sin conexión

Si visitó recientemente una página Web o configuró una suscripción para un sitio, con Internet Explorer usted puede estar desconectado y abrir la página desde su disco duro. Esto le ahorra tiempo y cualquier cargo de conexión que podría hacérsele por estar conectado a Internet.

Al desconectarse, como se mostró en el *Recorrido guiado,* puede seleccionar las páginas del menú Favoritos, escribir sus direcciones y hacer clic en sus vínculos, como si estuviera tra-

bajando con conexión a la red, pero ahora Internet Explorer carga las páginas desde el caché de disco en vez de cargarlas desde Web. Si señala un vínculo cuya página no está en el caché, aparece el símbolo internacional de prohibición (un círculo con una línea atravesada) junto al puntero con forma de mano. Si hace clic en un vínculo o escribe una dirección de una página que no esté en el caché, Internet Explorer muestra un cuadro de diálogo preguntándole si desea conectarse.

Recorrido guiado   Vea páginas sin estar conectado

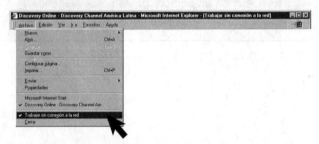

1 Para trabajar con Internet Explorer sin estar conectado a la red, abra el menú **Archivo** (File) y seleccione **Trabajar sin conexión a la red** (Work Offline).

Si Internet Explorer no está configurado para marcar automáticamente, usted obtendrá el cuadro de diálogo Conexión de acceso telefónico a redes (Dial-Up Connection), que tiene una opción para trabajar sin conexión.

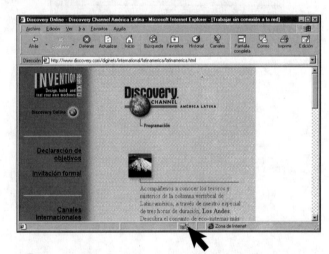

2 En la barra de estado aparece un icono, indicando que la conexión a la red se ha interrumpido. Usted puede navegar por Web como lo haría normalmente, haciendo clic en los vínculos y escribiendo las direcciones de las páginas.

Recorrido guiado Vea páginas sin estar conectado

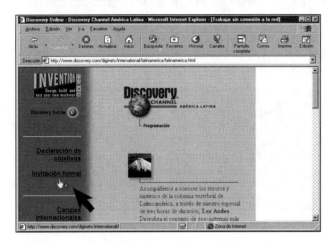

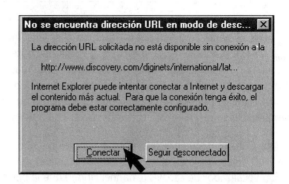

3 Si señala un vínculo cuya página no esté en su disco duro, aparece un círculo con una línea atravesada junto al puntero en forma de mano.

4 Si hace clic en un vínculo o escribe la dirección de una página que no ha sido guardada en su disco duro, Internet Explorer despliega un cuadro de diálogo preguntándole si desea conectarse. Para ello, haga clic en el botón **Conectar** (Connect) o si desea cancelar su solicitud, haga clic en el botón **Seguir desconectado** (Stay Offline).

Al desconectarse, Internet Explorer no "descuelga" su módem. Si desea dar por terminada su llamada, cierre manualmente su conexión de Acceso telefónico a redes (Dial-Up Networking). Sin embargo, la exploración sin conexión también podría ahorrarle algún tiempo cuando está conectado. Cuando usted está desconectado, y a la vez conectado, Internet Explorer no revisa las páginas actualizadas y no carga las actualizaciones, lo que incrementa considerablemente la velocidad al cargar la página.

Sintonice Web con los canales

En un esfuerzo conjunto por transformar el monitor de su computadora en una televisión, los desarrolladores de Web han hecho su aparición con algunas herramientas innovadoras. La aportación de Microsoft dentro de esta ola futurista son los Canales (Channels), una herramienta que le permite crear su propio sintonizador de canales para Web.

Con los Canales, usted puede sintonizar los mejores sitios que Web ofrece. La Guía de canales (Channel Guide) viene con un Localizador de canales (Channel Finder) que le permite seleccionar de entre los sitios más populares y luego colocarlos en el sintonizador de canales. Para ver un sitio, sólo

haga clic en un botón del sintonizador de canales; es como si estuviera cambiando los canales de su televisión. El *Recorrido guiado* le muestra lo que debe hacer.

> La característica de Canales es relativamente nueva y quizás no funcione tan bien como cuando usted abre las páginas Web estándar en Internet Explorer. Espere encontrar más advertencias y cuadros de diálogo de confirmación de los que suele ver.

Recorrido guiado   Navegue por los canales

1 Para navegar por los canales, antes necesita desplegar la barra del explorador de canales en Internet Explorer. Haga clic en el botón **Canales** en la barra de herramientas. También puede utilizar la Barra de canales (Channel Bar) del escritorio de Windows.

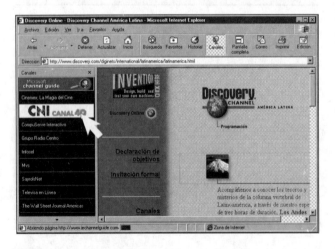

2 La Barra de canales contiene varios botones para sitios específicos y categorías de contenido, incluyendo Entretenimiento (Entertainment) y Negocios (Business). Haga clic en el botón de un sitio o categoría que le interese.

3 El marco derecho muestra el contenido del sitio o categoría seleccionados. En algunos casos, aparecen botones adicionales en la Barra de canales, permitiéndole tener acceso a otras páginas del sitio. Usted también puede hacer clic en estos botones. Navegue por las páginas como lo haría normalmente.

> Dependiendo de cómo esté configurado el sitio, éste podría abrir la página a pantalla completa y ocultar la Barra de canales. Para mostrarla de nuevo, desplace el puntero del ratón hacia la izquierda de la pantalla. Para regresar a la vista normal, haga clic en el botón **Pantalla completa** (Full-screen) en la barra de herramientas.

Recorrido guiado   Navegue por los canales

Arrastre esta barra para ensanchar o adelgazar la Barra de canales

4 La Barra de canales ocupa un espacio importante en pantalla. Para ocultarla, haga clic en su botón **Cerrar** (X) o en el botón **Canales** (Channels) en la barra de herramientas.

5 Muestre de nuevo la Barra de canales. En la parte superior de la barra está un botón etiquetado como **Microsoft Channel Guide.** Haga clic en él para ver los canales adicionales registrados con Microsoft.

6 El marco derecho presenta categorías adicionales de contenido. Haga clic en la categoría deseada para ver los canales disponibles en ella.

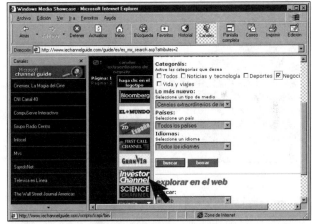

7 Los vínculos para los canales disponibles aparecen en el marco derecho. Haga clic en el vínculo del canal deseado.

(continúa)

Recorrido guiado Navegue por los canales *(continuación)*

8 El marco derecho presenta una vista previa del sitio. Para agregar el sitio a su Barra de canales, haga clic en el vínculo **Suscribirse** (Subscribe), en **Agregar canal activo** (Add Active Channel) o en su equivalente. (No todas las páginas utilizan la palabra "Suscribir" o "Agregar canal activo" en el vínculo para agregar un canal.) Haga clic en el botón **Atrás** (Back) para regresar al canal anterior.

Algunos sitios podrían ofrecer dos vínculos: uno para agregar un canal y otro para agregar un componente de Active Desktop a su escritorio de Windows. Para detalles sobre el uso de los componentes, vea "Agregue y quite componentes de Active Desktop", página 311.

10 El canal seleccionado se agrega a la Barra de canales. Para sintonizar un sitio, haga clic en su botón correspondiente. (Esta barra también aparece en el escritorio de Windows.)

Para quitar un botón de la Barra de canales, haga clic en él con el botón derecho del ratón y elija **Eliminar** (Delete).

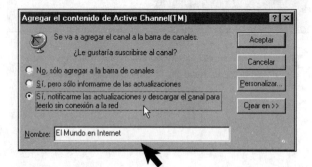

9 Aparece el cuadro de diálogo Agregar el contenido de Active Channel (Add Active Channel). Introduzca sus preferencias para la suscripción como se explicó en "Suscríbase a sitios Web" en la página 250. Haga clic en **Aceptar** (OK).

Encuentre información en Web

V isitar Web despierta nuestro lado inquieto. Abrimos una página Web y luego hacemos clic en los vínculos para satisfacer nuestra necesidad de ser más impulsivos y experimentar lo desconocido.

Eso es sensacional si usted tiene una cantidad infinita de tiempo, una gran paciencia y cierto afán por alcanzar un destino específico. Sin embargo, si necesita investigar un tema, averiguar sobre un estreno reciente del cine o verificar las llegadas y salidas del aeropuerto, explorar con vínculos únicamente lo llevará más adentro de Web.

Cuando tenga que encontrar información específica rápidamente, deberá saber cómo utilizar los formularios de búsqueda de Internet. Estos formularios, donde hay que llenar los espacios en blanco, le permiten buscar páginas Web por tema. Usted simplemente escribe algunas palabras y luego hace clic en un botón para Buscar (Search) o Enviar (Submit) que iniciará la búsqueda. La herramienta de búsqueda revisa su propio índice para encontrar páginas que coincidan con sus instrucciones de búsqueda. Entonces muestra una lista de vínculos en los que usted puede hacer clic para cargar esas páginas.

Internet Explorer presenta su propia Barra de búsqueda (Search Bar) que contiene vínculos hacia las herramientas de búsqueda más populares y útiles de Web. El *Recorrido guiado* le muestra cómo utilizar la barra de Búsqueda.

Recorrido guiado   Busque páginas Web

1 Haga clic en el botón **Búsqueda** (Search) de la barra de herramientas de Internet Explorer.

De vez en cuando, Microsoft ofrece actualizaciones en línea para las herramientas de Internet Explorer, como la Barra de búsqueda. No se sorprenda si elige una de estas herramientas y descubre un cuadro de diálogo instándole a que la actualice.

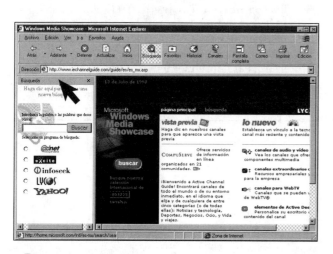

2 Internet Explorer selecciona una herramienta de búsqueda por usted y la despliega en el marco izquierdo. Para utilizar una herramienta de búsqueda diferente, haga clic en **Haga clic aquí para realizar una nueva búsqueda** (Choose a Search Engine) o bien haga clic en el vínculo de la herramienta de búsqueda deseada en el panel derecho.

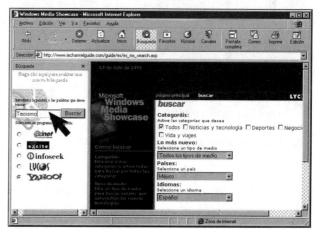

3 El marco izquierdo muestra la página de la herramienta de búsqueda seleccionada. Haga clic en el cuadro de texto para escribir sus palabras de búsqueda y escriba una o más palabras para especificar lo que está buscando. Algunos servicios de búsqueda también muestran categorías en la Barra de búsqueda, en las cuales puede hacer clic si quiere delimitar su búsqueda.

4 Haga clic en el botón **Buscar** (Search) o en su equivalente.

(continúa)

Recorrido guiado Busque páginas Web *(continuación)*

Puesto que los programas de búsqueda utilizan formularios, Internet Explorer podría mostrar una advertencia de seguridad cuando usted trate de enviar sus instrucciones de búsqueda. Internet Explorer no sabe si usted está escribiendo un número de tarjeta de crédito o buscando información acerca de cómo sembrar rosas en un jardín. Para continuar, sólo haga clic en **Sí** (Yes). Para mayor información, vea "Cambie sus parámetros de seguridad", página 279.

5 La herramienta de búsqueda busca las páginas que coincidan con sus palabras de búsqueda y muestra una lista de vínculos en el marco izquierdo. Haga clic en un vínculo para cargar la página asociada.

6 El marco derecho muestra el contenido de la página. Usted puede continuar haciendo clic en los vínculos del marco izquierdo para cargar otras páginas.

7 Cuando haya encontrado la página deseada, haga clic en el botón **Cerrar** (X) de la Barra de búsqueda en la barra de herramientas, o en el botón Búsqueda para ocultarla.

Usted puede tener acceso a las herramientas de búsqueda desde el menú Inicio | Buscar (Start | Find). Haga clic en el botón **Inicio,** vaya a **Buscar** y elija **En Internet** (On Internet). El submenú Inicio | Buscar también tiene opciones para buscar Archivos o carpetas, Computadoras (en una red) y Personas (por medio de directorio telefónico de Internet). Para aprender a buscar personas en Internet, vea "Use la libreta de direcciones" en la página 340.

Agregue componentes a Internet Explorer

Al instalar Internet Explorer, el proceso colocó en su disco duro los componentes más comunes. Sin embargo, puede instalar componentes adicionales para reproducir archivos de multimedia y tener acceso a otras características de Internet.

Muchos de estos componentes o complementos son controles *ActiveX*, un código adicional de programación que incrementa la capacidad de Internet Explorer. La gran característica de ActiveX es ser automático. Cuando usted decide descargar un control ActiveX, Internet Explorer muestra un cuadro de diálogo pidiéndole su confirmación. Una vez que haya dado la autorización, Internet Explorer descargará e instalará automáticamente el controlador sin su intervención.

Si desea hacer un inventario de su sistema para determinar qué componentes ya están instalados, establecer los componentes que falten, siga el *Recorrido guiado*.

Recorrido guiado   Instale componentes adicionales a Internet Explorer

1 Abra el menú **Ayuda** (Help) de Internet Explorer y elija **Novedades** (Product Updates) y luego `Internet Explorer` `4.0`. (Si Microsoft movió la página, conéctese a la página principal de Internet Explorer en `www.microsoft.com/ie_intl/es/` `download` y busque el vínculo apropiado.)

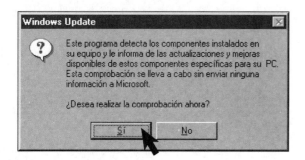

2 El sitio para descarga de componentes de Microsoft inicia la instalación de Internet Explorer 4.0 y muestra el cuadro de diálogo Instalación Activa de Explorer 4.0 (Internet Explorer 4.0 Active Setup), pidiéndole su confirmación. Haga clic en **Sí** (Yes).

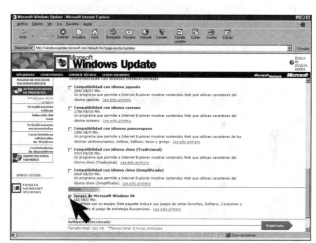

3 La Instalación Activa hará un inventario de su sistema y mostrará una lista de los componentes instalados y los no instalados. Para instalar un componente o actualización, haga clic en su casilla de verificación. Usted puede seleccionar más de una casilla. Haga clic en **Siguiente** (Next).

(continúa)

Recorrido guiado Instale componentes adicionales a Internet Explorer *(continuación)*

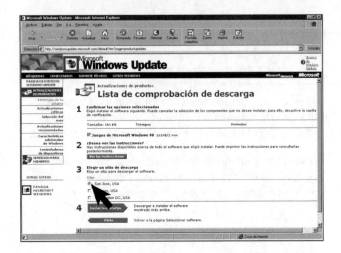

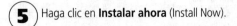

4 Aparece la página Descarga de componentes (Components Download). Abra la lista desplegable que está cerca de la parte superior de la página y elija un sitio de descarga que esté cerca de donde usted vive.

5 Haga clic en **Instalar ahora** (Install Now).

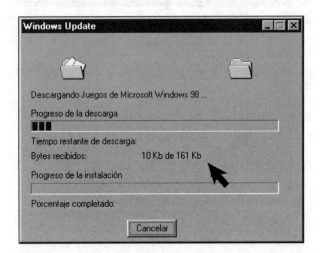

6 Aparece el cuadro de diálogo Instalación Activa de Internet Explorer 4.0 (Internet Explorer 4.0 Active Setup), mostrando el progreso de la descarga e instalación. (Esto podría tomar algún tiempo, dependiendo del tamaño y cantidad de componentes que elija y de la velocidad de su conexión a Internet.)

7 Cuando la instalación esté terminada, aparece el cuadro de diálogo Instalación completa (Install Complete). Haga clic en **Aceptar** (OK). (Tal vez tenga que reiniciar su computadora, dependiendo de los componentes que haya instalado.)

Reproduzca audio, video y contenido activo

Internet Explorer no es sólo un crucero de lujo para Web. Microsoft ha integrado a su explorador Web más reciente la capacidad de mostrar casi todos los tipos de archivos gráficos, casi cualquier archivo de sonido y más tipos de archivos de video de los que cualquier reproductor de video especializado pueda manejar. Sin embargo, Internet Explorer no puede reproducir todos los tipos de archivos. Para reproducir un tipo de archivo que no pueda manejar, Internet Explorer necesita un programa especial: una *aplicación auxiliar (helper application)*, un *complemento (plug-in)* o un *control ActiveX*.

No hace mucho tiempo, los exploradores Web se basaban exclusivamente en las aplicaciones auxiliares para reproducir tipos de archivos que no pudieran manejar, como los segmentos de video. Las aplicaciones auxiliares (*helper apps* o *visualizadores*) son programas pequeños que en general ocupan poca memoria y corren muy rápido. Cada vez que usted trate de reproducir un archivo en Internet que el explorador no puede manejar, éste descarga el archivo y ejecuta la aplicación auxiliar asignada para ese tipo de archivo, la cual "reproduce" el archivo.

Para integrar a los visualizadores con los exploradores Web y para facilitar su instalación y configuración, los creadores del explorador Web han propuesto alternativas para las aplicaciones auxiliares. Una de esas alternativas es el complemento. Los complementos son códigos adicionales de computadora que por lo general incrementan las capacidades propias del explorador Web. Al contrario de las aplicaciones auxiliares, que son aplicaciones independientes, la mayoría de los complementos forman parte del propio explorador, lo que lo hace más eficiente para reproducir archivos multimedia.

Además de los complementos, Internet Explorer le permite utilizar controles ActiveX para reproducir archivos de medios. Al contrario de los complementos, que debe descargar e instalar, los controles ActiveX se instalan por sí solos, por lo general cuando usted decide reproducir un tipo de archivo en particular. Todo lo que tiene que hacer es aceptar su instalación.

¿Cuál es mejor? He aquí una pequeña comparación:

- Los controles ActiveX son los ganadores, definitivamente. Se instalan por sí solos y están diseñados para trabajar con Internet Explorer.

- Los complementos son una excelente alternativa para los controles ActiveX. Si descubre un control ActiveX que hace lo mismo que un complemento, utilícelo. Internet Explorer soporta los complementos de Netscape Navigator, por lo que si usted no puede encontrar un control ActiveX equivalente, quédese con el complemento.

- Las aplicaciones auxiliares son buenas si usted desea descargar un archivo de medios y reproducirlo más tarde o modificarlo. Usted no tendrá que abrir su explorador para reproducir el archivo.

> Los controles ActiveX que vienen de sitios sin licencia son riesgosos. Antes de dar su aprobación para descargar e instalar un control ActiveX, asegúrese de que Internet Explorer muestre su certificado. Si el control no está certificado, cancele la descarga. Para más información, vea "Cambie sus parámetros de seguridad" en la página 279.

Tipos de archivos que Internet Explorer puede reproducir

Internet Explorer incluye reproductores para la mayoría de los tipos de archivos que encontrará en Web. La tabla siguiente enlista los tipos de archivo que Internet Explorer o alguno de sus componentes puede reproducir.

Archivos de medios que soporta Internet Explorer

Programa o complemento	Descripción	Tipo de archivo
Internet Explorer	Explorador Web	.html, .htm (página Web)
		.txt (solo texto)
		.gif (gráfico)
		.jpg, jpeg, jpe, .jfif (gráfico)
		.xbm (gráfico)
		.au
		.aif, .aiff, .aifc
		.snd, .wav
		.mid, .midi, .rmi
		Subprograma Java
		JavaScriptVRML
ActiveMovie	Reproductor de video	.avi, mpeg, .mov
ActiveX VRML	Reproductor VRML	.wrl
		.wrz

Descargue e instale complementos

Usted puede descargar (o copiar) los complementos de varios sitios de Internet y luego instalarlos para su uso con Internet Explorer. En la mayoría de los casos, si visita un sitio Web que tiene algún tipo de archivo que muchos exploradores no puedan reproducir, el sitio tiene un vínculo en el que usted puede hacer clic para descargar el complemento requerido. Web también tiene algunos sitios que actúan como almacenes de complementos, y que ofrecen revisiones de los distintos complementos junto con los vínculos para descargarlos. Revise los sitios siguientes:

TUCOWS, en **www.tucows.com**, es uno de los mejores lugares para visitar que está relacionado con software para Internet. TUCOWS ofrece una extensa lista del mejor software junto con comparaciones, revisiones y vínculos para descargarlo.

Stroud's, en **cws.internet.com**, es mi sitio de shareware favorito. Le permite explorar a través de varias categorías del mejor software para Internet. Stroud's contiene vínculos hacia aplicaciones auxiliares, complementos y controles ActiveX.

HotWired's Webmonkey, en **http://www.hotwired.com/webmonkey/**, proporciona una extensa lista de reproductores para plataformas Macintosh y Windows.

clnet's Shareware Central, en **www.shareware.com,** presenta complementos y aplicaciones auxiliares que no podrá encontrar en ninguna otra parte.

Aunque no es fácil instalar un componente ActiveX, los complementos son fáciles de instalar y utilizar. Sólo ejecute la utilería de instalación del programa y siga las instrucciones en pantalla. La utilería de instalación asocia el complemento con los tipos de archivos que puede reproducir, por lo que usted no tendrá que crear la asociación manualmente. Vea "Instale programas nuevos" en la página 48.

Configure aplicaciones auxiliares

Las aplicaciones auxiliares presentan algunas dificultades para su configuración. Primero, usted debe instalar la aplicación como lo haría con cualquier programa. Luego, deberá asociar el programa con los tipos de archivo que desea reproducir. Para aprender a instalar una aplicación auxiliar, vea "Instale programas nuevos" en la página 48, y para obtener instrucciones sobre cómo crear asociaciones de archivos, vea "Cree y edite asociaciones entre archivos", en la página 125.

Recorrido guiado — Instale controles ActiveX

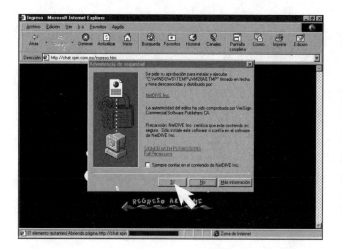

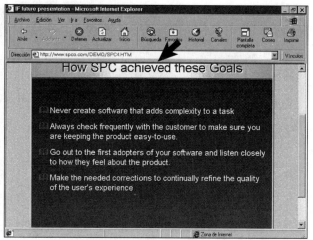

1 Al hacer clic en un vínculo para reproducir un tipo de archivo que requiera un control ActiveX, Internet Explorer despliega un cuadro de diálogo preguntándole si desea descargar e instalar el control. Si el cuadro de diálogo indica que el control está certificado, haga clic en **Sí** (Yes); de lo contrario, haga clic en **No** para cancelar la descarga.

2 Internet Explorer descarga el control automáticamente, lo instala en su computadora y empieza a reproducir el archivo de multimedia.

Recorrido guiado — Descargue e instale complementos

1 Uno de los mejores lugares para encontrar complementos es TUCOWS. Haga clic en el cuadro de texto Dirección (Address), escriba **www.tucows.com** y presione **Entrar** (Enter).

2 Internet Explorer se conecta a TUCOWS y muestra su página de inicio. Siga el proceso de los vínculos hacia un sitio Tucows cerca de usted. Haga clic en el vínculo de su país y luego en el de su estado o localidad.

(continúa)

Recorrido guiado Descargue e instale complementos *(continuación)*

3 Haga clic en el vínculo de su sistema operativo: Windows 98, Windows 95 (la mayoría de los complementos de Windows 95 funcionará con Windows 98).

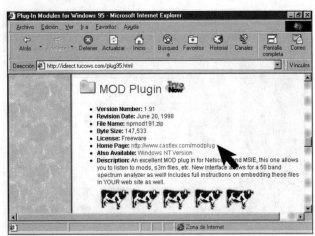

5 TUCOWS presenta una lista de los complementos disponibles. Haga clic en un vínculo de complemento para descargarlo. (Tal vez tenga que seguir una secuencia de vínculos hacia el sitio de descarga y luego hacer clic en el vínculo deseado.)

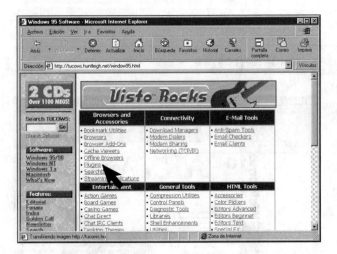

4 TUCOWS presenta una lista de las categorías de software. Haga clic en el vínculo **Plugins**.

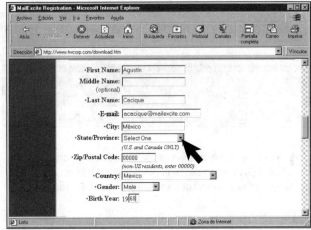

6 Algunos sitios requieren su registro antes de descargar. Llene el formulario de registro y haga clic en el botón para enviarlo.

Recorrido guiado   Descargue e instale complementos

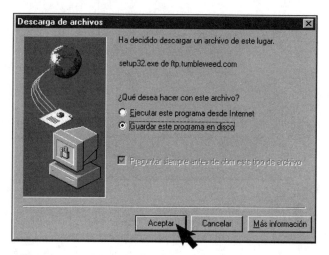

7 Aparece el cuadro de diálogo Descarga de archivos (File Download), preguntándole si desea descargar el archivo del programa o ejecutarlo. Haga clic en **Guardar este programa en disco** (Save This Program to Disk) y luego en **Aceptar** (OK).

Para crear una nueva carpeta, haga clic en el botón Crear nueva carpeta.

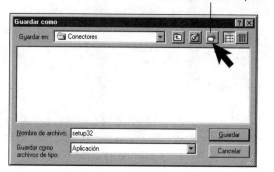

8 Aparece el cuadro de diálogo Guardar como (Save As). Elija el disco y carpeta dentro de los cuales desea guardar el archivo. Haga clic en **Guardar** (Save).

9 Internet Explorer descarga el archivo y lo colocará en la carpeta especificada (esto podría tomar algún tiempo, dependiendo del tamaño del archivo). Aparece el cuadro de diálogo Descarga completa (Download Complete). Haga clic en **Aceptar.**

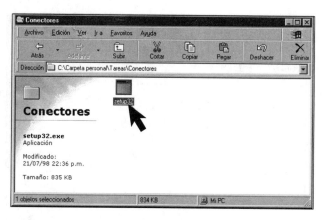

10 Salga de Internet Explorer y abra Mi PC (My Computer) o el Explorador de Windows (Windows Explorer). Vaya al disco y carpeta en que guardó el archivo del programa y luego haga clic en él.

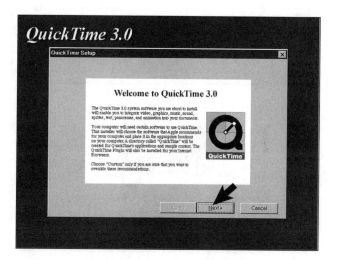

11 Se inicia la utilería de instalación. Siga las instrucciones en pantalla para instalar el complemento.

Muchos complementos vienen como archivos EXE que usted puede ejecutar. Los complementos anteriores podrían estar guardados como archivos ZIP, que antes deberá descomprimir. Si se encuentra con un archivo ZIP, primero descargue e instale un programa llamado WinZip. Después de instalarlo, haga clic en el archivo ZIP que descargó. WinZip despliega una lista de archivos dentro del archivo comprimido. Haga doble clic en el archivo **Setup.exe** o en **Install.exe** para ejecutar la utilería de instalación.

Recorrido guiado   Reproduzca archivos de multimedia

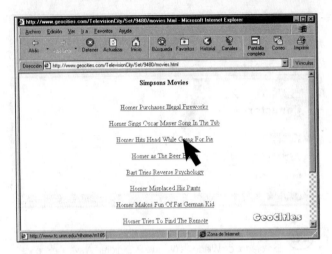

1 Para reproducir un archivo de multimedia, cargue la página que contiene el clip o haga clic en su vínculo.

2 Si Internet Explorer puede reproducir el archivo, lo hará. En muchos casos, el archivo de multimedia se reproducirá justo en la página que usted está viendo. Estos tipos de archivos se llaman *archivos incrustados*.

3 En otros casos, Internet Explorer descarga el archivo y ejecuta el complemento, componente o aplicación auxiliar asociada, que reproduce el archivo en su propia ventana.

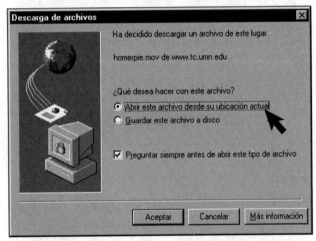

4 Si hace clic en un vínculo de un archivo que Internet Explorer no puede reproducir o que no está asociado con algún programa, aparece el cuadro de diálogo Descarga de archivos (File Download). Haga clic en **Abrir este archivo desde su ubicación actual** (Open This File from Its Current Location) y luego en **Aceptar** (OK).

Recorrido guiado   Reproduzca archivos de multimedia

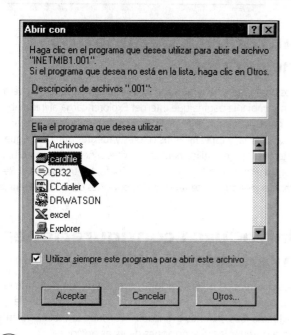

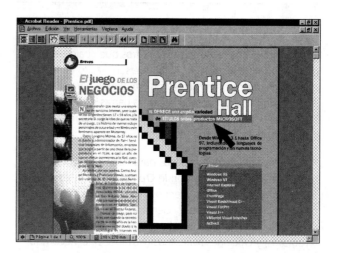

5 Aparece el cuadro de diálogo Abrir con (Open With), pidiéndole que elija el programa que desea utilizar para abrir este tipo de archivo. Recorra la lista y haga clic en el programa que desee utilizar. Haga clic en **Aceptar** (OK).

6 Internet Explorer lanza el complemento o aplicación auxiliar relacionado. El programa abre y reproduce el archivo.

Usted sólo puede asociar los tipos de archivos con los programas que ya están instalados en su computadora. Si encuentra un tipo de archivo que ningún programa de su computadora pueda reproducir, primero deberá instalar el complemento o aplicación auxiliar necesaria antes de poder asociarla con un tipo de archivo.

Configure Internet Explorer

Aunque Internet Explorer está configurado para correr inmediatamente con parámetros que cualquier persona puede usar, también le permite personalizarlo para hacer que se vea y actúe como usted quiere. Puede agrandar el área de visualización desactivando las barras de herramientas, cambiar los colores de la pantalla, cargar páginas sin incluir los gráficos y mucho más.

Puede cambiar la mayoría de los parámetros abriendo el menú **Ver** (View), seleccionando **Opciones de Internet** (Internet Options) y luego haciendo clic en la ficha del grupo de opciones que desea cambiar: General, Seguridad (Security), Contenido (Content), Conexión (Connection), Programas (Programs) y Opciones avanzadas (Advanced). El *Recorrido guiado* le da las instrucciones detalladas sobre cómo cambiar los parámetros más comunes, aunque se salta las opciones Seguridad y Contenido. El tema de seguridad se cubre en "Cambie sus parámetros de seguridad", página 279 y el de Contenido se desarrolla en "Censure Internet" en la página 283.

Introduzca parámetros generales

Los parámetros generales son los más útiles de todos. Le permiten cambiar la página que Internet Explorer carga al iniciar, borrar archivos temporales de Internet en su disco duro, borrar la lista Historial y especificar los colores y fuentes que desea que Internet Explorer utilice para las páginas si no se especifica una combinación de colores o fuentes. Conforme trabaje en el *Recorrido guiado*, concéntrese en las opciones de la ficha General.

Introduzca configuraciones avanzadas

Los parámetros de las Opciones avanzadas son muy numerosos para describirlos en el *Recorrido guiado*. Si decide dar un vistazo a las Opciones avanzadas, consulte la tabla siguiente para obtener las descripciones de estas opciones.

Opciones avanzadas

Nombre de la opción	Descripción
Accesibilidad	
Mover el cursor del sistema enfocando… (Move System Caret…)	Da instrucciones a un ayudante de accesibilidad, como el lector de pantallas, para que mueva el cursor del sistema (un puntero en pantalla) para enfocar las áreas significativas de la página.
Siempre expandir el texto al… (Always Expand Alt Text)	Expande el espacio ocupado por una imagen para mostrar todo el texto alternativo que el autor de la página Web incluyera, en el caso de que usted decida desactivar el despliegue de imágenes. (Vea "Mostrar imágenes" bajo las opciones "Multimedia" de esta tabla.)
Exploración	
Deshabilitar depuración de secuencias de comandos (Disable Script Debugging)	Desactiva los mensajes de advertencia para las secuencias de comandos integradas que no funcionen correctamente en las páginas.
Mostrar la barra de canales al iniciar… (Show Channel Bar at Startup…)	Muestra la Barra de canales en el escritorio de Windows, aun cuando usted desactive Active Desktop.
Iniciar los canales a pantalla completa… (Launch Channels in Full Screen)	Abre los canales en una ventana a pantalla completa.
Abrir el explorador a pantalla completa… (Launch Browser in Full Screen)	Abre Internet Explorer en una ventana a pantalla completa al iniciarlo.
Usar AutoCompletar (Use AutoComplete)	Permite a Internet Explorer completar automáticamente la dirección de una página que usted ya visitó, mientras la escribe. Esto le ahorra un tiempo valioso.
Mostrar direcciones URL abreviadas (Show Friendly URLs)	Indica a Internet Explorer que muestre una dirección abreviada para la página actual, en la barra de estado.

Nombre de la opción	Descripción
Usar desplazamiento suave (Use Smooth Scrolling)	Hace que la página fluya más suavemente al desplazarse por ella.
Habilitar transiciones de páginas (Enable Page Transitions)	Indica a Internet Explorer que desvanezca la página actual cuando empiece a aparecer la siguiente página para tener transiciones más suaves entre las páginas.
Explorar en un nuevo proceso (Browse in a New Process)	Indica a Internet Explorer que inicie limpio cada vez que usted lo ejecute para evitar conflictos con otros programas.
Activar el inicio de sesión en el canal (Enable Page Hit Counting)	Permite a los sitios Web hacer un seguimiento automático del historial de visita del sitio. Muchos sitios Web hacen un seguimiento para propósitos de investigación.
Activar las actualizaciones programadas de la suscripción (Enable Scheduled Subscription…)	Permite a Internet Explorer descargar automáticamente el contenido actualizado para los sitios Web a los que se ha suscrito.
Mostrar el mensaje de bienvenida… (Show Welcome Message Each Time)	Muestra el mensaje de bienvenida de Internet Explorer cada vez que usted lo ejecuta.
Mostrar Internet Explorer en el… (Show Internet Explorer on the…)	Muestra el icono de acceso directo de Internet Explorer en el escritorio de Windows.
Subrayar vínculos (Underline Links)	Especifica si usted desea que Internet Explorer muestre una línea bajo el texto vinculado.

Multimedia

Mostrar imágenes (Show Pictures)	Indica a Internet Explorer que muestre todas las imágenes de gráficos en la página. Si desactiva esta opción, las páginas cargarán mucho más rápido pero sin las imágenes.
Activar animaciones (Play Animations)	Indica a Internet Explorer que reproduzca automáticamente cualquier animación de la página. De nuevo, si desactiva esta opción las páginas cargarán más rápidamente.
Mostrar videos (Play Videos)	Indica a Internet Explorer que reproduzca automáticamente cualquier clip de video incrustado.
Reproducir sonidos (Play Sounds)	Permite a Internet Explorer reproducir automáticamente cualquier clip de sonido de fondo.
Interpolación de colores de… (Smart Image Dithering)	Suaviza los bordes de las imágenes para mejorar su apariencia.

Seguridad

Habilitar Asistente para perfiles (Enable Profile Assistant)	Permite a Internet Explorer transmitir cualquier información personal que escriba a los sitios Web que la soliciten.
PCT 1.0	PCT (Tecnología de Comunicaciones Privadas) es un estándar de seguridad que codifica cualquier información que usted escriba para protegerla de las miradas entrometidas.
SSL 2.0 y 3.0	SSL (Capa de Socket Seguro) es otro estándar de seguridad que protege la información delicada de ser interceptada y leída.
Eliminar las páginas guardadas… (Delete Saved Pages When Browser…)	Elimina cualquier página en caché para evitar que alguien determine a qué sitios ha entrado con Internet Explorer.
No guardar las páginas en disco (Do Not Save Encrypted Pages…)	Evita que cualquier página codificada sea guardada en su disco.
Avisar si el envío de formularios… (Warn If Forms Submit Is Being…)	Muestra un aviso de precaución cuando usted envía información por medio de un formulario y éste trata de redirigirla a través de otros sitios de Internet.

Nombre de la opción	Descripción
Advertir el cambio entre modalidad… (Warn If Changing Between Secure…)	Indica a Internet Explorer que muestre una advertencia cada vez que usted se mueva de un sitio Web seguro a uno inseguro.
Buscar revocación de certificado (Check for Certificate Revocation)	Indica a Internet Explorer que revise el certificado de un sitio para determinar si éste ha sido revocado, antes de confiar en él. Para más información sobre los parámetros de seguridad, vea "Cambie sus parámetros de seguridad", página 279.
Advertir sobre los certificados de… (Warn About Invalid Site…)	Muestra un mensaje de advertencia si hay alguna evidencia de que el certificado de sitio seguro ha sido falsificado.
Cookies	Indica a Internet Explorer que acepte o rechace las cookies. Las cookies constan de datos que un sitio Web almacena en su computadora para ayudarse a identificarlo en el futuro o para hacer un seguimiento de los productos que usted está ordenando en línea.

Java VM

Compilador Java JIT habilitado (Java JIT Compiler Enabled)	Indica a Internet Explorer que compile y ejecute automáticamente subprogramas Java (pequeños programas incrustados en las páginas). Un compilador transforma las instrucciones de programación en un lenguaje que pueda entender el sistema operativo de su computadora.
Inicio de sesión con Java Habilitado (Java Logging Enabled)	Indica a Internet Explorer que registre la actividad de cualquier subprograma Java para ayudarle a identificar los problemas e identificar fallas en la seguridad.

Impresión

Imprimir imágenes y colores de… (Print Background Colors…)	Indica a Internet Explorer que imprima no sólo el texto y los gráficos de una página, sino también cualquier color o imagen de fondo.

Búsqueda

Explorar automáticamente los dominios principales comunes (Autoscan Common Root Domains)	Permite a Internet Explorer buscar otros dominios para un sitio Web en particular, en caso de que usted escribiera el dominio principal erróneo. Por ejemplo, si escribiera www.whitehouse.com e Internet Explorer no encontrara dicho sitio, éste remplaza automáticamente .com con otros dominios principales (.edu, .gov, etc.) para encontrar el sitio.
Buscar cuando la dirección URL falle (Search When URL Fails)	Indica a Internet Explorer que busque los sitios Web con direcciones similares cuando usted escriba una dirección que no dé resultado.

Barra de herramientas

Mostrar botón Fuentes (Show Font Button)	Activa el botón Fuente, que le permite elegir el tamaño de fuente utilizado para el texto de una página Web.
Iconos pequeños (Small Icons)	Muestra botones más pequeños en la barra de herramientas, para que quepan más botones y para que la barra de herramientas ocupe un menor espacio en pantalla.

Configuración de HTTP 1.1

Usar HTTP 1.1 (Use HTTP 1.1)	Da a Internet Explorer la autorización para cargar páginas que soporten el estándar HTTP 1.1.
Usar HTTP 1.1 en conexiones proxy (Use HTTP 1.1 Through Proxy…)	Indica a Internet Explorer que cargue las páginas que soportan HTTP 1.1 únicamente a través de un servidor proxy, el cual es un intermediario que se utiliza para asegurar el sistema (que suele ser una red).

Recorrido guiado   Personalice Internet Explorer

1 Usted puede activar y desactivar cualquier barra de herramientas de Internet Explorer. Abra el menú **Ver** (View), vaya a **Barras de herramientas** (Toolbars) y elija la barra que desea activar o desactivar: **Botones estándar** (Standard Buttons), **Barra de direcciones** (Address Bar) o **Vínculos** (Links). (También puede ocultar los nombres de los botones eligiendo **Etiquetas** [Text Labels].)

2 Para maximizar la barra de herramientas Vínculos, haga doble clic en la palabra **Vínculos**.

3 Arrastre el nombre de la barra de herramientas hacia arriba o hacia abajo para moverla. O bien para cambiar su tamaño, arrastre la barra vertical junto al nombre de la barra de herramientas.

4 Para cambiar opciones adicionales, abra el menú **Ver** y elija **Opciones de Internet** (Internet Options).

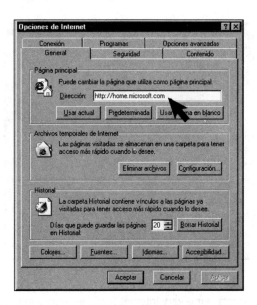

5 Aparece el cuadro de diálogo Opciones de Internet, con la ficha General al frente. Para que Internet Explorer inicie con una página diferente, escriba la dirección de la página en el cuadro de texto Dirección (Address) del área Página principal. Para usar la página que está mostrada en ese momento en la ventana del explorador como página de inicio, haga clic en el botón **Usar actual** (Use Current).

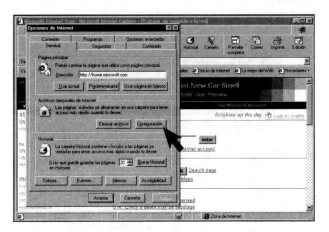

6 Bajo Temporary Internet Files, haga clic en el botón **Configuración** (Settings).

(continúa)

Recorrido guiado Personalice Internet Explorer *(continuación)*

7 Aparece el cuadro de diálogo de Configuración. Bajo **Carpeta Temporary Internet files** (Temporary Internet Files Folder), deslice el control a la izquierda para reducir la cantidad de espacio en disco reservado para las páginas en caché o a la derecha para incrementar la cantidad de espacio.

8 En forma predeterminada, Internet Explorer está configurado para buscar nuevas versiones de páginas en caché cada vez que inicia el explorador. Para asegurarse que vea siempre el contenido actualizado, elija **Cada vez que se visita la página** (Every Visit to the Page). Para acelerar Internet Explorer, elija **Nunca** (Never). Haga clic en **Aceptar** (OK).

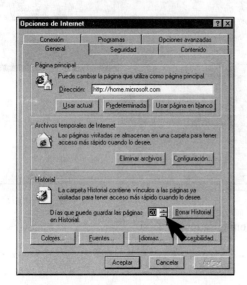

9 En la ficha General, sección **Historial** (History), del cuadro de diálogo Opciones de Internet (Internet Options), utilice el contador para establecer el número de días que desea que Internet Explorer mantenga un seguimiento de las páginas que ha visitado. (Cuanto más alto sea el número, se consumirá más espacio en disco.)

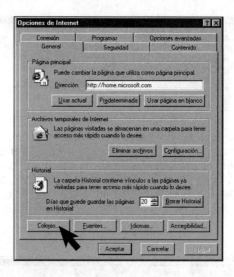

10 Para cambiar los colores predeterminados para el texto, los vínculos o los fondos de las páginas, haga clic en el botón **Colores** (Colors).

11 Aparece el cuadro de diálogo Colores. Para cambiar el texto y los colores de fondo, haga clic en **Usar colores de Windows** (Use Windows Colors) para quitar la marca de su casilla. Haga clic en el botón **Texto** (Text) o **Fondo** (Background) y elija el color deseado.

12 Bajo Vínculos (Links), haga clic en el botón **Visitados** (Visited) o **No visitados** (Unvisited) y elija el color deseado para el texto del vínculo. (Puede elegir Activar color [Use Hover Color] y después seleccionar el color que desea utilizar en un vínculo cuando el ratón esté en él.) Haga clic en **Aceptar**.

> Los colores que elija para el texto, los fondos y los vínculos, afectarán únicamente las páginas que no especifican una combinación de colores. Si la página tiene una combinación especificada, ignorará sus parámetros.

Recorrido guiado · Personalice Internet Explorer

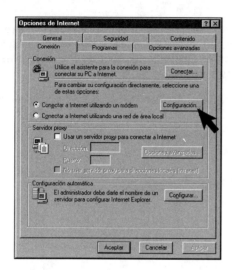

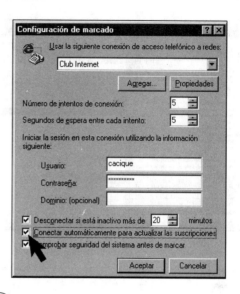

13 Si usa un módem para conectarse a Internet, haga clic en la ficha **Conexión** (Connection) y luego en el botón **Configuración** (Settings).

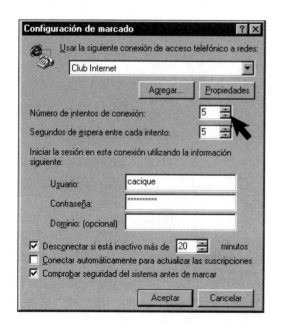

14 Aparece el cuadro de diálogo Configuración de marcado (Dial-Up Settings). Especifique cuántas veces tratará su módem de marcar a su proveedor de servicio y los segundos que esperará entre cada intento.

15 Para que Internet Explorer cuelgue automáticamente cuando su conexión a Internet ha estado inactiva por algún tiempo, elija **Desconectar si está inactivo más de ___ minutos** (Disconnect if Idle for ___ minutes). O quite la marca para evitar desconexiones automáticas.

16 Para que Internet Explorer marque automáticamente su módem en los momentos especificados para descargar contenido de los sitios a los que se ha suscrito, haga clic en **Conectar automáticamente para actualizar las suscripciones** (Connect Automatically to Update Subscriptions) para colocar una marca en su casilla de verificación.

17 Para evitar que Internet Explorer le pida su nombre de usuario y contraseña antes de marcar, haga clic en **Comprobar seguridad del sistema antes de marcar** (Perform System Security Check Before Dialing) para quitar la marca de su casilla de verificación. Haga clic en **Aceptar**.

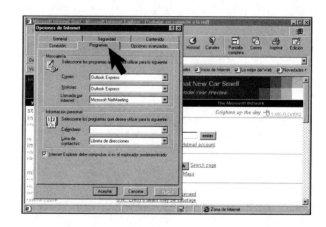

18 Haga clic en la ficha **Programas** (Programs). Esta ficha enlista los programas que Internet Explorer deberá ejecutar para tener acceso a otras características de Internet. De origen, Internet Explorer está configurado para utilizar Outlook Express para correo electrónico y grupos de noticias. Si tiene un lector de noticias o programa de correo electrónico distinto que prefiera utilizar, elíjalo de las listas desplegables.

(continúa)

Recorrido guiado   Personalice Internet Explorer   *(continuación)*

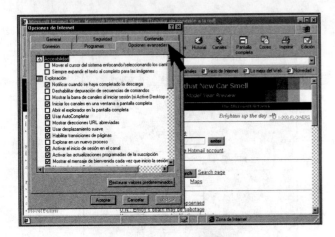

19 Haga clic en la ficha **Opciones avanzadas** (Advanced) para tener acceso a ellas. Consulte la tabla anterior a este *Recorrido guiado* para ver las descripciones de estas opciones. Introduzca sus preferencias.

20 Haga clic en **Aceptar** (Ok) para guardar su configuración.

Cambie sus parámetros de seguridad

Mientras usted envía datos y recibe contenido activo de Web, Internet Explorer supervisa sus acciones y las del servidor remoto y le avisa sobre cualquier actividad peligrosa. Cada vez que usted envía un formulario, Internet Explorer despliega un cuadro de diálogo, advirtiéndole que está enviando datos sobre una conexión de red remota y le pregunta si desea proceder. Si un sitio Web trata de enviar un control ActiveX o un subprograma Java (que podrían contener un virus), Internet Explorer despliega una advertencia o evita que la aplicación se descargue o corra en su computadora.

En general, si recibe un cuadro de diálogo de advertencia puede evitar que aparezcan en el futuro seleccionando la opción **No mostrar otra advertencia para esta zona en el futuro** (In the future, do not show this warning) antes de dar su aprobación.

Otra forma de controlar estas advertencias es configurar las *zonas de seguridad*, una nueva característica de Internet Explorer 4. Cada zona tiene un parámetro de seguridad distinto, lo que le permite atenuar los parámetros de seguridad para los sitios en que usted confía e intensificarlos para aquellos en los que desconfía o que no conoce. Internet Explorer ofrece las siguientes cuatro zonas de seguridad:

- *Intranet local* (Local Intranet) permite a su administrador de red configurar una lista de los sitios de Internet restringidos e introducir parámetros de seguridad para evitar que los usuarios de la compañía tengan acceso al contenido de riesgo.

- *Sitios en los que se confía* (Trusted sites) le permite desactivar las advertencias de seguridad para los sitios de confianza. Esto le evitará verse inundado con mensajes de advertencia en los sitios que usted visita frecuentemente.

- *Internet* le permite especificar los parámetros de seguridad para los sitios que no conoce. Cuando usted visita sitios que no frecuenta, tal vez prefiera intensificar la seguridad.

- *Sitios restringidos* (Restricted sites) le permite crear una lista de los sitios en que no confía e intensificar la seguridad para ellos. Por ejemplo, tal vez no quiera que un sitio en particular instale y ejecute programas en su computadora.

El *Recorrido guiado* le muestra cómo agregar y quitar sitios de las zonas de Sitios en los que se confía, de Internet y de Sitios restringidos.

Agregue sitios a la zona de Intranet local

Si usted está conectado a una red, su administrador de red configura los niveles de seguridad de los sitios de confianza y en los que se desconfía. Por tanto, el procedimiento para agregar sitios a la lista de la Zona de Intranet local es diferente al del *Recorrido guiado*. Al seleccionar la Zona de Intranet local y hacer clic en el botón **Agregar sitios** (Add Sites), Internet Explorer muestra un cuadro de diálogo con tres opciones:

- **Incluir todos los sitios locales (Intranet) no listados en otras zonas** (Include all local [intranet] sites not listed in other zones) agrega todos los sitios de su Intranet (interna). Puesto que estos sitios son controlados en forma interna, usted puede estar seguro de que no representan riesgos de seguridad.

- **Incluir todos los sitios que no utilice el servidor proxy** (Include all sites that bypass the proxy server) agrega todos los sitios a los que usted no tenga que acceder usando un servidor proxy. El servidor proxy está instalado entre Internet y la red local para evitar transferencias no autorizadas. Si su administrador de red considera que un sitio es seguro, éste podría no tener que pasar por un servidor proxy, para que usted lo pueda tratar como un sitio de Intranet local.

- **Incluir todas las rutas de red (UNCs)** (Include all network paths [UNCs]) agrega todos los sitios de la Intranet que actualmente sean rutas de acceso hacia los servidores de la red y hacia otras computadoras de su red.

Introduzca niveles para zonas de seguridad

Para especificar un nivel de seguridad para una zona, abra el menú **Ver** (View), seleccione **Opciones de Internet** (Internet Options) y haga clic en la ficha **Seguridad** (Security). Abra la lista desplegable **Zona** (Zone), seleccione la zona cuyo nivel de seguridad desee cambiar y luego seleccione el nivel deseado:

- **Alto** (High) evita el envío de cualquier información por medio de formularios, incluso los de búsqueda. Si llena algún formulario y hace clic en el botón para enviarlo, no pasará nada. Además, Internet Explorer no reproduce subprogramas Java, ni descarga controles ActiveX ni transfiere ningún programa o secuencia de comandos que sea potencialmente dañino para su computadora. El parámetro Alto es útil para sitios que haya colocado en la lista de Sitios restringidos (Restricted Sites).

- **Medio** (Medium) activa los avisos, de modo que Internet Explorer muestra cuadros de diálogo cada vez que usted intente enviar datos o descargar archivos u otro contenido. El parámetro Medio es útil para la zona de Internet, donde probablemente usted prefiera ser avisado antes de hacer cualquier cosa que implique un riesgo.

- **Bajo** (Low) desactiva los avisos, permitiéndole enviar información por medio de un formulario y deja a los sitios enviarle contenido activo. El parámetro Bajo es bueno para los Sitios en que se confía (Trusted Sites), donde usted está seguro de que nada malo le sucederá.

- **Personalizar** (Custom) le permite introducir parámetros de seguridad específicos. Por ejemplo, tal vez no quiera que el contenido activo se descargue automáticamente a su computadora, pero tampoco quiere que cada vez que llena un formulario aparezca en su pantalla un cuadro de diálogo.

Si selecciona la opción Personalizar, haga clic en el botón **Configuración** (Settings) para mostrar el cuadro de diálogo Configuración de seguridad (Security Settings), que enlista todos los parámetros. Abra la lista desplegable **Restablecer a** (Reset to), en la parte inferior del cuadro de diálogo, y seleccione el nivel de seguridad deseado; por ejemplo, podría seleccionar el nivel **Medio** para activar los avisos de la mayoría de las acciones. Luego, seleccione el parámetro de seguridad deseado para cada una de las actividades. La lista siguiente le da una breve explicación de cada categoría:

Controles y complementos para ActiveX (ActiveX Controls and Plug-ins): Estos programas añaden posibilidades a Internet Explorer para reproducir sonidos, segmentos de video y otros archivos que Internet Explorer no pueda reproducir por sí solo. Para la opción Descargar los controles no firmados para ActiveX (Unsigned ActiveX controls), usted debería elegir Pedir datos (Prompt), ya que estos controles no han sido registrados como provenientes de una fuente segura. Active las opciones Descargar controles firmados para ActiveX (Signed ActiveX controls) y Ejecutar los controles y complementos para ActiveX (Run ActiveX controls and plug-ins). Usted aprenderá más acerca de los controles y complementos ActiveX en la Parte 3.

Java: Java es otro lenguaje de programación utilizado para reproducir contenido activo de Web. De nuevo,

los controles Java firmados provienen de proveedores registrados que son de confianza, por lo que usted puede dejar esta opción en Activar (Enable). Sandboxed Java es un formulario seguro de Java, el cual evita el acceso a los archivos y recursos vulnerables del sistema, por lo que puede dejar tranquilamente esta opción en Activar. Los Permisos Java (Java Permissions) le permiten especificar el nivel de acceso al sistema para los subprogramas Java: Seguridad baja (Low), Seguridad media (Medium), Seguridad alta (High) o Desactivar (Disable). Como lo verá en el capítulo 11, Java añade una gran carga de actividad e interactividad a sus páginas Web, por lo que probablemente no querrá desactivarlo por completo; la Seguridad media es una buena opción.

Lenguaje de creación de secuencias de comandos (Scripting): Éste es un código de programación que está integrado en las páginas Web para crear animaciones y objetos interactivos. Puesto que las secuencias de comandos están integradas en la mayoría de las páginas Web, debería Activar las Secuencias de comandos Java (Java Scripts) y las Secuencias de comandos activas (Active scripts). Seleccione Pedir datos o Desactivar en las Secuencias de comandos para ActiveX (Script ActiveX) que no estén marcadas como confiables.

Autenticidad del usuario (User Authentication): Éstas son opciones avanzadas para conectarse a servidores que requieran escribir un nombre de usuario y una contraseña para conectarse.

Descargas (Downloads): Evitan que los sistemas remotos le envíen automáticamente archivos de fuentes u otros archivos. Si desea ver las fuentes especiales utilizadas en una página, deje Archivos de fuentes en Activar o en Pedir datos, ya que los archivos de los sitios que no son de confianza pueden traer virus.

Diversos (Miscellaneous): La opción principal de esta categoría es Enviar datos del formulario (Submit form data). Si quiere ser avisado cada vez que envíe un formulario, active Pedir datos; de lo contrario, seleccione Activar. También es muy seguro dejar Arrastrar y colocar componentes en el escritorio (Drag and drop components to the desktop) en Activar, ya que usted deberá iniciar la operación de arrastrar y colocar. Para la opción Ejecutar las aplicaciones y los archivos (Launch applications and files) establezca Pedir datos.

Recorrido guiado Agregue sitios a las zonas de seguridad

1 Para tener acceso a los parámetros de seguridad, abra el menú **Ver** (View) y seleccione **Opciones de Internet** (Internet Options).

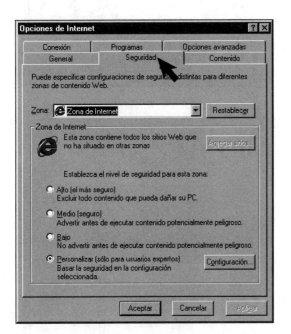

2 Aparece el cuadro de diálogo Opciones de Internet. Haga clic en la ficha **Seguridad** (Security).

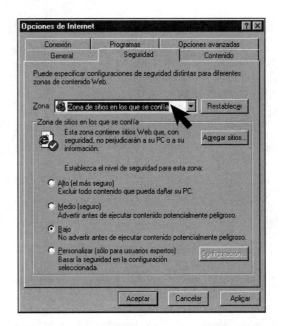

3 Usted puede agregar o quitar sitios de tres de las zonas de seguridad: Intranet local, Sitios en los que se confía y Sitios restringidos. Abra la lista desplegable **Zona** (Zone) y seleccione en qué zona desea agregar sitios.

4 Haga clic en el botón **Agregar sitios** (Add Sites).

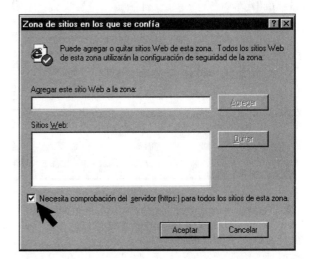

5 El cuadro de diálogo resultante muestra una lista de los sitios que están dentro de la zona seleccionada, la cual deberá estar vacía ya que usted no ha especificado ningún sitio. Haga clic en **Necesita comprobación del servidor (https:) para todos los sitios de esta zona** (Require Server Verification [https:] for All Sites in This Zone) para quitar la marca. Con esta opción activada, usted no podrá agregar muchos sitios a la zona.

(continúa)

Recorrido guiado Agregue sitios a las zonas de seguridad *(continuación)*

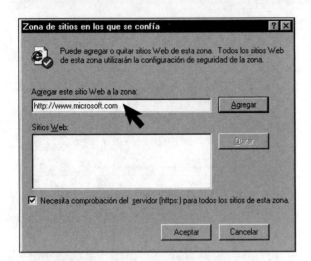

6 Haga clic en el cuadro de texto **Agregar este sitio Web a la zona** (Add This Web Site to the Zone), escriba la dirección del sitio y haga clic en el botón **Agregar** (Add). Repita este paso para agregar más sitios a la zona. (Escriba http:// al principio de la dirección de la página.)

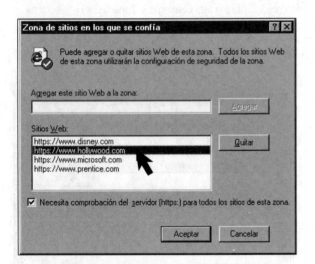

7 Para quitar un sitio de la zona, haga clic en la dirección dentro de la lista de **sitios Web** (Web Sites) y luego haga clic en el botón **Quitar** (Remove).

8 Haga clic en el botón **Aceptar** (OK) para cerrar el cuadro de diálogo de la zona y volver al cuadro de diálogo Opciones de Internet (Internet Options).

9 Para cambiar el nivel de seguridad de la zona, abra la lista desplegable **Zona** (Zone) y elija la zona cuyo nivel de seguridad desea cambiar.

10 Elija el nivel de seguridad deseado como se explicó previamente: **Alto** (High), **Medio** (Medium), **Bajo** (Low) o **Personalizar** (Custom). Si elige Personalizar, haga clic en el botón **Configuración** (Settings), escriba sus preferencias y haga clic en **Aceptar**.

11 Haga clic en el botón **Aceptar** para guardar su lista de sitios y sus parámetros de seguridad.

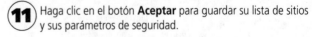

Censure Internet

Internet es un mundo virtual, que brinda acceso a mucho de lo mejor que nos ofrece nuestra sociedad: literatura, música, artes creativas, museos, cine y medicina. Sin embargo, como todo en el mundo, Internet también tiene su parte de pornografía, obscenidad y violencia.

Al paso del tiempo, la gente se ha cuestionado si el gobierno (o nosotros mismos) debería controlar Internet y prohibir la transmisión de cualquier material que pudiera considerarse

ofensivo a través de alguien imparcial. Mientras la sociedad discute este aspecto y las comisiones se contradicen entre sí, el material ofensivo sigue disponible.

Por fortuna, Internet Explorer tiene un asesor de contenido (Censor) integrado, que le permite bloquear el acceso al material ofensivo desde su terminal. El *Recorrido guiado* le muestra cómo activar este asesor.

Recorrido guiado   Active el Asesor de contenido

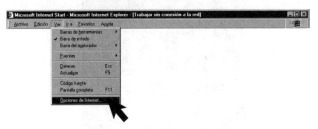

1 Abra el menú **Ver** (View) y elija **Opciones de Internet** (Internet Options).

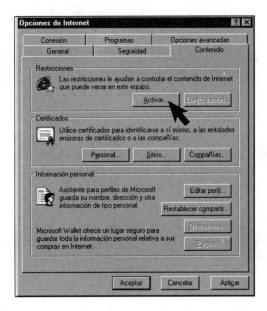

2 Haga clic en la ficha **Contenido** (Content). Bajo Restricciones (Content Advisor), haga clic en el botón **Activar** (Enable).

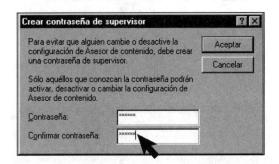

3 Aparece el cuadro de diálogo Crear contraseña de supervisor (Create Supervisor Password). Escriba su contraseña y haga clic en **Aceptar** (OK). Si ésta es la primera vez que usa el Asesor de contenido (Content Advisor), el cuadro de diálogo contendrá un cuadro de texto para **Confirmar contraseña** (Confirm Password). Escriba de nuevo su contraseña antes de hacer clic en **Aceptar** (Ok).

4 Aparece el cuadro de diálogo Asesor de contenido. Haga clic en **Aceptar.**

(continúa)

Recorrido guiado Active el Asesor de contenido *(continuación)*

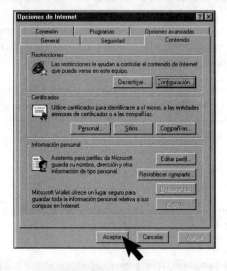

8 Para desactivar el asesor de contenido, abra el menú **Ver** (View) y elija **Opciones de Internet** (Internet Options).

5 De nuevo en el cuadro de diálogo Opciones de Internet. Haga clic en **Aceptar** (OK).

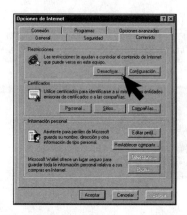

6 Como prueba, haga clic en el cuadro de diálogo **Dirección** (Address) y escriba la dirección de una página que usted sepa que contiene material que algunas personas podrían considerar ofensivo. En este ejemplo se ha escrito www.playboy.com. presione **Entrar** (Enter).

9 Haga clic en la ficha **Contenido** y luego en el botón **Desactivar** (Disable) que está bajo Restricciones (Content Advisor).

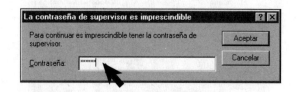

10 Aparece el cuadro de diálogo La contraseña de supervisor es imprescindible (Supervisor Password Required). Escriba su contraseña y haga clic en **Aceptar**.

11 Aparece otro cuadro de diálogo, el cual le informa que usted ha desactivado el asesor de contenido. Haga clic en **Aceptar** para volver al cuadro de diálogo Opciones de Internet y luego haga clic en **Aceptar** para guardar sus cambios.

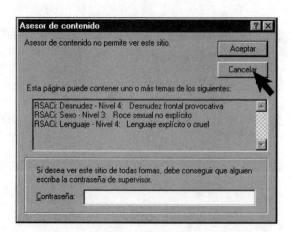

7 Se deberá ver el cuadro de diálogo Asesor de contenido, como se muestra aquí, desplegando una lista de las razones por las que usted ha negado el acceso a este sitio. Haga clic en **Cancelar** (Cancel).

Recorrido guiado Cambie los niveles de restricción

1 Para cambiar los niveles de restricción, abra el menú **Ver** (View) y seleccione **Opciones de Internet** (Internet Options).

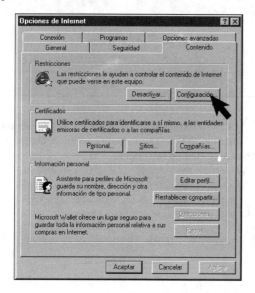

2 Haga clic en la ficha **Contenido** (Content) y luego en el botón **Configuración** (Settings).

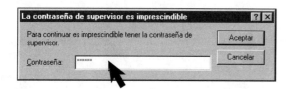

3 Aparece el cuadro de diálogo La contraseña del supervisor es imprescindible (Supervisor Password Required). Escriba su contraseña y haga clic en **Aceptar** (OK).

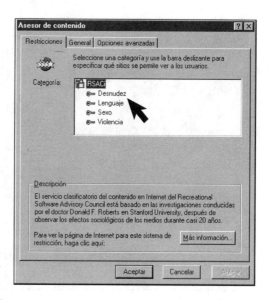

4 Aparece el cuadro de diálogo Asesor de contenido (Content Advisor), permitiéndole cambiar las restricciones. En la ficha Restricciones (Ratings), haga clic en la categoría de material ofensivo cuya restricción desea cambiar: Lenguaje (Language), Desnudez (Nudity), Sexo (Sex) o Violencia (Violence).

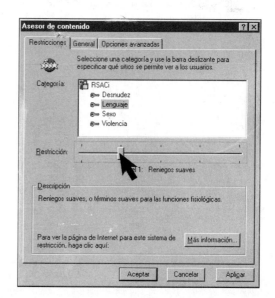

5 Aparece un control deslizable bajo la lista de categorías; arrastre el control a la derecha para atenuar las restricciones, o a la izquierda para intensificarlas. Usted puede repetir los pasos 4 y 5 para cada una de las cuatro categorías.

(continúa)

Recorrido guiado Cambie los niveles de restricción *(continuación)*

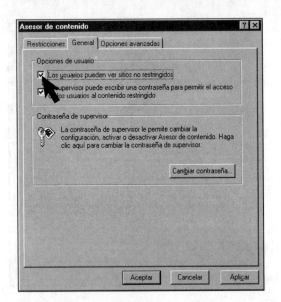

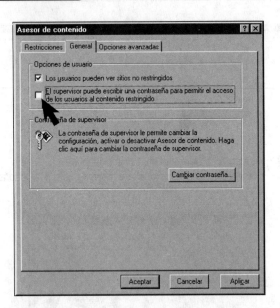

6 Haga clic en la ficha **General** para cambiar algunas otras restricciones. Para que los usuarios puedan visitar los sitios no restringidos, elija **Los usuarios pueden ver sitios no restringidos** (Users can see sites that have no rating). Esta opción es útil cuando Internet Explorer está bloqueando el acceso a páginas inofensivas a las que sus hijos necesitan entrar.

7 En forma predeterminada, la opción **El supervisor puede escribir una contraseña para permitir el acceso de los usuarios al contenido restringido** (Supervisor can type a password to allow users to view restricted content) está activada. Usted puede desactivar esta opción para evitar que aparezca el cuadro de diálogo. La contraseña de supervisor es imprescindible, cuando un usuario intente tener acceso a una página restringida.

8 Haga clic en **Aceptar** (Ok) para guardar su configuración.

Haga una página Web sencilla con FrontPage Express

Web es sensacional. A cualquier hora del día o la noche, usted puede hacer contacto y encontrar páginas que contengan texto, imágenes, clips de video, animaciones y una gran cantidad de otros medios. Ya es tiempo de que usted deje su huella en Web. Tal vez usted quiera publicar su currículum, educar al mundo, publicar una colección de fotografías, platicar acerca de su familia o simplemente ofrecer una lista de vínculos hacia otras páginas que le parezcan interesantes.

Cualquiera que sea el caso, usted desea publicar una página, pero no sabe dónde empezar. Bueno, ha venido al lugar indicado. El *Recorrido guiado* le muestra cómo crear una página Web personal utilizando FrontPage Express, un programa de edición por computadora para Web.

Entienda las páginas Web

Aunque la mayoría de las páginas Web parece contener texto e imágenes, lo que en realidad contiene es texto y *etiquetas HTML*. El texto aparece como cualquier otro texto de un procesador de palabras o programa para edición por computadora. Las etiquetas HTML (*lenguaje de marcación de hipertexto*) sirven a otras funciones, incluyendo la forma de aparecer del texto; insertar imágenes, sonidos y segmentos de video y vincular la página con otras. Por ejemplo, usted podría utilizar las etiquetas para negritas **Aquí hay un**

texto en negritas, para que el texto aparezca en negritas. La etiqueta siguiente inserta un vínculo:

```
<a href="http://www.folkartmuse.org">
American Folk Art Museum</a>
```

Sólo imagínese que hace no mucho tiempo, la gente creaba las páginas Web escribiendo todo el texto y las etiquetas HTML en un simple editor, como el Bloc de notas de Windows.

Publique en Web con FrontPage Express

El Web no fue construido por las personas que escribían los códigos HTML en el Bloc de notas. Si así lo fuera, no tendría ni la mitad del tamaño que tiene actualmente. Para producir todas esas páginas Web, sus autores utilizan aplicaciones profesionales para diseño de páginas Web (llamados *editores HTML*). Con uno de estos potentes editores, todo lo que usted tiene que hacer es escribir su texto, darle formato y colocar un par de imágenes, tal como lo haría en su procesador de palabras favorito. El editor maneja todas las etiquetas HTML en segundo plano por usted.

En el siguiente *Recorrido guiado*, usted utilizará el editor HTML que viene incluido con Internet Explorer, FrontPage Express, para crear o modificar su propia página Web.

Recorrido guiado   Cree una página Web personal

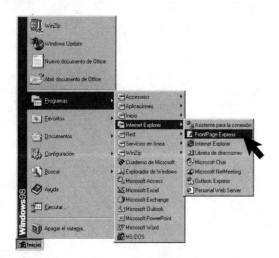

1 Para ejecutar FrontPage Express, haga clic en el botón **Inicio** (Start), vaya a **Programas** (Programs), luego a **Internet Explorer** y haga clic en **FrontPage Express.**

(continúa)

Recorrido guiado   Cree una página Web personal   *(continuación)*

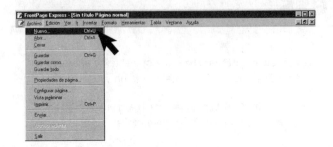

2 FrontPage Express aparecerá, mostrando una página en blanco. Abra el menú **Archivo** (File) y seleccione **Nuevo** (New).

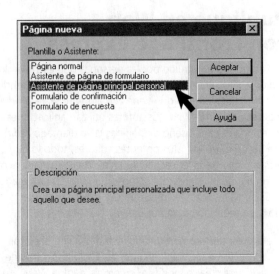

3 Aparece el cuadro de diálogo Página nueva (New Page), desplegando una lista de las plantillas y de los asistentes de FrontPage. Seleccione **Asistente de página principal personal** (Personal Home Page Wizard) y haga clic en **Aceptar** (OK).

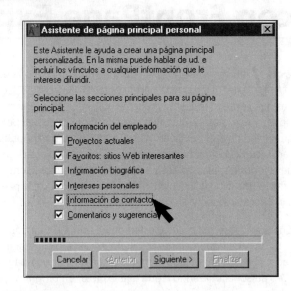

4 Aparece el primer cuadro de diálogo del Asistente de página principal personal, pidiéndole seleccionar el contenido de su página principal. Seleccione cada sección que desee incluir en su página principal. Cada elemento que usted seleccione aparece como un encabezado de su página. Haga clic en **Siguiente** (Next).

> Tenga presente que más tarde podrá modificar los encabezados. Si un encabezado no coincide exactamente con lo que tiene en mente, selecciónelo de todas formas y modifíquelo después.

Recorrido guiado Cree una página Web personal

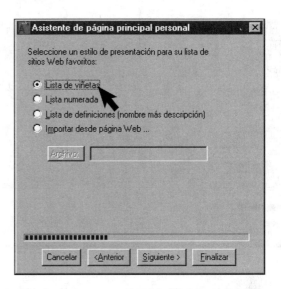

5 Ahora se le pide el nombre de la página. Escriba el nombre de la página (su nombre de archivo) en el cuadro de texto **Dirección URL de la página** (Page URL). El nombre deberá tener la extensión de archivo .htm o .html. En el cuadro de texto **Título de la página** (Page Title), escriba el nombre de la página como quiere que aparezca en la barra de título cada vez que un visitante la abra con su explorador Web. Haga clic en **Siguiente** (Next).

Muchos proveedores de servicio le piden que utilice un nombre específico para su página Web, como origen.htm o contenido.htm. Consulte con su proveedor de servicio.

6 Los cuadros de diálogo restantes varían dependiendo del contenido que haya seleccionado en el paso 4. Por ejemplo, si eligió incluir una lista de vínculos, el asistente le preguntará si desea que ésta sea presentada como una lista con viñetas, como lista numerada o como lista de definición. Siga las instrucciones en pantalla para hacer sus selecciones.

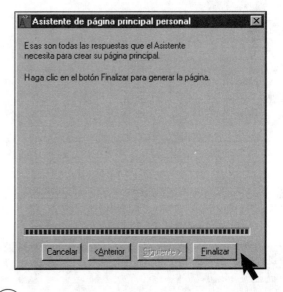

7 Cuando aparezca el último cuadro de diálogo del asistente, haga clic en **Finalizar** (Finish).

(continúa)

Recorrido guiado   Cree una página Web personal   *(continuación)*

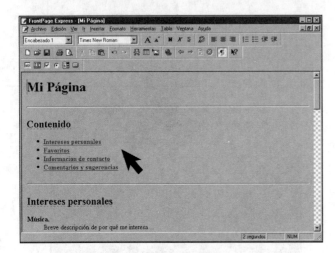

8 El asistente crea su página Web y la despliega en FrontPage Express, donde la podrá modificar.

Recorrido guiado   Inserte vínculos

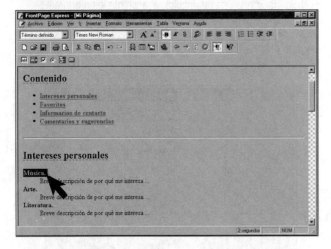

1 Seleccione el texto que desea usar como vínculo. En este texto el visitante hará clic para activar el vínculo.

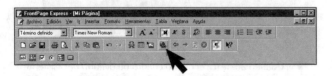

2 Haga clic en el botón **Crear o modificar hipervínculo** (Create or Edit Hyperlink) que está en la barra de herramientas Estándar (o presione Ctrl+D [K]).

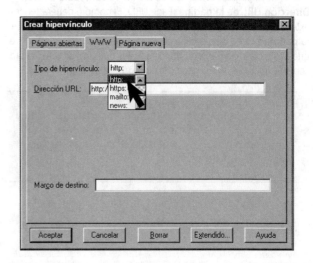

3 Aparece el cuadro de diálogo Crear hipervínculo (Create Hyperlink), con la ficha WWW (World Wide Web) al frente. Abra la lista desplegable **Tipo de hipervínculo** (Hyperlink Type) y seleccione **http:** para dirigirse a una página Web.

> Usted puede crear vínculos hacia otros recursos de Internet. Por ejemplo, puede optar por dirigir el vínculo hacia un archivo de su disco duro, hacia un servidor FTP o hacia una dirección de correo electrónico (mailto:).

Recorrido guiado   Inserte vínculos

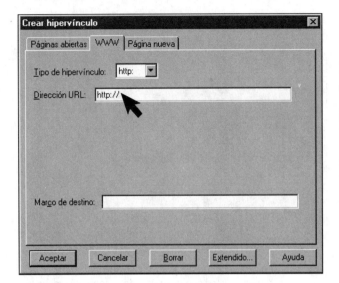

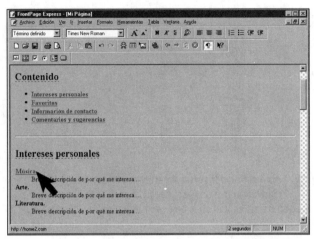

5 FrontPage Express convierte el texto seleccionado en un vínculo y presenta el texto en color azul y subrayado.

4 En el cuadro de texto **Dirección URL** (URL), escriba la dirección de la página u otro recurso al que desea que se dirija el vínculo. Haga clic en **Aceptar** (OK).

Una de las formas más fáciles de agregar vínculos e imágenes a su página Web es arrastrarlas de una página en Internet Explorer hacia su página desplegada en FrontPage Express. Sin embargo, antes de utilizar cualquier texto o imagen original, usted deberá obtener un permiso escrito de quien haya creado la página Web.

Recorrido guiado   Inserte una imagen

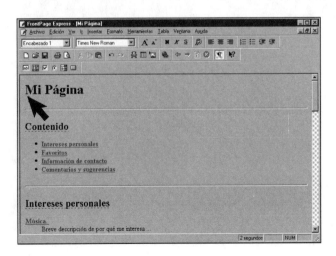

1 Coloque el punto de inserción donde desee que aparezca la imagen insertada.

(continúa)

Recorrido guiado Inserte una imagen *(continuación)*

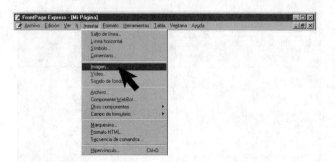

2 Abra el menú **Insertar** (Insert) y seleccione **Imagen** (Image). (Para ahorrarse un paso, haga clic en el botón **Insertar imagen** [Insert Image] en la barra de herramientas Estándar.)

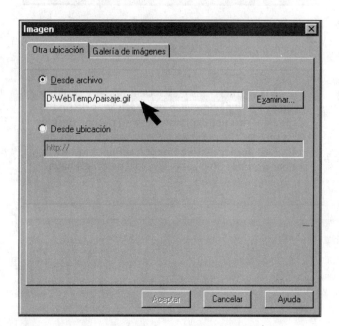

3 Aparece el cuadro de diálogo Imagen (Image), pidiéndole seleccionar un archivo. Usted puede especificar la ubicación y el nombre de un archivo del Web o de su disco duro. Siga uno de estos pasos:

Para utilizar un archivo que esté en su disco duro, asegúrese de que la opción **Desde archivo** (From File) esté seleccionada, haga clic en el botón **Examinar** (Browse) y seleccione el archivo del gráfico que desea utilizar. Haga clic en **Aceptar** (OK).

Para utilizar un archivo que esté guardado en un servidor Web, haga clic en la opción **Desde ubicación** (From Location) y escriba la dirección y nombre del archivo en el cuadro de texto. Haga clic en **Aceptar.**

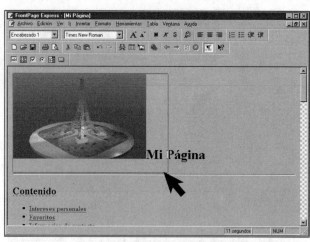

4 En su página se inserta la imagen o segmento de video seleccionado. Usted puede arrastrar la imagen para moverla, o arrastrar uno de sus controladores para cambiarla de tamaño.

Para cambiar las propiedades de una imagen, haga clic en ella con el botón derecho del ratón y elija **Propiedades de imagen** (Image Properties). Revise el menú Insertar para buscar elementos adicionales que pueda agregar a su página Web, incluyendo líneas horizontales, clips de video, sonidos de fondo y marquesinas con desplazamiento.

Recorrido guiado   Inserte y dé formato al texto

1 Para insertar texto adicional, coloque el punto de inserción donde desee insertar el texto. Para crear un párrafo nuevo, mueva el punto de inserción al final de la línea existente y presione **Entrar** (Enter).

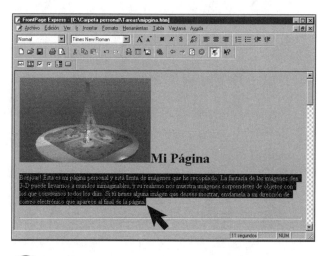

2 Escriba el texto y luego arrastre el puntero sobre él para seleccionarlo.

3 Para transformar el texto en un encabezado, abra la lista **Cambiar estilo** (Change Style) y elija el nivel de encabezado que desee. Usted también puede optar por hacer el texto normal o transformarlo en elemento de una lista.

4 Para cambiar el estilo de la letra, abra la lista **Cambiar fuente** (Change Font) y elija el estilo deseado. Usted puede utilizar los botones **Aumentar tamaño del texto** (Increase Text Size) o **Disminuir tamaño del texto** (Decrease Text Size) para cambiar el tamaño del texto.

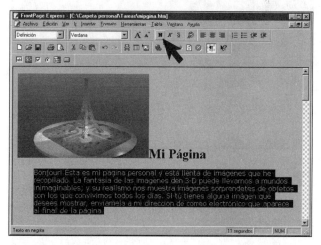

5 Para agregar efectos, haga clic en los botones **Negrita** (Bold), **Cursiva** (Italic) o **Subrayado** (Underline). Usted puede cambiar el color del texto haciendo clic en el botón **Color del texto** (Text Color) y eligiendo el color deseado.

(continúa)

(**Recorrido guiado**   Inserte y dé formato al texto)   *(continuación)*

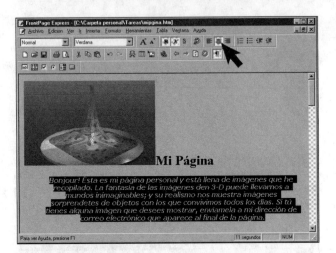

6 Para controlar la alineación del texto entre los márgenes izquierdo y derecho, haga clic en el botón **Alinear izquierda** (Aling Left), **Centrar** (Center) o **Alinear derecha** (Align Right).

8 Para sangrar un párrafo a partir del margen izquierdo, haga clic en el botón **Incrementar sangría** (Increase Indent). Puede hacer clic en el botón **Disminuir sangría** (Decrease Indent) para mover el texto de vuelta hacia el margen izquierdo. (Tal vez tenga que ampliar la ventana de FrontPage Express para ver estos dos botones.)

Este *Recorrido guiado* le mostró cómo aplicar un formato básico al texto. El menú Formato (Format) contiene opciones adicionales, incluyendo Fondo (Background), que le permite agregar una imagen de fondo a su página y cambiar los colores generales del texto y del fondo.

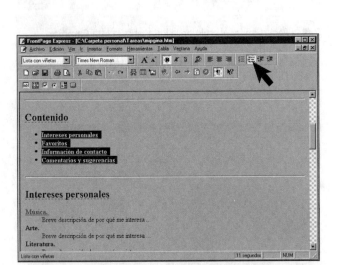

7 Para transformar dos o más párrafos en una lista con viñetas o una lista numerada, resalte los párrafos y luego haga clic en el botón **Lista numerada** (Numbered List) o en el botón **Lista con viñetas** (Bulleted List).

Ponga su página en Web

U na vez que haya terminado de crear su página Web, deberá colocarla en un servidor Web, desde donde otras personas podrán abrirla y verla con sus exploradores Web. En el pasado, la única forma de colocar una página en un servidor Web era mediante un programa FTP (Protocolo para Transferencia de Archivos) independiente. Sin embargo, FrontPage Express viene con su propio programa para transferencia de archivos, que se llama WebPost, y al cual puede tener acceso con sólo introducir el comando Archivo | Guardar como (File | Save As).

WebPost funciona junto con el Asistente para la publicación en Web (Web Publishing Wizard) para guiarle a través del proceso de colocar su página en Web, como se muestra en el *Recorrido guiado*. Si tiene algún problema al publicar su página Web con el comando Archivo | Guardar como, ejecute el Asistente para la publicación en Web desde el menú Inicio | Programas | Internet Explorer (Start | Programs | Internet Explorer). En algunos casos es más fácil usar el propio Asistente para la publicación en Web que el comando Archivo | Guardar como.

> Si el Asistente para la publicación en Web no está en el menú Inicio | Programas | Internet Explorer, deberá instalarlo. Dentro del Panel de control (Control Panel), haga clic en el icono **Agregar o quitar programas** (Add/Remove Programs) y luego haga clic en la ficha **Programa de instalación de Windows** (Windows Setup). Haga clic en **Herramientas de Internet** (Internet Tools) y luego en el botón **Detalles** (Details). Haga clic en la casilla de verificación que está junto a Asistente para la publicación en Web y luego en **Aceptar** (OK). Haga clic en **Aceptar** y siga las instrucciones en pantalla para realizar la instalación.

Encuentre un hogar para su página

A menos que haya estado trabajando directamente en un *servidor Web* (una computadora que almacena sitios Web donde las personas que exploran Web los pueden ver), usted tendrá que seguir el paso adicional de *publicar* sus páginas Web.

Antes de iniciar, asegúrese de tener un lugar donde guardar su página. El mejor lugar para iniciar es con su proveedor de servicio Internet. Muchos proveedores dejan algún espacio disponible en sus servidores Web para que los suscriptores almacenen sus páginas personales. Llame a su proveedor de servicio y busque la siguiente información:

- ¿Tiene su proveedor de servicio espacio disponible para los suscriptores? Si no, tal vez debería cambiar de proveedor.

- ¿Qué tanto espacio en disco tiene y cuánto le costará (si hay un cargo)? Algunos proveedores de servicio le dan una cantidad limitada de espacio en disco, que por lo general es suficiente para una o dos páginas Web, suponiendo que no haya incluido clips de video o de sonido muy extensos.

- ¿Puede guardar sus archivos directamente en el servidor Web o deberá cargarlos en un servidor FTP?

- ¿Cuál es la dirección URL del servidor al que se debe conectar para cargar sus archivos? Escríbala.

- ¿Qué nombre de usuario y contraseña necesita escribir para tener acceso al servidor? (Por lo general son los mismos que utiliza para conectarse al servicio.)

- ¿En qué directorio deberá colocar sus archivos? Escríbalo.

- ¿Qué nombre deberá dar a su página Web? En muchos casos, el servicio le permite publicar una sola página Web y usted deberá llamarla **index.html** o **default.html.**

- ¿Hay otras instrucciones específicas que deba seguir para publicar su página Web?

- Después de publicar su página, ¿cuál será su dirección (URL)? Deseará abrirla en su explorador tan pronto como la publique.

Si está usando un servicio comercial en línea, como Compuserve, deberá usar esos comandos para cargar sus páginas Web y los archivos asociados.

Si su proveedor de servicio no ofrece el servicio de publicación de páginas Web, encienda Internet Explorer, conéctese a su página de búsqueda favorita y busque algún lugar que le permita publicar su página gratis. Estos servicios varían mucho. Algunos le pedirán llenar un formulario y luego creará una página Web genérica por usted (puede utilizar la página que creó en FrontPage Express). En otros, usted puede copiar el documento codificado en HTML (en el Bloc de notas [Notepad] o en WordPad) y pegarlo en un cuadro de texto en el sitio. Algunos otros lugares le permitirán enviarles su archivo HTML y los archivos asociados. Averigüe todo lo relativo a esto.

Usted se ahorrará tiempo y trabajo poniendo su página Web, con todos los archivos gráficos y cualquier otro archivo asociado, en una sola carpeta para separarlos de los demás archivos. Así, el Asistente para la publicación en Web podrá transferir en conjunto todos los archivos necesarios hacia su servidor Web. Asegúrese de usar el nombre correcto para su archivo de página Web, como lo haya especificado su proveedor de servicio.

cualquier documento que pretendiera publicar. Primero, revise si hay errores de ortografía o de "dedo" en la página. FrontPage Express no tiene un corrector ortográfico, así que pida a algunos de sus amigos o colaboradores que revisen su página. (La versión completa de FrontPage incluye un corrector ortográfico.)

También debiera abrir su página en su explorador Web y asegurarse de que se ve bien. Revise la posición y apariencia de los gráficos, asegúrese de que su texto contraste con el color de fondo que haya utilizado y, lo que es más importante, haga clic en todos los vínculos para asegurarse de que le llevan a la página correcta.

Revise y pruebe su página Web

Antes de poner su página en Web, donde millones de personas podrán verla, usted deberá revisarla, como lo haría con

---

Recorrido guiado Guarde su página en un servidor Web

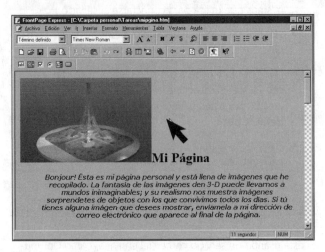

1 Establezca su conexión a Internet y use FrontPage Express para abrir la página que desea poner en Web.

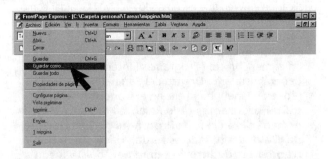

2 Abra el menú **Archivo** (File) y seleccione **Guardar como** (Save As).

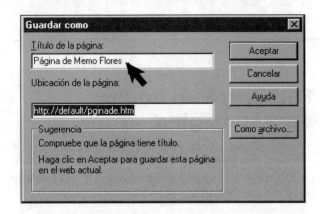

3 Aparece el cuadro de diálogo Guardar como, desplegando el título y la ubicación del archivo de su página Web. Usted puede escribir un título nuevo para su página. Haga clic en **Aceptar** (OK).

Recorrido guiado Guarde su página en un servidor Web

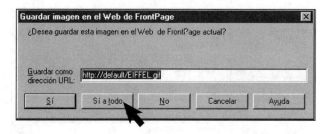

4 Si utilizó alguna imagen u otro archivo en su página, aparece un cuadro de diálogo preguntándole si desea guardar estos archivos en el servidor Web. Haga clic en **Sí a todo** (Yes to All).

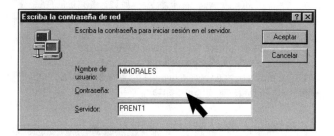

5 Aparece el cuadro de diálogo Escriba la contraseña de red (Enter Network Password), pidiéndole escribir su nombre de usuario y contraseña. Escriba su nombre de usuario dentro del cuadro de texto **Nombre de usuario** (Username); haga clic en el cuadro de texto **Contraseña** (Password) y escriba su contraseña. Haga clic en **Aceptar** (OK). (FrontPage Express está configurado para guardar su contraseña, por lo que no tendrá que escribirla cuando publique de nuevo una página Web.)

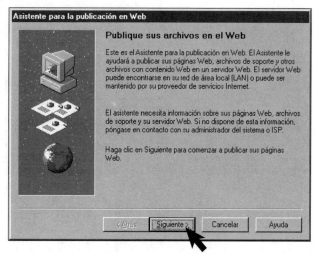

6 Aparece el Asistente para la publicación en Web (Web Publishing Wizard), presentando una explicación de lo que está a punto de hacer. Haga clic en **Siguiente** (Next).

7 El asistente le insta a escribir un nombre para su servidor Web. Dé un nombre breve y descriptivo (aquí no tiene que escribir el nombre de dominio del servidor). Haga clic en **Siguiente**.

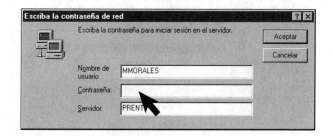

8 Tal vez se le pida escribir de nuevo su nombre de usuario y contraseña. Si es así, escríbalo en el cuadro de texto **Nombre de usuario** y haga clic en el cuadro de texto **Contraseña**, habiendo escrito su contraseña, haga clic en **Aceptar**.

(continúa)

Recorrido guiado Guarde su página en un servidor Web *(continuación)*

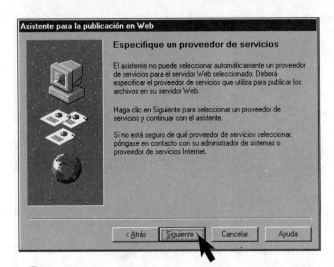

9 El asistente le indica que no puede seleccionar automáticamente un servidor Web. Haga clic en **Siguiente** (Next).

10 El asistente le indica seleccionar su proveedor de servicio. Si no está seguro, seleccione **HTTP Post** para colocar sus archivos directamente en un servidor Web, **FTP** para cargarlos en un servidor FTP o alguna de las demás opciones para su servidor Web en particular. Haga clic en **Siguiente**. Ahora se le insta a dar la información acerca de su servidor.

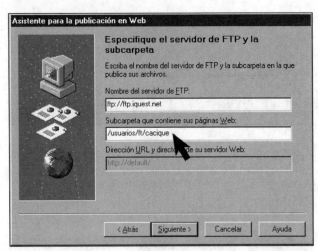

11 Escriba el nombre del servidor y cualquier comando especial que usted necesite para cargar su página en el servidor Web. Su proveedor de servicio debería haberle dado esta información. Haga clic en **Siguiente**.

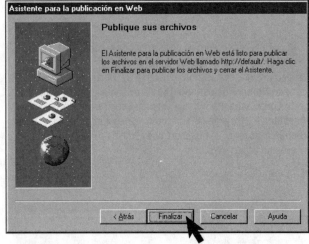

12 Aparece el cuadro de diálogo final, indicando que el asistente está listo para publicar su página Web. Haga clic en **Finalizar** (Finish).

Recorrido guiado Guarde su página en un servidor Web

13 El asistente marca a su proveedor de servicio (si aún no está conectado) y carga su página Web en el servidor Web con todos los archivos asociados. Al aparecer varios cuadros de diálogo mostrando el progreso de la acción, haga clic en **Aceptar**, con lo que dará por terminado el proceso.

Si recibe un mensaje de error indicando que el asistente no pudo publicar los archivos, tal vez escribió el nombre de usuario o contraseña incorrectos, la dirección del servidor Web equivocada o seleccionó el proveedor de servicio erróneo. Verifique con su proveedor de servicio y asegúrese de que tiene la información correcta; luego repita los pasos. Si continúa teniendo problemas, ejecute el Asistente para la publicación en Web (Web Publishing Wizard) desde **Inicio | Programas | Internet Explorer** (Start | Programs | Internet Explorer) y úselo para transferir sus archivos hacia el servidor Web o un servidor FTP.

Cómo dominar Active Desktop

D esde que Web se hizo popular, Microsoft ha estado jugando con la idea de integrar la computadora personal con Web. Microsoft quiere que usted pueda navegar por su computadora local, por su red o por la Intranet de su compañía tan fácilmente como lo hace por las páginas Web remotas. (Una *Intranet* es, simplemente, una red que está configurada para actuar como Internet.)

Para ayudarle a lograr este objetivo, Microsoft inventó el Active Desktop, un escritorio de Windows automatizado que no sólo le da acceso a sus programas y documentos, sino que también actúa como un centro de información. Usted puede colocar componentes animados en el escritorio para desplegar noticias de último minuto, información sobre el tiempo, resultados de deportes y otros medios precisamente en el escritorio de Windows.

Conforme trabaje en esta sección y aprenda acerca de las distintas mejoras hechas al escritorio de Windows, tenga presente que todos los cambios están diseñados para hacer que su computadora actúe como Web y facilitarle la configuración de su escritorio de acuerdo con su modo de trabajar.

Qué encontrará en esta sección

Un recorrido por Active Desktop

La idea detrás del Active Desktop es que proporciona una conexión imperceptible entre Web, la red de su compañía y su computadora local. La parte "activa" es que usted puede configurar fácil y rápidamente su escritorio para que se vea y actúe como usted lo quiere.

Una de las nuevas funciones del Active Desktop es que le permite colocar componentes (*componentes de escritorio*) de cualquier tamaño y dimensiones en su escritorio. En otras palabras, usted puede ir más allá de los iconos de acceso directo y agregar objetos más grandes, como etiquetas de in-

ventario, encabezados noticiosos con desplazamiento y cuadros de notificación de correo electrónico directamente sobre su escritorio. Con los componentes del escritorio, usted tiene un control total de su tamaño y ubicación. Incluso puede configurar los componentes para recibir actualizaciones automáticas de Web durante el día.

El *Recorrido guiado* le ofrece una breve orientación sobre las características principales del Active Desktop. Los *Recorridos guiados* restantes de esta sección le muestran cómo sacar provecho del poder del Active Desktop y cómo configurarlo.

Recorrido guiado   Utilice Active Desktop

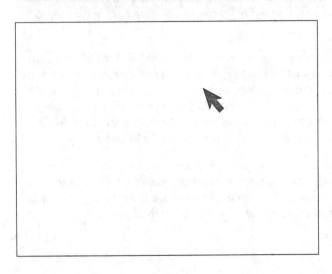

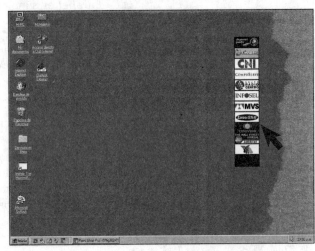

1 Antes de empezar su recorrido por Active Desktop, asegúrese de que esté activo. Haga clic con el botón derecho del ratón en un área en blanco del escritorio, vaya a **Active Desktop** y asegúrese de que haya una marca junto a **Ver como página Web** (View as Web Page). Para instrucciones adicionales, vea "Trabaje en estilo Web" en la página 83.

2 Lo primero que deberá notar acerca del escritorio de Windows es que tiene una Barra de canales (Channel Bar). Este componente del escritorio le proporciona vínculos hacia sitios Web activos de alta calidad. Vea "Sintonice Web con los canales" en la página 258.

Recorrido guiado Utilice Active Desktop

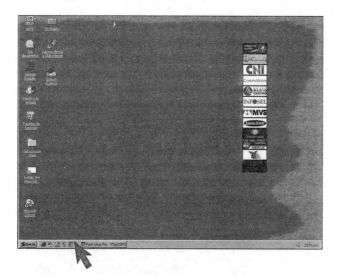

3 La nueva barra de tareas tiene una barra de herramientas de Inicio rápido (Quick Launch), que le da un acceso rápido a Internet Explorer, Outlook Express y a los Canales. También contiene el botón Mostrar escritorio (Show Desktop), que lo lleva directamente al escritorio mientras usted trabaja en otros programas. (Mostrar escritorio minimiza todos los programas de Windows que están abiertos para limpiar el escritorio.)

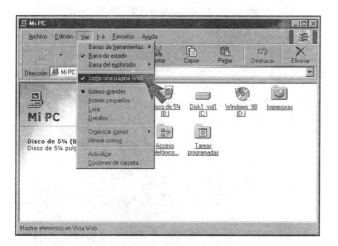

4 Aunque no son parte del propio escritorio, Mi PC (My Computer) y el Explorador de Windows (Windows Explorer) son considerados como parte de Active Desktop. Abra el menú **Ver** (View) y asegúrese de que haya una marca junto a **Como una página Web** (As Web Page). Vea "Trabaje en estilo Web" en la página 83.

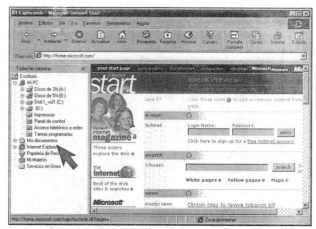

5 Además de ayudarle a administrar los discos, las carpetas y los archivos, el Explorador de Windows le permite navegar en Web. Haga clic en **Internet Explorer** en la lista de carpetas para utilizar el panel de contenido (a la derecha) y desplegar las páginas Web.

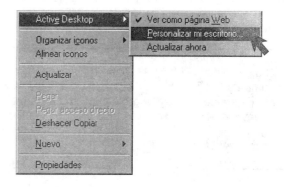

6 Haga clic con el botón derecho del ratón en un área en blanco del escritorio de Windows, vaya a **Active Desktop** y elija **Personalizar mi escritorio** (Customize My Desktop).

(continúa)

Recorrido guiado Utilice Active Desktop *(continuación)*

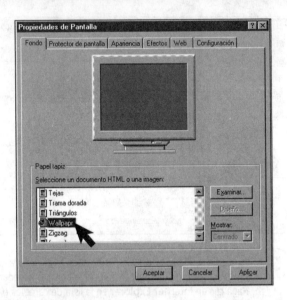

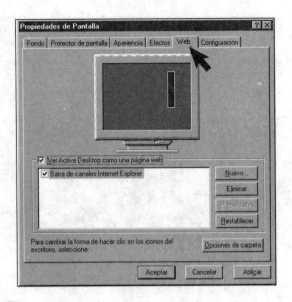

7 La ficha Fondo (Background) del cuadro de diálogo Propiedades de pantalla (Display Properties) tiene una opción para utilizar una página Web de fondo en vez de los fondos estándar de Windows. Para más detalles, vea "Use una página Web como papel tapiz" en la página 315.

> Su copia de Windows 98 ya podría estar configurada para utilizar una página Web como papel tapiz. Por ejemplo, si usted adquiere una computadora nueva, probablemente ya tenga cargado el programa Windows 98 y podría tener un papel tapiz con el emblema del fabricante.

8 Haga clic en la ficha **Web.** Ésta contiene opciones para mostrar su escritorio como una página Web y agregar componentes. Vea "Agregue y quite componentes de Active Desktop" en la página 311.

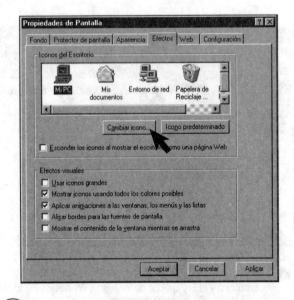

9 Haga clic en la ficha **Efectos** (Effects). Esta ficha le ofrece opciones para personalizar la apariencia de los iconos de su escritorio. Haga clic en el botón **Aceptar** (OK) para cerrar el cuadro de diálogo.

Recorrido guiado   Utilice Active Desktop

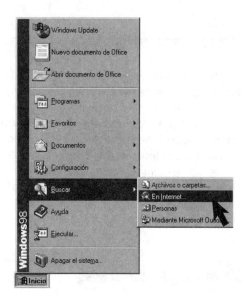

10 El menú Inicio (Start) también tiene algunas características nuevas. Haga clic en el botón **Inicio** y vaya a **Buscar** (Find). Además de las opciones para encontrar archivos y carpetas, el submenú Buscar tiene una opción llamada En Internet (On Internet) para búsquedas en Internet y Personas (People) para buscar personas a nivel individual.

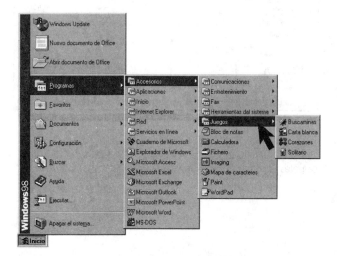

11 Ahora puede ordenar y reordenar los elementos del menú Inicio a su gusto arrastrándolos y colocándolos. Haga clic en el botón **Inicio** y señale la carpeta o programa que desea mover.

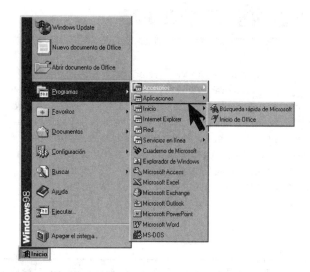

12 Mantenga presionado el botón izquierdo del ratón y arrastre el elemento hacia la ubicación deseada del sistema de menús. Aparece una línea horizontal de inserción, mostrando el lugar hacia donde se colocará el elemento. Suelte el botón del ratón.

> Usted puede hacer clic con el botón derecho del ratón en un elemento del menú Inicio o de uno de sus submenús para mostrar un menú contextual que le ofrece opciones adicionales.

> El menú Inicio también contiene el submenú Favoritos (Favorites), que contiene una lista de las páginas que ha marcado como sus favoritas. Además, usted puede introducir el comando **Inicio | Ejecutar** (Start | Run) y escribir la dirección de una página en el cuadro de diálogo Ejecutar para abrir rápidamente Internet Explorer junto con la página especificada.

Navegue en Web con el Explorador de Windows

El Explorador de Windows (Windows Explorer) tiene las mismas mejoras que usted encuentra en Mi PC (My Computer). El Explorador de Windows da acceso con un solo clic a los programas y los archivos, y ofrece la barra de herramientas del Internet Explorer, que usted puede utilizar para navegar por Web o por la intranet de su compañía. Si desea conocer más detalles sobre la utilización del Explorador de Windows para administrar archivos, vea "Navegue por el Explorador de Windows" en la página 87.

Además de las herramientas mejoradas para administración de archivos, el Explorador de Windows está completamente integrado con Internet Explorer a través de ActiveX, lo que le permite abrir y ver páginas Web directamente desde la ventana del Explorador. Usted sólo tiene que ejecutar el Explorador de Windows y hacer clic en **Internet Explorer** en la lista de carpetas. Internet Explorer toma el control de la barra de herramientas y del panel derecho para mostrar páginas Web y desplegar las herramientas que necesita para navegar por ellas. El *Recorrido guiado* le muestra cómo ponerse en marcha.

Recorrido guiado Vea páginas Web en el Explorador de Windows

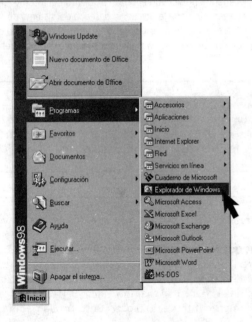

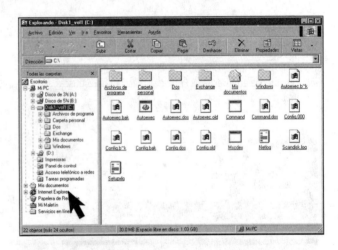

2 Aparece el Explorador de Windows, desplegando el contenido de uno de sus discos duros. Recorra la lista de carpetas en el panel izquierdo y haga clic en **Internet Explorer**.

1 Abra el menú **Inicio** (Start), vaya a **Programas** (Programs) y haga clic en **Explorador de Windows**.

Recorrido guiado Vea páginas Web en el Explorador de Windows

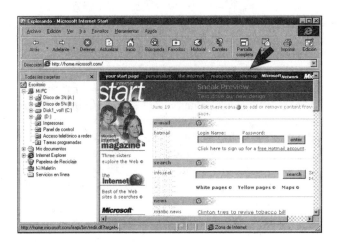

3 El panel derecho muestra la página Web de inicio de Internet Explorer. Observe que la barra de herramientas de Internet Explorer remplaza a la barra de herramientas del Explorador de Windows.

6 En el panel izquierdo aparecen uno o más vínculos hacia páginas de ayuda sobre Internet Explorer. Haga clic en uno de ellos para cargar su página.

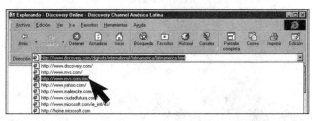

4 Haga clic en el botón **Atrás** (Back) para mostrar de nuevo el contenido de su computadora. Puede hacer clic en el botón **Adelante** (Forward) para regresar a la página Web.

7 El cuadro de texto Dirección (Address) le permite escribir tanto direcciones de páginas Web como rutas de acceso hacia sus discos y carpetas. Además, puede abrir la lista desplegable **Dirección** para seleccionar las vistas de carpetas o las páginas Web a que ha accesado recientemente.

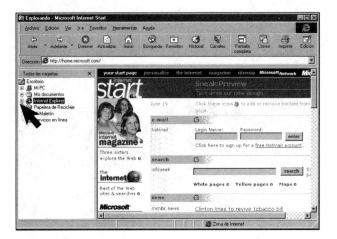

5 Haga clic en el signo más que está junto a **Internet Explorer** (en el panel izquierdo).

8 Para desactivar la lista de carpetas (en el panel izquierdo), haga clic en su propio botón **Cerrar** (X). Para volverla a activar, seleccione **Ver** | **Barra del explorador** | **Todas las carpetas** (View | Explorer Bar | All Folders). Para desconectarse de Internet Explorer basta hacer clic en cualquier carpeta de trabajo.

Use las nuevas herramientas de la Barra de tareas

Para no quedarse atrás con respecto del botón Inicio, la barra de tareas tiene algunas nuevas características. Justo a la derecha del botón Inicio está una nueva barra de herramientas (llamada de Acceso rápido [Quick Launch]), que en principio contiene iconos para ejecutar Internet Explorer, Outlook Express (para correo electrónico) y Ver canales (Channels), así como un botón para regresar rápidamente al escritorio de Windows.

Usted puede controlar esta nueva barra de herramientas y su nueva barra de tareas de varias formas; mover o cambiar el tamaño de las barras de herramientas; arrastrar un icono sobre una de ellas para agregarlo a la barra de herramientas; activar barras de herramientas adicionales, quitar barras, cambiar su apariencia, e incluso transformar algunas carpetas en barras de herramientas personalizadas. El *Recorrido guiado* le muestra cómo personalizar la barra de tareas y sus barras de herramientas.

Recorrido guiado   Personalice la Barra de tareas y sus barras de herramientas

1 Al ejecutar un programa, aparece un botón en la barra de tareas. Utilícelo para cambiar de programa. Haga clic en el botón para traer la ventana del programa hacia el frente; para minimizarla haga clic de nuevo en él.

2 Para cambiar el tamaño de una barra de herramientas de la barra de tareas, arrastre el control deslizable de la barra de herramientas (la barra vertical).

3 Para mover una barra de herramientas, arrastre el control deslizable a la izquierda o a la derecha del control de otra barra de herramientas.

4 Si desea agregar botones a una barra de herramientas, para tener un acceso rápido a documentos y programas, arrastre un icono ya sea del escritorio, de Mi PC o del Explorador de Windows en la barra de herramientas y suelte el botón del ratón.

Recorrido guiado Personalice la Barra de tareas y sus barras de herramientas

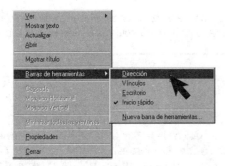

5 Para agregar barras de herramientas a la barra de tareas, haga clic con el botón derecho del ratón en un área en blanco de la barra de tareas, vaya a **Barras de herramientas** (Toolbars) y elija una de las opciones siguientes:

Dirección (Address) coloca el cuadro de texto Dirección en la barra de herramientas. Usted puede escribir la dirección de una página Web en este cuadro para abrirla rápidamente.

Vínculos (Links) inserta una barra con botones que señalan hacia páginas Web de ayuda. Usted puede agregar botones para sus propias páginas Web favoritas.

Escritorio (Desktop) muestra una barra de herramientas que contiene botones para todos los accesos directos del escritorio de Windows.

Inicio rápido (Quick Launch) muestra otra copia de la barra de herramientas que contiene los iconos para Outlook Express e Internet Explorer. (Usted no necesita más que una de estas barras de herramientas.)

Nueva barra de herramientas (New Toolbar) le permite transformar una carpeta en una barra de herramientas. Por ejemplo, puede elegir **Nueva barra de herramientas** y luego **Panel de control** (Control Panel) para crear una barra de herramientas que contenga iconos para todas las herramientas del Panel de control de Windows.

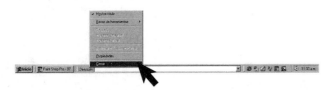

6 Para quitar una barra de herramientas, haga clic con el botón derecho del ratón en un área en blanco de la barra de herramientas y seleccione **Cerrar** (Close).

7 Para ver iconos más grandes en la barra de herramientas, haga clic con el botón derecho del ratón en un área en blanco de ésta, elija **Ver** (View) y seleccione **Grande** (Large).

8 Para activar o desactivar las descripciones de texto de los botones de la barra de herramientas, haga clic con el botón derecho del ratón en un área en blanco de la barra y seleccione **Mostrar texto** (Show Text).

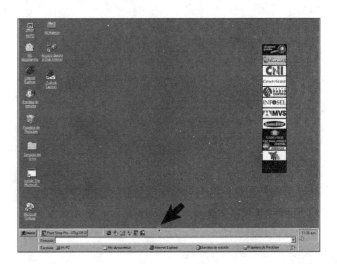

9 Si la barra de tareas se satura, usted puede arrastrar la parte superior de ésta para agrandarla.

(continúa)

Recorrido guiado Personalice la Barra de tareas y sus barras de herramientas

(continuación)

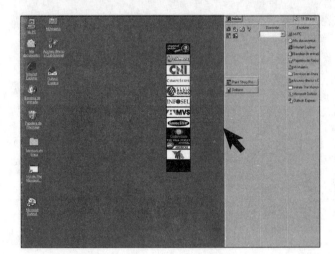

10 Para mover la barra de tareas, arrastre un área en blanco de ella hacia arriba o a la izquierda o la derecha de la pantalla.

Si su barra de tareas ocupa demasiado espacio en la pantalla, considere la posibilidad de activar la opción Ocultar automáticamente (Auto Hide). Haga clic con el botón derecho del ratón en un área en blanco de la barra de tareas, seleccione **Propiedades** (Properties), asegúrese de que haya una marca junto a **Ocultar automáticamente** y junto a **Siempre visible** (Always On Top), y haga clic en **Aceptar** (OK). Cada vez que quiera utilizar la barra de tareas, tendrá que mover el puntero hasta la parte inferior de su pantalla, o al extremo de la pantalla donde descansa su barra de tareas.

Agregue y quite componentes de Active Desktop

Aunque probablemente no lo note en un principio, su nuevo escritorio consta de dos capas: una *capa HTML* y una *capa de iconos*. HTML (que significa Lenguaje de Marcación de Hipertexto) es un sistema de códigos utilizado para dar formato a las páginas Web. Al utilizar HTML para controlar su escritorio, Internet Explorer transforma al propio escritorio en una página Web. Esto le permite colocar directamente en su escritorio los componentes de Active Desktop que se entienden con HTML como si fueran *cuadros* (ventanas que contienen páginas Web y otro tipo de contenido Web).

Antes de agregar componentes al escritorio, cerciórese de que Active Desktop esté activo. Para ello observe la Barra de canales (Channel Bar) en su escritorio. Si no aparece, haga clic con el botón derecho del ratón en un área en blanco del escritorio, seleccione **Active Desktop** y haga clic en **Ver como una página Web** (View As Web Page). Siga el *Recorrido guiado* para agregar o quitar componentes del escritorio.

> Tenga cuidado al utilizar la actualización automática de los componentes del escritorio. Si su compañía telefónica o su proveedor de servicio de Internet le hace cargos por minuto y hora, estas actualizaciones automatizadas podrían resultarle costosas.

Recorrido guiado   Agregue un componente de escritorio

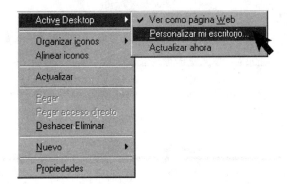

1 Haga clic con el botón derecho del ratón en un área en blanco del escritorio de Windows, vaya a **Active Desktop** y haga clic en **Personalizar mi escritorio** (Customize My Desktop).

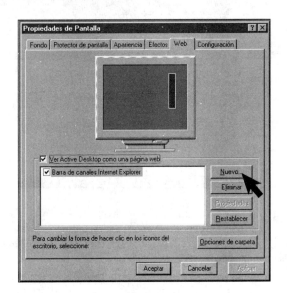

2 Aparece el cuadro de diálogo Propiedades de pantalla (Display Properties). Haga clic en la ficha **Web.**

3 Las opciones de la ficha Web le permiten ver el escritorio como una página Web y agregar componentes. Haga clic en **Nuevo** (New).

(continúa)

Recorrido guiado Agregue un componente de escritorio *(continuación)*

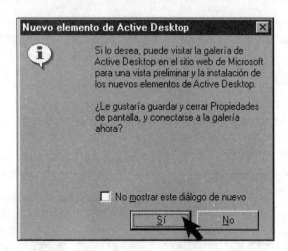

4 Aparece el cuadro de diálogo Nuevo elemento de Active Desktop, preguntándole si desea ir a la galería de Active Desktop. Haga clic en **Sí** (Yes).

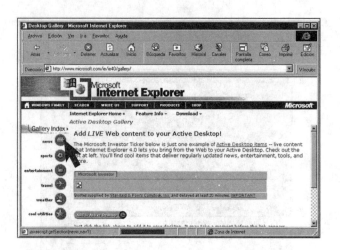

5 Esto ejecuta Internet Explorer y le conecta a Internet, si aún no lo estaba. Internet Explorer carga la página Web Active Desktop Gallery. Siga el curso de los vínculos hacia el componente del escritorio que desee.

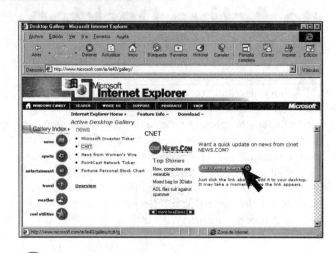

6 Aparecerá una página que describe el componente y muestra un vínculo o botón para descargarlo. Haga clic en el vínculo o botón para descargarlo y colocarlo en su escritorio.

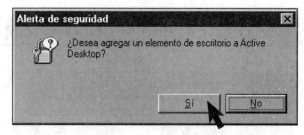

7 Internet Explorer muestra un cuadro de diálogo para pedirle su aceptación. Haga clic en **Sí.**

8 Aparece un segundo cuadro de diálogo, indicando que Windows configurará una suscripción para este componente. Puede hacer clic en Personalizar suscripción (Customize Subscription) y elegir un calendario de actualizaciones, como se explica en "Suscríbase a sitios Web" en la página 250. Haga clic en **Aceptar** (OK). (Es probable que encuentre más cuadros de diálogo, dependiendo del contenido del sitio.)

Recorrido guiado   Agregue un componente de escritorio

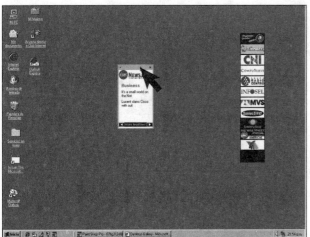
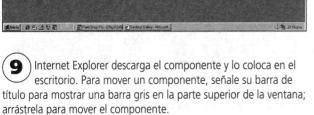

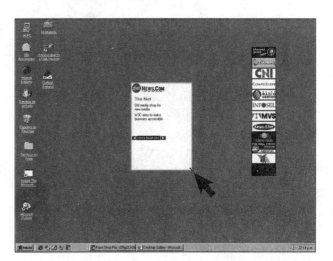

9 Internet Explorer descarga el componente y lo coloca en el escritorio. Para mover un componente, señale su barra de título para mostrar una barra gris en la parte superior de la ventana; arrástrela para mover el componente.

10 Para cambiar el tamaño de un componente, arrastre uno de los extremos de su marco y suelte el botón del ratón.

11 Puede desactivar el componente, y evitar que se conecte automáticamente a Internet para descargar un contenido actualizado, haga clic en su botón **Cerrar**. (El componente podría conectarse sin mostrar un icono para módem en la bandeja del sistema, por lo que usted ni siquiera sabría que está conectado.)

En cualquier momento puede cambiar la configuración de la suscripción de un componente del escritorio. En el cuadro de diálogo Propiedades de pantalla (Display Properties), haga clic en la ficha **Web**. Haga clic en los componentes cuya configuración de la suscripción desee cambiar y después haga clic en el botón **Propiedades** (Properties).

Recorrido guiado   Quite un componente del escritorio

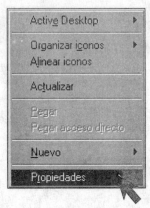

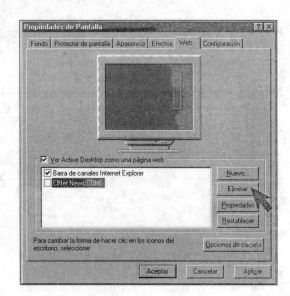

1 Haga clic con el botón derecho del ratón en un área en blanco del escritorio y elija **Propiedades** (Properties).

4 Para eliminar un componente, selecciónelo y luego haga clic en el botón **Eliminar** (Delete). Haga clic en **Sí** (Yes) para confirmar.

5 Haga clic en **Aceptar** (Ok) para guardar sus cambios.

El botón Opciones de carpeta (Folder Options), en la parte inferior de la ficha Web, muestra un cuadro de diálogo que le permite desactivar el estilo Web de Mi PC (My Computer) y del escritorio de Windows. Vea "Trabaje en estilo Web" en la página 83.

2 Aparece el cuadro de diálogo Propiedades de pantalla (Display Properties). Haga clic en la ficha **Web.**

3 Esta ficha contiene una lista de los componentes del escritorio, incluyendo la Barra de canales. Para desactivar un componente, haga clic en su casilla de verificación y quite la marca.

Use una página Web como papel tapiz

Windows 98 cuenta con varios diseños de papel tapiz que usted puede utilizar en vez del predeterminado de Microsoft. La mayoría están guardados como imágenes de mapas de bits (archivos BMP) y estaban incluidos con las versiones anteriores de Windows. A muchas personas les gusta personalizar sus fondos de Windows creando sus propios diseños en Paint.

Además de los gráficos en mapas de bits, Windows 98 ofrece varios diseños guardados como páginas Web. Usted puede utilizar uno de estos archivos como su papel tapiz para Windows, siguiendo el *Recorrido guiado*. También puede utilizar cualquier página Web que haya descargado de Internet.

Usted puede descargar cualquier página Web o crear su propia página y utilizarla como un fondo de Windows. Asegúrese de guardar la página y cualquier imagen que esté incrustada en ella. La mejor forma de hacerlo es abrir la página en FrontPage Express y guardarla en su disco. Si guarda la imagen desde Internet Explorer, los gráficos no se guardarán.

Recorrido guiado   Use una página Web como papel tapiz

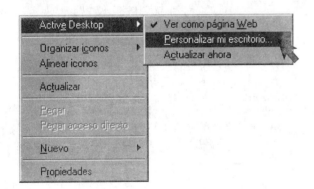

1 Haga clic con el botón derecho del ratón en un área en blanco del escritorio, vaya a **Active Desktop** y seleccione **Personalizar mi escritorio** (Customize My Desktop).

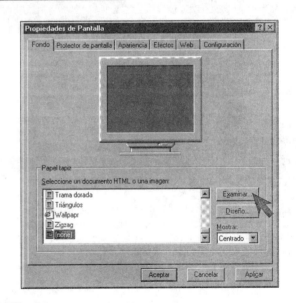

2 Aparece el cuadro de diálogo Propiedades de pantalla (Display Properties) con la ficha Fondo (Background) al frente. En **Papel tapiz** (Wallpaper), seleccione y haga clic en el botón **Examinar** (Browse).

(continúa)

Recorrido guiado Use una página Web como papel tapiz *(continuación)*

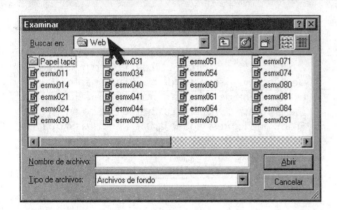

3 Aparece el cuadro de diálogo Examinar. Vaya a la carpeta **Windows\Web** o **Windows\Web\Papel tapiz** (Windows\Web\Wallpaper).

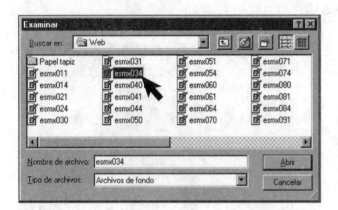

4 Aparece una lista de páginas Web y de archivos de imágenes GIF (los diseños de las páginas Web aparecen con el icono de Internet Explorer junto a ellos). Haga clic en el papel tapiz deseado y luego en **Abrir** (Open).

5 El diseño seleccionado aparece en la lista Papel tapiz y en el área de vista previa. Repita los pasos 4 y 5 hasta que encuentre el diseño que desea y luego haga clic en **Aceptar** (OK).

Usted puede descargar contenido actualizado para su papel tapiz de página Web y para cualquier componente del escritorio. Haga clic con el botón derecho del ratón en un área en blanco del escritorio, vaya a **Active Desktop** y haga clic en **Actualizar** (Update Now).

Active el protector de pantalla de los canales

S i ha trabajado con los canales, tal vez habrá notado que su contenido es mucho más dinámico que el de las páginas Web estándar. Muchos canales muestran contenido que se parece más a lo que usted vería en la televisión o en una película que en una página Web.

Para aprovechar este contenido dinámico, piense en la posibilidad de utilizar su canal favorito como un protector de pantalla. Para ello antes se deberá suscribir a ese canal, comò se explica en "Sintonice Web con los canales" en la página 258. Después, siga el *Recorrido guiado* para activar el protector de pantalla.

Recorrido guiado   Use el Protector de pantalla del canal

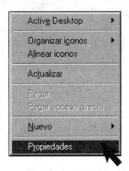

1 Haga clic con el botón derecho del ratón en un área en blanco del escritorio y elija **Propiedades** (Properties).

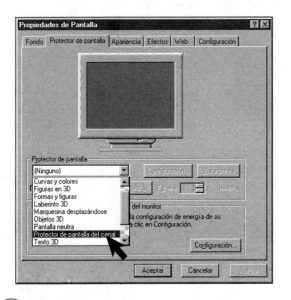

2 Aparece el cuadro de diálogo Propiedades de pantalla (Display Properties). Haga clic en **Protector de pantalla** (Screen Saver). Luego abra la lista desplegable **Protector de pantalla** y seleccione **Protector de pantalla del canal** (Channel Screen Saver).

3 Haga clic en el botón **Vista previa** (Preview) para ver cómo lucirá el protector de pantalla cuando esté activo.

(continúa)

Recorrido guiado Use el Protector de pantalla del canal *(continuación)*

4 La vista previa mostrará el protector de pantalla en acción. Vaya a la esquina superior derecha de la pantalla y haga clic en **Cerrar** (X) para cerrar el protector.

5 Haga clic en el botón **Configuración** (Settings).

6 La ficha General muestra una lista de los canales que aparecerán cuando el protector de pantalla entre en escena. Para restringir la aparición de un canal, quite la marca haciendo clic en su casilla de verificación.

7 En forma predeterminada, el protector de pantalla muestra la dirección URL de cada canal durante 30 segundos. Haga clic en las flechas que están junto a **Mostrar cada canal durante ___ segundos** (Display Each Channel for ___ Seconds) para aumentar o reducir el tiempo.

Recorrido guiado   Use el Protector de pantalla del canal

8 En las opciones **Cerrar el protector de pantalla** (Closing the Screen Saver), elija si desea cerrar el protector de pantalla al mover el ratón. El parámetro predeterminado, **Cerrar el protector de pantalla utilizando el botón Cerrar** (Close the Screen Saver by Using the Close Button), mantiene al protector corriendo aun cuando mueva el ratón.

9 Haga clic en el botón **Aceptar** (OK) para guardar su configuración. Esto le regresa al cuadro de diálogo Propiedades de pantalla.

10 Introduzca cualquier otra preferencia para el protector de pantalla, como protección con contraseña y el número de minutos de inactividad que hará que el protector entre en acción. (Tenga cuidado al asignar una contraseña; si la olvidara, podría tener problemas para accesar a su computadora.)

11 Haga clic en **Aceptar** para guardar sus cambios.

Cómo utilizar Outlook Express para correo y noticias

Las dos formas más eficientes para comunicarse con otras personas conectadas a Internet son el correo electrónico y los grupos de noticias. El correo electrónico le permite enviar y recibir mensajes vía Internet a cualquier otra persona que tenga una conexión a Internet y una cuenta de correo electrónico. Los mensajes vuelan a través de Internet en cuestión de segundos o minutos y pueden contener texto, imágenes u otro tipo de archivos adjuntos.

Los grupos de noticias son sistemas de boletines electrónicos donde usted puede publicar mensajes y leer y responder a los publicados por otras personas. Hay más de 20,000 grupos de noticias en Internet, que cubren cualquier tema imaginable, de la A a la Z.

Internet Explorer 4 contiene un programa de correo electrónico y un lector de noticias llamado Outlook Express. Usted puede utilizar la misma interfaz para enviar y recibir mensajes tanto de correo electrónico como de grupos de noticias.

Qué encontrará en esta sección

Configure su cuenta de correo electrónico

Antes de que pueda utilizar las características de correo electrónico de Outlook Express, usted deberá introducir los parámetros que especifiquen el servidor de correo que Outlook Express usará y cómo se va a conectar a él. El servidor de correo es como una oficina postal; actúa como un centro de distribución del correo electrónico. Para poder enviar y recibir correo electrónico, antes se deberá conectar a su servidor de correo. Su proveedor de servicio de Internet le deberá proporcionar acceso a su servidor de correo y la dirección del servidor.

La primera vez que se ejecuta Outlook Express, éste abre el Asistente para la conexión a Internet (Internet Connection Wizard), el cual lo guía a través del proceso de configuración de su servidor de correo. Siga el *Recorrido guiado* para abrir Outlook Express por primera vez y configurar su conexión al servidor de correo.

Recorrido guiado   Configure la conexión para una cuenta de correo electrónico

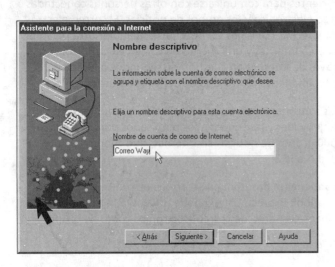

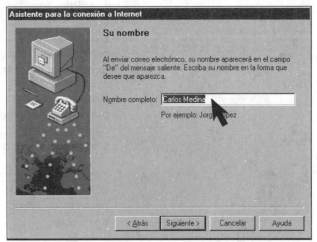

1 Para iniciar Outlook Express, haga clic en el icono **Outlook Express** en el escritorio de Windows o en el icono de **Inicio rápido** de la barra de tareas.

> También puede ejecutar Outlook Express seleccionándolo del menú Inicio | Programas | Internet Explorer (Start | Programs | Internet Explorer) o eligiendo Ir a | Correo (Go | Mail) en Internet Explorer. También puede ejecutarlo eligiendo Ir a | Correo, desde Mi PC (My Computer) o desde el Explorador de Windows.

2 Aparece el primer cuadro de diálogo del Asistente para la conexión a Internet. Escriba su nombre tal como quiere que aparezca en los mensajes que envíe. (Puede ser su nombre real o un sobrenombre.) Haga clic en **Siguiente** (Next).

> Si el Asistente para la conexión a Internet no aparece, seleccione **Herramientas | Cuentas** (Tools | Accounts) y haga clic en la ficha **Correo** (Mail). Luego haga clic en el botón **Agregar** (Add) y seleccione **Correo** para agregar un nuevo servidor de correo.

Recorrido guiado   Configure la conexión para una cuenta de correo electrónico

3 Escriba su dirección de correo electrónico para que las personas puedan responder sus mensajes. En general su dirección de correo electrónico está escrita en minúsculas y comienza con su nombre de usuario (como cmedina@iway.com). Haga clic en **Siguiente** (Next).

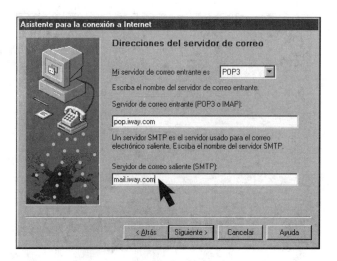

4 Ahora se le pide escribir la dirección del servidor de correo utilizado para el correo entrante y saliente. Abra la lista desplegable en la parte superior del cuadro de diálogo y seleccione el tipo de servidor utilizado para el correo entrante: POP3 o IMAP.

5 Escriba las direcciones de los servidores de correo entrante y saliente:

Correo entrante (POP3 o IMAP): POP significa Protocolo de Oficina Postal (Post Office Protocol), el servidor POP es como la oficina postal de su colonia. Recibe los mensajes que llegan y los coloca en su buzón personal. IMAP (Protocolo Internet para Acceso a Mensajes) es semejante a POP pero ofrece características adicionales, como la

posibilidad de que usted conozca el contenido de los mensajes que están en el servidor de correo y tome únicamente los mensajes que le interesan. Generalmente la dirección comienza con pop o con imap (por ejemplo, pop.iway.com).

Correo saliente (SMTP): Significa Protocolo Simple para Transferencia de Correo (Simple Mail Transfer Protocol). El servidor SMTP es el buzón dentro del cual usted deposita los mensajes que va a enviar. En realidad se trata de la computadora de su proveedor de servicio. La dirección suele empezar con mail o smtp (por ejemplo, mail.iway.com).

Luego haga clic en **Siguiente**.

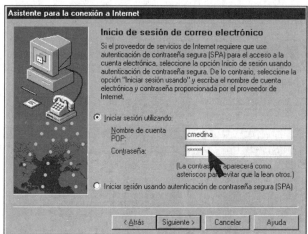

6 Si el servidor le pide que se registre, seleccione uno de los parámetros de registro siguientes:

Iniciar sesión utilizando (Log On Using:) si su servidor de correo le pide escribir un nombre y contraseña para conectarse. Escriba el nombre y la contraseña solicitados en los cuadros de texto correspondientes.

Iniciar sesión usando autenticación de contraseña segura (SPA) [Log On Using Secure Password Authentication (SPA)] si su servidor de correo le pide conectarse utilizando una certificación digital.

Haga clic en **Siguiente**.

(continúa)

Recorrido guiado Configure la conexión para una cuenta de correo electrónico

(continuación)

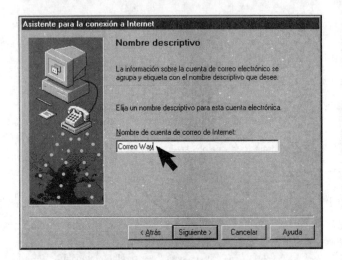

7 Se le pide dar un nombre descriptivo para esta cuenta. Escriba un nombre corto que le ayude a reconocer la cuenta y haga clic en **Siguiente** (Next).

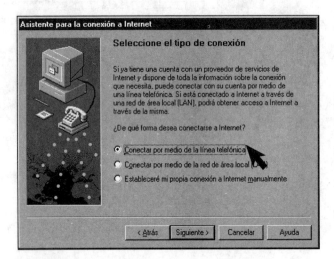

8 Ahora se le pide especificar cómo desea conectarse a Internet. Haga clic en **Conectar por medio de la línea telefónica** (Connect Using My Phone Line) o en **Conectar por medio de la red de área local (LAN)** [Connect Using My Local Area Network (LAN)] para especificar cómo desea conectarse a Internet. Haga clic en **Siguiente**.

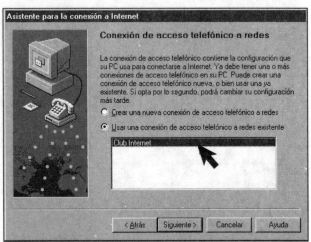

9 Si eligió conectarse por medio de su línea telefónica, haga clic en **Usar una conexión de acceso telefónico a redes existente** (Use an Existing Dial-Up Connection) y luego en la conexión de acceso telefónico a redes que utiliza para conectarse a Internet. Haga clic en **Siguiente**.

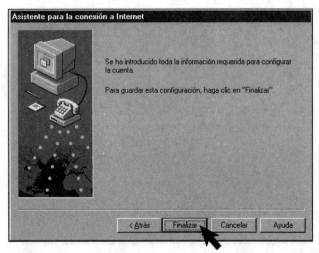

10 Haga clic en el botón **Finalizar** (Finish).

Recorrido guiado Configure la conexión para una cuenta de correo electrónico

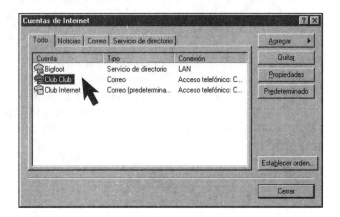

11 Es probable que aparezca el cuadro de diálogo Cuentas de Internet (Internet Accounts), desplegando el nombre del servidor de correo que acaba de añadir. Para utilizar esta cuenta como predeterminada (en caso de que usted tenga más de una cuenta de correo electrónico), seleccione el nombre de la cuenta y haga clic en **Predeterminado** (Set as Default). Haga clic en **Cerrar** (Close) y así regresará a la ventana de Outlook Express.

Si no aparece el cuadro de diálogo Cuentas de Internet, seleccione **Herramientas l Cuentas** (Tools l Accounts) y haga clic en la ficha **Correo** (Mail).

Un recorrido por Outlook Express

Outlook Express proporciona un concentrador de información desde el cual usted puede tener acceso tanto a los mensajes de correo electrónico como a los grupos de noticias. La ventana de Outlook Express consta de tres paneles. El panel izquierdo contiene una lista de carpetas para el correo entrante y saliente, los elementos enviados, los elementos eliminados, los borradores de los mensajes que está creando y los grupos de noticias. El panel superior derecho despliega descripciones de los mensajes de la carpeta seleccionada actualmente. El panel inferior derecho muestra el contenido del mensaje seleccionado. Éste le da un área integrada de mensajes donde usted puede conectarse rápidamente entre el Correo y las Noticias de Outlook Express. También le permite administrar sus mensajes tan fácilmente como lo hace con sus archivos del disco duro.

Como verá más adelante en esta sección, usted puede leer fácilmente los mensajes seleccionando primero la carpeta en la cual está guardado el mensaje y luego haciendo clic en la descripción del mismo. El panel inferior derecho muestra el contenido del mensaje seleccionado. La barra de herramientas de Outlook Express le proporciona la mayoría de los botones que necesita para redactar mensajes nuevos y responder a los que recibe.

El *Recorrido guiado* le muestra cómo iniciar Outlook Express, navegar por su ventana y cambiar su apariencia de acuerdo con su gusto particular.

Recorrido guiado Navegue por Outlook Express

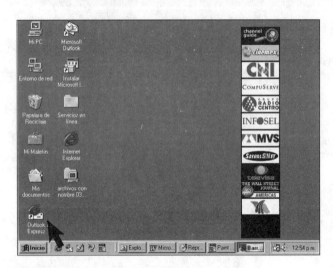

1 Haga clic en el icono de **Outlook Express** del escritorio de Windows.

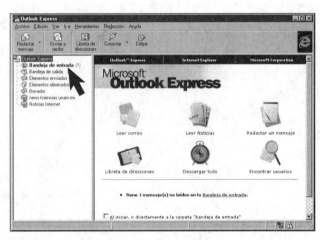

2 Aparece la ventana de Outlook Express. La lista de carpetas muestra los iconos Bandeja de entrada (Inbox), Bandeja de salida (Outbox), Elementos enviados (Sent Items), Elementos eliminados (Deleted Items) y Borrador (Drafts) de los mensajes que usted está redactando, así como para cualquier grupo de noticias predeterminado. Haga clic en el icono **Bandeja de entrada** o en **Leer correo** (Read Mail).

Recorrido guiado · Navegue por Outlook Express

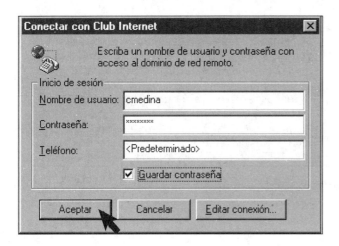

3 Si Outlook Express está configurado para marcar automáticamente a su proveedor de servicio Internet, aparece el cuadro de diálogo Conectar con (Connect To), pidiéndole que se conecte. Escriba su nombre de usuario y contraseña y haga clic en **Aceptar** (OK) o en **Conectar** (Connect).

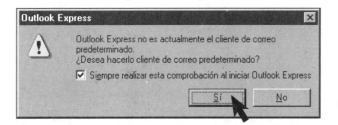

4 Si Outlook Express no está configurado para que lo use como su programa de correo electrónico predeterminado, aparece este cuadro de diálogo. Haga clic en **Sí** (Yes).

> Si Windows está configurado para usar Microsoft Exchange como el programa de correo electrónico predeterminado, es probable que usted encuentre una serie de cuadros de diálogo pidiéndole configurar la Bandeja de entrada de Microsoft Exchange. Siga las instrucciones en pantalla para realizar la operación.

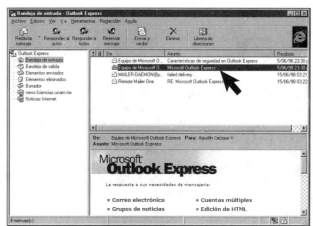

5 Outlook Express despliega tres ventanas a manera de paneles. El panel superior derecho presenta una lista de las descripciones de los mensajes que ha recibido. Si ésta es la primera vez que lo utiliza, sólo tendrá un par de mensajes de ejemplo, incluidos en el programa.

6 Haga clic en la descripción de uno de los mensajes para ver su contenido.

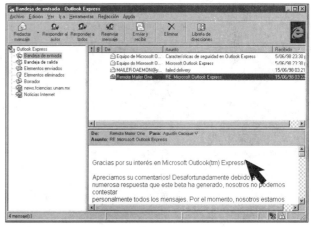

7 El contenido del mensaje aparece en el panel inferior derecho. Use la barra de desplazamiento para poner a la vista el texto adicional.

(continúa)

Recorrido guiado Navegue por Outlook Express *(continuación)*

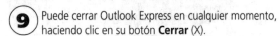

8 La barra de herramientas de Outlook Express contiene botones que le sirven para redactar y contestar mensajes, enviar mensajes a otros destinatarios, enviar y recibir mensajes, eliminar mensajes y mostrar la libreta de direcciones.

9 Puede cerrar Outlook Express en cualquier momento, haciendo clic en su botón **Cerrar** (X).

Personalice la ventana de Outlook Express cambiando el tamaño de los paneles. Arrastre la barra que divide a los paneles izquierdo y derecho o a los paneles superior e inferior para cambiar sus tamaños relativos. Para cambiar drásticamente la apariencia de la ventana de Outlook Express, abra el menú **Ver** (View), elija **Distribución** (Layout) y escriba sus preferencias.

Lea los mensajes entrantes

Cada vez que alguien le envía un mensaje, éste no aparece automáticamente en su pantalla. En vez de ello, el mensaje se guarda en una especie de apartado postal de la computadora de su proveedor de servicio (o sea, en el servidor de correo). Use Outlook Express para conectarse con el servidor de correo y traer el correo.

Para obtener su correo, ejecute Outlook Express y haga clic en el botón **Enviar y recibir** (Send and Receive), como se muestra en el *Recorrido guiado*. Outlook Express se conecta al servidor de correo y busca los mensajes. Si no tiene algún

mensaje nuevo, aparece la leyenda `No hay mensajes nuevos (No new messages)` en la barra de estado. Si tiene algún mensaje, Outlook Express despliega sus descripciones en el panel superior derecho. Para leer un mensaje, haga clic en su descripción, o haga doble clic para ver el mensaje en su propia ventana.

Si el mensaje tiene un archivo adjunto, aparece a la izquierda del mensaje el icono de un clip para papel. Para aprender más sobre cómo trabajar con archivos adjuntos, lea "Visualice y guarde archivos adjuntos" en la página 338.

Recorrido guiado Obtenga mensajes de correo electrónico

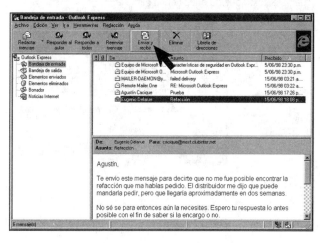

1 Abra Outlook Express y haga clic en el botón **Enviar y recibir**.

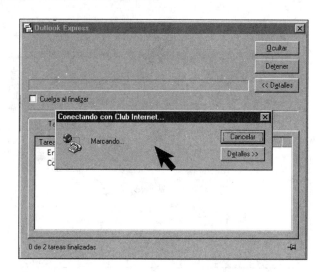

2 Si no está conectado a Internet, Outlook Express establece una conexión con el servidor de correo. El cuadro de diálogo Conectando con (Connecting To) presenta el progreso de la conexión.

(continúa)

Recorrido guiado Obtenga mensajes de correo electrónico *(continuación)*

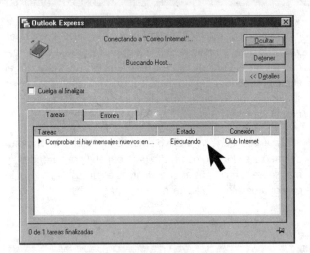

3 Cuando se ha establecido la conexión, Outlook Express verifica los mensajes entrantes.

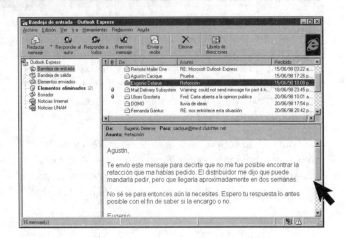

5 El contenido del mensaje seleccionado aparecerá en el panel inferior derecho. Use la barra de desplazamiento para ver cualquier texto que no quepa en la pantalla.

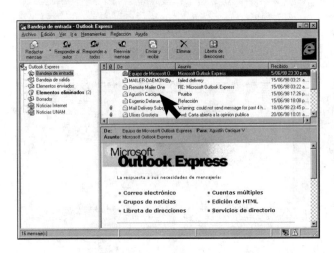

4 Si no tiene mensajes, aparece la leyenda `No hay mensajes nuevos (No new messages)` en la barra de estado. Si tiene algún mensaje, Outlook Express presenta su descripción (llamada *encabezado del mensaje*) en el panel superior derecho. Para leer un mensaje, haga clic en su descripción.

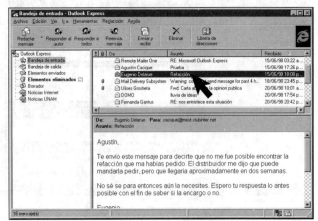

6 Para ver el mensaje en su propia ventana, haga doble clic en su descripción.

Recorrido guiado Obtenga mensajes de correo electrónico

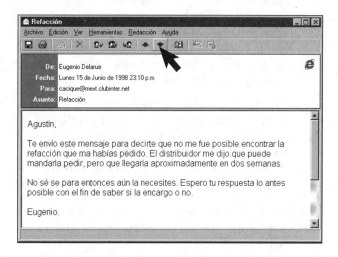

7 Outlook Express abre un nueva ventana mostrando el contenido del mensaje. Para ver el contenido del mensaje siguiente o anterior, haga clic en la flecha hacia arriba o hacia abajo en la barra de herramientas. (Si lo desea, puede hacer clic en el botón Imprimir [Print] para crear una copia en papel del mensaje.)

8 Para cerrar la ventana del mensaje y regresar a la de Outlook Express, haga clic en el botón **Cerrar** (X).

Envíe mensajes y respuestas

U na vez que empiece a recibir mensajes, sin duda se verá obligado a responder a ellos e iniciar una correspondencia con sus amigos, parientes y socios comerciales. Para lograrlo deberá *redactar* un mensaje y enviarlo.

Como lo verá en el *Recorrido guiado*, redactar un mensaje basado en texto es muy sencillo. Sólo haga clic en el botón **Redactar mensaje** (Compose), escriba la dirección del destinatario, dé una breve descripción del asunto y luego escriba el mensaje. Haga clic en el botón **Enviar** (Send) y ¡listo!

Responder a un mensaje recibido es incluso más fácil, ya que no tiene que escribir la dirección del mensaje ni la descripción del mismo. Sólo selecciónelo, haga clic en el botón **Responder al autor** (Reply to Author) o **Responder a todos** (Reply to All), escriba el contenido del mensaje y haga clic en **Enviar**.

> Según esté configurado Outlook Express, éste podría enviar los mensajes de correo electrónico en forma automática, o colocarlos en la carpeta de la Bandeja de salida (Outbox) hasta que usted haga clic en Enviar y recibir (Send and Receive) para iniciar el proceso. Para cambiar la configuración de los mensajes que va a enviar, abra el menú **Herramientas** (Tools), elija **Opciones** (Options) y haga clic en la ficha **Enviar**. Haga clic en la opción **Enviar mensajes inmediatamente** (Send Messages Immediately) para activarla o desactivarla, y luego haga clic en **Aceptar** (OK).

Envíe archivos y accesos directos

Usted puede enviar accesos directos que apunten hacia sus sitios Web favoritos, así como cualquier tipo de archivo (documentos, gráficos e incluso programas). Hay varias formas de enviar accesos directos y archivos:

- Arrastre el acceso directo o el icono que representa el archivo hacia el área del mensaje. Al soltar el botón del ratón, el icono aparece en un panel nuevo debajo del área del mensaje en la ventana Mensaje nuevo (New Message).

- Haga clic con el botón derecho del ratón en el acceso directo (cualquier vínculo de una página Web) o en el icono del archivo que desea copiar y seleccione el comando **Copiar** (Copy). Haga clic con el botón derecho del ratón en el área del mensaje en la ventana Mensaje nuevo y seleccione **Pegar** (Paste).

- Para insertar un archivo, abra el menú **Insertar** (Insert) y seleccione **Archivo adjunto** (File Attachment) o bien haga clic en el botón **Insertar archivo** (Insert File) (en forma de clip), que está en la barra de herramientas. Utilice el cuadro de diálogo Insertar datos adjuntos (Insert Attachment) para seleccionar el archivo que desea enviar.

Usted puede repetir el proceso para insertar más accesos directos y archivos en su mensaje. También puede hacer clic con el botón derecho del ratón en el panel nuevo y luego hacer clic en **Agregar** (Add) para insertar archivos adicionales. Para quitar un archivo o acceso directo del panel, haga clic con el botón derecho del ratón y elija **Quitar** (Remove).

Use el material de papelería de Outlook

Outlook Express presenta un nuevo concepto para correo electrónico que por largo tiempo ha sido un artículo de primera necesidad del correo normal: el material de papelería. Con él, usted puede enviar tarjetas de cumpleaños, avisos, invitaciones o mensajes sencillos con ilustraciones.

Para utilizar el material de papelería que viene con Outlook Express, abra el menú **Redacción** (Compose), vaya a **Mensaje nuevo usando** (New Message Using) y haga clic en el material deseado. Usted también puede hacer clic la flecha hacia abajo que está junto al botón Redactar mensaje y seleccionar el material de papelería deseado. Outlook Express mostrará la ventana Mensaje nuevo con una imagen de fondo.

> Antes de usar el material de papelería, usted debe saber que Outlook Express utiliza etiquetas (o códigos) HTML (de una página Web) para dar formato y agregar gráficos a sus mensajes. Si el destinatario utiliza un programa de correo electrónico que no soporte HTML, él o ella no podrán ver los gráficos y quizás reciba una serie de etiquetas HTML o un archivo HTML adjunto.

Dé formato a los mensajes de correo electrónico con los códigos HTML

Usted puede adornar sus mensajes usando códigos HTML. Éstos le permiten especificar el color de su texto, seleccionar fuentes diferentes, insertar listas con viñetas, centrar el texto, etc. Si el destinatario usa Outlook Express o cualquier otro programa para correo electrónico que pueda mostrar correo electrónico con código HTML, el mensaje aparecerá como una página Web sencilla. Si el programa para correo electrónico del destinatario no maneja los códigos HTML, el mensa-je se verá como un texto simple con un archivo HTML adjunto. Entonces el destinatario abre el archivo adjunto con su explorador Web.

Para crear un mensaje de correo HTML, despliegue la ventana Mensaje nuevo (New Message), abra el menú **Formato** (Format) y seleccione **Texto enriquecido (HTML)** [Rich Text (HTML)]. Aparece la barra de herramientas HTML. Para dar formato al texto existente, selecciónelo y luego utilice los botones y las listas desplegables para seleccionar el formato deseado. O, también puede seleccionar el formato deseado antes de empezar a escribir. La tabla siguiente proporciona las descripciones de los botones de la barra de herramientas Formato.

Botones de la barra de herramientas HTML

Botón	Nombre	Descripción
Arial	Fuente (Font)	Cambia el estilo de la letra.
10	Tamaño de fuente (Font Size)	Cambia el tamaño de la letra.
	Etiqueta de estilo (Style Tag)	Da formato a los párrafos para convertirlos en encabezados, listas o en párrafo normal.
B	Negrita (Bold)	Convierte el texto en negritas.
I	Cursiva (Italic)	Convierte el texto en cursivas.
U	Subrayado (Underline)	Subraya el texto.
	Color de fuente (Font Color)	Cambia el color del texto.
	Formateando números (Formatting Numbers)	Transforma los párrafos seleccionados en listas numeradas.
	Viñetas de formato (Formatting Bullets)	Transforma los párrafos seleccionados en listas con viñetas.
	Reducir sangría (Decrease Indentation)	Mueve todas las líneas de un párrafo con sangría hacia la izquierda, acercándose al margen izquierdo.
	Aumentar sangría (Increase Indentation)	Mueve todas las líneas de un párrafo hacia la derecha, alejándolas del margen izquierdo.
	Alinea a la izquierda (Align Left)	Coloca todas las líneas de un párrafo en el margen izquierdo.
	Alinea al centro (Align Center)	Centra todas las líneas de un párrafo entre los márgenes izquierdo y derecho.
	Alinea a la derecha (Align Right)	Coloca todas las líneas de un párrafo en el margen derecho.
	Inserta línea horizontal (Insert Horizontal Line)	Inserta una línea horizontal para dividir su mensaje en secciones.
	Establece hipervínculo (Insert Hyperlink)	Inserta un hipervínculo en el que el destinatario puede hacer clic para abrir una página Web o tener acceso a algún otro recurso de Internet.
	Insertar imagen (Insert Picture)	Muestra un cuadro de diálogo pidiéndole especificar un archivo gráfico para incluirlo en su mensaje.

Para establecer la configuración predeterminada para redactar sus mensajes de correo electrónico (ya sea en texto sin formato o en HTML), abra el menú **Herramientas** (Tools) de Outlook Express, elija **Opciones** (Options) y haga clic en la ficha **Enviar** (Send). Bajo Formato para el envío de correo (Mail Sending Format), haga clic en **HTML** o en **Texto sin formato** (Plain Text) para seleccionar el formato predeterminado que desee. Usted puede volver a cambiar la opción en mensajes individuales, seleccionado el parámetro deseado del menú **Formato** (Format).

Revise errores ortográficos y de dedo

Antes, usted tenía que confiar en sus habilidades para la mecanografía y en su agudo ojo editorial para asegurar que sus mensajes estuvieran libres de errores. Ahora puede dejar que el corrector ortográfico revise sus mensajes por usted y le sugiera las correcciones.

Para revisar los errores de "dedo" y de ortografía, abra el menú **Herramientas** y elija **Ortografía** (Spelling). El corrector ortográfico revisa su texto. Si encuentra una palabra dudosa (cualquier palabra que no aparezca en su diccionario de ortografía), se detiene y, en la mayoría de los casos, despliega una lista de correcciones posibles. Si la palabra está correcta, usted puede ignorarla. Si está mal escrita, puede elegir una opción de la lista de correcciones o puede hacer sus propias correcciones.

Puede introducir parámetros para controlar el modo del corrector ortográfico de hacer su trabajo. Abra el menú **Herramientas** de la ventana principal de Outlook Express (no de la ventana Mensaje nuevo), elija **Opciones** y haga clic en la ficha **Ortografía**. Entonces podrá introducir los parámetros que permitan al corrector ortográfico revisar siempre la ortografía antes de enviar un mensaje, o bien que ignore determinadas cadenas de texto, como las mayúsculas. Seleccione los parámetros deseados y haga clic en **Aceptar** (OK).

Redacte mensajes sin estar conectado

Si va a enviar varios mensajes, los puede redactar sin estar conectado a Internet y reducir así sus cargos por tiempo de conexión. Para redactar un mensaje sin conexión, sólo ejecute Outlook Express sin estar conectado a Internet. Redacte su mensaje como se muestra en el *Recorrido guiado*. Luego, en vez de hacer clic en el botón Enviar, abra el menú **Archivo** (File) y seleccione **Enviar más tarde** (Send Later). Esto pondrá al mensaje en la carpeta de la Bandeja de salida (Outbox) de Outlook Express. Para agregar nuevos mensajes a la Bandeja de salida, puede repetir este proceso.

Cuando haya terminado de enviar los mensajes que ha redactado, conéctese a Internet y haga clic en el botón **Enviar y recibir** (Send and Receive), en herramientas de Outlook Express. Éste envía todos los mensajes de la Bandeja de salida y busca su correo entrante.

Recorrido guiado Responda a un mensaje

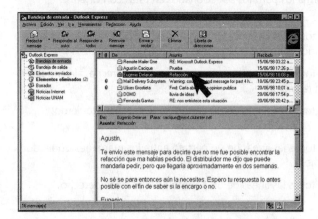

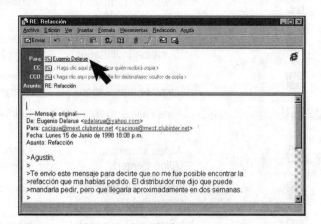

1 Abra Outlook Express y haga clic en el mensaje que desea responder.

2 Haga clic en el botón **Responder al autor** (Reply to Author), o en **Responder a todos** (Reply to All) para responder al autor y a todos los destinatarios del mensaje original del autor (salvo usted mismo).

3 Aparece la ventana para redactar un mensaje, y Outlook Express inserta automáticamente la dirección de correo electrónico, una descripción del mensaje y el contenido de éste original.

Recorrido guiado   Responda a un mensaje

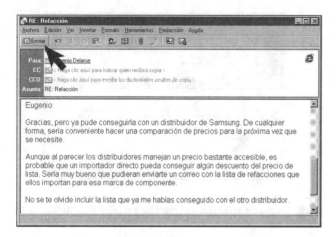

4 Escriba su respuesta sobre el mensaje original y luego haga clic en el botón **Enviar** (Send).

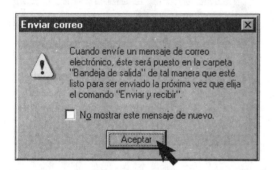

5 Si Outlook Express está configurado para enviar los mensajes inmediatamente, lo hace. De lo contrario, Outlook Express muestra el cuadro de diálogo Enviar correo (Send Mail) mostrado aquí, indicándole que el mensaje será colocado en la Bandeja de salida. Haga clic en **Aceptar** (OK).

6 Usted puede redactar y enviar mensajes y respuestas adicionales para almacenarlos en la Bandeja de salida. Cuando haya terminado de enviarlos, haga clic en el botón **Enviar y recibir** (Send and Receive).

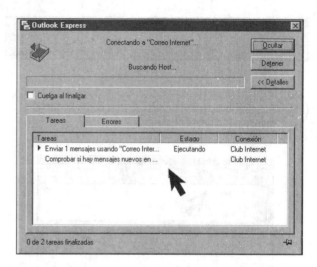

7 Outlook Express se conecta a su servidor de correo y transmite el mensaje de correo electrónico. Aparece un cuadro de diálogo, mostrando el progreso de la operación.

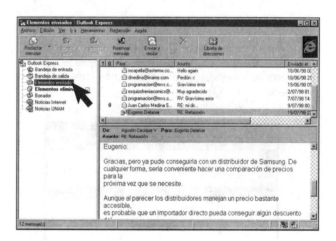

8 Para asegurarse de que sus mensajes fueron transmitidos con éxito, haga clic en la carpeta **Elementos enviados** (Sent Items) en la lista de carpetas. El panel superior derecho muestra una lista de los mensajes enviados con éxito.

Siga los mismos pasos para reenviar un mensaje. Al hacerlo usted envía a otro destinatario un duplicado del mensaje original. En vez de hacer clic en Responder al autor del paso 2, haga clic en **Reenviar mensaje** (Forward Message). Entonces usted deberá escribir la dirección de correo electrónico de la persona a quien desea reenviar el mensaje. Puede escribir algún texto adicional dentro del área para el mensaje. Haga clic en **Enviar**.

Recorrido guiado   Redacte un mensaje nuevo

1 Abra Outlook Express y haga clic en el botón **Redactar mensaje** (Compose Message).

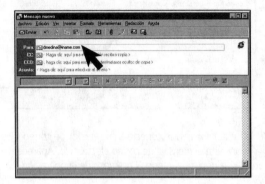

2 Aparece la ventana Mensaje nuevo (New Message). En el cuadro de texto **Para** (To), escriba la dirección de correo electrónico de a quien va a enviar el mensaje. Si desea escribir direcciones adicionales, sepárelas con un punto y coma seguido por un espacio.

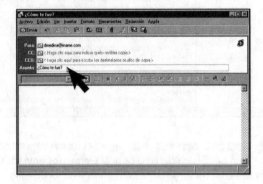

3 Haga clic en el cuadro de texto **Asunto** (Subject) y escriba una descripción breve del mensaje.

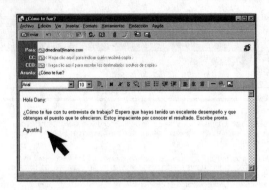

4 Haga clic en el área del mensaje y escriba el contenido de su mensaje.

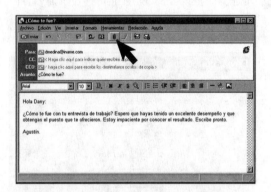

5 Para adjuntar un archivo a su mensaje, haga clic en el botón **Insertar archivo** (Insert File [el del clip]).

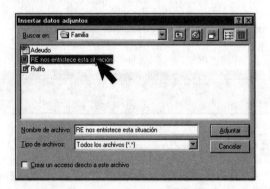

6 El cuadro de diálogo **Insertar datos adjuntos** (Insert Attachment) le pide elegir el archivo que desea enviar. Vaya a la unidad y carpeta que contengan el archivo y haga clic en el botón **Adjuntar** (Attach).

Recorrido guiado   Redacte un mensaje nuevo

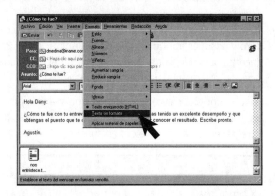

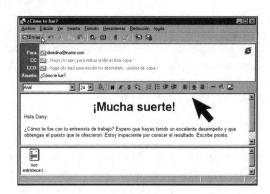

(7) El archivo adjunto aparece como un icono en un nuevo panel debajo del área del mensaje. De ser necesario, repita los pasos 5 y 6 para agregar más archivos adjuntos.

(8) Abra el menú **Formato** (Format) y elija el formato deseado para el mensaje: **Texto enriquecido (HTML)** [Rich Text (HTML)] o **Texto sin formato** (Plain Text).

(9) Si el formato predeterminado está en Texto enriquecido (HTML) y usted elige Texto sin formato, aparece un cuadro de diálogo, pidiéndole confirmar su elección. Haga clic en **Sí** (Yes).

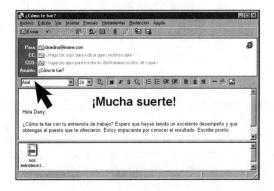

(10) Si decide enviar un mensaje de texto enriquecido (HTML), utilice la barra de herramientas de Formato (Formatting) para dar formato a su mensaje, para insertar imágenes o líneas horizontales, o para establecer los hipervínculos que desee.

(11) Haga clic en el botón **Enviar** (Send).

(12) Si Outlook Express está configurado para enviar los mensajes inmediatamente, así lo hará. De lo contrario, presentará un cuadro de diálogo *Enviar correo*, indicándole que el mensaje será colocado en la Bandeja de salida. Entonces haga clic en **Aceptar** (OK).

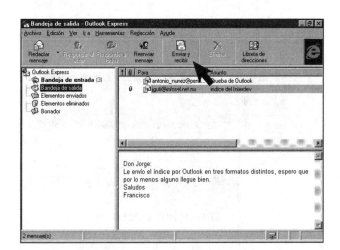

(13) Usted puede redactar y enviar mensajes y respuestas adicionales para almacenarlos en la Bandeja de salida. Cuando esté listo para enviar los mensajes, haga clic en el botón **Enviar y recibir** (Send and Receive).

Visualice y guarde archivos adjuntos

El correo electrónico es útil para enviar y recibir más que simples mensajes de texto. Como lo vio en el *Recorrido guiado* anterior, usted puede intercambiar cualquier tipo de archivo, incluyendo gráficos, páginas Web, documentos, archivos de programas y clips de video.

Cuando usted reciba un mensaje de correo electrónico, vea el lado izquierdo de la descripción del mensaje para determinar si tiene un archivo adjunto. Si usted ve un icono con forma de clip para papel junto al mensaje de correo electrónico, hay más en el mensaje de lo que aparece en el panel de vista previa. Haga doble clic en la descripción del mensaje para abrirlo en su propia ventana. Entonces deberá ver un icono que representa el archivo adjunto.

Tiene dos opciones para trabajar con el archivo, y ambas se muestran en detalle en el *Recorrido guiado*:

- Puede guardar el archivo en una carpeta de su disco duro y después abrirlo en una de sus aplicaciones. Para hacerlo, haga clic con el botón derecho del ratón en el icono y seleccione **Guardar como** (Save As).

- Puede abrir el archivo, suponiendo que sea un tipo de archivo que haya sido asociado con alguna aplicación. Para hacerlo, haga doble clic en su icono.

> Establezca asociaciones entre archivos desde Mi PC (My Computer) o desde el Explorador de Windows (Windows Explorer). Abra el menú **Ver** (View), elija **Opciones de carpeta** (Folder Options) y haga clic en la ficha **Tipos de archivo** (File Types). Para más detalles, vea "Cree y edite asociaciones entre archivos" en la página 125.

Recorrido guiado   Vea y guarde archivos adjuntos

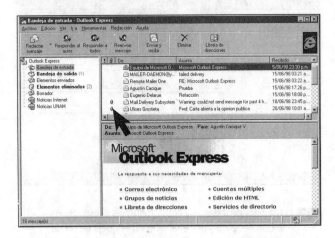

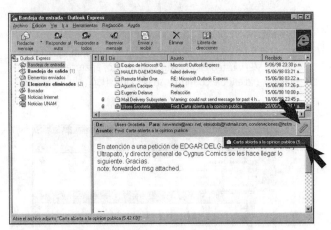

1 Busque un icono con forma de clip para papel, a la izquierda de las descripciones de los mensajes, el cual indica que el mensaje tiene un archivo adjunto. Haga clic en la descripción del mensaje.

2 En el panel de vista previa aparece el contenido del mensaje, y el icono del clip aparece en la barra del encabezado sobre el panel. Haga clic en el icono del clip.

3 Aparece un menú contextual, mostrando el nombre de todos los archivos adjuntos. Haga clic en el nombre del archivo que desee abrir en su programa asociado.

Recorrido guiado   Vea y guarde archivos adjuntos

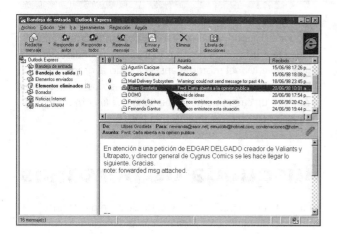

4 Otra forma de desplegar el contenido de un mensaje es hacer doble clic en su descripción para desplegarlo en su propia ventana.

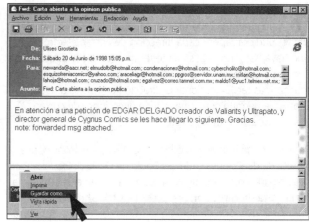

6 Aparece un menú contextual, con los comandos para abrir, imprimir y guardar el archivo. Para guardar el archivo, haga clic en **Guardar como** (Save As).

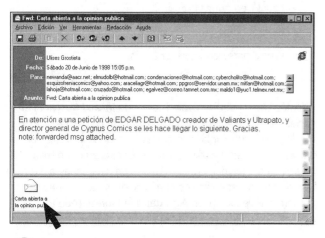

5 La ventana del mensaje muestra un nuevo panel en la parte de abajo, con los iconos de cada uno de los archivos adjuntos del mensaje. Haga clic con el botón derecho del ratón en el icono del archivo con que desee trabajar.

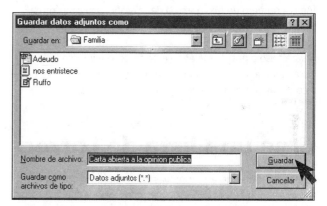

7 Aparece el cuadro de diálogo Guardar datos adjuntos (Save Attachment As). Vaya al disco y carpeta en la que quiera guardar el archivo. (En este punto, también podrá cambiar de nombre el archivo.) Haga clic en **Guardar** (Save).

8 Cuando haya terminado de leer sus mensajes, haga clic en el botón **Cerrar** (X) de la ventana del mensaje.

Use la Libreta de direcciones

Aun cuando usted tuviera una memoria fotográfica y pudiera repetir cada dirección de correo electrónico que haya visto, no le gustaría tener que escribir la dirección de correo de una persona cada vez que le envía un mensaje. Es mucho más fácil seleccionar la dirección en una lista. Outlook Express le permite crear una lista de direcciones de correo electrónico e insertarlas en sus mensajes y en sus respuestas.

Para crear una lista de direcciones de correo electrónico, use la Libreta de direcciones (Address Book) de Outlook Express. Para desplegar la libreta de direcciones, haga clic en el botón llamado **Libreta de direcciones** o presione **Ctrl+Shift+B**. Para agregar la dirección de correo electrónico de una persona a la libreta, haga clic en el botón **Nuevo contacto** (New Contact) y luego complete la información requerida. Todo lo que en realidad tiene que escribir es el nombre y la dirección de correo electrónico de la persona. Sin embargo, si desea tener un registro más amplio, puede agregar su domicilio, número telefónico, número de fax, número de teléfono celular, información sobre su compañía y cualquier otra información que desee almacenar acerca de esa persona. El *Recorrido guiado* le llevará paso a paso a través de este proceso e incluso le mostrará cómo agregar rápidamente direcciones de correo electrónico de las personas a quienes ha enviado mensajes.

Cree una lista de correo

Si está colaborando en un proyecto en conjunto con otras personas, quizás tenga que enviar mensajes idénticos a todas ellas. Agregar los nombres en forma manual en el cuadro de texto Para (To) podría ser muy tedioso. Para ahorrar tiempo, puede crear grupos de destinatarios. Cada vez que usted tenga que enviar el mismo mensaje a todo el grupo, sólo seleccione el nombre de éste, en vez de escribir o seleccionar el nombre de cada una de las personas. El *Recorrido guiado* le muestra cómo crear una lista de correo.

Búsqueda de personas

Internet tiene varias "libretas electrónicas de direcciones" que usted puede utilizar para buscar la dirección de correo electrónico de una persona. Con Internet Explorer, usted puede conectarse a varias herramientas para búsqueda de personas. A continuación, aparece una lista de las herramientas más populares.

- Four11 en `four11.com`
- Bigfoot en `bigfoot.com`
- WhoWhere? en `whowhere.com`
- InfoSeek en `infoseek.com`

Además, usted puede utilizar el comando **Inicio | Buscar | Personas** (Start | Find | People) para mostrar un cuadro de diálogo que le permite buscar las direcciones de correo electrónico de las personas, mediante cualquiera de los directorios en línea. Así podrá agregar rápidamente a la Libreta de direcciones la dirección de correo electrónico de una persona, seleccionando su nombre y haciendo clic en **Agregar a la Libreta** (Add to Address Book). Para mayores detalles, vea el *Recorrido guiado*.

Recorrido guiado Agregue una dirección de correo electrónico a la Libreta de direcciones

1 Abra Outlook Express y haga clic en el botón **Libreta de direcciones** o presione **Ctrl+Shift+B**.

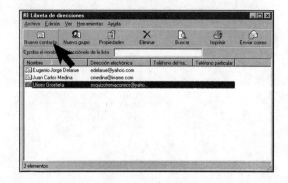

 Aparece la ventana Libreta de direcciones. Haga clic en el botón **Nuevo contacto**.

Recorrido guiado Agregue una dirección de correo electrónico a la Libreta de direcciones

3 El cuadro de diálogo Propiedades (Properties) le insta a escribir información acerca de la persona. Escriba el primer nombre de la persona, la inicial de su segundo nombre (opcional) y su apellido, en los cuadros de texto apropiados.

4 (Opcional) Haga clic en el cuadro de texto **Sobrenombre** (Nickname) y escriba el sobrenombre de la persona.

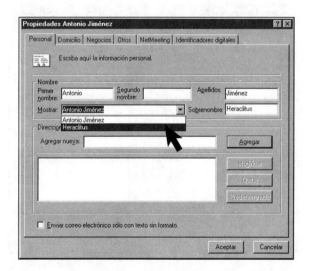

5 (Opcional) Haga clic en el cuadro de texto **Mostrar** (Display Name) y escriba el nombre de la persona tal como quiera que aparezca en la Libreta de direcciones, o abra la lista desplegable y seleccione el nombre completo o sobrenombre de la persona.

6 Bajo Direcciones de correo electrónico (E-Mail Addresses), haga clic en el cuadro de texto **Agregar nueva** (Add New) y escriba la dirección de correo electrónico de la persona. Haga clic en el botón **Agregar** (Add). Si la persona tiene más de una dirección de correo, repita este paso e inserte las direcciones adicionales.

7 Si insertó más de una dirección de correo electrónico para una persona, haga clic en la dirección que usted utiliza más frecuentemente y luego en el botón **Predeterminado** (Set As Default).

8 Para enviar mensajes de texto sin formato a esta persona, haga clic en **Enviar correo electrónico sólo con texto sin formato** (Send E-Mail Using Plain Text Only) y coloque una marca en la casilla.

9 Usted puede utilizar las fichas Domicilio (Home), Negocios (Business), NetMeeting, Otros (Other) e Identificadores digitales (Digital IDs) para agregar información de contacto adicional acerca de esa persona. Luego haga clic en **Aceptar** (OK).

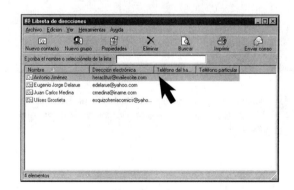

10 Regresa a la ventana Libreta de direcciones, en la que aparecen el nombre y dirección de correo electrónico de la persona. Repita este *Recorrido guiado* las veces que sea necesario para insertar direcciones de correo adicionales. Cuando haya terminado, haga clic en el botón **Cerrar** (X).

Recorrido guiado — Agregue una dirección desde un mensaje entrante

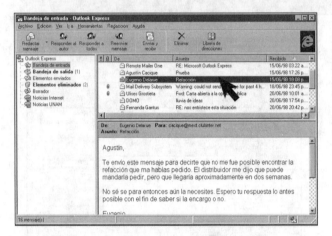 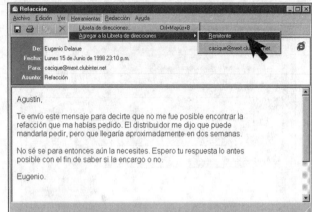

1 La forma más fácil de agregar una dirección en la Libreta de direcciones es tomarla de un mensaje que haya recibido. Haga doble clic en la descripción del mensaje para desplegarlo en su propia ventana.

2 Aparece el mensaje. Abra el menú **Herramientas** (Tools), vaya a **Agregar a la Libreta de direcciones** (Add to Address Book) y haga clic en **Remitente** (Sender) (si desea agregar la dirección de quien le envió el mensaje) o haga clic en la dirección de correo electrónico de otra persona que haya recibido el mismo mensaje (los destinatarios están enlistados bajo Remitente).

Recorrido guiado — Inserte una dirección desde la Libreta de direcciones

1 Haga clic en el botón **Redactar mensaje** (Compose Message) para empezar un nuevo mensaje.

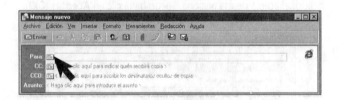

2 Aparece el cuadro de diálogo Mensaje nuevo (New Message). Haga clic en el icono en forma de tarjeta que está junto a **Para** (To).

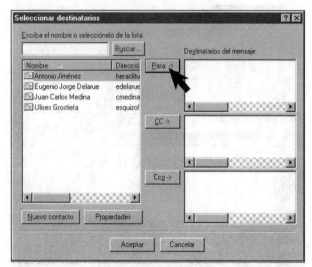

3 Aparece el cuadro de diálogo Seleccionar destinatarios (Select Recipients). En la lista de direcciones de correo electrónico, haga clic en el nombre o dirección de la persona a quien desea enviar el mensaje y luego haga clic en el botón **Para**.

Recorrido guiado Inserte una dirección desde la Libreta de direcciones

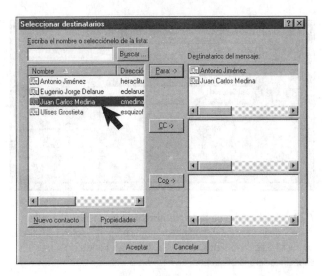

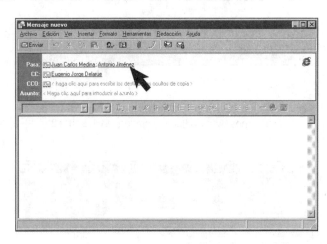

4 El nombre o dirección de la persona se agrega a la lista Destinatarios del mensaje (Message Recipients). Repita estos pasos para enviar el mensaje a más destinatarios. Si desea quitar un nombre o dirección de la lista de Destinatarios del mensaje, haga clic en éste para seleccionarlo y presione la tecla **Suprimir** (Delete).

7 Regresa al cuadro de diálogo Mensaje nuevo, y Outlook Express inserta los nombres o direcciones de correo electrónico seleccionados en los cuadros de texto Para, Cc y Cco. Redacte y envíe su mensaje, como se explica en "Envíe mensajes y respuestas" en la página 332.

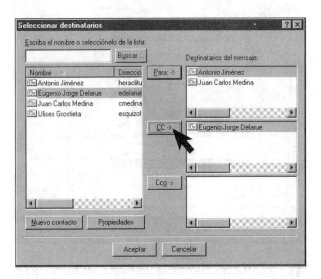

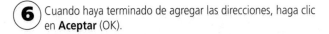

5 Para enviar una copia del mensaje a otra persona, seleccione el nombre o dirección de ella en la lista de direcciones, y haga clic en el botón **Cc** (Con copia para). El botón **Cco** (Bcc) (Copia oculta) le permite enviar una copia del mensaje a alguien más sin que el destinatario principal lo sepa.

6 Cuando haya terminado de agregar las direcciones, haga clic en **Aceptar** (OK).

Recorrido guiado Busque una dirección de correo electrónico

1 Abra Outlook Express y haga clic en el botón **Libreta de direcciones** (Address Book) o presione **Ctrl+Shift+B**.

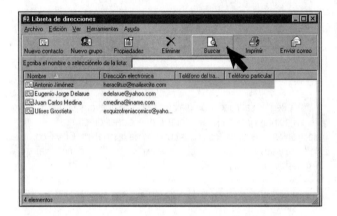

2 Aparece la Libreta de direcciones. Haga clic en el botón **Buscar** (Find).

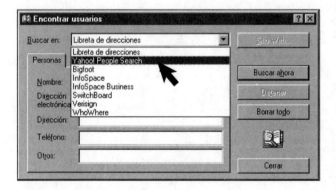

3 Aparece el cuadro de diálogo Encontrar usuarios (Find People). Abra la lista desplegable **Buscar en** (Look In) y elija el directorio en línea donde desea buscar.

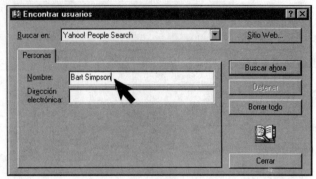

4 En el cuadro de texto **Nombre** (Name), escriba el nombre de la persona. Escriba el nombre completo, sólo el apellido o su inicial y apellido. Entre más detallada sea su anotación, más específica será la búsqueda.

5 Haga clic en el botón **Buscar ahora** (Find Now).

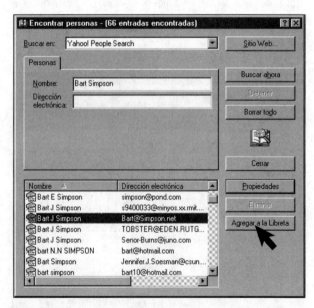

6 Outlook Express se conecta con el directorio en línea; si éste encuentra algún nombre o dirección de correo electrónico que coincida con su anotación, despliega una lista de los nombres y direcciones en un panel independiente en la parte inferior del cuadro de diálogo. Haga clic en el nombre de la persona que desea agregar a la Libreta de direcciones y luego haga clic en el botón **Agregar a la Libreta** (Add to Address Book).

Recorrido guiado   Busque una dirección de correo electrónico

Si recibe mensajes de error indicándole que la búsqueda está tomando demasiado tiempo, aumente el tiempo de espera para el servicio. Para ello, abra el menú Herramientas (Tools) de la Libreta de direcciones y elija **Cuentas** (Accounts). Haga clic en el nombre del servicio y luego en **Propiedades** (Properties). Después haga clic en la ficha **Avanzado** (Advanced) y asegúrese de que la opción **Tiempo de espera durante la búsqueda** (Search Timeout) esté al menos en 1 minuto.

Si la búsqueda no produce algún resultado, trate de escribir una versión más corta del nombre de la persona (quizá sólo el apellido). Trate también de usar un directorio en línea distinto; no todos los directorios tienen los mismos listados. Otra opción es hacer clic en el botón **Sitio Web** (Web Site) para ir a la página Web del directorio, donde encontrará opciones de búsqueda e indicaciones adicionales.

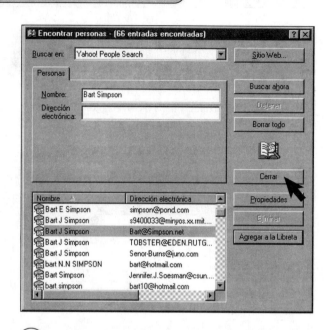

8 De vuelta en el cuadro de diálogo Encontrar personas (Find People). Ahora puede insertar otros nombres de la lista en su Libreta de direcciones. Cuando haya terminado, haga clic en el botón **Cerrar** (Close).

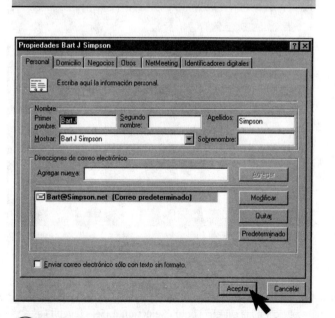

7 Aparece el cuadro de diálogo Propiedades para la persona seleccionada, mostrando el nombre y dirección de correo electrónico de ésta. Escriba cualquier información adicional que desee y luego haga clic en **Aceptar** (OK).

Recorrido guiado Cree una lista de correo

1 Abra Outlook Express y haga clic en el botón **Libreta de direcciones** (Address Book).

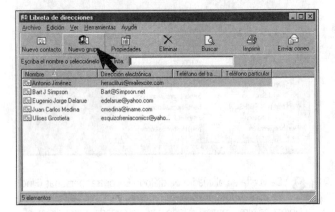

2 Aparece la Libreta de direcciones. Haga clic en el botón **Nuevo grupo** (New Group).

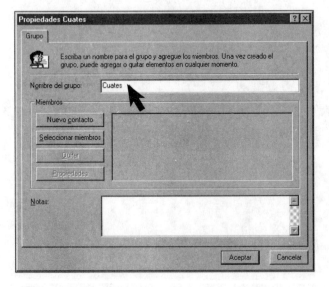

3 Aparece el cuadro de diálogo Propiedades (Properties). Escriba un nombre para el grupo en el cuadro de texto **Nombre del grupo** (Group Name).

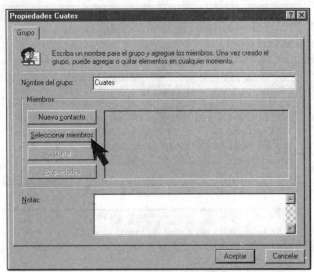

4 Haga clic en el botón **Seleccionar miembros** (Select Members) para presentar una lista de las personas que están en su libreta de direcciones.

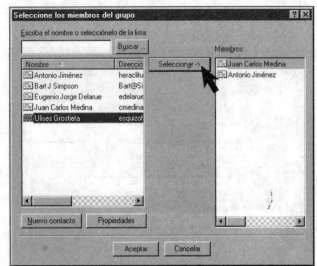

5 Para agregar el nombre de una persona a la lista del grupo, haga doble clic en el nombre de la lista a la izquierda, o resáltelo y haga clic en el botón **Seleccionar** (Select); repita este paso para agregar otras personas al grupo.

6 Cuando haya terminado de agregar los nombres, haga clic en el botón **Aceptar** (OK).

7 De vuelta en la ventana de la Libreta de direcciones. Haga clic en **Aceptar**.

Recorrido guiado   Cree una lista de correo

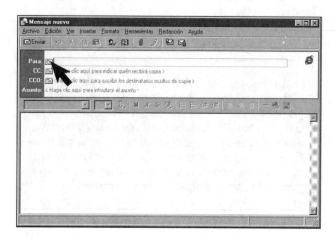

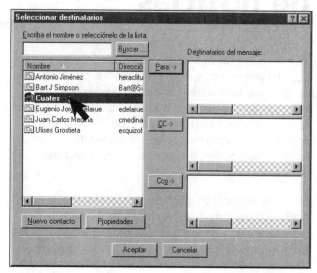

8 Para enviar un mensaje a todas las personas del grupo, despliegue la ventana Mensaje Nuevo (New Message) y haga clic en el icono en forma de tarjeta que está junto al cuadro **Para** (To).

9 Aparece el cuadro de diálogo Seleccionar destinatarios (Select Recipients). En la lista de la izquierda, seleccione el nombre del grupo al que desee enviar el mensaje. Puede hacerlo a destinatarios adicionales que no estén dentro del grupo. Haga clic en **Aceptar** (OK).

10 Redacte y envíe el mensaje como lo haría normalmente.

Configure su cuenta del servidor de noticias

Los grupos de noticias son grupos de debate en los que las personas comparten sus conocimientos, sus puntos de vista y sus inquietudes. Los usuarios pueden pedir ayuda, hacer y responder preguntas e incluso publicar gráficos y otros tipos de archivos. En Internet hay más de 20,000 grupos de noticias, que cubren temas como política, eventos actuales, software, automóviles, mascotas, acupuntura, películas, modelos y romance.

Para tener acceso a un grupo de noticias, requiere un programa especial llamado *lector de noticias*. Lo necesita para conectarse a un servidor de noticias de Internet, suscribirse a sus grupos de noticias favoritos y para leer los mensajes publicados por otras personas. Entonces podrá responder a la publicación de alguien o iniciar un debate publicando sus propias preguntas o mensajes. Windows incluye su propio lector de noticias: Outlook Express.

Un *grupo de noticias* es un sistema de boletines electrónicos donde la gente puede leer los mensajes publicados, y a su vez publicar respuestas o iniciar debates. Un *lector de noticias* es un programa que permite a una persona visitar un grupo de noticias y leer y publicar mensajes. El *servidor de noticias* es una característica de Internet, que hace que los grupos de noticias sean accesibles.

Para que usted pueda leer y publicar mensajes en los grupos de noticias, deberá conectarse a un servidor de noticias. Su proveedor de servicio de Internet debió haberle dado la dirección de su servidor de noticias. La dirección por lo general se ve así: `news.internet.com`. Escriba esta dirección en su lector de noticias para poder conectarse al servidor. El *Recorrido guiado* le muestra cómo introducir los parámetros requeridos para conectarse a su servidor de noticias.

Recorrido guiado   Configure un servidor de noticias

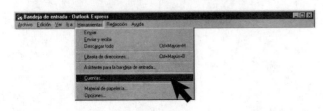

1 Abra Outlook Express y luego abra el menú **Herramientas** (Tools) y seleccione **Cuentas** (Accounts).

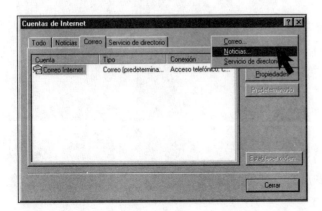

2 Aparece el cuadro de diálogo Cuentas. Haga clic en la ficha **Noticias** (News).

3 La ficha Noticias enlista todo servidor de noticias instalado. Haga clic en el botón **Agregar** (Add) y seleccione **Noticias**.

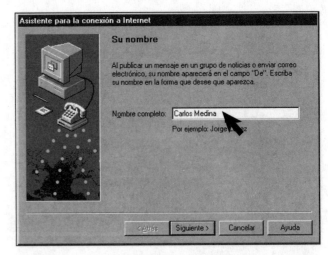

4 Con esto se inicia el Asistente para la conexión a Internet (Internet Connection Wizard). Escriba su nombre, tal como quiera que aparezca al publicar los mensajes en un grupo de noticias. (Puede ser su nombre verdadero o, si prefiere permanecer anónimo, un sobrenombre.) Haga clic en **Siguiente** (Next)

Recorrido guiado   Configure un servidor de noticias

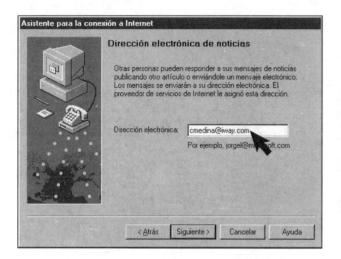

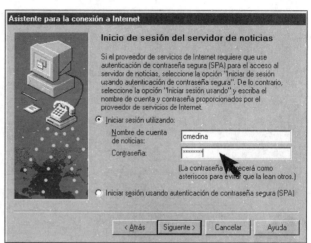

5 Escriba su dirección de correo electrónico para que la gente pueda responder los mensajes que usted publique enviándole mensajes de correo electrónico. Haga clic en **Siguiente** (Next).

8 Si el servidor le pide iniciar la sesión, seleccione uno de los siguientes parámetros de conexión:

Iniciar sesión utilizando (Log On Using) si su servidor de noticias le pide insertar un nombre y contraseña para conectarse. Escriba el nombre y contraseña requeridos en los cuadros de texto correspondientes.

Iniciar sesión utilizando autenticación de contraseña segura (SPA) [Log On Using Secure Password Authentication (SPA)] si su servidor de noticias le pide conectarse con una certificación digital.

Haga clic en **Siguiente**.

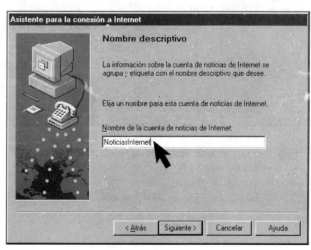

6 Ahora se le pide escribir la dirección de su servidor de noticias. En el cuadro de texto **Servidor de noticias (NNTP)** [News (NNTP) Server], escriba la dirección de su servidor de noticias (por ejemplo, `news.internet.com`).

7 Si su servidor de noticias le pide que se conecte con un nombre de usuario y una contraseña, seleccione **El servidor requiere que inicie sesión** (My News Server Requires Me to Log On). Haga clic en **Siguiente**.

9 El asistente le pide escribir un nombre descriptivo para su servidor de noticias. Dé un nombre que describa al servidor y haga clic en **Siguiente**.

(continúa)

Recorrido guiado   Configure un servidor de noticias   *(continuación)*

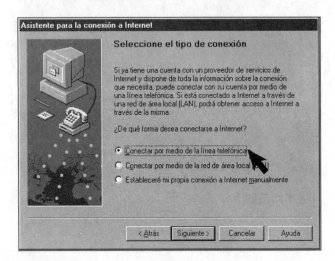

10 Haga clic en **Conectar por medio de la línea telefónica** (Connect Using My Phone Line) o **Conectar por medio de la red de área local** (LAN) (Connect Using My Local Area Network) para especificar cómo se conecta usted a Internet. Haga clic en **Siguiente** (Next).

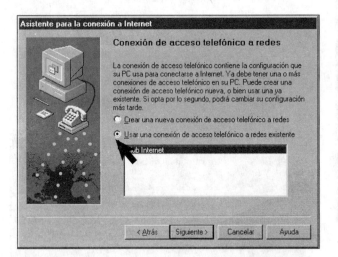

11 Haga clic en **Usar una conexión de acceso telefónico a redes existente** (Use an Existing Dial-Up Connection) y luego en la conexión de acceso telefónico a redes que use para conectarse a Internet. Haga clic en **Siguiente**.

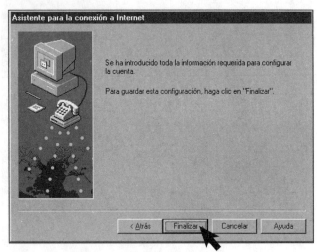

12 Haga clic en el botón **Finalizar** (Finish).

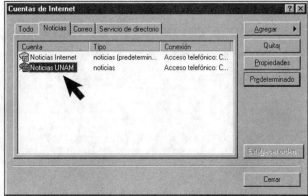

13 Aparece el cuadro de diálogo Cuentas de Internet (Internet Accounts), mostrando el nombre del servidor de noticias que acaba de agregar. Para hacer que éste sea su servidor de noticias predeterminado, haga clic en su nombre y luego en el botón **Predeterminado** (Set as Default). Luego haga clic en **Cerrar** (Close).

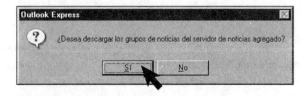

14 Aparece el cuadro de diálogo de Outlook Express, preguntándole si desea descargar una lista de grupos de noticias del servidor. Haga clic en **Sí** (Yes).

Recorrido guiado   Configure un servidor de noticias

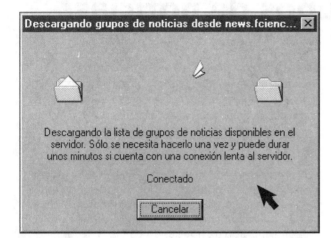

15 Outlook Express empieza a descargar la lista de grupos de noticias disponibles en el servidor de noticias de su proveedor de servicio Internet y despliega un cuadro de diálogo mostrando el progreso de la operación.

16 Después de descargar la lista de los grupos de noticias disponibles, Outlook Express despliega una lista con sus nombres. Para saber lo que debe hacer después, vea "Encuentre, suscríbase y cancele su suscripción a los grupos de noticias" en la página 352.

> La lista de los grupos de noticias contendrá algunos nombres de grupos que podrían ser ofensivos. Si sus niños utilizan la computadora, sería conveniente bloquear el acceso a algunos de estos grupos. Para más detalles, vea "Censure Internet" en la página 283.

> Outlook Express le permite configurar más de un servidor de noticias. Sin embargo, sólo uno de ellos actuará como el servidor predeterminado. Si ha configurado más de un servidor, deberá marcar el servidor predeterminado antes de que lo pueda usar para abrir los grupos de noticias. Despliegue el cuadro de diálogo Cuentas de Internet (Internet Accounts), haga clic en la ficha **Noticias** (News), seleccione el servidor y haga clic en el botón **Predeterminado** (Set as Default).

Encuentre, suscríbase y cancele su suscripción a los grupos de noticias

Cuando usted tiene una lista de más de 20,000 grupos de noticias, el principal problema al que se enfrenta es delimitar la lista y encontrar los grupos de noticias que le interesen. Por fortuna, Outlook Express le provee con una herramienta que le permite buscar los grupos de noticias por su nombre. Por ejemplo, usted puede buscar todos los grupos que tengan que ver con jardinería escribiendo "jardín". Outlook Express delimitará entonces la lista de grupos de noticias y mostrará únicamente aquellos que contengan la palabra "jardín" o "jardinería" en su nombre.

Cuando encuentre los grupos de noticias que le interesan, puede *suscribirse* a ellos. Esto coloca los grupos de noticias en una lista más corta de los grupos a que se ha suscrito,

para que pueda tener acceso a ellos más tarde. El siguiente *Recorrido guiado* le muestra cómo buscar los grupos de noticias que le interesen, suscribirse a ellos y cancelar su suscripción a los grupos que ya no le interesen.

> Suscribirse a un grupo de noticias no es igual que hacerlo a un sitio Web. Cuando usted se suscribe a un grupo de noticias, Outlook Express no descarga automáticamente los mensajes del grupo cada determinado tiempo. Al suscribirse, Outlook sólo pone el grupo de noticias en una lista de los grupos que a usted le interesan.

Recorrido guiado   Busque grupos de noticias

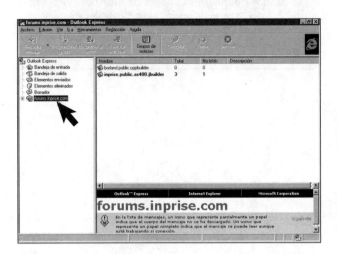

1 Abra Outlook Express y haga clic en el icono de su servidor de noticias en la lista de carpetas.

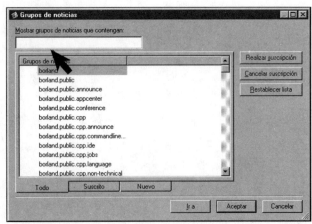

2 El cuadro de diálogo Grupos de noticias (Newsgroups) muestra una lista de todos los grupos de noticias disponibles. En el cuadro de texto **Mostrar grupos de noticias que contengan** (Display Newsgroups Which Contain), escriba una palabra que describa el tema que le interesa.

Recorrido guiado　Busque grupos de noticias

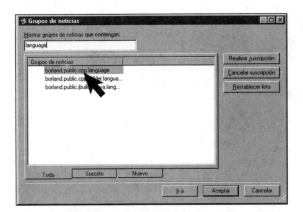

3 Outlook Express filtra cualquier grupo de noticias cuyo nombre no contenga el texto que usted escribió y despliega una breve lista de los grupos de noticias cuyos nombres sí contengan el texto.

Recorrido guiado　Suscríbase y cancele su suscripción a los grupos de noticias

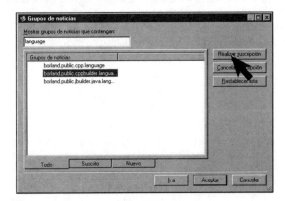

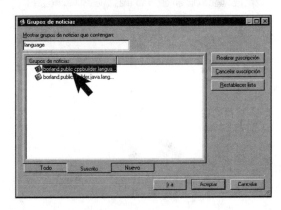

1 En el cuadro de diálogo Grupos de noticias, haga doble clic en el nombre del grupo al cual desea suscribirse, o haga clic en el grupo de noticias y luego en el botón **Realizar suscripción** (Subscribe). Repita este paso para suscribirse a grupos de noticias adicionales.

3 Aparece una lista de todos los grupos de noticias a los que se ha suscrito. Para cancelar su suscripción a un grupo de noticias, haga doble clic en su nombre o selecciónelo de la lista y luego haga clic en el botón **Cancelar suscripción** (Unsubscribe).

4 Cuando haya terminado de configurar sus suscripciones a los grupos de noticias, haga clic en el botón **Aceptar** (OK).

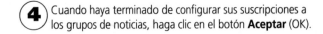

(continúa)

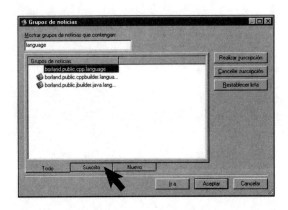

2 Junto al nombre de cada grupo de noticias al que se ha suscrito, aparece el icono de un periódico. Haga clic en la ficha **Suscrito** (Subscribed).

Recorrido guiado   Suscríbase y cancele su suscripción a los grupos de noticias

(continuación)

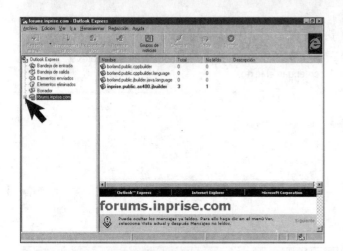

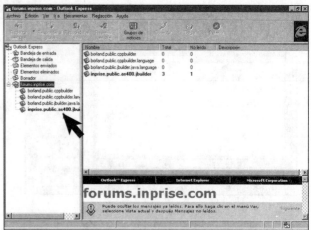

5 Regresa a la ventana de Outlook Express. En la lista de carpetas, haga clic en el signo más que está junto a su servidor de noticias.

6 Aparece una lista de todos los grupos de noticias a los que se ha suscrito. Para mostrar una lista de los mensajes que se han publicado en ese grupo de noticias, haga clic en su nombre. Para obtener los detalles sobre cómo leer los mensajes, vea "Lea mensajes de los grupos de noticias" en la página 355.

Lea mensajes de los grupos de noticias

A l hacer clic en el nombre de un grupo de noticias al que se ha suscrito, el lector de noticias muestra una lista de los *encabezados*, o descripciones de los mensajes publicados. Outlook Express despliega la lista de encabezados en el panel superior derecho y el contenido del mensaje seleccionado en el panel inferior derecho. Para leer un mensaje, puede hacer clic en su encabezado o un doble clic para mostrar el mensaje en su propia ventana. El *Recorrido guiado* le indica cómo desplegar el contenido de los mensajes de un grupo de noticias.

En algunos grupos de noticias, como los de juegos y gráficos, los mensajes suelen contener archivos adjuntos. Para verlos y guardarlos, vea "Visualice y guarde archivos adjuntos", en la página 338. El procedimiento para adjuntar archivos en sus propios mensajes es el mismo que para adjuntar archivos en los mensajes de correo electrónico que envía. Vea "Envíe mensajes y respuestas" en la página 332.

Siga un debate

Tarde o temprano, alguien publicará un mensaje que genere un gran debate o al menos un par de respuestas. Cuando esto ocurre, Outlook Express conserva juntos los mensajes

relacionados para que usted pueda seguir la discusión. A la izquierda del mensaje original, verá un signo más (+). Para mostrar los mensajes relacionados, haga clic en este signo. Entonces podrá leer esos mensajes haciendo clic en sus nombres.

Al hacer clic en el signo más, éste toma la forma de un signo menos (-). Cuando termine de ver los mensajes, puede hacer clic en este signo para contraer la lista de respuestas, de manera que sólo aparezca el mensaje original en la lista de mensajes.

Encuentre y clasifique mensajes de los grupos de noticias

Si se conecta a un grupo de noticias que contiene cientos de mensajes, tal vez tenga problemas para examinar la lista en busca de mensajes relacionados con temas específicos. Para ayudarse, use el comando **Edición | Buscar mensaje** (Edit | Find Message). Este comando despliega un cuadro de diálogo que le permite buscar los mensajes por tema o los mensajes publicados por una persona en particular. Usted también podrá clasificar los mensajes, como se muestra en el *Recorrido guiado*.

Recorrido guiado Lea mensajes publicados

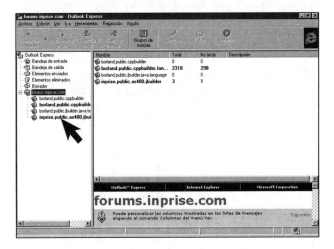

1 En la lista de carpetas, haga clic en el nombre de un grupo de noticias al que esté suscrito.

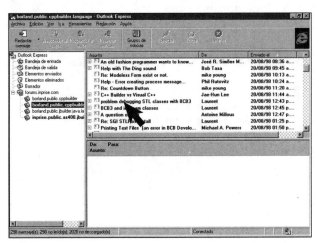

2 Outlook Express despliega una lista de los encabezados (o descripciones) de los mensajes. Haga clic en el encabezado del mensaje que desee leer.

(continúa)

Recorrido guiado   Lea mensajes publicados   *(continuación)*

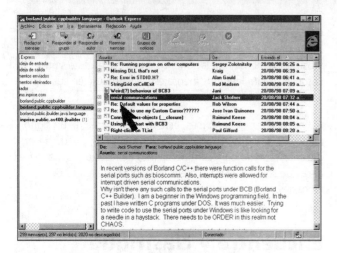

3 El contenido del mensaje aparece en el panel inferior derecho. Si un mensaje tiene un signo más junto a él, haga clic en este signo para ver una lista de los encabezados de los mensajes correspondientes a las respuestas del mensaje.

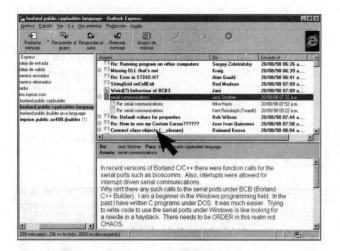

4 Las respuestas están listadas bajo el mensaje original. Haga clic en el encabezado de uno de los mensajes de respuesta para ver el contenido de la misma. (Para ocultar la lista de respuestas, haga clic en el signo menos que está junto al mensaje original.)

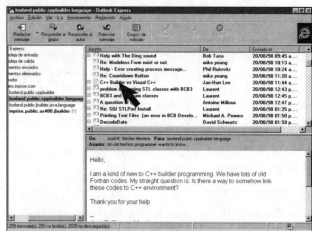

5 Para ver un mensaje en su propia ventana, haga doble clic en su encabezado.

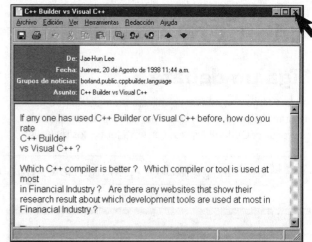

6 Outlook Express abre el mensaje en su propia ventana y muestra su contenido. Para desplegar el mensaje siguiente o el anterior, haga clic en los botones con la flecha hacia arriba o hacia abajo en la barra de herramientas. Al terminar, haga clic en el botón **Cerrar** (X).

Recorrido guiado Lea mensajes publicados

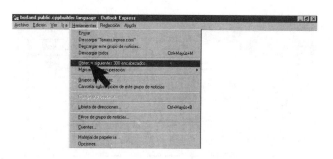

8 Outlook Express descarga los encabezados adicionales y los despliega en el panel superior derecho.

Cuando usted hace clic en un grupo de noticias, Outlook Express descarga y muestra únicamente los encabezados de los mensajes. Pero no descarga su contenido sino hasta que selecciona el mensaje. Para leer los mensajes sin estar conectado, utilice las opciones **Herramientas | Descargar** (Tools | Download) para descargar los mensajes de los grupos de noticias. Luego haga clic en el botón **Colgar** (Hang Up) de la barra de herramientas para desconectarse. Entonces podrá leer los mensajes sin estar en conexión.

7 En forma predeterminada, Outlook Express descarga los primeros 300 mensajes del grupo de noticias. Para descargar los siguientes 300 encabezados de los mensajes, abra el menú **Herramientas** (Tools) y elija **Obtener siguientes 300 encabezados** (Get Next 300 Headers).

Para que Outlook Express descargue una mayor o menor cantidad de encabezados de mensajes, abra el menú **Herramientas** y elija **Opciones** (Options). En el cuadro de diálogo Opciones, haga clic en la ficha **Leer** (Read). Use el cuadro combinado **Descargar ___ encabezados a la vez** (Download ___ Headers at a Time) para determinar cuántos encabezados desea descargar a la vez. Haga clic en **Aceptar** (OK).

Recorrido guiado Clasifique los mensajes

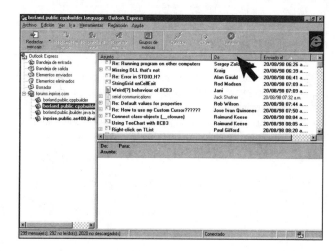

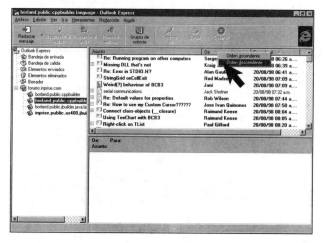

1 Haga clic con el botón derecho del ratón en el encabezado de la columna que desea clasificar (por ejemplo, en **De** [From]).

2 Aparece un menú contextual, que le permite clasificar en un Orden ascendente (Ascending) (que va de la A a la Z, o del 1 al 10) o en un Orden descendente (Descending) (que va de la Z a la A, o del 10 al 1). Seleccione el orden de clasificación deseado. Outlook Express ordena de nuevo las descripciones de los mensajes de acuerdo con el orden especificado.

Recorrido guiado · Busque los mensajes

1 Seleccione el grupo de noticias que contenga el mensaje que desea buscar. Luego abra el menú **Edición** (Edit) y seleccione **Buscar mensaje** (Find Message).

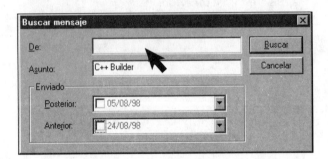

2 Aparece el cuadro de diálogo Buscar mensaje. Siga uno de estos pasos:

Para buscar mensajes publicados por una persona en particular, escriba el nombre de usuario de la persona dentro del cuadro de texto **De** (From).

Para buscar mensajes sobre un tema específico, haga clic en el cuadro de texto **Asunto** (Subject) y escriba uno o dos términos específicos que indiquen lo que está buscando.

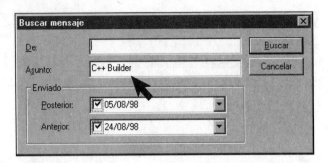

3 (Opcional) Dentro de la sección Enviado (Posted), utilice las opciones **Posterior** (After) y **Anterior** (Before) para buscar los mensajes publicados exclusivamente entre dos fechas determinadas.

4 Haga clic en el botón **Buscar ahora** (Find).

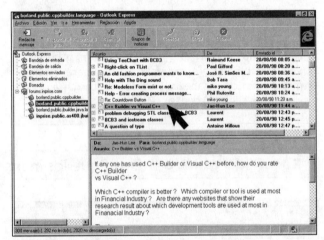

5 Outlook Express realiza la búsqueda especificada y resalta la descripción del primer mensaje que encuentre que coincida con sus instrucciones de búsqueda. Para buscar otro mensaje que coincida con sus instrucciones, abra el menú **Edición** y seleccione **Buscar siguiente** (Find Next), o presione **F3**.

Publique mensajes y respuestas

Publicar una respuesta o iniciar un debate es tan fácil como enviar un mensaje de correo electrónico. Sólo haga clic en un botón para publicar su respuesta o su mensaje, dé una pequeña descripción del mensaje, escríbalo y luego haga clic en el botón **Publicar mensaje** (Post). Sin embargo, deberá elegir, entre algunas opciones, cómo va a publicar su respuesta o su mensaje:

- Hacer pública su respuesta o mensaje para que aparezca en la lista de mensajes, permitiendo que todos los visitantes puedan leerla.

- Publicar su respuesta en forma privada, enviando un mensaje de correo electrónico a quien publicó el mensaje original. Entonces, esa persona recibirá su respuesta sin tener que revisar el grupo de noticias. A veces algunas personas solicitan específicamente su respuesta vía correo electrónico.

- Hacer pública su respuesta y enviar un correo electrónico privado. Esto coloca su mensaje en el grupo de noticias para que todos los visitantes puedan leerlo, y también envía una copia a través del correo electrónico a quien publicó el mensaje original.

> Antes de publicar un mensaje en un grupo de noticias, usted se deberá familiarizar con el grupo. Asómese al grupo y dedique algo de tiempo a leer los mensajes existentes, para darse una idea clara del enfoque y tono del grupo de noticias. Cuando usted lee los mensajes sin publicar los suyos se dice que está *acechando*. Los grupos de noticias promueven el acecho, ya que esta actividad le brinda a usted el conocimiento que necesita para responder en forma inteligente y evitar la repetición de lo que ya se ha dicho. Si el grupo de noticias tiene una lista de FAQs (Preguntas de Uso Común), léala para conocer las reglas y condiciones del grupo de noticias.

Para publicar una respuesta o iniciar su propio debate, siga el *Recorrido guiado*.

Recorrido guiado   Publique una respuesta

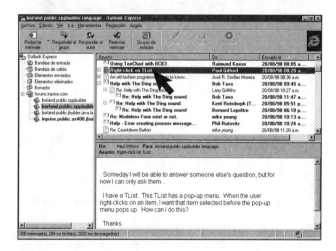

1 Seleccione el mensaje al cual desea responder.

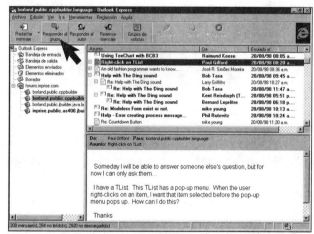

2 Haga clic en el botón **Responder al grupo** (Reply to Group).

(continúa)

Recorrido guiado Publique una respuesta *(continuación)*

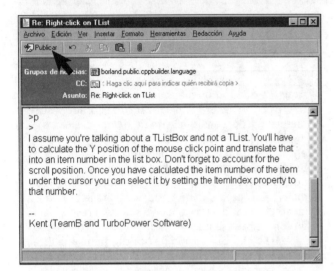

3 Aparece la ventana para un mensaje nuevo. La dirección del grupo de noticias y el asunto de la descripción se llenan automáticamente. Escriba su mensaje en el área de la parte inferior de la ventana.

Haga clic en el botón **Publicar** (Post). Su lector de noticias envía la respuesta según sus instrucciones.

> Usted puede dar formato a su mensaje utilizando las etiquetas HTML y hacer que ésta se vea como una página Web. Abra el menú **Formato** (Format) y elija **Texto enriquecido (HTML)** [Rich Text (HTML)]. Esto despliega la barra de herramientas de formato, que puede utilizar para dar formato a su mensaje. Sin embargo, tenga presente que otras personas del grupo de noticias podrían usar un lector de noticias que no soporte HTML.

Recorrido guiado Responda mediante el correo electrónico

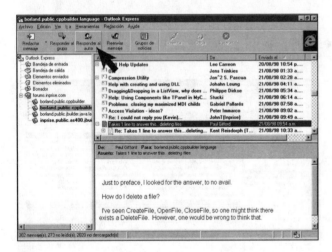

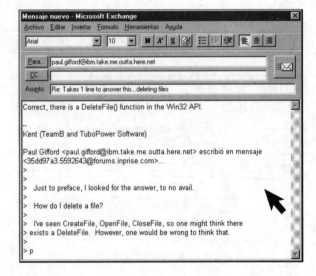

1 Seleccione el mensaje al cual desea responder.

2 Haga clic en el botón **Responder al autor** (Reply to Author).

3 Outlook Express presenta la ventana para un mensaje nuevo, con la dirección de correo electrónico de la persona y la descripción del asunto insertados por usted. Escriba su mensaje en el área inferior de la ventana.

Recorrido guiado   Responda mediante el correo electrónico

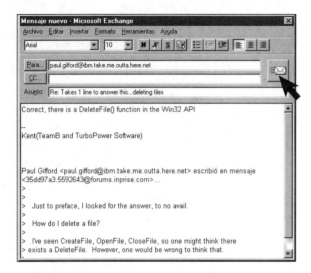

4 Haga clic en el botón **Enviar** (Send) y su programa de correo electrónico envía su respuesta a la dirección de correo electrónico especificada.

Recorrido guiado   Inicie un debate

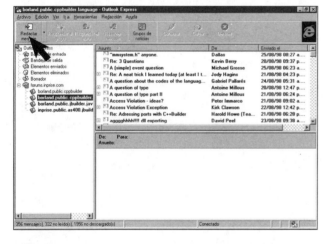

1 Seleccione el grupo de noticias en el cual desea publicar su mensaje.

2 Haga clic en el botón **Redactar mensaje** (Compose Message).

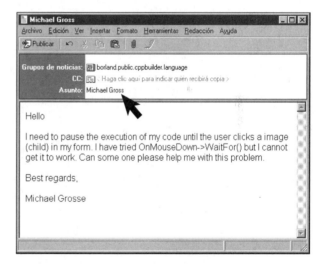

3 Aparece una ventana muy parecida a la que usa para responder un mensaje, salvo que, en este cuadro de diálogo, el cuadro de texto **Asunto** (Subject) está en blanco. Haga clic en este cuadro de texto y luego dé una descripción a su mensaje.

4 Haga clic en el área grande del mensaje y escriba su mensaje.

5 Haga clic en el botón **Publicar** (Post). Su mensaje se publica en el grupo de noticias activo. Ahora ya podrá revisar el grupo de noticias regularmente para ver si alguien ha respondido a su mensaje.

Cómo instalar Hardware

Cuando usted compró su computadora, tal vez pensó que ésta tenía todo lo necesario para cubrir sus requerimientos hasta bien entrado el siglo XXI. Bueno, déjeme decirle que la tecnología de la computación cambia rápidamente y que conforme usted aprenda más acerca de las computadoras, comenzará a notar que su computadora no es tan poderosa ni está tan bien equipada como usted esperaba. Es probable que usted llegue a cansarse de la impresora en blanco y negro que venía con su equipo o de su modesto monitor de 14 pulgadas. O quizás, ahora que ha comenzado a utilizar Internet, se dé cuenta que su módem de 14.4Kbps ya no puede mantenerlo en Web.

Cualquiera que sea el caso, llegará un momento en que usted querrá actualizar su computadora para hacerla más poderosa y aprovechar sus características adicionales. Por fortuna, Windows 98 le puede ayudar a instalar su nuevo equipo. El Asistente para agregar nuevo hardware (Add New Hardware Wizard) puede detectar el equipo nuevo que usted instale y le guiará a través del proceso de configuración. Esta sección le muestra cómo utilizar dicho asistente y otras herramientas para insertar los parámetros necesarios para su actualización.

Qué encontrará en esta sección

Instale hardware nuevo

Dependiendo de su computadora y del equipo que le vaya a agregar, la actualización podría ser fácil o difícil. La conexión física de una impresora o de un dispositivo de juegos es una operación relativamente fácil. Simplemente conecte el dispositivo en un **puerto** (salida) en la parte posterior de su computadora. Sin embargo, agregar chips de memoria, un disco duro o un módem interno es un poco más difícil, ya que usted deberá quitar la cubierta de la unidad de sistema y lidiar con los aditamentos internos de su computadora. Y si su computadora o el nuevo dispositivo no es compatible con Plug and Play, tal vez tendrá que ajustar los parámetros para evitar un conflicto con los demás dispositivos.

> Plug and Play (abreviado a veces como PnP) es una tecnología que le permite conectar un dispositivo a su computadora sin tener que configurarlo. Tanto Windows como la mayoría de los nuevos dispositivos soportan la tecnología Plug and Play. Microsoft está trabajando para implementar más mejoras a Plug and Play en toda la industria de la computación.

Las siguientes secciones le brindan información sobre cómo conseguir las actualizaciones y cómo instalar los dispositivos en su computadora. Para más detalles sobre cómo instalar un dispositivo en particular, revise la documentación de su equipo y las instrucciones que vienen con el propio dispositivo. Una vez instalado el dispositivo, deberá instalar el *controlador* necesario para el mismo, como se muestra en el *Recorrido guiado*.

Un controlador es un programa que proporciona las instrucciones que Windows necesita para utilizar el dispositivo. Para instalar un controlador de hardware en Windows, use el Asistente para agregar nuevo hardware (Add New Hardware Wizard), como se muestra en el *Recorrido guiado*. Aunque Windows viene con controladores actualizados para la mayoría de los dispositivos comunes (incluyendo impresoras, módems y ratones), es muy común que cada dispositivo venga con sus propios controladores. Si el controlador está obsoleto, obtenga uno nuevo llamando al fabricante o descargándolo

del sitio Web de la compañía. Vea "Soporte técnico" en la página 483.

> Los pasos del *Recorrido guiado* podrían variar, dependiendo de cómo esté configurado su sistema. El Asistente para agregar nuevo hardware verifica primero los dispositivos Plug and Play y luego los que no lo son. Si no detecta algún nuevo dispositivo Plug and Play en su computadora, se salta los pasos requeridos para instalarlo.

Medidas de seguridad

Previamente a la instalación de hardware, tome sus precauciones. Dentro de su computadora hay muchos componentes eléctricos delicados, y, puesto que puede ser peligroso trabajar con electricidad, siga estas precauciones generales para no sufrir accidentes o dañar su equipo:

- Antes de hacer cualquier cosa, revise la garantía de su computadora. Algunas compañías requieren que usted les compre las actualizaciones o que les envíe la computadora para que ellos la realicen. Si hace la actualización por su cuenta y la computadora se descompone más tarde, su garantía podría ya no tener validez. Esto es particularmente importante cuando se trata de una computadora portátil.

- Asegúrese de que todas las partes de su computadora estén apagadas y desconectadas.

- Antes de iniciar, toque una parte metálica de la unidad del sistema para descargar cualquier electricidad estática que pudiera haber en el cuerpo. O mejor aún, vaya a una tienda de electrónica y compre una banda para hacer tierra. Una la banda (a su muñeca, por ejemplo) a una tierra (una parte metálica del gabinete de su unidad de sistema servirá).

- Los nuevos componentes para computadora vienen con bolsas antiestáticas. Antes de manejar el componente, toque una parte metálica de la unidad para descargar la electricidad estática de su cuerpo.

- Guarde los componentes dentro de sus bolsas electrostáticas (no las ponga encima) hasta que esté listo para usarlos.

- Si los componentes tienen sellos de garantía, tenga cuidado de no romperlos. Romper un sello podría invalidar la garantía. Si la unidad de sistema está sellada, revise la garantía antes de romper el sello.

- Sostenga las partes por sus extremos y asas de montaje. Evite tocar cualquier componente o soldar las partes.

- Nunca deslice los componentes sobre su superficie de trabajo. Esto podría generar una carga estática en el componente.

- Mantenga los plásticos, viniles, pieles y hule espuma fuera de su área de trabajo.

- Si el componente que va a instalar llega en un día frío, deje que tome la temperatura del interior antes de instalarlo. Cualquier condensación sobre el componente nuevo podría dañar su sistema.

- Si se le cae algún tornillo o cualquier pieza metálica pequeña dentro de la unidad, pegue un trozo de cinta adhesiva a la goma de un lápiz y recójalo con ella; no utilice los dedos ni un imán.

- Cuando quite la cubierta de su unidad asegúrese de que no jalar algún cable suelto, ni de machucarlo al volver a colocar la cubierta.

Instale una tarjeta de expansión

Muchos componentes para actualización necesitan que usted "instale" una tarjeta de expansión (también llamada *tarjeta de circuito* o simplemente *tarjeta*). Una tarjeta de expansión es una tarjeta para un circuito integrado, que se conecta a la tarjeta principal de su máquina (la *tarjeta madre*) localizada dentro de la unidad. Un módem interno es una tarjeta de expansión. Una tarjeta de sonido también. En algunos casos, usted incluso tendrá que instalar una tarjeta de expansión para agregar a su sistema una unidad de disco flexible, una unidad CD-ROM o una unidad de disco duro.

Si su computadora y la tarjeta de expansión son compatibles con Plug and Play, usted podrá instalar la tarjeta sin cambiar la configuración de la misma. Windows 98 puede cambiar automáticamente la configuración de los dispositivos Plug and Play para que funcionen en su computadora.

Sin embargo, muchas tarjetas de expansión que hay en el mercado no se ajustan a las normas de Plug and Play. Con este tipo de tarjetas asegúrese de que la tarjeta nueva no utilizará la misma configuración de una tarjeta que ya está instalada. Por lo general, hay tres cosas que usted debe considerar:

- **IRQ** (Solicitud de Interrupciones), es un número que permite a un dispositivo solicitar la atención de la unidad central de procesamiento. Si dos dispositivos tienen el mismo número IRQ y solicitan al mismo tiempo la atención de la unidad central, esto la confundirá.

- **El canal DMA** es una ruta de acceso hacia la memoria RAM de su computadora. La mayoría de las computadoras tiene ocho canales DMA (Acceso Directo a Memoria). Si dos dispositivos comparten un canal DMA, por lo general sólo uno de ellos tendrá acceso a la memoria RAM; el otro, simplemente, no funcionará.

- **La dirección del puerto E/S** (I/O) es una designación que permite que un dispositivo tome información de entrada y salida en una ubicación particular. Al igual que con el IRQ y DMA, si dos dispositivos utilizan el mismo parámetro E/S, causarán problemas.

Usted puede cambiar estos parámetros de la tarjeta de expansión, activando pequeños interruptores o deslizando los *jumpers* que están sobre las pistas conductoras de la tarjeta. La documentación que viene con la tarjeta muestra las posiciones de los interruptores o de los jumpers que deberá seleccionar para cambiar la configuración del interruptor, del canal DMA y del puerto E/S de la tarjeta. La documentación también deberá mostrar la configuración predeterminada para estos interruptores; si no se especifican las posiciones predeterminadas, apúntelas antes de cambiarlas en la tarjeta.

> Trate de instalar la tarjeta de expansión con la configuración de fábrica (sin cambiar nada). Si la tarjeta no funciona, o si hace que otro dispositivo deje de funcionar, empiece a cambiar los interruptores o a acomodar los jumpers como se indica en el manual. (Cambie sólo un parámetro a la vez.)

Para instalar la tarjeta de expansión, quite la cubierta de la unidad. Las ranuras de expansión se localizan en la tarjeta principal, junto a la parte posterior de la unidad del sistema (donde conecta su impresora y monitor). Encuentre una ranura de expansión que coincida con el tamaño de la tarjeta que necesita conectar. Si está instalando una tarjeta de expansión (como un módem interno o una tarjeta de sonido) que requiera una conexión externa, quite la cubierta de metal que está junto a la ranura de expansión.

Para instalar la tarjeta de expansión, inserte dentro de las ranuras de expansión los contactos que están debajo de la

tarjeta y luego presione hacia abajo mientras mueve suavemente la tarjeta hacia delante y hacia atrás. Aun cuando la colocación pudiera quedar un poco justa, no presione mucho la tarjeta, ya que la podría romper. Asegúrese de que la tarjeta quede colocada en forma segura dentro de la ranura y que no esté pegando con otras tarjetas (esto podría ocasionar que las tarjetas hicieran cortocircuito). Asegure la tarjeta en su lugar utilizando el tornillo que quitó de la base de la cubierta. Cuando haya terminado, remplace la cubierta de la unidad de sistema.

Recorrido guiado Ejecute el Asistente para agregar nuevo hardware

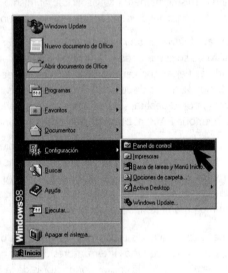

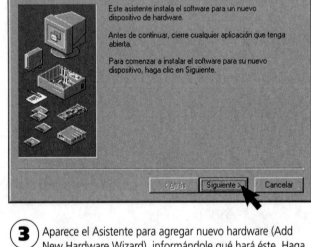

① Cierre todos los programas abiertos. Luego haga clic en el botón **Inicio** (Start), vaya a **Configuración** (Settings) y haga clic en **Panel de control** (Control Panel).

③ Aparece el Asistente para agregar nuevo hardware (Add New Hardware Wizard), informándole qué hará éste. Haga clic en el botón **Siguiente** (Next).

② Aparece el Panel de control. Haga clic en el icono Agregar nuevo hardware (Add New Hardware).

Recorrido guiado   Ejecute el Asistente para agregar nuevo hardware

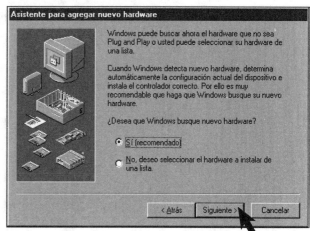

4 El siguiente cuadro de diálogo le indica que Windows buscará los dispositivos Plug and Play. Haga clic en **Siguiente** (Next).

5 Si Windows encuentra un dispositivo Plug and Play, desplegará su nombre y le preguntará si todos los dispositivos que desea instalar aparecen en la lista. Si no detectó el dispositivo que recién instaló, haga clic en el botón **No, deseo instalar otros dispositivos** (No, I want to Install Other Devices). Luego haga clic en **Siguiente**.

7 El asistente le pregunta si desea buscar en su sistema cualquier dispositivo que no sea Plug and Play. Asegúrese de que la opción **Sí (recomendado)** [Yes (Recomended)] esté seleccionada y luego haga clic en el botón **Siguiente**.

(continúa)

6 Si el asistente detectó otros dispositivos, despliega una lista de ellos y le pregunta si el dispositivo que desea instalar aparece en la lista. Si no aparece, haga clic en **No, el dispositivo no está en la lista** (No, the Device Isn't in the List). Pero si el dispositivo aparece, haga clic en **Sí, el dispositivo está en la lista** (Yes, the Device Is in the List) y luego haga clic en su nombre. Haga clic en **Siguiente**.

Recorrido guiado Ejecute el Asistente para agregar nuevo hardware *(continuación)*

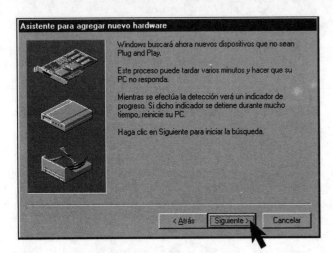

10 Windows podría pedirle insertar el CD de Windows 98, un disco de configuración de Windows o un disco que venga con el dispositivo. El asistente instala el dispositivo nuevo. Si éste tiene conflicto con otro, Windows despliega un cuadro de diálogo con información del conflicto y ofreciéndole ayuda para resolverlo.

8 El asistente le informa que buscará cualquier nuevo dispositivo Plug and Play. Haga clic en **Siguiente** para que el asistente realice la búsqueda. Entonces busca en su computadora cualquier nuevo hardware que haya sido instalado. Esto podría tomar varios minutos.

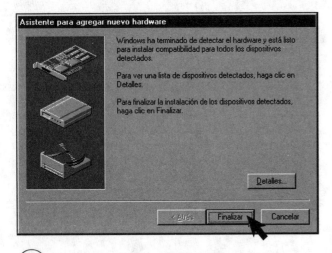

9 Espere hasta que el proceso de detección haya terminado y luego haga clic en el botón **Finalizar** (Finish).

Configure una nueva impresora

Una de las formas más comunes de actualizar su computadora es cambiar las impresoras. Hay en el mercado varias buenas impresoras de inyección de tinta y láser que también hacen las veces de escáneres, faxes y copiadoras. Estas impresoras multiusos cuestan casi lo mismo que las anteriores.

Agregar una nueva impresora a su sistema siempre ha sido muy fácil. Sólo conecte la impresora al puerto paralelo en la parte posterior de su computadora mediante un cable para impresora, y luego conéctela a un enchufe de corriente eléctrica.

Sin embargo, después de instalar la impresora, usted deberá configurarla para indicar a Windows en qué puerto está conectada y para instalar su controlador. El controlador de la impresora proporciona las instrucciones que dicen a Windows cómo comunicarse con ella. La mayoría de las impresoras viene con su propio controlador en un disco flexible. Para las impresoras que no lo tienen, Windows ofrece una amplia selección de controladores para escoger.

Para instalar el controlador e insertar la configuración adicional en Windows, utilice el Asistente para agregar impresora (Add Printer Wizard), como se muestra en el *Recorrido guiado.*

Recorrido guiado   Agregue una impresora

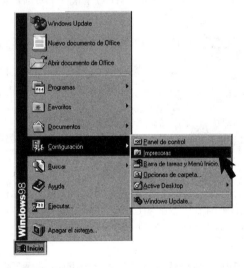

1 Haga clic en el botón **Inicio** (Start), vaya a **Configuración** (Settings) y seleccione **Impresoras** (Printers).

2 Mi PC (My Computer) se abre y despliega la carpeta Impresoras. Haga clic en el icono **Agregar impresora** (Add Printer).

(continúa)

Recorrido guiado Agregue una impresora *(continuación)*

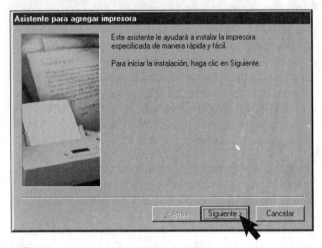

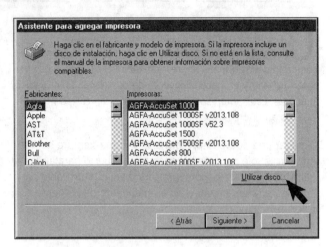

3 Windows inicia el Asistente para agregar impresora (Add Printer Wizard), que le informará lo que va a hacer. Haga clic en **Siguiente** (Next).

5 El asistente despliega una lista de los fabricantes e impresoras. Si su impresora viene con su propio controlador, haga clic en **Utilizar disco** (Have Disk). Si no, sáltese al paso 7.

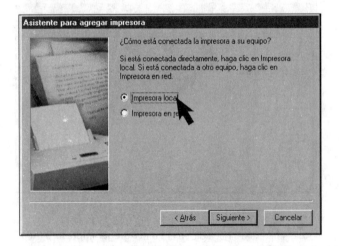

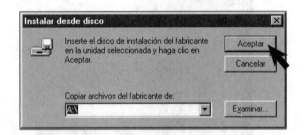

6 Aparece el cuadro de diálogo Instalar desde disco (Install From Disk). Inserte el disco de instalación de la impresora en la unidad de disquete o CD-ROM de su computadora. En la lista desplegable, seleccione la letra de la unidad y haga clic en **Aceptar** (OK).

4 Si está conectado a una red, el asistente le pregunta si desea instalar una impresora local o una para red. (Una impresora para red es aquella que está instalada en otra computadora de la red). Haga clic en **Impresora local** (Local Printer) o en **Impresora en red** (Network Printer) y luego en **Siguiente**.

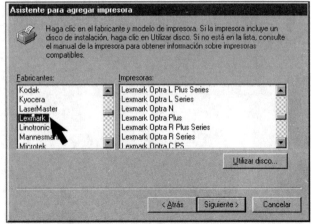

7 En la lista de Fabricantes (Manufacturers), haga clic en el nombre del fabricante de la impresora.

Recorrido guiado   Agregue una impresora

8 La lista de Impresoras (Printers) muestra los modelos producidos por el fabricante seleccionado. Haga clic en el modelo de la impresora que coincida con la suya. Si ninguno de los modelos de la lista coincide exactamente, seleccione el nombre y número de modelo más cercano. Haga clic en **Siguiente** (Next).

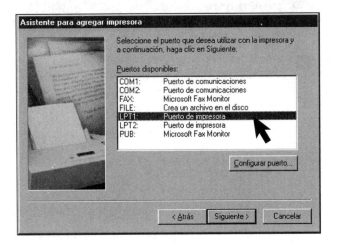

9 El asistente le pedirá especificar el puerto en el cual está conectada su impresora. Si usted conectó la impresora al puerto paralelo, elija **LPT1**. Si está conectada al puerto serial, elija uno de los puertos COM. Haga clic en **Siguiente**.

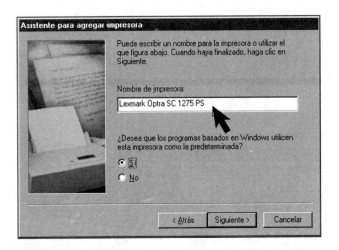

10 Ahora se le pide que escriba un nombre para la impresora. Escriba el nombre que quiera que aparezca en la carpeta Impresoras.

11 Para utilizar esta impresora como predeterminada para imprimir desde todos sus programas de Windows, haga clic en **Sí** (Yes), en la parte inferior del cuadro de diálogo. Haga clic en **Siguiente**.

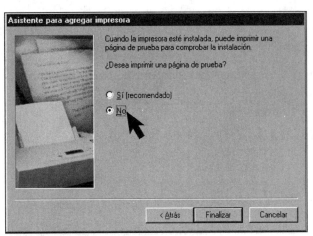

12 El asistente le pregunta si desea imprimir una página de prueba. Haga clic en **Sí** o en **No**. Luego, haga clic en **Finalizar** (Finish).

13 Si no se ha instalado el controlador de la impresora seleccionada, Windows le pide insertar el CD-ROM de Windows 98 o el disco de instalación. Insértelo y haga clic en **Aceptar** (Ok).

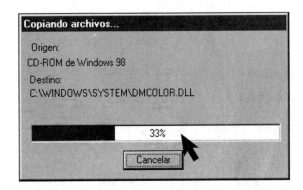

14 Windows copia en el disco duro el controlador de la impresora y cualquier archivo adicional del CD-ROM o disquete.

(continúa)

Recorrido guiado Agregue una impresora *(continuación)*

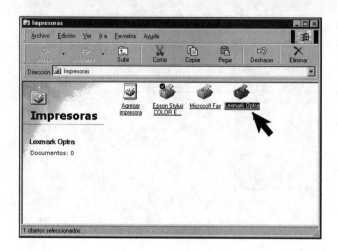

Si decide instalar un controlador de impresora que esté incluido en el disco de instalación de Windows y el sistema le informa que no puede encontrar el archivo necesario, haga clic en el botón **Examinar** (Browse) y vaya a la carpeta **\Drivers\Printers** del disco.

15 Al terminar regresa a la carpeta Impresoras, que ahora contiene un icono para la impresora que acaba de instalar.

Configure un ratón o un dispositivo de juego

De seguro usted ya tiene un ratón conectado a su computadora, de lo contrario no habría llegado hasta esta parte del libro. Puesto que Windows depende tanto del método de apuntar y hacer clic, un ratón o cualquier otro dispositivo para señalar (como un touchpad o un trackball), es una herramienta esencial. Y si tiene preferencia por los juegos de computadora, probablemente se habrá dado cuenta que también se necesita un dispositivo de juegos (*joystick*). Para volar un aeroplano virtual y disparar a las naves extraterrestres del espacio, usted necesita un dispositivo con un control mayor que el de un ratón.

Instalar el propio dispositivo es bastante fácil, puesto que no tiene que quitar la cubierta de la unidad para instalar una tarjeta de expansión. La mayoría de los ratones se conecta en el puerto serial o en un puerto especial para ratón (PS/2) en la parte posterior (o al frente) de su computadora. Para instalar un control de juegos, basta conectarlo en el puerto correspondiente en la parte posterior de la computadora. (La mayoría de las tarjetas de sonido incluye un puerto de juegos

para conectar uno o más controles.) Después de conectar el dispositivo, ejecute el Asistente para agregar nuevo hardware (New Hardware Wizard) con lo que instalará su controlador, como se explica en "Instale hardware nuevo" en la página 364.

Una vez instalado el dispositivo, para su configuración siga el *Recorrido guiado*. La primera parte le muestra cómo configurar su ratón. La segunda parte le muestra cómo calibrar su dispositivo de juegos.

> Muchos fabricantes de ratones y controles actualizan sus controladores de Windows para mejorarlos y corregir errores. Visite el sitio Web del fabricante para saber si hay algún controlador actualizado para su dispositivo. Así podrá descargar el archivo del controlador e instalarlo mediante el Asistente para agregar nuevo hardware.

Recorrido guiado   Configure su ratón

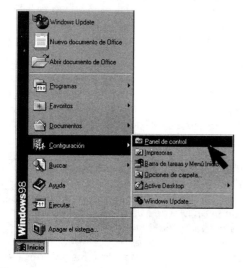

1 Haga clic en el botón **Inicio** (Start), vaya a **Configuración** (Settings) y haga clic en **Panel de control** (Control Panel).

2 Mi PC (My Computer) abre el Panel de control de Windows. Haga clic en el icono **Mouse**.

(continúa)

Recorrido guiado Configure su ratón *(continuación)*

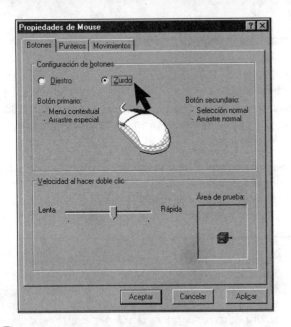

3 Aparece el cuadro de diálogo Propiedades de Mouse (Mouse Properties) con la ficha Botones (Buttons) al frente. Si usted es zurdo, haga clic en **Zurdo** (Left Handed). Este parámetro invierte los botones del ratón para que como zurdo pueda hacer clic con el botón derecho y "haga clic con el botón derecho" pero utilizando el botón izquierdo del ratón.

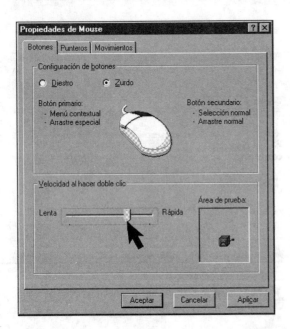

4 Para cambiar la velocidad a que deberá volver a oprimir el botón para hacer doble clic, arrastre el control deslizable **Velocidad al hacer doble clic** (Double-Click Speed) a la izquierda o a la derecha. Haga doble clic en el Área de prueba (Test area [la caja con la manija]) para verificar si le gusta su nueva configuración.

También puede cambiar la apariencia del puntero de su ratón. Haga clic en la ficha **Punteros** (Pointers) y luego abra la lista desplegable **Combinación** (Scheme) para seleccionar el puntero deseado.

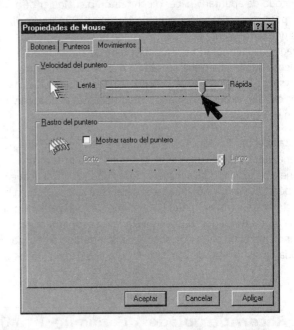

5 Haga clic en la ficha **Movimientos** (Motion). Para cambiar la velocidad a que se mueve el puntero a través de la pantalla, arrastre el control deslizable **Velocidad del puntero** (Pointer Speed) a la izquierda o a la derecha.

6 Para que el puntero del ratón deje una sombra mientras usted lo mueve, haga clic en **Rastro del puntero** (Show Pointer Trails) y utilice el control deslizable para alargar o acortar el rastro. (Esta opción es particularmente útil para las computadoras portátiles, ya que el puntero del ratón suele desaparecer si lo mueve muy rápido.) Haga clic en **Aceptar** (OK).

Su cuadro de diálogo Propiedades de Mouse podría tener fichas adicionales, dependiendo del ratón. Si tiene un Mouse Microsoft IntelliPoint, por ejemplo, el cuadro de diálogo Propiedades de Mouse contendrá opciones para automatizarlo y configurar la rueda que está entre los botones izquierdo y derecho.

Recorrido guiado   Calibre sus dispositivos de juegos

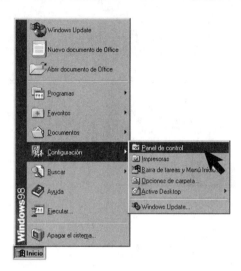

1 Haga clic en el botón **Inicio** (Start), vaya a **Configuración** (Settings) y seleccione **Panel de control** (Control Panel).

2 Mi PC (My Computer) abre el Panel de control de Windows. Haga clic en el icono **Dispositivos de juego** (Game Controllers).

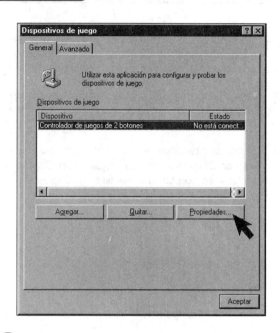

3 Aparece el cuadro de diálogo Dispositivos de juego. Si tiene más de un control de juego conectado a su computadora, haga clic en el control que desea calibrar y luego en el botón **Propiedades** (Properties).

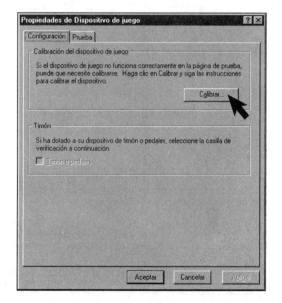

4 Haga clic en el botón **Calibrar** (Calibrate).

(continúa)

Recorrido guiado Calibre sus dispositivos de juegos *(continuación)*

5 Esto inicia el procedimiento de calibración. Mueva el control y haga clic en sus botones como se le indica. Después de realizar cada paso de la calibración, haga clic en **Siguiente** (Next).

6 Cuando haya terminado, Windows mostrará un mensaje indicando que la calibración se ha realizado exitosamente. Haga clic en **Finalizar** (Finish).

7 Así regresa al cuadro de diálogo Propiedades. Haga clic en **Aceptar** (OK) para volver al cuadro de diálogo Dispositivos de juego, y luego en **Aceptar** para guardar su configuración.

Instale y configure un módem

ntes de conectarse a un servicio en línea o dar un pa-
seo por Internet, usted debe instalar un módem. Éste
marca al servicio en línea, establece la comunicación y envía
y recibe datos en forma electrónica. Para recibir datos, el módem traduce las señales analógicas, las cuales viajan a través de
las líneas telefónicas, en señales digitales que su computadora
puede entender. Para transmitir datos, el módem traduce las
señales digitales de su computadora en señales analógicas.

El procedimiento de conexión de un módem a su computadora depende del tipo de módem. Si tiene un módem
externo, conéctelo al puerto serial en la parte posterior de
su computadora por medio de un cable serial. Conecte el
módem a un enchufe eléctrico. Un módem interno es una
tarjeta de expansión que se conecta dentro de una ranura de
expansión que está dentro de la unidad del sistema. Para
mayores detalles, vea "Instale una tarjeta de expansión" en
la página 365.

Una vez conectado el módem a su computadora, deberá
conectarlo a una línea telefónica. Su módem debe tener

dos entradas: una para conectarlo al enchufe telefónico
de su casa u oficina y otra para conectarlo a un teléfono (de
modo que pueda seguir utilizando el teléfono para hacer
llamadas). Para conectar el módem tanto al enchufe telefónico como a su teléfono (si así lo desea), utilice un cable telefónico estándar.

Si utiliza la misma línea telefónica para su módem
y para su teléfono, y tiene el sistema de llamada
en espera, desconéctelo antes de utilizar su módem para marcar a su servicio en línea. De lo contrario, si alguien le llama mientras su módem está
"hablando", éste se desconectará. Por lo general,
usted desactiva la llamada en espera marcando a
su compañía telefónica antes de hacer su conexión. El *Recorrido guiado* le muestra cómo configurar su módem para marcar este número antes
de hacer una llamada. Cuando su módem cuelgue,
la llamada en espera se volverá a activar.

Recorrido guiado   Instale un módem

1 Si tiene un módem externo, asegúrese que esté encendido.
Luego haga clic en el botón **Inicio** (Start), vaya a
Configuración (Settings) y seleccione **Panel de control** (Control
Panel).

2 Mi PC (My Computer) abre el Panel de control de Windows.
Haga clic en el icono Módems.

(continúa)

Recorrido guiado Instale un módem *(continuación)*

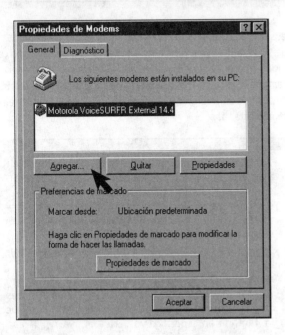

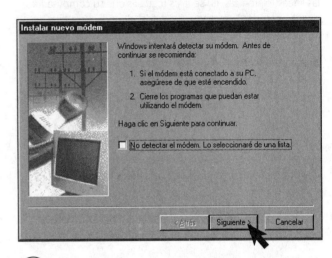

5 Si instala una tarjeta para módem PCMCIA, aparece el cuadro de diálogo correspondiente. Inserte la tarjeta para módem en la ranura PCMCIA de su computadora y haga clic en **Siguiente**. (Tal vez tenga que realizar algunos pasos adicionales con el asistente Instalar nuevo módem.)

3 Si ya configuró un módem durante la instalación de Windows, aparece el cuadro de diálogo Propiedades de Módems (Modems Properties), haga clic en **Agregar** (Add). Si no lo hizo, se abre automáticamente el asistente Instalar nuevo módem (Install New Modem Wizard), para que no tenga que hacer clic en Agregar.

Si va a remplazar un módem, seleccione el módem anterior del cuadro de diálogo Propiedades de Modems y haga clic en **Quitar** (Remove). Esto evitará cualquier conflicto con el nuevo módem.

4 Si tiene una computadora portátil con ranuras PCMCIA, aparece un cuadro de diálogo que así lo indica. Si está instalando una tarjeta para módem PCMCIA, haga clic en **Tarjeta para módem PCMCIA** (PCMCIA modem card); de lo contrario, haga clic en **Otro** (Other). Después haga clic en **Siguiente** (Next).

6 Windows le ofrece la posibilidad de detectar automáticamente el módem. Si usted prefiere seleccionar su módem de una lista haga clic en **No detectar el módem. Lo seleccionaré de una lista** (Don't Detect My Modem; I will select it from a list). Haga clic en **Siguiente**.

Recorrido guiado   Instale un módem

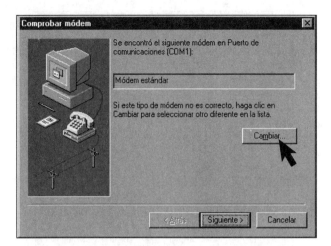

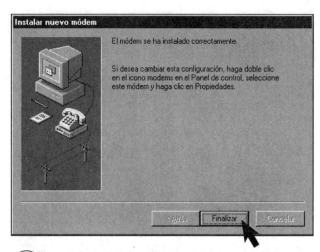

7 Windows presenta el nombre del módem detectado y el puerto COM que está utilizando. Si el tipo de módem no es el correcto, haga clic en el botón **Cambiar** (Change) y siga con el paso 8. De lo contrario, haga clic en **Siguiente** (Next) y vaya al paso 9.

> Si Windows no puede detectar su módem, mostrará un cuadro de diálogo diciéndole eso. Haga clic en **Siguiente** y siga con el paso 8 para seleccionar su módem de una lista.

9 Windows muestra un cuadro de diálogo indicando que el módem ha sido instalado exitosamente. Haga clic en **Finalizar** (Finish). Windows podría pedirle el disco de instalación de Windows o el que venía con su módem. Siga las instrucciones en pantalla.

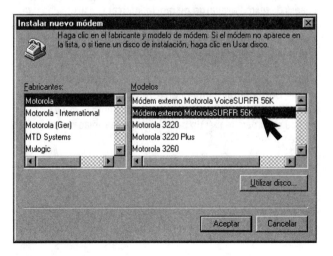

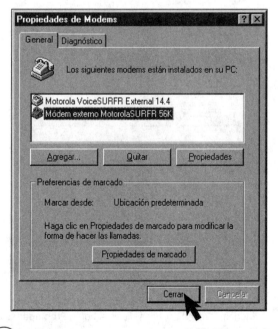

10 Así regresa al cuadro de diálogo Propiedades de Módems, donde Windows despliega el nombre del módem que acaba de instalar. Haga clic en el botón **Aceptar** (OK).

8 Windows muestra una lista de fabricantes y modelos de módems. Seleccione el fabricante de la lista de **Fabricantes** (Manufacturers) y luego seleccione el modelo de la lista de **Modelos** (Models). Si el módem viene con su propio disco de instalación, haga clic en **Utilizar disco** (Have Disk) y siga las instrucciones en pantalla. Haga clic en **Siguiente**.

Recorrido guiado Introduzca las preferencias de marcado

1 Haga clic en el icono **Modems** del Panel de control de Windows.

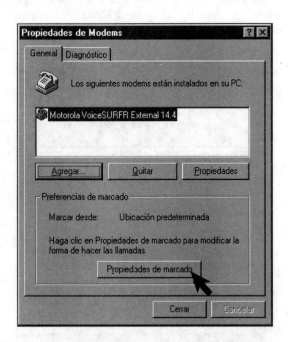

2 Dentro del cuadro de diálogo Propiedades de Módems (Modems Properties), haga clic en el botón **Propiedades de marcado** (Dialing Properties).

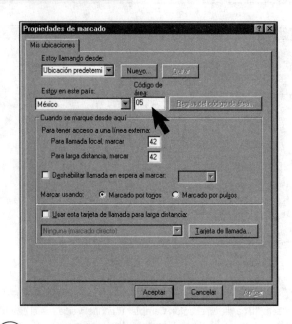

3 Aparece el cuadro de diálogo Propiedades de marcado. Dentro del cuadro de texto **Código de área** (Area Code), escriba su código de área. Esto hará que su módem marque un código de área únicamente cuando el código requerido sea distinto al suyo.

4 En la sección Cuando se marque desde aquí (When Dialing from Here), escriba cualquier número que deba marcar para tener acceso a una línea externa. Por ejemplo, tal vez tenga que marcar 9 para tener acceso a una línea externa. NO escriba 05 en el cuadro de texto **Para larga distancia, marcar___** (For Long Distance Calls, Dial___). Escriba un número sólo cuando tenga que marcar un código especial antes del número o código que normalmente se necesita para hacer llamadas de larga distancia.

5 Si tiene el servicio de llamada en espera, haga clic en **Deshabilitar llamada en espera al marcar___** (To Disable Call Waiting, Dial ___) para poner una marca en la casilla y luego escriba el número requerido para desactivar la llamada en espera en su área.

Recorrido guiado   Introduzca las preferencias de marcado

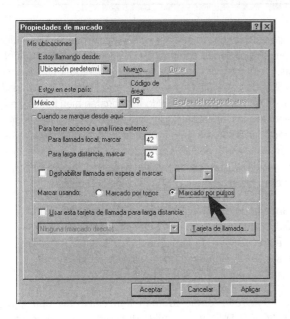

6 Si tiene un servicio telefónico de disco (al marcar el teléfono usted escuchará clics en vez de tonos), haga clic en **Marcado por pulsos** (Pulse Dial).

7 Si planea utilizar una tarjeta prepagada para hacer llamadas de larga distancia, haga clic en **Usar esta tarjeta de llamada para larga distancia** (For Long Distance Calls, Use This Calling Card) para poner una marca en la casilla y luego haga clic en el botón **Tarjeta de llamada** (Calling Card).

8 En el cuadro de diálogo Tarjeta de llamada, escriba la información de la tarjeta de llamada que se le pide. Haga clic en **Aceptar** (OK).

9 Ahora ha regresado al cuadro de diálogo Propiedades de marcado. Haga clic en **Aceptar** para volver al cuadro de diálogo Propiedades de Módems y luego en **Aceptar** para guardar su configuración.

Configure dispositivos multimedia

La mayoría de las computadoras nuevas cumple con los estándares actuales de multimedia. Vienen con una unidad CD-ROM, una tarjeta de sonido, bocinas y un micrófono, y tienen la cantidad de memoria, la capacidad de almacenamiento en disco y el poder de procesamiento necesarios para reproducir clips de sonido y video, y para manejar entradas para ambos. Si su computadora es de alguna generación anterior, la lista siguiente le ayudará a determinar si cumple con los requerimientos *mínimos* para una PC multimedia. Para cuando se escribía este libro, el estándar actual era MPC3, que especificaba la siguiente configuración mínima:

- Un procesador Pentium a 75MHz

- Monitor SVGA (matriz superior de gráficos en video)

- 8 megabytes de memoria

- 540 megabytes en disco duro con un tiempo de acceso de 15 milisegundos y una velocidad de transferencia de 1.5 megabytes por segundo

- Unidad de disquetes de 1.44 megabytes

- CD-ROM 4X (de cuádruple velocidad)

- Tarjeta de sonido de 16-bit estéreo con un par de bocinas de buena calidad

Una vez que sepa lo que necesita y dónde puede conseguirlo, tiene dos opciones: comprar un kit de actualización multimedia, o comprar los componentes por separado. La opción más fácil es buscar el kit. De esa forma, usted sabe que la unidad CD-ROM y la tarjeta de sonido funcionarán bien juntas y que tendrá todos los cables y software que necesita para hacer funcionar el sistema. La mayoría de los kits multimedia también incluye una pequeña colección de CDs para que pueda tener una satisfacción inmediata. Creative Labs, IBM y Sony ofrecen kits multimedia por menos de 700 dólares.

Suponiendo que buscara algo *reciente*, no vaya por una unidad CD-ROM de 4X o una tarjeta de sonido de 16 bits. Busque un CD-ROM de 12X o de 24X o una de las nuevas unidades DVD y una tarjeta de sonido de tabla de onda. De esa forma, su equipo no será obsoleto dentro de un año.

Para tener una computadora multimedia, instale una unidad CD-ROM (o DVD) y una tarjeta de sonido. Para saber cómo configurar su nuevo equipo en Windows, vea "Instale hardware nuevo" en la página 364. El siguiente *Recorrido guiado* le muestra cómo configurar sus dispositivos multimedia una vez que los haya instalado.

Recorrido guiado Configure su equipo multimedia

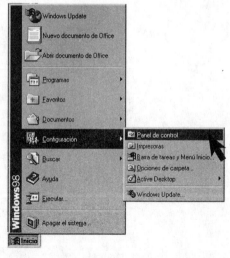

1 Haga clic en el botón **Inicio** (Start), vaya a **Configuración** (Settings) y seleccione **Panel de control** (Control Panel).

2 Mi PC (My Computer) abre el Panel de control de Windows. Haga clic en el icono **Multimedia**.

Recorrido guiado   Configure su equipo multimedia

3 Aparece el cuadro de diálogo Propiedades de Multimedia (Multimedia Properties) con la ficha Sonido (Audio) al frente. Para cambiar el volumen de las bocinas o de grabación de su tarjeta de sonido, haga clic en el botón **Reproducción** (Playback) o en el botón **Grabación** (Recording).

Para controles de volumen adicionales, haga clic con el botón derecho del ratón en el icono en forma de bocina que se encuentra en la bandeja de sistema de la barra de tareas y elija **Ajustar propiedades de audio** (Adjust Audio Properties). También puede utilizar el control de volumen de su tarjeta de sonido para ajustar el volumen de reproducción.

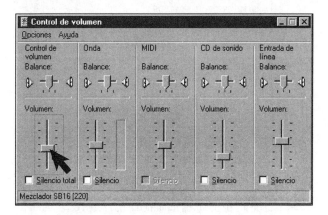

4 Arrastre el control deslizable de volumen que desee ajustar. Para aumentar el nivel de volumen arrastre el control hacia arriba y para disminuirlo, arrástrelo hacia abajo. Cuando haya terminado de hacer sus ajustes, haga clic en el botón **Cerrar** (X).

5 Para cambiar la calidad de grabación, abra la lista desplegable **Dispositivo preferido** (Preferred Quality) y seleccione la calidad deseada: **Calidad de CD** (CD Quality) para alta calidad, **Calidad de radio** (Radio Quality) para una calidad regular o **Calidad de teléfono** (Phone Quality) para una calidad baja. Para ajustar el control haga clic en el botón **Personalizar** (Customize).

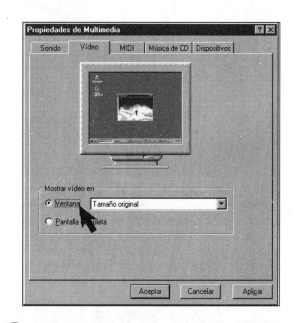

6 Haga clic en la ficha **Video** y elija ver los segmentos de video en una **Ventana** (Window) o a **Pantalla completa** (Full Screen). Aunque la opción Pantalla completa es tentadora, los segmentos que no están diseñados para mostrarse en pantalla completa se verán con quiebres cuando se despliegan así.

(continúa)

Recorrido guiado   Configure su equipo multimedia   *(continuación)*

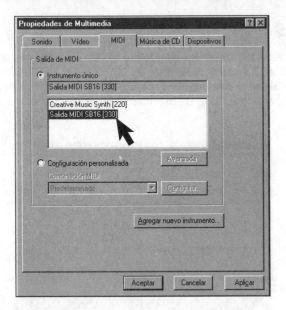

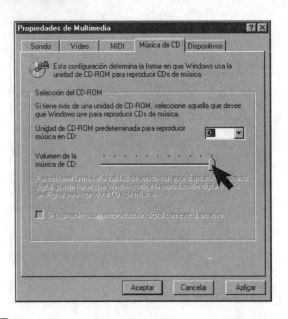

7 Si tiene un dispositivo MIDI (Interfaz Digital para Instrumentos Musicales), como un teclado MIDI, conectado a su computadora, haga clic en la ficha **MIDI** y escriba la configuración deseada para el mismo. Haga clic en el botón **Agregar nuevo instrumento** (Add New Instrument) para agregar un dispositivo MIDI que esté conectado al puerto MIDI.

La mayoría de las tarjetas de sonido tiene un puerto MIDI. Conecte en el puerto un dispositivo MIDI, como un teclado musical o un sintetizador. Ahora ya podrá grabar su música.

8 Haga clic en la ficha **Música de CD** (CD Music) y arrastre el control deslizable **Volumen de la música de CD** (CD Music Volume) a la derecha o a la izquierda, para ajustar la salida de audio del reproductor de CD. (Esto ajusta tanto el volumen de la salida de audífonos del reproductor de CDs, como la señal que el reproductor envía a la tarjeta de sonido.)

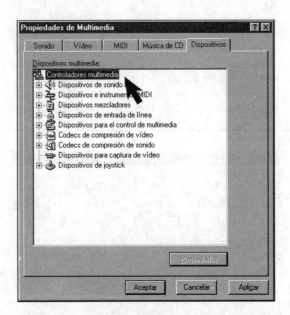

9 Haga clic en la ficha **Dispositivos** (Devices) para ver una lista de los dispositivos multimedia que estén conectados a su computadora. Evite cambiar las propiedades de un dispositivo a menos que tenga problemas al usarlo.

10 Haga clic en **Aceptar** (OK) para guardar la configuración que hizo.
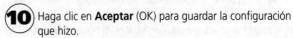

Trabajar fuera de casa con computadoras portátiles

L as computadoras portátiles se están haciendo cada vez más poderosas. Actualmente, la mayoría de las computadoras portátiles incluyen por lo menos 16 megabytes de RAM, un disco duro de uno o dos gigabytes, una unidad CD-ROM y tarjeta de sonido, además de varios puertos y ranuras de expansión para instalar equipo adicional. Muchas portátiles son tan poderosas que se podrían usar como remplazos de computadoras de escritorio.

Para aprovechar estas nuevas computadoras portátiles, Windows incluye muchas características diseñadas específicamente para ellas, incluyendo soporte Plug and Play para tarjetas PCMCIA, una aplicación para ahorrar energía y programas para conectarse con su computadora de escritorio y con su red por medio de un módem. En esta sección, usted aprenderá a usar estas características para aprovechar al máximo el poder de su computadora portátil.

Qué encontrará en esta sección

Agregue y quite tarjetas PCMCIA

Si alguna vez ha instalado una tarjeta de expansión en una computadora portátil, sabe lo inconveniente que es actualizar su computadora. Debe quitar la cubierta de su unidad de sistema, retirar la placa posterior de la computadora, instalar la tarjeta y luego colocar de nuevo todo en su lugar. Y si la tarjeta no se entiende con los otros dispositivos de su computadora, habrá que volver a quitar la tapa y utilizar los jumpers o los interruptores DIP para cambiar la configuración de la tarjeta.

La mayoría de las computadoras portátiles recientes facilita en gran medida la actualización, gracias a las tarjetas PCMCIA, abreviatura de *Asociación Internacional de Tarjetas de Memoria para Computadoras Personales*. PCMCIA es una organización que ha desarrollado un conjunto de estándares para dispositivos pequeños que se conectan directamente en las ranuras de expansión *fuera* de la computadora. Estas tarjetas tienen prácticamente el tamaño de una tarjeta de crédito y usted puede insertarlas aunque la máquina esté encendida. Es como insertar un disco en la unidad de disquetes.

Originalmente las tarjetas PCMCIA fueron diseñadas para que los usuarios pudieran agregar memoria a sus computadoras portátiles sin tener que retirar la cubierta. Los avances más recientes en los estándares han permitido a los fabricantes diseñar otros tipos de tarjetas PCMCIA. Ahora usted puede utilizar una tarjeta PCMCIA para agregar un fax, un adaptador para red, una unidad de disco duro e incluso un puerto de juegos a su computadora portátil. Y puesto que Windows soporta PCMCIA Plug and Play, usted puede intercambiar las tarjetas una y otra vez sin tener que apagar su computadora portátil, ni preocuparse por configurar jumpers o interruptores DIP para evitar conflictos en el hardware. El *Recorrido guiado* le muestra lo fácil que es hacerlo.

Para comprar una tarjeta PCMCIA, necesita conocer las diferencias entre los tres tipos de tarjetas. Todas tienen el mismo ancho y largo, pero el grosor varía:

- Tarjetas Tipo I (Type I) (de hasta 3.3mm de espesor) se usan sobre todo para agregar memoria a su computadora.

- Tarjetas Tipo II (Type II) (de hasta 5.5mm de espesor) se suelen usar para agregar un fax módem, un adaptador para red o una unidad CD-ROM (la unidad se conecta a la tarjeta PCMCIA por medio de un cable).

- Tarjetas Tipo III (Type III) (de hasta 10.5mm de espesor) en general se utilizan para agregar una unidad de disco duro.

Su computadora portátil debe tener una o más ranuras PCMCIA. Las ranuras también tienen tres tipos:

- Tipo I (Type I) sólo utilizan una tarjeta Tipo I.

- Tipo II (Type II) pueden utilizar una tarjeta Tipo II o dos tarjetas Tipo I.

- Tipo III (Type III) utilizan una tarjeta Tipo III o una tarjeta Tipo I y una tarjeta Tipo II.

Usted puede insertar la tarjeta con la computadora encendida o apagada. Al insertar la tarjeta con la computadora encendida, Windows detecta automáticamente la tarjeta y ejecuta el Asistente para agregar nuevo hardware (Add New Hardware Wizard), que le guía por el proceso de instalación de un controlador para la tarjeta.

Idealmente, usted debería poder insertar y quitar las tarjetas PCMCIA sin tener que apagar su computadora ni reiniciarla. A esto se le conoce como *conexión abierta (hot plugging)*. Sin embargo, algunas tarjetas y computadoras portátiles anteriores tal vez no soporten los últimos estándares de PCMCIA, que permiten la conexión abierta con el sistema activo. Para evitar daños en su computadora portátil o en su tarjeta PCMCIA, revise el manual del fabricante para saber si es seguro intercambiar las tarjetas mientras su sistema está activo.

Recorrido guiado   Inserte una tarjeta PCMCIA

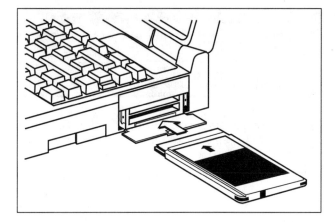

1 Encienda su computadora e inserte la tarjeta PCMCIA (con la etiqueta hacia arriba) en una de las ranuras PCMCIA. Si su computadora tiene dos ranuras vacías, generalmente marcadas como 0 y 1, utilice primero la número 0 (la de arriba). La tarjeta deberá embonar firmemente en la ranura, sin forzarla.

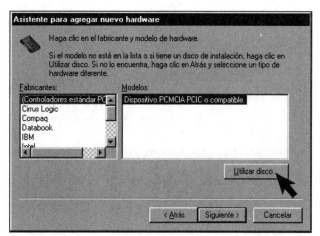

3 Si ésta es la primera vez que usted inserta la tarjeta, Windows ejecuta el Asistente para agregar nuevo hardware. Si el modelo no está en la lista o requiere disco, haga clic en **Utilizar disco** (Use disc) y siga las instrucciones en pantalla.

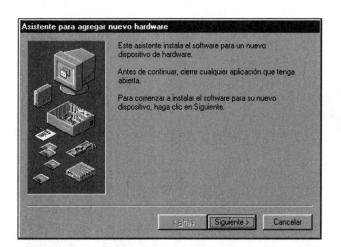

2 Si la tarjeta necesita que se conecte un cable o una línea telefónica, conéctelos en la apertura de la tarjeta. Si no se inicia el asistente en forma automática, vaya a **Inicio | Configuración | Panel de control | Agregar nuevo hardware** (Start | Settings | Control Panel | Add New hardware). Aparece el cuadro de diálogo **Asistente para agregar nuevo hardware** (Add New Hardware Wizard). Para continuar, cierre cualquier aplicación que tenga en proceso.

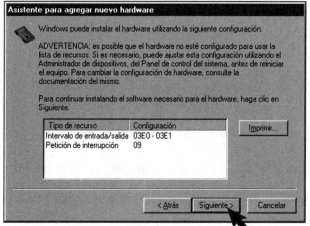

4 Windows puede instalar la tarjeta PCMCIA siguiendo la configuración predeterminada. Si fuera necesario, puede ajustarla utilizando el Administrador de dispositivos del Panel de control. Haga clic en **Siguiente** (Next).

> Si descargó un controlador actualizado del sitio Web del fabricante del dispositivo, tal vez debiera revisar la opción **Specify a Location**, para especificar la ubicación del archivo en su disco duro.

(continúa)

Recorrido guiado   Inserte una tarjeta PCMCIA   *(continuación)*

Si aún no ha registrado su copia de Windows 98, la opción **Windows Update** estará desactivada (atenuada en gris). Para obtener más información sobre Windows Update, vea "Actualice Windows" en la página 420.

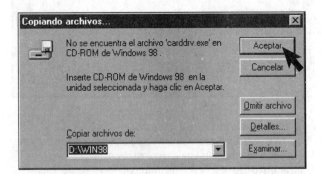

5 Si aparece el cuadro de diálogo Copiando archivos... y un mensaje de que no encuentra determinado archivo en el CD–ROM, inserte el disco Windows 98 en la unidad seleccionada y haga clic en **Aceptar** (OK).

6 Aparece el cuadro de diálogo Cambio de configuración del sistema, y le insta a apagar el equipo, desconectarlo e instalar la tarjeta PCMCIA. Haga clic en **Sí** (Yes) para finalizar la instalación del hardware.

Recorrido guiado   Quite una tarjeta PCMCIA

1 Haga clic en el icono PC Card (PCMCIA) Estado (Status) de la bandeja del sistema y luego elija la opción Detener Predecesor de PCCard multifunción (**Stop...**) para la tarjeta que desea quitar.

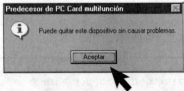

2 Aparece el cuadro de diálogo Predecesor de PC Card multifunción, indicando que al quitar la tarjeta no habrá problemas. Haga clic en **Aceptar** (OK).

3 Presione el botón Expulsar (Eject) que está junto a la tarjeta PCMCIA. La tarjeta saldrá de la ranura y Windows emitirá dos tonos de "bip" (uno alto, seguido de uno medio). Saque la tarjeta de la ranura.

Windows administra automáticamente sus tarjetas PCMCIA, haciendo un seguimiento de la memoria almacenada y emitiendo un "bip" cada vez que usted inserta o quita una tarjeta. Sin embargo, puede cambiar la configuración para su tarjeta PCMCIA. Haga clic con el botón derecho del ratón en el icono PC Card (PCMCIA) Status en la bandeja del sistema, al extremo derecho de la barra de tareas y elija Adjust PC Card Properties.

Sincronice su portátil y su PC con Mi Maletín

Si usted tiene tanto una computadora portátil como una de escritorio, probablemente necesite transferir archivos de su computadora de escritorio a su portátil para llevarse el trabajo cuando sale de viaje. Si usted modifica los archivos de su computadora de escritorio, entonces tendrá que volverlos a copiar en ésta para asegurarse de tener en ambas computadoras la versión más reciente de los archivos.

Es cierto, usted puede intercambiar archivos entre su computadora portátil y la de escritorio utilizando Mi PC (My Computer) o el Explorador de Windows (Windows Explorer) para transferir los archivos por medio de un disquete. Sin embargo, éste no es el método más eficiente ni seguro. Si usted llega a olvidar qué archivos son los más recientes, corre el riesgo de remplazar las versiones más recientes por las anteriores.

Por fortuna, Windows le brinda una útil herramienta para transferir, en forma segura, archivos entre computadoras. Con Mi Maletín (Briefcase), usted abre un "portafolios" electrónico, copia los archivos deseados y luego arrastra el

icono del Maletín sobre el icono de su disquete. Windows copiará todos los archivos de Mi Maletín en el disquete. Mi maletín es útil no sólo para transferir archivos entre una computadora portátil y una de escritorio, también para intercambiarlos entre dos computadoras de escritorio (por ejemplo, entre su PC y la de su colega).

Mi Maletín también hace un seguimiento de las versiones de los archivos para evitar la posibilidad de sobrescribir los archivos más recientes con las versiones anteriores. Cuando usted vuelve a copiar los archivos en su computadora de escritorio, Mi Maletín le indica qué archivos son los más recientes y le ayuda a decidir cuáles deberá actualizar.

> Mi Maletín puede almacenar tantos datos cuantos quepan en un disquete. Si necesita transferir más datos, cree un nuevo Maletín, como se muestra en el *Recorrido guiado*.

Recorrido guiado   Transfiera archivos de una computadora de escritorio a una portátil

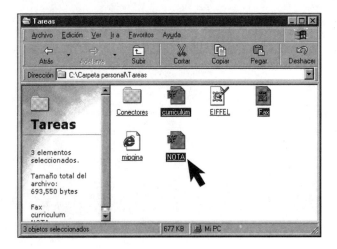

1 Desde el Explorador de Windows o en Mi PC, seleccione las carpetas o archivos que desee colocar en Mi Maletín.

2 Haga clic con el botón derecho del ratón en uno de los elementos seleccionados, vaya a **Enviar a** (Send To) y haga clic en **Mi Maletín** (My Briefcase).

(continúa)

Recorrido guiado Transfiera archivos de una computadora de escritorio a una portátil *(continuación)*

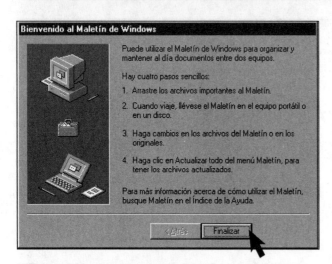

3 El cuadro de diálogo Bienvenido al Maletín de Windows (Welcome to the Windows Briefcase) muestra un breve resumen de cómo utilizar Mi Maletín. (Si ya se había utilizado antes Mi Maletín, este cuadro de diálogo no aparece.) Haga clic en **Finalizar** (Finish) y Windows copiará los elementos seleccionados a Mi Maletín (My Briefcase).

6 Arrastre el icono de Mi Maletín sobre el icono de la unidad de disquete y suelte el botón del ratón. Windows mueve tanto Mi Maletín como todo su contenido hacia el disquete.

7 Saque el disco y llévelo con su computadora portátil.

4 Desde el Explorador de Windows (Windows Explorer) o Mi PC (My Computer), señale el icono de su unidad de disquete. Mueva y redimensione la ventana para que pueda ver el icono de Mi Maletín.

5 De ser necesario, inserte un disco en blanco en la unidad de disquete.

Recorrido guiado   Use Mi Maletín fuera de casa

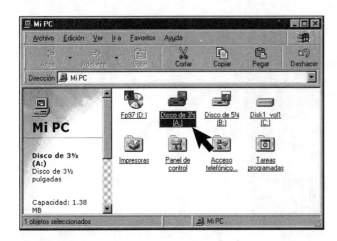

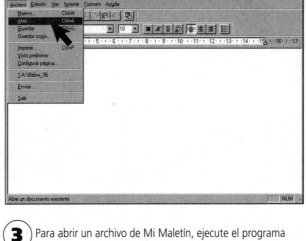

1 Encienda su computadora portátil e inserte el disquete. En el Explorador de Windows (Windows Explorer) o en Mi PC (My Computer), haga clic en el icono de la unidad de disquetes.

3 Para abrir un archivo de Mi Maletín, ejecute el programa que desea utilizar para abrir el archivo. Luego elija el comando **Archivo | Abrir** (File | Open).

2 Se muestra el contenido del disco. Arrastre el icono de Mi Maletín (My Briefcase) sobre el escritorio de Windows. Windows mueve Mi Maletín y todo su contenido al escritorio.

4 El cuadro de diálogo Abrir (Open) le insta a elegir un archivo. Abra la lista desplegable **Buscar en** (Look In) y elija **Mi Maletín**.

(continúa)

Si ya tiene un icono Mi Maletín en el escritorio de Windows, verá una advertencia indicando que éste será remplazado. Si Mi Maletín está vacío, siga adelante y remplácelo. De lo contrario, cancele la operación y vuelva a nombrar la carpeta Mi Maletín en el disquete, antes de moverlo hacia el escritorio.

Recorrido guiado   Use Mi Maletín fuera de casa   *(continuación)*

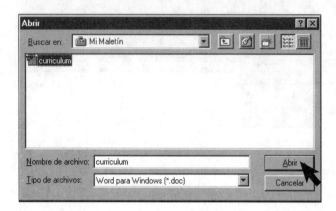

5 Elija el archivo que desee abrir y haga clic en el botón **Abrir** (Open). El programa abre el archivo y muestra su contenido. Haga sus cambios y guarde el archivo.

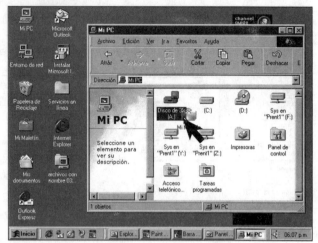

6 Cuando esté listo para terminar su viaje, inserte un disco en la unidad de disco de su computadora portátil. Arrastre el icono **Mi Maletín** (My Briefcase) sobre el icono de su unidad de disco y suelte el botón del ratón. Windows copia el contenido de Mi Maletín en el disquete.

Recorrido guiado   Devuelva Mi Maletín a su computadora de escritorio

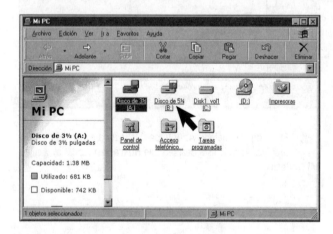

1 Cuando usted regrese de su viaje, inserte el disquete de Mi Maletín en la unidad de disco de su computadora de escritorio. En Mi PC (My Computer) o en el Explorador de Windows (Windows Explorer), haga clic en el icono de la unidad de disquete.

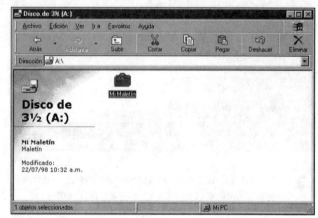

2 Arrastre el icono Mi Maletín de Mi PC o del Explorador de Windows hacia el escritorio de Windows. Luego haga clic en el icono **Mi Maletín** para mostrar su contenido.

Recorrido guiado Devuelva Mi Maletín a su computadora de esritorio

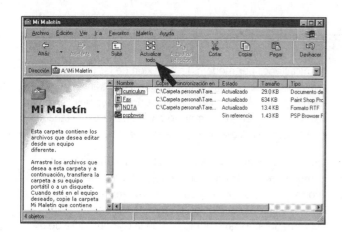

3 La ventana de Mi Maletín (My Briefcase) despliega las carpetas y archivos del Maletín. Abra el menú **Maletín** (Briefcase) y elija **Actualizar todo** (Update All), o haga clic en el botón **Ac:ualizar todo**, en la barra de herramientas.

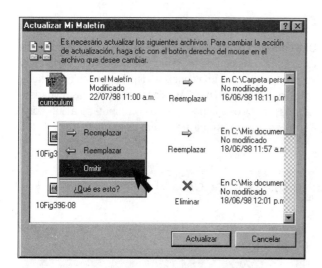

4 La ventana Actualizar Mi Maletín (Update My Briefcase) despliega una lista de las versiones nuevas y anteriores de todos los archivos. Para evitar que un archivo sea actualizado, haga clic en **Omitir** (Skip).

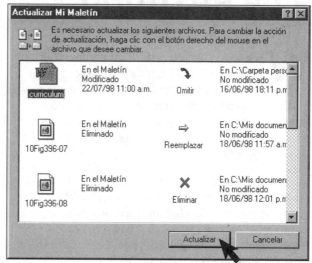

5 Después de marcar cualquier archivo que desee omitir, haga clic en el botón **Actualizar** (Update). Windows actualiza los archivos automáticamente.

También puede transferir archivos entre una computadora portátil y una de escritorio, conectando los puertos paralelos o seriales de ambas con un cable especial, como se explica en la sección siguiente, "Enlace sus computadoras portátil y de escritorio". Así podrá copiar archivos ya sea con Mi PC o el Explorador de Windows, o arrastrando el icono Mi Maletín de una computadora a otra.

Enlace sus computadoras portátil y de escritorio

Windows incluye una característica llamada Conexión directa por cable (Direct Cable Connection), que le permite conectar dos computadoras mediante un cable serial o paralelo. Cuando están conectadas las computadoras, usted puede usar una para enlazarse a la otra y utilizar sus archivos, programas e impresora, como si estuviera escribiendo en el otro teclado.

La Conexión directa por cable es particularmente útil cuando usted tiene que transferir grandes cantidades de datos de una computadora a otra. Simplemente copie una de las carpetas de una computadora, cámbiese a la otra computadora y pegue la carpeta en el disco duro deseado. Esto lo puede hacer con una computadora portátil y una de escritorio, o con dos computadoras de escritorio o bien entre dos portátiles.

municaciones por módem. La conexión de los puertos paralelos es el método preferido, ya que éstos transfieren los datos de 10 a 15 veces más rápido que los seriales. Sin embargo, si comparte una impresora y ésta está conectada al puerto paralelo, conecte los puertos seriales.

Una vez instalado el cable, configure una computadora como *anfitrión* y la otra como *huésped*. En general, el anfitrión suele ser la computadora más poderosa; por ejemplo, si está conectado a una computadora de escritorio y a una computadora portátil, por lo común la computadora de escritorio es el anfitrión. El *Recorrido guiado* le muestra cómo conectar las dos computadoras y cómo configurar su conexión directa por cable para establecer la comunicación entre ellas.

Configure una conexión

Para configurar una conexión directa por cable, usted primero deberá conectar los puertos seriales o paralelos de las dos computadoras. Para conectar los puertos seriales, tenga a mano un *cable serial de módem nulo* (a veces llamado *cable para transferencia de archivos*), diseñado especialmente para hacer transferencias directas de datos en vez de utilizar co-

Comparta los recursos

Una conexión directa por cable funciona en forma muy parecida a una conexión de red. Para que pueda compartir archivos e impresoras en una conexión directa por cable, configure antes los parámetros necesarios para compartir las unidades, carpetas, archivos e impresoras de la computadora anfitrión. El *Recorrido guiado* le muestra lo que tiene que hacer.

Recorrido guiado Configure una conexión directa por cable

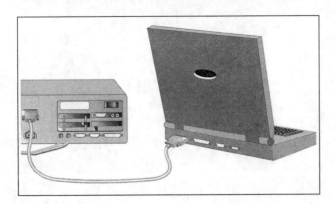

1 Conecte sus dos computadoras utilizando un cable paralelo estándar o un cable serial de módem nulo.

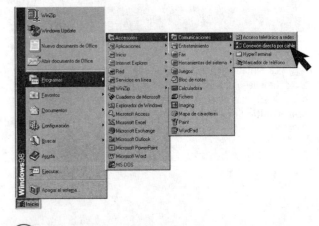

2 En la computadora anfitrión, haga clic en el botón **Inicio** (Start), vaya a **Programas | Accesorios | Comunicaciones** (Programs | Accessories | Communications) y seleccione **Conexión directa por cable** (Direct Cable Connection).

Recorrido guiado   Configure una conexión directa por cable

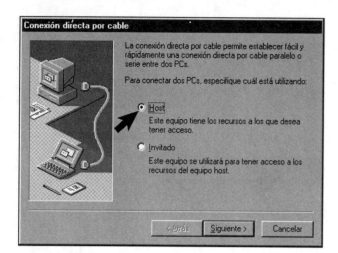

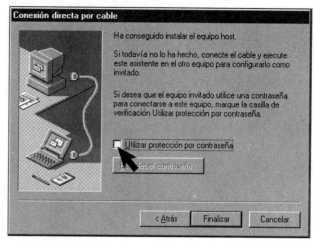

3 Aparece el Asistente para Conexión directa por cable (Direct Cable Connection Wizard). Haga clic en **Host** y luego en **Siguiente** (Next).

5 (Opcional) Para evitar acceso no autorizado a su computadora, elija **Utilizar protección por contraseña** (Use Password Protection). Luego haga clic en el botón **Establecer contraseña** (Set Password), escriba la contraseña dentro de los dos cuadros de texto y haga clic en **Aceptar** (OK).

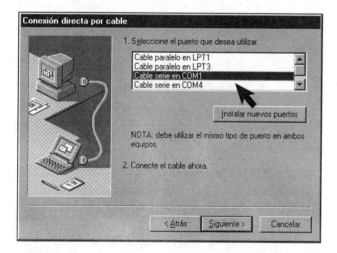

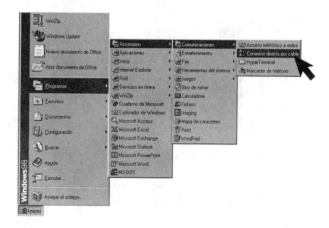

4 Se le insta a seleccionar el puerto en el cual conectó el cable. Selecciónelo y haga clic en **Siguiente**.

6 En la computadora huésped, haga clic en el botón **Inicio**, vaya a **Programas | Accesorios | Comunicaciones** (Programs | Accessories | Communications) y seleccione **Conexión directa por cable** (Direct Cable Connection).

(continúa)

Recorrido guiado Configure una conexión directa por cable *(continuación)*

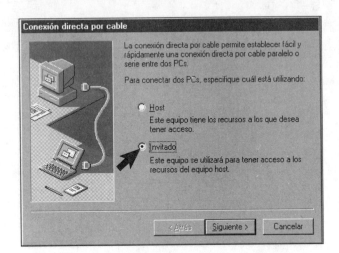

7 Se abre el Asistente para la Conexión directa por cable. Haga clic en **Invitado** (Guest) y luego en **Siguiente** (Next).

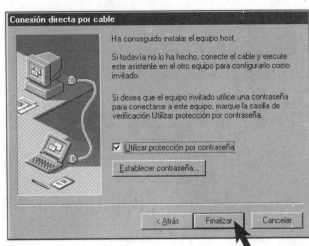

9 Regrese a la computadora anfitrión y haga clic en **Finalizar** (Finish).

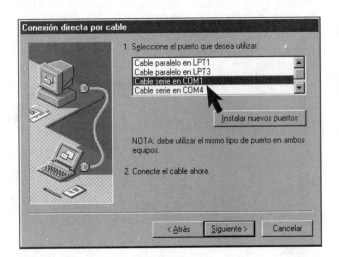

8 Se le pide seleccionar el puerto en el cual conectó el cable. Selecciónelo y haga clic en **Siguiente**.

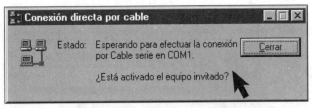

10 La computadora anfitrión abre un cuadro de diálogo, indicando que está en espera de que la computadora huésped se conecte.

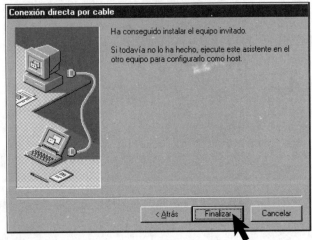

11 En la computadora huésped, haga clic en **Finalizar**.

Recorrido guiado   Configure una conexión directa por cable

12 Si ya estableció una protección por contraseña en la computadora anfitrión, en la computadora huésped aparece un cuadro de diálogo indicándole que escriba la contraseña. Escríbala y haga clic en **Aceptar** (OK).

> Si tuviera algún problema para conectar sus computadoras con la Conexión directa por cable, éste podría deberse a un conflicto con su conexión de Acceso telefónico a redes (Dial-Up Networking) para Internet. Trate de desconectarse de Internet.

Recorrido guiado   Comparta un disco o carpeta en su computadora

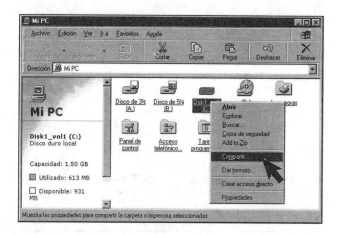

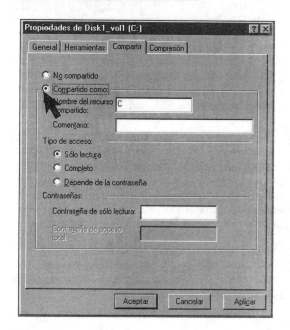

1 Abra Mi PC (My Computer) o el Explorador de Windows (Windows Explorer). Después, haga clic con el botón derecho del ratón en el icono del disco o carpeta que desea compartir y luego haga clic en **Compartir** (Sharing).

> Si la opción Compartir no aparece en el menú contextual, tal vez necesite instalar Compartir archivos e impresoras (File and Printer Sharing). En el Panel de control (Control Panel) de Windows, haga clic en el icono **Red** (Network). Haga clic en Compartir archivos e impresoras y asegúrese de que ambas opciones para compartir estén activadas. Para terminar la instalación necesitará insertar su CD de Windows.

2 Aparece el cuadro de diálogo de Propiedades (Properties) del disco o carpeta seleccionados, con la ficha Compartir al frente. Haga clic en **Compartido como** (Shared As).

3 El cuadro de diálogo Nombre del recurso compartido (Share Name) despliega automáticamente la letra de la unidad o el nombre de la carpeta, tal como aparecerá en la otra computadora. Si lo desea, puede hacer una anotación distinta en este cuadro de texto.

4 (Opcional) Escriba la información adicional en el cuadro de texto **Comentario** (Comment).

(continúa)

Recorrido guiado Comparta un disco o carpeta en su computadora *(continuación)*

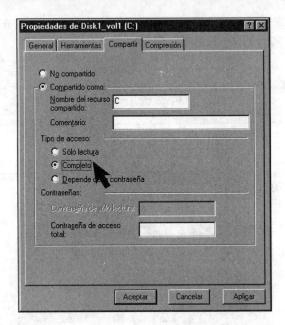

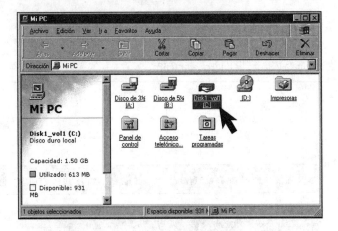

7 Ha regresado a Mi PC o al Explorador de Windows y ahora aparece una mano como parte del icono del disco o carpeta compartidos. El *Recorrido guiado* le muestra cómo tener acceso al disco o carpeta desde la otra computadora.

5 Bajo Tipo de acceso (Access Type), elija la opción que prefiera para compartir sus archivos: **Sólo lectura** (Read-Only) permite a la otra computadora abrir y copiar archivos, pero no eliminarlos, cambiar de nombre, modificar ni remplazar; **Completo** (Full) hace que el disco actúe como si estuviera instalado en la otra computadora; **Depende de la contraseña** (Depends on Password), para usar una contraseña distinta para acceso de sólo lectura o total.

Para dejar de compartir sus recursos, haga clic con el botón derecho del ratón en el icono del disco o carpeta y elija **Compartir** (Sharing). En la ficha General del cuadro de diálogo Propiedades, seleccione **No Compartido** (Not Shared) y haga clic en **Aceptar**.

6 Deje en blanco los cuadros de texto para Contraseña (Password), así no tendrá que escribir una contraseña cuando quiera tener acceso al disco o carpeta compartidos. Haga clic en **Aceptar** (OK).

Recorrido guiado Tenga acceso al disco o carpeta

1 Una vez que usted marca un disco o carpeta de una computadora como compartidos, puede mostrar su contenido en la otra computadora. En la máquina que usted usa para tener acceso al disco compartido, haga clic en el icono **Entorno de red** (Network Neighborhood) en el escritorio de Windows.

Recorrido guiado   Tenga acceso al disco o carpeta

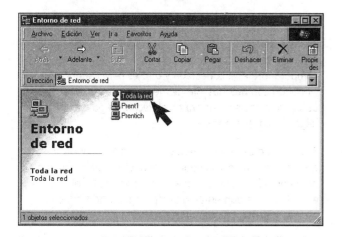

(**2**) Mi PC abre el Entorno de red (Network Neighborhood) y muestra iconos para las dos computadoras. Haga clic en el icono de la computadora a la que desea tener acceso.

Los discos compartidos aparecen en forma de carpetas

(**3**) Se despliega una carpeta para cada disco y carpeta compartidos en la otra computadora. Haga clic en el icono del disco o carpeta a la que desea tener acceso.

(**4**) Las carpetas y archivos aparecen como si estuvieran en su computadora. Si tiene acceso total al disco y carpeta, puede copiar archivos de una computadora a otra.

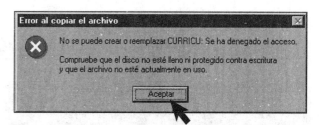

(**5**) Si trata de ejecutar un comando que no tiene permiso de insertar, aparece un mensaje de error, indicando que la red le ha negado el acceso. Haga clic en **Aceptar** (OK).

Para que el disco de una computadora aparezca dentro de la ventana de Mi PC y en los cuadros de diálogo Guardar y Abrir en sus programas, *ubique* la unidad desde su computadora. Para ubicar una unidad, haga clic con el botón derecho del ratón en su icono que está dentro de Entorno de red, elija **Map Network Drive** y luego seleccione una letra para la unidad. Puede elegir Reconnect at Logon para que Windows busque la unidad cada vez que inicie.

Ahorre energía

Aunque una computadora no consume tanta energía como un horno de microondas, a la larga consume una cantidad considerable; en especial cuando usted tiene su computadora encendida todo el tiempo. Además, si usa una computadora portátil con la batería mientras la PC esté encendida, seguirá consumiendo energía hasta que se acabe la batería, aun cuando usted no la utilice.

Windows tiene una característica para ahorro de energía que le puede ayudar a reducir la cantidad de energía que usa su computadora. Esta características puede duplicar la vida de la batería de su computadora y le ayuda a reducir su cuenta de consumo eléctrico al apagar su monitor y unidad de disco duro después de una determinada cantidad de tiempo. Incluso usted puede activar advertencias para que Windows le avise cuando la batería se está acabando y usted pueda guardar su trabajo y cerrar Windows antes de que la batería deje de funcionar.

Para cambiar cualquiera de los parámetros para ahorro de energía en Windows, use la herramienta Administración de energía (Power Management) que está en el Panel de

control. Al hacer clic en el icono Administración de energía, aparece un cuadro de diálogo que le presenta dos grupos de opciones para ahorro de energía: uno es para cuando la computadora está conectada y otro es para cuando está funcionando con baterías. Simplemente escriba la configuración deseada, como se muestra en el *Recorrido guiado* y luego haga clic en **Aceptar** (OK).

Aun cuando usted no esté muy interesado en ahorrar energía, sería recomendable que siguiera el *Recorrido guiado* para aprender a desactivar las características de ahorro de energía o para aumentar el tiempo que Windows deberá esperar antes de quedar en suspenso.

> Si su computadora va a estar inactiva por más de dos horas, apáguela para ahorrar todavía más energía. Aunque Windows puede ahorrar una gran cantidad de energía apagando su monitor y el disco duro, su computadora sigue consumiendo energía, aun cuando estos componentes estén apagados.

Recorrido guiado   Configure los parámetros de ahorro de energía

1 Abra el **Panel de control** (Control Panel) y haga clic en el icono **Administración de energía**.

2 Aparece el cuadro de diálogo Propiedades de Administración de energía (Power Management Properties). Para una computadora portátil, el cuadro de diálogo aparecerá como se muestra arriba; para una computadora de escritorio, el cuadro de diálogo no tendrá opciones para baterías. Abra la lista desplegable **Combinaciones de energía** (Power Schemes) y elija **Escritorio u oficina** (Home/Office), **Equipo portátil** (Portable/Laptop), o **Siempre activo** (Always On) (que desactiva las características para ahorro de energía).

Recorrido guiado Configure los parámetros de ahorro de energía

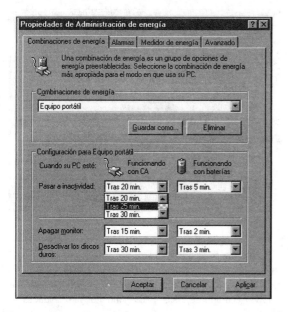

Considere la posibilidad de incrementar el número de minutos u horas de inactividad cuando su PC esté Funcionando con CA, para que Windows no apague su computadora tan solo después de unos cuantos minutos de inactividad. Cuando su PC esté Funcionando con baterías, tal vez tendrá que reducir el parámetro para ahorrar un poco más de energía en su computadora portátil.

(3) Abra la lista desplegable **Pasar a inactividad** (System Standby), que no está disponible para equipos de escritorio, y elija los minutos u horas de inactividad que desea dejar pasar antes de que Windows ponga su computadora en modo **Suspender** (Standby) (apagando el monitor y la unidad de disco duro, pero quedando lista para entrar en acción). En una computadora portátil tendrá dos listas desplegables para elegir el número de minutos de inactividad: Funcionando con CA (Plugged in) y Funcionado con baterías (Running on Batteries). Usted puede utilizar una sola o ambas listas desplegables.

(5) Abra la lista desplegable **Desactivar los discos duros** (Turn Off Hard Disks) y elija cuántos minutos u horas de inactividad dejará pasar antes de que Windows desactive las unidades de disco duro.

(continúa)

(4) Abra la lista desplegable **Apagar monitor** (Turn Off Monitor) y elija cuántos minutos de inactividad dejará pasar antes de que Windows apague el monitor. De nuevo, en las computadoras portátiles, usted puede elegir de cualquiera de las dos listas.

Recorrido guiado Configure los parámetros de ahorro de energía *(continuación)*

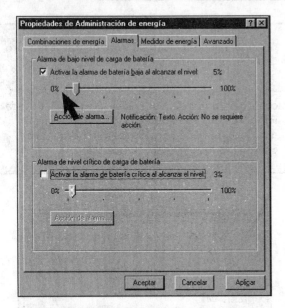

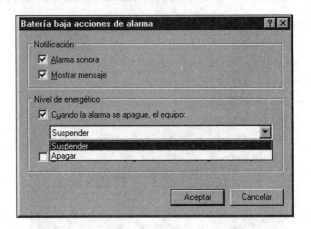

6 (Únicamente equipos portátiles. Si su computadora es de escritorio, sáltese al paso 12.) Haga clic en la ficha **Alarmas** (Alarms). En forma predeterminada, Windows despliega un mensaje cada vez que el nivel de energía de la batería llega a 5 y 3%. Arrastre el control deslizable a la derecha para ser notificado más pronto o a la izquierda para ser notificado más tarde.

7 Para cambiar la forma de Windows de notificarle cuando la batería tenga poca energía, haga clic en uno de los botones **Acción de alarma** (Alarm Action).

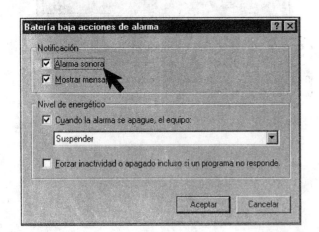

8 En el cuadro de diálogo Batería baja acciones de alarma (Low Battery Alarm Actions), active **Alarma sonora** (Sound Alarm) si desea que Windows haga sonar una alarma cuando la energía de la batería baje hasta el nivel especificado. La alarma de texto está activada en forma predeterminada, pero usted la puede desactivar.

9 En Nivel energético (Power Level), haga clic en **Cuando la alarma se apague, el equipo:** (When the Alarm Goes Off, the Computer Will:) y luego abra la lista desplegable y elija **Suspender** (Standby) o **Apagar** (Shutdown). Suspender mantiene a Windows ejecutándose, pero apaga el monitor y las unidades de disco duro.

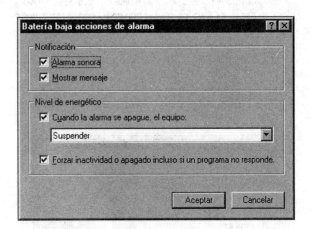

10 Para que su computadora portátil vaya al modo Suspender o Apagar, aun cuando un programa no responda, haga clic en **Forzar inactividad o apagado incluso si un programa no responde** (Force Standby or Shutdown Even if a Program Stops Responding). Sin embargo, esto puede causar pérdida de datos, por lo que tal vez sea mejor no tener activada esta opción. Haga clic en **Aceptar** (OK).

Recorrido guiado Configure los parámetros de ahorro de energía

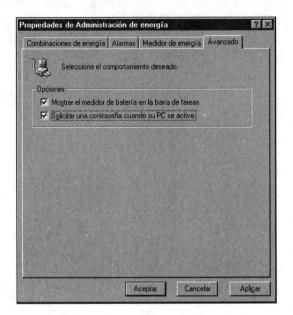

11 Haga clic en la ficha **Avanzado** (Advanced). En forma predeterminada, la opción **Mostrar el medidor de batería en la barra de tareas** (Show Power Meter on Taskbar) está activa. Deje activa está opción para ver fácilmente el nivel de energía de la batería en la bandeja del sistema.

12 Para evitar un uso no autorizado de su computadora cuando esté apagada o en inactividad, elija **Solicitar una contraseña cuando su PC se active** (Prompt for Password When Computer Goes Off Standby). Haga clic en **Aceptar** (Ok).

Si deja activa la opción Mostrar el medidor de batería en la barra de tareas, aparece el icono de una batería en la bandeja del sistema (al extremo derecho de la barra de tareas). Para ver cuánta energía le queda, deje el puntero del ratón sobre el icono. Si su computadora portátil está conectada a la corriente alterna, Windows mostrará el icono de un enchufe.

Cómo dar mantenimiento a su PC

Dar mantenimiento a su computadora es como darlo a su videocasetera. Mantenga libre de polvo su computadora y el área que la rodea. Limpie la unidad de disquete, quite el polvo de la esfera de su ratón, limpie el monitor y revise constantemente sus cables de conexión.

Sin embargo, la mayor parte del mantenimiento de una computadora está relacionado con el software. Conforme utilice su computadora, la unidad de disco duro podría llenarse de archivos que usted no utiliza. Limpie estos archivos de su sistema para hacer espacio a sus programas y archivos de datos. Además, revise su unidad de disco duro y repare cualquier error que tenga, respalde sus archivos y asegúrese de tener instalada la versión más reciente de Windows 98. Sería conveniente tener a la mano un disco de emergencia, en caso de que su computadora falle al iniciar Windows.

En esta sección, usted aprenderá todas las tareas que necesita realizar para mantener su computadora en condiciones óptimas.

Qué encontrará en esta sección

Cambie las propiedades de pantalla

Cuando usted instaló Windows, el disco de instalación seleccionó automáticamente un tipo de monitor y configuró el color de fondo para el escritorio. A menos que se haya encontrado con el icono Pantalla (Display) del Panel de control (Control Panel), tal vez creerá que se va a quedar de por vida con los colores y apariencia de su pantalla. Lo cierto es que usted tiene un control casi total sobre la apariencia de Windows.

Para cambiar la apariencia de su escritorio o la resolución (calidad) de la pantalla, puede hacer clic en el icono **Pantalla** (Display) del Panel de control o hacer clic con el botón derecho del ratón en un área en blanco del escritorio y seleccionar **Propiedades** (Properties). En cualquiera de los dos casos aparece el cuadro de diálogo Propiedades de pantalla (Display Properties), presentando fichas para cambiar los colores del escritorio, controlar la apariencia de los iconos, activar un protector de pantalla y aumentar o disminuir la resolución de su pantalla. El *Recorrido guiado* le indica exactamente lo que debe hacer.

Mientras trabaja con el *Recorrido guiado*, usted deberá saber que algunas de las opciones requieren recursos adicionales en el sistema. La activación de una imagen como papel tapiz de Windows y la utilización de diseños y protectores de pantalla en el fondo, requieren memoria. Si su sistema se hace más lento al activar una opción considere la posibilidad de desactivarla.

Instale un controlador de video

La pantalla de su computadora está controlada por dos componentes: el monitor y el adaptador de pantalla (la tarjeta de expansión en la cual usted conecta el monitor). Para que su monitor funcione correctamente, Windows deberá tener instalado el controlador de video adecuado para su adaptador de pantalla y monitor. Al instalar Windows, el programa de instalación seleccionó e instaló automáticamente un controlador de video que funcionara. Si está satisfecho con la apariencia de Windows y de los demás programas, no cambie el controlador de video. Si selecciona el controlador erróneo podría hacer que su pantalla se quede en negro, lo que le impediría utilizar su computadora.

Sin embargo, si Windows no aparece correctamente o si usted sabe que su monitor es capaz de mostrar imágenes de una mayor calidad, deberá instalar el controlador que venía con su monitor o un controlador actualizado diseñado específicamente para su monitor y adaptador de pantalla. Mu-

chas compañías ponen a su disposición controladores de video actualizados en sus sitios Web. Usted también podría buscar un controlador de video actualizado por medio del Asistente para agregar nuevo hardware (New Hardware Wizard). El *Recorrido guiado* le da instrucciones paso a paso.

Cambie la resolución de su pantalla

La mayoría de los monitores puede desplegar varias resoluciones y colores. Por ejemplo, un monitor SVGA (Super Matriz de gráficos de Video) puede desplegar 640×480, 800×600, o 1024×768 pixeles (o más). Un *pixel* es un punto de la pantalla. Cuantos más pixeles, mayor resolución y calidad de la imagen. Los monitores también pueden desplegar una gama de colores: 16,256, Alto color (High Color) (16 bits), o Color verdadero (True Color) (32 bits). Al incrementar el número de colores también aumenta la calidad de la imagen.

Si usted nota que los gráficos o segmentos de video se ven granulados en las páginas Web o en sus documentos, revise la resolución de pantalla y los parámetros de colores, como se muestra en el *Recorrido guiado*. Si tiene problemas para ver los objetos en pantalla o si desea incrementar la velocidad general de su computadora, también puede disminuir la resolución para mostrar iconos y menús más grandes.

Utilice un protector de pantalla

Un protector de pantalla es un programa de utilería que limpia su monitor y despliega una imagen en movimiento cuando su computadora ha estado inactiva por una cantidad determinada de tiempo. Anteriormente, los protectores de pantalla protegían el monitor evitando que una imagen prolongada en pantalla quemara el cinescopio. Los cinescopios actuales son menos susceptibles al daño por parte de una imagen fija.

Sin embargo, los protectores de pantalla siguen siendo útiles para evitar que cuando usted no está, las personas puedan leer el archivo con el que estaba trabajando y para brindar un nivel de protección, ya que para desactivar el protector de pantalla y regresar a Windows, la otra persona deberá insertar la contraseña correcta. Windows contiene varios protectores de pantalla que puede utilizar. Siga el *Recorrido guiado* para activar uno de ellos.

Recorrido guiado   Abra el cuadro de diálogo Propiedades de pantalla

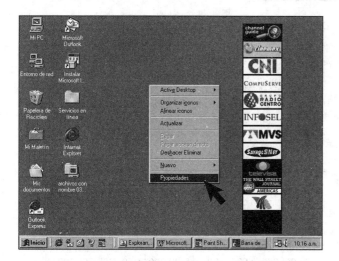

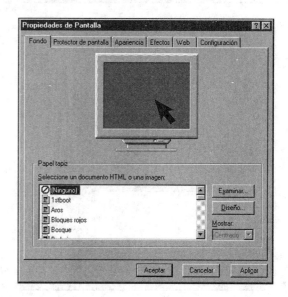

1 Utilice el cuadro de diálogo Propiedades de Pantalla (Display Properties) para seleccionar las preferencias de pantalla de Windows. Para mostrar este cuadro de diálogo, haga clic con el botón derecho del ratón en un área en blanco del escritorio de Windows y seleccione **Propiedades** (Properties).

2 Aparece el cuadro de diálogo Propiedades de Pantalla. Cada vez que usted cambie una opción de la pantalla, el área Vista previa (Preview) muestra el escritorio de Windows como aparecerá con el parámetro actual. Utilice este cuadro de diálogo en las siguientes secciones del *Recorrido guiado* para seleccionar sus preferencias.

Recorrido guiado   Cambie el fondo de Windows

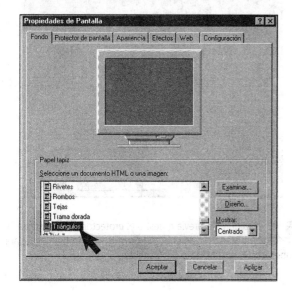

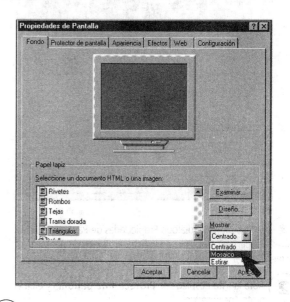

1 En el cuadro de diálogo Propiedades de Pantalla, abra la ficha Fondo (Background) y bajo el área Papel tapiz (Wallpaper), elija el diseño que desea utilizar como su papel tapiz de Windows.

2 Abra la lista desplegable **Mostrar** (Display) y elija **Centrado** (Center) para mostrar el diseño seleccionado al centro del escritorio, o **Mosaico** (Tile) para repetir el diseño hasta llenar el escritorio.

(continúa)

Recorrido guiado Cambie el fondo de Windows *(continuación)*

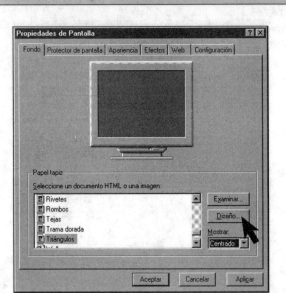

La opción Mosaico es la mejor para la mayoría de los papeles tapiz prefabricados, ya que son muy pequeños. Usted también puede utilizar la opción Estirar (Stretch) para que una imagen pequeña llene la pantalla, aunque la imagen podría verse borrosa o distorsionada. Si desea utilizar una imagen grande obtenida de Web o de otro lado, elija **Centrado** (Center).

3 Si elige la opción Centrado, haga clic en el botón **Diseño** (Pattern), elija un diseño para rellenar cualquier espacio en blanco que esté alrededor del mismo y haga clic en **Aceptar** (OK). El diseño aparecerá detrás de cada nombre de icono, así que asegúrese de seleccionar un diseño que no se confunda con los nombres de los iconos. Para guardar sus cambios, haga clic en **Aceptar**.

Recorrido guiado Active un protector de pantalla

1 En el cuadro de diálogo Propiedades de Pantalla (Display Properties), haga clic en la ficha Protector de pantalla (Screen Saver).

2 Abra la lista desplegable **Protector de pantalla** y elija el protector deseado.

3 El área de vista previa muestra el protector de pantalla en acción. Haga clic en el botón **Configuración** (Settings) para cambiar el comportamiento del protector.

Recorrido guiado Active un protector de pantalla

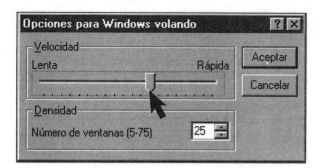

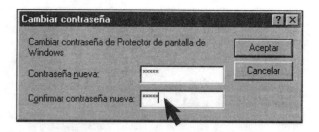

4 Las opciones disponibles dependen del protector de pantalla que haya seleccionado. Seleccione los parámetros deseados para el protector que eligió. Por ejemplo, si elige Windows volando (Flying Windows), puede seleccionar el número deseado de emblemas y la velocidad a la que se desplazan. Haga clic en **Aceptar** (OK).

6 En el cuadro de diálogo Cambiar contraseña (Change Password), escriba la que desee utilizar. Luego haga clic en el cuadro de texto **Confirmar contraseña nueva** (Confirm New Password) y vuelva a escribir la contraseña. Haga clic en **Aceptar**.

No se sorprenda si su protector de pantalla se queda en negro. Las características para ahorro de energía de Windows, descritas en "Ahorre energía" en la página 400, podrían apagar el monitor automáticamente, lo que desactiva el protector de pantalla.

Escriba su contraseña y guárdela en un lugar seguro, por si la llega a olvidar. Sin embargo, la contraseña del protector de pantalla es fácil de eludir. Sólo apague su computadora, reiníciela y luego desactive la opción para contraseña en el cuadro de diálogo Propiedades de pantalla, antes de que el protector entre en acción.

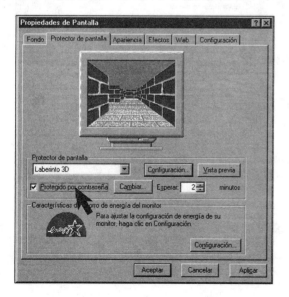

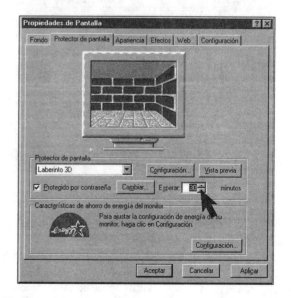

7 Utilice el cuadro combinado **Esperar** (Wait) para especificar el número de minutos de inactividad que deberán transcurrir antes de que el protector se active. Haga clic en **Aceptar**.

5 Para proteger su computadora contra uso no autorizado, haga clic en el botón **Protegido por contraseña** (Password Protected) y luego en **Cambiar** (Change).

(continúa)

Recorrido guiado Active un protector de pantalla *(continuación)*

8 Cuando el periodo de inactividad especificado transcurra, el protector de pantalla se activará. Para desactivarlo y regresar al escritorio, mueva su ratón. Si usted activó la protección, deberá escribir su contraseña. Después de escribirla, haga clic en **Aceptar** (Ok).

Recorrido guiado Cambie los colores de Windows

1 En el cuadro de diálogo Propiedades de Pantalla (Display Properties), haga clic en la ficha **Apariencia** (Appearance).

2 Abra la lista desplegable **Combinación** (Scheme) y elija la combinación deseada de colores. El área de vista previa muestra la apariencia de Windows con la combinación de colores seleccionada. Pruebe varias combinaciones hasta que encuentre la que más le guste.

3 Para cambiar el color de un elemento en particular (como una barra de título o el escritorio de Windows), en el área de vista previa, haga clic en el elemento o selecciónelo de la lista desplegable **Elemento** (Item).

Recorrido guiado   Cambie los colores de Windows

4 Abra la lista desplegable **Color** y elija el color deseado.

5 En algunos elementos, usted puede cambiar el tamaño del mismo. Para agrandar o achicar el objeto, utilice el cuadro combinado **Tamaño** (Size).

6 Si el elemento contiene texto, usted puede cambiar tanto la fuente como el tamaño y el color del texto, y agregar efectos como negritas o cursivas.

7 Para cambiar la apariencia de otros elementos, repita los pasos 3 a 6. Al terminar, haga clic en **Aceptar** (Ok).

Recorrido guiado   Cambie la apariencia de los iconos de Windows

1 En el cuadro de diálogo Propiedades de Pantalla (Display Properties), haga clic en la ficha **Efectos** (Effects). Si desea cambiar un icono del escritorio, en la lista **Iconos del Escritorio** (Desktop Icons) haga clic en el icono que desee cambiar y luego en el botón **Cambiar icono** (Change Icon).

2 En la lista **Icono actual** (Current Icon), haga clic en el icono que desee utilizar y luego haga clic en **Aceptar**.

(continúa)

Recorrido guiado Cambie la apariencia de los iconos de Windows *(continuación)*

La selección del icono está limitada. Usted puede hacer clic en el botón **Examinar** (Browse) y buscar archivos adicionales que contengan iconos. Los archivos que terminen con .exe, .dll y .ico generalmente contienen iconos adicionales. Antes de buscar los iconos, introduzca el comando **Ver | Opciones de carpeta** (View | Folder Options) de Mi PC (My Computer). Luego haga clic en la ficha **Ver** (View) y quite la marca que está junto a **Ocultar extensiones para los tipos de archivo conocidos** (Hide File Extensions for Known File Types).

3 Bajo Efectos visuales (Visual Effects), seleccione cualquier otra opción que desee. El parámetro Usar iconos grandes (Use Large Icons) es particularmente útil para las personas con problemas de la vista. Haga clic en **Aceptar** (OK). Para cambiar otros iconos del escritorio, repita los pasos 2 y 3.

Recorrido guiado Ajuste los colores y la resolución de la pantalla

1 En el cuadro de diálogo Propiedades de Pantalla (Display Properties), haga clic en la ficha **Configuración** (Settings).

2 Abra la lista desplegable **Colores** (Colors) y elija el número de colores deseado. Aunque un mayor número de colores mejora notablemente la apariencia de los gráficos y del video, también requiere un mayor poder de procesamiento y más recursos del sistema. 256 colores es una buena elección para casi todos los propósitos. Si explora Web, elija la opción de 16 bits.

3 Arrastre el control deslizable **Área de la pantalla** (Screen Area) a la izquierda o a la derecha para especificar la resolución deseada. Una mayor resolución permite a Windows ajustarse mejor dentro de la pantalla, ya que hace los objetos más pequeños. Por otra parte, si a usted le cuesta trabajo leer el texto, pruebe con una resolución más baja. 800×600 es el mejor parámetro para uso general. Haga clic en **Aceptar**.

Recorrido guiado   Instale un nuevo controlador de video

1 En el cuadro de diálogo Propiedades de Pantalla (Display Properties), haga clic en el botón **Avanzada** (Advanced) de la ficha Configuración (Settings).

2 En el cuadro de diálogo Propiedades (Properties) de su monitor, haga clic en la ficha **Adaptador** (Adapter) y luego en el botón **Cambiar** (Change).

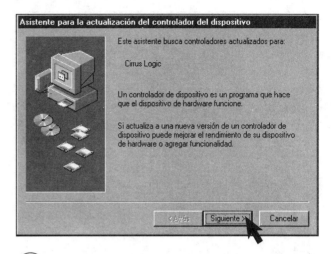

3 Aparece el Asistente para la actualización del controlador del dispositivo (Upgrade Device Driver Wizard). Haga clic en **Siguiente** (Next).

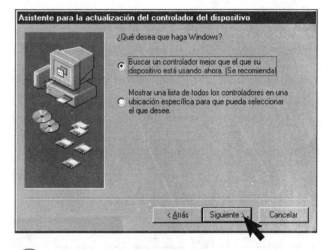

4 La opción **Buscar un controlador mejor**... (Search for a Better Driver…) ya está seleccionada. Haga clic en **Siguiente**.

(continúa)

Recorrido guiado Instale un nuevo controlador de video *(continuación)*

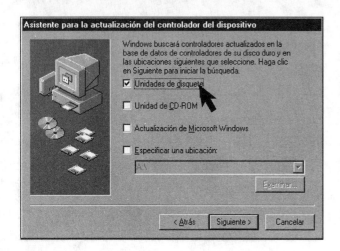

5 Si cuenta con un disquete o CD-ROM que contenga el nuevo controlador de video, insértelo y luego active Unidades de disquete (Floppy Disk Drives) o Unidad de CD-ROM (CD-ROM Drive). (Si no tiene el disco, quite las marcas de verificación de estas casillas.)

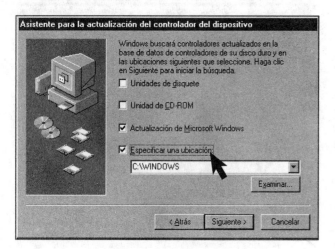

6 Si descargó un controlador actualizado de Internet y lo guardó en una carpeta de su disco duro, haga clic en **Especificar una ubicación** (Specify a Location). Luego haga clic en el botón **Examinar** (Browse), elija la carpeta y haga clic en **Aceptar** (OK). Haga clic en **Siguiente** (Next).

Si aún no ha registrado su copia de Windows 98, la opción Actualización de Microsoft Windows (Microsoft Windows Update) no estará disponible (aparece en gris). Para más información, vea "Actualice Windows" en la página 420. Antes de registrarse, asegúrese de tener una copia autorizada de Windows, o podría recibir la visita de los agentes antipiratería de software.

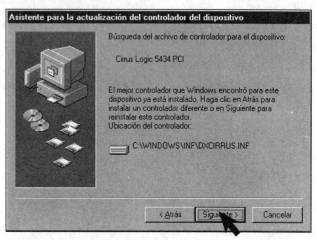

7 Windows busca el mejor controlador de video para su sistema en los discos, carpetas y sitios especificados Web de Microsoft. Si Windows localiza un mejor controlador, aparece este cuadro de diálogo, indicando la ubicación del mismo. Haga clic en **Siguiente**.

Si ya está instalado el mejor controlador para el dispositivo, aparece un cuadro de diálogo diciéndoselo. Entonces lo puede respaldar y seleccionar un controlador para el dispositivo (lo que es un poco arriesgado si no sabe qué dispositivo seleccionar), o bien cancele la operación.

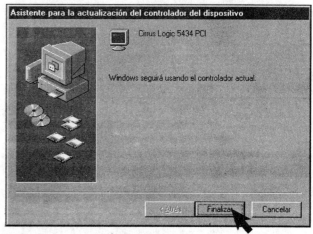

8 Windows indica que ha instalado sin problemas el controlador del dispositivo. Haga clic en **Finalizar** (Finish).

Recorrido guiado   Instale un nuevo controlador de video

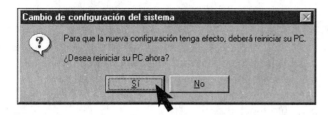

9 Se le pide reiniciar su computadora. Guarde su trabajo, cierre cualquier programa que se esté ejecutando y haga clic en **Sí** (Yes).

¿Qué hay con esa ficha Web? La ficha Web del cuadro de diálogo Propiedades de pantalla (Display Properties) contiene opciones para instalar componentes de Active Desktop en el escritorio de Windows. Para mayores detalles, vea "Agregue y quite componentes de Active Desktop" en la página 311.

Revise y repare problemas con los discos

Cada vez que usted apaga su computadora sin utilizar el comando Inicio | Apagar el sistema (Start | Shut Down), o que Windows se bloquea o su computadora se apaga por una falla en el suministro de energía eléctrica, los archivos y carpetas corren el riesgo de dañarse, y su computadora sencillamente podría perder la pista de los archivos temporales. Esto puede hacer que su computadora corra más lentamente y que falle con mayor frecuencia en el futuro.

Además, un disco viejo, ya sea flexible o duro, puede empezar a desarrollar *sectores* dañados (áreas de almacenamiento en disco), haciendo que estas áreas sean poco confiables. Si su computadora guarda parte de un archivo en un sector dañado, usted corre el riesgo de perder esa parte e, incluso, todo el archivo. Y si el sector almacena un archivo de sistema, tal vez ni siquiera podrá iniciar su computadora o ejecutar Windows.

Para limpiar su disco, recuperar archivos perdidos, eliminar segmentos de archivos que no utiliza y bloquear cualquier sector dañado, deberá correr una utilería de Windows que se llama ScanDisk. Utilícela cada vez que su sistema falle o que

inexplicablemente usted experimente errores en un programa. También puede ejecutar ScanDisk con los disquetes dañados para recuperar archivos y reparar un disco ilegible para su computadora.

Aunque esto parece una operación complicada, reparar un disco con ScanDisk es tan fácil como abrir casi cualquier programa. Sólo ejecútelo, seleccione el disco que desea revisar y especifique si desea que ScanDisk realice una revisión Estándar o Completa. Si indica a ScanDisk que corrija automáticamente los errores, éste hará su trabajo sin pedirle escribir o confirmar nada.

El *Recorrido guiado* le mostrará cómo ejecutar ScanDisk y cómo utilizarlo para reparar errores comunes de disco.

> Si inicia su computadora después de haberla apagado incorrectamente, Windows automáticamente ejecutará ScanDisk en el arranque y reparará cualquier problema en el disco.

Recorrido guiado   Verifique si hay errores en archivos y carpetas

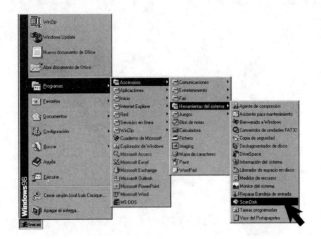

1 Haga clic en el botón Inicio (Start), vaya a **Programas | Accesorios | Herramientas del sistema** (Programs | Accessories | System Tools) y haga clic en **ScanDisk**. Si está utilizando ScanDisk para revisar y reparar un disquete, inserte el disco en la unidad correspondiente.

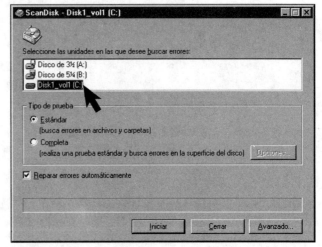

2 ScanDisk despliega una lista de las unidades de disco. Haga clic en la unidad que contenga los archivos y carpetas que desea revisar y reparar.

Recorrido guiado Verifique si hay errores en archivos y carpetas

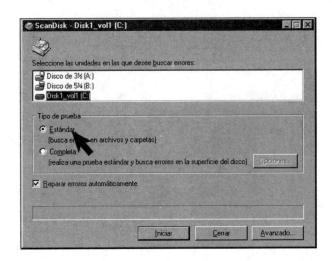

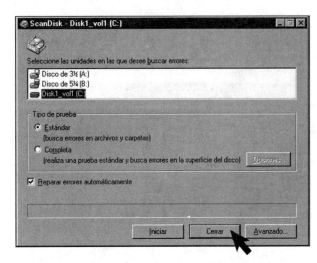

3 Si desea revisar los errores de archivos y carpetas, sin revisar la superficie real del disco, haga clic en **Estándar** (Standard).

4 Para que ScanDisk actúe sin pedirle que escriba algo, haga clic en **Reparar errores automáticamente** (Automatically Fix Errors), lo que pone una marca en su casilla de verificación.

5 Haga clic en el botón **Iniciar** (Start).

7 Regresa a la ventana inicial de ScanDisk. Para revisar y reparar los archivos y carpetas de otro disco, repita los pasos 2 a 6. Cuando haya terminado, haga clic en el botón **Cerrar**.

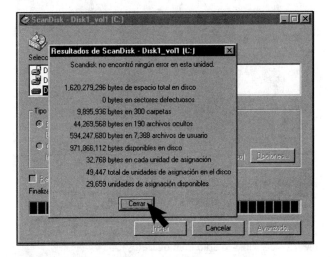

6 ScanDisk revisa los archivos y carpetas del disco seleccionado, busca errores y repara cualquier archivo o carpeta dañado. Después presenta un cuadro de diálogo con los resultados. Haga clic en el botón **Cerrar** (Close).

Recorrido guiado   Verifique defectos de un disco

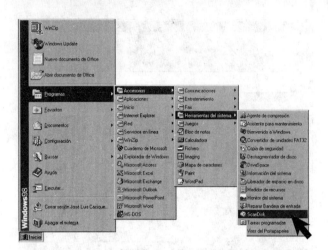

1 Haga clic en el botón Inicio (Start), vaya a **Programas |
Accesorios | Herramientas del sistema** (Programs |
Accessories | System Tools) y haga clic en **ScanDisk**. Si está
utilizando ScanDisk para revisar y reparar un disquete, inserte el
disco en la unidad correspondiente.

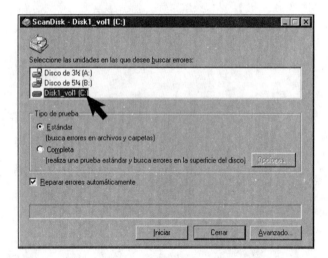

2 ScanDisk muestra una lista de las unidades. Haga clic en la
unidad que contenga el disco que desea revisar y reparar.

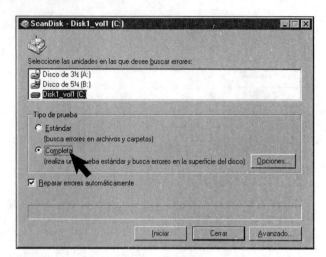

3 Haga clic en **Completa** (Thorough) para reparar las carpetas
y archivos y revisar cualquier área dañada del disco, así como
tratar de recuperar los datos almacenados en esas áreas.

4 Haga clic en el botón **Opciones** (Options).

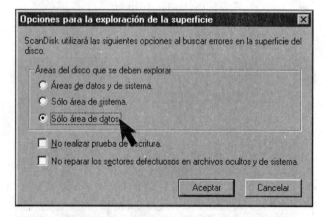

5 En el cuadro de diálogo Opciones para la exploración de la
superficie (Surface Scan Options), elija las áreas del disco
que desea explorar: **Áreas de datos y de sistema** (System and
Data Areas), la revisión más completa; **Sólo área de sistema**
(System Area Only), o **Sólo área de datos** (Data Area Only).

Recorrido guiado Verifique defectos de un disco

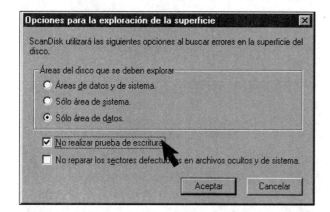

6 Para evitar que ScanDisk realice una prueba de escritura, active **No realizar prueba de escritura** (Do Not Perform Write–Testing). Esta prueba escribe datos de ejemplo en cada sector y luego los lee para determinar si el sector está almacenando datos adecuadamente. Esto toma una cantidad de tiempo considerable, pero le asegura que su disco puede almacenar datos en forma confiable.

7 Para evitar que ScanDisk repare los sectores dañados en áreas del sistema, active **No reparar los sectores defectuosos en archivos ocultos y de sistema** (Do Not Repair Bad Sectors in Hidden and System Files). Haga clic en **Aceptar** (OK).

> Para reparar un sector dañado, ScanDisk mueve los datos almacenados en ese sector hacia uno diferente. Esto puede ocasionar problemas si su computadora o algún programa están configurados para buscar esos datos en un sector específico.

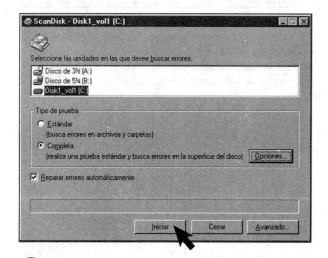

8 De vuelta en la ventana inicial de ScanDisk. Haga clic en el botón **Iniciar** (Start).

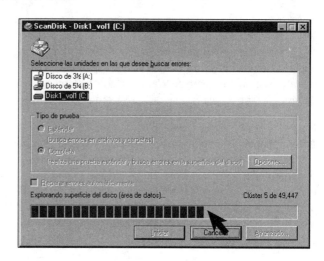

9 ScanDisk realiza una revisión estándar para reparar cualquier archivo o carpeta dañados, y luego empezar a revisar su disco para ver si tiene sectores defectuosos. (Esto podría tomar varios minutos.)

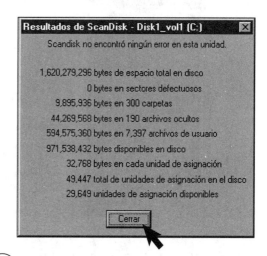

10 ScanDisk revisa los archivos y las carpetas del disco seleccionado en busca de errores y repara cualquier archivo o carpeta dañados. Después muestra un cuadro de diálogo con los resultados. Haga clic en el botón **Cerrar** (Close).

11 Esto le hace regresar a la ventana inicial de ScanDisk. Repita los pasos 2 a 10 para revisar y reparar archivos y carpetas en otros discos. Cuando haya terminado, haga clic en el botón **Cerrar**.

Actualice Windows

Conforme usted trabaja con Windows, Microsoft sigue muy ocupado actualizando su producto, desarrollando nuevos controladores y mejorando su desempeño. Para utilizar la versión más reciente de Windows, constantemente deberá buscar e instalar actualizaciones (al menos cada dos meses).

Anteriormente, usted tenía que revisar el sitio Web de Microsoft para buscar, descargar e instalar las actualizaciones en su computadora. Con Windows 98, el proceso es mucho más sencillo. Sólo tiene que abrir la utilería Windows Update desde su computadora. Windows se conecta al sitio Web de Microsoft, busca las actualizaciones y luego descarga e instala cualquier actualización disponible.

El *Recorrido guiado* le muestra cómo ejecutar Windows Update y cómo usarlo para actualizar su copia de Windows 98.

Puesto que Microsoft está trabajando constantemente para mejorar la función Windows Update, y puesto que Windows Update se ejecuta en Internet (no desde su copia de Windows), los pasos a seguir podrían ser distintos a los del *Recorrido guiado*. Siempre que trabaje en Internet, prepárese para algunos cambios inesperados.

Recorrido guiado   Actualice su copia de Windows

1 Haga clic en el botón **Inicio** (Start) y elija **Windows Update**.

2 Windows abre Internet Explorer, le conecta a Internet y carga la página de Microsoft Windows Update. Haga clic en el vínculo **Actualizaciones de Productos** (Product Updates). (Si se le pide confirmar la descarga e instalación de un control, haga clic en **Sí** [Yes].)

Recorrido guiado   Actualice su copia de Windows

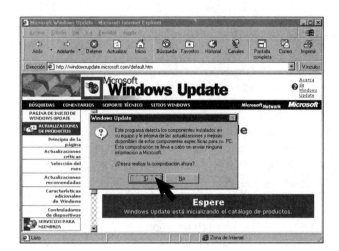

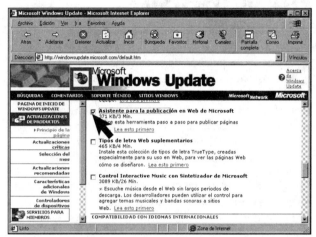

3 Internet Explorer ejecuta en línea el Asistente para registro y busca actualizaciones en el sitio Web de Microsoft. El cuadro de diálogo Configuración activa (Active Setup) le pide permiso para revisar su sistema. Haga clic en **Sí** (Yes).

4 Aparece una lista de los componentes no instalados y de las versiones más recientes de los componentes instalados. Para ver un grupo distinto de componentes, haga clic en una categoría de la izquierda. Para instalar el componente nuevo o actualizado, haga clic en su casilla de verificación. Puede seleccionar más de una casilla.

5 Haga clic en el botón **Start Download**, en el extremo inferior derecho de la pantalla.

Agregue y quite componentes de Windows

Si hizo una instalación típica de Windows, el programa de instalación colocó en su computadora los componentes más comunes de Windows. Para ahorrar espacio, una instalación típica no instala los componentes de Windows que la mayoría de las personas no ocupa, como la Conexión directa por cable (Direct Cable Connection), el soporte para red y algunos esquemas de sonido y papeles tapiz adicionales.

Sin embargo, si se da cuenta de que un componente explicado en este libro no está en su sistema, puede agregarlo fácilmente utilizando la ficha Instalación de Windows (Windows Setup) del cuadro de diálogo Agregar o quitar programas

(Add/Remove Programs). Además, si a su computadora le hace falta espacio en disco, puede quitarle rápidamente los componentes de Windows que nunca utiliza.

Los componentes de Windows están organizados por categoría. Cuando necesite agregar o quitar un componente, seleccione la categoría (como la de Herramientas de Internet) y luego haga clic en el botón Detalles (Details) para ver una lista de los componentes de esa categoría. La tabla siguiente contiene una sección para cada categoría y una lista de los componentes que encontrará en dicha categoría. El *Recorrido guiado* le muestra cómo agregar y quitar componentes de Windows.

Componentes de Windows 98

Componente	Descripción
Opciones de Accesibilidad	
Opciones de accesibilidad (Accessibility Options)	Incluye opciones especiales para el teclado, el sonido, la pantalla y el ratón, para las personas con impedimentos de movilidad, visuales o auditivos.
Herramientas de accesibilidad (Accessibility Tools)	Ofrece un lente de aumento para la pantalla y opciones adicionales que le permiten cambiar el comportamiento del ratón.
Accesorios (Accessories)	
Calculadora (Calculator)	Realiza operaciones matemáticas.
Tapiz del escritorio (Desktop Wallpaper)	Es una colección de imágenes de fondo que puede utilizar para su escritorio de Windows.
Plantillas de documentos (Document Templates)	Es un conjunto de documentos prediseñados que le pueden ayudar a crear rápidamente documentos comunes en sus programas de Windows.
Juegos (Games)	Incluye Buscaminas (Minesweeper), Corazones (Hearts), Solitario (Solitaire), y Carta blanca (FreeCell).
Imaging	Es un programa que despliega imágenes comunes, el cual le permite editar y mejorar las imágenes y que brinda soporte para escáner.
Punteros del ratón (Mouse Pointers)	Es una colección de punteros alternativos del ratón.
Paint	Le permite crear sus propios dibujos e imágenes.
Quick View	Le permite ver previamente los tipos de documentos comunes sin tener que abrirlos.
Protectores de pantalla (Screen Savers)	Es una colección de pantallas animadas para proteger su monitor durante largos periodos de inactividad.
Windows Scripting Host	Es una herramienta avanzada para automatizar las tareas de Windows.
WordPad	Le permite crear e imprimir documentos escritos.

Componente	Descripción
Comunicaciones	
Acceso telefónico a redes (Dial-Up Networking)	Conecta su computadora con otra o con Internet por medio de un módem.
Servidor de acceso telefónico a redes (Dial-Up Server)	Permite a su computadora responder llamadas telefónicas y compartir recursos con otras computadoras por medio de un módem.
Conexión directa por cable (Direct Cable Connection)	Le permite conectar dos computadoras utilizando un cable especial y compartir recursos entre ellas.
HyperTerminal	Permite a su computadora marcar a otra computadora por medio de un módem.
Microsoft Chat	Es un programa que le permite entrar en salones de conversación, donde se reúnen grupos de personas para intercambiar mensajes entre sí. (Vea, "Conversación en Internet", página 486.)
Microsoft NetMeeting	Le permite hacer llamadas telefónicas a través de una conexión de Internet.
Marcador telefónico (Phone Dialer)	Marca un número telefónico por usted. Entonces, usted levanta el teléfono y empieza a hablar.
Red privada virtual (Virtual Private Networking)	Le permite conectarse en forma segura a redes privadas por medio de una conexión pública (como Internet).
Temas de escritorio	
Varios	Incluye una colección de temas de escritorio que controlan la apariencia del escritorio de Windows, los punteros del ratón, protectores de pantalla y sonidos de fondo. (Vea "Cambie el tema del escritorio" en la página 457.)
Herramientas de Internet	
FrontPage Express	Le permite crear y publicar páginas Web en forma electrónica.
Visor VRML (VRML Viewer)	Le muestra y le ayuda a navegar en Internet por mundos interactivos en tercera dimensión.
Microsoft Wallet	Le permite realizar en forma segura transacciones electrónicas sobre Internet.
Personal Web Server	Configura su computadora para que actúe como un servidor Web, permitiéndole probar sus páginas Web antes de colocarlas en Web.
Real Audio Player	Le permite reproducir las grabaciones Real Audio que encuentre en Web. Estas grabaciones se reproducen inmediatamente después que usted hace clic en un vínculo, por lo que no tiene que esperar a que su explorador Web descargue el segmento de sonido. Es como escuchar la radio.
Asistente para la publicación en Web (Web Publishing Wizard)	Le conduce paso a paso a través del proceso de transferencia de una página (o una colección de páginas) hacia su servidor Web.
Administración Web de empresas (Web-Based Enterprise Management)	Incluye componentes que sus administradores de sistema pueden utilizar para administrar e identificar los problemas de los servidores.
Outlook Express	
No disponible	El programa para correo electrónico de Microsoft, que está instalado de origen.

Componentes de Windows 98 *(Continuación)*

Componente	Descripción
Compatibilidad Multilingüe *(Multilanguage Support)*	
No disponible	Añade compatibilidad para idiomas extranjeros, incluyendo el báltico, eslovaco y griego.
Multimedia	
Compresión de sonido (Audio Compression)	Soporta compresión de sonido para ayudarle a reducir el tamaño de los archivos de sonido grabado.
Reproductor de CD (CD Player)	Le permite reproducir CDs de sonido desde Windows.
Macromedia Shockwave	Incluye Shockwave Director y Flash, dos programas de gran utilidad para reproducir archivos de medios en Web.
Reproductor multimedia (Media Player)	Reproduce tipos de archivos de audio y video comunes.
NetShow	Reproduce archivos multimedia de NetShow, lo que le brinda una calidad similar a la televisión o la radio, a las presentaciones en páginas Web.
Esquemas de sonido multimedia (Sound Schemes)	Conjunto de segmentos de sonido que usted puede aplicar a los eventos de Windows, como los mensajes de advertencia y el apagado de Windows.
Sonidos de muestra (Sample Sounds)	Colección de clips de sonido que usted puede utilizar para probar la salida de audio de su computadora.
Grabadora de sonido (Sound Recorder)	Herramienta para grabar sonidos de un micrófono, un CD de audio o de otro dispositivo de entrada.
Compresión de video (Video Compression)	Soporta la compresión de video para reducir el tamaño de los archivos de video grabado.
Control de volumen (Volume Control)	Es una herramienta cómoda para configurar el volumen de las bocinas, los micrófonos y otros dispositivos de entrada y salida de audio de su computadora.
Servicios en línea *(Online Services)*	
Varios	Le permiten conectarse y configurar rápidamente una cuenta para los servicios en línea más conocidos en su localidad.
Herramientas del sistema *(System Tools)*	
Copia de seguridad (Backup)	Copia los archivos de su disco duro, los comprime y los almacena en disquetes o en una unidad de respaldo.
Mapa de caracteres (Character Map)	Le permite insertar caracteres y símbolos especiales en sus documentos.
Visor del Portapapeles (Clipboard Viewer)	Muestra el contenido del Portapapeles de Windows, que usted utiliza para copiar y pegar datos entre los documentos.
Agente de compresión (Disk Compression)	Herramientas para comprimir los archivos de su disco duro de modo que ocupen menos espacio.
Convertidor de unidades FAT32 (Drive Converter)	Convierte el almacenaje de archivos de su computadora en FAT32, para que usted pueda almacenar más archivos en un disco sin tener que comprimirlos.
Políticas de grupo (Group Policies)	Brinda soporte para los grupos de noticias de una red.

Componente	Descripción
Monitor de red (Net Watcher)	Le permite supervisar su red y sus conexiones.
Monitor del sistema (System Monitor)	Hace un seguimiento del funcionamiento del sistema.
Medidor de recursos del sistema (Resource Meter)	Muestra los recursos del sistema para que usted pueda determinar si éste necesita recursos.
WinPopup	Le permite enviar y recibir mensajes a través de una conexión en red.

WebTV for Windows

WaveTop Data Broadcasting	Agrega compatibilidad WaveTop al sintonizador de su televisión, para que pueda recibir contenido Web especializado a través del sintonizador de televisión de su computadora sin utilizar un proveedor de servicio Internet independiente.
WebTV for Windows	Soporta tarjetas sintonizadoras de televisión, lo que permite a su computadora mostrar transmisiones televisivas estándar. También soporta transmisiones en TV de Web y guías de programación sin una tarjeta sintonizadora de televisión.

Recorrido guiado Agregue y quite componentes de Windows

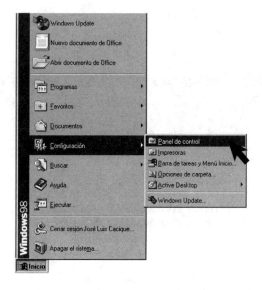

2 Se abre el Panel de control. Haga clic en **Agregar o quitar programas** (Add/Remove Programs).

1 Haga clic en el botón **Inicio** (Start), vaya a **Configuración** (Settings) y seleccione **Panel de control** (Control Panel).

(continúa)

Recorrido guiado Agregue y quite componentes de Windows

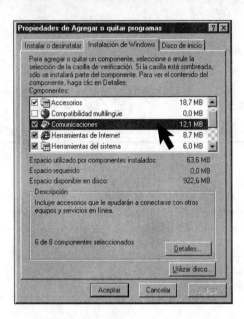

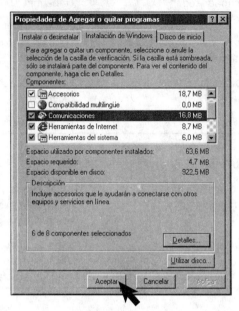

3 En el cuadro de diálogo de Agregar o quitar programas, haga clic en la ficha **Instalación de Windows** (Windows Setup).

4 En la lista **Componentes** (Components), haga clic en la categoría que contenga el componente que desea instalar o quitar y luego haga clic en el botón **Detalles** (Details). Para instalar todos los componentes de una categoría, haga clic en la casilla de verificación de la misma y vaya al paso 6.

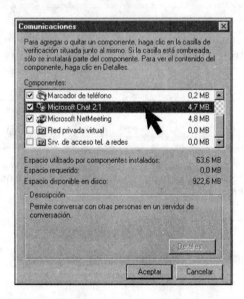

5 Aparece una lista de componentes para la categoría seleccionada. Haga clic en la casilla de verificación que está junto a cada componente que desee agregar o quitar. Una marca dentro de la casilla indica que el componente está o será instalado. Si la casilla no tiene marca significa que el componente no está instalado o que, si está instalado, será removido. Haga clic en **Aceptar** (OK).

6 Así regresa al cuadro de diálogo Agregar o quitar programas. De ser necesario, repita los pasos 4 y 5 para seleccionar otros componentes que desee agregar o quitar.

7 Cuando esté satisfecho con sus elecciones, haga clic en **Aceptar**.

8 Windows presenta un mensaje pidiéndole que inserte el CD de Windows o el disco de instalación. Inserte el disco o CD y haga clic en **Aceptar**. Windows despliega un cuadro de diálogo indicando el progreso de la instalación. Al terminar, reinicie Windows.

Agregue y quite fuentes

omo ya sabe, por el tema de dar formato a los documentos, una *fuente* es una colección de caracteres de un estilo y tamaño específicos. Por ejemplo, Courier de 10 puntos es una fuente. Las fuentes se miden en puntos; hay aproximadamente 11 puntos en un centímetro. Al usar fuentes distintas, usted puede mejorar la apariencia de sus documentos escritos.

Las fuentes disponibles dependen de las que usted haya instalado en su computadora e impresora. La lista siguiente describe los distintos tipos de fuentes que encontrará:

- **Fuentes de impresora**. Su impresora tiene instaladas algunas fuentes básicas, a las cuales puede tener acceso directo para imprimir rápidamente. Revise el manual de su impresora para determinar qué fuentes vienen con ella. También puede determinar cuáles son fuentes para impresora, al ver sus nombres en Windows. Windows marca las fuentes de impresora con un icono en forma de impresora junto al nombre de la fuente.

- **Fuentes de cartucho**. Muchas impresoras tienen un puerto en el cual usted puede conectar un cartucho que contiene memoria de impresión y fuentes adicionales. Estas fuentes actúan como fuentes de impresora. Windows también las presenta con un icono de impresora junto a su nombre.

- **Fuentes transferibles**. Muchos programas vienen con sus propias fuentes, que usted puede instalar y usar en ese programa y, en algunos casos, en otros.

- **Fuentes TrueType**. Tanto Windows como muchos programas para Windows vienen con fuentes transferibles especiales llamadas *TrueType*. Al contrario de las fuentes tradicionales, que requieren una fuente especial para cada tamaño de letra, las fuentes TrueType son *escalables*, lo que le brinda una mayor flexibilidad al cambiar el tamaño. Windows muestra un símbolo TT junto a los nombres de las fuentes TrueType.

Aunque usted no puede cambiar las fuentes de su impresora (salvo agregando un cartucho), puede instalar o quitar las fuentes de Windows. Tal vez quiera instalar una fuente que ha comprado o descargado de Internet. También puede instalar fuentes adicionales del CD de Windows. El *Recorrido guiado* le muestra cómo utilizar el Administrador de fuentes de Windows (Windows Font Manager) para instalar fuentes adicionales.

Si le falta espacio en disco, puede eliminar las fuentes que no utilice. El Administrador de fuentes de Windows le permite ver previamente las fuentes y luego quitarla rápidamente de su sistema. También muestra una lista de las fuentes parecidas para ayudarle a decidir de qué fuentes puede prescindir. El *Recorrido guiado* le muestra lo que hacer.

> No vaya a quitar la fuente llamada MS Sans Serif. Windows la utiliza, ya que es fácil de leer, para mostrar el texto en las ventanas, los menús y los cuadros de diálogo. Si usted la quita, Windows utilizará una fuente distinta, lo que podría ocasionar que no apareciera el texto en pantalla.

Recorrido guiado   Agregue fuentes

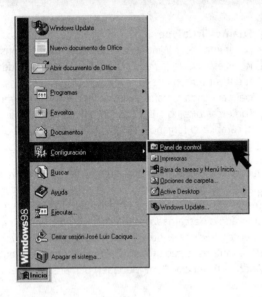

1 Si es necesario, inserte el disco o CD que contiene la fuente que desea instalar. Luego haga clic en el botón **Inicio** (Start), vaya a **Configuración** (Settings) y haga clic en **Panel de control** (Control Panel).

2 En el Panel de control, haga clic en el icono **Fuentes** (Fonts).

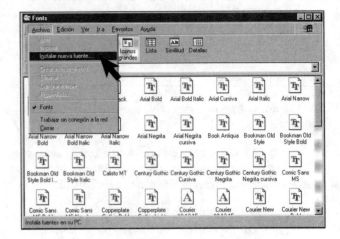

3 La ventana Fuentes despliega un icono para cada una de las fuentes instaladas. Abra el menú **Archivo** (File) y elija **Instalar nueva fuente** (Install New Font).

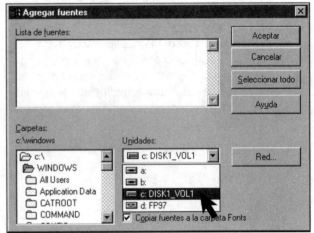

4 El cuadro de diálogo Agregar fuentes (Add Fonts) le pide especificar la ubicación de la nueva fuente. Abra la lista desplegable **Unidades** (Drives) y elija la unidad de disco en que están almacenadas las fuentes.

Recorrido guiado   Agregue fuentes

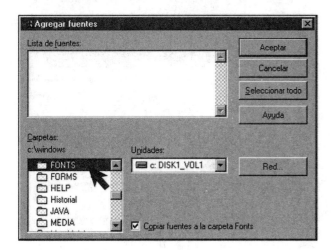

5 En la lista de **Carpetas** (Folders), haga doble clic en la carpeta que tiene almacenada la fuente. (Probablemente tendrá que hacer doble clic en las subcarpetas para tener acceso a las fuentes.)

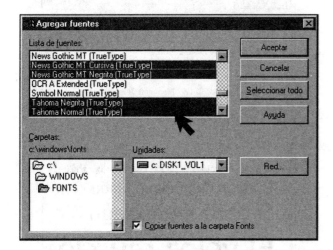

6 Los nombres de las fuentes disponibles aparecen bajo la **Lista de fuentes** (List of Fonts). Haga clic en la fuente que desea instalar. Para seleccionar fuentes adicionales, haga clic en sus nombres presionando la tecla **Ctrl**. Para instalar todas las fuentes de la lista, haga clic en el botón **Seleccionar todo** (Select All).

7 Asegúrese de que esté seleccionada la opción **Copiar fuentes a la carpeta Fonts** (Copy Fonts to Fonts Folder). Luego, haga clic en **Aceptar** (OK).

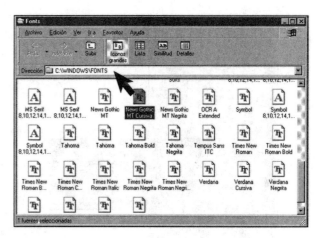

8 Windows copia las fuentes en su disco duro y las coloca en la carpeta Windows\Fonts. Los iconos para las nuevas fuentes se agregan a la ventana Fuentes (Fonts).

Recorrido guiado   Quite una fuente

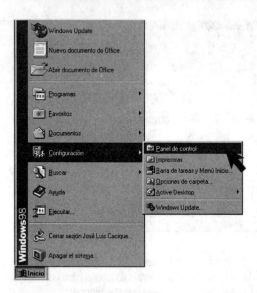

1 Haga clic en el botón **Inicio** (Start), vaya a **Configuración** (Settings) y seleccione **Panel de control** (Control Panel).

2 En el Panel de control, haga clic en el icono **Fuentes** (Fonts).

Para agrupar las fuentes similares, puede hacer clic en el botón **Similitud** (Similarity) en la barra de herramientas; esto le permite ajustar el número de fuentes sin dejar de tener la variedad suficiente para utilizar en sus documentos. Windows coloca en la parte superior de la lista las fuentes que son similares a la fuente seleccionada actualmente. Para ver fuentes similares a una fuente distinta, abra la lista desplegable Ver (View), y elija el comando **Mostrar fuentes por similitud** (List Fonts by Similarity To) para elegir la fuente deseada.

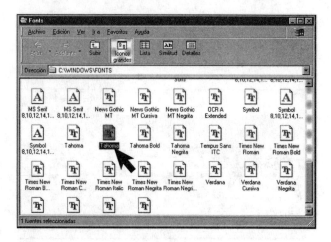

3 Haga doble clic en el icono de la fuente que desea quitar para que la pueda ver antes de eliminarla.

4 Windows mostrará un texto de muestra con la fuente seleccionada. Cuando haya terminado de ver la fuente, haga clic en el botón **Listo** (Done).

Recorrido guiado Quite una fuente

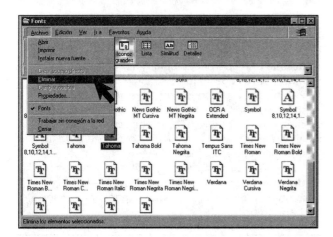

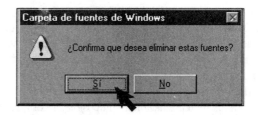

6 Windows le pedirá confirmar la eliminación. Haga clic en **Sí** (Yes).

5 Para eliminar una fuente, haga clic en su nombre o en su icono. Puede seleccionar fuentes adicionales presionando la tecla **Ctrl** mientras hace clic en sus nombre. Después abra el menú **Archivo** (File) y elija **Eliminar** (Delete).

Respalde sus archivos

La parte más valiosa de su computadora no son la unidad de sistema ni el monitor. Sus datos y programas tienen un valor mucho mayor. Usted puede remplazar la unidad de sistema, el monitor, la impresora y todos los demás dispositivos, pero volver a crear sus documentos y bases de datos sería prácticamente imposible. Y configurar de nuevo todos los parámetros de sus programas podría ser igualmente difícil.

Puesto que sus datos y la configuración de sus programas son tan valiosos, usted debe respaldar constantemente sus archivos y guardar los respaldos en otro lugar que no sea su computadora. De esta forma, si le roban su computadora o si se pierde en un siniestro, si elimina accidentalmente un archivo o si su disco duro deja de funcionar, usted puede restaurar sus datos y archivos de programa a partir de sus respaldos.

El respaldo consiste en copiar los archivos y carpetas seleccionadas de su disco duro a una serie de disquetes o a una unidad de respaldo especial (generalmente una unidad de cinta). La operación de respaldo comprime los archivos para que ocupen menos espacio. Sin embargo, si tiene que respaldar una gran cantidad de datos, valdría la pena conseguir una unidad especial de respaldo, para que pueda realizar la operación sin tener que cambiar constantemente los discos en su unidad.

Windows tiene su propio programa para respaldos que soporta prácticamente todos los dispositivos de respaldo. Siga el *Recorrido guiado* para respaldar los archivos de su disco duro, ya que le muestra cómo utilizar el nuevo Asistente para Copia de seguridad (Backup Wizard), que es la forma más fácil de respaldar sus archivos. Sin embargo, si ya ha utilizado Copia de seguridad (Backup) en Windows 95, puede cancelar el asistente y escribir por sí mismo los parámetros de respaldo.

> El programa Copia de seguridad de Microsoft (Microsoft Backup) no está instalado de origen. Para instalarlo, vea "Agregue y quite componentes de Windows" en la página 422.

Cuando respalde sus archivos, tenga presente que estos sólo sirven si son recientes. Si respalda sus archivos a principio y a fin de mes, podría perder algunos de ellos, pues los archivos de respaldo que hizo al principio del mes no incluirán ninguno de los cambios que usted haya hecho durante todo el mes. Para recuperar los archivos perdidos, restaure archivos de respaldo recientes.

> Cuando vaya a comprar una unidad de respaldo, busque una que pueda almacenar al menos la mitad de la capacidad de su disco duro. Si tiene 2Gb de datos y archivos de programa, y un dispositivo de respaldo en cinta que sólo puede soportar cintas de 100 Mb, va a tener que estar cambiando las cintas una y otra vez en la unidad durante la operación de respaldo. Además usted empezará a acumular cintas que son difíciles de almacenar. Una buena opción para unidades de respaldo es la unidad Jaz de Iomega, que puede almacenar de 1 a 2 Gb por cartucho.

Con esto en mente, usted podría desarrollar una estrategia práctica de respaldo, pues aunque no tendrá que respaldar todos sus archivos diariamente, pero tal vez pueda respaldar los archivos que ha cambiado. La mejor forma de llegar a esta meta es practicar la siguiente estrategia:

1. Cree una carpeta independiente para los archivos y subcarpetas que ha creado, y almacene todos sus archivos de datos en esa carpeta o en subcarpetas de la misma. Así podrá respaldar fácilmente sus datos sin tener que respaldar Windows o cualquiera de sus programas.

2. Respalde mensualmente todo su sistema salvo la carpeta Data. (Esto le da una copia de Windows y de todos sus programas.)

3. Cada vez que usted instale un programa o cambie la configuración de su sistema, haga un respaldo incremental de su sistema. Un respaldo incremental copia únicamente aquellos archivos que han cambiado desde el último respaldo hecho. Éste es *complementario*, no *sustituye* al sistema de respaldo anterior.

4. Cada semana, haga un respaldo completo de su carpeta Data. Un respaldo completo copia todos los archivos y subcarpetas en la carpeta Data.

5. Haga un respaldo incremental diario de su carpeta Data. Esto le asegurará que sus archivos de respaldo contienen los cambios más recientes. Usted deberá hacer seis respaldos incrementales en el sistema; al séptimo día, vuelva a hacer un respaldo completo. Siguiendo este esquema, usted evitará sobrescribir el conjunto de respaldos de ayer con el conjunto de respaldos de hoy.

Recorrido guiado   Respalde todo su sistema

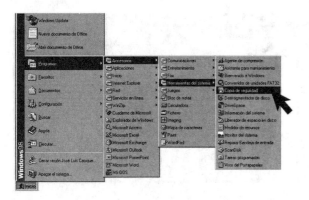

1 Haga clic en el botón **Inicio** (Start), vaya a **Programas |
Accesorios | Herramientas del sistema** (Programs |
Accessories | System Tools) y seleccione **Copia de seguridad**
(Backup).

Probablemente aparezca un cuadro de diálogo
indicando que Copia de seguridad no encontró
una unidad de respaldo especial. Si usted sabe que
tiene instalada una unidad de respaldo, haga clic
en **Sí** (Yes) para ejecutar el Asistente para agregar
nuevo hardware (Add New Hardware Wizard) y
configurarlo en Windows. Si no tiene un dispositivo de respaldo especial, puede utilizar su unidad
de disquetes para hacer sus copias de seguridad. Si
aparece el mensaje, sólo haga clic en **No** y utilice
su unidad de disquetes.

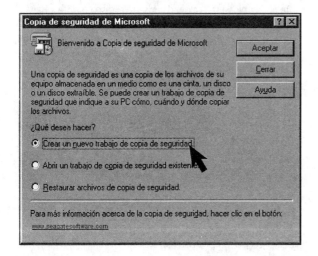

2 Copia de seguridad le insta a especificar lo que desea hacer.
Elija **Crear un nuevo trabajo de copia de seguridad**
(Create a New Backup Job) y luego haga clic en **Aceptar** (OK).

3 Copia de seguridad le pide especificar qué desea respaldar.
Elija **Hacer copia de seguridad de Mi PC** (Back Up My
Computer) y haga clic en **Siguiente** (Next).

4 Ahora se le pregunta si desea respaldar todos los archivos o
sólo aquellos que han cambiado desde la última copia de
seguridad. Elija **Todos los archivos seleccionados** (All Selected
Files) y haga clic en **Siguiente**.

(continúa)

Recorrido guiado   Respalde todo su sistema   *(continuación)*

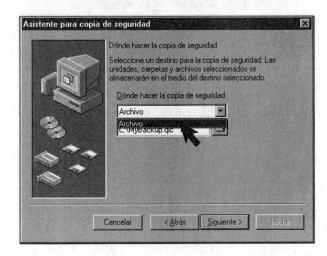

5 Copia de seguridad le pide elegir el tipo de dispositivo de respaldo que desea utilizar. Abra la lista desplegable **Dónde hacer la copia de seguridad** (Where to Back Up) y elija el tipo de dispositivo deseado. (De nuevo, Archivo [File] indica otra unidad de disco; por ejemplo, una unidad de disquete o de disco duro.) Haga clic en Siguiente (Next).

7 Se le pide escribir un nombre para el respaldo. Escriba una breve descripción, como "Sistema" y luego haga clic en el botón **Iniciar** (Start).

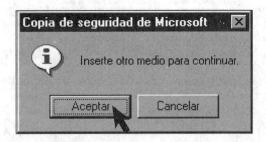

8 Copia de seguridad empieza a respaldar los archivos y despliega un cuadro de diálogo pidiéndole insertar un disco o cinta en la unidad seleccionada. Inserte el disco o cinta y haga clic en **Aceptar** (OK). Si la cantidad de datos que va a respaldar es mayor a la capacidad de almacenamiento de un solo disco o cinta, probablemente tendrá que intercambiar los discos o cintas durante la operación de copiado.

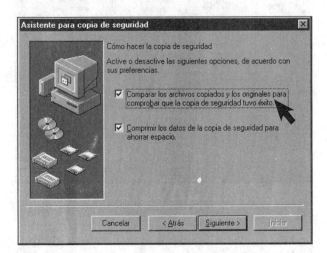

6 Copia de seguridad le indica que comparará los archivos después de hacer el respaldo para verificar las copias contra los originales, y que comprimirá los archivos para que quepa una mayor cantidad en un disco o cinta. Deje activadas estas dos opciones. Haga clic en **Siguiente**.

Ahora que ya tiene una copia completa de los archivos de su disco duro, puede realizar más tarde un respaldo incremental para copiar únicamente los archivos que han cambiado desde el respaldo completo. Para realizar la copia de seguridad incremental, en vez de elegir Todos los archivos seleccionados en el paso 4, elija **Archivos nuevos y modificados** (New and Changed Files). Esto copia todos los archivos nuevos o modificados en la última cinta o disco en que hizo los respaldos.

Recorrido guiado Respalde los archivos y carpetas seleccionados

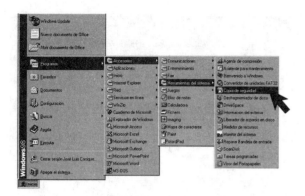

1 Si no se está corriendo Copia de seguridad, haga clic en el botón **Inicio** (Start), vaya a **Programas | Accesorios | Herramientas del sistema** (Programs | Accessories | System Tools) y seleccione Copia de seguridad (Backup). Si Copia de seguridad se está ejecutando, abra el menú **Herramientas** (Tools), elija **Asistente para copia de seguridad** (Backup Wizard), y vaya al paso 3.

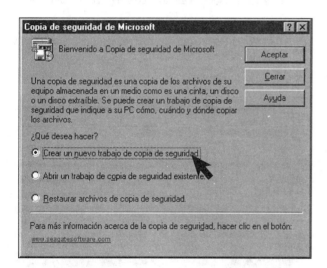

2 Copia de seguridad le pide especificar lo que desea hacer. Elija **Crear un nuevo trabajo de copia de seguridad** (Create a New Backup Job) y haga clic en **Aceptar** (OK).

3 Copia de seguridad le pide especificar qué desea respaldar. Elija **Hacer copia de seguridad de las unidades, carpetas y archivos seleccionados** (Back Up Selected Folders, Files and Drives) y haga clic en **Siguiente** (Next).

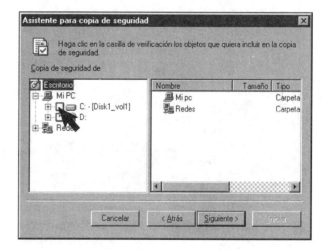

4 Aparece una lista de todas las unidades de disco duro de su sistema. Para respaldar todo un disco, haga clic en la casilla de verificación que está junto a su letra de unidad. Puede elegir más de un disco.

(continúa)

Recorrido guiado   Respalde los archivos y carpetas seleccionados   *(continuación)*

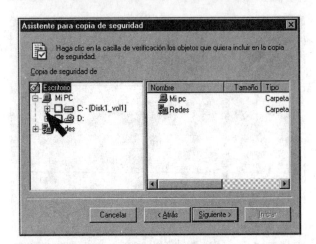

5 Para copiar una o más carpetas de un disco, haga clic en el **signo más** (+) (Plus sign [+]) adjunto a la letra del disco en que están almacenadas las carpetas o los archivos.

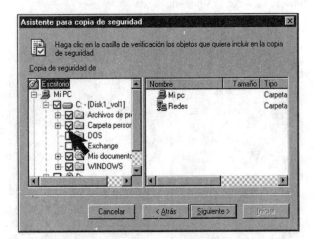

6 Copia de seguridad despliega una lista de las carpetas. Para mostrar las subcarpetas, haga clic en el **signo más** (+) junto a una carpeta. Para seleccionar todos los archivos de una carpeta, haga clic en la casilla de verificación junto al nombre de la carpeta. O haga clic en el nombre de la carpeta para mostrar su contenido.

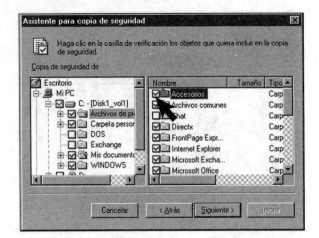

7 Si hace clic en el nombre de una carpeta, Copia de seguridad muestra su contenido en el panel derecho. Para seleccionarlos, haga clic en las casillas de verificación junto a los nombres de las subcarpetas y los archivos. Cuando usted selecciona sólo parte del contenido de un disco o carpeta, la casilla de verificación que está junto a ésta aparece en gris con una marca en ella.

8 Cuando haya terminado de seleccionar los discos, carpetas y archivos que desee copiar, haga clic en **Siguiente** (Next).

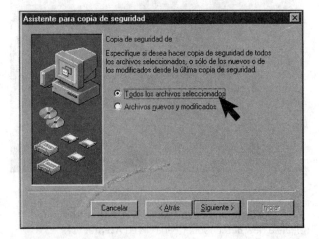

9 Para respaldar todos los archivos del disco o carpeta seleccionada, elija **Todos los archivos seleccionados** (All Selected Files). Si desea respaldar sólo aquellos archivos que han sido creados o modificados desde la última copia de seguridad, elija **Archivos nuevos y modificados** (New and Changed Files). Haga clic en **Siguiente**.

Recorrido guiado Respalde los archivos y carpetas seleccionados

10 Copia de seguridad le pide que elija el tipo de dispositivo de respaldo que desea utilizar. Abra la lista desplegable **Dónde hacer la copia de seguridad** (Where to Back Up) y elija el tipo de dispositivo deseado. (De nuevo, Archivo indica una unidad de disquete.) Haga clic en **Siguiente** (Next).

12 Se le pide que escriba un nombre para la copia. Escriba una breve descripción, como "Archivos de datos" y luego haga clic en el botón **Iniciar** (Start).

13 Copia de seguridad empieza a respaldar los archivos y despliega un cuadro de diálogo pidiéndole insertar un disco o cinta en la unidad seleccionada. Inserte el disco o cinta y haga clic en **Aceptar** (Ok). (Si la cantidad de datos que se va a copiar es mayor a la capacidad de almacenamiento de un solo disco o cinta, probablemente deba cambiar los discos o las cintas durante la operación de copiado.)

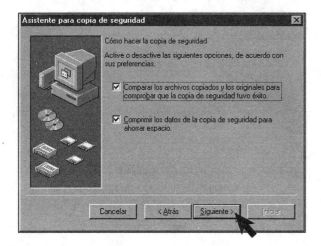

11 Copia de seguridad indica que comparará los archivos una vez que el respaldo verifique las copias contra los originales y que comprimirá los archivos para que quepan más en un disco o cinta. Deje estas dos opciones seleccionadas. Haga clic en **Siguiente**.

Cuando da un nombre descriptivo para la copia, Copia de seguridad lo guarda junto con cualquier selección que usted haga. Para hacer el respaldo con más rapidez la próxima ocasión, inicie Copia de seguridad y cancele el asistente. Esto muestra la ventana principal de Copia de seguridad. Abra la lista desplegable **Trabajo de copia de seguridad** (Backup Job), elija el nombre de la copia y haga clic en el botón **Iniciar**.

Restaure archivos

Ojalá nunca llegue a necesitar los archivos de respaldo que creó. Sin embargo, si su unidad de disco duro falla o si accidentalmente elimina un archivo importante, usted puede utilizar sus discos o cintas de respaldo para recuperar parte o todo su trabajo (dependiendo de qué tan recientemente haya respaldado esos archivos).

Restaurar archivos a partir de sus copias de seguridad es tan fácil como hacer las copias de seguridad. Copia de seguridad

(Backup) contiene su propio Asistente para restauración (Restore Wizard), que le guía paso a paso por el proceso de restauración, permitiéndole especificar los archivos que desea restaurar y advirtiéndole cuando esté a punto de remplazar un archivo existente. El *Recorrido guiado* le muestra cómo ejecutar el Asistente para restauración y su uso para restaurar los archivos y carpetas desde sus copias de seguridad a su disco duro.

Recorrido guiado   Restaure archivos desde Copias de seguridad

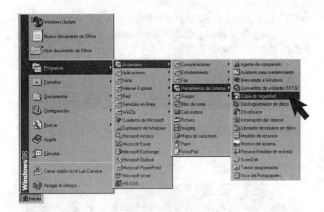

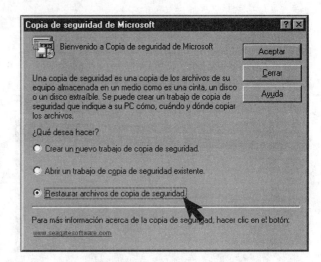

1 Si Copia de seguridad no está corriendo, haga clic en el botón **Inicio** (Start), vaya a **Programas | Accesorios | Herramientas del sistema** (Programs | Accessories | System Tools) y seleccione Copia de seguridad (Backup). Si está abierto, abra el menú **Herramientas** (Tools), elija **Asistente para restauración** (Restore Wizard) y sáltese al paso 3.

2 Copia de seguridad presenta un mensaje preguntándole lo que desea hacer. Elija **Restaurar archivos de copia de seguridad** (Restore Backed Up Files) y haga clic en **Aceptar** (OK). Inserte el primer disco o cinta que contenga los archivos respaldados.

Recorrido guiado   Restaure archivos desde Copias de seguridad

3 Se inicia el Asistente para restauración. Abra la lista desplegable Restaurar de (Restore From) y elija el tipo de dispositivo que está utilizando para restaurar los archivos. Luego haga clic en **Siguiente** (Next).

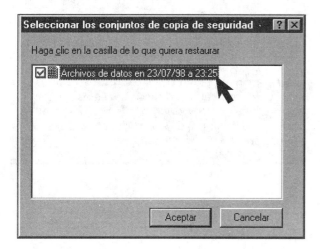

4 Windows busca en el dispositivo de restauración especificado los nombres de los respaldos que usted realizó y presenta una lista. Haga clic en el nombre del medio de respaldo desde donde desea restaurar los archivos y haga clic en **Aceptar** (OK).

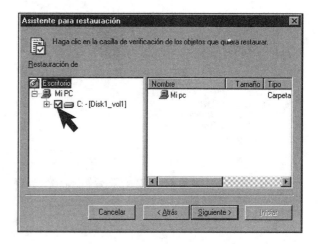

5 El asistente crea una lista de las carpetas y archivos almacenados en el medio de respaldo seleccionado y presenta una lista de los discos en que se respaldaron los archivos. Para restaurar todos los archivos de un disco, haga clic en la casilla de verificación junto a la letra del disco.

6 Para restaurar únicamente las carpetas y archivos seleccionados, haga clic en el signo más (+) junto a la letra del disco.

(continúa)

Recorrido guiado Restaure archivos desde Copias de seguridad *(continuación)*

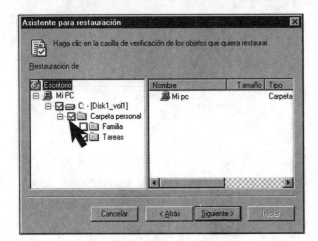

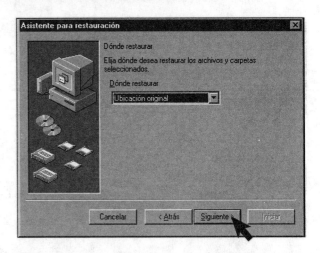

7 La restauración presenta una lista de las carpetas. Para ver las subcarpetas, puede hacer clic en el **signo más** (+) (Plus sign [+]) junto a la carpeta. Para seleccionar todos los archivos de una carpeta, haga clic en la casilla de verificación junto al nombre de la misma. O haga clic en el nombre de la carpeta para desplegar su contenido.

10 La restauración le pide especificar la unidad y carpeta en la cual desea restaurar los archivos. En forma predeterminada, el asistente coloca los archivos en el disco y carpeta de donde fueron copiados. Haga clic en **Siguiente**.

Si teme sobreescribir los archivos de su disco duro con archivos de respaldo anteriores, abra la lista desplegable **Dónde restaurar** (Where to Restore) del paso 10, elija **Ubicación alternativa** (Alternate Location), haga clic en el icono **Carpeta** (Folder) y elija un disco o carpeta distinto. Sin embargo, tenga presente que la Restauración le preguntará antes de remplazar cualquier archivo más reciente de su disco duro con versiones anteriores.

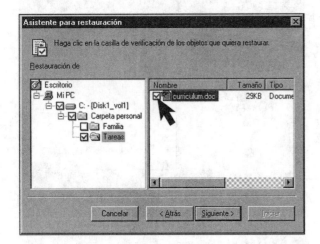

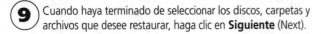

8 Si hace clic en el nombre de una carpeta, el Asistente para restauración muestra su contenido en el panel derecho. Haga clic en las casillas de verificación que están junto a los nombres de las subcarpetas y los archivos para seleccionarlos. Al seleccionar parte del contenido de un disco o carpeta, la casilla de verificación que está junto al disco o carpeta aparece en gris y muestra una marca en ella.

9 Cuando haya terminado de seleccionar los discos, carpetas y archivos que desee restaurar, haga clic en **Siguiente** (Next).

Recorrido guiado   Restaure archivos desde Copias de seguridad

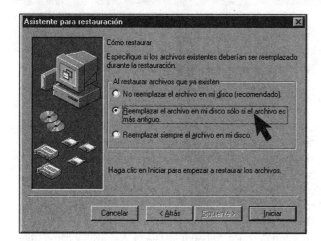

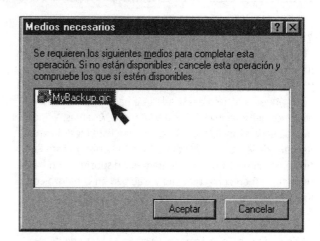

11 La restauración le pregunta si desea remplazar los archivos de su disco duro con los archivos copiados. Elija una de las siguientes opciones: **No remplazar el archivo en mi disco** (recomendado) (Do Not Replace the File on My Computer) (recommended), que es la opción más segura; **Remplazar el archivo en mi disco sólo si el archivo es más antiguo** (Replace the File on My Computer Only If the File Is Older), que es bastante segura, o **Remplazar siempre el archivo en mi disco** (Always Replace the File on My Computer), que es la más arriesgada. Haga clic en el botón **Iniciar** (Start).

12 Aparece el cuadro de diálogo Medios necesarios (Media Required). Elija el tipo de medio en el cual están almacenados los archivos copiados y haga clic en **Aceptar** (Ok). Luego restaure las copias de los archivos desde el disco o cinta de respaldo y colóquelos en la unidad y carpeta especificadas.

Cree y utilice un disco de emergencia

Windows 98 es un sistema operativo muy elaborado que realiza una gran cantidad de trabajo en segundo plano para facilitarle el uso de su computadora. Al instalar Windows, éste instaló automáticamente, en su secuencia de arranque, archivos esenciales que hacen que se abra automáticamente al iniciar su computadora. Además, Windows guarda cada programa y dispositivo que usted instala en el *Registro de Windows* (Windows System Registry). Este Registro se encarga de que sus programas y dispositivos en hardware funcionen correctamente y trabajen en conjunto con los demás programas de su sistema.

Todo esto es sensacional hasta que su disco duro falla o el Registro de Windows se daña. Cuando eso sucede, Windows ya no es tan fácil de usar como la publicidad asegura. De hecho, usted no podrá iniciar Windows o incluso no podrá utilizar su computadora.

Por fortuna, Windows cuenta con una utilería que puede crear un disco de inicio de emergencia por usted. Sólo inserte el disco en la unidad de disco, reinicie su computadora y corrige cualquier problema que haya hecho que Windows fallara.

Cuando usted instaló Windows, éste le pidió hacer un disco de emergencia. Si se saltó el procedimiento para ahorrar algo de tiempo, deberá hacer un disco lo antes posible. También deberá hacer un nuevo disco de emergencia cada vez que instale un nuevo programa o dispositivo para que el disco incluya la versión más reciente del Registro de Windows. El *Recorrido guiado* le muestra cómo hacer un disco de recuperación después de haber instalado Windows y cómo utilizarlo para mantener funcionando su computadora cuando falle.

Recorrido guiado   Haga un disco de emergencia

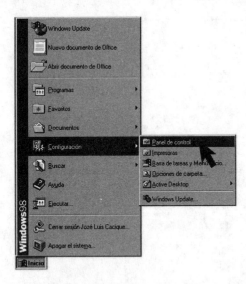

1 Haga clic en el botón **Inicio** (Start), vaya a **Configuración** (Settings) y seleccione **Panel de control** (Control Panel).

2 En el Panel de control, haga clic en **Agregar o quitar programas** (Add/Remove Programs).

Recorrido guiado Haga un disco de emergencia

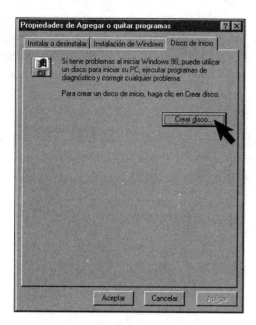

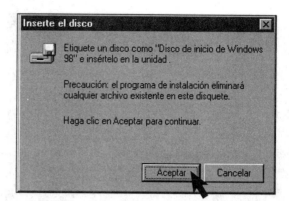

3 En el cuadro de diálogo Propiedades de Agregar o quitar programas (Add/Remove Programs Properties), haga clic en la ficha **Disco de inicio** (Startup Disk) y luego en el botón **Crear disco** (Create Disk). Si se le pide insertar el CD de Windows 98, insértelo y haga clic en **Aceptar** (OK).

4 Windows copia los archivos requeridos para el disco de inicio y le pide insertar un disquete. Inserte un disco en blanco o uno que contenga archivos que usted ya no necesite (no tiene que estar formateado). Haga clic en **Aceptar**.

5 Windows da formato al disco (si lo necesita) y copia los archivos de recuperación necesarios en él. Esto le hace regresar al cuadro de diálogo Propiedades de Agregar o quitar programas; entonces haga clic en **Aceptar**.

Recorrido guiado Recupérese después de una falla en el sistema

1 Si no puede iniciar su computadora o Windows, inserte el disco de recuperación en la unidad de disquete de su computadora. Reinicie su computadora presionando **Ctrl+Alt+Suprimir** (Ctrl+Alt+Delete) o apagándola, espere unos 30 segundos y enciéndala de nuevo.

2 Su computadora se reinicia desde el disquete. Es probable que aparezca un menú preguntándole si desea iniciar con el apoyo del CD-ROM. Elija la opción para tener apoyo del CD-ROM.

3 Aparece el indicador de DOS como A:>. Escriba **c**: y presione **Entrar** (Enter).

4 Al cambiar a la unidad C, y aparecer el indicador C:>, escriba **cd\windows** y presione **Entrar**.

5 Al cambiar a la carpeta de Windows, escriba **win** y presione **Entrar**.

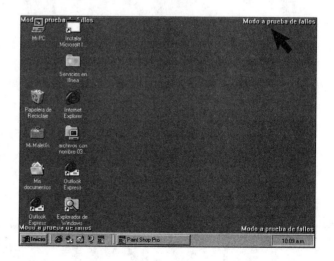

6 En general, después de una falla Windows inicia en modo a prueba de fallos (Safe mode). En la mayoría de los casos, si usted sale de Windows y reinicia el sistema, hará que Windows repare automáticamente cualquier problema que haya ocasionado la falla. Para mayores detalles, vea "Inicie y salga de Windows" en la página 10.

(continúa)

Recorrido guiado Recupérese después de una falla en el sistema *(continuación)*

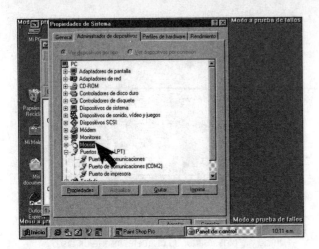

Windows guarda en su disco duro un respaldo del Registro del sistema; por tal motivo, aun cuando el archivo de Registro de su disco de emergencia esté viejo o dañado, Windows lo podrá restaurar. Cuando usted se sale de Windows y reinicia el sistema, Windows revisa automáticamente el Registro y, de ser necesario, lo remplaza con el respaldo. Ésta es la razón por la que a veces al apagar y reiniciar Windows se corrigen los programas del inicio.

7 Si Windows vuelve a iniciar en modo a prueba de fallos, tal vez usted necesite cambiar un controlador de video o de ratón, o cambiar la configuración de Windows. Para mayores detalles, vea "Problemas de instalación e inicio" en la página 528.

PARTE 2

Hágalo usted mismo...

En la primera parte de este libro usted aprendió los elementos básicos de Windows. Aprendió a navegar por el escritorio de Windows; a ejecutar programas; a utilizar los accesorios de Windows; a copiar, mover y eliminar archivos; a aprovechar las características de Internet, y otros procedimientos comunes de operación que le ayudan a sobrevivir en Windows.

A estas alturas, una vez adquiridos los fundamentos de Windows 98 y sintiéndose más seguro cada vez, probablemente ya esté listo para poner a prueba sus habilidades recién adquiridas para aplicarlas en sus actividades de la vida diaria. De eso se trata en esta parte. A partir de ahora, mediante la práctica, adquirirá una mayor experiencia en las características más comunes de Windows, mientras realiza varios proyectos *Hágalo usted mismo*. Aquí, usted aprenderá a utilizar su módem para marcar rápidamente números telefónicos, a manejar los temas del escritorio para que el trabajo con Windows sea más divertido, a utilizar las aplicaciones de Windows para optimizar su sistema y a hacer un uso práctico de Internet.

Para facilitarle la localización de los proyectos que le interesan, han sido agrupados en las secciones siguientes.

Qué encontrará en esta parte

HÁGALO USTED MISMO

Personalice Windows 98

A través de los *Recorridos guiados* de este libro usted ya ha podido personalizar Windows 98 cambiando las propiedades del escritorio, agregando accesos directos al escritorio de Windows, configurando la barra de tareas, seleccionando protectores de pantalla y trabajando con el estilo Web. Probablemente también haya hecho un par de cosas con la configuración del hardware del Panel de control.

Los proyectos de esta sección le muestran cómo personalizar Windows más aún, utilizando el Marcador de teléfono (Phone Dialer) y haciendo que su módem marque números telefónicos por usted, cambiando los sonidos que Windows reproduce cuando ocurren ciertos eventos, configurando sus programas para que se abran cada vez que inicie su computadora, configurando su ratón y el teclado y evitando el uso no autorizado de su computadora por medio de contraseñas.

Qué encontrará en esta sección

Use su módem como un teléfono programable

Todos los módems modernos tienen al menos dos entradas: una para conectarlo a una entrada telefónica y otra para un teléfono. Esto le permite establecer sus conexiones en línea y hacer llamadas telefónicas normales con una sola línea. No hay que desconectar el módem y conectar su teléfono cada vez que quiera hacer una llamada telefónica.

La mayoría de la gente tiene su teléfono programable conectado a una entrada telefónica independiente en su recámara o en la cocina. Por lo general, instalan una entrada telefónica adicional para su computadora en la oficina o el estudio y luego le conectan un teléfono común y barato. Entonces, marcan los números telefónicos en forma manual en el teléfono de su computadora.

Por fortuna, con Windows 98, el marcado manual no es necesario. Windows viene con un accesorio llamado *Marcador de teléfono* (Phone Dialer), que le permite escribir los números telefónicos que usted marca con más frecuencia y luego marcarlos rápidamente cuando usted hace clic en un solo botón. En este proyecto usted aprende a programar números en el marcador del teléfono y a hacer que éste los marque automáticamente por usted.

Hágalo usted mismo   Coloque números en el Marcador de teléfono

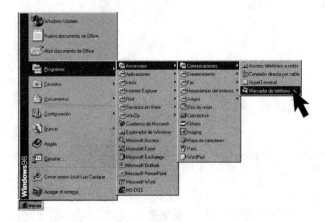

1 Haga clic en el botón **Inicio** (Start), vaya a **Programas I Accesorios I Comunicaciones** (Programs I Accessories I Communications) y luego seleccione **Marcador de teléfono** (Phone Dialer).

2 Para marcar rápidamente un número, escríbalo en el cuadro de texto **Número para marcar** (Number to Dial) y haga clic en el botón **Marcar** (Dial).

Hágalo usted mismo · Coloque números en el Marcador de teléfono

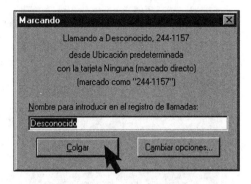

3 Marcador de teléfono empieza a marcar el número telefónico y presenta el cuadro de diálogo **Marcando** (Dialing). Levante el teléfono y continúe con la llamada como si hubiera marcado manualmente.

4 Cuando haya terminado de hablar, haga clic en el botón **Colgar** (Hang Up) y cuelgue el teléfono.

Hágalo usted mismo · Programe números para Marcado rápido

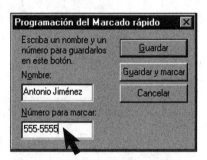

3 Haga clic en el cuadro de texto **Número para marcar** (Number to Dial) y escriba el número telefónico.

4 Haga clic en el botón **Guardar** (Save).

1 Haga clic en un botón en blanco de la lista **Marcado rápido** (Speed Dial).

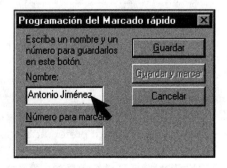

2 En el cuadro de diálogo **Programación del Marcado rápido** (Program Speed Dial), escriba el nombre de la persona o lugar al que desea llamar.

5 La lista de Marcado rápido contiene ahora un botón etiquetado con el nombre de la persona o el lugar que escribió en el paso 2. Si desea llamar a ese número, haga clic en el botón y cuando vea el cuadro de diálogo Marcando, levante el teléfono.

Hágalo usted mismo Modifique los números de Marcado rápido

1 Abra el menú **Edición** (Edit) del Marcador de teléfono y elija **Marcado rápido** (Speed Dial).

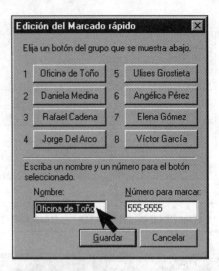

3 El nombre y número telefónico actual aparecen en la parte inferior del cuadro de diálogo. Para cambiar el nombre, sólo haga clic en el cuadro de texto **Nombre** (Name) y escriba el nombre nuevo.

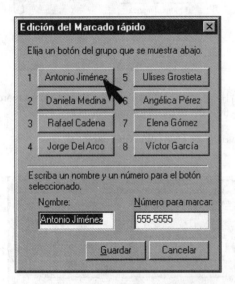

2 Haga clic en el botón de la persona o lugar cuya información desea cambiar.

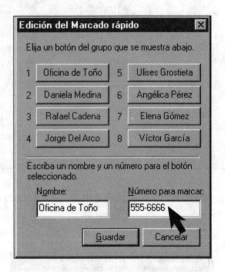

4 Haga clic en el cuadro de texto **Número para marcar** (Number to Dial) y escriba el nuevo número telefónico. Haga clic en **Guardar** (Save).

Para automatizar aún más el Marcador de teléfono, usted puede introducir preferencias especiales de marcado. Por ejemplo, si tiene que marcar un 9 antes de cualquier número telefónico, puede hacer que Marcador de teléfono lo marque en cada llamada que haga. Para introducir las preferencias, abra el menú **Herramientas** (Tools) y elija **Propiedades de marcado** (Dialing Properties).

Inserte caracteres y símbolos especiales en un documento

Aunque el teclado de su computadora tiene teclas para casi cualquier carácter que necesite escribir en un documento, carece de muchos caracteres y símbolos especiales como © y ®, de signos matemáticos como Σ, y de fracciones como $\frac{1}{2}$ y $\frac{1}{4}$. Para insertar estos signos y símbolos en sus documentos, puede elegir una fuente que contenga estos caracteres y luego escribirlos, suponiendo que usted sabe qué teclas presionar para insertar los caracteres correctos.

Si no sabe qué teclas presionar, use el Mapa de caracteres (Character Map) de Windows para ver previamente los signos y símbolos de una fuente seleccionada, para elegir y copiar el signo o símbolo que desee utilizar y para pegarlo lue-

go en su documento. En este proyecto usted aprenderá a utilizar el Mapa de caracteres para insertar estos caracteres especiales en sus documentos.

Hágalo usted mismo   Copie caracteres especiales del Mapa de caracteres

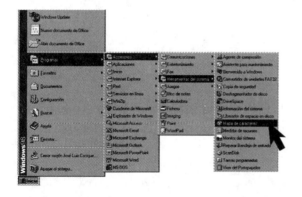

1 Haga clic en el botón Inicio (Start), vaya a **Programas I Accesorios I Herramientas del sistema** (Programs I Accessories I System Tools) y seleccione Mapa de caracteres.

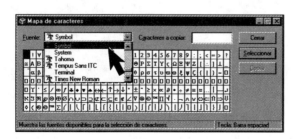

2 Aparece el Mapa de caracteres, con la fuente Symbol seleccionada. Abra la lista **Fuente** (Font) y elija la fuente deseada. Cada fuente ofrece un conjunto distinto de signos y símbolos.

3 Señale el carácter o símbolo y mantenga presionado el botón izquierdo del ratón para desplegar una versión más grande.

4 Haga doble clic en un carácter o símbolo para agregarlo al cuadro de texto **Caracteres a copiar** (Characters to Copy). Repita este paso para insertar caracteres y símbolos adicionales, si así lo desea.

5 Haga clic en el botón **Copiar** (Copy). Los caracteres y símbolos del cuadro de texto Caracteres a copiar, se colocan en el Portapapeles de Windows.

(continúa)

Hágalo usted mismo Copie caracteres especiales del Mapa de caracteres

(continuación)

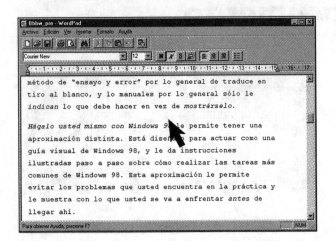

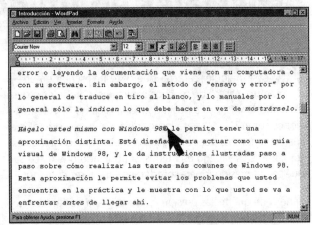

6 Vaya al documento en el cual desea insertar los caracteres o símbolos copiados y luego coloque el punto de inserción en el lugar exacto en que desea insertarlos.

8 Los caracteres y símbolos copiados se insertan en el documento. Les puede dar formato, como lo haría con cualquier carácter para cambiar su tamaño y atributos, pero no cambie el estilo de fuente.

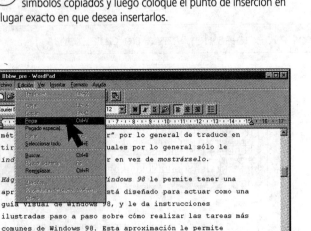

7 Abra el menú **Edición** (Edit) y elija **Pegar** (Paste) (o presione **Ctrl+V**).

Elija una combinación distinta de sonidos

omo seguramente ya lo habrá notado, cada vez que ocurren ciertos eventos, Windows hace sonidos; incluso cuando usted inicia y sale del propio Windows, abre o cierra ventanas y recibe mensajes de error. Lo que probablemente no sepa es que usted puede cambiar los sonidos que Windows reproduce para estos eventos. Windows contiene varias combinaciones de sonidos, cada una con una colección de clips de sonidos asignados a eventos específicos.

Para cambiar rápidamente los sonidos que Windows reproduce, usted puede elegir una de las combinaciones de sonido. Por ejemplo, puede elegir el Esquema de sonido de Selva (Jungle Sound Scheme) para escuchar animales salvajes, cascabeles de serpientes (¿en la selva?) y otros sonidos de selva cada vez que usted realiza alguna acción en Windows. Además, puede cambiar los sonidos individuales ligando un sonido diferente para cada evento. Incluso puede grabar sonidos de un CD o con un micrófono, guardarlos como archivos. WAV y crear su propia combinación de sonidos; o utilizar archivos de sonido en su juego de computadora favorito o que haya descargado de Internet.

Este proyecto le muestra cómo seleccionar una combinación de sonidos diferentes y ligarlos a eventos particulares. Para utilizar sus propios sonidos grabados, primero grabe y guarde los sonidos como archivos .WAV, como se explicó en "Reproduzca y grabe sonidos con la Grabadora de sonidos" en la página 206.

Los esquemas de sonidos de Windows no se instalan durante la instalación típica. Para combinaciones adicionales de sonido, vea "Agregue y quite componentes de Windows" en la página 422. El tema Esquemas de sonido (Sound Schemes) está en el grupo Multimedia.

Hágalo usted mismo   Elija una combinación de sonidos para Windows

1 En el Panel de control (Control Panel) de Windows, haga clic en el icono **Sonidos** (Sounds).

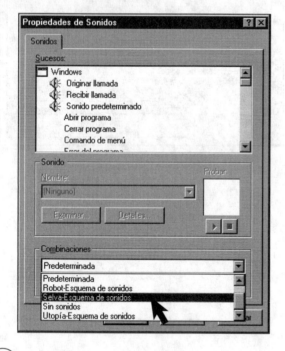

2 Abra la lista desplegable **Combinaciones** (Schemes) y elija la combinación de sonidos deseada.

3 Para probar el sonido que está ligado a un evento, primero haga clic en el evento deseado de la lista **Sucesos** (Events).

4 Haga clic en el botón **Probar** (Preview) y Windows reproduce el sonido.

5 Para aplicar un sonido distinto (de cualquier combinación de sonidos) al suceso seleccionado, abra la lista desplegable **Nombre** (Name) y elija el sonido que desee.

Hágalo usted mismo Elija una combinación de sonidos para Windows

6 Si cambia una combinación de sonidos para Windows, deberá guardarla con un nombre distinto para que la combinación original de sonidos permanezca intacta. Haga clic en el botón **Guardar como** (Save As).

8 Para ligar un sonido que usted grabó o adquirió, a un suceso en particular, haga clic en la lista **Sucesos** (Events) y luego en el botón **Examinar** (Browse).

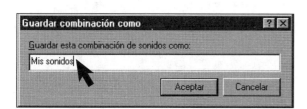

7 En el cuadro de diálogo Guardar combinación como (Save Scheme As), escriba un nombre para la nueva combinación de sonidos y haga clic en **Aceptar** (OK).

9 En el cuadro de diálogo Buscar el sonido (Browse for Sound), vaya a la unidad y carpeta dentro de la cual usted guardó su sonido, haga clic en su nombre y luego elija **Aceptar**.

(continúa)

Hágalo usted mismo   Elija una combinación de sonidos para Windows   *(continuación)*

10 De vuelta en el cuadro de diálogo Propiedades de sonidos (Sound Properties). Haga cualquier cambio que desee y luego haga clic en **Aceptar** (Ok). Windows activará inmediatamente los nuevos sonidos.

Cambie el tema del escritorio

C uando la mayoría de las personas empieza a explorar Windows, una de las primeras cosas que hace es cambiar los colores y fondos del escritorio. Parece que la gente disfruta teniendo el control de su ambiente de trabajo y esto se refleja en sus computadoras personales. Es muy probable que usted ya haya cambiado el escritorio de Windows utilizando el cuadro de diálogo Propiedades de pantalla (como se explicó en "Cambie las propiedades de pantalla" en la página 406).

Además de las propiedades de pantalla comunes, que también estaban disponibles en Windows 95, Windows 98 contiene un conjunto de temas de escritorio. Éstos cambian la apariencia de casi cualquier cosa que esté sobre el escritorio de Windows, incluyendo los iconos utilizados para Mi PC (My Computer) y para la Papelera de reciclaje, el puntero del ratón, las ventanas de los programas y documentos, los cuadros de diálogo y el protector de pantalla. Por ejemplo, si usted elige el escritorio de Criaturas peligrosas (Dangerous Creatures), el icono para Entorno de red (Network Neighborhood) tomará la forma de una tarántula, el puntero de su ratón se convertirá en una medusa y al activarse el protector de pantalla usted verá nadar tiburones y peces vela por todo su monitor.

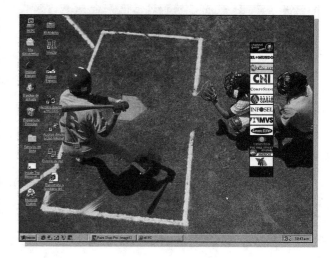

El siguiente proyecto le muestra cómo elegir un tema de escritorio distinto. Sin embargo, antes de realizar el proyecto, deberá instalar uno o dos temas del escritorio de los que no se instalan en forma predeterminada. Para mayores detalles, vea "Agregue y quite componentes de Windows" en la página 422.

Hágalo usted mismo   Elija un tema del escritorio

1 En el Panel de control (Control Panel) de Windows, haga clic en el icono **Temas del escritorio** (Desktop Themes).

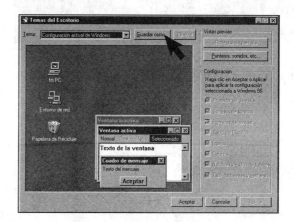

2 En la ventana Temas del escritorio, haga clic en el botón **Guardar como** (Save As) para guardar su configuración actual del escritorio como un punto de inicio.

(continúa)

Hágalo usted mismo   Elija un tema del escritorio   *(continuación)*

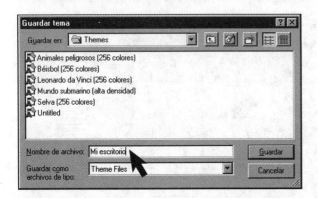

3 En el cuadro de texto **Nombre de archivo** (File Name) escriba un nombre para el tema y luego haga clic en el botón **Guardar** (Save).

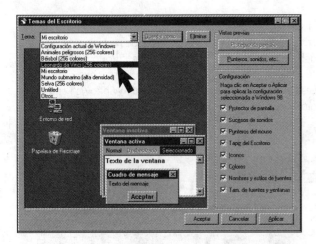

4 Abra la lista desplegable **Tema** (Theme) y elija el tema de escritorio deseado.

5 El tema seleccionado aparece en el área de vista previa. Para ver previamente el protector de pantalla, haga clic en el botón **Protector de pantalla** (Screen Saver).

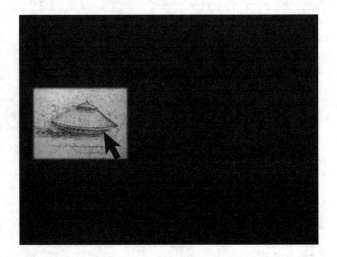

6 Windows despliega el protector de pantalla. Para desactivarlo, mueva el puntero del ratón o presione una tecla.

Hágalo usted mismo   Elija un tema del escritorio

7 Para ver previamente los punteros del ratón, sonidos e iconos, haga clic en el botón **Punteros, sonidos, etc.** (Pointers, Sounds, etc.).

9 Puede desactivar componentes independientes del tema de escritorio haciendo clic en el nombre de cada componente, para quitar la marca de su casilla de verificación. Para guardar su configuración, haga clic en **Aceptar** (OK).

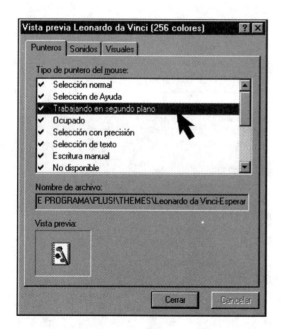

8 Aparece la ventana de Vista previa (Preview). Haga clic en la ficha del tipo de objeto que desee ver: **Punteros** (Pointers), **Sonidos** (Sounds) o **Visuales** (Visuals). Haga doble clic en un elemento de la lista para mostrarlo en el área de vista previa o para escuchar un sonido. Cuando haya terminado, haga clic en el botón **Cerrar** (Close).

Corra programas en forma automática al iniciar

Si siempre trabaja con los mismos programas cada vez que utiliza Windows, puede configurar su sistema para que inicie automáticamente sus programas al encender la computadora. Windows 98 tiene un menú Inicio (Startup) que usted puede abrir haciendo clic en Inicio I Programas I Inicio (Start I Programs I Startup). El menú ya podría contener iconos para algunos programas que necesitan ejecutarse en segundo plano. Al iniciar, Windows abre en forma automática cualquier programa del menú Inicio.

Para agregar un programa al menú Inicio, utilice la ficha Programas del menú Inicio (Start Menu Programs) del cuadro de diálogo Propiedades de barra de tareas (Taskbar Properties). Tal vez ya encontró esta ficha cuando agregó programas al menú Inicio en la sección "Configure el menú Inicio" en la página 53. El proceso para agregar un programa al menú Inicio es el mismo. El proyecto siguiente le muestra lo que tiene que hacer.

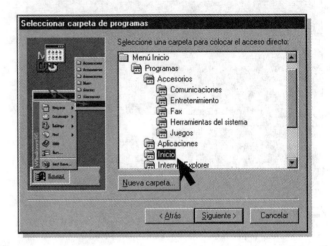

Hágalo usted mismo   Agregue un programa al menú Inicio

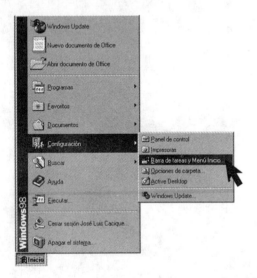

1 Haga clic en **Inicio** (Start), vaya a **Configuración** (Settings) y seleccione **Barra de tareas y menú Inicio** (Taskbar & Start Menu).

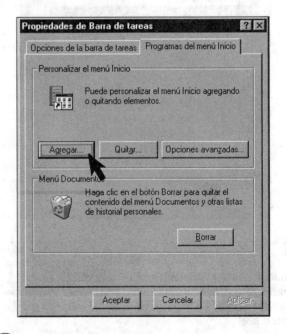

2 En el cuadro de diálogo Propiedades de barra de tareas (Taskbar Properties), haga clic en la ficha **Programas del menú Inicio**.

3 Haga clic en el botón **Agregar** (Add).

Hágalo usted mismo   Agregue un programa al menú Inicio

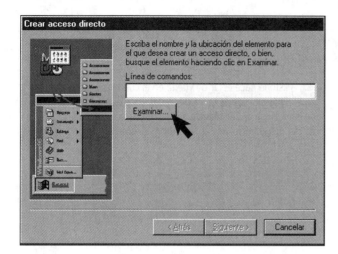

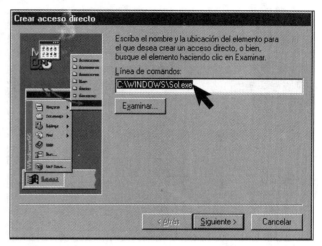

4 Aparece el cuadro de diálogo Crear acceso directo (Create Shortcut), pidiéndole especificar la ubicación y nombre del archivo que abre el programa. Haga clic en el botón **Examinar** (Browse).

6 Así regresa al cuadro de diálogo Crear acceso directo, y la ubicación y nombre del archivo seleccionado aparecen en el cuadro de texto Línea de comandos (Command Line). Haga clic en **Siguiente** (Next).

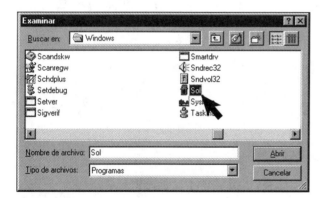

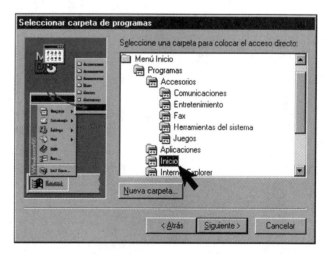

5 En el cuadro de diálogo Examinar, vaya a la unidad y carpeta que contiene el archivo que abre el programa. Selecciónelo y haga clic en **Abrir** (Open).

7 Aparece el cuadro de diálogo Seleccionar carpeta de programas (Select Program Folder). Haga clic en la carpeta **Inicio** (StartUp) y luego en **Siguiente**.

(continúa)

Hágalo usted mismo Agregue un programa al menú Inicio *(continuación)*

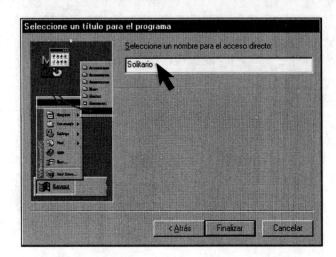

8 Windows le pide dar un nombre al acceso directo. Escriba el nombre del programa como usted quiera que aparezca en el menú y haga clic en **Finalizar** (Finish).

9 Esto le hace estar de vuelta en el cuadro de diálogo Propiedades de barra de tareas. Para guardar los cambios que hizo, haga clic en **Aceptar** (OK). El programa está ahora en la lista del menú Inicio y se abrirá automáticamente cuando Windows inicie.

Introduzca preferencias para el teclado

En "Configure un ratón o un dispositivos de juego" (página 373), usted aprendió a controlar la apariencia y el movimiento del puntero de su ratón. Windows brinda un control similar para el teclado, lo que le permite introducir preferencias para las siguientes opciones:

Retraso de la repetición (Repeat Delay). Controla el tiempo que debe mantener presionada una tecla antes de que ésta se empiece a repetir.

Velocidad de repetición (Repeat Rate). Controla la velocidad a que se repite una tecla al mantenerla presionada.

Velocidad de intermitencia del cursor (Cursor Blink Rate). Controla la velocidad a que parpadea el punto de inserción.

Probablemente la configuración estándar de estas opciones le funcione bien. Sin embargo, usted podría descubrir que, mientras trabaja, con frecuencia escribe caracteres repetidos, como espacios o puntos, o que tiene que mantener presionada una tecla durante mucho tiempo para que ésta

se repita. Usted puede cambiar esta configuración para que se acomode a su forma de trabajar. Los proyectos siguientes le muestran lo que debe hacer.

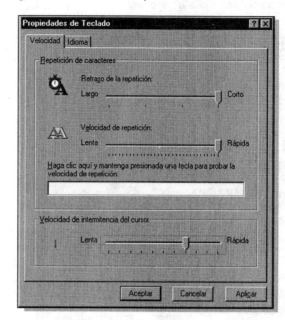

Hágalo usted mismo — Introduzca propiedades para el teclado

1 En el Panel de control (Control Panel) de Windows, haga clic en el icono **Teclado** (Keyboard).

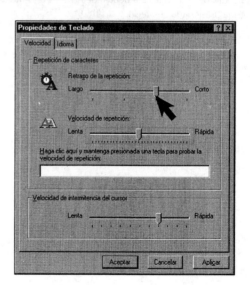

2 Aparece el cuadro de diálogo Propiedades de Teclado (Keyboard Properties) con la ficha Velocidad (Speed) al frente. Para cambiar el retraso de la repetición, arrastre el control deslizable **Retraso de la repetición** a la izquierda para incrementar el tiempo de espera o a la derecha para reducirlo.

(continúa)

Hágalo usted mismo   Introduzca propiedades para el teclado

3 Para cambiar la velocidad a que se insertan los caracteres de repetición, arrastre el control deslizable **Velocidad de repetición** (Repeat Rate) hacia la izquierda para disminuir la velocidad o a la derecha para incrementarla.

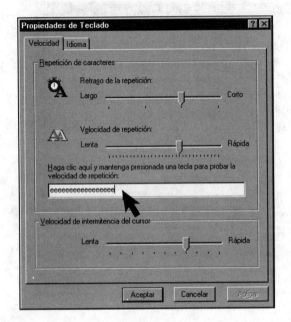

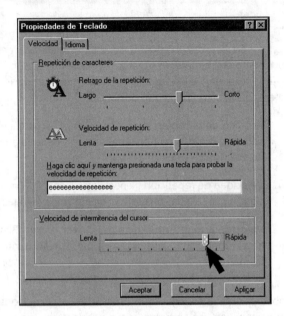

6 Para cambiar la velocidad de parpadeo del punto de inserción, arrastre el control deslizable **Velocidad de intermitencia del cursor** (Cursor Blink Rate) hacia la izquierda para disminuir la velocidad o hacia la derecha para incrementarla. Para guardar su configuración, haga clic en **Aceptar** (OK).

4 Para probar la velocidad de repetición, haga clic en el cuadro de texto que está debajo de los controles deslizables y mantenga presionada una tecla.

5 Repita los pasos 3 y 4 según sea necesario, para hacer cualquier cambio en el retraso y la velocidad de repetición.

Proteja su computadora con una contraseña

En la sección "Cambie las propiedades de pantalla" en la página 406, usted aprendió a utilizar la contraseña del protector de pantalla para proteger su computadora. Esto le permite alejarse de su computadora sin tener que preocuparse porque alguien pudiera ver su pantalla.

Sin embargo, a veces tiene que compartir su computadora con sus colegas o con los miembros de su familia. Cuando varias personas comparten una computadora, cada quien necesita tener acceso a ésta y probablemente cada una de ellas tenga una idea distinta sobre cómo configurar el escritorio de Windows y el ambiente de trabajo. Esto plantea un problema, pues a usted no le convendría configurar su sistema cada vez que alguien más haya cambiado la configuración de Windows.

Para resolver este problema, Windows le permite configurar su sistema para más de un usuario. A cada usuario se le da un nombre y contraseña que lo identifica. Cuando una persona hace cambios al escritorio de Windows o al ambiente de trabajo, Windows guarda los cambios exclusivos de esa persona. Cada quien podrá entonces configurar Windows por su cuenta, sin afectar la configuración de alguien más.

El proyecto siguiente le muestra cómo insertar nombres de usuarios y contraseñas para iniciar la sesión en Windows.

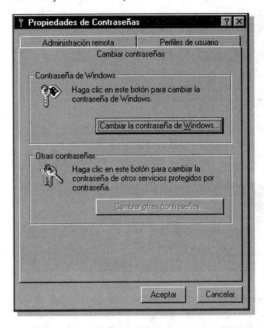

Hágalo usted mismo   Configure Windows para múltiples usuarios

1 En el Panel de control (Control Panel) de Windows, haga clic en el icono **Contraseñas** (Passwords).

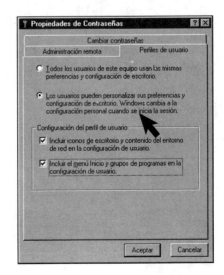

2 En el cuadro de diálogo Propiedades de Contraseñas (Passwords Properties), haga clic en la ficha **Perfiles de usuario** (User Profiles) y elija **Los usuarios pueden personalizar sus preferencias y**... (Users Can Customize Their Preferences...).

(continúa)

Hágalo usted mismo   Configure Windows para múltiples usuarios   *(continuación)*

3 Bajo Configuración del perfil de usuario (User Profile Settings), asegúrese de que ambas opciones estén seleccionadas. Haga clic en **Aceptar** (OK).

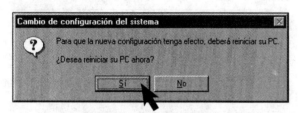

4 Se le pide reiniciar Windows. Cierre cualquier programa que esté abierto actualmente y luego haga clic en **Sí** (Yes).

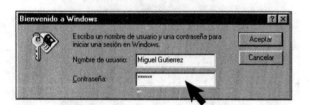

5 Al reiniciar, Windows, le pide que inserte su nombre de usuario y contraseña. Escriba la información solicitada y haga clic en **Aceptar**. (Quienquiera que utilice la computadora deberá realizar este paso y el siguiente.)

Si no le preocupa la seguridad del sistema y sólo quiere configurar su computadora para varios usuarios, cada usuario puede dejar en blanco el cuadro de texto Contraseña (Password). De este modo, para iniciar la sesión de Windows, los usuarios simplemente escribirán su nombre de usuario.

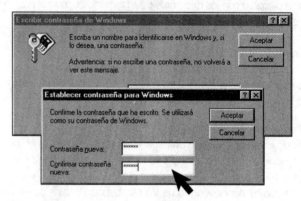

6 Windows le insta a confirmar su contraseña. Escríbala en los cuadros de texto **Contraseña nueva** (New Password) y **Confirmar contraseña nueva** (Confirm New Password) y luego haga clic en **Aceptar**.

7 Windows le indica que usted no se había registrado antes en esta computadora y le pregunta si desea guardar cualquier parámetro que introduzca para la próxima vez que inicie la sesión. Haga clic en **Sí**.

Utilice las herramientas de Internet

E n "Cómo utilizar Windows 98 en World Wide Web" en la página 217, usted aprendió a utilizar la herramienta más importante de Internet, el explorador Web, para abrir páginas Web, reproducir archivos multimedia y recorrer Web. En "Cómo utilizar Outlook Express para correo y noticias" en la página 321 de la Parte 1, aprendió a utilizar el programa de correo electrónico de Microsoft para enviar y recibir mensajes de correo electrónico y para leer y publicar mensajes en los grupos de noticias.

Esta sección le da instrucciones para usar esas mismas herramientas de Internet para fines prácticos, como buscar empleo, ir de compras y temas generales de computación. Además, los proyectos de esta sección le presentan las herramientas que usted aún no ha encontrado, como Microsoft Chat, que le permite intercambiar mensajes escritos en forma instantánea con otras personas alrededor del mundo.

Qué encontrará en esta sección

Busque un empleo

L as compañías están invadiendo Web no sólo para promover sus productos en línea, sino también para encontrar personal calificado que conozca de computadoras y sepa cómo trabajar en Internet. Para sacar el mayor provecho de este creciente mercado de empleo, usted necesita saber cómo localizar las compañías que están contratando personal, dónde buscar listas de empleo en línea y cómo hacer contacto con las compañías a través del correo electróni-

co. También le ayuda a publicar su currículum en Web o en los grupos de noticias adecuados.

Este proyecto no se enfoca a alguna de las herramientas de Internet que se incluyen con Windows 98. En vez de ello, le muestra cómo utilizar varias de las herramientas de Internet en conjunto (como Internet Explorer, FrontPage Express y Outlook Express) para realizar una efectiva y exitosa búsqueda de empleo en Internet.

Hágalo usted mismo   Ubique prospectos de empleo

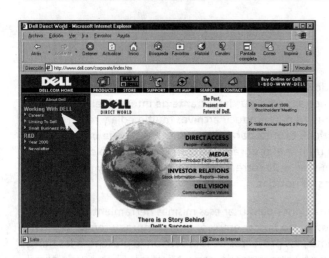

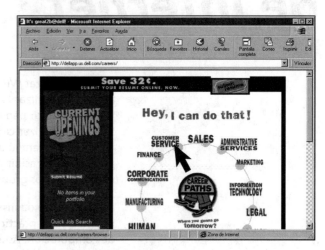

1 Si sabe para qué compañía desea trabajar, conéctese a la página principal de ella (la mayoría de las grandes compañías tiene su propia página principal en Web) y busque un vínculo que se llame **Empleos** (Employments) o **Bolsa de trabajo** (Jobs). Haga clic en el vínculo.

2 En general el vínculo Bolsa de trabajo o Empleos despliega una página que enlista las vacantes actuales. Si la página presenta varias categorías, haga clic en el vínculo de la categoría deseada y siga la trayectoria que le marcan los vínculos hasta que encuentre el anuncio deseado.

Hágalo usted mismo   Ubique prospectos de empleo

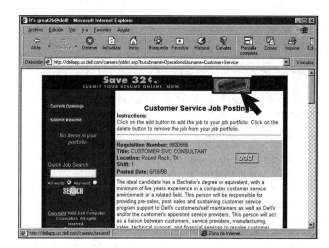

3 Tarde o temprano encontrará una página que muestre una descripción de la vacante actual. Lea la descripción del empleo, tal como lo haría en su periódico local. Podría incluso haber un vínculo en el que debiera hacer clic para enviar su currículum en línea.

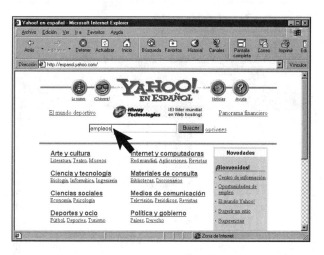

4 Web tiene también varios sitios que publican listas de empleos. Abra su programa de búsqueda favorito, como se explicó en "Encuentre información en Web" en la página 261, y busque la lista de empleos.

Yahoo organiza los sitios por categorías, por ello es una de las mejores herramientas de búsqueda para encontrar listas de empleo. Vaya a Yahoo en www.yahoo.com y busque **Empleos** (Jobs). Aparecerán varios vínculos para las distintas categorías, lo que le ayudará a delimitar la búsqueda para su área profesional.

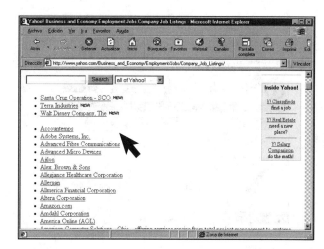

5 La herramienta de búsqueda encontrará y mostrará una extensa lista de vínculos hacia listas de empleos en línea. Haga clic en el vínculo deseado.

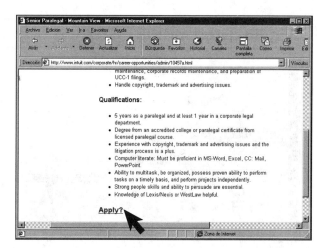

6 Muchas listas ofrecen una descripción del empleo y su ubicación e información para hacer contacto con la compañía. Anote o imprima la información que necesite. (La anotación también deberá contener los vínculos hacia la página Web de la compañía y hacia una dirección de correo electrónico que usted pueda utilizar para obtener más información o para enviar su currículum.)

(continúa)

Hágalo usted mismo Ubique prospectos de empleo *(continuación)*

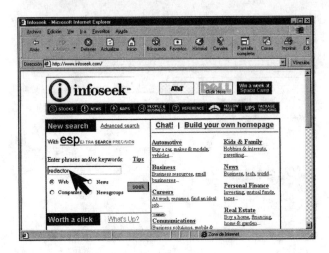

7 Otra forma de encontrar empleo es usar su herramienta favorita de búsqueda para encontrar el título del empleo deseado, como "redactor" o "asistente comercial". Considere la posibilidad de agregar palabras como "empleo" (job), "solicito" (wanted), "puesto" (position) y "vacante" (opening) a su frase de búsqueda o especificar el estado o ciudad para delimitar la búsqueda.

Cuando haga su búsqueda por el título del empleo, espere encontrar una extensa lista de vínculos que no tienen nada que ver con vacantes. Podría incluso encontrar algunos vínculos que lo lleven hacia otras personas que buscan el mismo empleo. Si encuentra un vínculo como éstos, haga clic en él para saber qué están haciendo otras personas para anunciarse en línea.

Hágalo usted mismo Cree una página Web con su currículum

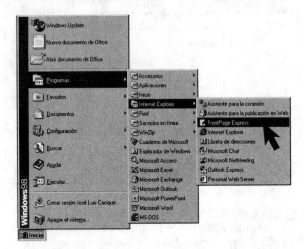

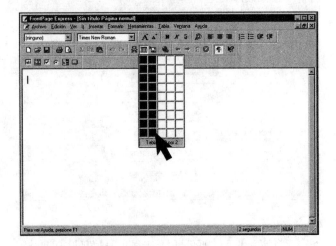

1 Haga clic en el botón **Inicio** (Start), vaya a **Programas** (Programs), luego a **Internet Explorer** y haga clic en **FrontPage Express.**

2 Ahora haga una tabla de dos columnas para insertar las categorías y fechas en la columna izquierda y los detalles en la columna derecha. Haga clic en el botón **Insertar tabla** (Insert Table) y arrastre el puntero hacia abajo y a la derecha para seleccionar dos columnas y varias filas.

Hágalo usted mismo Cree una página Web con su currículum

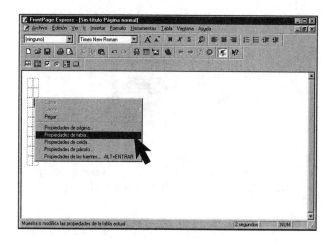

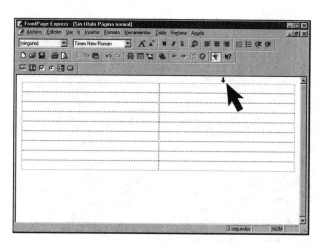

3 Al soltar el botón del ratón, FrontPage Express inserta la tabla. Haga clic con el botón derecho del ratón en la tabla y elija **Propiedades de tabla** (Table Properties).

5 Mueva el puntero del ratón sobre la columna derecha para que tome la forma de una flecha que apunta hacia abajo y luego haga clic para seleccionar la columna.

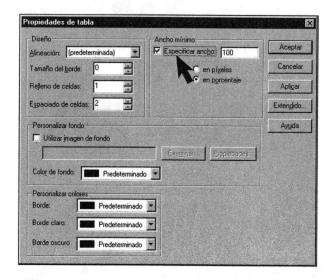

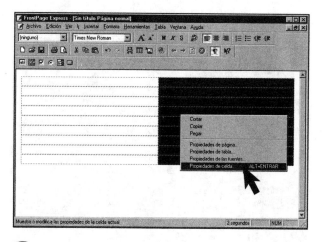

6 Haga clic con el botón derecho del ratón en una de las celdas seleccionadas y elija **Propiedades de celda** (Cell Properties).

4 En el cuadro de diálogo Propiedades de tabla, elija **Especificar ancho** (Specify Width) y asegúrese de que el parámetro esté al 100 por ciento para que la tabla tenga el ancho de la página. Haga clic en **Aceptar** (OK).

(continúa)

Hágalo usted mismo   Cree una página Web con su currículum   *(continuación)*

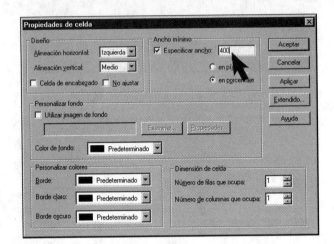

7 En el cuadro de diálogo Propiedades de celda (Cell Properties), haga clic en **Especificar ancho** (Specify Width), elija **En porcentaje** (In Percent) y escriba **400** en el cuadro de texto. Haga clic en **Aceptar** (OK).

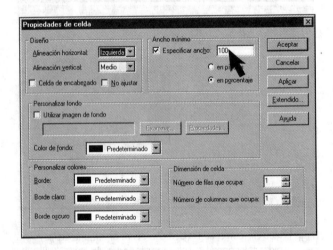

8 Repita los pasos 5 a 7 para la columna izquierda, pero escriba **100** en el cuadro de texto **Especificar ancho**. Esto hace que la columna izquierda tenga una quinta parte del ancho de la tabla y que la columna derecha tenga cuatro quintas partes de ancho.

9 Para crear una sola celda larga deberá combinar las dos celdas superiores. Haga clic en una de las celdas superiores, abra el menú **Tabla** (Table) y elija **Seleccionar fila** (Select Row).

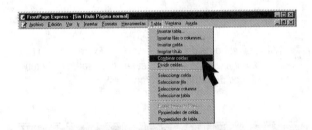

10 Las dos celdas superiores quedan resaltadas. Abra el menú **Tabla** y elija **Combinar celdas** (Merge Cells).

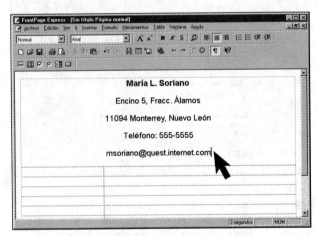

11 Las dos celdas se han combinado para crear una sola. Escriba su nombre, dirección, número telefónico y dirección de correo electrónico en líneas independientes (para empezar una nueva línea, presione **Mayús+Entrar** [Shift+Enter]). Luego dé formato al texto a su gusto. (En esta figura, todas las líneas están centradas y el nombre está en negritas.)

Hágalo usted mismo   Cree una página Web con su currículum

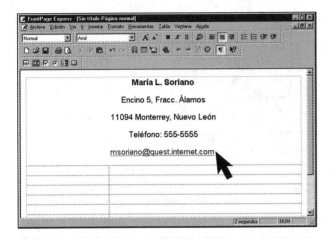

12 Cuando escriba su dirección de correo electrónico y presione la barra espaciadora, FrontPage Express convertirá automáticamente el texto en un vínculo. Detrás del vínculo aparece **mailto:** *su dirección*. Esto facilita a los posibles contratantes hacer contacto inmediatamente con usted por correo electrónico.

Si usted es artista, escritor o editor, o tiene documentos adicionales que le ayudarán a conseguir una entrevista, puede colocar muestras de su trabajo o de cualquier otro documento en su sitio Web y añadir vínculos que señalen hacia esos documentos. Para aprender más sobre cómo insertar vínculos, vea "Haga una página Web sencilla con FrontPage Express" en la página 287.

13 Haga clic en la siguiente celda hacia abajo y a la izquierda; haga clic en el botón **Negritas** (Bold) y escriba el nombre de una categoría, como **Experiencia laboral** o **Estudios**.

14 Presione la **Flecha hacia abajo** (Down Arrow) para ir a la celda inferior, haga clic en el botón **Negritas** (Bold [N]) y luego escriba las fechas de la primera anotación de esa categoría.

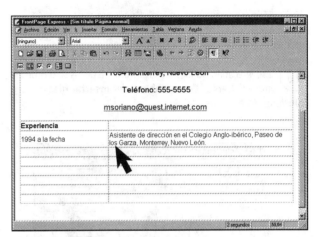

15 Haga clic en la celda a la derecha de la fecha y escriba una breve descripción de sus actividades durante ese periodo de tiempo.

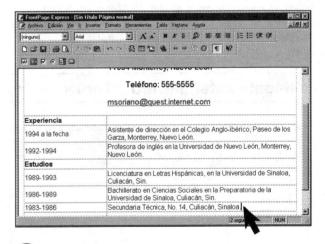

16 Repita los pasos del 13 al 15 para insertar categorías, fechas y descripciones adicionales.

(continúa)

Hágalo usted mismo Cree una página Web con su currículum *(continuación)*

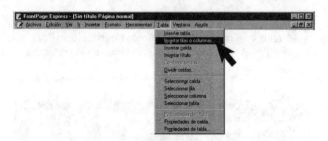

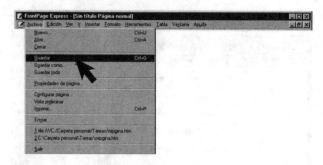

17 Si se le acaban las filas, haga clic en una de las celdas de la última fila, abra el menú **Tabla** y elija **Insertar filas o columnas** (Insert Rows or Columns).

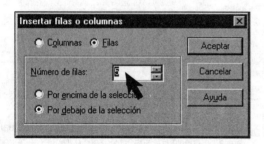

18 En el cuadro de diálogo Insertar filas o columnas, asegúrese de que la opción **Filas** (Rows) esté seleccionada y utilice el cuadro combinado **Número de filas** (Number of Rows) para especificar el número deseado de filas. Haga clic en **Por debajo de la selección** (Below Selection) y luego en **Aceptar** (Ok).

19 Cuando haya terminado de crear su currículum, utilice el comando **Archivo | Guardar** (File | Save) para publicarlo en su sitio Web. Vea "Ponga su página en Web" en la página 295.

Muchos sitios de empleos le permiten publicar su currículum. Además, usted puede enviarlo por correo electrónico a los posibles contratantes adjuntándolo a su mensaje. Para mayores detalles, vea "Envíe mensajes y respuestas" en la página 332.

Hágalo usted mismo Encuentre empleo en los grupos de noticias

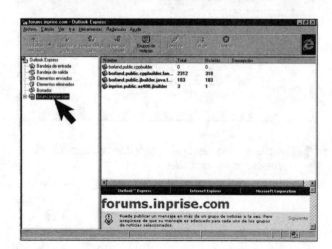

2 Haga clic en el botón **Grupos de noticias** (Newsgroups).

1 Otro lugar donde usted puede buscar empleo es en los grupos de noticias. Abra Outlook Express y haga clic en el icono de su servidor de noticias. Vea "Configure su cuenta del servidor de noticias" en la página 348.

Hágalo usted mismo   Encuentre empleo en los grupos de noticias

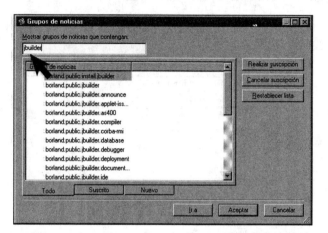

3 Aparece la ventana Grupos de noticias, mostrando una lista de todos los grupos de noticias disponibles en el servidor de noticias seleccionado. En el cuadro de texto **Mostrar grupos de noticias que contengan** (Display Newsgroups Which Contain), escriba **jbuilder**.

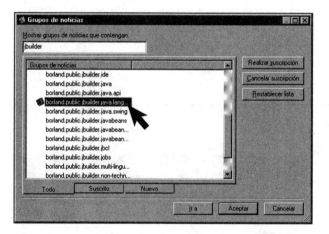

4 La lista se filtra para mostrar únicamente los grupos de noticias cuyos nombres contengan la palabra "jbuilder". Para suscribirse a esos grupos de noticias, haga doble clic en sus nombres. Vea "Encuentre, suscríbase y cancele su suscripción a los grupos de noticias" en la página 352. Después, haga clic en **Aceptar** (OK).

Muchos nombres de grupos de noticias tienen abreviaturas que especifican una ciudad, estado u organización donde reside el grupo. Por ejemplo, chi.jobs contiene mensajes que corresponden a empleos del área de Chicago. Otras partes del nombre del grupo de noticias podrían indicar el tipo de empleo, como pdaxs.jobs.clerical (para puestos en oficinas) y csd.academic-jobs (para docencia).

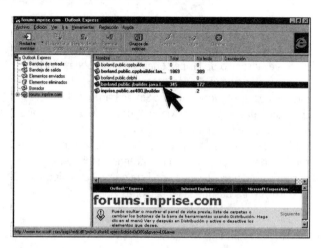

5 Con esto, regresa a la ventana principal de Outlook Express, donde aparece una lista de los grupos a que se ha suscrito. Para ver los mensajes, haga doble clic en el nombre de un grupo de noticias.

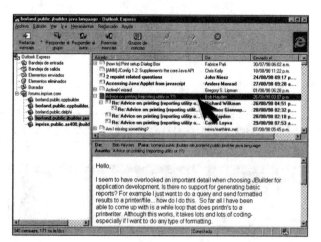

6 En el panel superior derecho aparecen las descripciones del mensaje. Si desea ver el contenido de una descripción dentro del panel inferior derecho, haga clic en la descripción. Para mayores detalles sobre cómo leer y responder los mensajes de los grupos de noticias, vea "Lea mensajes de los grupos de noticias" en la página 355 y "Publique mensajes y respuestas" en la página 359.

Encuentre parientes y amigos

En la sección "Use la Libreta de direcciones" en la página 340, usted aprendió a buscar las direcciones de correo electrónico de las personas, empleando las distintas herramientas de búsqueda de Internet desde la Libreta de direcciones de Outlook Express. Sin embargo, habrá veces en que usted desee localizar a un amigo o pariente para conocer su domicilio o su número telefónico. Puede hacerlo utilizando las versiones para páginas Web de las mismas herramientas de búsqueda que utilizó anteriormente en este libro. A continuación se presenta una lista de las herramientas más populares para búsqueda de personas y de sus direcciones Web:

Four11 en `four11.com`

Bigfoot en `bigfoot.com`

Infospace en `infospace.com`

SwitchBoard en `switchboard.com`

WhoWhere? en `whowhere.com`

Yahoo en `yahoo.com/search/people/`

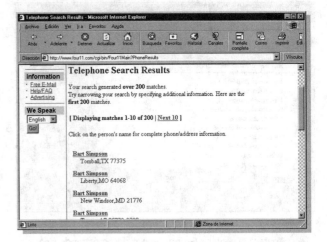

Aunque estas herramientas de búsqueda le brindan un método bastante intuitivo de buscar números telefónicos y direcciones, probablemente no sepa qué puede esperar cuando se conecte a una de estas páginas. El proyecto siguiente le presenta un ejemplo paso a paso de cómo utilizar Four11 para buscar personas por medio de un directorio en línea. Como lo verá en el proyecto, Four11 puede incluso ¡darle la dirección de la casa de esa persona!

Hágalo usted mismo   Busque personas con Four11

1 Abra Internet Explorer, escriba **www.four11.com** en el cuadro de texto **Dirección** (Address) y presione **Entrar**.

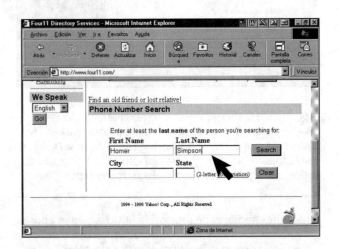

2 La página principal de Four11 le pregunta si desea buscar direcciones de correo electrónico o números telefónicos. Desplácese hacia el formulario **Phone Number Search**.

Hágalo usted mismo   Busque personas con Four11

3 Escriba la información requerida, incluyendo el nombre de la persona, el apellido y la ciudad o estado donde vive. (Si la persona tiene un apellido poco usual, sólo tendrá que escribirlo.) Haga clic en el botón **Búsqueda** (Search).

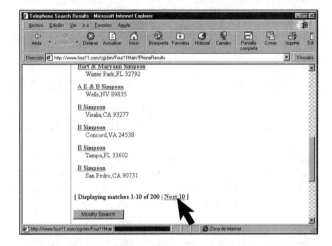

4 Four11 localizará una lista de las personas que están dentro de su directorio cuyos datos coincidan con los que usted escribió. Si la lista es muy extensa, haga clic en el vínculo **Next 10,** en la parte final de la lista para que pueda ver más nombres.

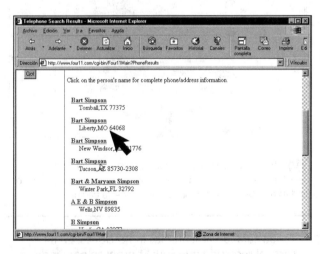

5 Cuando encuentre el vínculo hacia la persona que usted busca, haga clic en él.

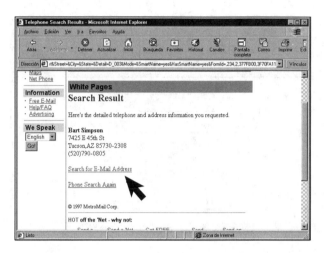

6 Four11 despliega el domicilio y el número telefónico de esa persona, junto con los vínculos para buscar su dirección de correo electrónico.

7 Una vez que tenga el domicilio de la persona, apúntelo o selecciónelo, cópielo y luego haga clic en el vínculo **Map/Directions**.

(continúa)

Hágalo usted mismo   Busque personas con Four11   *(continuación)*

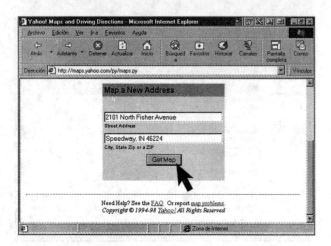

8 Recorra hacia abajo la página resultante e introduzca los datos en los cuadros de texto correspondientes; haga clic en el botón **Get Map.**

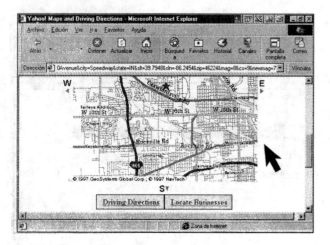

9 Aparece un mapa con los botones Driving directions y Locate Businesses. Haga clic en **Driving Directions**.

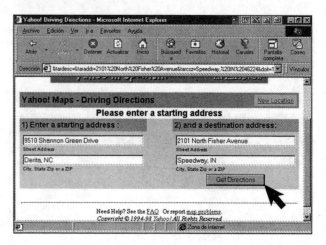

10 En los cuadros de texto de la página siguiente, escriba la dirección, la ciudad, el estado y el código postal de donde va a salir (por ejemplo, la dirección de su casa) y los datos del lugar a donde va a ir. Haga clic en el botón **Get Directions**.

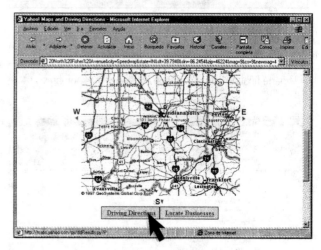

11 Four11 despliega dos mapas, uno con la ruta completa, desde la dirección de salida que usted escribió a la dirección de destino. (No olvide que puede imprimir esta página.)

Tenga cuidado al seguir las indicaciones. En mi caso, el recorrido que Four11 propuso para ir de mi casa en Indianapolis a la casa de mis padres en Chicago, añadió una hora al recorrido.

Productos y servicios

La compra de artículos por Internet le ofrece algunas ventajas exclusivas. Puesto que son tantas las compañías que se quieren establecer como los mejores lugares donde usted puede comprar, y puesto que no tienen que pagar mucho dinero por la renta de espacios de almacenamiento, éstas ofrecen los mejores precios. Además, aquí a menudo hallará productos que no puede encontrar en ninguna otra parte, como esos lentes para sol que se mencionan en el comercial de AT&T en Internet y otros artículos especiales. Incluso puede utilizar la mayoría de las herramientas de búsqueda de Internet para rastrear estos artículos específicos. Comprar en línea también le permite hacer su pedido en forma inmediata, como si estuviera ordenando desde un catálogo por correo.

Sin embargo, tenga mucho cuidado al comprar un artículo en Internet. Si da su número de tarjeta de crédito a una persona deshonesta y que sabe cómo configurar una página Web, podría sorprenderse al descubrir en su siguiente estado de cuenta que alguien ha estado haciendo compras a expensas suyas. Asegúrese de hacer pedidos a compañías de prestigio que tengan instalado un sistema para hacer transacciones seguras. A menos que haya desactivado los mensajes de advertencia de Internet Explorer, éste le indicará cuándo cambia de un sitio seguro a uno inseguro, o viceversa. Si usted ha desactivado los mensajes de advertencia, bus-

que en la barra de estado el icono de un candado. La presencia de este icono le indica que el sitio es seguro.

En caso de que haya encontrado algunos centros comerciales electrónicos en Web, este proyecto le muestra cómo conectarse en forma activa a algunos de los mejores. Antes de empezar, tenga su tarjeta de crédito junto al teclado. Antes de comprar cualquier cosa, en la mayoría de las compañías de Web, deberá proporcionar información para facturación, incluyendo un número de tarjeta de crédito.

Hágalo usted mismo   Compre en Web

1 Abra Internet Explorer, haga clic en el cuadro de texto **Dirección** (Address), escriba **www.icw.com/ams.html** y presione **Entrar**.

2 Internet Explorer le lleva a Access Market Square, donde encontrará vínculos hacia ropa, artículos electrónicos, arte, flores y mucho más. Haga clic en el vínculo del producto deseado.

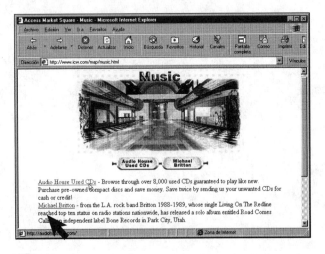

3 Access Market Square abre una lista de las compañías en Web que venden el producto seleccionado, junto con descripciones de las compañías y los vínculos que apuntan hacia sus sitios. Haga clic en el vínculo deseado.

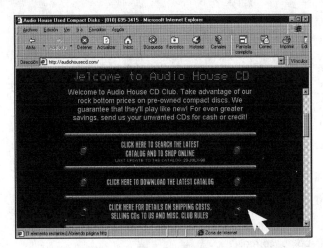

4 Puesto que Access Market Square le proporciona vínculos hacia otras tiendas en línea, el procedimiento para comprar varía dependiendo de la tienda en que se encuentre. Siga los vínculos como lo haría con cualquier sitio Web.

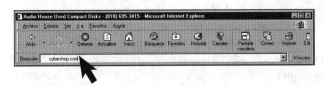

5 Cuando haya terminado de explorar Access Market Square, visite CyberShop, uno de los centros comerciales en línea más exclusivos. Haga clic en el cuadro de texto **Dirección**, escriba **cybershop.com** y presione **Entrar**.

6 En CyberShop, haga clic en el vínculo **Shop By Brand**.

Hágalo usted mismo Compre en Web

Usted puede firmar un acuerdo con CyberShop
para registrarse y recibir promociones especiales,
así como un descuento de 10% en su primer pedido.
Haga clic en el vínculo **Sign Up** y llene el formulario resultante para registrarse.

7 Recorra la página del directorio de tiendas, abra la lista
View the Classifications within a Department y elija la
categoría de productos deseada.

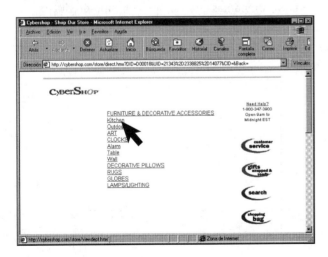

8 CyberShop despliega una lista de subcategorías. Haga clic
en la subcategoría deseada.

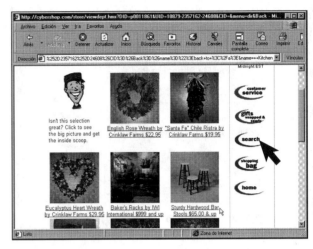

9 Aparece un catálogo, con imágenes y precios de los
productos de la categoría seleccionada. Para conocer más
sobre un producto, haga clic en su vínculo.

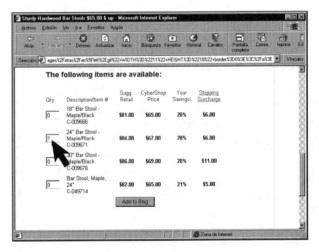

10 Cuando encuentre un artículo que desee ordenar, recorra la
página hacia abajo, haga clic en el cuadro de texto **Qty** y
escriba la cantidad de artículos que desea ordenar. Luego haga clic
en **Add to Bag**.

(continúa)

Hágalo usted mismo   Compre en Web   *(continuación)*

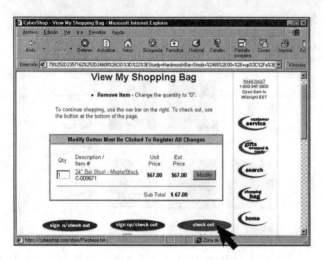

11 CyberShop despliega los detalles del pedido. Usted puede seguir comprando otros artículos y agregarlos a su bolsa. Cuando haya terminado, haga clic en el vínculo **Check Out**.

14 Cuando haya terminado en CyberShop, vea los siguientes centros comerciales en línea:

Barclay Square en www.barclaysquare.co.uk
eShop en www.eshop.com/
Internet Shopping Network en www.isn.com/
Net Market en www.netmarket.com/

Si busca un producto específico, utilice una herramienta de búsqueda en Web para encontrar ese producto. Probablemente encuentre vínculos hacia varias compañías que venden el mismo producto.

12 Le conducen a la página Check Out. Observe el icono del candado en la barra de estado de Internet Explorer, esto indica que el sitio es seguro.

13 Aparece un formulario para el pedido, pidiéndole insertar la información para el envío y la facturación. Llene el formulario y haga clic en **Continue**. Siga las instrucciones en pantalla para enviar su pedido.

Soporte técnico

C asi cualquier compañía de hardware y software para computadoras tiene su propio sitio Web, donde usted puede comprar los productos directamente y encontrar soporte técnico para los que ya tiene. Si su impresora no está alimentando el papel correctamente, si tiene problemas para instalar su tarjeta de sonido, si continúa recibiendo misteriosos mensajes de error en su programa favorito o si tiene algún otro problema o pregunta relacionado con su computadora, por lo general usted puede encontrar la solución en Internet.

Además, las compañías de computadoras y software actualizan con frecuencia su software y publican las actualizaciones y las correcciones en sus sitios Web para que usted las descargue. Si tiene problemas con algún dispositivo, como su impresora o su módem, revise el sitio Web del fabricante para buscar controladores actualizados. Si tiene problemas con algún programa, revise el sitio Web de la compañía que produce el software y busque un *parche*, que es un archivo del programa que usted puede instalar para corregir la falla.

Aunque el siguiente proyecto no le puede mostrar cómo encontrar soporte técnico para problemas específicos, sí le indica cómo encontrar ayuda en el sitio Web de Microsoft y lo que usted puede esperar de sitios Web de fabricantes de

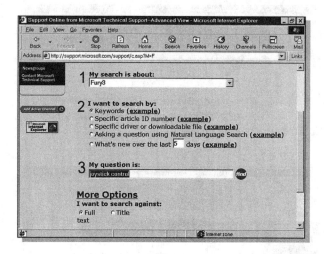

hardware, como Gateway. La tabla siguiente le brinda las direcciones de las páginas Web de algunos de los fabricantes de software y hardware más populares, que le pueden ayudar en su búsqueda. La mayoría de las páginas principales listadas tiene un vínculo para que usted se conecte a la página de soporte técnico. Si una página no tiene un vínculo para soporte, utilice su herramienta de búsqueda para localizar dicha página.

Sitios Web para hardware y software

Compañía	Dirección de la página Web	Compañía	Dirección de la página Web
Acer	www.acer.com	Hitachi	www.hitachipc.com
Borland	www.borland.com	IBM	www.ibm.com
Broderbund	www.broderbund.com	Intel	www.intel.com
Brother	www.brother.com	Iomega	www.iomega.com
Canon	www.ccsi.canon.com	Lotus	www.lotus.com
Compaq	www.compaq.com	Micron Electronics	www.micronpc.com
Corel	www.corel.com	Microsoft	www.microsoft.com
Creative Labs	www.soundblaster.com	Motorola	www.mot.com/MIMS/ISPD/support.html
Dell	www.dell.com	NEC	www.nec.com
Epson	www.epson.com	Packard Bell	www.packardbell.com
Fujitsu	www.fujitsu.com	Panasonic	www.panasonic.com
Gateway	www.gw2k.com	Sony	www.sony.com
Hayes	www.hayes.com	Toshiba	www.toshiba.com
Hewlett-Packard	www.hp.com	US Robotics	www.usr.com

Hágalo usted mismo Accese al soporte técnico en línea

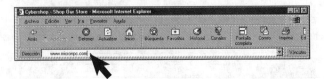

1 En el cuadro de texto **Dirección** (Address) de Internet Explorer, escriba la dirección de la compañía cuyo soporte técnico quiere consultar y presione **Entrar**.

2 Internet Explorer carga la página. Haga clic en el vínculo de **Soporte técnico** o en su equivalente.

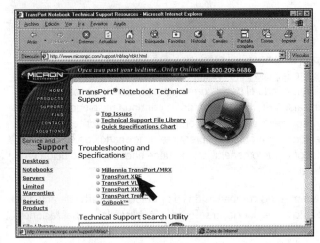

3 En la mayoría de los casos, la página resultante contendrá una lista de vínculos hacia productos o categorías de productos. Siga el camino de vínculos hacia el producto específico que usted tiene.

4 Cuando vea un vínculo para el producto, haga clic en él.

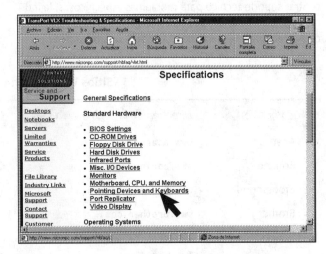

5 La página resultante podría mostrar vínculos adicionales para componentes y software. Haga clic en el vínculo del componente o software con el cual necesita ayuda.

Hágalo usted mismo   Accese al soporte técnico en línea

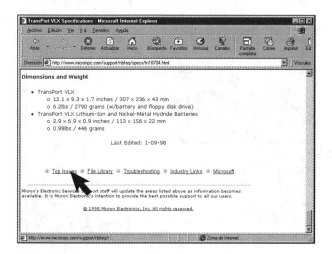

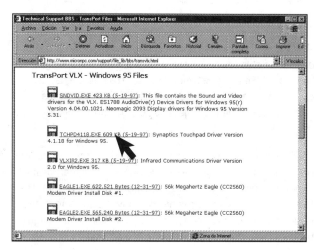

6 En muchos casos, el sitio tiene un vínculo para ver las FAQs (preguntas de uso frecuente). Haga clic en el vínculo para ver una lista de preguntas y problemas que muchos usuarios tienen con respecto al producto.

8 En algunos casos, la compañía ofrece software que usted puede descargar e instalar para corregir el problema. Para aprender a descargar archivos, vea "Guarde sus páginas y archivos Web" en la página 237.

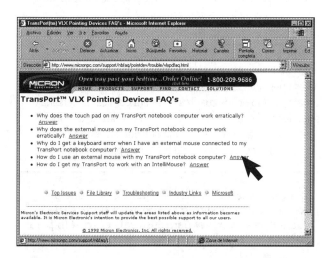

Además de buscar soporte técnico en Web, usted podría encontrar ayuda en los grupos de noticias de otros usuarios que tienen el mismo producto. Utilice Outlook Express para buscar un grupo de noticias que esté dirigido hacia el producto que usted está usando. En muchos casos, encontrará que se está llevando a cabo un debate que puede dar respuesta a su pregunta. Si no encuentra la respuesta en el grupo de noticias, publique una descripción del problema y pida ayuda a los demás usuarios.

7 Aparece la lista FAQ, mostrando preguntas y respuestas. Tal vez tenga que hacer clic en un vínculo para ver la respuesta a una pregunta de la lista.

Conversación en Internet

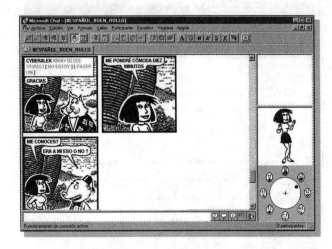

Aunque Internet está conformada principalmente por computadoras que almacenan y suministran archivos para que usted los descargue y los vea, también tiene un lado social. En cualquier momento del día o la noche, usted puede entrar en salones de conversación y tener pláticas en vivo, por medio de mensajes escritos, con otras personas que estén en esos salones.

Internet ofrece miles de salones de conversación, que cubren prácticamente cualquier tema que pudiera imaginar; desde deportes, política o citas, hasta juegos de computadora. Usted también encontrará salones de conversación informales donde sólo entra para conocer nuevas personas de cualquier parte del mundo y con cualquier estilo de vida.

En este proyecto usted conocerá Microsoft Chat y lo utilizará para tener acceso a un salón de conversación de Internet. (Si tiene niños, tenga presente que algunos salones de conversación son aptos sólo para adultos. Si permite que sus hijos entren en salones de conversación, supervíselos.)

> Microsoft Chat no se instala durante el proceso típico de instalación de Windows 98. Para instalarlo, vea "Agregue y quite componentes de Windows" en la página 422. Microsoft Chat aparece en la lista de Componentes (Components).

Envíe un mensaje

Comic Chat muestra una ventana dividida en tres paneles. El panel superior izquierdo (el más grande) despliega la conversación que se está llevando a cabo. El panel derecho muestra una lista de las personas que están en el salón de conversación, una imagen de su personaje, una rueda de expresiones que le permite cambiar la posición y la expresión facial de su personaje. El panel inferior izquierdo contiene un cuadro de texto desde donde usted escribe y envía su mensaje. Para enviar un mensaje, escríbalo en el cuadro de texto y haga clic en uno de los botones siguientes:

 Decir (Say) muestra su texto dentro de un globo que aparece sobre un personaje.

Pensar (Think) muestra su texto como un pensamiento dentro de una burbuja que aparece arriba de su personaje.

 Susurrar (Whisper) muestra su texto únicamente en las pantallas de las personas que usted seleccionó. Antes de hacer clic en este botón, seleccio-

ne las personas que desea incluir de la lista que aparece en la parte superior derecha de la pantalla.

Acción (Action) muestra su texto en un cuadro que aparece en la esquina superior izquierda del cuadro de la tira cómica.

Si tiene algo que decir a una persona en particular del salón, antes de hacer clic en el botón **Decir** haga clic en el nombre de esa persona dentro de la lista de participantes o en su personaje de uno de los cuadros de la tira cómica. El personaje seleccionado aparece con usted en el cuadro. Usted puede elegir conversar con más de una persona haciendo **Ctrl**+clic en los nombres adicionales de la lista de participantes.

> En vez de hacer clic en los botones, presione una combinación de teclas: **Entrar** para Decir, **Ctrl+T** para Pensar, **Ctrl+W** para Susurrar o **Ctrl+J** (I) para Acción.

Si los cuadros de la tira cómica son muy grandes para su gusto, les puede cambiar el tamaño. Abra el menú **Ver** (View), seleccione **Opciones** (Options) y haga clic en la ficha **Vista de cómic** (Settings). Abra la lista desplegable que está bajo **Diseño de página** (Page Layout) y haga clic en **3** o **4 paneles de ancho**. Haga clic en **Aceptar** (OK).

Cree una nueva identidad

Microsoft Chat es un programa de conversación exclusivo, ya que muestra las conversaciones en forma de tira cómica. Cuando usted inicia Comic Chat, éste muestra un cuadro de diálogo que le pide seleccionar su sobrenombre, como se indica en el proyecto. Entonces seleccione un servidor de conversación (una computadora que almacena los salones de conversación) y un salón. Empiece a conversar al instante.

Sin embargo, antes de empezar a conversar, cambie su identidad. Tendrá que hacer dos cosas: escribir la información sobre usted que quiera que las demás personas sepan y seleccionar un personaje de la tira cómica. La segunda parte del proyecto le indica cómo cambiar su identidad.

Hágalo usted mismo   Converse en vivo por Internet

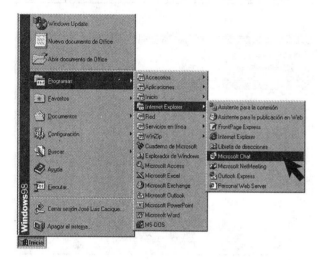

1 Haga clic en el botón **Inicio** (Start), vaya a **Programas** (Programs), luego a **Internet Explorer** y haga clic en **Microsoft Chat**.

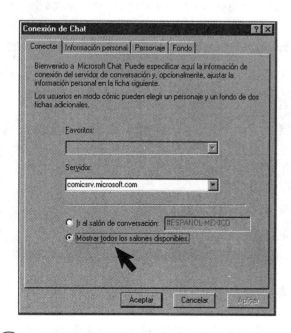

2 Se le insta a elegir un servidor y un salón de conversación. Ya está seleccionado un servidor de Microsoft Chat. Haga clic en **Mostrar todos los salones disponibles** (Show All Available Chat Rooms).

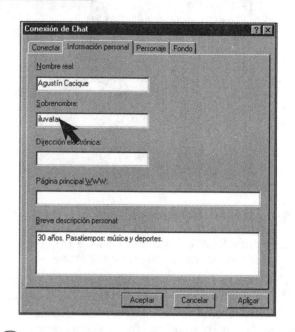

3 Haga clic en la ficha **Información personal** (Personal Info) y cambie el nombre "Anónimo" que aparece en el cuadro de texto **Sobrenombre** (Nickname) por un nombre con el que desee ser llamado en el salón de conversación. (Puede escribir información adicional sobre usted mismo, pero tenga cuidado de insertar información que pudiera ayudar a rastrearlo.)

> Su sobrenombre aparecerá en la lista de participantes de un salón en particular. La información restante (su nombre y descripción personal) será dada sólo cuando se solicite. Si alguien deseara información, simplemente deberá introducir un comando para ver su perfil de usuario.

(continúa)

Hágalo usted mismo Converse en vivo por Internet *(continuación)*

4 Haga clic en la ficha **Personaje** (Character). Éste presenta una lista de los personajes de tira cómica en los que usted se puede convertir. Haga clic en el personaje deseado. En el área de Vista previa (Preview), aparece una imagen del personaje.

5 La rueda de expresiones en el extremo inferior derecho del cuadro de diálogo contiene varias actitudes que usted puede utilizar con el personaje; alegre, enfadado, tímido, aburrido, etcétera. Haga clic en la conducta (cara) deseada, o arrastre el punto que está en medio del círculo hacia una de las caras que están fuera del mismo (donde las expresiones son más fuertes).

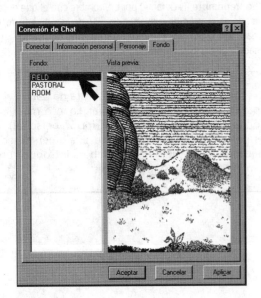

6 Haga clic en la ficha Fondo (Background) y elija el fondo deseado para los paneles de la tira cómica.

7 Cuando haya terminado de escribir sus preferencias, haga clic en **Aceptar** (OK).

En cualquier momento, usted puede cambiar su información personal, el personaje o el fondo de la tira cómica. Abra el menú **Ver** (View) y elija **Opciones** (Options) o presione **Ctrl+O** (Q).

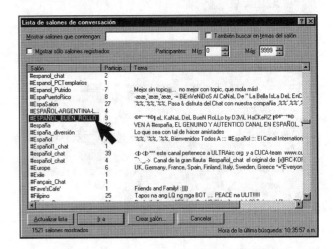

8 Microsoft Chat descarga una extensa lista de nombres de salones del servidor y los despliega, junto con el número de personas que se encuentran en cada salón. Haga clic en el nombre del salón en que desea conversar y luego haga clic en **Ir a** (Go To).

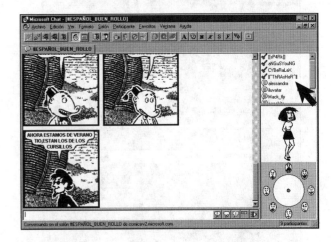

9 Microsoft Chat le conduce al salón seleccionado y presenta la discusión en forma de tira cómica.

10 Para decir algo, primero haga clic en el personaje con el que desea platicar de los que se encuentran en la lista de participantes (ese personaje aparecerá con usted dentro del cuadro de la tira cómica). Para elegir participantes adicionales, haga **Ctrl**+click.

Hágalo usted mismo   Converse en vivo por Internet

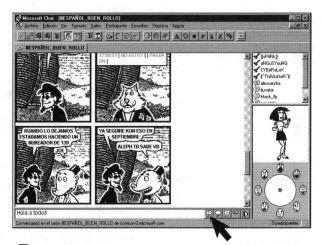

11 Haga clic en el área del mensaje y luego en el botón **Decir** (Say), **Pensar** (Think), **Susurrar** (Whisper) o **Acción** (Action).

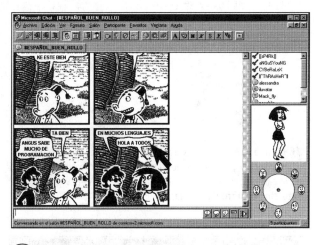

12 Comic Chat presenta un nuevo cuadro junto con una burbuja que contiene el mensaje que usted envió.

13 Para cambiar la posición o la expresión facial de su personaje, haga clic en una de las expresiones de la **Rueda de expresiones** (Emotion Wheel) o arrastre el círculo que se encuentra al centro de la rueda en dirección de la expresión deseada.

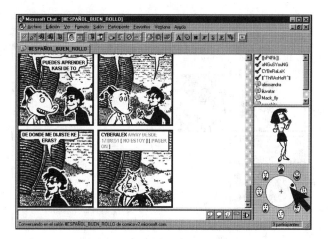

14 Para ver información personal de alguno de los participantes del salón de conversación, haga clic con el botón derecho del ratón en su personaje y elija **Obtener perfil** (Get Profile).

(continúa)

Hágalo usted mismo   Converse en vivo por Internet *(continuación)*

15 Aparece un nuevo cuadro mostrando el personaje y cualquier información que esa persona haya dado sobre sí misma.

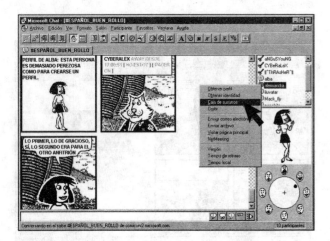

16 Para conversar en forma privada, usted puede susurrar. En la lista de participantes, haga clic con el botón derecho del ratón en el personaje de ese participante y elija **Caja de susurros** (Whisper Box).

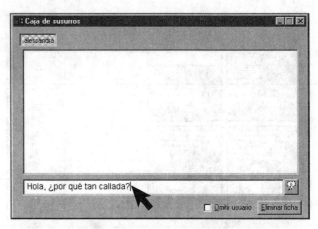

17 En la Caja de susurros, escriba su mensaje en el área para mensaje y haga clic en el botón **Susurrar** (Whisper) o presione **Ctrl+W**. El mensaje será enviado únicamente a esa persona. Cualquier mensaje que la persona envíe de regreso aparece en el área de conversación.

18 La tira cómica ocupa una gran cantidad de espacio en pantalla y dificulta el seguimiento de la conversación. Usted puede cambiar al modo de texto. Abra el menú **Ver** (View) y elija **Texto sin formato** (Plain Text).

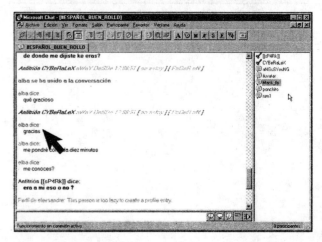

19 En el modo de texto no aparecen los personajes, pero puede seguir viendo sus nombres.

Hágalo usted mismo Converse en vivo por Internet

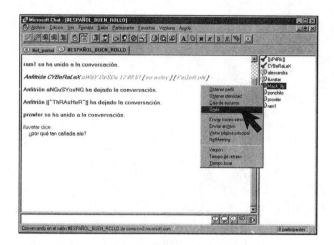

20 Si un participante le está molestando, usted puede bloquear cualquier mensaje que esa persona envíe. En la lista de participantes, haga clic con el botón derecho del ratón en el nombre de la persona y elija **Omitir** (Ignore).

21 Para dejar el salón de conversación actual, abra el menú **Salón** (Room) y elija **Abandonar salón** (Leave Room).

22 Para entrar en un salón distinto, abra el menú **Salón** (Room) y elija **Lista de salones** (Room List) y haga doble clic en el nombre del salón deseado.

Optimice su sistema

Aproximadamente cada mes, los fabricantes de computadoras lanzan al mercado computadoras nuevas y mejoradas que son más rápidas. A menos que tenga dinero de sobra, es casi imposible seguir el paso de la tecnología más avanzada. Usted quiere que su computadora corra más rápido y sea más eficiente,
pero el costo es prohibitivo. Por fortuna, Windows 98 tiene varias herramientas que al menos pueden mantener a su computadora corriendo a *su* máximo
rendimiento.

En esta sección, usted aprenderá a optimizar su computadora para hacerla
que corra tan rápido y eficientemente como pueda. Estos proyectos le muestran cómo automatizar las optimizaciones con el nuevo Asistente para mantenimiento de Windows (Windows Maintenance Wizard), cómo incrementar el
espacio de su disco duro con el nuevo Convertidor de unidades (Drive Converter), cómo utilizar algunas herramientas estándar de Windows para incrementar el rendimiento de su unidad de disco duro, cómo borrar archivos que use,
cómo optimizar su unidad de CD-ROM y cómo darle a su sistema un poco más
de memoria sin tener que instalar más RAM.

Qué encontrará en esta sección

Use el Asistente para mantenimiento de Windows

Su computadora es como un automóvil. Conforme instala programas, navega por Web y crea documentos, su sistema se hace más lento y menos eficiente. Si la utilería de instalación de algún programa agrega automáticamente dicho programa al menú Inicio, Windows inicia con menos rapidez. Al navegar por Web, Internet Explorer guarda los archivos de las páginas Web en su disco duro (sin preguntarle), reduciendo el espacio disponible. Cuando usted crea o modifica documentos, los programas suelen colocar archivos temporales en su disco duro, los cuales permanecen ahí hasta que los elimine. Y los archivos de su disco duro se hacen cada vez más y más fragmentados, ya que partes de estos archivos se almacenan en áreas separadas del disco.

El Asistente para mantenimiento de Windows puede ayudarle a mantener su computadora en una excelente condición. El asistente realiza automáticamente una serie de pruebas y correcciones en periodos programados, para identificar problemas en su disco duro, desfragmentar archivos, eliminar los archivos temporales (archivos que tanto Windows como sus demás programas utilizan mientras están abiertos pero que podrían "olvidar" eliminar), quitar programas del menú Inicio que pudieran hacer más lento el arranque inicial de Windows, así como optimizar su disco duro. Con el Asistente para man-

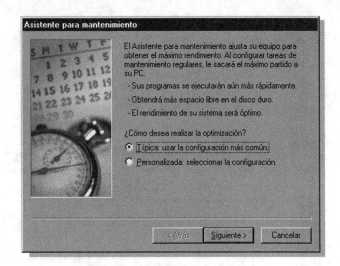

tenimiento de Windows, usted rara vez tendrá que adentrarse en su sistema para realizar dichas tareas en forma manual.

El siguiente proyecto le muestra cómo abrir el Asistente para mantenimiento de Windows y realizar la configuración personalizada para hacer que realice únicamente las correcciones que usted le permita.

Hágalo usted mismo   Abra y configure el Asistente para mantenimiento de Windows

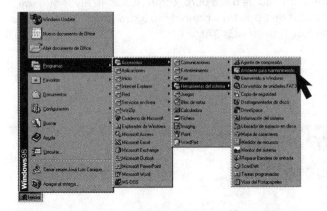

1 Haga clic en el botón **Inicio** (Start), vaya a **Programas | Accesorios | Herramientas del sistema** (Programs | Accessories | System Tools) y luego elija **Asistente para mantenimiento** (Maintenance Wizard).

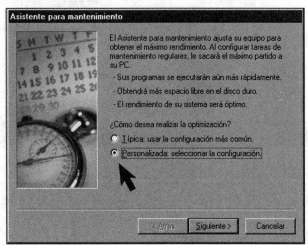

2 El Asistente para mantenimiento presenta una breve descripción de sí mismo. Elija **Personalizada** (Custom) y haga clic en **Siguiente** (Next).

Hágalo usted mismo Abra y configure el Asistente para mantenimiento de Windows

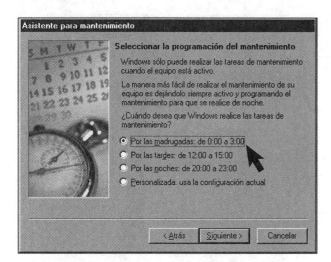

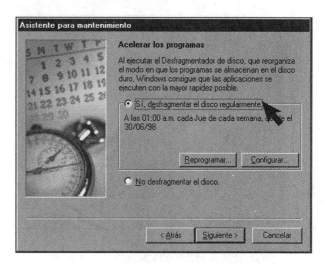

3 El asistente le pregunta si desea realizar optimizaciones diarias. Elija la hora deseada (cuando usted generalmente tenga su computadora encendida pero no la esté utilizando). Luego haga clic en **Siguiente** (Next).

5 El asistente puede reorganizar los archivos de los programas que están en su disco duro para hacer que éstos se ejecuten más rápidamente al desfragmentar su disco. Deje activada la opción **Sí, desfragmentar el disco regularmente** (Yes, Defragment My Disk Regularly). Haga clic en el botón **Reprogramar** (Reschedule).

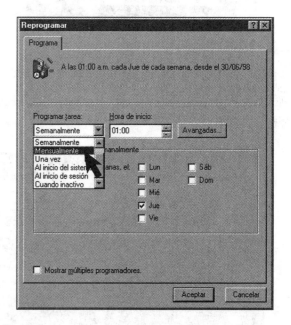

4 Si su sistema tiene algún programa que se ejecuta automáticamente al iniciar Windows, el asistente mostrará una lista de éstos. Para evitar que se abra cualquiera de estos programas, haga clic en su casilla de verificación para quitar la marca. Haga clic en **Siguiente**.

6 En el cuadro de diálogo Reprogramar, escriba los parámetros para especificar cuándo quiere que se reorganicen los archivos de los programas. Si usted rara vez instala un programa nuevo en su sistema, elija un plazo semanal o mensual. Haga clic en **Aceptar** (OK).

(continúa)

Hágalo usted mismo Abra y configure el Asistente para mantenimiento de Windows

(continuación)

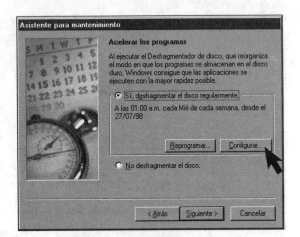

7 Haga clic en el botón **Configurar** (Settings).

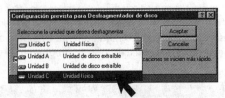

8 El cuadro de diálogo Configuración prevista para Desfragmentador de disco (Scheduled Settings for Disk Defragmenter) pregunta qué unidades desea optimizar. Elija la unidad de disco en la que normalmente instala sus programas o elija **Unidad C: Unidad física**. Haga clic en **Aceptar** (Ok) y luego, cuando regrese al asistente, haga clic en **Siguiente** (Next).

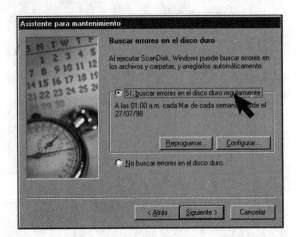

9 El asistente le pregunta si desea que ScanDisk revise sus unidades de disco duro para ver si hay errores. Asegúrese de que la opción **Sí, buscar errores en el disco duro regularmente** (Yes, Scan My Hard Disk for Errors Regularly) esté seleccionada. Haga clic en el botón **Reprogramar** (Reschedule).

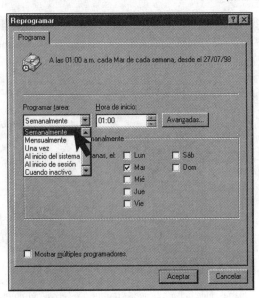

10 Introduzca en el cuadro de diálogo Reprogramar los parámetros para especificar cuándo desea que ScanDisk realice su revisión. Elija un plazo diario o semanal, para que sus unidades de disco corran a su máximo rendimiento. Haga clic en **Aceptar**.

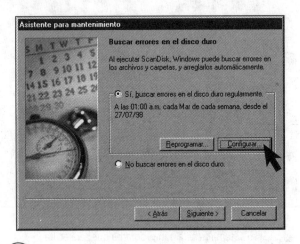

11 Haga clic en el botón **Configurar**.

Hágalo usted mismo Abra y configure el Asistente para mantenimiento de Windows

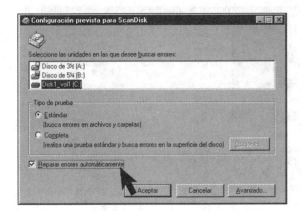

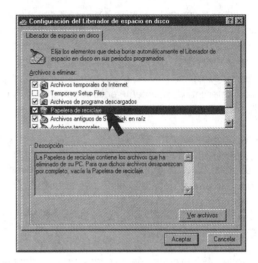

12 En forma predeterminada, ScanDisk está configurado para revisar todas sus unidades de disco duro. Si tiene más de una unidad de disco duro y desea que ScanDisk únicamente revise ciertas unidades, haga **Ctrl**+clic en una de las unidades para hacer que ScanDisk la omita.

13 Dentro del área Tipo de prueba (Type of Test), deje seleccionada la opción **Estándar** (Standard) para que ScanDisk no busque defectos físicos en sus discos duros. (Usted puede realizar esta revisión en forma manual mensual o quincenalmente.)

14 Haga clic en **Reparar errores automáticamente** (Automatically Fix Errors) para dejar que ScanDisk realice sus correcciones sin su intervención. Haga clic en **Aceptar** (Ok) y luego, cuando regrese al asistente, en **Siguiente** (Next).

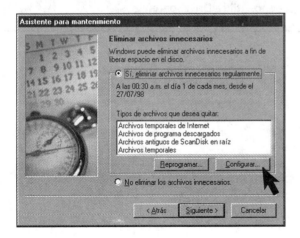

15 El asistente puede liberar automáticamente espacio en disco duro, eliminando los archivos que no se requieren. Haga clic en el botón **Configurar** (Settings).

16 El asistente despliega una lista de los tipos de archivos que puede eliminar. Haga clic en un tipo de archivo para colocar una marca en su casilla de verificación y seleccionar los archivos que desea eliminar, o para quitar la marca y evitar que esos archivos sean eliminados.

17 Haga clic en el botón **Reprogramar** para cambiar el plazo de la eliminación de estos archivos y luego haga clic en **Aceptar**. Cuando regrese al asistente, haga clic en el botón **Siguiente**.

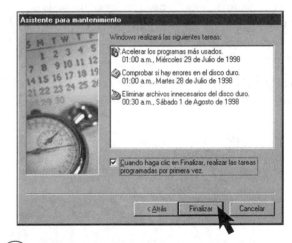

18 El asistente presenta una lista de las actividades de optimización que se realizarán en momentos programados. Para hacer que el asistente realice estas actividades en este momento, elija **Cuando haga clic en Finalizar, realizar...** (When I Click Finish...).

19 Haga clic en el botón **Finalizar** (Finish). Asegúrese de dejar su computadora encendida en el momento programado para que Windows pueda realizar las actividades de optimización en ese momento.

Aumente el espacio en disco

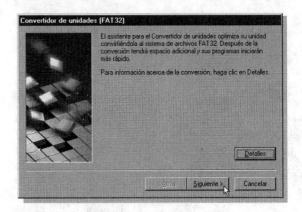

onforme las computadoras se hacen más complejas, los archivos de programas y documentos se hacen más y más extensos. Hace cinco años, un programa típico ocupaba un par de megabytes de espacio en disco. Hoy, cada programa puede consumir 10Mb o más. Además, mientras usted explora Internet, comúnmente encontrará gráficos y clips de audio y video que ocupan más de 1Mb.

En cuanto los archivos son más grandes y su propia sed por los programas y recursos multimedia más recientes va en aumento, su disco duro se saturará rápidamente. Para ayudarle, Windows le ofrece algunas utilerías que pueden hacer que su disco duro utilice su espacio de almacenamiento en una forma más eficiente: el Convertidor de unidades FAT32 (Drive Converter) y DriveSpace.

Para entender al Convertidor de unidades, primero deberá entender cómo almacenaban datos los discos duros de antes. Si tiene un disco duro con más de 500Mb, los anteriores sistemas operativos (que utilizaban FAT16) solían utilizar 32Kb de espacio en disco para almacenar cada archivo que contuviera 32Kb de datos o menos. Por ejemplo, un archivo de 2Kb, seguiría ocupando 32Kb de espacio en disco. Usted podía dividir su unidad de disco duro en unidades más pequeñas de 500Mb, para hacer que el sistema operativo almacene los archivos en segmentos de 4Kb, lo que le ahorra el 40 por ciento del espacio gastado. Sin embargo, la división del disco duro destruye cualquier dato que contenga. FAT32 puede realizar la optimización sin destruir los datos, como se muestra en este proyecto.

El único problema con FAT32 es que no puede aumentar el espacio en las unidades de disco más pequeñas. Si usted tie-

ne un disco duro de 500Mb o menor, deberá liberar espacio en disco por medio de una utilería distinta, que se llama DriveSpace. DriveSpace comprime los archivos del disco duro para que ocupen menos espacio cuando no los está ocupando (así como la ropa doblada ocupa menos espacio que la ropa sin doblar). Cuando usted ejecuta un programa o abre un archivo comprimido, DriveSpace los descomprime automáticamente. Esto reduce ligeramente el rendimiento general del sistema.

El siguiente proyecto le muestra cómo utilizar el Convertidor de unidades y DriveSpace.

> Usted no puede utilizar DriveSpace en las unidades FAT32, las cuales se usan solamente si su disco es de 1Gb o más. Si tiene un disco duro más pequeño, utilice DriveSpace.

Hágalo usted mismo   Convierta una unidad de disco duro en FAT32

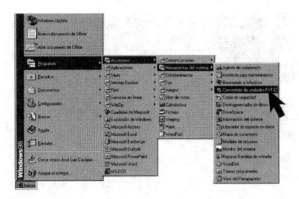

1 Haga clic en el botón **Inicio** (Start), vaya a **Programas I Accesorios** (Programs I Accessories), luego a **Herramientas del sistema** (System Tools) y haga clic en **Convertidor de unidades FAT32** (Drive Converter [FAT32]).

2 El Asistente para el Convertidor de unidades (Drive Converter Wizard) mostrará una descripción de lo que hará. Haga clic en **Siguiente** (Next).

3 El Convertidor de unidades analiza su(s) unidad(es) de disco duro para determinar cuáles están utilizando actualmente FAT16. Haga clic en la unidad que desee optimizar y luego haga clic en **Siguiente**.

Si su disco duro es muy pequeño para utilizar FAT32, o si ya lo está utilizando, el Convertidor de unidades mostrará esa información en la lista.

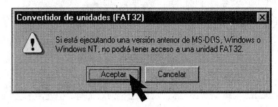

4 El Convertidor de unidades despliega un mensaje de advertencia indicándole que no podrá tener acceso a la unidad convertida al usar una versión anterior de Windows, MS-DOS, o Windows para Trabajo en grupo. Haga clic en **Aceptar** (OK).

5 El convertidor de unidades buscará cualquier programa abierto que pudiera interferir con esta operación y lo mostrará en una lista. Cierre cualquiera de estos programas y haga clic en **Siguiente**.

(continúa)

Hágalo usted mismo — Convierta una unidad de disco duro en FAT32 *(continuación)*

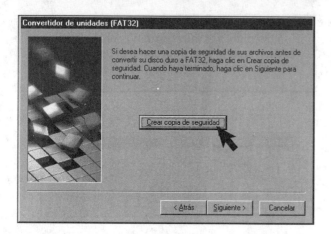

6 El Convertidor de unidades le insta a respaldar los archivos de su disco duro antes de continuar. Haga clic en **Crear copia de seguridad** (Create Backup). Refiérase posteriormente a "Respalde sus archivos" en la página 432, para obtener instrucciones sobre cómo realizar el respaldo.

7 Cuando regrese al Convertidor de unidades, haga clic en **Siguiente** (Next).

8 El convertidor de unidades le indicará que deberá reiniciar su computadora en modo MS-DOS. Cierre cualquier programa que tenga abierto y haga clic en **Siguiente**. La conversión podría tomar más de una hora.

Hágalo usted mismo — Cómo comprimir los discos con DriveSpace

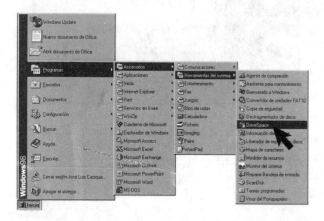

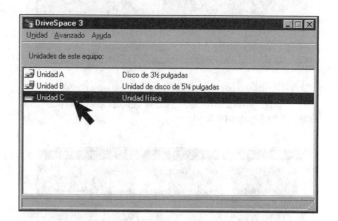

1 Respalde todos los archivos de su disco duro que desee comprimir, como se explicó en "Respalde sus archivos" en la página 432. Haga clic en el botón **Inicio** (Start), vaya a **Programas I Accesorios I Herramientas del sistema** (Programs I Accessories I System Tools) y seleccione DriveSpace.

2 Aparece la ventana de DriveSpace. Elija la unidad de disco que desea comprimir. Si usted elige una unidad de disco flexible, inserte el disco dentro de la unidad.

Hágalo usted mismo Cómo comprimir los discos con DriveSpace

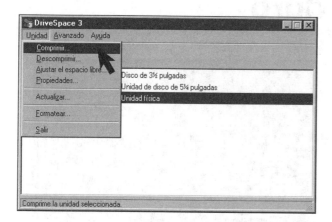

3 Abra el menú **Unidad** (Drive) y elija **Comprimir** (Compress).

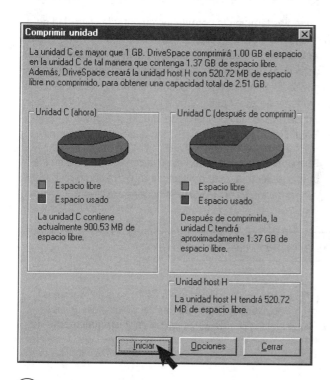

4 El cuadro de diálogo Comprimir unidad (Compress a Drive) mostrará un gráfico del espacio disponible que la unidad tiene actualmente y de cuánto espacio tendrá después de la compresión. Haga clic en el botón **Iniciar** (Start).

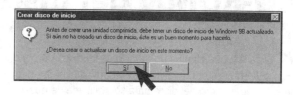

5 Aparecerá un cuadro de confirmación, pidiéndole crear o actualizar su disco de inicio de Windows antes de seguir. Haga clic en **Sí** (Yes) y siga las instrucciones en pantalla para crear un disco de inicio.

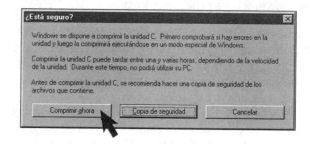

6 Aparece otro cuadro de diálogo de confirmación, pidiéndole respaldar sus archivos antes de seguir, lo que debió haber hecho en el paso 1. Haga clic en **Comprimir ahora** (Compress Now).

7 Espere hasta que la compresión haya terminado. Esto podría tomar varios minutos o varias horas, dependiendo del tamaño del disco duro.

Mejore el rendimiento de la unidad CD-ROM y del disco duro

Cada vez que elimina un archivo de su disco duro y que Windows quita un archivo temporal, se libera un área de almacenamiento del disco para ser utilizada de nuevo. La próxima vez que usted guarde un archivo, Windows utiliza esta área libre para almacenar todo lo que quepa del archivo. Entonces guarda el resto del archivo en otras áreas de almacenamiento. Conforme usted elimina archivos, éstos se fragmentan más y más y su disco duro debe saltar de un área a otra del disco para leerlos, lo que hace que la velocidad general de su sistema se haga más lenta.

Para ayudarle, Windows 98 incluye el Desfragmentador de disco (Disk Defragmenter). Este útil programa lee los archivos del disco, coloca los archivos de los programas importantes en el disco para que corran más rápido y reorganiza las partes de cada archivo para colocarlas en áreas de almacenamiento adyacentes del disco duro. Esto no sólo incrementa la velocidad de ejecución de los programas y la apertura de los archivos, sino que también deja su disco con una gran área de almacenamiento libre que Windows puede utilizar como memoria virtual (el espacio en disco utilizado como memoria) y reduce la fragmentación futura de los archivos.

Para mejorar el rendimiento general de su unidad de disco duro, ejecute el Desfragmentador de disco en forma regular, como se muestra en el siguiente proyecto.

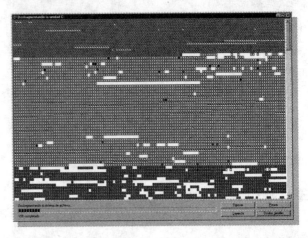

Windows también le permite incrementar la velocidad de su disco duro y de la unidad CD-ROM al configurar el *búfer de lectura*. Con un búfer de lectura, Windows lee los datos del disco duro o del CD y los almacena en la memoria antes de que se lleguen a necesitar. Cuando Windows los necesite, podrá tener acceso rápidamente a los datos desde el RAM, en vez de que tenga que leerlos de la unidad relativamente más lenta. Esto incrementa la velocidad general de su sistema.

Para optimizar su sistema, revise la configuración para los búfers de lectura. Este proyecto le muestra cómo revisar su configuración y cómo ajustarla de ser necesario.

Hágalo usted mismo Desfragmente los archivos del disco duro

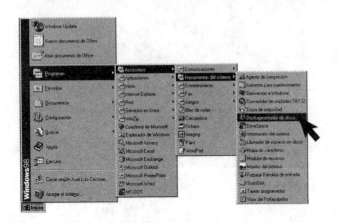

1 Haga clic en el botón **Inicio** (Start), vaya a **Programas | Accesorios | Herramientas del sistema** (Programs | Accessories | System Tools) y haga clic en **Desfragmentador de disco**.

Hágalo usted mismo   Desfragmente los archivos del disco duro

2 Dentro del cuadro de diálogo Seleccionar unidad (Select Drive), abra la lista desplegable y elija la unidad de disco que desea desfragmentar.

3 Haga clic en el botón **Configuración** (Settings).

4 En el cuadro de diálogo Configuración del desfragmentador de disco (Disk Defragmenter Settings), asegúrese que estén seleccionadas las primeras dos opciones. La primera opción le dice al Desfragmentador que reorganice los archivos de programa para que corran con más rapidez. La segunda opción le dice al Desfragmentador que revise el disco en busca de errores (y que, de ser necesario, abra ScanDisk) antes de reorganizar los archivos. Haga clic en **Aceptar** (OK).

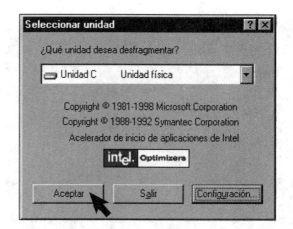

5 Cuando regrese al cuadro de diálogo Seleccionar unidad, haga clic en **Aceptar**.

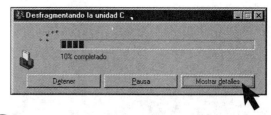

6 El Desfragmentador de disco comenzará a desfragmentar la unidad seleccionada y mostrará su progreso. Haga clic en **Mostrar detalles** (Show Details) para ver al Desfragmentador en acción.

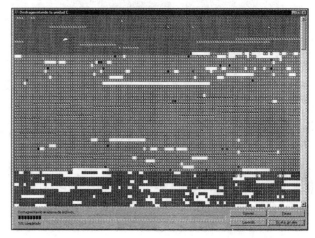

7 Con Mostrar detalles, el Desfragmentador ilustra la operación al desplegar pequeños cuadros que representan cada porción de un archivo en particular.

Hágalo usted mismo — Ajuste el búfer de lectura

1 Haga clic con el botón derecho del ratón en el icono **Mi PC** (My Computer) en el escritorio de Windows y elija **Propiedades** (Properties).

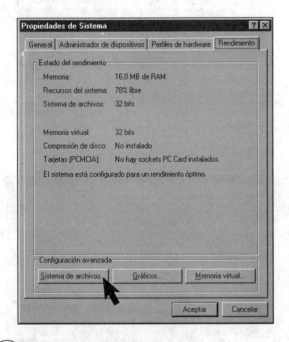

2 En el cuadro de diálogo Propiedades de sistema (System Properties), haga clic en la ficha **Rendimiento** (Performance) y luego en el botón **Sistema de archivos** (File System).

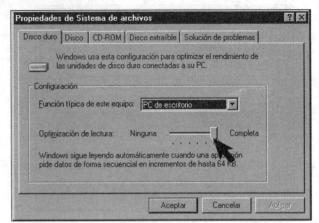

3 Aparece el cuadro de diálogo Propiedades de Sistema de archivos (File System Properties) con la ficha Disco duro (Hard Disk) al frente. Arrastre el control deslizable **Optimización de lectura** (Read-Ahead Optimization) totalmente a la derecha para realizar una optimización completa.

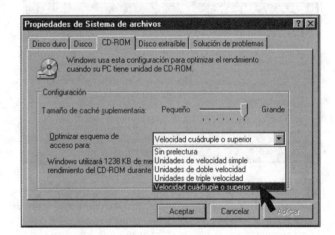

4 Haga clic en la ficha **CD-ROM**. Luego abra la lista desplegable **Optimizar esquema de acceso para** (Optimize Access Pattern For) y elija la velocidad de su unidad CD-ROM. Por ejemplo, si usted tiene una unidad CD-ROM de 8X, elija **Velocidad cuádruple o superior** (Quad-Speed or Higher).

Hágalo usted mismo   Ajuste el búfer de lectura

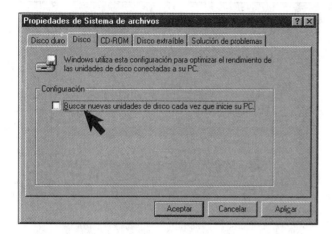

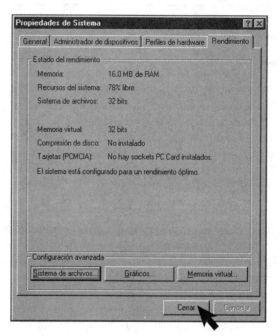

5 Mientras esté en este cuadro de diálogo, haga clic en la ficha **Disco** (Floppy Disk) y elija **Buscar nuevas unidades de disco cada vez que inicie su PC** (Search for New Floppy Disk Drives Each Time Your Computer Starts) para desactivar esta opción. Esto aumentará la velocidad de inicio de Windows. Haga clic en el botón **Aceptar** (Ok).

6 De vuelta en el cuadro de diálogo Propiedades de Sistema. Para salir y guardar sus cambios, haga clic en el botón **Cerrar** (Close).

Limpie su disco duro

Como aprendió anteriormente en esta sección, los programas de Internet y otros programas esparcen en su disco duro archivos temporales durante su operación. Después de semanas de uso, estos programas pueden saturar su disco duro con varios megabytes de archivos que no tienen utilidad. Esto no solamente reduce el espacio con el que usted cuenta para almacenar los archivos que necesita, sino que también hace más lento su sistema. Windows tiene menos espacio en disco que puede utilizar como *memoria virtual* (el espacio en disco utilizado como memoria) y hace que otros archivos de su disco se fragmenten aún más.

Para optimizar su disco duro, quite constantemente los archivos sin uso. Si utiliza el Asistente para mantenimiento (Maintenance Wizard) para limpiar sus discos en momentos programados, usted no tendrá que limpiarlos por sí mismo. Sin embargo, si decide no programar el Asistente para mantenimiento para que actúe regularmente, puede limpiar manualmente desde su disco duro los archivos que no utiliza, o usar la utilería Liberador de espacio en disco (Disk Cleanup), como se muestra en este proyecto.

El Liberador de espacio en disco puede incrementar la cantidad de espacio libre en disco al quitar lo siguiente:

- Los archivos temporales de Internet
- Los archivos de programa descargados (aquellos que usted descarga de Internet)
- El contenido de la Papelera de reciclaje

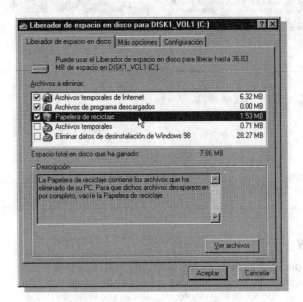

- Los archivos anteriores de ScanDisk (los archivos que ScanDisk crea para permitirle recuperar los datos perdidos; por lo general estos archivos no contienen nada útil)
- Los archivos temporales que sus programas crean y utilizan durante su operación, pero que no se eliminan cuando usted sale del programa
- Los programas que usted ya no utiliza
- Los componentes de Windows que usted no utiliza

Hágalo usted mismo   Quite de su disco duro los archivos que no necesita

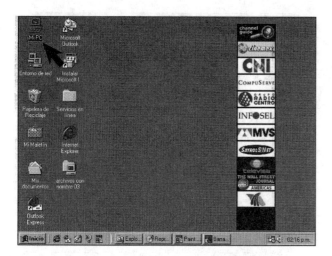

1 Haga clic en el icono **Mi PC** (My Computer) que se encuentra en el escritorio de Windows.

2 Haga clic con el botón derecho del ratón en el icono del disco en el que desea liberar espacio y elija **Propiedades** (Properties).

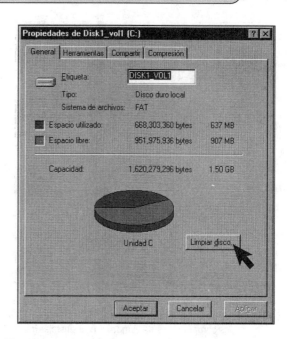

3 Dentro del cuadro de diálogo Propiedades, haga clic en el botón **Limpiar disco** (Disk Cleanup).

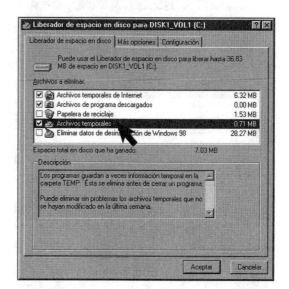

4 Aparece el cuadro de diálogo Liberador de espacio en disco (Disk Cleanup) para la unidad de disco seleccionada. Haga clic en la casilla de verificación que está junto a cada tipo de archivo que desee quitar del disco para colocar una marca dentro de ella.

(continúa)

Hágalo usted mismo   Quite de su disco duro los archivos que no necesita

(continuación)

5 Haga clic en la ficha **Más opciones** (More Options). Para quitar los componentes de Windows o desinstalar los programas que no utilice, haga clic en el botón **Liberar** (Clean Up).

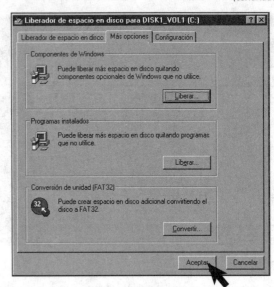

7 De nuevo en el cuadro de diálogo Liberador de espacio en disco. Haga clic en **Aceptar** y el Liberador de espacio en disco quita automáticamente los archivos especificados.

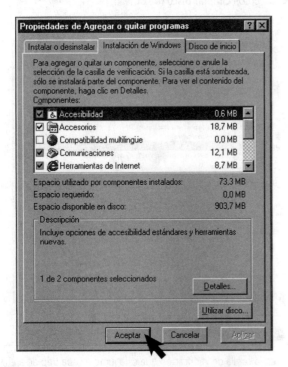

6 Esto despliega el cuadro de diálogo Propiedades de Agregar o quitar programas (Add/Remove Programs Properties). Para quitar un componente de Windows, vea "Agregue y quite componentes de Windows" en la página 422. Para desinstalar programas, vea "Desinstale programas" en la página 51. Cuando haya terminado haga clic en el botón **Aceptar** (OK).

Limpie el menú Documentos

Windows conserva un registro de los últimos 15 documentos abiertos en sus programas y almacena sus nombres en el menú Inicio I Documentos (Start I Documents). Usted puede abrir rápidamente un documento en el que haya trabajado recientemente seleccionándolo de este menú. Windows ejecuta el programa que haya utilizado para crear o modificar el archivo y el programa abre dicho archivo.

Windows le permite quitar nombres de archivos del menú Documentos. Aunque esta acción no aumenta en forma significativa la velocidad de inicio u operación de Windows, esto le permitirá evitar que alguien sepa lo que ha estado haciendo últimamente. Esto podría ser importante cuando usted trabaje en proyectos que desee mantener en secreto o para evitar que algún curioso tenga acceso rápido a su computadora. Este proyecto le mostrará cómo limpiar los nombres de archivos del menú Documentos.

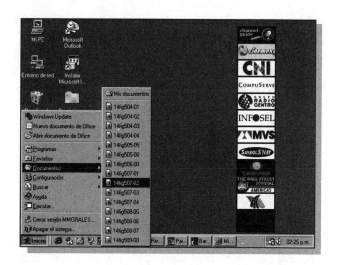

Hágalo usted mismo   Quite nombres de archivos del menú Documentos

1 Haga clic con el botón derecho del ratón en un área en blanco de la barra de tareas de Windows y elija **Propiedades** (Properties).

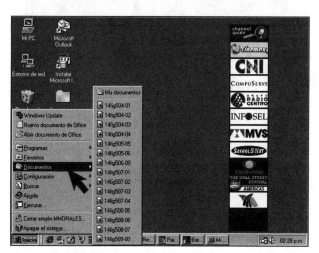

2 En el cuadro de diálogo Propiedades de Barra de tareas (Taskbar Properties), haga clic en la ficha **Programas del menú Inicio** (Start Menu Programs). En el área Menú Documentos (Documents Menu), haga clic en el botón **Borrar** (Clear). Luego haga clic en **Aceptar**. (OK).

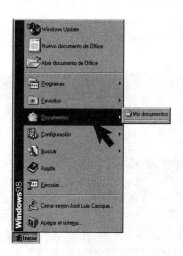

3 Windows quita automáticamente todos los nombres de archivos (excepto la carpeta Mis documentos) del menú Inicio. Para verificarlo, haga clic en el botón **Inicio** y vaya a **Documentos** (Documents).

Aumente la memoria de su sistema

L a mejor forma de incrementar la memoria de su compu-tadora es instalar memoria física adicional (módulos de memoria), como se explicó en "Instale hardware nuevo" en la página 364. Si su computadora tiene menos de 16Mb de memoria, considere seriamente la posibilidad de instalar me-moria adicional.

Sin embargo, conforme utilice los programas de Windows, su sistema necesitará incluso más memoria de los 16Mb nor-males. Para obtener esa memoria adicional, Windows utiliza el espacio libre de su disco duro como *memoria virtual*. Con la memoria virtual, Windows emplea un *archivo de intercam-bio* para intercambiar datos e instrucciones de programas entre la memoria física y su disco duro. Aunque la memoria virtual es significativamente más lenta que la física, ésta le permite ejecutar programas más grandes y una mayor canti-dad de programas de los que podría ejecutar sin ella.

Para asegurarse de que Windows esté haciendo un uso ópti-mo de la memoria virtual, verifique la configuración de la

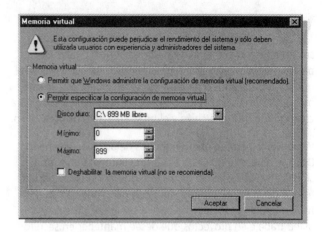

memoria virtual de Windows. Si tiene más de un disco duro, asegúrese también si Windows está utilizando la unidad más rápida que tenga la mayor cantidad de espacio libre en dis-co. Este proyecto le muestra lo que deberá hacer.

Hágalo usted mismo   Ajuste la configuración de la memoria virtual

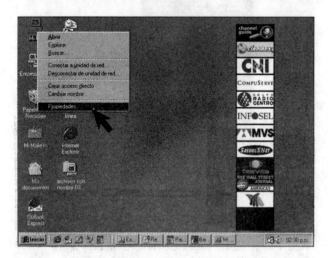

1 En el escritorio de Windows, haga clic con el botón derecho del ratón en el icono **Mi PC** (My Computer) y elija **Propiedades** (Properties).

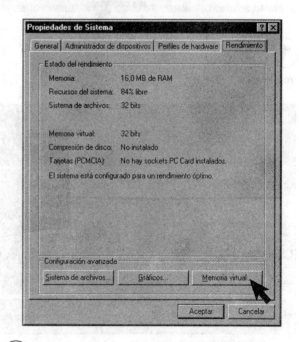

2 En el cuadro de diálogo Propiedades de Sistema (System Properties), haga clic en la ficha **Rendimiento** (Perfor-mance) y luego en el botón **Memoria virtual** (Virtual Memory).

Hágalo usted mismo — Ajuste la configuración de la memoria virtual

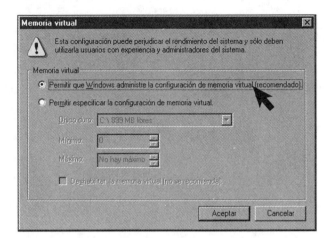

5 Si decide especificar la configuración por su cuenta, Windows mostrará un mensaje de advertencia. Haga clic en **Sí** (Yes).

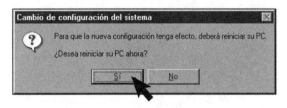

3 Si sólo tiene una unidad de disco duro, deje activada la opción **Permitir que Windows administre la configuración de memoria virtual** (Let Windows Manage My Virtual Memory Settings).

6 Al regresar al cuadro de diálogo Propiedades de Sistema, haga clic en el botón **Cerrar** (Close) y luego, cuando se le pida reiniciar su computadora, haga clic en el botón **Sí**.

Si la unidad de disco duro tiene menos de 30Mb de espacio libre, ejecute Liberador de espacio en disco (Disk Cleanup) para quitar los archivos y programas que no necesite, así como los componentes de Windows que no utilice. De lo contrario, usted podría empezar a recibir mensajes de memoria insuficiente, Windows podría ejecutar los programas con más lentitud o su sistema podría fallar más a menudo.

Si en el paso 4 eligió una unidad de disco duro distinta para usar como memoria virtual, Windows utilizará la unidad, pero tomará el control de la configuración de la memoria virtual. Si vuelve a revisar su configuración, verá que la opción **Permitir que Windows administre la configuración de memoria virtual** (Let Windows Manage My Virtal Memory Settings), está seleccionada.

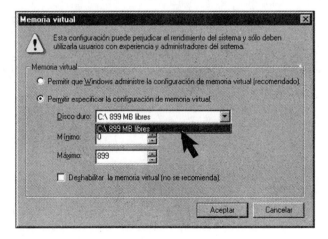

4 Si tiene más de una unidad de disco duro, elija **Permitir especificar la configuración de memoria virtual** (Let Me Specify My Own Virtual Memory Settings). Luego abra la lista desplegable **Disco duro** (Hard Disk) y elija la unidad de disco duro más rápida y que tenga la mayor cantidad de espacio libre. Haga clic en **Aceptar** (OK).

PARTE 3

Soluciones rápidas

Las computadoras están ahí, junto con el drenaje, como uno de los grandes productos del ingenio humano. Al igual que el drenaje, las computadoras nos facilitan un poco la vida y confiamos hasta cierto punto en ellas hasta que, por supuesto, un día algo falla. En ese momento, usted sólo desearía lanzar su computadora por la ventana y buscar entre los trebejos su vieja máquina de escribir.

Pero regresar a los viejos tiempos no es tan fácil, y tampoco necesario. En esta sección tiene usted 101 Soluciones rápidas, con las cuales podrá localizar la causa de las fallas más comunes de las computadoras, corregirlas usted mismo fácilmente y tener su máquina en perfecto funcionamiento a la mayor brevedad posible.

Esta parte está dividida en secciones, que incluyen los programas de Windows, las unidades CD-ROM y Memoria insuficiente. Localice su problema en las tablas de búsqueda rápida, las cuales le ayudarán a encontrar rápidamente la solución al problema de su computadora.

Qué encontrará en esta parte

101 SOLUCIONES RÁPIDAS

Programas de Windows

1. Una de mis aplicaciones de Windows ha bloqueado mi sistema.

En la mayoría de los casos, no se sabe cuándo, se trata de un problema menor. Desafortunadamente, no es fácil localizar la causa de esto. A veces se trata de un nuevo dispositivo, como un ratón o un módem, lo que está ocasionando un problema en todo el sistema. En algunos casos, tal vez esté ejecutando dos o más programas que interfieren entre sí. En otros casos más, es probable que su sistema no esté bloqueado en absoluto; quizás el programa está efectuando una tarea muy compleja que no le permite realizar otra. En este caso, cancele la operación o incluso cierre el programa. Pruebe las siguientes soluciones posibles:

- Espere un par de minutos a que el programa realice cualquier tarea que pudiera estar realizando.

- Si Windows sigue bloqueado, presione la combinación de teclas **Ctrl+Alt+Suprimir** (Control+Alt+Delete). Aparece una lista de los programas que están abiertos. Haga clic en el programa que tenga (no responde) junto a su nombre y luego haga clic en el botón **Finalizar tarea** (End Task). Normalmente esto cierra el programa y le devuelve el control a Windows.

- Si presiona Ctrl+Alt+Suprimir y no funciona, trate de guardar todos los trabajos que haya hecho en los demás programas y salga de ellos (para evitar la pérdida de los documentos o los cambios realizados) y presione otra vez **Ctrl+Alt+Suprimir** (Control+Alt+Delete) para cerrar el programa que presenta la falla.

- Si su sistema sigue bloqueado, presione **Ctrl+Alt+Suprimir** y luego haga clic en el botón **Apagar** (Shut Down) o vuelva a presionar **Ctrl+Alt+Suprimir**. Esto reiniciará Windows. (Si aún así no funciona, presione el botón **Reiniciar** (Reset) de su computadora).

- Si hay un programa que continuamente bloquea su sistema, trate de instalarlo de nuevo.

En algunos casos, en particular cuando tiene que apagar Windows para corregir el problema, es posible que Windows coloque archivos temporales en su disco duro, los cuales pueden bloquear su sistema en el futuro. Después de reiniciar Windows a causa de un bloqueo, ejecute siempre ScanDisk para quitar estos archivos. En genera Windows ejecuta ScanDisk automáticamente cada vez que usted reinicia su computadora después de haberla apagado en forma incorrecta. Para, más instrucciones, vea "Revise y repare problemas con los discos" en la página 416.

> Si su computadora se sigue bloqueando, independientemente del programa que esté ejecutando, es probable que tenga un problema con el controlador de su ratón, el de video, la tarjeta de sonido o el módem. Revise el área de soporte técnico en línea del fabricante, como se explicó en "Soporte técnico" en la página 483. También trate de abrir Solución de problemas de hardware (Hardware Troubleshooter) de Windows, como se explica en la Solución rápida número 98, en la página 561.

2. Hice clic en el icono de un programa de Windows, pero éste no abrió.

Si un programa de Windows no abre, es posible que no sea compatible con Windows 98 o que alguno de sus archivos haya sido eliminado o esté dañado. Si el programa corría bien en una versión anterior de Windows, pregunte al fabricante si necesita escalar a una versión más reciente del programa. La mayoría de los programas diseñados para Windows 3.1 o Windows 95 también deberá correr bien, si no es que mejor, en Windows 98, pero algunos programas podrían no funcionar en absoluto.

Una causa del problema también puede ser que usted haya movido la carpeta del programa o que haya olvidado insertar el CD-ROM antes de abrir un programa que lo requiere. En tales casos, Windows presenta un mensaje indicando que el archivo hacia el que señala el acceso directo ya no existe. Si sólo olvidó insertar el CD, cancele el mensaje, inserte el CD en la unidad de CD-ROM y vuelva a hacer clic en el acceso directo. Si movió una carpeta y Windows no la puede localizar, siga estos pasos para dirigir el acceso directo hacia el archivo correcto:

1. Haga clic con el botón derecho del ratón en el acceso directo y elija **Propiedades** (Properties).

2. Dentro del cuadro de diálogo Propiedades, escriba la ruta de acceso de la carpeta en la que está almacenado el programa, seguida por el nombre del archivo que lo abre.

3. Haga clic en **Aceptar** (OK).

3. Sé que instalé correctamente el programa, pero no puedo encontrarlo en el menú Inicio ni en el escritorio de Windows.

Al instalar muchos programas de Windows, la utilería de instalación crea un submenú independiente para el programa en el menú Inicio | Programas (Start | Programs). Sin embargo, otros programas y componentes de Windows se podrían instalar en la parte inferior del menú Programas o en alguno de los submenús existentes. Antes de hacer cualquier cosa, revise la parte superior del menú Inicio, la parte inferior del menú Programas y todos los submenús del mismo.

Es poco común que un programa no se agregue al menú Inicio o a uno de sus submenús. En dichos casos, usted deberá agregar el programa por sí mismo o crear un acceso directo en el escritorio de Windows. Para agregar un programa al menú Inicio o a uno de sus submenús, vea "Configure el menú Inicio" en la página 53. Para agregar un acceso directo al escritorio de Windows, vea "Cree accesos directos a discos, carpetas y archivos" en la página 114.

4. Cada vez que trato de abrir un documento específico en uno de mis programas, recibo un mensaje de error.

Si trata de abrir un archivo seleccionándolo de la parte inferior del menú Archivo (File), es probable que lo haya movido la última vez que lo abrió. Trate de utilizar el comando **Archivo | Abrir** (File | Open). Entonces podrá dirigirse al disco y la carpeta en que está guardado el archivo ahora y abrirlo desde ahí.

Si abre un archivo y éste bloquea su computadora, o si la aplicación le indica que el archivo tiene un formato que no es compatible, probablemente haya guardado el archivo en un formato que el programa no reconoce, o que el archivo se haya dañado. Pruebe las soluciones siguientes:

- Abra el archivo en el programa en el que fue creado y luego guárdelo en un formato compatible.

- Si sabe que el archivo ya está en un formato compatible, trate de ejecutar ScanDisk en el disco en que esté guardado su archivo. Vea "Revise y repare problemas con los discos" en la página 416.

- Como último recurso, trate de abrir el archivo en WordPad o en el Cuaderno de notas (Notepad). Es probable que el documento contenga una serie de códigos de formato, pero usted podrá recuperar los datos en limpio copiándolos y pegándolos en un documento nuevo.

- También puede tratar de ver el contenido del archivo con Vista rápida (Quick View). En Mi PC (My Computer) o en el Explorador de Windows (Windows Explorer), haga clic con el botón derecho del ratón en el nombre del archivo y elija vista rápida (si esta opción está disponible).

5. Al guardar mi documento, traté de escribir una extensión del nombre de archivo, pero el programa no me dejó.

Cuando usted guarda un archivo, muchos programas de Windows agregan automáticamente la extensión correcta al nombre del archivo. Esto evita que usted escriba una extensión incorrecta. Si un programa no le permite agregar una extensión de archivo, sólo omítala cuando le vaya a dar nombre al archivo y deje que el programa lo haga por usted.

En algunos casos, aun cuando usted escribe una extensión de archivo, el programa de todas formas añade una extensión, por lo que el nombre del archivo termina con dos extensiones, como `Mi Novela (Capítulo 7).doc.doc`. Si sucede esto, utilice Mi PC o el Explorador de Windows para cambiar el nombre del archivo, tal como se describió en "Copie, mueva y cambie nombre a archivos" en la página 103.

6. Estoy acostumbrado a utilizar las extensiones de los archivos para determinar los tipos de archivo, pero Windows no las muestra.

Windows está tratando de liberar a los usuarios de computadoras de esa dependencia que tenían con los tres caracteres de la extensión del archivo para poder determinar los tipos de archivo. En vez de ello, Windows espera que los usuarios determinen los tipos de archivo viendo los iconos. Mi PC también puede mostrar vistas diminutas de los archivos seleccionados para ayudarle a determinar qué programa se usó para crearlos.

Sin embargo, si está acostumbrado a determinar el tipo de archivo a partir de sus extensiones, los iconos le serán más confusos que útiles. Para que Windows muestre las extensiones de archivos, siga estos pasos:

1. Haga clic en el icono **Mi PC** del escritorio de Windows.

2. Abra el menú **Ver** (View) y elija **Opciones de carpeta** (Folder Options).

3. Haga clic en la ficha **Ver** (View).

4. Haga clic en **Ocultar extensiones para los tipos de archivos conocidos** (Hide File Extensions for Known File Types) para quitar la marca de su casilla y desactivar esta opción.

5. Haga clic en **Aceptar** (OK).

Programas de DOS

Problema	Número de Solución rápida	Página
No puedo ejecutar un juego de DOS	7	518
La aplicación DOS se bloquea	8	518
No puedo regresar a Windows	9	519
No puedo cambiar a DOS	9	519
Un programa de DOS corre muy lentamente	7	518
Al volver a Windows el ratón no funciona	11	520
Mi ratón, el dispositivo de juegos o tarjeta de sonido no funcionan en un juego de DOS	12	521

7. Cada vez que trato de ejecutar un juego de DOS, regreso a Windows.

Aunque la mayoría de los juegos de DOS se ejecuta bien bajo Windows 98, algunos requieren más recursos de los que Windows provee para los programas de DOS. Trate con las soluciones siguientes:

- Desde Windows, cree un icono de acceso directo para abrir el programa de DOS y luego haga clic con el botón derecho del ratón en el icono y seleccione **Propiedades** (Properties). Haga clic en la ficha **Programas** (Programs) y luego el botón **Avanzado** (Advanced). Elija **Modo MS-DOS** (MS-DOS Mode) y haga clic en **Aceptar**. Luego haga clic en **Aceptar** para guardar sus cambios. Esto dará al programa de DOS todos los recursos disponibles en el sistema. Trate de ejecutar el juego otra vez.

- Haga clic en el botón **Inicio** (Start), elija **Apagar el sistema** (Shut Down), seleccione **Reiniciar en modo MS-DOS** (Restart in MS-DOS Mode) y haga clic en **Aceptar**. Luego, trate de abrir el programa desde el indicador de DOS.

- Si esto no funciona, reinicie Windows. Tan pronto como su computadora haga un sonido de "bip", presione y suelte la tecla **F8**. Esto despliega el Menú de inicio de Windows 98 (Windows 98 Startup Menu). Elija **Command Prompt Only** y luego abra el programa desde el indicador de DOS.

Si persiste el mismo problema, vaya a la siguiente Solución rápida.

8. Mi programa de DOS bloquea el sistema y no puedo hacer nada.

Primero, pruebe las soluciones descritas en el problema 7. Si esas correcciones no resuelven el problema, es posible que su juego de DOS necesite algo más que la memoria convencional (los primeros 640 kilobytes de memoria). Algunos juegos requieren memoria adicional en forma de *memoria expandida*. Para poder tener acceso a la memoria expandida, siga los pasos presentados a continuación:

1. Haga clic con el botón derecho del ratón en el icono que utiliza para ejecutar el programa de DOS y elija **Propiedades** (Properties).

2. Haga clic en la ficha **Programas** (Programs) y luego en el botón **Avanzado** (Advanced).

3. Asegúrese de que la opción **Modo MS-DOS** (MS-DOS Mode) esté activa.

4. Haga clic en **Especificar nueva configuración de MS-DOS** (Specify a New MS-DOS Configuration).

5. Mueva el punto de inserción hacia el final de la línea que dice DEVICE=C:\WINDOWS\HIMEM.SYS y presione **Entrar** para crear una línea en blanco.

6. Escriba **DEVICE=C:\WINDOWS\EMM386.EXE RAM**. Esto da memoria expandida a los programas que estén abiertos y que la requieran.

7. Haga clic en el botón **Aceptar** (OK). Cuando regrese al cuadro de diálogo Propiedades, haga clic en Aceptar para guardar sus cambios.

También puede usar un disco de inicio independiente para iniciar la computadora cuando desee ejecutar un juego. Para crear dicho disco, siga estos pasos:

1. Formatee un disco como disco de sistema (como se explica en "Formatee disquetes" en la página 129).

2. Copie los archivos Config.sys y Autoexec.bat del disco C:\ al disquete.

3. Ejecute el Cuaderno de notas (Notepad) de Windows y abra el archivo Config.sys del disquete.

4. Mueva el punto de inserción hacia el final de la línea que dice DEVICE=C:\WINDOWS\HIMEM.SYS y presione **Entrar** para crear una línea en blanco.

5. Escriba **DEVICE=C:\WINDOWS\EMM386.EXE RAM.**

6. Abra el menú **Archivo** (File) y elija **Guardar** (Save).

7. En el Cuaderno de notas de Windows, abra el archivo Autoexec.bat del disquete y escriba **REM** al inicio de cualquier línea que ejecute un controlador de dispositivo que usted no necesite para el juego o un programa que funcione en segundo plano. Esto evitará que los programas se abran y utilicen la memoria convencional que el juego pudiera requerir.

8. Abra el menú **Archivo** y elija **Guardar**.

Inserte el disco en la unidad del disquete y reinicie su computadora. Cuando ésta inicie, usted verá el indicador de DOS: A:\> en vez de Windows. Vaya al disco y la carpeta que contenga el juego de DOS y escriba el comando que lo ejecute. (Si no conoce el comando, consulte la documentación del juego.)

9. Mi programa de DOS funciona bien, pero cuando termino de utilizarlo no puedo regresar a Windows.

Cuando usted ejecuta un programa de DOS en modo de pantalla completa, por lo general puede regresar a Windows presionando **Alt+Entrar** (Alt+Enter). Sin embargo, si el programa de DOS utiliza esa combinación de teclas para ejecutar algún otro comando, éste no le hará volver a Windows. Pruebe presionando **Alt+Tabulador**, **Alt+Esc** o **Ctrl+Esc**. Si sale de su programa de DOS y aparece el indicador de DOS, escriba **exit** y presione **Entrar**.

Si no utiliza la combinación de teclas Alt+Entrar en el programa de DOS, puede volverla a habilitar en Windows siguiendo estos pasos:

1. Haga clic con el botón derecho del ratón en el icono que utiliza para abrir el programa y elija **Propiedades**.

2. Haga clic en la ficha **Varios** (Misc).

3. Dentro del área Teclas de método abreviado de Windows (Windows Shortcut Keys), haga clic en **Alt+Entrar** para colocar una marca dentro de su casilla de verificación.

4. Haga clic en **Aceptar** (OK).

10. Cuando salgo de mi programa de DOS y regreso a Windows, no puedo seguir utilizando mi ratón.

Algunos programas de DOS requieren un controlador distinto para el ratón del que utiliza Windows y, a veces, ese controlador no es compatible con el controlador para ratón de Windows y lo desactiva. La forma más rápida de volver a tener el control de su ratón es reiniciando Windows. Si tiene que reiniciar Windows sin ayuda de su ratón, presione **Ctrl+Esc** para abrir el menú Inicio (Start), presione la flecha descendente para resaltar **Apagar el sistema** (Shut Down) y luego presione **Entrar**.

Si usted no utiliza el ratón en su programa de DOS, trate de cambiar las opciones del programa de DOS para desactivar el ratón.

11. Mi juego de DOS parece correr bien, pero en ocasiones no puedo usar mi ratón o el dispositivo de juego, o bien el sonido está desactivado.

Muchos programas de DOS requieren que especifique el tipo de controlador que desea utilizar: teclado, ratón o dispositivos de juego (u otro control de juegos). En la pantalla de inicio del juego, busque una opción para configuración (Configuration) o instalación (Setup) dentro del menú y selecciónela. Antes de empezar a jugar, seleccione sus preferencias. La opción Configuración también debería permitirle especificar el dispositivo de sonido que va a usar e incluso si desea activarlo o desactivarlo.

Si cambiando estas opciones no se corrige el problema, reinicie su computadora en modo MS-DOS y ejecute el software que viene con su tarjeta de sonido o controlador. En la mayoría de los casos, los controladores de Windows no funcionan bajo DOS, usted los debe instalar. Revise la documentación que viene con su tarjeta de sonido y con su controlador, para determinar si sus archivos de inicio (Config.sys y Autoexec.bat) requieren de comandos especiales. Si los requieren, siga los pasos presentados a continuación para agregar los comandos de su juego en Config.sys y en Autoexec.bat:

1. Haga clic con el botón derecho del ratón en el icono que utiliza para ejecutar el programa de DOS y elija **Propiedades** (Properties).

2. Haga clic en la ficha **Programas** (Programs) y luego en el botón **Avanzado** (Advanced).

3. Asegúrese que la opción **Modo MS-DOS** (MS-DOS Mode) esté seleccionada.

4. Haga clic en **Especificar nueva configuración de MS-DOS** (Specify a New MS-DOS Configuration).

5. Escriba los comandos requeridos en las áreas de texto bajo **CONFIG.SYS para modo MS-DOS** (CONFIG.SYS for MS-DOS Mode) y **AUTOEXEC.BAT para modo MS-DOS** (AUTOEXEC.BAT for MS-DOS Mode).

6. Haga clic en el botón **Aceptar**. Cuando regrese al cuadro de diálogo Propiedades, haga clic en **Aceptar** para guardar sus cambios. Luego, vuelva a ejecutar el juego.

Unidades CD-ROM

Problema	Número de Solución rápida	Página
No hay icono para la unidad de CD-ROM	12	521
Hay un error al leer el disco de CD-ROM	13	522
No hay sonido para el CD	14	522
El CD no se ejecuta automáticamente en Windows	15	522
La unidad CD-ROM no reproduce CDs de sonido	14	522
Especificación de unidad no válida	16	523
La unidad de CD-ROM no está disponible en DOS	16	523

12. Mi PC y el Explorador de Windows no muestran un icono para mi unidad CD-ROM.

Si acaba de instalar la unidad de CD-ROM, apague su computadora y revise los cables que la conectan con la tarjeta principal o la tarjeta de expansión que está dentro de su computadora. Revise también el cable de la fuente de poder de la unidad de CD-ROM para asegurarse que las conexiones estén bien. Tal vez usted jaló un cable al quitar la cubierta de la unidad de sistema.

Apague Windows y reinicie su computadora. Presione la tecla que utiliza para entrar al programa de instalación de su computadora. En general, la tecla requerida aparece en la pantalla cuando usted inicia por primera vez su computadora, pero antes de que Windows se abra. Si no aparece, revise la documentación de su máquina para saber qué tecla debe presionar.

La pantalla de configuración deberá mostrar un menú con la configuración del sistema. Busque una opción para Adaptador EIDE o IDE. Deberá tener una opción para su unidad de disco duro y otra para una segunda unidad, que generalmente es la de CD-ROM. Revise la configuración para asegurarse de que su computadora reconoce la unidad de CD-ROM. *No cambie* la configuración del disco duro, pues podría inutilizarlo.

Si los cables están conectados correctamente y su computadora reconoce la unidad de CD-ROM, Windows podría estar configurado para utilizar el controlador erróneo para su unidad de CD-ROM, o dañado. Para reinstalar el controlador, siga estos pasos:

1. Abra el Panel de control (Control Panel) de Windows y haga clic en el icono **Sistema** (System).

2. En el cuadro de diálogo Propiedades de Sistema (System Properties), haga clic en la ficha **Administrador de dispositivos** (Device Manager).

3. Haga clic en el signo más (+) que está junto a **CD-ROM**.

4. Haga clic en el nombre del controlador CD-ROM que desea seleccionar y luego en el botón **Quitar** (Remove). Para quitar el controlador, haga clic en **Aceptar** (OK).

5. Cuando regrese al cuadro de diálogo Propiedades de Sistema, haga clic en **Aceptar** y luego reinicie Windows.

Windows deberá reiniciar y ejecutar automáticamente el Asistente para agregar nuevo hardware (Add New Hardware Wizard), que le guiará a través del proceso de instalación del controlador de CD-ROM requerido. Si el Asistente para agregar nuevo hardware no aparece, inícielo desde el Panel de control. Para mayores detalles, vea "Instale hardware nuevo" en la página 364.

13. Al insertar un CD en la unidad de CD-ROM, recibo un mensaje de error indicando que Windows no puede leer el disco.

Si tiene problemas con un solo disco, el problema podría estar en el disco y no en la unidad. Asegúrese de que el disco esté con la carátula hacia arriba; las unidades de CD-ROM leen la parte de abajo del disco (la que no está impresa). Si el disco fue colocado correctamente dentro de la unidad, revise la parte inferior del disco para ver si no tiene polvo, mugre o rayones. Si está sucio, límpielo con un lienzo delgado de algodón que no tenga pelusa y siguiendo un movimiento del centro hacia los extremos. Si el disco tiene algo pegado a él, rocíelo con limpiador para ventanas y límpielo muy bien, de nuevo con un movimiento del centro hacia los extremos del disco.

Si usted tiene problemas con más de un disco, el mecanismo de lectura del CD-ROM podría estar sucio. Compre un paquete de limpieza para CD-ROM y utilícelo para limpiar el mecanismo de lectura. Estos kits generalmente contienen un CD y alguna solución limpiadora. Coloque la solución de limpieza sobre el disco, inserte el disco dentro de la unidad y retírelo cuando deje de girar.

14. Sé que mi programa para CD-ROM tiene clips de audio, pero no los puedo oír.

En la mayoría de los casos, la unidad de CD-ROM no está fallando. Es sólo que el sonido de Windows está desactivado de alguna forma. Haga clic con el botón derecho del ratón en el icono **Volumen** (Volume) en la barra de tareas y elija **Abrir controles de volumen** (Open Volume Controls). Asegúrese de que los niveles de volumen Entrada de línea (Speaker), CD de sonido (CD Player) y Onda (Wave) estén en sus niveles máximos. También asegúrese de las casillas de verificación Silencio (Mute) no estén seleccionadas. (Si estos controles no aparecen, abra el menú **Opciones** [Options], elija **Propiedades** [Properties] y active los controles.)

Si estos ajustes no corrigen el problema, revise el control de volumen de su unidad CD-ROM y de su tarjeta de sonido. (Si la tarjeta de sonido tiene un control de volumen, está en la parte superior de ésta, donde usted conecta las bocinas.) También asegúrese de que sus bocinas estén conectadas correctamente en el enchufe de SALIDA (OUT) de la tarjeta de sonido y de que éstas estén conectadas y encendidas.

En general el control de volumen de la unidad CD-ROM sólo controla la salida de audífonos, no la de las bocinas de su tarjeta de sonido. Revise su unidad CD-ROM conectando un par de audífonos y tratando de reproducir un sonido a través de ellos. Si puede oír el sonido en los audífonos, sabrá que el problema está o en la tarjeta de sonido o en la conexión entre la unidad CD-ROM y la propia tarjeta.

Si el sonido no se escucha a través de la tarjeta de sonido, revise el cable que conecta la unidad CD-ROM con la tarjeta de sonido. Este cable suele tener cuatro alambres conectados a un pequeño enchufe que se conecta a la tarjeta de sonido que está *dentro* de su computadora. Asegúrese que el cable esté en buenas condiciones y correctamente conectado.

15. Pensé que Windows reproducía automáticamente los CDs al insertarlos, pero no lo hace.

No todos los CDs tienen la característica de Reproducción automática (AutoPlay) integrada. Muchos CDs actúan como disquetes o discos duros. Antes que nada, deberá insertar un comando o hacer clic en un icono para el CD (desde Mi PC o el Explorador de Windows) para abrir el programa o la utilería de instalación.

De nuevo, es probable que Reproducción automática haya sido desactivada de su computadora. Para asegurarse que está activa, siga estos pasos:

1. Abra el Panel de control (Control Panel) de Windows y haga clic en el icono **Sistema** (System).

2. Haga clic en la ficha **Administrador de dispositivos** (Device Manager).

3. Haga clic en el signo más (+) que está junto a **CD-ROM** y luego haga doble clic en el icono de su unidad de CD-ROM. Esto mostrará las propiedades de la unidad de CD-ROM.

4. Haga clic en la ficha **Configuración** (Settings) y asegúrese de que haya una marca dentro de la casilla de verificación **Notificar la inserción automáticamente** (Auto Insert Notification). Haga clic en **Aceptar** (OK).

5. Cuando regrese al cuadro de diálogo Propiedades de Sistema (System Properties), haga clic en **Aceptar** para guardar sus cambios. Reinicie su computadora.

Algunos CDs de sonido no sólo contienen música, sino también presentaciones multimedia. Si inserta un CD de sonido para reproducir algunas melodías, no se sorprenda si aparece en su pantalla la ventana de un programa. Para reproducir las melodías, abra el Reproductor de CD (CD Player) del menú **Inicio | Programas | Accesorios | Entretenimiento** (Start | Programs | Accessories | Entertainment).

---

16. Al reiniciar mi computadora en modo MS-DOS, no puedo tener acceso a mi unidad de CD-ROM.

Cuando usted instala Windows 98, éste desactiva automáticamente su unidad CD-ROM en DOS, para evitar conflictos entre el controlador de CD-ROM de DOS y el de Windows. Al reiniciar en modo MS-DOS, el controlador requerido no ha sido cargado. Por tanto, cuando trate de tener acceso a la unidad de CD-ROM desde el indicador de DOS, usted recibe el mensaje de error `Especificación de unidad no válida` (Invalid Drive Specification).

Para utilizar su unidad de CD-ROM desde el indicador de DOS, realice los pasos siguientes:

1. Copie los archivos del controlador necesario del disco de instalación que viene con su unidad CD-ROM a una carpeta independiente de su disco duro.

2. En Mi PC (My Computer), vaya a la unidad C.

3. Arrastre el archivo Command.com hacia un área en blanco del escritorio de Windows y suelte el botón del ratón. Esto creará un acceso directo llamado "Acceso directo a MS-DOS".

4. Haga clic con el botón derecho del ratón en el nuevo acceso directo y elija **Propiedades** (Properties).

5. Haga clic en la ficha **Programas** (Programs) y luego en el botón **Avanzado** (Advanced).

6. Elija **Modo MS-DOS** y seleccione **Especificar nueva configuración de MS-DOS** (Specify a New MS-DOS Configuration).

7. En las áreas de texto bajo **CONFIG.SYS para modo MS-DOS** (CONFIG.SYS for MS-DOS Mode) y **AUTOEXEC.BAT para modo MS-DOS** (AUTOEXEC.BAT for MS-DOS Mode) escriba los comandos necesarios para cargar su unidad de CD-ROM. Para conocer los comandos necesarios, revise la documentación adjunta a su unidad.

En muchos casos, Autoexec.bat requiere un comando como C:\CDROM\MSCDEX.EXE / d:mscd001 y Config.sys requiere de un comando como DEVICE=C:\CDROM\CDROMDRV.SYS /d:mscd001. C:\CDROM es la carpeta dentro de la cual usted copió los archivos de los controladores de CD-ROM necesarios.

---

8. Haga clic en **Aceptar**. Cuando regrese al cuadro de diálogo Propiedades del acceso directo, haga clic en **Aceptar** para guardar su configuración.

Cuando desee utilizar la unidad CD-ROM desde el indicador DOS, no reinicie Windows en modo MS-DOS. En vez de ello, haga clic en el icono del acceso directo que usted creó. Esto apagará Windows e iniciará automáticamente en modo MS-DOS. Suponiendo que haya introducido los comandos correctos, usted ahora deberá tener acceso a la unidad CD-ROM.

> El disco de emergencia de Windows que usted creó al instalar Windows 98 tiene un controlador estándar para las unidades CD-ROM. Esto resulta útil cuando usted tiene que reinstalar Windows 98 desde un CD. Inicie su computadora con el disco de inicio de emergencia y elija la opción para reiniciar su computadora con apoyo del CD-ROM.

Unidades de disco

Problema	Número de Solución rápida	Página
No hay un icono para la unidad de disquete	17	524
No hay un icono para el disco duro	17	524
No hay disco de sistema ni disco de error	18	525
No hay suficiente espacio en disco	19	525
No puedo tener acceso a los archivos del disquete	20	525
No puedo escribir en el disco	21	526
La unidad de disco duro está muy lenta	22	526
La luz de la unidad de disco se queda encendida	22	526

17. Sé que tengo una unidad de disco duro específica, pero ni en Mi PC ni en el Explorador de Windows hay un icono para ella.

Primero, vea si tiene acceso a la unidad de disco desde DOS. Reinicie su computadora en modo MS-DOS (**Inicio | Apagar el sistema | Reiniciar en modo MS-DOS | Aceptar** [Start | Shutdown | Restart in MS-DOS Mode | OK]). Si tiene problemas con una unidad de disquete, inserte un disco formateado. En el indicador de DOS, escriba la letra de la unidad seguida por dos puntos (por ejemplo **a:** y presione **Entrar**).

Si puede tener acceso a la unidad desde DOS pero no hay un icono para ella en Windows, el problema está en Windows. Abra el Asistente para agregar nuevo hardware (Add New Hardware Wizard) para actualizar la unidad o reinstalarla. Vea "Instale hardware nuevo" en la página 364.

Si no puede cambiar a la unidad desde el indicador de DOS y recibe un mensaje de error Especificación de unidad no válida (Invalid Drive Specification), podría estar dañado el registro de la unidad de computadora. Reinicie su computadora, espere hasta que escuche un sonido de "bip" y luego presione la tecla que utiliza para activar el programa de configuración de su computadora (en general es la tecla F1 o F2). En la pantalla de configuración, usted deberá ver una opción para el disquete. Asegúrese de que tenga asignada la letra correcta para la unidad (A o B) y que esté especificada la capacidad correcta (generalmente 1.44MB para los discos de 3 1/2 pulgadas o 1.2MB para los discos de 5 1/4 pulgadas). Guarde su configuración y salga del programa.

Tenga cuidado al entrar en el programa de configuración de su computadora. Este programa contiene toda la configuración para que los dispositivos funcionen correctamente. Si selecciona el parámetro equivocado para una unidad (como su disco duro), es probable que la desactive. Antes de cambiar un parámetro, escríbalo para que, de ser necesario, lo pueda cambiar.

Si, simplemente, no puede tener acceso a la unidad, es probable que esté dañada o que alguno de sus cables esté mal conectado. Apague su computadora, abra la unidad y asegúrese de que los cables de energía y de datos estén bien sujetos a la fuente de poder y a la tarjeta principal o a la tarjeta de expansión respectivamente.

18. Al iniciar, aparece un mensaje `No es un disco de sistema` o bien `Error de disco.`

Este es un mensaje de error de DOS que aparece cuando usted olvidó quitar el disco de su unidad de disquete. Al reiniciar su computadora, Windows busca en la unidad A un disco que contenga los archivos de inicio antes de buscarlos en el disco duro. Si por error deja un disco en la unidad, Windows tratará de iniciar su computadora utilizando los archivos de ese disco. Para continuar, quite el disco y presione **Entrar**.

Si no dejó un disquete dentro de la unidad, es probable que alguno de los archivos de inicio de su disco duro esté dañado. Reinicie su computadora utilizando el disco de emergencia de Windows que creó en "Cree y utilice un disco de emergencia" en la página 442. Luego ejecute ScanDisk en su disco duro y vea si puede corregir el disco. Para abrir ScanDisk desde el indicador A:\>, escriba **scandisk** seguido de la letra de la unidad que desea revisar (por ejemplo, **scandisk c:**) y presione **Entrar**.

Si ScanDisk le informa que la letra de la unidad de disco no es válida, usted tiene serios problemas. No trate de reiniciar su computadora desde el disco duro. Sólo deje su computadora encendida y busque la ayuda de un técnico calificado.

19. Cuando trato de instalar un programa o de copiar archivos, recibo un mensaje de `Memoria insuficiente en disco.`

Su disco está lleno de archivos y ya no tiene espacio para más. Si quiere copiar archivos a su disco duro, primero deberá quitar algunos archivos del mismo. La forma más fácil de hacerlo es utilizando la utilería Liberador de espacio en disco (Cleanup Disk) de Windows. Vea "Limpie su disco duro" en la página 506. También puede utilizar el Asistente para mantenimiento de Windows (Windows Maintenance Wizard).

Si tiene un disquete que está repleto de archivos, deberá quitar algunos del disco o copiarlos en otro disco.

20. No puedo abrir archivo alguno de mi disquete.

Primero, revise lo más obvio: ¿los archivos que trata de abrir son compatibles con el programa que está utilizando para abrirlos? Por ejemplo, tal vez no pueda abrir un tipo de archivo de gráficos en particular dentro de un programa para procesamiento de texto, así como no podrá leer en absoluto un disco de Macintosh, a menos que el disco haya sido formateado como PC en la computadora Macintosh.

Si usted sabe que los archivos son compatibles con su programa, es probable que el disco o los archivos estén dañados. En general, usted podrá darse cuenta si un disco está dañado cuando la unidad de disco empieza a girar sola al tratar de leer datos del disco. Para mayores detalles, vea "Problemas de archivos" en la página 526.

21. Cuando trato de copiar archivos a un disquete, Windows no me deja.

La mayoría de los disquetes tiene una protección contra escritura en una esquina del disco. Si la ficha está en la posición de cerrado (de manera que usted no pueda ver la perforación que tiene el disco), podrá copiar archivos en el disco. Si está en la posición de abierto (y usted puede ver a través de la apertura), no podrá copiar archivos al disco.

Antes de quitar la protección contra escritura del disco, revise su contenido desde Mi PC (My Computer) o desde el Explorador de Windows (Windows Explorer) para ver lo que contiene. Si el disco venía con su computadora o es parte de un paquete de discos de instalación, podría estar protegido contra escritura para evitar que elimine archivos importantes. Si quiere usar un disco sin ficha de protección contra escritura, puede cubrir la perforación con una cinta adhesiva. Pero tenga cuidado de no dejar que la cinta se quede pegada dentro de la unidad.

22. La luz de mi unidad de disco duro permanece encendida casi todo el tiempo y puedo oír que la unidad trabaja constantemente. ¿Esto es normal?

Si su computadora está realizando una operación compleja e intensa en el disco, como desfragmentar archivos del disco duro, es normal que la luz del disco duro permanezca encendida. Por otra parte, mientras usted trabaja, la luz se encenderá y apagará cada vez que necesite tener acceso a los datos de la unidad.

Si la luz se queda encendida sin importar lo que usted esté haciendo en su computadora, su sistema podría tener poca memoria disponible. Si su computadora tiene menos de 16 megabytes de RAM, Windows tendrá que usar más espacio en disco para crear memoria virtual y la luz permanece encendida por más tiempo. Si tiene instalada una gran cantidad de RAM, es probable que un programa que al cerrarlo haya dejado algunos archivos en ejecución y que éstos aún estén presentes en la memoria. Intente reiniciar su computadora.

Revise también su disco duro para asegurarse de que tenga al menos 30 megabytes de espacio libre para que Windows los utilice como memoria virtual. Si tiene menos que eso, Windows deberá estar intercambiando datos con más frecuencia entre el disco y la memoria RAM. Además, use el Liberador de espacio en disco (Windows Disk Cleanup), tal como se explicó en "Limpie su disco duro" en la página 506 y desfragmentar los archivos de su disco duro, como se explicó en "Mejore el rendimiento de la unidad CD-ROM y del disco duro" en la página 502. O bién, use el disco, como se explicó en "Use el Asistente para mantenimiento de Windows" en la página 494.

Problemas de archivos

Problema	Número de Solución rápida	Página
Archivos dañados	23	527
Un programa no puede abrir el archivo	23	527
Archivos perdidos	24	527
Archivos eliminados accidentalmente	25	527
Formatos de archivo no compatibles	26	527
Borrado accidental en un documento	27	527

23. Antes abría este archivo en el mismo programa sin ningún problema, pero ahora Windows dice que no lo puede leer.

El archivo se ha *dañado*. Salir de un programa sin guardar antes su trabajo puede dañar un archivo de documento (o dejar de guardar cualquier cambio que se haya hecho). Las alteraciones ocasionales de energía eléctrica también pueden afectar sus documentos.

Algunos programas crean automáticamente una copia de respaldo de cada uno de los archivos que usted creó. Revise la carpeta en que usted guardó el archivo, para ver si hay algún archivo que tenga el mismo nombre pero una extensión distinta, como BAK. Si encuentra una copia de respaldo, trate de abrirla. Ésta deberá contener la versión anterior del documento, que no contendrá sus últimas modificaciones.

Trate también de ejecutar ScanDisk en el disco en que guardó el archivo. Haga una revisión completa para que ScanDisk pueda recuperar cualquier dato que esté almacenado en áreas defectuosas del disco.

24. Sé que guardé el archivo, pero no lo puedo encontrar.

El mejor lugar donde puede buscar un archivo de documento perdido es dentro del programa que utilizó para crearlo. Muchos programas enlistan los nombres de los archivos recientemente abiertos en la parte inferior del menú **Archivo** (File). Abra el menú Archivo y busque su archivo en la lista. Para abrirlo, sólo haga clic en su nombre. El submenú Inicio | Documentos (Start | Documents) también contiene una lista de los archivos recientemente abiertos.

Si aún así no puede encontrar el archivo, utilice el comando **Inicio | Buscar | Archivos o carpetas** (Start | Find | Files or Folders) para rastrearlo. Vea "Encuentre archivos y carpetas" en la página 111.

25. Eliminé un archivo por accidente. ¿Puedo recuperarlo?

Cuando usted elimina un archivo o carpeta, Windows lo coloca en la Papelera de reciclaje (Recycle Bin). Para recuperarlo, haga clic en el icono de la Papelera de reciclaje en el escritorio de Windows y luego abra el menú Archivo y elija **Restaurar** (Restore). Windows restaura el archivo o carpeta en el mismo lugar de donde usted lo eliminó. (También puede arrastrar los archivos y carpetas de la Papelera de reciclaje al escritorio de Windows o a una carpeta abierta en Mi PC o en el Explorador de Windows.)

26. Creé y guardé un documento dentro de un programa y ahora deseo modificarlo en otro ¿Es posible?

Algunos programas soportan varios formatos de archivos, lo que le permite compartir documentos con otras personas que utilizan programas distintos. Sin embargo, por lo general usted sólo puede compartir archivos creados en el mismo tipo de programa, como un procesador de texto.

Sin embargo, los programas están siendo cada vez más capaces de compartir no sólo datos sino también código de programación. Como lo vio anteriormente en este libro, usted puede insertar una imagen creada en Paint en un documento escrito en WordPad y luego modificar la imagen desde WordPad haciendo doble clic en ella. Esto despliega la barra de menús y las barras de herramientas de Paint en la ventana de WordPad. En cuanto los programas tengan más capacidad de compartir códigos, le tomará menos tiempo preocuparse sobre los formatos de archivo compatibles.

27. Borré toda una sección de mi documento. ¿Existe alguna forma de recuperarla?

Es fácil eliminar una gran sección de un documento. Si usted resalta todo el documento o una sección de éste para darle formato o copiarla y luego por error presiona una tecla mientras está seleccionada, la selección será remplazada por la tecla que usted oprimió. Esto nos sucede a todos. Para recuperar la selección, pruebe lo siguiente:

- La mayoría de los programas tiene un comando Deshacer (Undo). Abra el menú **Edición** (Edit) y elija **Deshacer**. Usted obtendrá mejores resultados utilizando esta opción inmediatamente después de la equivocación. Si hizo varias modificaciones después de haber eliminado accidentalmente la sección, tendrá que utilizar la lista desplegable Deshacer para cancelar todas las modificaciones hechas después de la equivocación. (La lista Deshacer se limpia automáticamente al cerrar el documento.)

- Si eliminó la selección después de haber guardado el documento, no lo vuelva a guardar. Sólo cierre la ventana del documento o salga del programa *sin* guardar sus cambios. Si le preocupa perder parte de su trabajo, utilice el comando **Archivo | Guardar como** (File | Save As) para guardar el archivo con otro nombre. Así podrá copiar y pegar la selección eliminada entre los dos documentos para tener todo en orden otra vez.

- Si cortó la selección accidentalmente utilizando Edición | Cortar o Ctrl+X, sólo mueva el punto de inserción hacia donde desea volver a insertar la selección y presione **Ctrl+V**.

Problemas de instalación e inicio

Problema	Número de Solución rápida	Página
Instalación cancelada	28	528
Falla de la energía eléctrica durante la instalación	28	528
Windows no inicia	29	528
ScanDisk se ejecuta al inicio	30	529
Al inicio aparece el mensaje Disco de sistema no válido	18	525
Inicio en Modo a prueba de fallos	31	529
No se puede desinstalar un programa	32	530

28. Mientras instalaba Windows 98, mi PC se bloqueó (o hubo un corte de energía). ¿Qué hago ahora?

Si la instalación de Windows simplemente dejó de responder, espere 10 minutos o más. La detección del hardware y otros procedimientos de instalación suelen tomar mucho tiempo. Si la instalación parece haberse trabado, espere para ver si se corrige el problema. Si después de 10 minutos no sucede nada, dé los pasos siguientes:

1. Apague su computadora, espere 20 segundos y enciéndala de nuevo. Deberá iniciar en su versión anterior de Windows.

2. Ejecute de nuevo el programa de instalación de Windows 98.

3. Al iniciar el programa de instalación le pregunta si desea iniciar una nueva instalación o Instalar en modo Smart Recovery. Elija **Smart Recovery**. En el modo de Smart Recovery, el programa de instalación se brinca la sección que ocasionó el problema.

29. Windows no quiere iniciar. Al iniciar mi computadora la pantalla se queda en blanco.

Nada es más desconcertante que encontrarse con una pantalla en blanco al encender su computadora. En la mayoría de los casos, usted puede corregir fácilmente el problema:

- Primero revise su monitor. Asegúrese de que esté encendido y que el cable que va del monitor a la unidad esté bien enchufado.

- La característica para ahorro de energía de Windows apaga automáticamente el monitor después de un determinado periodo de inactividad. Si no apagó la computadora, mueva el puntero del ratón o presione una tecla (puede utilizar la tecla Mayús sin temor a alterar algo) y luego espere para ver si la computadora regresa del modo Suspender (Standby).

- Si el monitor sigue en blanco, presione **Ctrl+Alt+Suprimir** (Ctrl+Alt+Delete) para ver si puede reiniciar Windows.

- Si su sistema está bloqueado, presione el botón **Reinicio** (Reset) de su computadora.

30. Al iniciar, un mensaje me indica que mi disco duro podría tener problemas y que ejecute ScanDisk.

Es normal que su computadora ejecute de vez en cuando ScanDisk en el inicio, en particular si usted tuvo que cerrar Windows presionando Ctrl+Alt+Suprimir o utilizando el botón de Reinicio o de encendido de su unidad de sistema. Deje que ScanDisk realice la prueba completa de su disco duro y corrija automáticamente cualquier problema. La próxima vez que usted inicie su computadora, ésta deberá iniciar normalmente.

> *No* detenga ScanDisk cuando esté en medio de una revisión y reparación de fallas. Si lo hace, es probable que se ejecute *cada vez* que usted inicie su computadora.

31. Windows inició en Modo a prueba de fallos y ahora el escritorio de Windows se ve diferente.

En general, cuando usted instala el controlador erróneo para un dispositivo (sobre todo un controlador de video o de ratón equivocado), Windows inicia en Modo a prueba de fallos (Safe). Si Windows no puede iniciar normalmente, reinicia en forma automática y carga los controladores estándar de modo que usted pueda utilizar Windows para corregir el problema.

En muchos casos, Windows corrige automáticamente el problema. Si usted reinicia Windows desde Modo a prueba de fallos, en general vuelve a iniciar normalmente. Sin embargo, si Windows continúa iniciando en Modo a prueba de fallos, siga estos pasos:

1. Abra el Panel de control (Control Panel) de Windows y haga clic en el icono de **Sistema** (System).

2. Haga clic en la ficha **Administrador de dispositivos** (Manager Device).

3. Haga clic en el signo más (+) que está junto a cada tipo de dispositivo (como **CD-ROM** y **Adaptadores de pantalla** [Display]). Asegúrese que no haya dispositivos en conflicto (tendrían un símbolo de precaución o una X roja junto a ellos).

4. Si un dispositivo está en conflicto, haga doble clic en su nombre y revise su configuración.

5. En la mayoría de los casos, el cuadro de diálogo de propiedades del dispositivo tiene una ficha para el **Controlador** (Driver). Haga clic en la ficha Controlador y luego en el botón **Actualizar controlador** (Upgrade Driver) para volver a instalar el controlador de la unidad seleccionada.

> Usted puede forzar a Windows a que inicie en Modo a prueba de fallos presionando **F8** cuando vea el mensaje Iniciando Windows 98 (Starting Windows 98). Esto mostrará un menú que le permite iniciar en Modo a prueba de fallos o en el indicador de DOS.

32. Estoy tratando de quitar un programa que ya no uso, pero no aparece en el cuadro de diálogo Propiedades de Agregar o quitar programas.

No todos los programas añaden sus nombres a la lista de los programas que usted puede quitar en forma segura desde Windows. Si el programa no aparece en la lista, revise la carpeta en que usted lo instaló y busque un archivo de Configuración (Setup) o de Instalación (Install). En muchos casos, usted puede abrir la utilería de instalación o de desinstalación del programa para quitar el programa o alguno de sus componentes de su disco duro. (A veces, el programa muestra una opción para Desinstalar (Uninstall) o para Quitar (Remove) en el submenú Inicio I Programas [Start I Programs].)

Evite quitar un programa de Windows simplemente eliminando la carpeta que tiene almacenados sus archivos. Puesto que los programas de Windows generalmente instalan archivos en la carpeta Windows/System, quitar la carpeta del programa rara vez elimina todos sus archivos. Además, el programa podría haber agregado algún comando a los archivos de inicio de Windows, en cuyo caso quitar los archivos del programa podría ocasionar que aparecieran mensajes de error cada vez que usted inicie Windows.

Memoria insuficiente

Problema	Número de Solución rápida	Página
Revisión de la memoria del sistema	33	530
Revisión de los recursos del sistema	34	531
Recursos de usuario insuficientes	34	531
Recursos GDI insuficientes	34	531
Identificación de problemas de memoria	35	531
Windows se bloquea	36	532
Mensaje de `Memoria insuficiente`	37	532
Escasos recursos en el sistema	37	532
Windows no abre un programa	37	532
El sistema está lento	38	532
Error de `Paridad` en la pantalla azul	39	533

33. ¿Cuánta memoria tiene mi computadora?

Antes de empezar a preocuparse siquiera por la escasez de memoria de su computadora, primero asegúrese de saber cuánta memoria tiene. Sépalo sencillamente:

1. Haga **Alt**+clic en el icono Mi PC (My Computer). La cantidad de memoria física (en forma de chips de RAM) aparece cerca de la parte inferior del cuadro de diálogo. Su computadora deberá tener instalados 16 megabytes o más. Si tiene menos, vea la posibilidad de instalar memoria adicional en forma de módulos de memoria. Vea "Instale hardware nuevo" en la página 364.

2. Haga clic en la ficha **Rendimiento** (Performance). Esta ficha también muestra la cantidad de memoria física instalada. La cantidad de memoria (RAM, o memoria de acceso aleatorio) aparece cerca de la parte superior del cuadro de diálogo.

3. Haga clic en el botón **Memoria Virtual** (Virtual Memory). El valor en el cuadro de texto Disco duro (Hard Disk), aunque está en gris, indica la cantidad de espacio libre disponible que Windows puede utilizar como memoria virtual.

4. Agregue los dos números para determinar la cantidad total de memoria disponible. (Aun cuando su sistema tenga una gran cantidad de espacio en disco que pueda utilizar como memoria virtual, algunos programas tienen problemas al ejecutarse con menos de 16 megabytes de RAM real.)

34. Mi computadora tiene suficiente memoria; entonces, ¿por qué no están corriendo bien mis programas?

Windows tiene algunas limitaciones integradas. Aunque pueda crear su propia memoria (virtual) aprovechando el espacio libre en disco, reserva bloques de memoria limitada (llamados *recursos*) para tareas como el despliegue de datos y de cuadros de diálogo.

Windows reserva memoria para estos tres recursos: Sistema (para dar seguimiento a los archivos abiertos), Usuario (para administrar los cuadros de diálogo) y GDI (para manejar los gráficos). Usted puede tener una gran cantidad de memoria disponible, pero si estas áreas reservadas se empiezan a llenar, usted podría tener los mismos problemas que si su sistema estuviera bajo de memoria.

Para revisar las cantidades disponibles de recursos del sistema, siga estos pasos:

1. Haga clic en el botón **Inicio** (Start), vaya a **Programas | Accesorios** (Programs | Accessories), luego a **Herramientas de sistema** (System Tools) y haga clic en **Medidor de recursos** (Resource Meter). (Si Medidor de recursos no aparece en este menú, instálelo con el Programa de instalación de Windows.)

2. El cuadro de diálogo Medidor de recursos le indica que también consumirá recursos del sistema. Haga clic en **Aceptar** (OK).

3. El icono Medidor de recursos aparece en la bandeja del sistema en el extremo derecho de la barra de tareas. Haga clic con el botón derecho del ratón en él y elija **Detalle** (Details). El Medidor de recursos despliega un gráfico de barras con los recursos del Sistema (System), Usuario (User) y GDI disponibles.

Si usted ve que los recursos de su sistema son escasos en cualquiera de sus categorías, cierre todos sus programas y salga de Windows. Esto limpia de la memoria cualquier instrucción innecesaria de algún programa para que Windows pueda iniciar limpio. Para determinar qué tan bien funcionó esta solución, vuelva a abrir el Medidor de recursos después de reiniciar su computadora para ver la cantidad de recursos que haya recuperado para Windows.

35. ¿Windows me puede ayudar a identificar los problemas de memoria?

Sí, el Memory Troubleshooter de Windows le puede ayudar a determinar la causa de muchos problemas relacionados con insuficiencia de memoria. Para iniciar Memory Troubleshooter, siga estos pasos:

1. Haga clic en el menú **Inicio** y elija **Ayuda** (Help).

2. En la ventana Ayuda, haga clic en la ficha **Índice** (Index) y escriba **problema** (Trouble) en el cuadro de texto. Windows resalta `troubleshooting` en la lista de temas.

3. Recorra la lista y haga doble clic en **problemas de memoria**.

4. Haga clic en el vínculo **Haga clic aquí** (Click Here) para iniciar Memory Troubleshooter.

5. Haga clic en la opción que mejor describa el problema que tiene y luego haga clic en **Siguiente** (Next).

6. Siga las indicaciones en pantalla para identificar y corregir su problema.

36. Mi computadora se bloquea con frecuencia. ¿Es un problema de memoria?

La cantidad total de memoria instalada en su computadora (la memoria RAM y la virtual combinadas) no es indicador de la cantidad de memoria *disponible* para ejecutar un programa en particular. Si está trabajando con varios programas o tiene varios documentos abiertos, Windows podría no tener suficiente memoria disponible para ejecutar otro programa. Trate de cerrar los otros programas para liberar memoria, pero incluso después de haber cerrado algunos, éstos seguirán ocupando parte de los recursos del sistema disponibles para otros programas. Intente las soluciones siguientes para liberar memoria:

- Cierre todos los demás programas y abra únicamente los programas que le están ocasionando problemas.

- Reinicie Windows para quitar completamente cualquier programa de la memoria. Luego trate de abrir el programa causa del problema.

Si ese programa sigue causando problemas, pero los demás programas ya no bloquean su sistema, quizás el problema esté con ese programa. Consulte al fabricante para ver si hay alguna corrección disponible en software. Probablemente tenga que actualizarse a la versión más reciente del programa. Una fuente de poder sobrecalentada también puede ocasionar un bloqueo del sistema. Si ha instalado más dispositivos internos (unidades de discos duros, tarjetas de expansión, etcétera...) de los que su fuente de poder puede soportar, la falta de voltaje o de amperaje suelen hacer que el sistema se bloquee. Esto se aplica únicamente a los componentes que usted instala en su unidad de sistema. En general los dispositivos externos tienen su propia fuente de poder.

37. Windows muestra un mensaje indicando que tiene poca memoria, o simplemente no abre un programa.

Algunos programas, en especial los exploradores Web, tienen pequeños defectos que pueden hacer que su *memoria escasee*. Cuando usted sale de un programa, se supone que éste debe dejar a Windows el control de los recursos. Si un programa tiene un defecto, podría seguir manteniendo el control de los recursos, o seguir utilizando cada vez más recursos mientras se ejecuta, hasta que su sistema se bloquee por completo.

Si un programa bloquea constantemente su computadora o hace que Windows muestre advertencias de que su computadora tiene poca memoria, utilice el Medidor de recursos (Resource Meter) mientas el programa está abierto para determinar la forma en que el programa utiliza los recursos de Windows al salir. Para obtener instrucciones sobre cómo ejecutar el Medidor de recursos, vea la Solución rápida número 34.

38. Mis programas corrían más rápido antes de que instalara Windows 98.

Sus programas deberán correr más rápido en Windows 98. Si corren más lentamente, es probable que la instalación de Windows 98 haya tomado tanto espacio en disco que la cantidad de espacio disponible para que Windows utilice como memoria virtual ha disminuido. Abra el Asistente para mantenimiento (Maintenance Wizard) de Windows, como se explicó en "Use el Asistente para mantenimiento de Windows" en la página 494. El Asistente para mantenimiento quitará de su disco duro los archivos innecesarios, incluyendo los archivos que el programa de instalación de Windows haya guardado para permitirle instalar Windows. También ejecute el Desfragmentador de disco (Disk Defragmenter), que reconocerá los archivos de su disco duro. Esto deberá mejorar el rendimiento general del sistema.

Otra forma de recuperar espacio en disco es convertir su unidad de disco duro a FAT32, como se describe en "Convierta una unidad de disco duro en FAT32" en la página 499. Si Windows no puede convertir su unidad a FAT32, use DriveSpace para comprimir los archivos de su disco duro; sin embargo, una unidad comprimida es un poco más lenta que una unidad sin comprimir.

39. A veces, Windows se detiene y veo una pantalla en azul con un mensaje indicando que ha habido un error de paridad.

Los errores de paridad y de excepción fatal son causados principalmente por una falla en los chips de memoria o por la instalación en su computadora de chips de memoria con fallas. Rastrear los chips de memoria con fallas es un procedimiento complicado que es más conveniente dejar a los técnicos especializados.

Problemas con el teclado

Problema	Número de Solución rápida	Página
No se encuentra el teclado	40	533
No funcionan las teclas	41	534
Se escuchan "bips" al escribir	41	534
El teclado se bloquea	42	534
El texto nuevo remplaza al anterior	43	534
Las letras aparecen en MAYÚSCULAS o mEZclADAS	44	534

40. Al iniciar mi computadora, en mi pantalla aparece el mensaje de `Teclado no encontrado`.

En muchos casos, el mensaje `Teclado no encontrado` (Keyboard Not Found) indica que el cable del teclado se ha desconectado o que está conectado en el puerto equivocado. Primero, asegúrese que el teclado esté conectado en el puerto correspondiente y *no* en el puerto del ratón. Un puerto para ratón del tipo PS/2 es muy parecido al puerto estándar para el teclado, por lo que a veces es fácil confundirlos.

Revise ambos extremos del cable: el que se conecta a la computadora y el que se conecta al propio teclado. También revise todo el largo del cable para ver si no está roto o tiene alguna parte expuesta. Revise también los conectores para asegurarse que los pines no estén doblados (estos pines se doblan fácilmente si no están alineados correctamente con el enchufe).

Si el cable está en buenas condiciones y está bien conectado, apague su computadora y abra la unidad. Sobre la tarjeta principal, busque un fusible junto a la conexión del teclado. Es probable que el fusible se haya fundido. Sustitúyalo para que el teclado funcione bien. Por cierto, no conecte el teclado (o cualquier otra cosa) dentro de la unidad cuando la computadora esté encendida. Si lo hace, podría fundir el fusible.

41. Las teclas no funcionan, o la computadora hace un "bip" cuando presiono una tecla.

Aunque Windows asegura ser un ambiente multitareas, a veces algún programa necesita un control completo del sistema para efectuar una tarea en particular. Si presiona una tecla y no sucede nada, o si su computadora hace un sonido de "bip", usted probablemente abrió un programa que está realizando una tarea compleja o cuyo cuadro de diálogo desplegado le pide su atención inmediata.

En general, al ver la barra de tareas usted puede determinar si un programa le está pidiendo su atención. El botón del programa suele parpadear en un color azul para indicarle que requiere una respuesta. Vaya a ese programa y responda al cuadro de diálogo para volver a tener el control de su teclado. Si el botón no está parpadeando, vaya a cada uno de los programas que esté ejecutando y busque algún cuadro de diálogo abierto.

42. El teclado no funciona en DOS o en Windows.

Si su teclado está en buenas condiciones y está bien conectado en la unidad del sistema, su computadora no despliega el mensaje `Teclado no encontrado` (Keyboard Not Found) al inicio. Sin embargo, eso no significa que el teclado funcionará.

Si su computadora tiene un seguro, vea que no esté cerrado. Por lo general, el seguro en el frente de la unidad deshabilita el teclado, impidiendo que escriba cualquier cosa o introduzca comandos.

Si el teclado dejó de funcionar después de haber instalado otro dispositivo, es probable que el nuevo dispositivo tenga un conflicto con su teclado. No cambie parámetro alguno de la configuración del teclado. En vez de ello, cambie los interruptores DIP o los jumpers del nuevo dispositivo para evitar que haya conflicto con su teclado.

A veces, un controlador para teclado que esté dañado le puede ocasionar problemas. Actualice el controlador del teclado. En el Panel de control (Control Panel) de Windows, haga clic en el icono **Sistema** (System), luego en la ficha **Administrador de dispositivos** (Manager Device), después en el signo más (+) que está junto a **Teclado** (Keyboard) y haga doble clic en el icono de su teclado. Haga clic en la ficha **Controlador** (Driver) y posteriormente en el botón **Actualizar el controlador** (Update Driver). Al final siga las instrucciones en pantalla.

43. Estoy tratando de insertar texto en un documento, pero cuando escribo, el nuevo texto remplaza al texto existente.

La mayoría de los programas para procesamiento de texto le permiten seleccionar el modo de escritura deseado: Insertar o Sobreescribir. En el modo Insertar (Insert), los caracteres existentes se acomodan automáticamente para hacer espacio al nuevo texto. En el modo Sobreescribir (Overtype), cualquier cosa que usted escriba remplazará al texto existente.

En la mayoría de los casos, usted puede cambiar de Insertar a Sobreescribir presionando la tecla Insertar (Insert) o haciendo doble clic en un botón especial (SOB) que está en la barra de estado del programa. Algunos programas hacen más difícil el cambio al modo Sobreescribir para evitar que la gente lo active por error y remplace una gran sección de documentos al escribir.

44. Al escribir, los caracteres aparecen en MAYÚSCULAS o mEZclaDOS.

Debió haber presionado por error la tecla Bloqueo de Mayúsculas (Caps Lock). Sólo vuelva a presionar la misma tecla para desactivar el bloqueo de mayúsculas. Su teclado debe tener una luz que se enciende cuando el Bloqueo de mayúsculas está activado.

Problemas con el ratón

Problema	Número de Solución rápida	Página
No aparece el puntero del ratón	45	535
Cuando muevo el ratón, Windows se bloquea	45	535
El puntero del ratón brinca	46	536
El ratón no funciona después de instalar hardware	47	536
El ratón no funciona en programas de DOS	48	537
Uso del ratón y el dispositivo sensible al tacto en una computadora portátil	49	537
El puntero del ratón se mueve muy rápido o demasiado lento	50	538

45. El puntero de mi ratón desaparece o Windows se bloquea al mover el ratón.

Si usted está utilizando un ratón o cualquier otro dispositivo de señalamiento en una computadora portátil, es normal que el puntero del ratón desaparezca al moverlo. La pantalla, simplemente, no puede seguir el rápido movimiento de un ratón. Para facilitar su seguimiento, active el rastro del puntero, como se explicó en "Configure un ratón o un dispositivo de juego" en la página 373.

Si no logra que se vea el puntero (ya sea en una computadora portátil o en una de escritorio), apague su computadora y revise el cable y la clavija del ratón. Asegúrese de que el cable esté en buenas condiciones (que no tenga roturas ni alambres expuestos) y que esté conectado en el puerto para ratón (no en el del teclado). Revise la clavija para asegurarse que los pines no estén doblados ni encimados. Usted puede reparar los pines de un conector utilizando un par de pinzas de punta y acomodándolos con suavidad. Vuelva a conectar el ratón y reinicie su computadora.

Si el cable y la clavija del ratón están en buenas condiciones, pero sigue sin poder ver el puntero o si el ratón bloquea Windows cuando usted lo mueve, asegúrese de tener instalado el controlador adecuado de ratón. Esta revisión es un poco confusa cuando usted no tiene un ratón para navegar por Windows. Siga estos pasos:

1. Presione **Ctrl+Esc** para abrir el menú Inicio (Start).

2. Presione la tecla hacia abajo para resaltar **Configuración** (Settings) y luego presione la tecla hacia la derecha para abrir el menú Configuración y resaltar **Panel de control** (Control Panel). Presione **Entrar**.

3. En el Panel de control, utilice las teclas de flecha para resaltar el icono **Sistema** (System) y luego presione **Entrar**.

4. En el cuadro de diálogo Propiedades de Sistema (System Properties), presione la flecha que apunta hacia la derecha para cambiar a la ficha **Administrador de dispositivos** (Device Manager).

5. Presione dos veces el Tabulador para ir a la lista de dispositivos, presione la flecha que apunta hacia abajo para resaltar **Ratón** (Mouse) y luego presione la flecha que señala a la derecha para mostrar el icono de su ratón.

6. Presione la flecha que apunta hacia abajo para resaltar el icono de su ratón y luego presione **Alt+P (R)**. Esto abre el cuadro de diálogo de Propiedades de su ratón.

7. Presione el **Tabulador** (Tab) tres veces para resaltar la ficha **General** y luego presione la flecha que apunta a la derecha para ir a la ficha **Controlador** (Driver).

8. Presione el Tabulador hasta que llegue al botón **Actualizar controlador** (Upgrade Driver) y presione **Entrar**. Esto iniciará el Asistente para la actualización del controlador del dispositivo (Upgrade Device Driver Wizard).

9. Presione **Entrar**.

10. Presione la flecha hacia la derecha para resaltar la opción **Mostrar una lista de todos los controladores en una**... (Display a List of All Drivers) y luego presione **Entrar**.

11. Presione el **Tabulador** (Tab) para resaltar **Mostrar el hardware compatible** (Show Compatible Hardware) y luego presione la flecha que apunta hacia abajo para seleccionar **Mostrar todo el hardware** (Show All Hardware).

12. Presione el Tabulador hacia la lista de **Fabricantes** (Manufacturers) y utilice la flecha que apunta hacia abajo para seleccionar el fabricante de su ratón. Si no está seguro, elija la opción **Tipos estándar de ratón** (Standard Mouse Types) en la parte superior de la lista.

13. Presione el tabulador hacia la lista de **Modelos** (Models) y utilice la flecha que apunta hacia abajo para seleccionar el nombre del modelo de su ratón. Presione **Entrar**.

14. Siga las instrucciones en pantalla para terminar la instalación del controlador de su ratón.

Si esto no funciona, reinicie su computadora. Cuando vea el mensaje Iniciando Windows 98 (`Starting Windows 98`) presione **F8** y elija la opción para iniciar en Modo a prueba de fallos (Safe). Windows carga un controlador estándar para el ratón y así usted al menos puede usar el ratón para seleccionar otro controlador.

46. El puntero de mi ratón se mueve errático en la pantalla.

Su ratón debe estar sucio. Voltéelo hacia abajo y revise si hay algún papel, pelusa o cabello obstruyendo el movimiento de la bola del ratón. Quite la obstrucción.

Si tiene problemas, cierre Windows y apague su computadora. Voltee el ratón hacia arriba, quite la cubierta de la bola y límpiela con una toalla húmeda (no utilice un limpiador que contenga alcohol, ya que puede disolver la goma que recubre la bola). Dentro del ratón hay unos rodillos delgados que juntan una gran cantidad de polvo. Utilice un palillo para quitar suavemente el polvo que haya alrededor de los rodillos y al centro de cada uno. (El polvo que está al centro de los rodillos suele estar pegado, trate de rasparlo con mucho cuidado.) Vuelva a armar el ratón, encienda su computadora y ya podrá desplazarse.

47. Instalé un módem (o cualquier otro dispositivo) y ahora el ratón no funciona.

Tanto los ratones como los módems utilizan los puertos COM. Por lo general, el ratón utiliza el puerto COM1 y el módem utiliza el COM2. Si su ratón y módem no parecen llevarse bien, probablemente están tratando de utilizar el mismo puerto COM. Deje la configuración del puerto del ratón como está y trate de cambiar la configuración para el módem (pruebe con COM2 o COM4). Para módems internos, deberá mover algunos interruptores que están en el propio módem y cambiar la configuración del puerto COM dentro del programa de comunicaciones. Para módems externos, sólo seleccione la configuración del puerto COM en el programa de telecomunicaciones.

Después de cambiar la configuración del puerto COM en el módem, deberá cambiarla en Windows. Siga estos pasos:

1. En el Panel de control (Control Panel) de Windows, haga clic en el icono **Módems**. Aparece el cuadro de diálogo Propiedades de Módems (Modems Properties).

2. Asegúrese de que su módem esté seleccionado y luego haga clic en el botón **Propiedades** (Properties).

3. Abra la lista desplegable **Puerto** (Port) y elija el puerto COM que coincida con la nueva configuración de su módem.

El módem también podría estar usando una configuración IRQ que esté en conflicto con su ratón. Para localizar conflictos entre dispositivos, abra el Hardware Troubleshooter, como se explica en la Solución rápida número 98.

48. El ratón funciona bien en Windows, pero no puedo utilizar mis programas de DOS anteriores.

El controlador para ratón de Windows no controla el ratón en otros programas. Para utilizar un ratón en un programa de DOS, usted debe ejecutar el controlador para ratón de DOS al iniciar.

Primero, instale el controlador para ratón de DOS. Debe estar incluido en un disco junto con su ratón. Probablemente tenga que copiarlo manualmente desde el disco a una carpeta de su disco duro. Generalmente el nombre del archivo es ratón.com, ratón.exe o ratón.sys.

Después de copiar en su disco duro el controlador para ratón de DOS, modifique las propiedades del acceso directo que suele usar para ejecutar su programa de DOS, de modo que éste cargue el controlador del ratón. Siga estos pasos:

1. Haga clic con el botón derecho del ratón en el icono que usted usa para ejecutar el programa de DOS y elija **Propiedades** (Properties).

2. Haga clic en la ficha **Programas** (Programs) y luego en el botón **Avanzado** (Advanced).

3. Asegúrese de que esté activado el **Modo MS-DOS** (MS-DOS Mode).

4. Haga clic en **Especificar nueva configuración de MS-DOS** (Specify a New MS-DOS Configuration).

5. *Si el controlador del ratón es un archivo de sistema (.sys),* mueva el punto de inserción hacia el extremo de una línea en el área de texto **CONFIG.SYS para modo MS-DOS** (CONFIG.SYS for MS-DOS Mode) y presione **Entrar**. Escriba el comando que ejecute el controlador del ratón en la forma **DEVICE=C:\MOUSE\MOUSE.SYS** (C:\MOUSE es la ubicación del archivo del controlador, y MOUSE.SYS es su nombre).

   Si el controlador del ratón es un archivo .exe o .com, mueva el punto de inserción hacia el extremo de una línea en el área de texto **AUTOEXEC.BAT para modo MS-DOS** (AUTOEXEC.BAT for MS-DOS Mode) y presione **Entrar**. Escriba el comando para abrir el controlador del ratón en la forma **C:\MOUSE\MOUSE.EXE** (C:\MOUSE es la ubicación del archivo del controlador, y MOUSE.EXE es su nombre).

6. Haga clic en el botón **Aceptar** (OK). Cuando regrese al cuadro de diálogo de Propiedades, haga clic en **Aceptar** para guardar sus cambios.

Ahora, cada vez que usted haga clic en el icono para ejecutar su programa de DOS, Windows se cierra por sí solo, abre las líneas de comando del controlador del mouse para activarlo y abre el programa de DOS. Ahora ya debe poder utilizar su ratón en este programa de DOS.

49. Tengo un dispositivo sensible al tacto en mi computadora portátil, pero preferiría utilizar un ratón ¿es posible?

Los dispositivos sensibles al tacto (touchpad) son excelentes herramientas. Usted desliza su dedo sobre la superficie para mover el puntero del ratón y hace clic en un botón para seleccionar los objetos. Incluso, con algunos de estos dispositivos, para seleccionar un objeto presione la superficie en vez de hacer clic en un botón. Sin embargo, si usted está acostumbrado a utilizar el ratón, podría encontrar que los dispositivos sensibles al tacto son algo difícil de utilizar.

Por fortuna, la mayoría de las computadoras portátiles tiene un puerto independiente para ratón o al menos un puerto serial en el cual puede conectar otro dispositivo de señalamiento. En general, usted puede utilizar un ratón al mismo tiempo que el dispositivo sensible al tacto. Apague su computadora, conecte el ratón en el puerto del ratón o el puerto serial, reiníciela y ejecute el Asistente para agregar nuevo hardware (Add New Hardware Wizard), como se explicó en "Instale hardware nuevo" en la página 364.

> Si se le dificulta usar el dispositivo sensible al tacto, pruebe cambiando su configuración. Su computadora debe haber incluido una utilería para ajustar la configuración del dispositivo sensible al tacto.

Si instaló un ratón además del dispositivo sensible al tacto y éste último hace que su computadora se comporte en forma extraña mientras escribe, lo puede desactivar. Haga **Alt**+*clic* en Mi PC (My Computer), haga clic en la ficha **Administrador de dispositivos** (Device Manager) y luego haga clic en el signo más que está junto a **Mouse**. El dispositivo sensible al tacto debe aparecer en la lista como un ratón, ya que en general utiliza un controlador para ratón. Haga clic en el controlador de su dispositivo sensible al tacto y luego en el botón **Propiedades** (Properties). Haga clic en **Deshabilitar en este perfil de hardware** (Disable in This Hardware Profile) para colocar una marca dentro de la casilla y luego haga clic en **Aceptar** (OK). Guarde su configuración y, si se le pide, reinicie Windows.

50. El puntero del ratón se mueve muy rápido (o muy lento) en la pantalla. ¿Puedo ajustar la velocidad?

Usted puede ajustar fácilmente la velocidad del puntero en su viaje por la pantalla y la velocidad a la que usted deberá oprimir por segunda vez el botón del ratón para ejecutar una acción de doble clic. Para esos detalles, vea "Configure un ratón o un dispositivo de juego" en la página 373.

Módems y conexiones

Problema	Número de Solución rápida	Página
El módem no funciona en absoluto	51	538
No se detecta tono de marcado	52	539
El módem marca un número equivocado	53	539
La llamada se cancela antes de terminar	54	539
No me puedo conectar al servicio en línea	55	540
No me puedo conectar a Internet	56	540
La conexión se interrumpe	57	541
La conexión a Internet es muy lenta	58	541
El módem hace mucho ruido	59	542

51. Windows ni siquiera parece saber que tiene un módem.

Si usted tiene un módem Plug and Play o un módem PCMCIA (en una computadora portátil), usted puede conectar el módem y al iniciar Windows, el sistema lo detecta, lo configura y lo instala automáticamente sin problemas.

Con los módems que no son compatibles con Plug and Play, la instalación podría ser un poco difícil, sobre todo si tiene instalados otros dispositivos en su computadora como puertos seriales, dispositivos de señalamiento, tarjetas de sonido adicionales, etcétera. No es extraño que la instalación del módem falle o que éste funcione pero deshabilite alguno de sus demás dispositivos. Para localizar conflictos entre dispositivos, ejecute el Hardware Troubleshooter de Windows, como se explica en la Solución rápida número 98, en la página 561.

52. Windows muestra un mensaje indicando que no pudo detectar un tono de marcado.

Usted puede desactivar la detección del tono de marcado, pero antes de hacerlo revise su línea telefónica. Si utiliza la misma línea telefónica para llamadas de voz de su casa u oficina, asegúrese que en este momento no se esté utilizando el teléfono. Revise también la línea telefónica que va desde su módem hacia el enchufe del teléfono para asegurarse que no esté desconectado. Si tiene un módem externo, apáguelo, espere algunos segundos y vuelva a encenderlo.

Si el módem sigue sin funcionar, trate de apagar la detección del tono de marcado siguiendo estos pasos:

1. Abra el Panel de control (Control Panel) de Windows y haga clic en el icono **Módems**.

2. Asegúrese de que su módem esté seleccionado y haga clic en el botón **Propiedades** (Properties).

3. Haga clic en la ficha **Conexión** (Connection) y quite la marca de la casilla de verificación **Esperar el tono de marcado antes de marcar** (Wait for Dial Tone Before Dialing). Haga clic en **Aceptar** (OK).

4. Haga clic en **Aceptar** para guardar su configuración.

> Si la opción Esperar el tono de marcado antes de marcar aparece en gris, es que no es una opción disponible para su módem.

53. El módem sigue marcando un número equivocado.

Si tiene que marcar un 9 para entrar a una línea externa o un 1 junto con otro número para hacer una llamada de larga distancia, revise las propiedades de marcado de su módem.

1. Abra el Panel de control de Windows y haga clic en el icono **Módems**.

2. En el cuadro de diálogo Propiedades de Módems (Modems Properties), haga clic en el botón **Propiedades de marcado** (Dialing Properties).

3. En el cuadro de texto **Código de área** (Area Code), asegúrese de que el código de su localidad sea el correcto.

4. Si necesita marcar un código de área para alcanzar un número en particular en la misma área de código, haga clic en el botón **Reglas del código de área** (Area Code Rules), elija **Siempre marcar el código de área** (Always Dial the Area Code) y haga clic en **Aceptar**.

5. Si necesita marcar un número adicional para tener acceso a una línea externa, escriba el número en el cuadro de texto **Para llamadas locales** (For Local Calls).

6. En la mayoría de los casos, el cuadro de texto **Para llamadas de larga distancia** (For Long Distance Calls) debe estar en blanco. Si escribió un 1 en este cuadro, pensando que tiene que marcar un 1 antes de hacer una llamada de larga distancia, bórrelo. Sólo escriba un número cuando su sistema telefónico necesite que marque un número para hacer llamadas locales al exterior y un número diferente para hacer llamadas de larga distancia. Haga clic en **Aceptar**.

7. Cuando regrese al cuadro de diálogo Propiedades de Módems, haga clic en **Aceptar** para guardar sus cambios.

54. Windows cuelga antes de terminar la llamada.

Si la línea está ocupada, Windows podría colgar inmediatamente sin informarle que está ocupada. Si la bocina de su módem está activada, usted debe escuchar un tono de línea ocupada. Trate de volver a llamar más tarde.

Si Windows sigue cortando la llamada, revise el número telefónico que escribió para ver si está correcto. Windows podría estar tratando de marcar un número que no existe.

55. Contraté un servicio comercial en línea, pero no puedo conectarme a él para utilizarlo.

Primero revise lo obvio. ¿Escribió correctamente su nombre de usuario y contraseña? ¿Insertó correctamente el número telefónico del servicio? ¿Necesita marcar otros números como 9 o 1 para tener acceso a una línea externa o para marcar larga distancia?

Los servicios en línea proporcionan sus propios programas. Cuando ejecute el programa del servicio, busque una opción de configuración o instalación y utilícela para revisar estos parámetros. Si los parámetros están correctos, revise la configuración de su módem como se explica en la Solución rápida número 58 en la página 561. Si necesita usar Acceso telefónico a redes para establecer su conexión, vea la siguiente Solución rápida.

56. Tengo un proveedor de servicio Internet, pero el Acceso telefónico a redes no puede establecer la conexión.

Haga clic en el icono de su conexión de Acceso telefónico a redes (Dial-Up Networking), escriba su nombre de usuario y contraseña y haga clic en **Conectar** (Connect). Vea las claves del cuadro de diálogo Conectando con (Connecting To). Si su módem marca el número correcto para su proveedor de servicio y trata de establecer una conexión, y el proveedor de servicio acepta su nombre de usuario y su contraseña, pero luego lo desconecta, el Acceso telefónico a redes podría estar configurado para utilizar un tipo de servicio que no coincide con el servidor de su proveedor. Revise y cambie la configuración de su Acceso telefónico a redes mediante los pasos siguientes:

1. Abra Mi PC (My Computer) y haga clic en el icono de **Acceso telefónico a redes**.

2. Haga clic con el botón derecho del ratón en el icono de su proveedor de servicio y elija **Propiedades** (Properties).

3. Haga clic en la ficha **Tipo de servidor** (Type of Server).

4. Abra la lista desplegable **Tipo de servidor de Acceso telefónico a redes** (Type of Dial-Up Server) y elija el tipo de servidor especificado por su proveedor de servicio (generalmente es PPP, SLIP, o CSLIP).

5. Bajo **Protocolos de red admitidos** (Allowed Network Protocols), asegúrese que esté seleccionado **TCP/IP** y luego haga clic en el botón **Configuración TCP/IP** (TCP/IP Settings).

6. La mayoría de los proveedores de servicio le asignan una dirección IP que identifica a su computadora en Internet. Asegúrese que la opción **Dirección IP asignada por el servidor** (Server Assigned IP Address) esté seleccionada, a menos que su proveedor de servicio le haya asignado una dirección IP permanente.

7. Muchos proveedores de servicio especifican una dirección para Servidor de nombres de dominio (Domain Name Server). Si su proveedor de servicio especificó una dirección, elija **Direcciones del servidor asignadas por el usuario** (Specify Name Server Addresses) y escriba la dirección dentro del cuadro de texto **DNS principal** (Primary DNS).

8. Mientras esté ahí, asegúrese de desactivar **Utilizar la puerta de enlace predeterminada en la red remota** (Log On to Network). Si está opción está seleccionada, Windows buscará una red de Windows antes de conectarse, lo que puede ocasionar tardanzas o llamadas interrumpidas. Haga clic en **Aceptar** (OK).

9. Cuando regrese al cuadro de diálogo Propiedades de Acceso telefónico a redes de esta conexión, haga clic en **Aceptar** para guardar su nueva configuración.

Si esto no corrige el problema, vuelva a abrir el Panel de control (Control Panel) de Windows y haga clic en el icono **Red** (Network). En la lista de componentes de red, haga doble clic en la anotación TCP/IP que está vinculada a su módem. Haga clic en la ficha **Configuración DNS** (DNS Configuration), asegúrese que **Acti-**

var DNS (Enable DNS) esté seleccionado y escriba la dirección del **Servidor de nombres de dominio** (Domain Name Server). Luego guarde sus cambios y trate de volver a llamar. Si los problemas continúan, acuda al departamento de soporte técnico de su proveedor de servicio.

57. Me conecté a Internet y mi servicio en línea estaba bien, pero la conexión se cortó mientras utilizaba el servicio.

Aquí pueden intervenir varios factores. Si utiliza la misma línea telefónica para llamadas de voz y usted o alguna otra persona descolgó el teléfono que está en la misma línea, la llamada podría cortarse automáticamente. Además, si está conectado por medio de una línea telefónica débil, vieja o si tiene una conexión con mucho ruido, ésta podría no ser lo suficientemente clara para transmitir datos.

Además, si tiene el servicio de llamada en espera, cualquier llamada que entre desconectaría automáticamente el módem. Usted deberá desactivar la llamada en espera cada vez que marque a su servicio en línea o a su proveedor de servicio de Internet. Siga estos pasos para desactivar la llamada en espera:

1. Abra el Panel de control (Control Panel) de Windows y haga clic en. el icono **Módems**.

2. Asegúrese que su módem esté seleccionado y haga clic en el botón **Propiedades** (Properties).

3. Haga clic en el botón **Propiedades de marcado** (Dialing Properties).

4. Seleccione **Deshabilitar llamada en espera al marcar** (To Disable Call Waiting, Dial) y elija o escriba el número que deberá marcar para deshabilitar la característica de llamada en espera. Por lo general este número es ***70**. Haga clic en **Aceptar** (OK).

5. Al regresar al cuadro de diálogo Propiedades de Módems, haga clic en **Aceptar** para guardar sus cambios.

Si el problema persiste, contacte con su proveedor de servicio para solicitar ayuda.

58. Mi conexión de Internet o de mi servicio en línea parece lenta.

Cuando esté bajando páginas Web que contengan imágenes extensas y clips de audio y de video, prepárese a que su conexión de Internet se vuelva lenta. Estos archivos son extensos y toman mucho tiempo para viajar por las líneas telefónicas. También espere que la conexión con su proveedor de servicio sea más lenta que la velocidad máxima de su módem. Y recuerde que por el ruido de las líneas telefónicas y otras limitaciones de hardware, las transferencias de datos vía módem no son perfectas.

Para verificar la velocidad de su conexión, primero conéctese y luego haga clic con el botón derecho del ratón en el icono **Acceso telefónico a redes** (Dial-Up Networking), al extremo derecho de su barra de tareas en la bandeja del sistema, y elija **Estado** (Status). Dé un vistazo al cuadro de diálogo Conectando con (Connected To). Éste muestra la velocidad de la conexión (en bytes por segundo) que hay entre su computadora y el proveedor de servicio. Si tiene un módem de 28.8 Kbps, una conexión perfecta marcaría 28,800bps. Si está conectado a 24,000bps o más, considere ésta una buena conexión. Si es un poco más lenta, desconéctese, vuélvase a conectar y revisar de nuevo la velocidad. A veces tendrá suerte y logrará una conexión limpia con sólo volverse a conectar.

Sin embargo, tener una conexión limpia no le asegura que cruzará Internet a la velocidad de la luz. Son varios los factores que determinan a qué velocidad puede descargar archivos, incluyendo la del servidor a que esté conectado, qué tan ocupado esté, qué tan ocupada está Internet y el tamaño de los archivos que esté descargando. Si quiere velocidad, trate de conectarse durante las horas no laborales, como ya entrada la noche o muy temprano por la mañana.

Si la conexión misma es lenta (un módem de 28.8Kbps que se conecta a 16,000bps), a menudo puede incrementar la velocidad de su conexión especificando una velocidad mayor a la velocidad máxima de su módem. Para hacerlo, siga estos pasos:

1. Abra el Panel de control de Windows y haga clic en el icono **Módems**.

2. Asegúrese de que su módem esté seleccionado y haga clic en el botón **Propiedades** (Properties).

3. Abra la lista desplegable **Velocidad máxima** (Maximum Speed) y elija una velocidad que sea mayor a la velocidad máxima de su módem. Por ejemplo, si tiene un módem de 14.4Kbps, elija 19200, y si es de 28.8Kbps, elija 38400. Haga clic en **Aceptar** (OK).

4. Cuando regrese al cuadro de diálogo Propiedades de Módems (Modems Properties), haga clic en **Aceptar** para guardar sus cambios.

> Si tiene problemas al conectarse con un parámetro más alto, repita estos pasos y elija una velocidad menor. Repita estos pasos cuantas veces sea necesario hasta que ya no tenga problemas con la conexión.

He aquí otros factores que pueden hacer más lenta su conexión a Internet.

- **Un proveedor de servicio de Internet lento**. No todos los proveedores de servicio brindan un servicio de alta calidad. Si su proveedor de servicio es nuevo y tiene muchos usuarios, su servicio podría verse afectado.

- **Líneas telefónicas defectuosas**. No sólo revise la línea telefónica que va de su módem al enchufe telefónico, sino también la línea telefónica que va del enchufe a su caja de conexiones (que en general está fuera de casa). Un cable suelto podría ocasionar una conexión débil.

59. Mi módem hace mucho ruido al marcar. ¿Hay alguna forma de silenciarlo?

Si tiene problemas con su módem, mantenga la bocina encendida para tener una idea, a partir del sonido, de lo que está ocasionando un problema en particular. Con la bocina encendida, usted puede determinar si el módem está marcando y si la línea está ocupada. Si marca un número equivocado, incluso podrá oír ¿Bueno? ¿Sí? ¡¿BUENO?!

Sin embargo, si su módem funciona correctamente, estas pistas sonoras podrían ser más molestas que útiles, en especial si se conecta a Internet cuando el resto de la familia está durmiendo. Para silenciar la bocina, siga estos pasos:

1. Abra el Panel de control (Control Panel) de Windows y haga clic en el icono **Módems**.

2. Asegúrese de que su módem esté seleccionado y haga clic en el botón **Propiedades**.

3. En la ficha **General**, arrastre el control deslizable **Volumen de altavoz** (Speaker Volume) completamente hasta la izquierda y luego salte al paso 6. Si el control deslizable está en gris, proceda con el paso 4.

4. Haga clic en la ficha **Conexión** (Connection) y haga clic en el botón **Avanzada** (Advanced).

5. En el cuadro de texto **Configuraciones adicionales** (Extra Settings), escriba **ATM0, ATM1, ATM2**, o **ATM3** para establecer el volumen de la bocina. ATM0 silencia por completo la bocina. Haga clic en **Aceptar**.

6. Cuando regrese al cuadro de diálogo Propiedades de Módems, haga clic en el botón **Aceptar** para guardar su configuración.

Problemas de la red

Problema	Número de Solución rápida	Página
La tarjeta de red no funciona	60	543
La conexión directa por cable falla	61	543
No hay computadoras en el Entorno de red	62	544
Mi computadora no está en el Entorno de red	62	544
No me puedo conectar a una computadora de la red	63	544
Una de las PCs de la red no se puede conectar a mi computadora	62	544
No puedo compartir archivos ni impresoras	64	545

60. Instalé la tarjeta y los cables de la red, pero Windows no reconoce la conexión.

Asegúrese de haber instalado correctamente los cables. Concéntrese en los siguientes Problemas de los cables:

- Si utiliza un cable de par trenzado (parecido a un cable telefónico) para conectar únicamente dos computadoras, asegúrese de que sea un cable de módem nulo. Si es un cable de par trenzado estándar, no funcionará.

- Si usa cables de par trenzado estándar para conectar más de dos computadoras, utilice un cable para conectar cada una de las computadoras a un concentrador.

- Si usa cables coaxiales, cada tarjeta de red deberá tener un conector T. Si la computadora está conectada únicamente a otra computadora, la parte abierta del conector T deberá estar tapada con una terminación.

Si el cable está bien, revise la tarjeta de red de su computadora para asegurarse de que no está en conflicto con otros dispositivos. Para localizar conflictos entre dispositivos, ejecute el Hardware Troubleshooter de Windows, como se explica en la Solución rápida número 98 en la página 561. Si la tarjeta de red está bien, haga clic en el icono **Red** (Network) del Panel de control de Windows y revise la lista de componentes para determinar si están instalados los protocolos de red adecuados. Todas las computadoras de una red deberán estar configuradas para utilizar los mismos protocolos. Quite de la lista cualquier protocolo de red innecesario.

61. Traté de conectar el puerto serial o paralelo de dos computadoras, pero no puedo hacer que funcione la conexión directa por cable.

Suponiendo que usted esté utilizando el tipo correcto de cable, que el cable esté conectado en los puertos correspondientes y que haya instalado y configurado correctamente la Conexión directa por cable (vea "Enlace sus computadoras portátil y de escritorio" en la página 394), aún así, hay tres problemas comunes que pueden evitar que su conexión tenga éxito:

- Si está conectado actualmente a Internet, desconéctese. Por lo general, el Acceso telefónico a redes interfiere con la Conexión directa por cable.

- El puerto de una o ambas computadoras podría estar en conflicto con otro dispositivo conectado a su computadora.

- Uno de los componentes de red instalados está ocasionando algún problema.

Primero revise sus puertos con el Hardware Conflict Troubleshooter de Windows para buscar conflictos, en **Puertos (COM & LPT)** [Ports (COM & LPT)] del cuadro de diálogo Propiedades de Sistema (System Properties) que se encuentra en la ficha Administrador de dispositivos (Device Manager). Vea la Solución rápida número 98 para aprender cómo iniciar el Troubleshooter. Hágalo en ambas computadoras

Si sus puertos no presentan conflicto, el problema podría ser ocasionado por el protocolo de red IPX/SPX. Siga estos pasos para quitarlo:

1. Abra el Panel de control (Control Panel) de Windows y haga clic en el icono **Red** (Network).

2. Haga clic en la anotación **Protocolo compatible con IPX/SPX** (IPX/SPX-Compatible Protocol) y haga clic en el botón **Quitar** (Remove). Repita este pasos para todas las anotaciones de Protocolo compatible con IPX/SPX.

3. Asegúrese de que NetBEUI aparezca en la lista de protocolos de Red. Si no aparece, haga clic en el botón **Agregar** (Add) para agregarlo. Luego haga clic en **Aceptar** (OK).

Si aún así continúan los problemas para establecer la conexión, pruebe las correcciones siguientes:

- El icono de Entorno de red (Network Neighborhood) debe aparecer en el escritorio de Windows. Si no está, siga las opciones de la ficha Instalación de Windows (Windows Setup) del cuadro de diálogo Agregar o quitar programas (Add/Remove Programs) para instalarlo.

- Abra el Panel de control de Windows, haga clic en el icono **Red**, luego en la ficha **Identificación** (Identification) y asegúrese de que el nombre Grupo de trabajo (Workgroup) sea el mismo en ambas computadoras.

- Si está conectando las dos computadoras por medio de un cable paralelo, vea el programa de configuración de su computadora para asegurarse de que el puerto paralelo esté configurado como EPP (Puerto Paralelo Mejorado) o ECP (Puerto con Capacidades Extendidas). Por lo general, usted puede ejecutar el programa de configuración de su computadora presionando una tecla especial (generalmente F1 o F2) justo después de encender su computadora y antes de que inicie Windows. Revise la configuración del puerto paralelo de ambas computadoras y trate de que coincida.

62. La conexión de red parece estar bien, pero no veo otra computadora en el Entorno de red.

El Entorno de red sólo muestra las computadoras que están en el mismo grupo de trabajo. Para ver otras computadoras, tanto su máquina como las demás computadoras a las que usted quiera tener acceso deberán utilizar el mismo nombre de grupo de trabajo. Además, cada computadora de la red deberá tener un nombre de computadora distinto. Para revisar los nombres de las computadoras y de los grupos de trabajo, abra el Panel de control de Windows, haga clic en el icono **Red** y luego en la ficha **Identificación**.

63. Veo la otra computadora en el Entorno de red, pero no me puedo conectar a ella.

Si una computadora de la red está apagada o tiene una falla, usted no podrá tener acceso a ella en la red. Para determinar si la computadora está disponible, elija **Inicio | Buscar | Computadora** (Start | Find | Computer) y busque el nombre de la computadora. Luego revise lo siguiente:

- Si no puede encontrar la computadora en la red, asegúrese de que esté funcionando y que esté conectada físicamente a la red. Si usted está en una red extensa, informe del problema al administrador de red.

- Si se puede conectar a la computadora, pero no puede tener acceso a sus carpetas, archivos o a su impresora, asegúrese de que la computadora esté configurada para compartir estos recursos. La persona que está a cargo de ella deberá marcar los discos, carpetas, archivos, impresoras y otros recursos como compartidos, para que estén accesibles en la red. (Para compartir un recurso, haga clic con el botón derecho del ratón en su icono, elija **Compartir** [Sharing] y escriba sus preferencias.)

- Si puede ver los recursos compartidos de la otra computadora, pero no los puede utilizar, revise si tiene la autorización correspondiente. Es probable que estén protegidos por contraseña y que usted no esté en la lista de usuarios autorizados.

64. No puedo compartir los discos, carpetas, archivos o impresoras de mi computadora con las demás computadoras de la red.

Antes de que pueda compartir los discos, carpetas, archivos o impresoras de su computadora con otras computadoras de la red, deberá instalar Compartir archivos e impresoras (File and Printer Sharing). Siga estos pasos:

1. Abra el Panel de control (Control Panel) de Windows y haga clic en el icono **Red** (Network).

2. En la ficha **Configuración** (Configuration), haga clic en **Agregar** (Add).

3. Haga clic en **Servicio** (Service) y luego en **Agregar**.

4. En la lista de Fabricantes (Manufacturers), haga clic en **Microsoft**.

5. En la lista Servicios de red (Network Services), elija **Compartir impresoras y archivos para redes Microsoft** (File and Printer Sharing for Microsoft Networks) o **Compartir impresoras y archivos para redes NetWare** (File and Printer Sharing for NetWare Networks), según el tipo de red que usted utilice. Haga clic en **Aceptar** (OK).

6. Regrese al cuadro de diálogo Red y haga clic en el botón **Compartir archivos e impresoras**.

7. Asegúrese de que estén seleccionadas ambas opciones para compartir y haga clic en **Aceptar**. Luego vuelva a hacer clic en **Aceptar** para guardar su configuración.

Después de instalar Compartir archivos e impresoras, usted deberá marcar cada recurso que desee compartir. Haga clic con el botón derecho del ratón en el recurso dentro de Mi PC (My Computer) o del Explorador de Windows (Windows Explorer) y elija **Compartir**. Luego escriba las preferencias deseadas para compartir.

Impresoras e impresión

Problema	Número de Solución rápida	Página
Impresión bidireccional	65	546
El documento no se imprimió	66	546
Sólo se imprimió parte del documento	66	546
Faltan fuentes	68	548
Los gráficos se ven mal	69	548
La alimentación del papel está fallando	70	549
La salida de impresión está marcada	71	549
Error de impresión para LPT1	72	549
La impresión toma una eternidad y se imprimen páginas en blanco	73	550

65. Sigo recibiendo mensajes de error cuando trato de imprimir con mi nueva impresora bidireccional.

Probablemente no sepa lo que es una impresora bidireccional, a menos que lea la documentación que venía con su impresora o que el fabricante haya sacado buen provecho de esto en su publicidad. Sin embargo, muchas impresoras nuevas son bidireccionales, lo que significa que la cabeza de impresión puede imprimir en ambas direcciones del papel mientras éste va pasando. Esto acelera la impresión, pero puede causar toda clase de problemas cuando el puerto paralelo de su computadora no soporta la impresión bidireccional. Usted seguirá recibiendo mensajes de error que ni siquiera mencionan la palabra "bidireccional".

Primero, revise la documentación de su impresora para determinar si ésta es bidireccional. Si es, el paso siguiente es revisar el programa de instalación de su computadora para determinar si el puerto paralelo tiene un modo bidireccional. Siga estos pasos a continuación:

1. Cierre Windows y reinicie su computadora.

2. Cuando vea un mensaje que le diga qué tecla presionar para ejecutar el programa de configuración de su computadora, presiónela. (Quizás tenga que dar otro paso más para ejecutar el programa de configuración.)

3. Cuando aparezca el menú Configuración (Setup), busque la opción para el Puerto paralelo (Parallel Port) y selecciónela. (Probablemente tendrá que seleccionar una opción para configurar los dispositivos periféricos para poder encontrar la opción Puerto paralelo.)

4. Deberá haber dos parámetros para el puerto paralelo: uno para la dirección E/S y el IRQ del puerto y otro para el modo. Elija la opción para el modo.

5. Recorra los modos disponibles (en general, presionando **Entrar** para ver un menú o utilizando la flecha derecha). Si hay una opción **Bidireccional** (Bi-Directional) o **ECP** (Puerto con Capacidades Mejoradas), selecciónela.

6. Guarde su configuración y salga del programa.

> Aun cuando usted no tenga una impresora bidireccional, debiera revisar la configuración del puerto paralelo, como se acaba de explicar. Muchas computadoras relativamente nuevas están configuradas en un modo de puerto paralelo que permita aceptar impresoras anteriores. Si no tiene una impresora bidireccional, cambie el modo a ECP.

Si la impresora no venía con su propio cable (la mayoría no lo incluyen), asegúrese también de que está utilizando un cable bidireccional.

Si continúa recibiendo mensajes de error al tratar de imprimir un documento, desactive la impresión bidireccional de la impresora. Revise la documentación de la impresora o llame al servicio técnico para determinar si necesita un programa de utilería especial para deshabilitar la impresión bidireccional. Probablemente la pueda desactivar desde Windows. Haga clic con el botón derecho del ratón en el icono de su impresora en la carpeta Impresoras (Printers) y elija **Propiedades** (Properties). Haga clic en la ficha **Detalles** (Details) y luego en el botón **Configuración de la cola** (Spool Settings). Active la opción para desactivar el soporte bidireccional de la impresora.

66. Introduje el comando Imprimir, pero la impresora no imprimió el documento (o sólo una parte de él).

Asegúrese que la impresora esté conectada y encendida, con la luz On Line encendida (no parpadeando). Por lo general, usted puede encender esta luz colocando el papel en la impresora y luego presionando el botón **On Line | Reset** o **Load** de la impresora. Si su impresora tiene paneles o puertas, asegúrese de que todas estén cerradas.

Si está imprimiendo a una impresora compartida de una red, es probable que su documento sí se haya impreso, pero pudo haber sido recogido por otra persona. Verifíquelo y si no fue así, consulte al administrador de red.

Si todo concuerda, pero la impresora sigue negándose a imprimir, revise lo siguiente:

- Revise la bandeja del papel de la impresora para ver si está ajustada correctamente y si las palancas de alimentación de papel están en la posición correcta para el tipo de papel que está cargado.

- Apague la impresora, espere un minuto y vuélvala a encender. Esto limpia la memoria de la impresora y puede regresarla a la normalidad. (Si su impresora no tiene un interruptor de apagado y encendido, desconéctela y luego vuélvala a conectar.)

- En Mi PC (My Computer), haga clic con el botón derecho del ratón en la unidad **C** y luego en **Propiedades** (Properties). Asegúrese que su disco duro tenga al menos 10 megabytes de espacio libre. Si tiene menos espacio, ejecute el Liberador de espacio en disco (Cleanup Disk) o el Asistente para mantenimiento de Windows (Windows Maintenance Wizard) para liberar algo de espacio.

- Revise si la impresión de ha detenido. Elija **Inicio | Configuración** | Impresoras (Start | Settings | Printers) y luego haga clic con el botón derecho del ratón en el icono de la impresora. Si la opción Interrumpir impresión (Pause Printing) tiene una marca junto a ella, elija **Interrumpir impresión** para quitarla.

- Revise la configuración de la impresora dentro de Windows. Elija **Inicio | Configuración | Impresoras** y luego haga clic con el botón derecho del ratón en el icono de la impresora y elija **Propiedades**. Asegúrese que la impresora esté configurada en el puerto correcto (que por lo general es LPT1).

- Revise la configuración para el tiempo de espera de la impresora. Elija **Inicio | Configuración | Impresoras** y luego haga clic con el botón derecho del ratón en el icono de la impresora y elija **Propiedades**. Haga clic en la ficha **Detalles** (Details) e incremente el tiempo de los parámetros Configuración del tiempo de espera (Timeout Settings) a 15 segundos cada uno. El parámetro del tiempo dirá a Windows cuánto tiempo deberá esperar antes de dejar de intentar.

- Vea si su impresora está configurada como la impresora predeterminada. Elija **Inicio | Configuración | Impresoras** y luego haga clic con el botón derecho del ratón en el icono de la impresora y elija **Configurar como predeterminada** (Set As Default).

- Asegúrese de que esté seleccionada la impresora correcta. Elija **Inicio | Configuración | Impresoras** y luego haga clic con el botón derecho del ratón en el icono de la impresora y elija **Propiedades**. Asegúrese de que se esté utilizando el controlador adecuado para su impresora. Si en la lista aparece la impresora o el controlador equivocados, haga clic en el botón **Nuevo controlador** (New Driver) y elija el fabricante y el modelo correctos.

> Cuando se tienen problemas para imprimir, es muy común que siga intentando imprimir el documento. Esto continúa enviando el documento a la fila de impresión; cuando usted finalmente logra que su impresora imprima, obtendrá varias copias del documento. Si trata de imprimir varias veces el documento, puede utilizar el Administrador de impresión (Print Manager) para limpiar la cola de impresión. Para más detalles, vea "Administre trabajos de impresión" en la página 167.

Si se imprimieron varias páginas del documento, pero no el documento completo, revise la configuración de la impresora dentro del programa desde el cual usted trata de imprimir. Abra el menú **Archivo** (File) y elija **Imprimir** (Print). En **Intervalo de páginas** (Page Range), asegúrese de haber seleccionado la opción para imprimir todas las páginas (el documento completo).

Si se imprimió una parte de la página y es una página que tiene gráficos complejos y varias fuentes, es posible que su impresora no tenga suficiente memoria para imprimir el documento. Debiera instalar memoria adicional en su impresora. Por el momento, trate de usar gráficos pequeños y menos complejos, así como una menor cantidad de fuentes. También podría intentar imprimir en una resolución menor. Cuando imprima el documento, haga clic en el botón **Propiedades** u **Opciones** (Options) en el cuadro de diálogo Imprimir y elija **Borrador** (Draft Output) o una resolución más baja.

67. La fuente que utilicé en el documento se ve muy diferente en la impresión de lo que se veía en la pantalla.

Algunas fuentes necesitan dos versiones de la misma: una para la impresora y otra para la pantalla. Si elige una fuente para impresora (una que tenga el icono de la impresora junto a su nombre, en la lista de fuentes), Windows toma la iniciativa y asigna una fuente especial para el texto que usted ve en la pantalla. Estas fuentes podrían no coincidir exactamente.

La forma más fácil de evitar este problema es utilizar únicamente fuentes tipo TrueType, cuyos nombres son precedidos por TT dentro de la lista de fuentes. Con las fuentes TrueType, se utiliza la misma fuente para el documento en pantalla y para el impreso. Para más información sobre cómo instalar, ver previamente y administrar las fuentes, vea "Agregue y quite fuentes" en la página 427.

68. Al imprimir un documento con imágenes, éstas se ven difusas y las líneas aparecen con los bordes dentados.

Si usted acaba de instalar un nuevo cartucho en una impresora de inyección de tinta, use la utilería que venía con la impresora para alinearlo. Hay un poco de movimiento en el soporte del cartucho que podría hacer que los cartuchos de color y los de tinta negra se salgan de su alineación al cambiarlos.

La configuración de la resolución de los gráficos en Windows, también podría hacer que los gráficos se imprimieran con una calidad pobre. Para verificar y cambiar esta configuración, siga estos pasos:

1. Haga clic en el botón **Inicio** (Start), vaya a **Configuración** (Settings) y haga clic en **Impresoras** (Printers).

2. Haga clic con el botón derecho del ratón en el icono de su impresora y elija **Propiedades** (Properties).

3. Revise las opciones del cuadro de diálogo Propiedades y busque un parámetro para la resolución o para los gráficos. Si está utilizando el controlador para impresora de Windows, en vez del **controlador** que venía con su impresora, el parámetro estará en la ficha **Gráficos** (Graphics). Elija el parámetro para la mayor calidad.

4. Haga clic en **Aceptar** (OK) para guardar su configuración.

La carpeta Impresoras de Windows no es el único lugar en donde usted puede cambiar la configuración de la impresora. Muchos programas suelen ofrecer sus propias opciones de impresión para controlar la forma en que imprimen los documentos. En Microsoft Word, por ejemplo, usted puede hacer clic en el botón **Opciones** (Options) que está dentro del cuadro de diálogo Imprimir (Print) para hacer que la impresora imprima en modo de borrador, invertir el orden de las páginas e imprimir información adicional en cada página.

69. La impresora alimenta el papel en forma incorrecta o ni siquiera lo alimenta.

Revise la bandeja de alimentación de papel. Asegúrese de que esté bien colocada; se puede desacomodar fácilmente al cargar o retirar el papel. Asegúrese de que las palancas de alimentación estén en la posición correcta. Si tiene una palanca ajustada para imprimir sobres y está tratando de imprimir en papel normal, éste no se alimentará correctamente.

En algunos casos, los rodillos del mecanismo de alimentación de papel recogen polvo, lo que hace que el papel se resbale. Limpie los rodillos lo mejor que pueda con un trapo limpio (utilice agua, en vez de alguna solución de limpieza). (Quizás encuentre prácticamente imposible llegar a toda la superficie de los rodillos. No los fuerce; sólo limpie lo que pueda.)

Un fabricante de impresoras utilizó una especie de goma para sus rodillos de impresión, que era particularmente propensa a recolectar polvo, por lo que más tarde la compañía tuvo que proveer a sus clientes con una unidad de limpieza diseñada para pulir sus rodillos.

70. La tinta de la impresión se ve irregular. Algunas áreas del papel están claras o en blanco.

Podría estarse acabando la tinta de su cartucho, o bien el cartucho está sucio. Si su impresora ha estado sin uso por algún tiempo, la tinta podría haberse secado en la cabeza de impresión. Muchas impresoras vienen con una utilería especialmente diseñada para quitar la tinta seca. Revise la documentación de su impresora para saber cómo usar diha utilería.

No trate de limpiar el cartucho con una toalla de papel o con alguna especie de solución a menos que el fabricante la recomiende. Si toca alguno de los contactos que conectan al cartucho de impresión con la impresora, se podría arruinar el cartucho.

En una nota aparte, es tentador rellenar los cartuchos para ahorrar dinero. Si alguna vez ha tratado de rellenar un cartucho para inyección de tinta, probablemente ya se habrá dado cuenta que es más complicado de lo que usted podría ahorrarse. Si esto no es suficiente para disuadirlo, tenga en mente que cualquier daño a su impresora ocasionado por los cartuchos rellenados generalmente anula la garantía de la impresora.

71. Windows despliega un mensaje de error indicando que no pudo imprimir en LPT1. ¿Qué significa eso?

Suponiendo que usted haya instalado correctamente la impresora (vea "Configure una nueva impresora" en la página 369), este mensaje generalmente resulta inofensivo. Haga clic en **Aceptar** (OK) para cerrar el cuadro de diálogo y luego deshágase de cualquier trabajo que esté actualmente en la fila de impresión (vea "Administre trabajos de impresión" en la página 167) y trate de volver a imprimir. Si recibe otra vez el mensaje, apague su impresora y vuelva a encenderla. Si continúa teniendo problemas, consulte las Soluciones rápidas 65 y 66 en la página 546.

Si persiste el mensaje de error, es probable que su impresora tenga un problema al imprimir en el formato Metaarchivo Mejorado (EMF, Enhanced Metafile). Siga estos pasos para desactivar EMF:

1. Haga clic en el botón **Inicio** (Start), vaya a **Configuración** (Settings) y haga clic en **Impresoras** (Printers).

2. Haga clic con el botón derecho del ratón en el icono de su impresora y elija **Propiedades** (Properties).

3. Haga clic en la ficha **Detalles** (Details) y luego en el botón **Configuración de la cola** (Spool Settings).

4. Abra la lista desplegable **Formato de datos de la cola** (Spool Data Format) y elija **RAW**. Haga clic en **Aceptar**.

5. Cuando regrese al cuadro de diálogo de propiedades de la impresora, haga clic en **Aceptar** para guardar su cambio.

72. La impresora tarda una eternidad en imprimir un documento. ¿Hay alguna forma de acelerarla?

La impresión es una de las operaciones más lentas que realiza una computadora, en especial si usted está imprimiendo gráficos de alta resolución a color. Sin embargo, hay algunas cosas que usted puede intentar para acelerar la impresión. Primero, asegúrese de que esté activada la cola de impresión. Luego siga estos pasos:

1. Haga clic en el botón **Inicio**, vaya a **Configuración** y seleccione **Impresoras**.

2. Haga clic con el botón derecho del ratón en el icono de su impresora y elija **Propiedades**.

3. Haga clic en la ficha **Detalles** y luego en el botón **Configuración de la cola**.

4. Si la opción **Poner trabajos en la cola para que el programa termine la impresión más rápido** (Spool Print Jobs So Program Finishes Printing Faster) está desactivada, actívela. Haga clic en **Aceptar**.

5. Cuando regrese al cuadro de diálogo de propiedades de la impresora, haga clic en **Aceptar**.

> La cola de impresión imprime el documento en un archivo de su disco duro, que a su vez alimenta a su impresora con las instrucciones de impresión. Esto deja libre más rápidamente al programa para que usted pueda seguir trabajando en él. Si manda su trabajo directamente a la impresora, el programa deberá alimentarla continuamente con las instrucciones de impresión.

Si la cola de impresión está activada y la impresión sigue tomando mucho tiempo, verifique el espacio libre de su disco duro (haga clic con el botón derecho del ratón en el icono de la unidad y elija **Propiedades** [Properties]). Asegúrese que su disco duro tenga por o menos 10 megabytes de espacio libre. Si tiene menos espacio, ejecute el Liberador de espacio en disco (Disk Cleanup) o el Asistente para mantenimiento de Windows (Windows Maintenance Wizard) para liberar un poco de espacio.

Intente otras técnicas para acelerar la impresión:

- Mientras esté imprimiendo, cierre, o no utilice, otros programas.

- Agregue memoria a su impresora para permitirle almacenar bloques más grandes de instrucciones de impresión.

- Instale y actualice el controlador de la impresora.

- Utilice únicamente las fuentes de la impresora y las fuentes TrueType para sus documentos. Las fuentes de la impresora son las más rápidas, ya que están integradas a ella. Las fuentes TrueType son las fuentes transferibles más rápidas.

- Baje la resolución de los gráficos o imprima en modo de borrador cuando no necesite salidas de alta calidad.

73. La impresora imprime bien el documento, pero luego arroja una hoja de papel en blanco.

Revise la parte final de su documento para ver si termina con un corte de página (que por lo general es una línea punteada). Si tiene varios párrafos en blanco al final del documento, éstos podrían haber hecho que el programa insertara un corte de página. Elimine las marcas de párrafo extrañas.

Si el problema continúa, sin importar el documento que usted imprima, tal vez haya configurado Windows para imprimir páginas aisladas entre los documentos. Las páginas de separación se utilizan comúnmente en las impresoras de red, para evitar que los distintos usuarios confundan sus documentos. Cuando usted elija imprimir un documento en uno de sus programas, revise las opciones de la impresora para determinar si el programa está configurado para imprimir páginas de separación.

Tarjetas de sonido y micrófonos

Problema	Número de Solución rápida	Página
Instalación de una tarjeta de sonido	74	551
Las bocinas no emiten sonido	75	551
Los sonidos grabados no se escuchan	76	552
El micrófono no graba	76	552
No hay sonido después de instalar otro dispositivo	77	552
No hay sonido en los programas de DOS	12	521
El sonido no es estéreo	78	553
El CD-ROM no emite sonido	14	522

74. Acabo de instalar una tarjeta de sonido y no puedo hacer que funcione.

Esto es algo difícil, ya que la solución puede ir de algo sencillo, como subir el volumen, a algo tan complejo como meterse con interruptores de la tarjeta. Primero, busque las soluciones sencillas:

- ¿Sus bocinas están conectadas en el conector correcto, el de salida, por ejemplo? (Es fácil conectar por equivocación las bocinas en la entrada del micrófono, en vez de en la entrada de señal.)

- Si tiene bocinas amplificadas, ¿están conectadas a la fuentes de poder y encendidas?

- ¿Está el volumen lo suficientemente alto para que se escuche? (La mayoría de las tarjetas de sonido tiene un control de volumen como el de una radio).

- ¿El sonido de Windows está subido? Haga clic con el botón derecho del ratón en el icono **Volumen** (Volume) en la bandeja del sistema (al extremo derecho de la barra de tareas) y elija **Abrir controles de volumen** (Open Volume Controls). Asegúrese que los controles de volumen para **Control de volumen** (Speaker) y **Onda** (Wave) estén en su nivel máximo y que las opciones Silencio (Mute) no estén seleccionadas.

- ¿Está ejecutando un programa que reproduzca sonidos y que sea compatible con su tarjeta de sonido? ¿El sonido del programa está encendido (y alto)?

- ¿Instaló los controladores? La tarjeta de sonido viene con uno o más discos que contienen los controladores de la tarjeta de sonido. Ejecute el programa de instalación para configurar su computadora y utilizar la tarjeta de sonido.

¿La tarjeta de sonido está en conflicto con otro dispositivo? Cada dispositivo tiene sus propias direcciones de Entrada y salida (Input/Output) y parámetros de configuración. Si dos dispositivos tratan de utilizar los mismos parámetros, no funcionará alguno o ambos dispositivos. Utilice el Hardware Conflict Troubleshooter, como se explica en la Solución rápida número 98 en la página 561, para identificar el conflicto.

75. La instalación de la tarjeta de sonido pareció funcionar pero sigo sin escuchar sonidos en la PC.

Primero, revise los problemas obvios, como se explicó en la Solución rápida 74. La solución podría ser tan sencilla como subir el volumen. Después, revise las propiedades de su tarjeta de sonido en Windows. Siga estos pasos:

1. Abra el Panel de control (Control Panel) de Windows y haga clic en el icono **Multimedia**.

2. En la ficha **Sonido** (Audio), en **Reproducción** (Playback) abra la lista desplegable **Dispositivo preferido** (Preferred Device) y elija su tarjeta de sonido.

3. Haga clic en la ficha **Dispositivos** (Advanced).

4. Haga clic en el signo más (+) que está junto a **Dispositivos de sonido** (Audio Devices) y luego haga clic con el botón derecho del ratón en su tarjeta de sonido y elija **Propiedades** (Properties).

5. Asegúrese que la opción **Utilizar características de sonido del dispositivo** (Use Audio Features on This Device) esté seleccionada. Haga clic en **Aceptar** (OK).

6. Cuando regrese al cuadro de diálogo Propiedades de Multimedia (Multimedia Properties), haga clic en **Aceptar** para guardar sus cambios.

Si el problema persiste, tal vez no esté instalado el dispositivo WAV o CD de sonido. Haga clic en el icono **Multimedia** del Panel de control, luego en la ficha **Dispositivos** y haga clic en el signo más (+) junto a **Dispositivos para el control de multimedia** (Media Control Devices). Las opciones Dispositivo de sonido de CD (CD Audio Device) y Dispositivo de sonido de ondas (WAV Audio Device) deberán aparecer en la lista. Si están ahí, haga clic con el botón derecho del ratón en cada dispositivo, elija **Propiedades** y asegúrese de que la opción **Utilizar este dispositivo de control multimedia** (Use This Media Control Device) esté seleccionada en ambas. Si dichos dispositivos no aparecen en la lista, siga estos pasos para instalarlos:

1. Haga clic en el botón **Inicio** (Start), vaya a **Configuración** (Settings) y haga clic en el **Panel de control** (Control Panel).

2. En Panel de control, haga clic en el icono **Agregar nuevo hardware** (Add New Hardware).

3. Cuando se le pregunte si desea que Windows busque nuevo hardware, haga clic en **No** y luego haga clic en el botón **Siguiente** (Next).

4. Bajo **Tipos de Hardware** (Hardware Types), haga clic en **Dispositivos de sonido, video y juegos** (Sound, Video, and Game Controlers). Haga clic en el botón **Siguiente**.

5. Bajo **Fabricantes** (Manufacturers), elija **Microsoft MCI**.

6. Bajo **Modelos** (Models), haga clic en **Dispositivo de sonidos de ondas (Control multimedia)** [Wave Audio Device (Multimedia Control)]. Haga clic en **Siguiente**.

7. Haga clic en el botón **Finalizar** (Finish) y luego siga las indicaciones en pantalla. Se le pedirá insertar el CD de Windows 98 y reiniciar su computadora.

8. Repita estos pasos, pero elija **Dispositivo de sonido de CD (Control multimedia)** [CD Audio Device (Multimedia Control)] en el paso 6 para instalar el dispositivo de sonido del CD.

76. Grabé un sonido utilizando mi micrófono, pero cuando traté de reproducirlo no se oyó.

Asegúrese que su micrófono esté conectado en la entrada MIC de la tarjeta de sonido y que el interruptor del mismo esté encendido (si hay uno). Luego revise el volumen de grabación de Windows siguiendo estos pasos:

1. Haga clic con el botón derecho del ratón en el icono **Volumen** (Volume) de la bandeja del sistema (que está en el extremo derecho de la barra de tareas) y elija **Abrir controles de volumen** (Open Volume Controls).

2. Arrastre hasta arriba el control deslizable **Micrófono** (Microphone). (Si el control de volumen para micrófono no aparece, abra el menú **Opciones** [Options], elija **Propiedades** [Properties], coloque una marca en la casilla de verificación **Micrófono** y haga clic en **Aceptar** [OK].)

3. Haga clic en el botón **Cerrar** (X) de la ventana del Control volumen (Speaker).

Si el volumen del Micrófono ya estaba arriba, siga estos pasos para asegurarse que su tarjeta de sonido esté seleccionada como el dispositivo preferido para grabar.

1. Abra el Panel de control de Windows y haga clic en el icono **Multimedia**.

2. En la ficha **Sonido** (Audio), bajo **Grabación** (Recording), abra la lista desplegable **Dispositivo preferido** (Preferred Device) y elija su tarjeta de sonido.

3. Para guardar sus cambios haga clic en **Aceptar**.

La parte más difícil de rastrear un problema de grabación es determinar si la causa está en la grabación o en la reproducción. Si al reproducir sonidos continúan los problemas, utilice el programa en que está tratando de hacer la grabación para abrir un archivo WAV de la carpeta Windows\Media y reproduzca el archivo. Si éste no reproduce sonido, probablemente el problema esté en la salida de audio, no en la entrada. Para corregirlo, revise las Soluciones rápidas 74 y 75.

77. Acabo de instalar otro dispositivo en mi computadora y ahora la tarjeta de sonido no funciona.

Si su tarjeta de sonido funcionaba antes de que usted instalara un nuevo dispositivo, es probable que éste tenga un conflicto con su tarjeta. Para identificar el conflicto, utilice el Hardware Conflict Troubleshooter, como se explica en la Solución rápida 98 en la página 561. Luego cambie la configuración del nuevo dispositivo de manera que no tenga conflicto con su tarjeta de sonido. Después de cambiar la configuración, ejecute el Asistente para agregar nuevo hardware (Add New Hardware Wizard) y deje que Windows busque el nuevo hardware.

78. Tengo una tarjeta de sonido estereofónico, pero sólo escucho un altavoz.

Revise sus altavoces. En muchos altavoces de escritorio, un altavoz está conectado al otro por medio de un cable, el cual podría estar desconectado. También, si cada altavoz tiene un control de volumen independiente, asegúrese que ambos controles estén encendidos y en volumen alto. De igual forma, si los altavoces tienen un control de balance, asegúrese que estén en la posición central.

Revise también su salida y la configuración de sus altavoces en Windows. Para hacerlo, siga estos pasos:

1. Abra el Panel de control (Control Panel) de Windows y haga clic en el icono **Multimedia**.

2. En la ficha **Sonido** (Audio), bajo **Reproducción** (Playback), haga clic en el botón **Propiedades avanzadas** (Advanced Properties).

3. En la ficha **Altavoces** (Speakers), abra la lista desplegable y elija el tipo de altavoces que usted está utilizando; por ejemplo, Altavoces estereofónicos de escritorio (Desktop Stereo Speakers). Haga clic en **Aceptar** (OK).

4. De vuelta en el cuadro de diálogo Propiedades de Multimedia (Multimedia Properties), haga clic en el botón del icono de un altavoz bajo **Reproducción**. Esto despliega los controles de volumen.

5. Bajo **Control de volumen** (Speaker), arrastre el control deslizable **Balance** para centrar su posición. Haga clic en el botón **Cerrar** (X) de la ventana Control de volumen.

6. Cuando regrese al cuadro de diálogo Propiedades de Multimedia, haga clic en **Aceptar** para guardar su configuración.

Problemas del video y la pantalla

Problema	Número de Solución rápida	Página
Monitor en negro (blanco)	29, 79	528, 553
Gráficos borrosos	80	554
Texto repetido	81	554
Pantalla que brinca	82	555
Compatibilidad con DirectDraw	83	555
Mensaje de error `Display Problems`	84	555
Mensaje de error `Mciavi`	85	555
Mensaje de error `Invalid Page Fault in Kernel32.dll`	86	556

79. Mi monitor está negro.

Antes de hacer cualquier cosa, trabaje con la Solución rápida número 29, de la página 528, para revisar las soluciones sencillas. Si la pantalla está en blanco, reinicie su computadora utilizando el disquete de emergencia que usted creó. Después de haberla reiniciado, siga estos pasos para revisar la configuración de su monitor y de sus adaptadores de pantalla:

1. Haga clic con el botón derecho del ratón en un área en blanco del escritorio y elija **Propiedades** (Properties).

2. En el cuadro de diálogo Propiedades de pantalla (Display Properties), haga clic en la ficha **Configuración** (Settings).

3. Haga clic en el botón **Avanzada** (Advanced).

4. Haga clic en la ficha **Adaptador** (Adapter) y asegúrese de que Windows esté configurado para utilizar el adaptador de pantalla correcto. Si el adaptador de pantalla es incorrecto o no aparece, haga clic en el botón **Cambiar** (Change) y utilice el Asistente para la actualización del controlador del dispositivo (Upgrade Device Driver Wizard) para elegir el adaptador correcto.

5. Cuando regrese al cuadro de diálogo Propiedades, haga clic en la ficha **Monitor** y asegúrese de que Windows esté configurado para utilizar el controlador de monitor correcto. Si aparece un controlador de monitor equivocado, haga clic en **Cambiar** y utilice el Asistente para la actualización del controlador del dispositivo para elegir el controlador correcto.

6. Haga clic en **Aceptar** (Ok) y luego reinicie su computadora.

80. Los gráficos y los clips de video se ven borrosos o con brincos.

La resolución o los colores de su pantalla están demasiado bajos. Siga estos pasos para incrementar la resolución y los colores:

1. Haga clic con el botón derecho del ratón en un área en blanco del escritorio y elija **Propiedades**.

2. Haga clic en la ficha **Configuración**.

3. Abra la lista desplegable **Colores** (Colors) y elija un parámetro de **256 colores** o más alto.

4. Bajo **Área de pantalla** (Screen Area), arrastre el control deslizable hacia la derecha para dejar la pantalla en **800 por 600** pixeles o más alta.

5. Haga clic en **Aceptar** y reinicie Windows si es necesario.

81. El texto en pantalla se repite.

Primero, realice la Solución rápida número 79 para asegurarse de que Windows tiene el controlador de pantalla correcto. Probablemente tendrá que conseguir un nuevo controlador de video con el fabricante del monitor o de la tarjeta de video, o con el fabricante de la computadora. Si Windows está utilizando el controlador de pantalla correcto, trate de reducir la aceleración del hardware. Siga estos pasos:

1. Abra el Panel de control (Control Panel) de Windows y haga clic en el icono **Pantalla** (Display).

2. Haga clic en la ficha **Configuración** y luego en el botón **Avanzada**.

3. Haga clic en la ficha **Rendimiento** (Performance).

4. Arrastre el control deslizable **Aceleración de hardware** (Hardware Acceleration) hacia la izquierda un nivel para reducir el parámetro.

5. Haga clic en **Aceptar** para regresar el cuadro de diálogo Propiedades de pantalla (Display Properties), y luego vuelva a hacer clic en **Aceptar** para guardar su configuración. Probablemente tenga que reiniciar Windows.

Si continúa el mismo problema, repita estos pasos para reducir otro nivel del parámetro de Aceleración de hardware.

82. Mi pantalla brinca.

Apague su computadora y revise los cables de su monitor. Si el cable de corriente o el que conecta al monitor con su unidad de sistema está suelto, esto podría ser la causa de que su pantalla brinque. Revise también la tarjeta adaptadora de pantalla que está dentro de la unidad para asegurarse que no haya holgura en la ranura de expansión.

Si el problema persiste, trate de reducir el parámetro de Aceleración de hardware para el monitor, como en la Solución rápida 81.

83. Tengo un juego que requiere DirectDraw y no puedo lograr que corra.

Muchos juegos recientes, en especial los juegos de Windows, requieren DirectDraw. Windows 98 viene con DirectDraw, por lo que está instalado en su computadora. Sin embargo, asegúrese que su controlador de video lo soporte. Para comprobarlo, siga estos pasos:

1. Abra el Panel de control (Control Panel) de Windows y haga clic en el icono **Pantalla** (Display).

2. Haga clic en la ficha **Configuración** (Settings) y luego en el botón **Avanzada** (Advanced).

3. Haga clic en la ficha **Adaptador** (Adapter).

4. Junto a Características (Features), deberá aparecer DirectDraw. Si no está en la lista, obtenga con el fabricante un controlador de video actualizado e instálelo en Windows. Para instalar un nuevo controlador, haga clic en el botón **Cambiar** (Change) de la ficha **Adaptador** y luego siga las indicaciones del asistente.

Asegúrese también de tener la versión más reciente de DirectX. Una versión anterior podría no ser compatible con los juegos actuales. Utilice la característica Inicio I Windows Update (Start I Windows Update) para buscar el software actualizado del sitio Web de Microsoft.

84. Mi programa muestra un mensaje de error indicando que hay problemas de pantalla y que no puede continuar.

Al no especificar la naturaleza del problema de la pantalla, el programa no da mucha ayuda para identificar la causa del mismo. Pruebe con las correcciones siguientes:

- Asegúrese que Windows esté configurado para el adaptador correcto de monitor y de pantalla. En el cuadro de diálogo Propiedades de pantalla (Display Properties), haga clic en la ficha **Configuración**, luego en **Avanzada** y revise las fichas Adaptador y Monitor en busca de esta información. Para mayor información, vea la Solución rápida número 79.

- Trate de cambiar el parámetro de **Colores** (Colors) de su monitor a **256 colores**. Para mayores detalles, vea la Solución rápida número 80.

- Asegúrese que su adaptador de pantalla soporte DirectDraw e instale un controlador de video actualizado, de ser necesario. Para más detalles, vea la Solución rápida número 83.

- Trate de reducir el parámetro para **Aceleración de hardware** (Hardware Acceleration), como se explicó en la Solución rápida número 81.

85. Windows muestra el mensaje de error `Mciavi requires a newer version of Msvideo.dll`

Trate de reinstalar el archivo Mciavi.drv desde el CD de Windows 98. Siga estos pasos:

1. Inserte el CD de Windows 98 dentro de su unidad de CD-ROM.

2. Haga clic en el botón **Inicio** (Start), vaya a **Programas I Accesorios I Herramientas del sistema** (Programs I Accessories I System Tools) y haga clic en **Información del sistema** (System Information).

3. Abra el menú **Herramientas** (Tools) de Información del sistema y elija **Comprobador de archivos de sistema** (System File Checker).

4. Elija **Extraer un archivo del disco de instalación** (Extract One File from Installation Disk).

5. En el cuadro de texto **Especifique el archivo de sistema que desea restaurar** (File to Extract), escriba **mciavi.drv**. Haga clic en el botón **Iniciar** (Start).

6. Junto a la opción **Restaurar de** (Restore From), haga clic en el botón **Examinar** (Browse).

7. Haga clic en el signo más (+) junto a la letra de su unidad de CD-ROM; haga clic en la carpeta **Win98** y luego en **Aceptar** (OK).

8. Escriba **c:\windows\system** en el cuadro de texto **Guardar archivo en** (Save File In),.

9. Haga clic en **Aceptar** tantas veces cuantas sea necesario para regresar al Panel de control y luego reinicie Windows.

86. Windows muestra el mensaje de error Invalid Page Fault in Kernel32.dll

Primero, trate de reducir el parámetro para Aceleración de hardware (Hardware Acceleration), como se explicó en la Solución rápida número 81. Si el mensaje de error continúa, trabaje con las Soluciones rápidas 79, 80 y 83 para corregir los problemas con los controladores de video, con la configuración de la pantalla y con DirectDraw.

Si el problema persiste sólo cuando utiliza un programa en particular, revise la documentación o el sistema de ayuda del programa para ver si menciona algo al respecto. Si no encuentra una respuesta ahí, acuda al departamento de soporte técnico del fabricante con una llamada telefónica o por medio de su sitio Web.

Mensajes de error en World Wide Web

Problema	Número de Solución rápida	Página
Internet Explorer no encuentra un documento	87	556
Mensaje de error Document Contains No Data	88	557
Mensaje de error 403 Forbidden	89	557
Otros mensajes 400	89	557
Problema con el servidor DNS	90	557
Tráfico en la red	91	558
Operación vencida	91	558
No puedo reproducir el archivo seleccionado	92	558

87. Internet Explorer muestra un mensaje diciendo que no puede encontrar el documento o página Web específico.

Por lo general, esto significa que alguien cambió o eliminó la página Web que usted pretendía obtener. Inténtelo cortando la última parte de la dirección de la página y escriba la dirección URL acortada en el cuadro de texto **Dirección** (Address). Por ejemplo, si originalmente escribió **www.yahoo.com/Entertainment/Movies/,** pruebe escribiendo ahora **www.yahoo.com/Entertainment** o sólo **www.yahoo.com.** Use los vínculos para ir a la página específica que desea.

Si siguen los problemas para conectarse a la página, y ha estado escribiendo las direcciones abreviadas del servidor Web (por ejemplo, **yahoo** en vez de **www.yahoo.com**), trate de escribir la dirección completa.

88. Internet Explorer muestra un mensaje diciendo que el documento que traté de abrir no contiene datos.

En general este mensaje de error significa que la parte final de la dirección URL está cortada. Las direcciones URL suelen terminar con un nombre de archivo, lo que indica a Internet Explorer qué archivo de página, gráfico, video o sonido deberá abrir. Por ejemplo, **http://www.microsoft.com/ie/index.html** abre un archivo de documento para la página Web llamada index.HTML. A veces, si el nombre del archivo está cortado (como en **http://www.microsoft.com/ie**), Internet Explorer podría decirle que el documento no contiene datos.

Puesto que usted no conoce el nombre del archivo, no lo puede escribir en el cuadro de texto Dirección (Address) y presionar Entrar. Entonces haga un intento recortando el texto a partir del extremo derecho del URL. Escriba este URL así recortado en el cuadro de texto **Dirección** y presione **Entrar**. La mayoría de los servidores Web muestra su página principal cada vez que usted se conecta a ellos. Así usted puede hacer clic en los vínculos de esa página para encontrar una página en particular.

89. Cuando trato de abrir una página, Internet Explorer muestra un código 403 Forbidden o algún otro mensaje 400.

En general los mensajes 400 significan que usted trató de conectarse a un servidor Web donde no es bienvenido o con alguno que no reconoce su solicitud. Es probable que el servidor no permita el acceso público, o quizás usted está tratando de conectarse a un sitio que requiere el pago de suscripción. Cualquiera que sea el caso, usted no puede hacer nada más que ignorar el mensaje, regresar y probar con otra página.

90. Internet Explorer dice que no puede encontrar el servidor DNS

DNS (abreviación de Servidor de Nombres de Dominio) es un sistema que iguala el nombre de dominio que usted escribió (por ejemplo, **www.yahoo.com**) con su número IP (Protocolo Internet) (por ejemplo, 129.98.170.98). En español, esto significa que el Servidor de Nombres de Dominio encuentra las páginas Web.

Si escribe la dirección de una página Web y el DNS no puede encontrar un número que coincida con la dirección, Internet Explorer 4 mostrará un cuadro de diálogo indicándoselo. Revise lo siguiente:

- ¿Escribió correctamente la dirección? Un pequeño error de dedo (una letra en mayúscula que debería estar en minúscula, una diagonal invertida en vez de una diagonal normal, o incluso un punto que falte) puede darle el mensaje de error DNS. Vuelva a escribir la dirección y presione **Entrar**.

- ¿Está conectado a Internet? Si terminó su conexión (o si no se conectó desde el principio), Internet Explorer no podrá encontrar la página, ya que ni siquiera estará conectado a Internet. Establezca su conexión e inténtelo de nuevo.

- Si recibió el error después de hacer clic en un vínculo, la dirección URL que está detrás del vínculo podría tener un error de escritura. Deje el puntero del ratón sobre el vínculo que tiene el problema y vea la dirección que aparece en la barra de estado. Si ve un error obvio, vuelva a escribir la dirección en el cuadro de texto **Dirección** y presione **Entrar**.

- Si está conectado a Internet, pero sigue recibiendo este mensaje de error sin importar la página Web que trate de cargar, probablemente el servidor DNS de su proveedor de servicio está fallando o usted tiene la dirección equivocada para el mismo. Trate de desconectarse y luego conectarse de nuevo. Si el problema continúa, llame a su proveedor de servicio para saber la dirección correcta del servidor DNS. Luego abra el Asistente para la conexión a Internet (Internet Connection Wizard) (vea "Configure su conexión a Internet" en la página 220) y escriba el número correcto.

91. La página Web no carga, o tarda tanto que Internet Explorer muestra un mensaje diciendo que el plazo de la operación "terminó".

Si una página toma demasiado tiempo en cargar, el sitio Web podría estar muy ocupado para atender su petición. En tal caso, después de aproximadamente un minuto, Internet Explorer ya no intentará conectarse al sitio y mostrará un mensaje de error indicando que el sitio está muy ocupado. Estos "embotellamientos" no son raros. Sólo espere unos cinco minutos y luego trate de conectarse otra vez al sitio.

92. Internet Explorer muestra un mensaje indicando que no puede reproducir el archivo seleccionado.

Si hace clic en un vínculo que sirve para reproducir un archivo multimedia (como un archivo de sonido o un segmento de video) que Internet Explorer no puede reproducir por sí solo, usted recibirá un mensaje de error indicando que no tiene la aplicación necesaria para ejecutar los archivos de este tipo. En general Internet Explorer le dejará descargar la aplicación requerida o guardar el archivo seleccionado en su disco duro para que lo pueda reproducir más tarde.

Por ahora, sáltese el archivo o guárdelo en su disco duro. Para mayores detalles, vea, "Reproduzca audio, video y contenido activo" en la página 265.

Problemas de correo electrónico y de grupos de noticias

Problema	Número de Solución rápida	Página
No hay conexión con el servidor de correo	93	558
No hay conexión con el servidor de noticias	93	558
No puedo enviar ni recibir correo	93	558
Al servidor se le acaba el tiempo	94	559
No puedo ver los grupos de noticias	95	559
No puedo abrir un archivo adjunto	96	560
Los mensajes de salida están mutilados	97	560

93. Outlook Express no se conecta a mi servidor de correo o de noticias.

Primero, asegúrese de haber establecido una conexión a Internet. Usted no puede conectarse al servidor de correo a menos que esté conectado a Internet o a una Intranet. Si tiene problemas para establecer una conexión a Internet, vea la Solución rápida número 56.

Si usted suele abrir Outlook Express y le deja marcar al proveedor de servicio de Internet, trate de establecer la conexión antes. Para hacerlo, haga clic en el icono **Acceso telefónico a redes** (Dial-Up Networking) que usted creó para marcar a su proveedor de servicio, escriba su nombre de usuario y contraseña y haga clic en **Conectar** (Connect). Después de que la conexión haya sido entablada, abra Outlook Express y luego haga clic en el botón **Enviar y recibir** (Send and Receive).

Si los problemas persisten, revise la configuración del servidor de correo dentro de Outlook Express, siguiendo estos pasos:

1. En Outlook Express, abra el menú **Herramientas** (Tools) y elija **Cuentas** (Accounts).

2. Haga clic en la ficha **Correo** (Mail).

3. Seleccione la cuenta de correo electrónico con la que está teniendo problemas y haga clic en el botón **Propiedades** (Properties).

4. En la ficha **General**, asegúrese de que su dirección de correo electrónico sea correcta. No se preocupe por ninguna de las demás anotaciones de esta ficha.

5. Haga clic en la ficha **Servidores** (Servers).

6. Asegúrese de haber escrito la dirección correcta para los servidores de correo tanto de entrada como de salida. Consulte a su proveedor de servicio de Internet para verificar estas direcciones.

7. Si su proveedor de servicio de Internet le pide registrarse en el servidor, asegúrese de que la opción **Iniciar sesión utilizando** (Log on Using) esté seleccionada y que usted haya escrito el nombre de usuario y contraseña correctos.

8. Haga clic en **Aceptar** (OK).

94. **Cuando hago clic en Enviar y recibir, pasa mucho tiempo para que el mensaje sea enviado o recibido y después Outlook Express muestra el mensaje** Operación terminada.

Si el servidor de correo al que usted se está tratando de conectar no está en servicio o está ocupado, Outlook Express no hace más intentos después de una determinada cantidad de tiempo. Intente enviar y recibir los mensajes más tarde.

Si continúa el mensaje de error, siga estos pasos para cambiar el tiempo de espera:

1. En Outlook Express, abra el menú **Herramientas** (Tools) y elija **Cuentas** (Accounts).

2. Haga clic en la ficha **Correo** (Mail).

3. Seleccione la cuenta de correo electrónico con la que usted está teniendo problemas y haga clic en el botón **Propiedades**.

4. Haga clic en la ficha **Avanzado** (Advanced).

5. Arrastre el control deslizable **Tiempo de espera del servidor** (Server Timeouts) hacia la derecha para hacer que Outlook Express espere más tiempo antes de desistir.

6. Haga clic en **Aceptar**.

95. **Estoy conectado al servidor de noticias, pero no puedo ver ningún grupo de noticias.**

Si pudo establecer su conexión a Internet y a su servidor de noticias, siga estos pasos para revisar y cambiar la información de su cuenta de noticias:

1. En Outlook Express, abra el menú **Herramientas** y elija **Cuentas**.

2. Haga clic en la ficha **Noticias** (News).

3. Seleccione la cuenta del grupo de noticias con el que está teniendo problemas y haga clic en el botón **Propiedades**.

4. Haga clic en la ficha **Servidor** (Server).

5. Asegúrese de haber escrito la dirección correcta para el servidor de noticias. Consulte con su proveedor de servicio de Internet para verificar la dirección.

6. Si su proveedor de servicio de Internet le pide registrarse en el servidor, haga clic en la opción **Este servidor requiere iniciar sesión** (This Server Requires Me to Log On) y luego escriba su nombre de usuario (el nombre de la cuenta) y contraseña en los cuadros de texto correspondientes.

7. Haga clic en la ficha **Avanzado** (Advanced) y arrastre el control deslizable **Tiempo de espera del servidor** (Server Timeouts) a la derecha para incrementar la cantidad de tiempo de espera de Outlook Express para una respuesta antes de desistir.

8. Si su proveedor de servicio de Internet especificó un número de puerto para conectarse al servidor de noticias, escríbalo dentro del cuadro de texto **Noticias (NNTP)** [News (NNTP)].

9. Haga clic en **Aceptar** (Ok).

96. Outlook Express indica que no puede abrir un archivo que está adjunto a un mensaje.

Si hace clic en el icono de un archivo adjunto a un mensaje de correo electrónico o de grupo de noticias, Outlook Express tratará de abrirlo utilizando su programa asociado. Si no tiene instalado un programa que pueda reproducir el tipo de archivo seleccionado, o si no ha asociado su programa con este tipo de archivos, Outlook Express no lo podrá reproducir. Para aprender a descargar e instalar programas para reproducir varios tipos de archivo, vea "Reproduzca audio, video y contenido activo" en la página 265, y "Cree y edite asociaciones entre archivos" en la página 125.

97. Después de enviar un mensaje, el destinatario me informó que el mensaje estaba mutilado.

Si envía un mensaje utilizando un formato HTML (de página Web) y el programa para correo electrónico del destinatario no lo soporta, el mensaje que haya recibido podría tener un bloque de etiquetas HTML con el que no se había encontrado antes. Previamente a enviar un mensaje a esa persona, abra el menú **Formato** (Format) de la ventana Mensaje nuevo (Compose Message) y elija **Texto sin formato** (Plain Text).

Usted puede cambiar el formato predeterminado para los mensajes salientes. Abra el menú **Herramientas** (Tools) de Outlook Express, elija **Opciones** (Options) y haga clic en la ficha **Enviar** (Send). Bajo **Formato para el envío de correo** (Mail Sending Format), elija **Texto sin formato** y luego haga clic en **Aceptar**.

Si después de haber cambiado el mensaje a texto sin formato, éste sigue llegando mutilado, es probable que usted haya activado por error la característica de encriptación. Siga estos pasos para desactivar el cifrado de los mensajes:

1. Abra el menú **Herramientas** y elija **Opciones**.

2. Haga clic en la ficha **Seguridad** (Security).

3. Asegúrese de que la opción **Cifrar contenido y datos adjuntos de todos los mensajes salientes** (Encrypt Contents and Attachments for All Outgoing Messages) no tenga una marca junto a ella.

4. Haga clic en **Aceptar**.

Ayudas para la solución de problemas

Solución de problemas	Número de ayuda	Página
Solución de problemas para Windows	98	561
MSConfig	99	561
Dr. Watson	100	562
Revisión del sistema de archivos	101	563

98. ¿Puede Windows 98 ayudarme a identificar la causa de un problema?

Sí, Windows 98 viene con varias herramientas para solución de problemas que le pueden ayudar a determinar las causas de los problemas más comunes, incluyendo aquellos que no fueron cubiertos en esta sección de Soluciones rápidas. La lista siguiente muestra estas herramientas:

Solución de problemas para Acceso telefónico a redes (Dial-Up Networking Troubleshooter)

Solución de problemas para Conexión directa por cable (Direct Cable Connection Troubleshooter)

Solución de problemas para DirectX (DirectX Troubleshooter)

Solución de problemas de pantalla (Display Troubleshooter)

Solución de problemas para DriveSpace3 (DriveSpace 3 Troubleshooter)

Solución de problemas para conflictos del hardware (Hardware Conflict Troubleshooter)

Solución de problemas de memoria (Memory Troubleshooter)

Solución de problemas para The Microsoft Network (The Microsoft Network Troubleshooter)

Solución de problemas para módems (Modem Troubleshooter)

Solución de problemas para programas MS-DOS (MS-DOS Programs Troubleshooter)

Solución de problemas para red (Networking Troubleshooter)

Solución de problemas para tarjetas de PC (para tarjetas PCMCIA) [PC Card Troubleshooter]

Solución de problemas de impresión (Print Troubleshooter)

Solución de problemas de sonido (Sound Troubleshooter)

Solución de problemas para iniciar o cerrar el sistema (Startup and Shutdown Troubleshooter)

Las herramientas para solución de problemas le ayudan desplegando una serie de preguntas que le guían a través del proceso de revisión y corrección. Para activar una herramienta para solución de problemas, siga estos pasos:

1. Haga clic en el botón **Inicio** (Start) y elija **Ayuda** (Help). Aparece la Ayuda de Windows (Windows Help) con la ficha Contenido (Contents) al frente.

2. En la lista **Contenido**, haga clic en **Solución de problemas** (Troubleshooting).

3. Haga clic en **Solución de problemas**, y luego en **Windows 98 Troubleshooters**. Se despliega una lista de las herramientas disponibles para solución de problemas.

4. Haga clic en la herramienta que desee utilizar. La herramienta se inicia, o aparecen un botón o un vínculo para abrirla dentro del panel derecho. Si es necesario, haga clic en el botón o vínculo que abra la herramienta para solución de problemas. El panel derecho despliega una lista de problemas y preguntas.

5. Haga clic en el problema o pregunta sobre los que desee obtener información y luego siga las indicaciones de la herramienta.

99. ¿Puedo desactivar en forma rápida y segura algunos comandos y dispositivos para determinar si están causando el problema?

Para tratar de identificar la causa de un problema, suele ayudar el hecho de deshabilitar algunos comandos y dispositivos que usted considere que pudieran estar causando el problema. Sin embargo, desactivar comandos y dispositivos puede ocasionar otros problemas, sobre todo si usted no hace un seguimiento de los cambios hechos o no recuerda cómo volver a instalar el dispositivo.

Windows ofrece una excelente utilería llamada Programa de configuración del sistema (System Configuration Utility) que le puede ayudar a deshabilitar comandos y dispositivos sin tener que quitarlos de su sistema por completo. Lleve un registro cuidadoso de los cambios que haga, pero el Programa de configuración del sistema le facilita regresar su sistema a como estaba antes de haberle cambiado la configuración.

Antes de utilizar el Programa de configuración del sistema, usted deberá tener una idea de lo que quiere hacer. Lea la documentación que viene con el dispositivo que presenta el problema, o comuníquese con el departamento de soporte técnico del fabricante. Si le dicen que deshabilite uno o más comandos de Config.sys o de Autoexec.bat, utilice el Programa de configuración del sistema para desactivar los comandos en forma segura. No es conveniente que usted juegue con el programa sólo para ver lo que hace.

Aunque en un libro como éste no es posible indicar las instrucciones exactas para usar el Programa de configuración del sistema para corregir un problema en particular, los siguientes pasos le indican cómo ejecutarlas y le explican las distintas fichas:

1. Elija **Inicio | Programas | Accesorios | Herramientas del sistema | Información del sistema** (Start | Programs | Accessories | System Tools | System Information).

2. Abra el menú **Herramientas** (Tools) de Información del sistema y elija **Programa de configuración del sistema**.

- La ficha General le permite elegir si desea iniciar Windows utilizando un inicio normal, un inicio de diagnóstico (para guiarle a través de los comandos del inicio y para pedirle la confirmación) o el inicio selectivo (para evitar que se ejecuten los comandos de determinados archivos del inicio).

- Las fichas Config.sys, Autoexec.bat, Win.ini, y System.ini enlistan los comandos de su archivo de inicio. Usted puede desactivar rápidamente un comando quitando la marca de su casilla.

- La ficha Inicio (Startup) lista los programas que se ejecutan automáticamente al iniciar Windows. Observe que la lista contiene muchos más programas de los que están enlistados en el menú Inicio | Programas | Inicio (Start | Programs | Startup) de Windows. Usted puede evitar que un programa se ejecute quitando su marca de la casilla.

100. Windows sigue mostrando un mensaje de error de cifrado, y ni siquiera sé qué decir al personal de soporte técnico

Windows viene con una utilería llamada Dr. Watson que a usted no le ayudará mucho, pero sí a una persona de soporte técnico para rastrear la causa de un problema en particular. Dr. Watson hace un seguimiento de toda la actividad del sistema y registra todos los mensajes de error y fallas del sistema. Si es necesario, usted puede enviar el registro del Dr. Watson al departamento de soporte técnico para darle la información específica sobre el problema que tiene.

Si usted sigue recibiendo el mismo mensaje de error cuando trabaja con un programa de Windows, deberá ejecutar Dr. Watson en el inicio y dejarlo en segundo plano mientras usted trabaja. Para agregar Dr. Watson al menú Inicio, sigas estos pasos:

1. Elija **Inicio | Programas | Accesorios | Herramientas del sistema | Información del sistema**.

2. Abra el menú **Herramientas** de Información del sistema y elija **Dr. Watson**. Esto ejecuta a Dr. Watson pero no aparece ninguna ventana de programa. Usted verá un icono para Dr. Watson en la bandeja del sistema).

Cuando ocurra el problema que usted quiere resolver, haga clic con el botón derecho del ratón en el icono Dr. Watson y elija **Dr. Watson**. Escriba una descripción de lo que estaba haciendo (o trate de hacerlo) cuando ocurrió el problema. Abra el menú **Archivo** (File) y elija **Guardar** (Save). Dé un nombre al archivo de registro y haga clic en el botón **Guardar**. Esto le dará un archivo con la extensión WLG, que podrá enviar al personal de soporte técnico.

101. ¿Cómo sé si uno de mis archivos de sistema de Windows se ha dañado?

Windows 98 tiene una nueva utilería llamada Comprobador de archivos del sistema (System File Checker), que rastrea los archivos esenciales del sistema de Windows 98 para buscar errores. Este programa le puede ayudar a reinstalar el archivo del CD de Windows 98. Para rastrear los archivos dañados, siga estos pasos:

1. Haga clic en el botón **Inicio** (Start), vaya a **Programas I Accesorios I Herramientas del sistema** (Programs I Accessories I System Tools) y haga clic en **Información del sistema** (System Information).

2. Abra el menú **Herramientas** (Tools) de Información del sistema y elija **Comprobador de archivos del sistema**.

3. Haga clic en el botón **Iniciar**.

4. El Comprobador de archivos del sistema rastrea los archivos de su disco duro y le informa de cualquier archivo que pudiera estar dañado. Si el Comprobador encuentra un archivo que pudiera tener un daño, le permite responder si desea verificar el archivo para que el Comprobador no le vuelva a preguntar y, por el momento, restaura o ignora el archivo.

5. Cuando el Comprobador de archivos del sistema haya terminado, haga clic en **Aceptar** (OK) o en (Details) para obtener más información y luego haga clic en el botón **Cerrar** (Close).

PARTE 4

Referencias prácticas

A l llegar a este punto, usted ya ha aprendido todo lo que necesitaba saber sobre Windows 98. Puede navegar y configurar el escritorio de Windows, ejecutar sus programas, administrar archivos y carpetas e incluso realizar proyectos de práctica.

En esta última parte, usted encontrará un baúl lleno de información práctica que le ayudará a dominar Windows 98 y a llegar a ser más productivo aún. Aquí encontrará los métodos abreviados del teclado, una práctica lista de los comandos de DOS (suponiendo que tuviera que trabajar desde el indicador de DOS) e incluso una lista de sugerencias de productividad que le ayudarán a obtener el mayor provecho de Windows 98.

Qué encontrará en esta parte

REFERENCIAS PRÁCTICAS

Métodos abreviados del teclado

Métodos abreviados del teclado de Windows 98	
Presione	*Para*
En My PC y en el Explorador de Windows	
Alt+flecha izquierda	Regresar a la vista o carpeta anterior.
Alt+flecha derecha	Avanzar a la vista que tenía antes de regresar.
Retroceso	Subir un nivel de la lista de carpetas.
En Mi PC, el Explorador de Windows y en el escritorio	
Ctrl+Esc	Abrir el menú Inicio. Usted puede presionar ↓ flecha hacia abajo para resaltar las opciones del menú y → flecha derecha para abrir el submenú de la selección actual.
Alt+Tabulador	Ir al programa deseado cuando usted tiene más de un programa abierto. Si presiona Alt+Tabulador una vez, cambia al programa anterior. Si mantiene presionada la tecla Alt y presiona el Tabulador varias veces, le permite elegir entre una lista de programas abiertos.
Ctrl+*arrastrar*	Copiar un archivo.
Ctrl+Mayús+*arrastrar*	Crea un acceso directo para un archivo o programa.
Mayús+Suprimir	Eliminar archivos o carpetas sin utilizar la Papelera de reciclaje.
F3	Buscar un archivo o carpeta.
F5	Actualizar el contenido de la ventana.
Ctrl+A (E)	Seleccionar todos los elementos del escritorio o de la carpeta actual.

Métodos abreviados del teclado de Windows 98 *(Continuación)*

Presione	Para
Alt+Entrar	Despliega las propiedades del objeto seleccionado.
Mayús	Ignora la Reproducción automática cuando se inserta un CD-ROM.

En el Explorador de Windows

← flecha izquierda	Contraer una carpeta extendida o seleccionar la carpeta principal.
→ flecha derecha	Expandir una carpeta que tiene subcarpetas o seleccionar la siguiente subcarpeta.
Bloq Núm+−	Contraer la carpeta expandida seleccionada.
Bloq Núm++	Expandir la carpeta seleccionada.
Bloq Núm+*	Expandir todas las carpetas que están bajo la subcarpeta seleccionada.
F6	Cambiar entre los paneles izquierdo y derecho.

En los cuadros de diálogo de Windows

Ctrl+Tabulador	Cambiar de ficha hacia delante.
Ctrl+Mayús+Tabulador	Cambiar de ficha hacia atrás.
Tabulador	Ir de una opción a otra.
Mayús+Tabulador	Regresar de una opción a otra.
Barra espaciadora	Presionar el botón resaltado, seleccionar o anular la casilla de verificación seleccionada o seleccionar el botón de opción resaltado.
Esc	Cancelar y cerrar el cuadro de diálogo actual.
Alt+letra subrayada	Seleccionar o dejar de seleccionar la opción que tiene la letra subrayada.
Entrar	Presionar el botón resaltado.
Retroceso	Subir un nivel del árbol de carpetas dentro del cuadro de diálogo Guardar como (Save As) o Abrir (Open).
F1	Mostrar la ayuda para la opción seleccionada.
F4	Abrir la lista Guardar en (Save In) o Ver en (See In) del cuadro de diálogo Guardar como o Abrir.
F5	Actualizar la lista de archivos y carpetas del cuadro de diálogo Guardar como o Abrir.

En programas de Windows

F10	Activar la barra de menús. Usted podrá entonces presionar ↓ para abrir el menú seleccionado y presionar ← o → para cambiar de un menú a otro.
Alt+letra subrayada	Abrir el menú que tiene la letra subrayada.
Letra subrayada	Elegir la opción que tiene la letra subrayada correspondiente en el menú activado.

Presione	Para
Shift+F10	Mostrar el menú contextual del texto u objeto seleccionado.
Esc	Cerrar el menú abierto.
Alt+Barra espaciadora	Abrir el menú de sistema de la ventana del programa actual (para maximizar, minimizar, mover o redimensionar la ventana).
Alt+—	Abrir el menú de sistema de la ventana del documento actual (para maximizar, minimizar, mover o redimensionar la ventana).
Ctrl+F4	Cerrar la ventana del documento actual.
Alt+F4	Cerrar o salir del programa actual.
Ctrl+C	Copiar el texto u objeto resaltado y colocarlo en el Portapapeles de Windows.
Ctrl+X	Quitar el texto u objeto resaltado y colocarlo en el Portapapeles de Windows.
Ctrl+V	Insertar (Pegar) el contenido del Portapapeles de Windows en el punto de inserción del documento actual.
Ctrl+Z	Deshacer la acción previa.
Suprimir	Eliminar el texto u objeto seleccionado.
F1	Mostrar la ayuda del programa.

Métodos abreviados con la tecla Windows

Windows	Abrir el menú Inicio.
Windows+Tabulador	Abrir el cuadro de diálogo Administrador de tareas (Task Manager).
Windows+F	Buscar un archivo.
Ctrl+Windows+F	Buscar una computadora en su red.
Windows+F1	Mostrar la ayuda.
Windows+R	Introducir el comando Inicio I Ejecutar (Start I Run).
Windows+Break	Mostrar el cuadro de diálogo Propiedades de sistema (System Properties).
Windows+E	Abrir la ventana Mi PC (My Computer).
Windows+D	Minimizar todas las ventanas.
Shift+Windows+M	Restaurar las ventanas que minimizó.

Comandos de DOS

Con Windows 98, usted no tiene que saber mucho acerca de DOS. Ahora puede ejecutar más fácilmente los programas (incluso programas de DOS) haciendo clic en los iconos en vez de escribir comandos en el indicador C:>. También es más fácil Administrar los archivos y las carpetas (los directorios) con Mi PC (My Computer) y con el Explorador de Windows (Windows Explorer). Sin embargo, si usted está en el indicador de DOS y no sabe con seguridad qué debe hacer, ejecute Windows desde el indicador. Para hacerlo, siga estos pasos:

1. En el indicador C:>, escriba **cd\windows** y presione **Entrar**. (cd sirve para "cambiar directorio", y \windows especifica el directorio y carpeta a que desea ir.) Ahora usted deberá ver el indicador C:\Windows>.

2. Escriba **windows** y presione **Entrar**.

Para ejecutar sus programas y juegos de DOS desde el indicador de DOS, puede realizar acciones parecidas. Siga estos pasos:

1. Para ejecutar un programa de DOS desde un disquete o CD-ROM, inserte antes el disco o CD en la unidad.

2. En el indicador de DOS, escriba la letra de la unidad que contiene el programa, seguida de dos puntos (por ejemplo, **d:**) y presione **Entrar**. El indicador de DOS cambia para mostrar la letra de la unidad.

3. De ser necesario, escriba **cd\directorio** (donde *directory* es el nombre del directorio en que está guardado el archivo ejecutable del programa). En la mayoría de los casos se puede saltar este programa.

4. Escriba el nombre del archivo que ejecuta al programa (puede omitir la extensión del archivo: .exe, .com o .bat). Presione **Entrar** y el programa se ejecutará.

Si está acostumbrado a trabajar en DOS, probablemente ya conoce los comandos más comunes. Si no, utilice la tabla siguiente para aprender los principales comandos de DOS. La mayoría de ellos se puede insertar desde el indicador C:>, mas para ejecutar algunos comandos tendrá que cambiar al directorio \DOS correspondiente. Puede escribir los comandos en mayúsculas o en minúsculas.

Para obtener una lista más extensa de los comandos de DOS e instrucciones detalladas sobre cómo introducir estos comandos, vaya a DOS **(Inicio | Programas | MS-DOS** [Start | Programs | MS-DOS Prompt]), escriba **help nombre_de_comando** (donde *help commandname* es el nombre del comando) y presione **Entrar**.

Comandos comunes de DOS

Escriba este comando	Para
C:	Activar la unidad especificada. Por ejemplo, si escribe **A:** irá a la unidad A.
CD	Ir al directorio (carpeta) específico. Después del comando, inserte un espacio, una diagonal invertida y el nombre del directorio: por ejemplo, **cd \windows**.
CLS	Borrar todo el texto de la pantalla.
COPY	Copiar el archivo especificado, primero vaya a la unidad de disco y al directorio donde está almacenado el archivo y después escriba algo como **copy nombre_de_archivo.ext c:\data** (copy *filename.ext* c: \data).
DATE	Cambiar la fecha de su computadora.
DEL	Eliminar el archivo especificado. Primero vaya a la unidad de disco y al directorio donde está almacenado el archivo, luego escriba **del nombre_de_archivo.ext** (del *filename.ext*) y presione **Entrar**.
DELTREE	Eliminar la carpeta específica y todas sus subcarpetas. (Tenga cuidado con este comando.)
DIR	Mostrar una lista de los directorios y archivos del directorio actual.

Escriba este comando	Para
DISKCOPY	Crear un duplicado exacto de un disquete. Por ejemplo, escriba **diskcopy a: a:** y siga las instrucciones en pantalla.
EDIT	Modificar los archivos de inicio de DOS o cualquier archivo de texto sin formato.
EXIT	Salir de DOS y regresar a Windows 98.
FORMAT A:	Dar formato al disquete en la unidad A.
FORMAT B:	Dar formato al disquete en la unidad B.
HELP	Desplegar una extensa lista de los comandos de DOS de la que puede obtener ayuda en línea.
LABEL	Cambiar el nombre de un disco.
MD	Crear un directorio en el disco actual o un subdirectorio en el directorio actual.
MEM	Desplegar la cantidad y tipos de memoria instalada en su sistema. (Esta información es muy útil.)
MOVE	Mover archivos o cambiar de nombre a directorios.
PROMPT	Cambiar la apariencia del indicador de DOS.
RD	Quitar el directorio específico después de eliminar todos los archivos que éste contiene.
REN	Cambiar el nombre de un archivo.
SCANDISK	Revisar y reparar discos duros y flexibles.
TIME	Cambiar la hora de su computadora.
TREE	Desplegar el árbol de directorios de la unidad de disco actual.
TYPE	Desplegar el contenido de un archivo de texto.
VOL	Desplegar el nombre electrónico del disco seleccionado.

Sugerencias de productividad

Windows 98 tiene varias características que le pueden ayudar a ser más productivo. Cada vez que enciende su computadora, el menú Inicio (Startup) inicia automáticamente los programas que usted utiliza más seguido. El Asistente para optimizar Windows (Tune-Up Wizard) optimiza su computadora cuando no la está usando. La barra de herramientas de Inicio rápido (Quick Launch) le permite ejecutar rápidamente sus programas favoritos. Las suscripciones a los sitios Web descargan de Internet automáticamente páginas Web actualizadas. Y varias otras características que le pueden ayudar a automatizar sus tareas de mayor uso. La sección siguiente le proporciona 20 sugerencias que le ayudarán a obtener el mayor provecho de estas características de productividad de Windows.

1. Abra automáticamente los programas que usted siempre utiliza.

Si cada vez que usted trabaja con su computadora utiliza un programa en particular, agréguelo al menú Inicio (Startup) para que el programa abra automáticamente cuando Windows inicie. Vea "Corra programas en forma automática al iniciar" en la página 460. Inicie el programa en una ventana minimizada siguiendo estos pasos:

1. Haga clic en el botón **Inicio** (Start), vaya a **Programas** (Programs), luego a **Inicio** y haga clic con el botón derecho del ratón en el nombre del programa. Esto abre un menú contextual para el programa.

2. Elija **Propiedades** (Properties). Aparece el cuadro de diálogo Propiedades del programa.

3. En la ficha **Acceso directo** (Shortcut), abra la lista desplegable **Ejecutar** (Run) y elija **Minimizada** (Minimized). Haga clic en **Aceptar** (OK).

Si a Windows le toma mucho tiempo iniciar cuando está cargando automáticamente varios programas, usted puede evitar que los programas del menú Inicio se ejecuten. Para omitir el menú Inicio, mantenga presionada la tecla **Mayús** (Shift) mientras inicia Windows.

2. Coloque en el escritorio de Windows accesos directos para documentos que normalmente abre o modifica.

Los accesos directos son la característica que más tiempo le ahorran en Windows. Usted puede colocar accesos directos en el escritorio de Windows, en los menús o en cualquier lugar que desee, para tener acceso rápido a un programa o documento. Analice la conveniencia de colocar en el escritorio de Windows accesos directos para sus documentos de mayor uso. Para crear un acceso directo, sólo arrastre el icono desde Mi PC (My Computer) con el botón derecho o el Explorador de Windows (Windows Explorer) hacia un área en blanco del escritorio y elija **Crear iconos de acceso directo aquí** [Create Shortcut(s) Here].

Si normalmente tiene acceso a una unidad de disco, carpeta o programa, coloque un acceso directo en el escritorio. También puede colocar accesos directos para la impresora y el Panel de control de Windows. Sin embargo, no se entusiasme mucho colocando accesos directos. Cada acceso directo necesita memoria para desplegarse y los accesos directos pierden su sentido cuando usted no puede encontrarlos en el revoltijo de iconos de su escritorio.

> Para crear rápidamente un acceso directo en el escritorio de Windows, haga clic con el botón derecho del ratón en el archivo de Mi PC o del Explorador de Windows, vaya a **Enviar a** (Send To) y elija **Escritorio como acceso directo** (Desktop as Shortcut).

3. Cree un acceso directo que regrese a un lugar específico en un documento.

Aunque crear accesos directos para sus documentos puede ahorrarle mucho tiempo, usted puede ahorrar más tiempo creando un acceso directo que vaya a un lugar específico dentro del documento. En otras palabras, el acceso directo actuará como marcador. Para crear el acceso directo, abra el documento y resalte la parte que desee marcar. Ésta puede ser una oración de un documento escrito, una celda de una hoja de cálculo o alguna otra sección. Arrastre la selección con el botón derecho del ratón hacia el escritorio de Windows, suelte el botón y elija **Crear iconos de acceso directo aquí**.

4. Coloque sus programas favoritos en la barra de herramientas de Inicio rápido.

Abra rápidamente un programa haciendo clic en su icono en la barra de herramientas de Inicio rápido (Quick Launch). Cree un acceso directo para un programa que usted usa con mucha frecuencia, con sólo arrastrar el icono del programa hacia la barra de herramientas Inicio rápido.

5. Haga una nueva barra de herramientas para los programas y documentos a que tiene acceso con más frecuencia.

En Mi PC o en el Explorador de Windows, cree una nueva carpeta y coloque en ésta accesos directos para todos sus programas y documentos favoritos. Entonces podrá transformar rápidamente la carpeta en una barra de herramientas, arrastrándola hacia la parte superior del escritorio, a la izquierda o a la derecha del mismo.

6. Cámbiese de un programa a otro con sólo una tecla de método abreviado.

Si su escritorio está saturado de accesos directos, asigne a sus programas favoritos teclas de método abreviado para que no tenga que buscar y hacer clic en el icono de acceso directo del programa. Para asignar una tecla de método abreviado a un icono de acceso directo, siga estos pasos:

1. Haga clic con el botón derecho del ratón en el icono de acceso directo y elija **Propiedades** (Properties).

2. Haga clic en el cuadro de texto **Tecla de método abreviado** (Shortcut Key) y presione la combinación de teclas que desee utilizar para ejecutar el programa o abrir el documento. No aplique una combinación de teclas que Windows utilice para alguna otra tarea (como Ctrl+C que sirve para copiar). Presione, por ejemplo, **Ctrl+Alt+C**.

3. Haga clic en **Aceptar** (OK). Ahora podrá ejecutar el programa presionando su combinación de teclas de método abreviado.

7. Utilice el botón derecho del ratón para los menús contextuales.

En general, un clic con el botón derecho del ratón en un objeto, selección, opción o cualquier otra cosa en Windows, abre un menú contextual que ofrece los comandos más comunes disponibles para ese elemento. Haga clic con el botón derecho del ratón en cualquier parte: en sus documentos o en los accesos directos, en la barra de tareas, en la barra de herramientas de Inicio rápido, en el botón Inicio, en los elementos del menú Inicio, etcétera; le puede ayudar a descubrir opciones que no conocía. Incluso, trate de hacer clic con el botón derecho del ratón y arrastre objetos.

8. Deje que el Asistente para mantenimiento de Windows optimice diariamente su sistema.

La única forma de evitar que Windows haga más lento su sistema y sature su unidad es ejecutando diariamente las herramientas del sistema de Windows, que incluyen ScanDisk, y el Desfragmentador de disco (Disk Defragmenter). La mejor forma de hacer esto es configurar el Asistente para mantenimiento de Windows (Windows Maintenance Wizard) para ejecutar automáticamente las herramientas del sistema en momentos específicos (de preferencia cuando usted no esté utilizando su computadora). Vea "Use el Asistente para mantenimiento de Windows" en la página 494.

9. Abra e imprima documentos arrastrando y colocando.

Usted puede utilizar el método de arrastrar y colocar en los programas de Windows para copiar y mover el texto seleccionado y otros objetos dentro de un documento o de un documento a otro. Sin embargo, también puede utilizar este método para abrir documentos e imprimirlos.

Para abrir un documento con el método de arrastrar y colocar, arrastre su icono desde el Explorador de Windows, Mi PC, o el cuadro de diálogo Buscar: archivos y carpetas (Find: Files and Folders) sobre el icono o acceso directo del programa y suelte el botón. Windows ejecuta el programa, que a su vez abre el documento. Si el programa ya está abierto, arrastre el icono sobre el botón del programa en la barra de tareas; déjelo ahí hasta que la ventana del programa aparezca al frente y luego arrastre y coloque el archivo en la barra de título de la ventana.

> Usted puede insertar el contenido de un documento dentro de otro, arrastrando el archivo del primero hacia la ventana que muestra el contenido del documento de destino.

Para imprimir rápidamente un archivo, arrastre su icono sobre el icono de su impresora (en la carpeta Impresoras [Printers]) y suelte el botón del ratón. Windows ejecuta el programa, que a su vez abre el documento y lo empieza a imprimir. Otra forma de imprimir rápidamente un documento es hacer clic con el botón derecho del ratón en su icono y elegir **Imprimir** (Print).

10. Haga que Windows imprima sus documentos más tarde, cuando no utilice su computadora.

La impresión es una de las tareas más intensas del sistema. Si está imprimiendo documentos o gráficos extensos, descubrirá que no podrá continuar trabajando a su ritmo normal. La solución es imprimir mientras se toma un descanso o al final del día. Siga estos pasos para posponer la impresión:

1. Haga clic en el botón **Inicio** (Start), vaya a **Configuración** (Settings) y haga clic en **Impresoras** (Printers).

2. Haga clic con el botón derecho del ratón en el icono de su impresora y elija **Interrumpir impresión** (Pause Printing).

3. Imprima los documentos como lo haría normalmente. Esto coloca los documentos en una fila de impresión, pero puesto que usted interrumpió el proceso de impresión, Windows no los enviará a la impresora.

4. Cuando esté listo para imprimir, asegúrese que su impresora esté encendida y tenga suficiente papel. Luego haga clic con el botón derecho del ratón en el icono de su impresora y vuelva a elegir **Interrumpir impresión**.

11. Haga que Windows le notifique cuando "Bloquear Mayúsculas" o "Bloqueo Numérico" estén activados.

Si por error oprime la tecla Bloquear Mayúsculas (CapsLock) al presionar la tecla Mayús (Shift), podría terminar escribiendo todo su documento en mayúsculas. Para evitar que esto suceda, usted puede hacer que Windows dé un tono cada vez que usted presiona Bloquear Mayúsculas. En el Panel de control (Control Panel) de Windows, haga clic en el icono **Opciones de accesibilidad** (Accessibility) y luego vaya a **Toggle-Keys**. Al presionar cualquiera de las teclas de bloqueo (Bloquear Mayúsculas, Bloqueo Numérico [NumLock] o Bloquear Desplazamiento [ScrollLock]), Windows emite un sonido.

12. Programe las actualizaciones de Windows.

En "Actualice Windows" en la página 420, usted aprendió a descargar e instalar archivos del sitio Web de Microsoft para actualizar Windows 98 a la versión más reciente. Sin embargo, tendrá que acordarse de hacerlo aproximadamente cada mes. Para automatizar el proceso, utilice el Programador de tareas (Task Scheduler) para ejecutar las actualizaciones de Windows 98 en forma regular. Vea "Ejecute programas automáticamente con Programador de tareas" en la página 65.

13. Configure las suscripciones para sus páginas Web favoritas.

Hay que admitir que Web es muy lento, aunque tenga una conexión rápida. Para acelerar su terminal, configure las suscripciones para sus páginas Web favoritas y haga que Internet Explorer las descargue cuando usted no esté ocupando la computadora. Configure sus suscripciones a los sitios Web, según el tema de la página 250: "Suscríbase a sitios Web".

14. Haga Alt+*clic* para desplegar las propiedades de un objeto.

En vez de hacer clic con el botón derecho del ratón en un icono, usted puede mantener presionada la tecla **Alt** y hacer clic en el mismo para abrir el cuadro de diálogo Propiedades (Properties) del objeto.

15. Guarde el botón Expulsar de su unidad de CD-ROM.

El botón Expulsar (Eject), en la mayoría de las unidades de CD-ROM, está precisamente debajo de la bandeja del CD y, por lo general, al salir roza con sus dedos. Para presionar el botón y cargar el siguiente CD usted tiene que meter la mano debajo de la bandeja. Para evitar que su unidad (y sus dedos) sufran desgaste, deje que Windows expulse y cargue el CD. Sólo haga clic con el botón derecho del ratón en el icono CD-ROM de Mi PC (My Computer) y haga clic en **Expulsar** (Eject). Dependiendo del modelo de la unidad de CD-ROM que tenga su computadora, este truco podría no funcionar para cargar el CD.

16. Reinicie Windows sin reiniciar su computadora.

Cada vez que usted decide reiniciar Windows, su computadora reinicia por completo en forma automática, volviendo a cargar los comandos de configuración. Para reiniciar Windows con más rapidez, haga clic en el botón **Inicio** (Start), elija **Apagar el sistema** (Shutdown), después **Reiniciar** (Restart) y luego mantenga presionada la tecla **Mayús** (Shift) y haga clic en el botón **Aceptar** (OK).

17. Cree varios escritorios para distintas ocasiones.

Si usa su computadora para trabajar y jugar, piense en la posibilidad de crear dos escritorios: uno para trabajo y otro para recreación. Así podrá iniciar su sesión de Windows utilizando un nombre diferente y cambiar de un escritorio a otro. Para aprender a configurar Windows para múltiples usuarios, vea "Proteja su computadora con una contraseña" en la página 465.

Configure su escritorio de Windows como desee, para trabajo o recreación. Al terminar, introduzca el comando **Inicio | Finalizar sesión** (Start | Log Off) y reinicie su sesión con un nombre distinto. Para que esto funcione, tenga Inicio de sesión en Windows (Windows Logon) como su opción principal de red. Abra el **Panel de control** (Control Panel) de Windows, haga clic en el icono **Red** (Network), luego abra la lista desplegable **Inicio de sesión principal** (Primary Network Logon) y elija **Inicio de sesión en Windows**. Haga clic en **Aceptar**.

18. Omita el logo de inicio de Windows 98.

Para acelerar el inicio de Windows 98, mantenga presionada la tecla **Esc** al iniciar Windows 98 o precisamente cuando aparezca el logo. Aunque esto no le ahorra mucho tiempo al inicio de Windows, cualquier ayuda, por pequeña que sea, siempre es buena.

19. Automatice el correo electrónico.

Si usted envía y recibe una gran cantidad de correo electrónico, piense en la posibilidad de automatizar Outlook Express para que envíe y reciba el correo en un momento determinado. Primero, configure Outlook Express mediante los pasos siguientes:

1. Abra Outlook Express, luego abra el menú **Herramientas** (Tools) y elija **Opciones** (Options).

2. En la ficha **General**, elija **Usar Outlook Express como programa de correo predeterminado** (Make Outlook Express My Default E-Mail Program).

3. Haga clic en la ficha **Acceso telefónico** (Dial Up).

4. Asegúrese que **Usar esta conexión** (Dial This Connection) esté activado, luego abra la lista desplegable y elija la conexión de acceso telefónico que desee utilizar.

5. Elija **Colgar al finalizar de enviar, recibir o descargar** (Hang Up When Finished Sending, Receiving, or Downloading) para activarla.

6. Haga clic en **Aceptar**.

Después de configurar Outlook Express, agregue Outlook Express al Programador de tareas (Task Scheduler) para que marque automáticamente a su conexión de Internet y cuelgue al terminar. Configure Outlook Express para que se ejecute un momento antes de cuando usted normalmente revisa su correo. Vea "Ejecute programas automáticamente con Programador de tareas" en la página 65.

20. Asigne las unidades de red para facilitar el acceso a ellas.

Si su computadora forma parte de una red, usted debe poder asignar las carpetas y discos a que comúnmente tiene acceso en la red. Esto le ahorra tiempo, sobre todo cuando necesita guardar archivos en una unidad de red. En vez de cambiar a la unidad y carpeta en que desea guardar su archivo, sólo seleccione la letra de la unidad a que está asignada la carpeta.

Índice

G

H

J

L

X-Z

¿Leer sobre
Microsoft® Windows® 98
sin tenerlo?

No pierda la oportunidad de adquirir Windows 98 ahora, con descuento especial. Aproveche todos los beneficios de la nueva versión de Windows y aumente la productividad de su PC.

Llame hoy mismo: en el D.F., al 281 2976 y al 01 800 710 5068 de otros estados.

Promoción vigente del 1° de octubre de 1998 al 30 de junio de 1999. Válida sólo en la República Mexicana.

Adquiera su **Windows 98** con descuento de **100 pesos.**

le ofrece:

- ✔ Administración
- ✔ Computación
- ✔ Contabilidad
- ✔ Divulgación Científica
- ✔ Economía

- ✔ Electrónica
- ✔ Ingeniería
- ✔ Mercadotecnia
- ✔ Negocios
- ✔ Nueva Tecnología
- ✔ Textos Universitarios

Gracias por su interés en este libro.

Quisiéramos conocer más a nuestros lectores. Por favor complete y envíe por correo o fax esta tarjeta.

Título del libro/autor: _____

Adquirido en: _____

Comentarios: _____

❏ Por favor envíenme su catálogo de libros de computación, estoy interesado en libros de las áreas:

❏ Hardware
❏ Sistemas operativos
❏ Redes y telecomunicaciones
❏ Internet
❏ Bases de datos
❏ Lenguajes y programas

❏ Aplicaciones de oficina
❏ Paquetes Integrados
❏ Diseño
❏ Nuevas tecnologías
❏ Diccionarios
❏ Cliente/Servidor

Mi nombre: _____

Mi compañía: _____

Puesto: _____

Domicilio casa: _____

Domicilio compañía: _____

Teléfono: _____

Tenemos descuentos especiales para compras corporativas e institucionales.

Para mayor información de nuestros títulos llame al (525) 358-8400
Por favor, llene esta tarjeta y envíela por correo o fax: (525) 357-0404,
Página Web http://www.prentice.com.mx

Prentice-Hall Hispanoamericana, S.A.
División Computación / Negocios
Calle Cuatro No. 25, 2º Piso
Col. Fracc. Alce Blanco
Naucalpan de Juárez
Edo. de México   C.P. 53370
MÉXICO